当代日韩关系研究

(1945-1965)

安成日　著

中国社会科学出版社

图书在版编目（CIP）数据

当代日韩关系研究（1945～1965）/安成日著．—北京：中国社会科学
出版社，2009.1

ISBN 978-7-5004-7511-8

Ⅰ．当… Ⅱ．安… Ⅲ．国家关系史—研究—日本、韩国—1945～1965
Ⅳ．D831.39　D831.269

中国版本图书馆 CIP 数据核字（2008）第 205709 号

选题策划　黄燕生
责任编辑　立　早
责任校对　刘　娟
封面设计　彩多设计
版式设计　戴　宽

出版发行　中国社会科学出版社
社　　址　北京鼓楼西大街甲 158 号　　邮　编　100720
电　　话　010－84029450（邮购）
网　　址　http://www.csspw.cn
经　　销　新华书店
印　　刷　华审印刷厂　　　　　　装　订　广增装订厂
版　　次　2009 年 1 月第 1 版　　印　次　2009 年 1 月第 1 次印刷
开　　本　710×1000　1/16
印　　张　35.75　　　　　　　　插　页　3
字　　数　636 千字
定　　价　58.00 元

安成日

摄于韩国国会大厦·国会图书馆前

安成日简历

安成日，1964年11月出生于吉林省珲春市。1987年7月毕业于哈尔滨师范大学历史系；1993年3月毕业于吉林大学研究生院（日本研究所）世界地区史·国别史专业，获历史学硕士学位。1993年7月—1996年9月，在河北大学日本研究所工作，任讲师、政史研究室主任、《日本问题研究》杂志编辑等。1996年9月—2001年3月，毕业于南开大学研究生院世界地区史·国别史日本政治·外交史专业，获得历史学博士学位。1998年4月—2002年3月，以特别奖学金的留学生身份到日本国学院大学研究生院文学研究科攻读国际关系史专业博士学位，并获得该大学历史学博士学位。2002年11月—2005年12月，黑龙江大学外国语言文学博士后流动站博士后出站。2007年9月—2008年8月，日本京都大学经济研究所访问学者。

现为黑龙江大学哲学与公共管理学院政治学系教授，国际问题研究所所长，硕士生导师。主要社会兼职有教育部政治学学科指导委员会委员，中国日本史学会常务理事，中国朝鲜史学会常务理事、副会长，中日关系史学会理事、黑龙江省政治学会常务理事。

主要从事国际关系理论、东亚各国政治·外交史、东亚区域国际政治·国际关系、朝鲜半岛问题、中日关系、日韩关系、日苏关系等课程的教学与科研。在《世界历史》、《日本学刊》、《史学理论》、《东北亚论坛》、《史学集刊》、《求是学刊》[日]《国史学》等国内外刊物发表学术论文60余篇。参与编写和翻译《中日文化交流事典》、《日本通商产业政策史》、《南朝鲜经济法》等大型国家项目多部。精通日语、韩语（朝鲜语）。

国家社科基金后期资助项目

出 版 说 明

后期资助项目是国家社科基金新设立的一类重要项目，它是经过严格评审，从接近完成的优秀科研成果中遴选立项的。为扩大后期资助项目的影响，更好地推动学术发展，促进成果转化，全国哲学社会科学规划办公室按照"统一标识、统一版式、符合主题、封面各异"的总体要求，委托商务印书馆、中华书局、中国社会科学出版社、社会科学文献出版社和人民文学出版社，陆续出版国家社科基金后期资助项目成果。

全国哲学社会科学规划办公室

2006 年 6 月

目　录

Contents

前　言

有关当代日韩关系的研究，由于历史的原因及现实条件限制，目前在国内尚处于空白状态。本书以历史唯物主义的观点，利用日、韩、美新近公布的大量第一手资料，以第二次世界大战后日韩两国为解决悬案、建立邦交而进行的七次会谈为基本线索，用实证的历史研究方法，对 1945 年二战结束至 1965 年日韩实现邦交正常化为止的日韩关系进行了系统的研究和勾画，并提出了自己的一些粗浅的看法。

日本与朝鲜半岛隔海相望，有着悠久的交往历史。在长期的历史发展过程中，不同时期日本与朝鲜半岛上的各个政权，既存在友好交往，也存在相互对立、冲突甚至战争。特别是明治维新以来，日本在摆脱殖民危机，完成近代民族国家形成的过程中，推行"富国强兵"政策，提出"脱亚入欧"，主张"与西洋文明共进退"，逐渐走向了向亚洲国家进行殖民扩张的道路。在日本殖民扩张的过程中，朝鲜半岛首当其冲成为日本侵略扩张的首要目标。明治维新以来，日本相继通过中日甲午战争（1894—1895）和日俄战争（1904—1905）先后把中国清朝的势力和俄国的势力排挤出朝鲜半岛。最终，于 1910 年以强迫朝鲜李氏王朝签订《日韩合并条约》方式，吞并了朝鲜。从此朝鲜半岛沦为日本的殖民地，直到 1945 年日本在二战中战败投降为止，朝鲜半岛被置于 36 年日本殖民统治的铁蹄之下。

二战后期，为确定盟国团结对日作战问题及与战后对日本的处置相关的问题，1943 年 11 月 22 日至 26 日，中、美、英三国首脑在埃及首都开罗举行会议，签署并发表了《开罗宣言》。在《开罗宣言》中，中、美、英三国承诺：二战后使"朝鲜恢复独立"。此后，1945 年 7 月 25 日至 8 月 2 日，在德国波茨坦举行的"波茨坦会议"上，中、美、英三国发表《波茨坦公告》敦促日本尽快无条件投降的同时，再一次重申：必将实施《开罗宣言》的诸条件，从而再一次明确了二战后使朝鲜半岛恢复独立国家地位的盟国的原则立场。日本接受《波茨坦公告》无条件投降以后，在划分盟军接受日军投降区域的过程中，美苏把北纬 38 度线作为美苏两国军队在朝鲜半岛进行军事行动的临时分界线。这样，二战后朝鲜半岛以北纬 38 度线为临时分界线事实上处于美苏两国军队的分区占领之下。美苏分区占领朝鲜半岛，对此后朝鲜半岛政治地图的形成产生了重大影响。

在二战中，反法西斯盟国联手打败了德、意、日法西斯。但是随着战争接近尾声，围绕战争善后处理问题和战后建立何种国际政治、经济、军事秩序的问题，反法西斯盟国内部的各种矛盾开始激化，特别是反法西斯阵营中的核心力量，美苏之间的矛盾和冲突不断加剧。此后，美苏之间的上述矛盾和冲突又逐渐演变成了东西两大阵营之间的"冷战"。

以美苏之间的矛盾与冲突为核心的东西两大阵营之间的"冷战"，给朝鲜半岛带来的直接后果就是半岛的分裂。随着美苏之间矛盾与冲突的加剧，二战后美苏在朝鲜半岛南北各自的占领区开始培植亲己的势力。其结果，1948 年 8 月 15 日，在北纬 38 度以南的朝鲜半岛南部成立了以美国为首的西方阵营支持的大韩民国。1948 年 9 月 9 日，在北纬 38 度以北则成立了以苏联为首的社会主义阵营（抑或"东方阵营"）支持的朝鲜民主主义人民共和国。本论文探讨的就是二战后，东西"冷战"体制下的西方阵营内部的日韩之间的双边关系。

日韩双边关系是东西"冷战"体制下西方阵营内部的次元体之间的双边关系，属于国际关系学的研究范畴。在"冷战"体制下，日韩双边关系从大的方面首先受东西"冷战"格局变化的影响。其次，又直接受朝鲜半岛南北关系的影响。再次，日韩关系又受到西方阵营内部力量关系变化的影响。即日韩关系又受美韩关系、美日关系及日韩两国国内政治、经济及安全保障上的相互利害关系的影响与制约。另外，从地缘政治的角度来说，日韩关系属于东亚地区邻国之间的关系，从经济的角度来说日韩关系又是发达国家和发展中国家之间的关系，从历史关系的角度来说日韩关系又是殖民国家和被殖民国家之间的关系。因此，日韩关系既有西方阵营内部各国之间双边关系的特点，又有发达国家和发展中国家之间关系的特点，还有亚洲侵略国家和被侵略国家之间关系的特点。这些特点构成了当代日韩关系的复杂性和特殊性。

日韩会谈虽然始于 1951 年 10 月，但有关会谈的准备工作，自二战结束就已经开始了。战争结束以后不久，日本就相继整理出了《有关日本人海外活动历史的调查》（共 36 册）、《有关割让地区经济、财政方面处理事项的陈述》等文件，韩国方面也整理出了《对日索赔要求调查报告》等文件。这些文件分别确立了日韩双方在第二次世界大战后对战争善后处理问题——特别是在"战后日本赔偿问题"上的各自的基本方针和立场。

朝鲜半岛脱离日本的殖民统治以后，日本与朝鲜半岛之间除上述"战后日本的赔偿问题"以外，还存在遣返在朝鲜半岛的日本人、处理在朝鲜半岛的日本及日本人的财产问题；在日朝鲜人的遣返问题和滞留日本的韩国〔朝鲜〕人的法律地位和待遇问题；旧朝鲜籍船舶及战争结束时在朝鲜海域的船舶的归属问题；"李承晚（和平）线"与日韩渔业纷争问题；由于朝鲜半岛脱离日本殖民统治而产生的财产请求权问题；领土归属问题；日韩邦交正常化问题；通商问题等诸多问题。这些问题中有的在美军占领期间通过南朝鲜美军军政厅与盟国日本占领当局（SCAP/GHQ）之间的交涉部分地或暂时地获得了解决。例如在朝鲜半岛的日本人的遣返问题及财产处理问题、通商问题等。其他诸如日本的"赔偿问题"、在日韩国〔朝鲜〕人的法律地位问题、日韩渔业纷争问题、领土归属问题等本应在《对日和平条约》中获得解决，但是在东西方"冷战"的形势下，在美国的一手策划下完成的"对日多数媾和"，不仅把中国、苏联等主要对日作战国家排除在对日媾和会议之外，而且也把同属西方阵营的韩国排除在对日媾和之外，致使上述日韩之间很多问题未能在媾和会议中获得解决或没有完全获得解决。这就为以后的日韩关系留下了尚待解决的诸多悬案。

缔结旧金山《对日和平条约》恢复国家的独立以后，得到美国大力支持的日本，已掌握了对韩外交（包括对亚洲各国的战争善后外交）的主动权。签订《对日和平条约》以后，从强化美国东亚反共战略和完善"自由阵营"的东北亚防务体系的角度出发，美国积极斡旋和促使日韩两国举行会谈，解决两国之间的各项悬案问题，建立邦交，以便把日韩这两个东亚"自由阵营国家"紧密地连接起来。在美国的积极斡旋和撮合下，从 1951 年 10 月 20 日到 1965 年 6 月 22 日签订正式条约为止，日韩前后举行了七次正式会谈。其中，吉田内阁时期举行的第一、第二、第三次日韩会谈，虽然会谈没有取得成功，但在这三次会谈中日韩双方确立了今后会谈的基本框架和议题。不仅如此，日方解决两国之间悬案问题的基本构想及会谈的基本方针、政策也是在这一时期萌芽的。而且，在这一时期会谈中，日韩双方在有关问题上的分歧与对立也得到了充分的展现。实际上，此后的日韩会谈就成了根据国际形势的变化及日韩两国国内情况的变化，双方各自调整自己的外交政策，缩短两者之间意见差距的过程。从这个意义上可以说，第二次世界大战以后历时 14 年之久的日韩会谈，实际是以吉田茂内阁时期的日韩会谈为出发点，并在其延长线上进行的。此后，岸信介内阁时期举行的第四次日韩会谈中，日方主要撤回了吉田茂内阁时期导致日韩会谈破裂的日本的对韩财产请求权要求，即所谓的"逆财产请求权要求"和收回了有关日本对朝鲜殖民统治问题上的"久保田贯一郎妄言"，为以后的会谈扫除了障碍。池田勇人内阁时期与张勉内阁举行的第五次日韩会谈，因韩国张勉内阁被朴正熙军事政变推翻而未能取得大的进展。接下来的池田勇人内阁与朴正熙军事政权之间举行的第六次日韩会谈，着重解决了日韩会谈中两个关键性的悬案——即韩国的对日"财产请求权问题"和"渔业及'李承晚（和平）线'问题"，并在这两个问题上达成了原则性的协议。这为日韩会谈最终达成妥协铺平了道路。最后，佐藤荣作内阁时期举行的第七次日韩会谈中，佐藤荣作内阁以池田勇人内阁时期在"财产请求权问题"和"渔业及'李承晚（和平）线'问题"上达成的原则协议为基础，一举解决日韩之间各项悬案问题，实现了日韩邦交正常化。

在叙述日韩关系的上述发生、发展变化的过程中，笔者探讨了影响当代日韩关系发展的根本原因。笔者认为，从韩国政府成立到 20 世纪 50 年代中期，美国利用其二战中膨胀起来的政治、经济和军事实力，在东亚"自由阵营"的防卫问题上采取了独自大包大揽的政策。由于由美国来保障日韩两国的安全，所以日韩之间安全保障方面的相互利益并不显得特别突出，相比之下日韩之间现实的政治、经济上的利害关系更显突出，日韩之间的现实的利害关系以及朝鲜半岛的局势主导着这时期日韩关系的走向。

众所周知，国家的重建和振兴需要大量的资金。二战后不久，刚刚获得独立的韩国，面对国家重建的繁重任务，向日本提出了包括财产请求权在内的巨额的对日索赔要求。而正处于二战后经济复兴时期的日本并不想拿出巨额资金满足"能够使日本破产"的庞大的韩国对日索赔要求。同样把振兴国家的希望寄托在海洋事业（主要是渔业和海产品）上的韩国，也不想眼睁睁地看着技术上处于优势的日本渔船到韩国近海进行疯狂捕捞而袖手旁观。日韩两国的经济利益、渔业利益发生了正面冲突。这一时期，由于日韩在财产请求权问题、渔业及"李承晚（和平）线"问题上的相互利益严重对立，加上朝鲜半岛局势动荡〔朝鲜战争（1950.6.25—1953.7.27）〕等原因，日韩会谈未能取得进展，未能实现日韩关系正常化。

从 20 世纪 50 年代中期开始，美国迫于不断膨胀的经济、军事负担的压力，逐渐调整其东亚战略，改变过去在"自由阵营"防务问题上独自大包大揽的政策，逐渐削减了对第三世界亲美"自由阵营"各国的援助，部分削减了美国在东亚地区的驻军。与此同时，美国要求经济实力大大增强、政治和军事实力有所上升的日本，部分地承担原先美国在东亚地区承担过的部分责任与义务。为此，1960年美国艾森豪威尔政权同日本岸信介内阁举行会谈，签订了《新日美安全保障条约》。美国对"自由阵营"各国援助政策的变化及东亚战略的部分调整，使日韩之间潜在的东北亚安全保障问题上的共同利益开始凸显出来。很多日本人认为"韩国的安全对日本来说是至关重要的。这是自神功皇后以来不变的原则"。而韩国则主张建立包括日本在内的太平洋地区安全保障体制，希望尽快建立东北亚条约组织（"NEATO"），使韩国、日本、"自由中国"（指"台湾当局"——笔者）、"越南"（指南越——笔者）、菲律宾等"自由阵营"各国团结起来形成地区性的集体安全保障体制。

另外，20世纪60年代随着日本经济实现第一次高速增长。日本资本对原料、商品、资本输出市场的需求不断增强。日本垄断资本在寻求原料、商品和资本市场的过程中，在地理位置上邻近、文化上接近、经济上又存在很大互补性的韩国市场便成了日本资本注目的对象。20世纪60年代韩国政治腐败、经济极端凋敝，各种社会矛盾极其尖锐，广大民众生活在水深火热之中。大韩民国成了名副其实的"大患恼国"。为了改变韩国的现状，继李承晚政权之后上台的张勉内阁，提出了"经济开发计划"，积极准备从国外引进资本和技术。但韩国的招商引资工作，面对的却是美国援助不断削减，从欧洲各国引资困难的现实。在这种情况下韩国自然把寻求资本和技术的目光再一次投向了日本。于是日韩在经济上的相互利益也日趋接近。而20世纪60年代已经实现第一次经济高速增长的日本，业已具备了能够满足韩国方面提出的对日财产请求权要求的能力。这为解决日韩关系正常化过程中遇到的最大障碍——韩国的对日财产请求权要求奠定了物质基础。

在此期间，在渔业及"李承晚（和平）线"问题上日韩两国也都遇到了现实的问题。从韩国方面来说，随着日本渔业的现代化，"李承晚（和平）线"越来越丧失了原来所具有的作用。因为，20世纪60年代以后随着日本渔业的现代化，渔船中动力渔船的数量占据了绝对优势，渔船也向大型化方向发展，其速度随之也有了很大的提高。加上日本派遣海上警备艇跟随渔船出海加强警戒，所以装备相对落后的韩国海上警备队的舰艇越来越难以缉拿越过"和平（李承晚）线"的日本渔船，局面越来越难以控制。因此，对韩国来说，放弃"和平（李承晚）线"、签订"渔业协定"成为刻不容缓的事情。

　　20 世纪 60 年代日本也面临着不得不考虑尽快签订"日韩渔业协定"的国际海洋形势。1958 年在日内瓦举行的第一届国际海洋法大会通过了《公海法》、《领海及毗连海域法》、《渔业及公海生物资源保护法》等四项国际海洋法，并规定上述法律在 22 个国家获得批准后即可生效。上述国际法虽然在领海、毗连海域的范围等问题上尚未达成一致意见，但一致肯定了沿海国家对领海及毗连海域海洋资源保护方面的优先权。1960 年联合国召开了第二次国际海洋法大会。美国、加拿大等国在这次大会上提出了 12 海里专属海域案，对此世界海洋大国大都表示了赞同的态度。此后，1962 年《公海法》生效，1964 年《领海及毗连海域法》生效，1966 年《渔业及公海生物资源保护法》也正式生效。从而确立了目前在国际上通行的从基线测量起，领海为 3—12 海里、领海加毗连海域 24 海里、专属经济区 200 海里的国际海洋法准则。日本正是迫于上述有关海洋问题的国际形势，也迫切感到了尽快缔结日韩之间"渔业协定"，使得渔业权问题以对日方有利的形式获得解决的必要性。于是日韩在签订"渔业协定"解决"渔业及'李承晚（和平）线'问题"上的利益也日趋接近。这是 20 世纪 60 年代中期日韩会谈能够达成协议、实现邦交正常化的根本原因所在。

　　日本的战争善后处理外交，在本质上是"利益外交"和"实力外交"，它缺少"道义"和"法律"上的责任意识。二战后，日本在亚洲外交中，充分利用实现"多数媾和"而掌握的外交主动权，以及其在亚洲所具有的经济实力，打着"向前看，着眼于未来"的旗号，极力掩饰日本的殖民统治和侵略战争的罪行，尽量回避侵略亚洲国家的责任，以"经济援助"、"经济合作"取代应负之战争赔偿的法律责任，极力为自己谋得了现实的经济、政治利益，致使日本的殖民统治问题、侵略战争问题等历史问题长期未能得到妥善解决。这导致日本与亚洲各国始终难以建立长期的、相互信任的双边或多边的国际关系。

　　本书是在笔者 2000 年撰写的南开大学博士论文的基础上，增加部分内容而形成的。在笔者博士论文的送审和答辩过程中，天津社会科学院日本研究所研究员吕万和先生、周启乾先生，中国社会科学院世界史研究所教授汤重南先生，北京大学历史系教授宋成有先生，外交学院国际问题研究所教授王德仁先生、林军先生，中国社科院日本研究所《日本学刊》常务副主编、高级编审韩铁英先生等从不同的角度曾对笔者的博士论文提出过许多宝贵的建设性意见和批评。在本书稿的修改整理过程中，笔者也充分吸收了各位先生们睿智的卓见和批评。在本书即将付梓之际，向各位先生表示衷心的感谢和敬意。

　　本书的出版有幸得到了国家社科基金的后期资助。在此谨向国家社科基金后期资助项目的各位评委及国家社科基金管理委员会表示诚挚的谢意。在本书稿的整理、通稿、打印、校对等过程中，我爱人李金波付出了巨大的劳动，在此也对她表示深深的谢意。没有她的支持和付出，很难想象我能按期完成项目，结项出书。新西兰留学回国的我的同事刘丽伟副教授帮助我把本书的中文摘要和目录译成了地道的英文，她的英文水准是我们学院众所公认的，在此对她的慷慨帮助也由衷地表示感谢！另外，我的研究生张迎宏、沙靖宇、万明威、郭才华、徐兴权、魏代梅等同学也参加了本书稿的后期校对工作。在此，也对他们表示谢意。

　　本书的出版得到了中国社会科学出版社曹宏举副总编和黄燕生编审的关心、支持和帮助，在此也对责任编辑为本书的出版付出的辛勤劳动表示深深的谢意。

安成日

2007 年 6 月 30 日

于哈尔滨黑龙江大学寓所

第一章 绪 论

有关当代日韩关系的研究，由于历史的原因及现实条件的限制，在国内至今基本处于空白状态。本书以历史唯物主义观点，利用日、韩、美新近公布的第一手资料，以第二次世界大战以后的日韩两国之间存在的外交悬案及为解决悬案、建立邦交而进行的七次会谈为基本线索，用实证研究方法，对1945 年二战结束至 1965 年日韩实现邦交正常化为止的日韩关系进行了系统的勾画和研究，并提出了自己的一些粗浅的看法。

第一节 当代日韩关系问题的国内外
研究现状及存在问题

一、当代日韩关系问题的国内研究现状

有关当代日韩关系的研究，由于历史和现实的原因，在国内至今基本处于空白状态。国内对有关当代日韩关系的关注，始于 1992 年 8 月中韩两国建交之后。在 20 世纪 90 年代中期出版的有关当代日本外交史的专著中，学者们开始设专章或专节，对当代日韩、日朝关系发展变化的概貌进行了论述。例如，宋成有、李寒梅等著《战后日本外交史（1945—1994）》（世界知识出版社，1995 年版）一书，就设"第九章 日本与朝鲜半岛"，大约用两万字的篇幅概述了日韩邦交正常化交涉过程和日朝关系的曲折发展过程。又如，冯昭奎、刘世龙、刘映春、江培柱、金熙德、周永生著《战后日本外交（1945—1995）》（中国社会科学出版社，1996 年版）一书，在第三章中设"第三节 日本与韩国、朝鲜民主主义人民共和国的关系"，大约用一万五千余字的笔墨概述了朝鲜半岛南北分裂、日韩邦交正常化、日朝关系的发展等内容。从专题研究的角度看，这些著作中的论述还算不上是真正意义上的研

究，至多是介绍性的概述而已。除此之外，从 1994 年到 2000 年中国学者还发表了一些相关论文，据笔者粗略统计，共有十余篇有关当代日韩关系的文章。其中如果除去时事评论性的文章，真正具有一定学术价值和研究功力的文章是凤毛麟角的。其中，邱红艳的"论冷战后的韩日关系"（《国际政治研究》，1995 年第 4 期）；王德复的"论 60 年代日韩关系的演变及其影响"（《外交学院学报》，1997 年第 4 期）；曹中屏的"日韩基本条约与战后日韩关系"（南开大学历史研究所编《1979—1999 南开大学历史研究所建所二十周年纪念文集》，南开大学出版社，1999 年版）；高连福的"构筑新型国家关系——从日韩建立伙伴关系谈起"（《当代亚太》，1999 年第 7 期）；安成日的"池田内阁与张勉内阁的第五次日韩会谈"（2000 年"东亚国际关系与安全保障国际学术研讨会论文集"［南开大学］《国际关系与东亚安全》，天津人民出版社，2001 年版）等就是其中的代表。国内大多数的著作和论文都是 2000 年以后出版和发表的。因此，2000 年 10 月笔者进行博士论文答辩之前，有关当代日韩关系问题的研究，可以说基本处于空白状态。

2000 年以后情况虽然有所改观，与朝鲜半岛、韩国相关的研究论著、时事评论等有了显著的增加，但在总体上，无论是数量还是研究的深度和广度都显得很不够。就日韩关系而言，尚未出版一部较系统地论述当代日韩关系的研究专著。从这个意义上，可以说本书的出版填补了国内这一领域学术研究的空白。

二、当代日韩关系问题的国外研究现状

在国外（主要是日本和韩国）有关当代日韩关系问题的研究开始得比较早，大体上 20 世纪 60 年代初就开始了。国外有关当代日韩关系问题的研究，大体经历了三个阶段。

第一阶段是 20 世纪 60 年代初到 70 年代末。这时期是国外当代日韩关系研究的起步时期，相继问世了一批比较有影响的研究著作。如：（1）李瑜焕著《在日韩国人的五十年史——关于产生的原因、历史背景与解放后的动向》（［日］东京新树物产株式会社出版部，1960 年版）；（2）［日］中保与作著《韩国读本①、②、③》（时事通讯社，1961—1962 年版）；（3）［日］朝日新闻外报部，真崎光晴编《国际问题丛书（第 27 号）·日韩交涉——其经纬和存在的问题》（国际问题研究所，1962 年版）；（4）［日］田中直吉著《撼动日本的日韩关系》（文教书院，1963 年版）；（5）［日］森田芳夫著

《朝鲜终战纪录——美苏两军的进驻与日本人的撤离》（岩南堂书店，1964
年版）；（6）［日］和田正明著《日韩渔业的新出发点》（水产经济新闻社，
1965 年版）；（7）［日］日韩渔业对策协议会编《日韩渔业对策运动史》（日
韩渔业对策协议会发行，1968 年版）；（8）［韩］元容奭著《韩日会谈十四
年》（三和出版社，1965 年版）；（9）［日］鹿岛和平研究所编、吉泽清次郎
监修《日本外交史（28）媾和后的外交（Ⅰ）对列国关系（上）》（鹿岛研究
所出版会，1972 年版）；（10）金玉烈著《韩国与美日关系论》（一潮阁，
1973 年版）等著作和论文集。这些著述的最大特点是很多著作都是当代日
韩关系亲历者撰写的。他们当中有的曾经作为政府官员参与过日韩会谈，有
的是政府智囊机构的学者和资深时事评论家。因此，这些著述与其说是研究
著作，莫如说是事件亲历者们对当代日韩关系和日韩会谈历程的记录。因
此，这个时期出版的有关当代日韩关系的论著，其资料价值远远高于其研究
本身，特别是李瑜焕的《在日韩国人的五十年史》，［日］森田芳夫的《朝鲜
终战纪录》，［日］鹿岛和平研究所编、吉泽清次郎监修的《日本外交史
（28）》，［韩］元容奭的《韩日会谈十四年》等书。例如在《日本外交史
（28）》中，执笔者虽然没有明确标注所使用材料的出处和来源，但明显能感
觉到，书中有关当代日韩关系的论述，大量参考了鲜为人知的相关外交文
件、记录等第一手资料。后来笔者通过日本学界的一些朋友了解到，该书日
韩关系部分的执笔者是日本国内资深的朝鲜半岛问题专家森田芳夫教授。在
日韩会谈过程中，森田芳夫教授作为外务省译员曾参加过日韩会谈，并参与
了外务省史料馆的汇集、整理日韩会谈相关资料的工作。因此，在某种意义
上说，森田芳夫教授不仅是战后日韩关系的重要亲历者，而且也是重要的知
情者。目前日本外务省尚未公开官方拥有的日韩会谈资料的情况下，《日本
外交史（28）》中有关日韩关系的记述，可以说仍具有重要的资料价值。因
此，笔者在本研究中也大量引用了该书的资料。同样，在日韩会谈过程中，
参与过“日韩农相会谈”的原韩国农林水产部官员元容奭撰写的《韩日会谈
十四年》也具有同样的性质。

　　第二阶段是整个 20 世纪 80 年代。这个时期相继问世一大批有关当代
日韩关系问题的有分量的研究著述。在日本、韩国和美国出版的相关研究著
作中，具有代表性的研究著作有（1）　［韩］成滉镛著《日本的对韩政策
1800—1965》（首尔明知社，1981 年版）；（2）［韩］李在五著《韩日关系史
的认识［Ⅰ］——韩日会谈及其反对运动》（学民社，1984 年版）；（3）
［日］石丸和人等著《战后日本外交史：（Ⅰ—Ⅶ）》（三省堂，1983—1985

年版）；（4）［美］李庭植著《战后日韩关系史》（中央公论社，1989 年日译本）；（5）朴庆植著《解放后·在日朝鲜人运动史》（［日］三一书房，1989年版）等著作。这些著作的共同特点就是，在充分利用二战后公开出版的有关日韩关系问题的资料集等第一手资料的同时，特别着力挖掘和利用了日、韩两国报纸、杂志等新闻媒体报道和披露的资料，比较详细、系统地勾画了第二次世界大战后日韩关系曲折发展的脉络，并提出了一些相当精辟的观点。但是，由于时代的局限，这些著作都未能利用 20 世纪 80 年代末以及后来相继公开的日、韩、美官方文件和资料及事件亲历者的回忆录。

第三阶段是 20 世纪 90 年代到 21 世纪初。这一时期，日、韩、美三国进一步公开了与当代日韩关系及日韩会谈有关的文件和档案资料。同时，这时期亲历过当代日韩关系的重大事件及参加过日韩会谈的日、韩双方重要人物也都陆续出版了个人的回忆录。特别值得一书的是，这时期韩国外务部全面公开了日韩会谈资料和文件，日方公开了《外交记录·缩微胶卷（战后部分）》〔第 1—15 次公开〕（1976—2000）及国会各分委员会的议事记录。这些为当代日韩关系研究的进一步深入奠定了资料方面的基础。这时期相继问世了利用新公布的资料对当代日韩关系进行系统研究的有分量的研究专著。

这些著作主要有两大类：一是主要利用韩国外务部公布的资料以及日韩相关人士的回忆录撰写的著作。如：［日］高崎宗司著《检证·日韩会谈》（岩波书店，1996 年版）；李元德著《对日本战后处理外交的一个研究——以日韩邦交正常化交涉（1951—1965）为中心》（1994 年日本东京大学大学院综合文化研究科国际关系论专攻博士学位论文）和该博士论文的韩文修订版，［韩］李元德著《韩日过去历史处理的原点——日本的战后处理外交和韩日会谈》（首尔大学出版部，1996 年版）等就是其中的代表。二是主要利用美国方面公布的资料，从东亚区域国际关系的角度分析当代日韩关系的著作。如：李钟元著《美国的对韩政策与日本》（［日］东京大学出版会，1995年版），金太基著《战后日本政治与在日朝鲜人问题——SCAP 的对在日朝鲜人政策（1945—1952）》（［日］劲草书房，1997 年版）等，就是这类著作的代表。此外，日本学者和田春树、旗田巍、木村昌人、山本刚士、高崎宗司、木宫正史、加藤晴子、新延明、今津弘、太田修、吉泽文寿等和韩国学者李元德、李钟元、金太基等也就有关日韩关系问题发表了一些论文。笔者在撰写本书的过程中，无论是在资料的收集方面，还是在论文的架构方面都从上述前人研究成果中获益匪浅。

三、当代日韩关系研究中存在的问题

在阅读和学习上述前人研究成果的过程中，笔者发现，在当代日韩关系研究中存在两种明显的倾向。

其一是，一些学者把影响当代日韩关系发展的根本原因，归结为日韩在"过去历史认识问题"上的严重对立，即日本与韩国在过去日本对朝鲜殖民统治认识问题上的对立。持这种观点的学者有李庭植、李元德、高崎宗司等。这些学者认为，第二次世界大战后日韩迟迟不能顺利解决两国之间的各项悬案、建立邦交的根本原因在于日本拒不承认过去对朝鲜殖民统治的错误。这导致了日韩两国在"过去历史认识问题"上的严重对立，两国民族在感情上发生了激烈冲突，并最终导致两国战后处理谈判久拖不决。例如韩国学者李元德认为："自 1951 年开始会谈到 1965 年缔结基本条约为止，花费了 14 年的岁月。双方围绕日本对朝鲜殖民统治的评价问题而产生的认识上的分歧是使会谈迟迟难以取得进展的最根本原因"。①因此，这些学者在有关著述中对日本在过去朝鲜殖民统治问题上的错误认识进行了深刻的揭露和批判。

对此笔者认为，当代日韩关系中确实存在日本对过去朝鲜殖民统治的错误认识问题。日本对过去殖民统治的错误认识问题，也确实在一定程度上阻碍了当代日韩关系的正常发展，我们对此进行深刻的揭露和批判也是必要的。但是，笔者在阅读前人的研究成果和相关资料时发现，从第二次世界大战后的善后处理阶段开始到 1965 年日韩两国实现邦交正常化为止，日韩都未能消除两国在"过去历史认识问题"上的分歧。日韩两国基本上各执一词，分歧和对立依然存在，直至现在。

日本对过去朝鲜殖民统治的认识和态度基本上是前后一贯的。从日本大藏省管理局编的《有关日本人海外活动历史的调查》到《有关割让地区经济、财政方面处理事项相关之陈述》，再到第三次日韩会谈时期的"久保田贯一郎发言"、第四次日韩会谈时的"泽田廉三发言"、第七次日韩会谈时的"高杉晋一发言"，日本对过去朝鲜殖民统治的基本认识是一脉相承的。直到日韩两国解决各项悬案建立邦交，实际上日本对过去朝鲜殖民统治的错误认

---

① ［韩］李元德著《首尔大学区域研究丛书·韩日过去历史处理的原点——日本的战后处理外交与韩日会谈》，首尔大学出版部 1996 年版，第 293 页。

识问题始终未能获得解决。也就是说，日韩邦交正常化是在搁置日本对过去朝鲜殖民统治的认识问题的情况下实现的。

这就说明，在一定的历史条件下，思想认识和意识形态上的相互对立的国家，为了实现各自更加现实的、更加重要的国家利益，是有可能超越思想认识和意识形态上的对立，就某一问题达成妥协的。但是，这种妥协并不意味着思想认识和意识形态上的分歧和差异得以消除，只是更加切实的现实利益掩盖了思想认识和意识形态上的分歧。日韩实现邦交正常化以后，两国在过去历史问题上不时地发生矛盾和冲突，便是对笔者这一观点的很好的佐证。关于这个问题笔者在本书中结合当代日韩关系的实际也进行了具体的分析和论述。

其二是，还有一些学者把影响当代日韩关系发展的根本原因归结为"东西冷战和美国的冷战战略"，即强调"美国因素"。认为在处理日韩两国之间的各项悬案，实现日韩两国邦交正常化的过程中，美国发挥了重要作用。持这种观点的代表性学者有李钟元等。在日韩国学者李钟元大量利用美国方面的资料，从东亚国际关系史的角度阐述了当代日韩关系。也许是受所利用的资料的影响，李钟元在其著述中着重强调了美国在当代日韩关系发展中的关键性作用。

对此，笔者在阅读有关资料的过程中也发现，美国自始至终参与或介入日韩会谈，或充当会谈的司会者（首次日韩预备会谈），对会谈直接施加影响，或在背后进行斡旋，对日韩两国施加政治、经济压力等。美国几乎采取了一切可能的方式撮合日韩会谈。但是日韩双方依然为解决两国之间的各项悬案、建立邦交花费了 14 年的时光。不可否认，美国的作用是影响当代日韩关系的重要因素之一，但是，如果认为美国对日韩会谈施加的影响是日韩会谈最终达成妥协、两国建立邦交的根本原因，那就不能很好地解释日韩会谈为何拖延 14 年之久才获得解决的问题。笔者在本书中对这一问题也做出了自己的分析和解答。

四、当代日韩关系研究相关的资料问题

与当代日韩关系研究相关的资料大体可分为六大类。第一类是日本外务省、韩国外务部、美国国务院公布的外交文件、文件汇编等和日、韩两国政府公布的调查报告、国会议事录等。其中，特别值得一提的是韩国外务部公开的韩日会谈记录。该文件是目前研究当代日韩关系时必读的最重要的第一

手材料。在日本，该文件经许可，可在东京大学东洋文化研究所查阅。在韩国，该文件可在韩国国会图书馆查阅到。日本外务省外交史料馆公开的《外交记录·缩微胶卷（战后部分）》、日本国会公布的《众议院会议录》、《参议院会议录》和《众议院委员会会议录》、《参议院委员会会议录》已制作成了微缩胶卷，在日本各主要大学图书馆基本都有收藏。韩国政府的《对日索赔要求调查报告》可在日本亚洲研究所资料室和韩国国会图书馆查阅到，而韩国外务部政务局编的《韩日会谈略记（极秘［"极秘"即"极密"——笔者]）》可在日本国会图书馆或韩国国会图书馆查阅到。朝鲜银行编的《朝鲜银行的对日债权一览表（南朝鲜）》和《大韩民国国会第一届国会速记录》则可以在首尔大图书馆查阅到。美国国务院公布的外交文件也可以在日本国会图书馆查阅到。

第二类是公开出版的资料集。如：日本湖北社重印的《现代日本·朝鲜关系史资料》（1—6 卷），神谷不二等编的《朝鲜问题战后资料》（1—3 卷），森田芳夫等编的《朝鲜终战记录·资料篇》（1—3 卷），鹿岛和平研究所编的《日本外交主要文书·年表》（1—3 卷），朴庆植编的《朝鲜问题资料丛书（战后部分）》（13—15 卷）等。这些在日本一般大学图书馆、国会图书馆都可以查阅到。

第三类是公开出版的当代日韩关系亲历者撰写的回忆录。他们当中有的是日韩两国政府的决策者，有的是曾经作为政府官员直接参与过日韩会谈的人。因此，这些回忆录也是研究日韩关系的重要第一手资料，可以同外交档案、公开出版的资料集相互印证、相互补充使用。日本政治家、政客和外交官的有关当代日韩关系的回忆录，在一般情况下，日本各大学图书馆都有收藏。韩国政治家、政客和外交官的有关当代韩日关系的回忆录，大部分也可以在日本国会图书馆查阅到。

第四类是日韩两国的报刊、杂志等媒体上披露的信息、新闻报道及政府智囊机构的学者撰写的时评、对策等。日韩两国的主流媒体对当代日韩关系的关注度、曝光度是比较高的。在战后日韩关系的发展演变过程中，两国主流媒体对两国关系上的重大事件多有报道和披露。两国政府智囊机构的学者也撰写和发表了很多时评和对策性文章。这些在报纸、杂志上披露的信息、新闻报道也是研究当代日韩关系问题的重要第一手资料。由于政府智囊机构的学者与政界保持着密切的联系，并有特定的信息获取渠道，所以他们的时事评论和具体问题对策也具有很强的资料性，是介于第一手资料和研究论文之间的重要参考文献。这些资料在日本各大学图书馆、国会图书馆等地大部分也都可以查阅到。从目前第一手资料的公布情况来看，韩国外务部虽然公开了日韩会谈的文件，但尚未公开与会谈相关的其他文件。在这种情况下，利用当代日韩关系亲历者的回忆录以及当时日韩两国报纸、杂志上披露的信息、新闻报道和时评等来弥补与会谈有关的相关资料的不足是十分必要的。因此，笔者在撰写本论文时，在尽可能发掘和利用新近公布的日、韩、美方面的官方文件以及相关第一手资料的同时，也大量利用了相关人士的回忆录和报纸、杂志上披露的信息、新闻报道、时评等。

第五类是当代日韩关系研究者撰写的大量研究著作和论文，这些可以统称为第二手资料。第二手资料在本书中也占有重要的地位，特别是日韩两国学者的有关当代日韩关系问题的研究，不仅引领笔者进入了这一研究领域，而且他们的很多精彩的论述给予笔者以诸多有益的启迪。正因为有了他们的开拓性工作，才使笔者在资料的收集、著作的架构、主要观点的确立等方面少走了很多弯路。

第六类是与当代日韩关系并不直接相关的资料、研究著作和论文。这些资料、研究著作和论文，对笔者理解当代日韩关系的宏观历史背景、理解诸多事件的国际、国内背景、理解日韩两国的政治生态、社会风貌、民心民意等方面给予了莫大的帮助。但是，由于篇幅所限，只把极少部分资料和著作列入了参考文献当中。在此，对那些曾经给予笔者以启迪和帮助，但是未能把其著作列入参考文献名单的作者表示深深的歉意。

第二节　当代日韩关系的宏观背景与会谈最终达成妥协的根本原因

一、当代日韩关系的宏观背景

日本与朝鲜半岛隔海相望，有着悠久的交往历史。在长期的历史发展过程中，不同时期日本与朝鲜半岛上的各个政权之间，既存在友好交往的历史，也存在相互对立、冲突、甚至兵戎相见的历史。特别是自明治维新以来，日本在摆脱殖民危机，完成近代民族国家的形成过程中，推行"富国强兵"的政策，提出"脱亚入欧"的口号，主张"与西洋文明共进退"，逐渐走上了向亚洲邻国进行殖民扩张的道路。在日本殖民扩张的过程中朝鲜半岛首当其冲，成为日本侵略扩张的首要目标。明治维新以来，日本相继通过中日甲午战争（1894—1895）和日俄战争（1904—1905），先后把中国清朝的势力和俄国的势力排挤出朝鲜半岛。最终于 1910 年以迫使朝鲜李氏王朝签订《日韩合并条约》的方式吞并了朝鲜。从此，朝鲜半岛便沦为日本的殖民地，一直到 1945 年日本在二战中战败投降为止，朝鲜半岛处于日本殖民统治的铁蹄之下长达 36 年之久。

　　二战后期，反法西斯盟国为协商联合对日作战的问题和战后有关对日的处置问题，中、美、英三国首脑于 1943 年 11 月 22 日至 26 日在埃及首都开罗举行了会议，签署了《开罗宣言》。在《开罗宣言》中，中、美、英三国承诺：二战结束后"使朝鲜自由独立"。① 此后，1945 年 7 月 25 日至 8 月 2 日在德国波茨坦举行的"波茨坦会议"上，中、美、英三国又发表"波茨坦公告"，敦促日本尽快无条件投降的同时，再一次确认："《开罗宣言》的诸条件必将实施"②，进一步明确了二战后"使朝鲜恢复独立"的盟国的原则立场。但是，此后美苏两国协商两国军队在远东地区的作战区域时，在美国的提议下两国决定以北纬 38 度线作为两国军队对日作战的临时分界线，并以此为分界线战后对朝鲜半岛进行了分区军事占领。美苏分区占领朝鲜半岛，对此后朝鲜半岛政治地图的形成产生了重大影响。

　　在二战中，反法西斯盟国联手打败了德、意、日法西斯。但是随着战争接近尾声，围绕战后处理问题和战后建立何种国际政治、经济、军事新秩序的问题，反法西斯盟国内部的各种矛盾日益显现，冲突不断加剧。特别是美、苏两大国之间在上述问题上的矛盾和冲突逐渐演变成了东西两大阵营之间的"冷战"。

　　以美苏之间的矛盾与冲突为核心的东西两大阵营之间的"冷战"，给朝鲜半岛带来的直接后果就是朝鲜半岛的分裂。随着美苏之间矛盾与冲突的加剧，二战后美苏开始在朝鲜半岛各自的占领区内培植亲己的势力。其结果，1948 年 8 月 15 日，在北纬 38 度线以南的朝鲜半岛南部地区成立了以美国为首的西方阵营支持的大韩民国。1948 年 9 月 9 日，在北纬 38 度线以北的朝鲜半岛北部地区则成立了社会主义（亦或东方）阵营支持的朝鲜民主主义人民共和国。

---

① 《国际条约集（1934—1944）》，世界知识出版社 1961 年版，第 407 页。
② 同上书，第 77—78 页。

二、当代日韩关系的特点

本书着重探讨的是二战后国际"冷战"格局下，西方阵营内部的日韩两国之间的关系。日韩双边关系是东西"冷战"系统之下的西方阵营内部次元体之间的双边关系，属于国际关系学研究的范畴。在"冷战"格局下，日韩双边关系从大的方面，首先受东西"冷战"格局变化的影响。其次，又直接受朝鲜半岛南北力量对比关系变化的影响。另外，日韩关系还受西方阵营内部力量对比关系变化的影响。即，日韩关系又受美韩关系、美日关系变化的影响和日韩两国国内政治、经济及安全保障上的相互利害关系变化的影响与制约。

另外，从地缘政治的角度来说，日韩关系属于东亚地区的邻国之间的关系；从经济关系的角度来说，日韩关系又是发达国家和发展中国家的关系；从历史角度上看，日韩关系又是东亚殖民国家和被殖民国家之间的关系。因此，日韩关系既有西方阵营内部国与国之间双边关系的特点，又有发达国家和发展中国家之间的关系的特点，还有亚洲侵略国家和被侵略国家之间关系的特点。这些特点构成了当代日韩关系的复杂性和特殊性。

三、日韩会谈拖延 14 年及最终达成妥协的根本原因

在二战后的东西"冷战"格局下，从韩国政府成立到 20 世纪 50 年代中期，美国利用其在二战中膨胀起来的政治、经济、军事实力，在东亚防卫问题上采取了独自大包大揽的政策。在这种情况下，日韩在东亚安全保障上的共同利益并不显得特别突出。相比之下，日韩之间现实的政治、经济利害关系以及朝鲜半岛的南北局势主导着日韩关系发展的走向。

众所周知，国家的重建和振兴需要大量的资金。二战后不久，刚刚获得独立的韩国，面对国家重建的繁重任务，向日本提出了包括财产请求权在内的巨额的对日索赔要求。而正处于二战后经济复兴时期的日本并不想拿出巨额资金满足"能够使日本破产"的庞大的韩国对日索赔要求。于是日本就反过来向韩国提出"逆请求权要求"的同时，做出类似"久保田妄言"之类的发言来刺激韩国，把会谈故意引向了破裂。同样把振兴国家的希望寄托在海洋事业（主要是渔业和海产品）上的韩国，也不想眼睁睁地看着技术上处于优势的日本渔船到韩国近海进行疯狂捕捞作业而对此袖手旁观。于是韩国为

维护自身的海洋权益和渔业利益在朝鲜半岛周边设置了"和平（李承晚）线"。日韩两国的经济利益，渔业利益发生了正面冲突。由于这一时期日韩在过去日本对朝鲜殖民统治的认识问题、财产请求权问题、渔业及"李承晚（和平）线"问题上的相互利益发生严重对立（特别是后两者），加上由朝鲜战争（1950.6.25—1953.7.27）造成的半岛局势的持续动荡等原因，使这一时期的日韩会谈未能取得进展，当然也未能实现日韩关系正常化。在财产请求权（索赔）问题和渔业及"李承晚（和平）线"问题上的国家利益的长期对立是日韩会谈长期不能达成妥协的最根本的原因。

从 20 世纪 50 年代后期开始，美国迫于不断膨胀的经济负担和军事负担的压力，逐渐调整其东亚战略，改变了过去在东亚地区防务问题上的大包大揽政策，逐渐削减了对东亚亲美的"自由世界"各国的援助，部分削减了美国在东亚地区的驻军。与此同时，美国要求经济实力大大增强，政治、军事实力有所增强的日本，部分地承担原先美国在东亚地区承担的部分责任与义务。为此，1960 年美国艾森豪威尔政权同日本的岸信介内阁举行会谈，签订了《新日美安全保障条约》。

美国东亚战略的部分调整使日韩在东亚安全保障问题上的共同利益开始显现出来。很多日本人认为，韩国的安全对日本来说是至关重要的，"这一点，无论是过去的神功皇后时代，还是今天都没有多大的变化"。① 而自朝鲜战争以来韩国也深知日本作为美军后方基地的重要作用。因此，也希望尽快建立包括日本在内的东北亚条约组织（"NEATO"），使韩国、日本、"自由中国"（指我国台湾——笔者）、南越（指越南南方政权——笔者）、菲律宾等"自由阵营"各国团结起来，组成地区性的集团安全保障体制。

另外，随着 20 世纪 60 年代日本经济步入高速增长阶段，日本资本对原料市场、商品市场、资本市场的需求不断增强。在地理上邻近、文化上接近、经济上又存在很大互补性的韩国市场便成了日本资本注目的对象。20世纪 60 年代韩国政治腐败、经济极端凋敝，各种社会矛盾极其尖锐，广大民众生活在水深火热之中。大韩民国成了名副其实的"大患悯国"。② 为了改变韩国的现状，继李承晚政权之后上台的张勉内阁提出了"经济开发计

---

① ［日］神川彦松："对日本外交的专家进言——我的对外政策分析、批判及构想"，日本国际政治学会编《国际政治·日本外交的分析》，有斐阁 1957 年夏季号，1957 年 8 月。

② "邻国——大韩民国"，［日］《中央公论》1959 年 7 月号。

划"，积极从国外引进资本和技术。但是韩国政府的招商引资工作遇到了前所未有的困难。美国的对韩经济、军事援助正在削减，而从欧洲各国引进资本与技术工作又遇到了种种困难和障碍。在这种情况下，韩国自然把寻求资本和技术的目光再一次投向了日本。日韩之间在经济上的相互需求不断增强。而且当时日本也已具备了能够满足韩国提出的对日财产请求权要求的经济实力和能力。这为解决日韩关系中的最大障碍——韩国的对日请求权问题奠定了物质基础。

在此期间，在渔业以及"李承晚（和平）线"问题上，日韩两国也都遇到了现实的问题。从韩国方面来说，随着日本渔业的现代化，"李承晚（和平）线"越来越丧失了原来所具有的阻挡日本渔船进入韩国周边海域渔场的作用。因为，随着日本经济实力的增强和日本渔业的现代化，20 世纪 60 年代以后日本渔船中动力渔船的数量占据了绝对优势，渔船也向大型化方向发展，且渔船的性能和速度也有了很大的提高。加上日本海上自卫队派遣警备艇跟随其渔船出海加强警戒，所以装备相对落后的韩国警备艇越来越难以缉拿越过"李承晚（和平）线"的日本渔船，局面越来越难以控制。因此，对韩国来说，放弃"李承晚（和平）线"、签订"渔业协定"成为刻不容缓的事情。

20 世纪 60 年代日本也面临着不得不考虑尽快签订"日韩渔业协定"的国际形势。1958 年在日内瓦举行的第一届国际海洋法大会通过了《公海法》、《领海及毗连海域法》、《渔业及公海生物资源保护法》等四项国际海洋法，并规定上述法律在 22 个国家获得批准后即可生效。上述国际海洋法虽然在领海、毗连海域的范围等问题上尚未达成一致意见，但一致肯定了沿海国家对领海及毗连海域海洋资源保护方面的优先权。1960 年联合国召开了第二次国际海洋法大会。美国、加拿大等国在这次会议上提出了 12 海里专属海域案，对此，世界海洋大国大都表示了赞成的态度。此后，1962 年《公海法》生效，1964 年《领海及毗连海域法》生效，1966 年《渔业及公海生物资源保护法》也正式生效。从而确立了目前国际上通行的从基线测量起领海为 3—12 海里、领海加毗连海域 24 海里、专属经济区 200 海里的国际海洋法准则。日本正是迫于上述有关海洋问题的国际形势，也迫切感到了尽快缔结日韩之间"渔业协定"，使渔业问题以对日方有利的形式获得解决的必要性。于是，日韩在签订"渔业协定"，解决两国之间渔业纷争的问题上，看法也日趋接近。这是 20 世纪 60 年代中期日韩会谈最终能够达成协议，实现邦交正常化的根本原因所在。

总之，20 世纪 60 年代中期日韩会谈之所以达成妥协，建立邦交，其根本原因在于两国现实的国家利益的需要，是日韩之间的现实的国家利益需要促使两国实现了邦交正常化。

至于"美国因素"问题，笔者认为，美国对日本和韩国拥有最大影响力的时期正是战后初期。二战后日本处于以美国为首的盟国的占领之下，韩国则被置于美军军政厅统治之下。1948 年 8 月 15 日，韩国在美国的支持下宣布独立，而日本则于 1952 年才结束占领。但是，恰恰是在美军占领期间，在占领当局的直接斡旋下举行的"日韩预备会谈"（1951.10.20—12.22）和第一次日韩会谈（1952.2.15—4.25）却均未达成任何妥协。按理来说这时期美国对占领下的日本和刚刚独立的韩国比以后的任何一个时期都有影响力，但是日韩会谈却未能达成任何妥协。尽管此后美国也不断撮合和斡旋日韩会谈，但日韩会谈还是持续了 14 年之久。这说明，"美国因素"并非是左右会谈的决定性因素。这种情况在巴勒斯坦和以色列之间的"巴以和谈"和中东和平问题上也体现得淋漓尽致。尽管美国不断撮合巴勒斯坦和以色列谈判，也斡旋和提出各种和平方案，但是巴以和平似乎还是遥遥无期。

第三节　当代日韩关系发展阶段的划分与本书的章节结构

一、当代日韩关系的四个发展阶段

二战结束到迄今为止的日韩关系的发展历程，根据两国关系性质的变化和两国所处的国际环境的变动情况，可划分为四个不同时期。而各个不同的发展时期，又可根据每一个时期不同发展阶段的具体特点，划分成若干个发展阶段。

1. 当代日韩关系的第一个发展时期是：从 1945 年 8 月，日本接受《波茨坦公告》宣布无条件投降到 1952 年 4 月生效《旧金山对日媾和条约》为止的这一段历史时期。这一历史时期是日韩关系发生剧烈变化的时期。随着二战的结束和日本在朝鲜殖民统治的终结，日韩之间以往的宗主国与殖民地之间的关系也随之终结。日韩两国关系翻开了新的一页。但是，截止到 1952 年 4 月 28 日《旧金山对日媾和条约》生效为止，日本被置于盟军的军事占领和管理之下，而被置于"朝鲜美军军政厅"管理之下的南朝鲜地区也于 1948 年 8 月 15 日才得以成立大韩民国政府。这时期两国关系的突出特点是，两国均被置于盟军（美军）的军事占领和管理之下，两国关系存在着明显的"占领色彩"。因此，笔者把这个时期的日韩关系定名为"占领时期的日韩关系"。"占领时期的日韩关系"又可根据其阶段性特点划分为"占领初期日韩关系（1945.8—1948.8）"和"占领中后期日韩关系（1948.8—1952.4）"。"占领初期的日韩关系"最显著的特点是日韩关系具有"占领当局之间关系的特点"，即日韩关系表现为日本占领当局（SCAP/GHQ）与"朝鲜美军军政厅（USAMGIK）"之间的关系。"占领中后期的日韩关系"则表现为日本占领当局（SCAP/GHQ）与大韩民国政府之间关系的特点。

2. 当代日韩关系的第二个发展时期是：从 1952 年 4 月《旧金山对日媾和条约》生效到 1965 年 6 月"日韩条约"的签订为止的这一段历史时期。这一时期，美国相继结束了在朝鲜半岛南部的"军政"和在日本的"占领统治"。美国在南朝鲜成立了"自由主义阵营"支持的大韩民国，日本则实现所谓的"多数媾和"（事实上的片面媾和——笔者）基本恢复了国家主权。日韩关系进入了真正意义上的两个主权国家关系的阶段。这时期刚刚独立的韩国和刚刚恢复主权的日本，为清算两国之间的过去，建立新型的国家关系进行了漫长的马拉松式的谈判。这时期日韩关系的基本特点是，两国之间没有正式外交关系。因此，笔者把这个时期的日韩关系称之为"无邦交时期的日韩关系"。本书研究的重点就放在这个时期。这个时期，日韩为清算过去，建立邦交进行了七次、长达 14 年之久的马拉松会谈。

"无邦交时期的日韩关系"根据不同发展阶段的具体特点，又可分为三个发展阶段。

第一个阶段是从 1952 年 4 月《旧金山对日媾和条约》生效到 1954 年 12 月吉田茂内阁辞职为止。这时期，日韩两国围绕二战后遗留下来的两国之间的各项悬案，进行了三次会谈。尽管美国为举行日韩会谈以及为会谈取得成功进行了强有力的斡旋，但是由于双方在请求权问题和渔业问题上国家利益发生严重对立，于是日韩两国的三次会谈都以无果而终。

第二个阶段是 1955 年 12 月日本鸠山一郎内阁上台到 1960 年 7 月岸信介内阁下台为止。吉田茂内阁时期的第三次日韩会谈，因"久保田妄言"破裂之后，日韩关系进入了很长一段的冷却期。接替吉田茂上台执政的鸠山一郎内阁，出于日本重返国际社会的需要，把其外交重点放在改善同社会主义国家的关系上，致力于日苏邦交正常化，所以很自然地冷落了日韩关系。岸信介内阁上台以后出于国际、国内政治需要重新致力于日韩关系的改善。岸信介内阁收回"久保田妄言",两国举行了第四次日韩会谈。但是,好不容易才得以举行的第四次日韩会谈,又因"北送问题"① 的干扰以及在"安保斗争"中随着岸信介内阁的下台,无果而终。

第三个阶段是 1960 年 7 月池田勇人内阁成立到 1965 年 6 月日韩会谈达成最终妥协,两国签订"日韩条约"为止。20 世纪 60 年代日韩两国的国内形势和两国面对的国际形势也都发生了深刻的变化。根据国内外形势的新变化,日韩两国纷纷调整政策,努力改善两国关系。但是,池田勇人内阁与韩国张勉政权举行的第五次日韩会谈,因韩国发生军事政变而草草收场。池田勇人内阁与韩国朴正熙军事政权之间举行的第六次日韩会谈,在"财产请求权"问题、日韩渔业问题上达成重要妥协之后,也因池田勇人首相病退,日本内阁更替而未能取得进一步的进展。接下来的佐藤荣作内阁同朴正熙军事政权举行了第七次日韩会谈,最终实现了两国邦交正常化。

3. 当代日韩关系的第三个发展时期是:从 1965 年 6 月"日韩条约"的签订到 1991 年 12 月苏联解体为止的这一段历史时期。这时期日韩关系又以 1979 年 10 月,韩国总统朴正熙被其情报部(KCIA)长金载圭枪杀为标志,分前后两个阶段。

第一个阶段是从 1965 年 6 月至 1979 年 10 月。这一阶段可称之为"日韩关系的蜜月阶段"。尽管这个时期也发生了严重影响日韩两国关系的"金大中事件"、② "文世光事件"③ 等严重影响两国关系的重大事件,但是在国际冷战格局下被经济上的相互利益和安全保障上的相互利益驱动着的日韩关系很快得到了修复和发展。日韩之间建立了很多官方和民间的交流和对话的渠道。

第二个阶段是从 1979 年 10 月至 1991 年 12 月。这个时期韩国大体上经历了全斗焕、卢泰愚两个军事政权。随着韩国经济的进一步增长以及国际形势、朝鲜半岛南北力量对比的显著变化,以经济上的相互利益和在冷战格局

---

① "北送问题"是指日本把愿意返回朝鲜民主主义人民共和国的在日朝鲜人,送回朝鲜民主主义人民共和国。——笔者

② "金大中事件":1973 年 8 月 8 日,几名韩国特工在日本东京饭田桥附近的某宾馆绑架韩国反对派政治家金大中(后来的韩国总统——笔者)的事件。

③ "文世光事件":1974 年 8 月 15 日,在日朝鲜人第二代文世光使用伪造的日本护照进入韩国,在光复纪念大会上暗杀韩国总统朴正熙未遂,杀害朴正熙夫人陆英修等二人的事件。

下安全保障上的相互利益为纽带的日韩关系，逐渐显现出了其局限性。日韩两国关系围绕日元贷款问题、进一步开放市场问题、古代史问题、教科书问题、慰安妇问题等出现了矛盾和摩擦。日韩关系在现实的利益冲突和历史问题的纠葛中蹒跚前行。

4. 当代日韩关系的第四个发展时期是：从 1991 年 12 月到现在。20 世纪 90 年代初国际形势和日韩两国国内局势都发生了巨大而深刻的变化。在国际方面，随着苏联的解体国际冷战格局彻底终结。东亚的冷战格局也在悄然发生变化。中韩建交、俄韩建交，冰冻的朝鲜半岛南北关系也在悄悄融化。在国内方面，日本在二战后确立的"55 年体制"崩溃，进入了"联合政权时代"。韩国则结束军事政权统治时期，进入了"民主政治时代"。日韩国内政治结构、经济结构、社会结构等也都在发生剧烈的变化。在这种国际、国内形势下，日韩关系也面临着重新定位和调整问题。目前日韩两国关系依然在彷徨和调整中前行。

二、本书的篇章结构

二战后，日韩两国为了解决两国间的悬案、建立邦交，历时 14 年举行了七次正式会谈和 1500 多轮次分委员会会谈、要人会谈及数十次"非正式会谈"，最终达成妥协建立了邦交。本书以日韩会谈为主要线索，记述了从日韩两国的战争善后处理准备到日韩会谈达成妥协为止的两国政治、经济关系发生、发展、变化过程，并探讨了二战后日韩之间的悬案为何迟迟不能获得解决的根本原因以及 20 世纪 60 年代中期日韩之所以能够解决两国之间各项悬案，实现邦交正常化的根本原因。

《当代日韩关系研究（1945—1965）》，共分十章。

第一章是本书的"绪论"。在"绪论"中，笔者首先交代了本选题的国内外研究现状及研究中存在的问题、资料情况等。接着又简要介绍了当代日韩关系的宏观历史背景，当代日韩关系的特点和本书的核心论点——20 世纪 60 年代中期日韩会谈达成妥协的根本原因。在"绪论"中，笔者还对二战结束到迄今为止的当代日韩关系发展历程进行了划分。笔者把当代日韩关系划分为四个历史发展时期，对各个时期的发展特点进行了简要论述。最后，对本书的章节结构的安排，写作过程中的技术处理，本选题的学术价值和现实意义等作了交代。

第二章是"美国对日占领政策的演变与日韩两国战争善后处理准备"。

在本章，笔者围绕日本的战后赔偿问题，运用日、韩两国公布的原始资料，叙述了二战后美国对日占领政策的转变及与之相伴而进行的日韩两国的战争善后处理准备过程。特别是，在对日本赔偿问题上的美、日、韩三方立场的变化。

第三章是"二战后日韩之间的外交课题与《对日和平条约》"。在本章，笔者主要论述了二战后因朝鲜半岛脱离日本的殖民统治而产生的日本与韩国之间的外交课题以及因韩国被排斥在旧金山媾和会议之外而遗留下来的日韩之间的外交悬案问题。

第四章是"吉田茂内阁与李承晚政权的第一次日韩会谈"。在本章，笔者主要叙述了旧金山对日媾和会议以后为解决日韩之间的各项悬案问题，日韩开始接触并进行"第一次日韩会谈"的经纬和会谈很快触礁搁浅的原因。

第五章是"吉田茂内阁与李承晚政权的第二、第三次日韩会谈"。在本章，笔者主要叙述了日韩举行第二、第三次日韩会谈的主要意图、经纬，并分析了会谈破裂的原因，以及这个时期会谈在 14 年日韩会谈史上的意义等。笔者着重指出，吉田茂内阁时期的日韩会谈确定了日后日韩会谈的基本模式和框架。

第六章是"岸信介内阁与李承晚政权的第四次日韩会谈"。在本章，笔者主要阐述了 20 世纪 50 年代中后期，随着美国对外战略的部分调整，岸信介上台以后为改善第三次日韩会谈以来极端恶化的日韩关系而采取的措施，以及岸信介内阁调整日韩关系的原因、动机、会谈经过以及会谈未能达成妥协的主客观原因等。

第七章是"池田勇人内阁与张勉内阁的第五次日韩会谈"。在本章，笔者主要阐述了在美国部分调整对外战略的国际背景下，日韩两国政局的新变化对日韩会谈带来的转机及日韩两国在外交上迅速接近的原因等。剖析了这一时期日韩会谈虽然出现一定进展，但未能最终解决日韩之间的悬案，建立邦交的原因。

第八章是"池田勇人内阁与朴正熙军事政权的第六次日韩会谈"。在本章，笔者主要阐述了 20 世纪 60 年代国际形势的变化与日韩两国举行的第六次日韩会谈的经过和会谈出现重大进展的原因。笔者指出，第六次日韩会谈不仅解决了日韩会谈中的关键性问题——韩国的对日财产请求权问题，而且两国在渔业及"李承晚（和平）线"问题上也达成了诸多共识。这为日韩两国最终解决悬案，建立邦交奠定了基础。只是日本国内政局的变动导致了会谈的中断。

第九章是"佐藤荣作内阁与朴正熙政权的第七次日韩会谈"。在本章，笔者着重叙述了日韩两国以池田勇人内阁时期在"请求权问题"和渔业以及"李承晚（和平）线"问题上达成的原则协议和共识为基础，为日韩会谈画上句号而进行交涉的过程，阐述了日韩建交对东亚国际社会的影响和在日韩两国国内引起的波澜。

第十章是"日本的朝鲜半岛政策与日韩邦交正常化"。本章是全书的结束语。在本章笔者着重分析了日本历届内阁的朝鲜半岛政策及美国因素；日本的"历史认识问题"；日韩之间的共同"安全利益"、"经济利益"在日韩邦交正常化过程中的作用和意义。

第四节　一些重要问题、关键词的说明与翻译上的处理

一、日韩会谈中的主要外交课题与会谈的基本形式

为避免读者在阅读本书时产生不必要的误解或理解上的偏差，在此有必要对日韩之间存在的主要外交课题与日韩会谈的基本形式加以介绍。二战后，因朝鲜半岛脱离日本殖民统治而产生的日韩之间的外交课题有九个。(1) 在朝鲜半岛的日本人的遣返与日本及日本人财产的处理问题；(2) 在日朝鲜人的遣返与滞留日本的韩国［朝鲜］人的国籍和待遇问题，即所谓的"在日韩国［朝鲜］人问题"；(3) 日韩之间的财产请求权问题；(4) 船舶问题；(5) 韩国［朝鲜］文物的归还问题；(6) 渔业及"麦克阿瑟线［（后来演变成"李承晚（和平）线"］问题，即日韩渔业纷争问题；(7) 日韩建立基本关系问题，即日韩邦交正常化问题；(8) 日韩签订通商航海条约问题；(9) 领土争端问题，即"独岛"（日方称之为"竹岛"——笔者）问题。其中，船舶问题和韩国［朝鲜］文物归还问题，从广义上讲，实际上也是属于财产请求权范畴的问题。而在朝鲜半岛的日本人遣返与日本及日本人财产的处理问题，早在盟军占领时期已基本得到处理。只是由于日本方面对盟军处理在朝鲜半岛的日本人私有财产存有异议，并就此向韩国主张财产请求权而成为日韩之间交涉的话题。因此，该问题本质上也属于财产请求权范围内的问题。签订日韩通商航海条约问题则与日韩基本关系问题密切相关。如果日

韩建立基本关系的问题获得解决，两国实现邦交正常化的话，签订日韩通商航海条约的问题也就成了顺理成章之事。日韩两国之间的领土争端问题——即独岛（日方称之为"竹岛"）问题经日韩双方协商，在会谈中双方最终把该问题搁置了起来。因此，在日韩会谈中实际涉及的悬案问题可以说有四个，如果加上后来浮现出来的日韩贸易账户上的韩国对日贸易债务问题，就有五个问题。而其中成为日韩会谈核心课题的问题就是财产请求权问题和渔业及"李承晚（和平）线"问题。事实上，日韩在上述两个问题上的交涉进展情况，一直直接影响着整个日韩会谈的进程。

为解决日韩之间的上述各项悬案，在日韩会谈中经日韩双方协商采取了如下会谈形式。

日韩两国一般把每次举行的正规会谈称之为"日韩正式会谈"，并按会谈次序称"第一次日韩会谈"、"第二次日韩会谈"等。这种"日韩正式会谈"共举行了七次。除这种"正式会谈"以外，二战后日韩在会谈过程中还经常举行"预备会谈"、"正式会谈前的预备交涉"、"首席代表会谈"、"双方高层会晤"等。在每次"正式会谈"中，日韩又举行双方全体代表列席的"正式会议上的会谈"和由相关领域代表组成的若干个分委员会中举行的"分委员会会谈"，分别称之为"正式会议上的会谈"和"×××委员会上的会谈"。但是，有必要说明的是，每次日韩会谈中设立的分委员会的名称不尽相同，在这些分委员会的称呼上日韩之间也是存在分歧的，意见难以统一时双方各叫各的称谓，因此委员会的称谓实际上也是比较混乱的。例如"渔业及'李承晚线'问题委员会"是日方的称谓，而"渔业及'和平线'委员会"则是韩方的称谓。又如"日韩财产请求权委员会"或"财产请求权委员会"是日方的称谓，而"韩国对日财产请求权委员会"则是韩方的称谓。不同的称谓反映的是日韩双方在相关问题上的意见分歧。

在整个日韩会谈期间日韩相继设立了"财产及请求权委员会"、在日韩国［朝鲜］人"待遇及法律地位问题委员会"、"渔业问题委员会"、"基本关系问题委员会"、"船舶问题委员会"五个委员会，分别就有关问题进行了会谈。另外，又根据会谈中的具体需要在"财产及请求权委员会"、"渔业问题委员会"、在日韩国［朝鲜］人"法律地位问题委员会"之下，又设立若干个"小委员会"、"专家委员会"、"事务级会议"等，就专业性、技术性很强的问题举行了磋商和会谈。笔者在撰写本书时把每次"正式会谈"称之为"第×次日韩会谈"，"正式会议"及分委员会、小委员会的会谈称之为

"第×轮正式会议上的会谈"、"第×轮×××委员会上的会谈"、"第×轮×
××小委员会上的会谈"等。

二、本书中使用的一些关键性词汇的说明

笔者在撰写本书时尽可能回避了使用"战后"一词，而是用了"当代"
一词，其理由有二。其一是，本论文中不仅有第二次世界大战的"战后"，
而且还存在朝鲜战争后的"战后"复兴、重建等问题。为避免产生不必要的
误解和混淆，在行文中除意思极为明确的个别的地方以外，大部分使用了
"二战以后"、"二战后"、"朝鲜战争以后"等意思明确的词句。其二是，笔
者对"战后"一词有自己明确的界定。笔者不想随意、毫无界定地继续使用
"战后"一词。二战已经过去五十多年了，我们是否还能把现在继续称之为
"战后"呢？"战后"何时了？

笔者以为，"战后"作为每次战争之后均会出现的特定历史时期，应当
包括这样一个历史阶段：一是，战败到对战败国的军事占领或管制结束，签
订媾和条约为止的一段时期。即，战败国恢复主权，在对内对外行使正常国
家主权为止的一段时期。二是，参战各国的政治、经济体制从战时政治、经
济体制恢复到和平时期政治、经济体制，各项经济指标恢复到战前水平为止
所需要的一段时期。一般来讲，参战各国签订媾和条约，战败国重新恢复国
家主权，参战各国的政治、经济体制恢复到和平时期体制，各项经济指标恢
复到战前水平就应视为战后时期结束。

近代以前的战争，由于战争的规模有限，破坏性相对较弱，所以战争的
善后工作相对简单，"战后时期"也比较短暂。但是，近代以来随着战争规
模的不断扩大、卷入战争的国家和人口的不断增多及战争破坏性的空前增
强，战争善后处理工作的难度也有了空前的提高。由于种种原因，赔偿问
题、领土变更问题等，战争的善后处理问题等常常很难在短时期内得到妥善
解决。第一次和第二次世界大战后情况便是如此。因此，现在讨论"战后"
内涵问题，除了上述两个条件以外必须再增加第三个条件，即，因战争导致
的赔偿问题、领土变更问题等交战国之间的外交问题得到彻底解决。但是，
只增加这第三个条件还不够。因为，近代以来，大规模的战争结束之后，战
胜国往往重新构筑"战后"新的国际体制。战败国要想成为国际社会真正平
等的一员，必须重新加入由战胜国构筑的新的国际政治、经济体制。因此，
"战后"结束的第四个条件是，战败国摘掉"敌国"帽子，重新加入由战胜

国构筑的新的国际政治、经济体制。完成这一过程所需要的时间就是"战后"阶段。

二战以后，在冷战形势下，日本同美国为首的西方各国实现了"多数媾和"（事实上的单独媾和——笔者），因此未能通过媾和条约一次性地彻底解决战争的善后处理问题。签订《旧金山对日媾和条约》以后，日本又不得不继续通过双边谈判的形式，去解决同过去交战国之间的赔偿问题、领土变更问题和建立邦交问题等，致使日本的战争善后处理工作拖延了很长一段时期。

以上述四项"战后"结束的标准看，在国际法意义上，日本截至 20 世纪 70 年代中期才基本上完成战争善后处理工作，结束了"战后"。因为截至20 世纪 70 年代中期，在国际法意义上日本基本完成了缔结媾和条约、重建国内和平的政治经济体制、实施赔偿、处理领土变更、同过去交战国重建邦交、加入新的国际体制等"战后"课题。之所以说日本"基本完成"了战争善后处理工作，是因为日本和朝鲜之间尚未实现邦交正常化的缘故。从这个意义上，20 世纪 70 年代中期日本就已经脱离了"战后"时期。此后的日本历史发展不宜再称之为"战后"。因此，笔者认为，把第二次世界大战以后的历史称之为"当代"更为合适。至于为何使用"当代"一词，吉林大学陈本善先生在"关于日本当代史研究上的几个问题"一文中对此作了精辟的阐述，① 笔者基本同意陈本善先生的观点。因此，在此不再赘述。

三、翻译上的处理问题

笔者在撰写本书的过程中大量引用了日文、韩文及部分英文资料。这里需要指出的是，笔者引用的部分日文资料本身就是从韩文、英文翻译过来的，同样笔者引用的韩文资料也有一部分是从日文、英文翻译过来的。从严谨治学的角度出发，笔者在尽可能去查找原文，进行了必要的核对。但相当一部分资料仍无法查找原文。因此，也未能进行必要的核对。所以，如果读者有幸获得笔者在本书中引用的原文，并把它与本书中转引的译文进行比对，就会发现部分未经核对过原文的引文，同原文相比较会在语气上、表述上多少存在一些出入和差异。这种情况在日韩学者论著中笔者转引的英文资

① 陈本善："关于日本当代史研究上的几个问题"，《日本史论文集》，生活·读书·新知三联书店 1982 年版，第 449—469 页。

料中也同样存在。在现有的条件下，这些问题只能有待将来弥补了。

　　笔者在本论文中使用的大量资料都是由日文、韩文翻译成中文的。众所周知，中文同日文、韩文相比较在语言习惯上存在着很大的差距。日、韩文的共同特点是省略主语。外交文件不同于一般著述，在意思的表达、问题的表述、词句的选择等方面极为斟酌、推敲。因此，弄不好就有可能曲解原意。所以在翻译成中文的过程当中，笔者在尽可能保留资料的原始形态的同时，因中文语言习惯上的需要添加词句的地方，笔者都用〔〕标明了添加的词句。另外，凡是笔者所作的说明，也都用（）作了标明。

　　另外，日文、韩文资料在有关称谓上也极不统一。在此试举两个例子。如，在日本居住的朝鲜人，日方一般称之为"在日朝鲜人"，韩方则称"在日侨胞"、"在日韩国人"、"在日韩人"等。笔者在行文中一般统称为"在日韩国〔朝鲜〕人"。

　　此外，对大韩民国成立之前的朝鲜半岛北纬 38 度线以南地区，笔者在行文中一般称之为"南朝鲜地区"或"南朝鲜"，"大韩民国政府"成立之后一般称之为"韩国"或"大韩民国"。一些固有名称，约定俗成名称，如美军"朝鲜美军军政厅"、"南朝鲜过渡政府"等继续沿用了固有名称或约定俗成的名称。引文中出现的上述名称，则保留了原来的称谓。对朝鲜民主主义人民共和国成立之前的北纬 38 度线以北朝鲜半岛地区，本书则在一般行文中称之为"北朝鲜地区"或"北朝鲜"，一些固有名称，约定俗成名称则继续沿用了固有名称或约定俗成名称。引文中出现的相关名称，则保留了原文的称谓。朝鲜民主主义人民共和国成立之后则一般称之为"朝鲜"或"朝鲜民主主义人民共和国"。个别从上下文意思上看，指代明确的地方为行文上的方便偶尔也使用了"北朝鲜"的称谓。需要指出的是，这些名称和称谓并没有特殊的政治上的褒贬含义，也不代表笔者的政治倾向或立场。

四、本书的学术价值和现实意义

　　首先，本书在国内填补了有关日韩关系研究方面的空白。由于历史的原因及客观条件的限制，国内有关日韩关系的研究一直处于空白状态。笔者在本书中以历史唯物主义的观点，在东亚国际关系的维度上，运用实证的历史研究方法，全面系统地研究、分析和阐述了第二次世界大战结束到 20 世纪60 年代中期日韩邦交正常化为止的当代日韩关系发生、发展、变化的全貌。

　　其次，在资料方面，本书在国内首次使用了日、韩、美等国 20 世纪 80

年代以后新公布的官方文件、档案资料以及亲历当代日韩关系的相关人士的回忆录等新资料，很多资料在国内都是首次披露。因此，本论文具有材料新的特点。

再次，本论著在方法论及观点上有新的突破。笔者在当代日韩关系研究中把战后形成的"冷战"体制作为一个大系统来考察，认为在"冷战"体制这个大系统之内存在维持"冷战"体制的相互对立的两大子系统，即"东方阵营"和"西方阵营"。并指出，日韩关系是西方子系统内部次元体之间的双边关系。因此，当代日韩关系深受构成冷战体制的两大子系统——东西两个阵营力量关系变化的影响。基于上述理解，在考察当代日韩关系时笔者从冷战体制下的东亚国际关系这样一个维度出发，结合相关资料着重考察了各个时期东亚国际形势的变化、美国东亚战略的调整，美韩、美日关系的变化以及日韩两国国内政局的变化等因素对日韩关系所产生的影响。同时，笔者还充分注意到了，当代日韩关系本身所具有的特殊性。认为，从地缘政治的角度来说，日韩关系是亚洲地区邻国之间的关系；从经济发展层次的角度来说，日韩关系又是发达国家和发展中国家之间的关系；从历史角度来说，日韩关系又是殖民国家和被殖民国家之间的关系。因此，日韩关系既有东亚邻国关系的特点，又有发达国家和发展中国家之间的关系的特点和亚洲侵略国家和被侵略国家、殖民国家和被殖民国家之间关系的特点。这些特点构成了当代日韩关系的复杂性和特殊性。

通过上述考察，笔者在本书中得出了和以往的研究结论不同的新的结论。笔者认为，第二次世界大战以后，影响日韩关系的因素是极为复杂的，但是最终影响日韩关系的决定性因素是日韩两国各自的国家利益。日韩两国在财产请求权问题和渔业问题上的国家利益的根本对立是日韩会谈久拖不决的根本原因，同样两国在"经济合作"和"安全保障"方面的国家利益上的相互吸引也是 20 世纪 60 年代中期，日韩能够达成妥协建立邦交的根本原因。在战后历次日韩会谈中美国虽然在明里暗里对两国都施加了很大影响，但终究未能在根本上左右日韩关系发展的进程。这也符合马克思主义的外因是变化的条件，内因是变化的根据，外因只能通过内因才能起作用的基本原理。而在二战后日韩关系发展过程中表现出来的，在过去日本对朝鲜殖民统治问题上的日韩两国的认识分歧，它只是一种表象，其实背后深藏的根本原因依然是国家利益上的冲突。

笔者以为本课题的研究具有重要的历史意义和现实意义。

首先，我们通过当代日韩关系发展历程的科学考察，可以进一步把握二战以后日本亚洲外交的特色和本质，可以进一步提高我们对日本外交的认识。日本外交的本质是"利益"外交和"实力"外交。在日本外交、特别是战争善后处理外交缺少"道义"和"法律上的责任"意识，更多的是"利益"和"利害关系"。在日本对亚洲的战争善后外交中，日本充分利用通过"多数媾和"掌握的外交主动权，利用其在亚洲所具有的相对经济实力，打着"过去的就让它过去，向前看着眼于未来"的旗号，拒不承认过去殖民统治的错误，在战争的善后处理过程中尽量回避侵略亚洲国家的战争责任，以提供"经济援助"、"经济合作"来逃避本应对自己的殖民统治和侵略战争所造成的损害进行赔偿或补偿的"道义"和法律上的责任，并为自己谋得了最大限度的现实的经济利益和政治利益。致使日本在同亚洲各国交往的过程中，日本的殖民统治问题、对外发动侵略战争问题等历史问题长期得不到妥善解决，日本与亚洲各国始终难以建立相互信任的长期的双边或多边的国家关系。

其次，通过本课题的研究，我们也可以进一步准确把握"冷战"结束以后东亚地区国际关系的走向和朝鲜半岛局势的变化。"冷战"结束以后东亚地区国际关系格局正在发生引人注目的变化。特别是中韩建交、俄韩建交、朝美对话、日朝会谈、朝鲜半岛南北首脑会晤、朝核问题等，在世纪末让世人的目光再一次聚焦于朝鲜半岛。在新的千年，东亚将出现何种国际政治格局？这在很大程度上取决于朝鲜半岛今后的走向。通过研究和考察当代日韩关系，我们不难预见今后日朝会谈的结局，不难把握朝美关系、朝鲜南北关系的走向。在这一点上本课题的研究具有重要的现实意义。

第二章　美国对日占领政策的演变与
日韩的战争善后处理准备

第一节　二战后美国的对日、对朝鲜
半岛政策及其演变

一、美国对日本的非军国主义化、民主化改革及美军对南朝鲜的占领

二战以后，美国以盟国的名义事实上单独占领日本，掌握了对日占领政策的主导权。因此，美国的对日政策及美国对日本过去殖民统治态度，对二战后的日韩关系产生了深刻的影响。

最早反映美国及反法西斯盟国的战后对日政策的纲领性文件是 1943 年 11 月 27 日中、美、英三国签署的《开罗宣言》。中、美、英三国在《开罗宣言》中称："三国之宗旨在剥夺日本自 1914 年第一次世界大战开始以后在太平洋上所夺得的或占领之一切岛屿，在使日本所窃取于中国之领土，例如满洲、台湾、澎湖群岛等归还给中华民国。日本亦将被逐出于其以暴力或贪欲所攫取之所有土地，我三大盟国轸念到朝鲜人民所受之奴役待遇，决定在相当期间，使朝鲜自由独立。"①

此后，1945 年 7 月 26 日，中、美、英三国首脑在敦促日本投降的《波茨坦公告》中进一步阐述了战后对日政策的基本原则。在《波茨坦公告》中，盟国明确表示"欺骗及错误领导日本人民使其妄欲征服世界之威权及势力，必须永久剔除"。"开罗宣言之条件必将实施，而日本的主权必将限制于

---

① 《国际条约集》(1934—1944)，世界知识出版社 1961 年版，第 407 页。

本州、北海道、九州、四国及吾人所决定其他小岛之内"。"日本军队在全部解除武装以后，将被允许返其家乡，得有和平及生产生活之机会"。"吾人无意奴役日本民族或消灭其国家，但对于战争罪人犯，包括虐待吾人俘虏者在内，将处以法律之严厉制裁"。"日本政府必须将阻止日本人民民主趋势之复兴及增强之所有阻碍予以消除，言论宗教及思想自由以及对于基本人权之重视必须建立"。"日本将被许维持其经济所必须及可以偿付实物赔偿之工业，但可以使其重新武装作战之工业不在其内。为此目的，可准其获得原料，以别于统制原料。日本最后参加国际贸易关系当被准许"。"上述目的之达到及依据日本人民自由表示之意志成立一倾向和平及负责之政府以后，同盟国军队当即撤退"。①

1945 年 8 月 15 日，日本接受《波茨坦公告》宣布投降。美国以盟国的名义事实上单独占领了日本。占领初期，美国基于《开罗宣言》、《波茨坦公告》及 1945 年 9 月 22 日发表的《关于日本投降以后的美国的初期对日方针》（简称"美国的初期对日方针"）中确定的"确实保证日本，使其不再成为美国及世界安全的威胁"② 的原则精神，对日本进行了大刀阔斧的非军国主义化、民主化改革。

美国的上述初期对日占领政策原则精神，也反映在美国对待过去日本殖民地的政策上。具体到对朝鲜半岛的政策上，日本宣布投降以后，根据美苏之间达成的默契，双方以北纬 38 度线为界对朝鲜半岛进行了分区占领，半岛北部由苏军占领，半岛南部则由美军占领。

1945 年 9 月 7 日，美国太平洋陆军总司令麦克阿瑟（Gen. Douglas Mac Arthur）发布《太平洋美国陆军总司令部布告第 1 号》，宣布："考虑到朝鲜人民长期被奴役的事实，为在适当的时期解放朝鲜并使之独立"，"占领北纬 38 度线以南之朝鲜地区"并实施军政，③ 同年 9 月 12 日，阿诺尔德（Major General Arnold）少将被任命为"在朝鲜美国陆军司令部军政厅"长官，20 日正式成立了"朝鲜美军军政厅（USMGIK）"（一般俗称"南朝鲜美军军政厅"），从而开始了美国对南朝鲜的军政。

---

① 《国际条约集》（1945—1947），世界知识出版社 1961 年版，第 77—78 页。
② ［日］外务省特别资料课编：《日本占领及管理重要文件集（第一卷）基本篇》，1949 年版，第 94—96 页。
③ ［韩］亚细亚问题研究所日本研究室编《亚细亚问题研究所日本研究丛书①·韩日关系资料集》（第一辑），高丽大学出版部 1976 年版，第 15—16 页。

1945 年 9 月 25 日，刚刚成立不久的南朝鲜美军军政厅，根据《波茨坦公告》的基本精神，从清算日本对朝鲜的殖民统治的角度出发，发布"在朝鲜美国陆军司令部军政厅法令第 2 号"（1945.9.25），首先规定禁止日本国有财产从 1945 年 8 月 9 日以后的变动，并规定其私有财产的处理必须通过特定的手续。① 同年 12 月 6 日，南朝鲜美军军政厅又根据"鲍利中间赔偿报告"（Pauley Report）精神，发布"在朝鲜美国陆军司令部军政厅法令第 33 号"（1945.12.6）宣布："1945 年 8 月 9 日以后，日本政府及其机关，以及该国民、会社（公司）、团体、行会，该政府的其他机关，或该政府组织、抑或该政府管理之团体直接或间接、全部或一部分所有或管理的金、银、白金、通货、证券、银行存款、债权、有价证券以及军政厅管辖范围内存在的其他一切财产及其收入之所有权，自 1945 年 9 月 25 日起由朝鲜军政厅取得，并把全部财产悉数归朝鲜军政厅所有"。② 通过上述法律，南朝鲜美军军政厅不仅剥夺了在南朝鲜之日本国有、公有财产，而且也剥夺了在南朝鲜的日本人的私有财产。

不仅如此，美国还从"削强扶弱"，均衡东亚各国的力量的角度出发，表示：准备拆迁部分日本本土的工厂、设备，把它移交给朝鲜，用于独立后的朝鲜经济复兴。1945 年 11 月 13 日，以鲍利（E. Pauley）为首的美国有关日本战后赔偿问题的使团到日本访问，进行了为期三周的实地调查。同年 12 月 7 日，鲍利使团发表了有关日本战后赔偿方面的"鲍利中间赔偿报告"。"鲍利中间赔偿报告"发表的第二天，鲍利就有关朝鲜的独立和清算日本对朝鲜的殖民统治的问题发表了如下见解。鲍利说："我打算向杜鲁门（Harry S. Truman）总统提出建议，研究在曾经用于盘剥朝鲜资源和人民的日本的工厂、设施中，把哪些部分从日本本土转移〔到朝鲜〕，为独立之朝鲜经济的复兴作出贡献"。③

1946 年 5 月 11 日，在转交给麦克阿瑟的书简中，鲍利主张，和参加盟国集团的中国一样，作为赔偿也必须让朝鲜接受在朝鲜的日本设施。

鲍利试图通过上述措施，不仅达到"剥夺日本的战争能力，实现经济民

---

① 前引亚细亚问题研究所日本研究室编《亚细亚问题研究所日本研究丛书①·韩日关系资料集》（第一辑），第 16—18 页。

② ［日］森田芳夫、长田佳奈子编：《朝鲜终战记录·资料篇·第一卷·日本统治的结束》，岩南堂书店 1979 年版，第 266—267 页。

③ ［日］《朝日新闻》1945 年 12 月 10 日。

主化"的目的，而且还要达到"重新在亚洲确立和平与繁荣的经济均衡，为这一地区经济复兴作贡献"的目的。①

南朝鲜美军军政厅配合上述华盛顿的对日政策，于1946年，在军政厅内设立了由美国经济专家和南朝鲜地区的当地经济专家组成的"特别经济委员会"（Special Economic Committee），以日本必须对因其殖民统治而蒙受损失的朝鲜人进行补偿为前提，开始了制作南朝鲜地区的对日索赔清单与日方要求财产补偿的请求权清单的工作。

1946年3月到9月，南朝鲜美军军政厅调查了回国朝鲜人的战争受害情况。1946年3月1日，南朝鲜美军军政厅颁布"法令第57号"，宣布截止到同年3月7日，回收当时居住在南朝鲜地区的朝鲜人拥有的日本银行券及台湾银行券，代行发放了"日本（台湾）银行券保管证"。

另外，1947年，南朝鲜美军军政厅又在各市、道一级进行了被征用者及被征兵者的（未支付工资、伤残抚恤金、家属津贴、储蓄金、延长期限津贴、退职金、债券等）受害调查。首尔市、京畿道等分别向美军军政厅提交了其调查结果。例如，首尔市向南朝鲜美军军政厅提出了"对2041名征用者补偿4931108日元，对33名伤残者补偿62983日元，对35名死亡者补偿184454日元，合计对2111（2109＊）人补偿5178345日元的要求"；京畿道则向南朝鲜美军军政厅提出了"对被征用后生还的11217名被征用者支付未支付的工资20410367日元，对210名伤残人员支付701154日元津贴，对376名死亡者支付吊慰金3113221日元，合计支付24220467（24224742＊）日元的要求"。②

根据南朝鲜美军军政厅"特别经济委员会"的调查，南朝鲜地区要求日本进行赔偿的总额为49964278000日元，日方要求南朝鲜地区进行补偿的财产请求权金额为8889399420日元，并认为日本有义务向南朝鲜支付其差额部分。③

---

① ［日］《朝日新闻》1946年5月14日。

② ［韩］《首尔新闻》1947年9月19日；《自由新闻》1947年12月10日。＊括弧内的数字为笔者重新核对计算后的数据。

③ ［美］Kyung—cho Chung. *Korea Tomorrow*: *Land of the Morning Calm*, New York, The Macmillan Company, 1956, pp. 217 — 219; Robert T. Oliver, *Why War Came in Korea*, New York, Ford ham University Press, pp. 242—245.

二、美苏冷战的表面化、中国内战的升级与美国对日政策的转变

1947 年以后，美苏"冷战"进一步表面化。此时，在美国东亚战略中处于中心地位的中国，则国共内战进一步升级。美国对中国内战的"马歇尔（General John Marshall）调停"（此后不久马歇尔就任美国国务卿）也最终宣告失败。在这种形势下美国国务院内对中国形势的悲观情绪不断扩散，在构筑二战后美国东亚战略的过程中，日本的战略地位开始越来越受到美国决策层的关注。美国国务院的一些人公开主张，从长远的眼光看，必须推动重建"欧洲和亚洲两大工厂"（即德国和日本——笔者）的进程，并声称："归根结底亚洲和欧洲两个大陆的复兴很大程度上依赖于两国（德国和日本）"的重建。[①] 美国二战后的东亚战略构想开始发生了重大的变化。

在上述美国东亚战略构想的变化中，1947 年 1 月 28 日，美国派遣以斯特瑞克（C. Strike）为团长的特别调查团到日本，重新调查日本的赔偿能力与赔偿情况。该特别调查团在日本进行为期 20 天的调查以后，于同年 2 月 18 日，向占领日本的盟军总司令官麦克阿瑟提交了"第一个斯特瑞克报告书"。同年 6 月 30 日，美国陆军部又决定派遣第二次斯特瑞克调查团，对赔偿问题进行调查。8 月 10 日该调查团正式赴日开始进行调查。1948 年 2 月 26 日，该调查团向美国陆军部提出了"斯特瑞克报告书"（Strike Report）。在该报告书中，斯特瑞克调查团以执行"鲍利中间赔偿报告"会对日本经济产生重大的负面影响，这会增加支付盟国对日占领经费的美国纳税人的负担为由，要求对"鲍利中间赔偿报告"进行修正，削减日本的赔偿数额。

与上述有关对日赔偿的新动向相伴，1947 年 8 月，远东委员会（Far Eastern Committee）做出了："只有盟国才有权获得日本的赔偿。朝鲜因不是远东委员会的成员，所以不能获得直接的赔偿。朝鲜应以获得日本遗留下的财产而感到满足"的决定。[②] 也就是说，远东委员会首先否决了朝鲜半岛

---

① ［日］菅英辉："美国的战略秩序构想与亚洲地区一体化——1945—1950 年"，日本国际政治协会编《国际政治·第 89 号·第二次世界大战结束的诸相》，1988 年 10 月。

② ［美］Sung-Hwa Cheng, *Japanese-South Korean Relations Under American Occupation，1945 — 1952，The Politics of Anti-Japanese Sentiment in Korea and The Failure of Diplomacy*, Ph. D Dissertation, The University of Iowa, 1988, p. 128.

方面获得日本赔偿的权利。"斯特瑞克报告书"和远东委员会的决定，对南朝鲜地区的对日本索赔要求产生了很大的冲击。

进入 1948 年以后，美国把其东亚战略的中心完全转移到了日本，并开始积极扶持日本。1948 年 1 月 6 日，美国陆军部长罗亚尔发表"把日本建设成防止全体主义（指'共产主义'——笔者）侵略的屏障"① 的著名演说之后，美国进一步缓和了占领初期在日本实行的严厉的非军事化、民主化政策。

1948 年 3 月 7 日，占领军在日本国内实行新的警察制度。同年 3 月 18 日，美国撤销了远东委员会做出的有关排除日本过度集中的经济力量的决定。同年 3 月 20 日，再一次派遣以德雷伯（Draper）为团长的日本赔偿问题调查团到日本，进行有关日本赔偿问题的调查，同年 5 月 18 日发表了"德雷伯报告"（Draper Repot）。在该报告中，德雷伯调查团在再一次要求削减日本的赔偿数额的同时，要求停止实施鲍利中间赔偿计划。同年 4 月 27 日，盟国日本占领当局（SCAP/GHQ）又促使日本政府设立了海上保安厅。同年 12 月 18 日，占领军总司令部（GHQ）发表"稳定经济九原则"，开始大力扶持日本经济的复兴。

三、朝鲜半岛的正式分裂与美国的对日、对韩政策

随着东西冷战的加剧，在朝鲜半岛，南北的对立也不断加剧。美苏分别筹划在其占领地区建立亲己的政权。1948 年 8 月 15 日，在美国的扶持下南朝鲜地区成立了亲美的大韩民国政府（简称"韩国"），同年 9 月 9 日，在苏联的支持下北朝鲜地区成立了朝鲜民主主义人民共和国（简称"朝鲜"）。朝鲜半岛正式分裂为南北两个国家。朝鲜半岛的分裂对日后的日韩关系产生了深刻的影响。

1948 年 9 月 11 日，南朝鲜美军军政厅，根据 1947 年 8 月远东委员会做出的决定，同韩国政府签订《美韩关于财政及财产的协定》，把南朝鲜美国军政厅接受的在南朝鲜地区的日本国有财产及私有财产全部移交给了韩国。

《美韩关于财政及财产的协定》规定："大韩民国政府承认并批准，朝鲜

---

① ［日］斋藤真、永井阳之助、山本满编《战后资料·日美关系》，日本评论社 1970 年版，第 7 页。

军政厅业已做出的，并依据《朝鲜军政厅法令·第 33 号》归属〔朝鲜军政厅〕的原日本人公有、私有财产的处理。根据本协定第 1 条至第 9 条的规定保留的美国政府获得或者使用的有关财产除外，现在尚未处理的归属〔朝鲜军政厅的〕财产及因租赁、借贷、处理上述归属〔朝鲜军政厅的〕财产而产生的纯收入中尚未消费的资金，连同其账目和买卖合同一起移交给大韩民国政府。"①

进入 1949 年以后，亚洲形势又发生了新的变化。在中国大陆，美国支持的蒋介石政权已面临穷途末路。中国共产党领导的中国革命的胜利与蒋介石政权的灭亡已成为时间问题。在这种形势下，美国的注意力开始向对日媾和问题集中，加紧进行了国内各部门之间的意见调整。同时，1949 年 9 月，美国国务卿与英国外相举行会谈，协调美、英之间的意见，在尽早实现对日媾和方面达成了共识。②

随着对日媾和问题提上议事日程，韩国能否参加对日和约的问题成了美、日、韩之间交涉的焦点。在冷战形势下，同韩国相比，更加重视日本的战略地位和作用的美国，以韩国不是对日交战国为由，没有让韩国参加旧金山对日媾和会议，韩国被排除在对日媾和之外。

第二节　日本的战争善后处理准备
与对殖民统治的态度

一、日本的战争善后处理准备

二战后的日韩关系可以说是从战争善后处理准备开始的。在二战中随着日本接受《波茨坦公告》宣布无条件投降，日本对朝鲜半岛的殖民统治也面临了将要垮台的局面。面对这种形势，日本在朝鲜半岛的殖民统治机构——朝鲜总督府成立了"终战事务处理本部"，开始着手清理日本对朝鲜的殖民统治的"遗产"。日本大藏省则成立"在外财产调查会"，着手调查了包括即将脱离日本的殖民地的财产在内的日本的海外资产。日本外务省则成立"研究和平条约问题干事会"，着手研究了战后赔偿、领土割让、殖民地独立等

---

① 〔韩〕外务部政务局编《韩日关系参考文件集》，1958 年，第 136 页。
② 〔美〕*Foreign Relations of the United States*，1949，Vol. Ⅶ. Part Ⅱ，p. 871.

与媾和问题相关的战争的善后处理问题。

　　二战后，日本面临的第一个"最大的问题是赔偿问题"。① 1945 年 11 月 13 日，美国鲍利赔偿使团到达日本以后，日本指派当时担任终战联络中央事务局总务部总务课长的朝海浩一郎，千方百计与赔偿使团接近，打探美国在赔偿的程度、规模、形式、时限、在外财产的处理、赔偿与产业设施的复兴等一系列问题上的态度。在同赔偿使团的接触中，日本一方面表示"全体日本国民承担战争之责任，甘愿接受相当之惩罚"的同时，② 另一方面，又"为不至于使〔日本国民的〕生活水准一落千丈，下降到超出国民想象之外的悲惨境地"，使其"丧失重建日本的希望"③ 而进行了拼死的努力。同美国鲍利赔偿使团接触以后，朝海浩一郎于 1946 年 2 月 12 日，向日本政府及外务省提交报告称："对日本产业的将来，很多地方感到深深的忧虑。日本政府与产业界不要消极等待有关赔偿的决定，而是应倾注全力对占领军给予能够对其决定本身施加影响的合理的协助。"④ 日本大藏省的《有关日本人海外活动的调查》及外务省的《有关与割让地区经济、财政方面处理相关之事项的陈述》等文件，就是日本为了"影响占领军的决定本身"而撰写的。

　　1945 年 8 月 27 日，日本在朝鲜的殖民统治机构——朝鲜总督府设立了"终战事务处理本部"。以其下属的"清理部"为中心，围绕"如何保护"在朝鲜的日本人财产等问题，对"日本人在朝鲜范围内各行业的企业经营状况、所有财产、对朝鲜人的债权及债务以及有关与朝鲜人合办企业中〔日本人〕的投资状况"进行了调查研究。因为，日本殖民统治者意识到，对日本人在朝鲜"财产的评价的多寡，将与日本政府必须向盟国进行赔偿的财产之多寡有着直接关系"。⑤ 而且，事实上这时期编写的调查材料"出于为他日

　　① ［日］外务省编《初期对日占领政策——朝海浩一郎（上）》，每日新闻社 1978 年版，第 14 页。

　　② ［日］外务省·外交史料馆：《外交记录·缩微卷第 4 次公开》A' 1.0.0.2—5（昭和 21.8—22.11）《朝海终战总务部长的报告书集录，（三）赔偿问题》A'—0107—557—4—3，第 36 页。

　　③ ［日］外务省·外交史料馆：《外交记录·缩微卷第 7 次公开》B' 4.1.0.14《和平条约关系》（第 2 卷）B'—0011—0223—2，第 377—430 页。

　　④ 前引外务省编《初期对日占领政策——朝海浩一郎（上）》，第 64 页。

　　⑤ 前引森田芳夫、长田佳奈子编《朝鲜终战记录·资料篇·第一卷·日本统治的结束》，第 47—48 页。

〔交涉〕赔偿等问题做准备的目的"被带回到了日本，在"调查在朝鲜的〔日本〕在外财产方面起了非常有益的作用"。①

另一方面，1945 年 11 月 21 日，币原喜重郎内阁在外务省（外相是吉田茂）内设立"研究和平条约问题干事会"，以各种假设为前提研究了如何应付将来要签署的和平条约的问题。该会于 1949 年 12 月 3 日，在第 3 次吉田茂内阁时期，以外务省的名义编写整理出了一份很能代表外务省观点的《有关与割让地区经济、财政方面处理相关事项之陈述》的文件。

此外，1946 年 9 月 28 日，在第 1 次吉田茂内阁时期，日本大藏省和外务省进行协商以后，作为大藏省管理局的附属机构设立了"在外财产调查会"，动员 297 人调查了日本人在朝鲜、台湾、满洲（"满洲"即指中国东北地区——笔者）、桦太（"桦太"即"库页岛"——笔者）、南洋群岛等 10 个地区的活动情况，截止到 1947 年 12 月调查会编写出了一套庞大的调查报告——《有关日本人海外活动历史的调查》。该手稿截止到 1950 年 7 月，以大藏省管理局编《有关日本人海外活动历史的调查》为名，整理出版了一套总册数达 36 册（包括总目录）之多的庞大的书籍。该书共出版 200 部，盖上"极秘"或"注意保管"等印章分发给了有关部门。其中，有关朝鲜的部分共 10 册，由 20 多人参与编写。② 在上述战争善后处理工作中，引人注目的是日本在处理殖民地问题上的立场及对过去殖民统治问题上的态度变化。

二、日本在战后初期处理殖民地问题上的立场与对殖民统治的态度

早在 1945 年 11 月 4 日，朝鲜总督府总务课长山名酒喜男在向南朝鲜美军军政厅提交的有关朝鲜殖民统治的《意见书》中就称："想来，日本人从日本引进资本建立了自己的工厂和设施，依靠日本人的技术力量及坚持不懈的努力，经营了工厂、企业。""但是，朝鲜人却认为日本人的这些工厂设备全部都是无偿剥削朝鲜人而建立起来的。"《意见书》谴责了朝鲜人"认为从前日本人所有的全部企业及财产都是过去剥削朝鲜人建立起来的，因此，在

---

① 前引森田芳夫、长田佳奈子编《朝鲜终战记录·资料篇·第一卷·日本统治的结束》，第 140 页。

② 〔日〕大藏省管理局编《有关日本人海外活动历史的调查》，〔韩〕高丽书林（百帙限定影印版），第 36 页。

这个机会应该把它全部归朝鲜人所有"① 的观点及借此机会想"尽快把日本人赶回自己的国家去的错误想法"②。

1947 年 12 月，在日本政府大藏省管理局的领导下编写完成的《有关日本人海外活动历史的调查》中，日本一方面极力美化其殖民统治，另一方面对《开罗宣言》中盟国提出的"朝鲜人民所受之奴役待遇"的说法提出了异议。

在《有关日本人海外活动历史的调查》总目录的序言中，原京城（首尔）帝国大学教授铃木武雄等 4 人，以编集委员会的名义如下阐述了他们编集该书的构想与基本想法。铃木武雄等人称："对既是我们工作的序论也是结论，而且也是形成我们构想基础的想法可以作如下归纳。日本及日本人的在外财产是日本及日本人在海外进行正常经济活动的成果。如果列举发生的每一件事情，在某一个时期，某一个地点，也许存在通过所谓的侵略、掠夺增加财富的事实。特别是日华事变（即'卢沟桥事变'——笔者）再到太平洋战争期间，曾存在过利用军队的行动乘机进行恶性交易的现象吧。然而，日本及日本人的在外财产的形成过程并不是所谓的帝国主义的发展史，也不是国家或者民族的侵略历史。日本人的海外活动是日本人特有的经济行为，是商业性交易，是文化活动。在工作过程中，我们是基于以后自己回想起来也能站得住脚的信念，进行了在外企业的清算、赔偿、补偿等与在外财产有关的一切工作。"③

这种观点在该书"朝鲜篇"（全 10 册）总论性质的铃木武雄的论文《朝鲜统治的性质与业绩》（通卷第 11 册）中体现得更加明确。铃木武雄的这篇论文一开始是应日本外务省调查局第三课的邀请撰写的，并曾以《调三：资料第七号》的形式发表。

铃木武雄在其论文的"序言"中谈道："过去长达 36 年的日本对朝鲜的殖民统治，一味地认为那始终是帝国主义殖民统治与剥削的看法，在国内外占主导地位。对此，我作为一名一直到这次停战为止在朝鲜居住了 20 多年的日本人，感到特别遗憾。……特别是，我相信对那些认为日本对朝鲜的殖

---

① 前引森田芳夫、长田佳奈子编《朝鲜终战记录·资料篇·第一卷·日本统治的结束》，第 66 页。

② 同上书，第 37 页。

③ ［日］大藏省管理局编《有关日本人海外活动历史的调查·总目录·序》，高丽书林 1985 年（百帙限定影印）版，第 3 页。

民统治〔的残酷性〕胜过欧美列强，把朝鲜人当作奴隶来剥削，蹂躏了他们的幸福的论调，〔我们〕有正当的抗辩余地。"①

接着，铃木武雄在"一、关于所谓的'同化政策'"中称："同化政策"作为日本统治朝鲜的根本政策，"可以说它包含着否定所谓的'殖民政策'的想法。"②

在"三、朝鲜统治的经济方面"称："朝鲜经济从那样糟糕的（miserable）状态合并后仅数 30 年间实现今天所能看到的一大发展，这应该说是日本领导的结果也不为言过。"③

在"五、有关朝鲜财政及金融的诸问题"中称："在财政方面，日本对朝鲜提供的援助多于索取。"④

在"六、朝鲜人的文化程度"中则称："努力普及和扩充教育机构，不管怎么说应该最能表明日本对朝鲜统治的诚实性。大概谁都不会否认这与所谓奴役政治形成鲜明对照。"⑤

最后，铃木武雄还总结说："概括起来说，日本领有朝鲜，在本质上虽然不能摆脱帝国主义，特别是军国主义统治的范畴，但如果把它与西方各国所谓的'殖民地政策'相比较，就会发现其特殊性。〔日本对朝鲜的殖民统治〕就其结果而言虽然失败了，但可以明显地看出它的某种理想主义色彩。"⑥

1947 年 12 月，大藏省"在外财产调查会"完成《有关日本人海外活动历史的调查》时，正是美国对日政策开始发生转变的时期。1947 年 1 月 28 日，美国派遣的以斯特瑞克为团长的特别调查团到日本，重新调查日本的赔偿问题。1948 年 2 月 26 日，该调查团发表"斯特瑞克报告"，大幅度削减了日本的战争赔偿。

对"斯特瑞克报告"，日方认为"该报告是美国陆军部以转变其对日政策为前提，完成的有关赔偿问题的调查。该调查团的调查是为美国陆军部而作的，所以它并不可能原封不动地成为美国的对日政策。在现阶段该报告不

① 〔日〕大藏省管理局编《有关日本人海外活动历史的调查·通卷第 11 册·朝鲜篇》，第 1—2 页。

② 同上书，第 3 页。

③ 同上书，第 25 页。

④ 同上书，第 57 页。

⑤ 同上书，第 93 页。

⑥ 同上书，第 106 页。

过是美国国内的一个调查团为美国陆军部所作的调查报告而已，它不可能马上就成为对日本赔偿问题的最终方案。如果认为斯特瑞克报告就是对日本赔偿问题的最终决定，那是很大的误解"。"目前国际形势是，由于美苏两国的对立，美国的对日方针正在向尽快实现日本经济自立的方向发生变化，当然从这个意义上，赔偿问题也在趋向缓和。这些情况，如果考虑到美国在国际关系中所处的地位，特别是考虑到美国有能力影响远东委员会，那么，美国的政策无论如何最具绝对的重要性。于是必须考虑斯特瑞克报告的宗旨对美国政策的影响，该报告的重要性就在于此。在对日赔偿问题上，处于盟国占领下的我国来说，归根结底具有决定性的法律效力的是盟军总司令部向我国下达的指令。因此，未见其变更指令之前，日本就不能认为〔对日赔偿政策〕已发生变更"。①

日本政府基于美国对日政策变化的上述把握，在《有关日本人海外活动历史的调查》中，承认"日华事变再到太平洋战争期间，曾存在过利用军队的行动乘机进行恶性交易"的事实，承认日本的殖民统治总体上属于"帝国主义，特别是军国主义统治的"性质的同时，在具体问题上极力美化日本的殖民统治，强调日本殖民统治的所谓"理想主义"特点——即"特殊性"。并企图通过日本的殖民统治同西方国家的殖民统治进行对比来强调日本殖民统治的"合理性"，否认其殖民统治的"奴役性"和"非人道性"，对《开罗宣言》中提出的"朝鲜人民的奴役状态"说提出了质疑。

总而言之，在美国对日政策的转变过程中，日本面对依然严厉的占领政策，对其过去的殖民统治采取了"本质"上承认其"帝国主义，特别是军国主义统治的"性质，但在具体问题上又否认其殖民统治的"奴役性"和"非人道性"的自相矛盾的态度。

三、美国对日政策的转变与日本在殖民地问题上的立场和态度

1948 年底以后美国对日政策在各方面都发生了历史性转变。1948 年 3

---

① 〔日〕外务省·外交史料馆《外交记录·缩微胶卷第 4 次公开》B'1.1.1.4《有关理解斯特瑞克调查团报告·海外调查团报告相关的说明》，B'—0002—505—22，第6—7 页。

月 20 日，美国陆军部又派以约翰斯顿（Johnston）为团长的"有关日本与朝鲜经济问题调查团"（亦称"德雷伯调查团"）到日本，对日本经济状况进行了调查。该调查团于同年 5 月 18 日发表《约翰斯顿报告》（"Johnston report"）主张，继续削减对日赔偿数额，停止执行鲍利的"中间赔偿计划"。同年 12 月 18 日，盟国日本占领军总司令部（GHQ）发表"稳定经济九原则"，正式开始着手复兴日本经济。

随着美国对日占领政策的转变，日本政府在殖民地与赔偿问题上的态度和立场也发生了重大变化。日本外务省分析当时的形势认为："有关美国对日占领政策的动向……在经济方面正在出现必须称之为 180 度大转变的重大的变化"，令人"禁不住感到隔世之感"。① 鉴于此，1949 年 12 月，外务省"研究和平条约问题干事会"向日本政府提议，在赔偿问题上"除已被处理的在外资产及业已拆除用于赔偿的设施以外，停止催缴一切赔偿"。② 另外，还鉴于盟国对日媾和的空气日渐浓厚，日本政府开始"把关心的重点放在如何减少条约上的限制和负担方面"。③

日本准备利用这种国际形势对己的有利变化，在即将签订的对日媾和条约中为己谋取更多的利益，并为此展开了积极的外交活动。当时，和许多日本的在外资产一样，在朝鲜半岛南部的日本公有、私有财产已在占领初期被南朝鲜美军军政厅没收，并业已通过《美韩财政及财产协定（1948.9.11）》把日本在韩国的财产移交给了韩国。但是，日本并不甘心丧失自己的海外财产，企图援引 1907 年在海牙（Hague）签署的《有关陆战法规及惯例的条约》（俗称"海牙国际陆战法"——笔者）第 46 条"不得没收私有财产"的规定，批评南朝鲜美国军政厅采取没收日本人私有财产的措施，要求韩国归还在朝鲜的日本人财产。④ 日本通过主张上述权利，企图在即将签署的对日媾和条约中插入对己有利的条款，以便在日后的外交交涉中争取主动权。

1949 年 12 月 3 日，日本外务省编写出《有关与割让地区经济、财政方

---

① ［日］外务省·外交史料馆《外交记录·缩微卷第 7 次公开》B'4.1.0.14《和平条约关系》（第 3 卷）B'—0011—0472—3，第 191 页。

② ［日］外务省·外交史料馆《外交记录·缩微卷第 7 次公开》B'4.1.0.14《和平条约关系》（第 5 卷）B'—0011—0738—5，第 81—82 页。

③ ［日］西村熊雄著《旧金山和平条约·日美安保条约》，中央公论社 1999 年版，第 29 页。

④ ［日］高崎宗司著《检证·日韩会谈》，岩波书店 1996 年版，第 4 页。

面处理事项相关之陈述》，并把它转交给了盟国占领当局。在该《陈述》中，日本希望盟国方面在处理"割让地区"问题时，留意以下三点。

"（一）首先需要指出的是，绝不能认为日本对这些地区的施政是对殖民地的剥削统治。反而，这些地区成为日本领地的当时不论是哪儿都是落后的待发展的地区（under develop）。这些地区在经济、社会、文化上的发展与近代化，主要依靠的是日本的贡献。这些都业已被公正的世界有识之士——包括当地居民——所公认。

而且，日本开发这些地区时，年年通过划拨地方预算（local budget）的方式从国库拨给数额可观的补助金。由于本地人缺少资本原始积累，所以数次从内地（'内地'即指'日本本土'——笔者）募集数额相当可观的公债、社债（'社债'即'公司发行的债权'——笔者）向当地注入资金。进而，很多内地会社（'内地会社'即'日本国内的公司'——笔者）也把其设施设在当地。总而言之，可以说日本对这些地区的统治成了'掏腰包'。……

（二）其次，在这些地区长年经营和平生计的日本国民全部遭到驱逐，日本的资产，不仅是公有财产，而且连在和平环境下通过他们的努力积蓄起来的私有财产也事实上遭到剥夺，且很可能在和平条约中得到确认而成为事实。有关对割让地居民的私有财产的〔这种〕苛刻的措施，在国际惯例上是完全没有其先例的。

（三）尚且，在有关领土问题的陈述中也如申述过的那样，这些地区是通过当时的国际法及国际惯例上普遍承认的方式取得的，且很长一段时期作为日本的领地，被世界各国所承认。日本对放弃这些地区虽然不存在异议，但不能服从把领有〔这些地区〕视为国际犯罪，并以惩罚性的意图为背景，解决这些地区〔同日本〕分离相关的诸问题做法"。①

在《有关割让地区经济、财政方面处理事项有关的陈述》中，日本虽然对放弃殖民地"不存在异议"，但认为，"这些地区是通过当时的国际法及国际惯例上普遍承认的方式取得"的，这些地区原本就是"落后的待发展的地区"，是日本"掏腰包"发展"经济、社会、文化"推进近代化的。按照这个逻辑，日本不仅没有必要为其殖民统治谢罪，反而殖民地人民还应该感谢

---

① 前引外务省·外交史料馆《外交记录·缩微卷第 7 次公开》B'4.1.0.12（昭和 21.12—30.6）《有关对日和约的本邦准备对策关系》第 5 卷，B'—0010—0738—5，第 104—108 页。

日本。驱逐"长年经营和平生计的日本国民"——即日本殖民统治者,没收他们所谓"在和平环境下通过他们的努力积蓄起来的私有财产"反倒成了违反国际法的行为。

在《有关割让地区经济、财政方面处理事项有关的陈述》中,日本对殖民统治的"帝国主义,特别是军国主义统治"性质的原则性的承认业已消失得无影无踪,也不承认"日华事变再到太平洋战争期间,曾存在过利用军队的行动乘机进行恶性交易"的情况。这表明,在战争的善后处理问题上,日本的态度也随着美国对日占领政策的转变,而发生了重大变化。

在日本殖民统治的态度及认识问题上,当时的日本当政者吉田茂,也持有和日本外务省、大藏省等几乎相同的见解。吉田茂认为"日本对韩国的统治只给朝鲜国民带来了痛苦的说法与事实相去甚远。索性应该公正地评价日本在韩国经济发展与民生进步方面所作的贡献"。[1] 吉田茂的类似见解在同日韩邦交正常化后的首任驻日大使金东祚的会谈中也有体现。金东祚受吉田茂的邀请同吉田茂共进午餐时,吉田茂对金东祚说:任安东("安东"即现在中国辽宁省丹东市——笔者)领事时,我经常去"京城"("京城"即现在的"首尔"——笔者),在那儿"我听说〔日本〕为朝鲜人建立了学校,振兴了产业以后不胜感动。我不理解战争结束以后韩国人为什么视日本人为眼中钉"。[2]

二战后日本的对韩战争善后处理,正是以日本对其过去殖民地统治的上述认识和立场为基础起步的。

另外,据日本大藏省"在外财产调查会"在 1947 年左右编制的《赔偿关系资料》(未定稿第二卷)中的《估计和推算的在外财产数额》,在 1945 年 8 月这一时点上,日本在朝鲜的财产总计达 7025600 万日元以上。[3]

---

① ［日］吉田茂著《世界与日本》,番町书屋 1963 年版,第 149 页。
② ［韩］《世界日报》1985 年 6 月 18 日。
③ ［日］外务省·外交史料馆《外交记录·缩微卷第 4 次公开》,B'.3.1.1.1.7《有关占领下对日赔偿的文件·调查资料集(第 2 卷)·有关赔偿的资料(未定稿)——第一次媾和资料》(B'—0003—649—33),第 341 页。

第三节　日本侵略战争给殖民地朝鲜
造成的损失与灾难

一、日本侵略战争给殖民地朝鲜造成的人员损失与灾难

20 世纪 30 年代以来，日本军国主义发动的一系列的侵略战争不仅给亚洲被侵略国家和人民造成了莫大的人的、物的损失和精神上的伤害，而且也给日本殖民地人民带来了深重的灾难。"九一八事变"以后，日本军国主义就把殖民地朝鲜确定为日本进一步侵略亚洲的后方基地和兵站基地，"七七卢沟桥事变"爆发，全面侵华战争开始以后日本更是进一步强化了朝鲜作为其侵略战争的后方基地和兵站基地的地位。① 战争期间日本法西斯军国主义发动的对外侵略战争给殖民地朝鲜造成巨大的人的、物的和精神上的损害，由于战争结束前后日本政府和军方隐匿与销毁了大量资料，到目前我们也很难搞清其损害全貌，但从一些残存资料中我们也可以窥见其冰山的一角。

1. 强掳朝鲜劳工

日本法西斯军国主义发动全面侵华战争以后，随着战线的日益延长和战争陷入泥沼，为了弥补因不断征兵带来的国内劳动力的不足，日本开始考虑对"外民族"（朝鲜人和台湾人）进行战时动员。1938 年 1 月 22 日，日本国会通过了《国家总动员法》，据此日本又陆续制定《劳务动员计划》（后又改称《国民动员计划》）等，并把这些"计划"适用于殖民地朝鲜。从 1939 年开始，日本以"募集"、"官方斡旋"、"征用"等名义把大批朝鲜人强掳到日本本土、桦太（指库页岛——笔者）、南洋群岛、"支那"（指中国关内——笔者）、"满洲"（指中国东北——笔者）等地区，在工厂、煤矿、矿山、土木建筑工地、港湾、战争前线工事等场所充当苦役。从 1939 年到 1945 年其总人数达 480 万人。② 韩国学者宋建镐认为：虽然日本厚生省后来发表称：战争期间"朝鲜劳工死亡总数最高不会超过 4 万人，但实际死亡人

---

①　[日] 朝鲜总督府情报课编《新的朝鲜》，1944 年版。
②　前引 [日] 大藏省管理局编《有关日本人海外活动的历史调查·通卷·第 10 册·朝鲜篇（第 9 分册）》，第二十章 "战争与朝鲜的统治"。

数远远超过这个数字。……如果把战后被当作战犯处死的人和在回国途中死亡的人都加在一起，估计其死亡人数至少在 20—30 万人以上"。①

侵略战争时期日本以《劳务动员计划》和《国民动员计划》名义强行掳走的朝鲜人，大体分为两大类：第一类是以满足民间工矿企业的需要为目的强掳的民间劳工，另一类是根据军队的计划、命令，为满足日本军队的需要而强掳的军需劳工。

民间劳工主要是指强制集团"移入"到日本本土、桦太、南洋群岛、"支那"、"满洲"等地工、矿、企业、码头和土木建筑工地上的工人（参见［表 2—2］）。这些强掳来的朝鲜劳工拿着微薄的报酬（甚至无报酬），在最艰苦、最危险的地区从事最艰难的劳动，很多人累死或在前线卷入战争而死亡或失踪。据朝鲜总督府财政局向日本第 86 届帝国议会提交的有关朝鲜劳工问题的说明材料，1939 年至 1944 年 12 月仅强掳到日本本土、桦太、南洋群岛（不包括依据军队需要"移入"的劳工、满洲开拓民及在日本本土居住的朝鲜人）的朝鲜劳工达 656137 人（参见［表 2—1］）。②

另据，日本大藏省管理局编《有关日本人海外活动历史的调查》，1941 年到 1945 年针对朝鲜境内、日本本土和南方地区，依据《国民征用令》征用的朝鲜人也达 526041 人（参见［表 2—3］）③。

1942 年 10 月，在日本本土征用的朝鲜人达 4293 人。④ "九一八事变"以后日本政府提出"朝鲜人移住对策"（1934 年），开始有计划地向"满洲"移民朝鲜人，到 1941 年在华朝鲜人已达 87 万人。⑤ 上述各项合计就达 1046471 人。但实际强掳的朝鲜劳工数当远远超过日方公布的数据。

---

① ［韩］宋建镐著《韩国现代史论》，韩国神学研究所出版部 1979 年版，第 272 页。

② 朝鲜总督府财政局《第 86 届帝国议会说明资料》，战后补偿问题研究会编《战后补偿问题资料（第二集）》，战后补偿问题研究会，1991 年，第 29—30 页表。（注）本表的数据中不包括因军队需要移入的劳工、满洲开拓民及在日本本土居住的朝鲜人。

③ 前引［日］大藏省管理局编《有关日本人海外活动的历史调查·通卷·第 10 册·朝鲜篇（第 9 分册）》，第二十章"战争与朝鲜的统治"，第 69 页。（注）1943 年度以前征用的人员基本上可以认为征用的是军需人员。

④ ［日］《特高月报》1942 年 10 月号；（注）①这个数据不包括长崎、熊本、宫崎、鹿儿岛四县的朝鲜人。②这些朝鲜人作为军队所属人员，被安排在海军直属的各项事业场所。③这是第一次针对居住在日本本土的朝鲜人启动征用令，但以后的情况由于缺乏资料情况不明。

⑤ ［日］佐藤胜巳编《在日朝鲜人——对其之歧视与待遇的实态》，同成社 1974 年版，第 25 页。

[表 2—1] 各年度根据《劳务动员计划》计划动员的
和实际动员的朝鲜劳工数　　　　单位：人

会计年度	移入地区	计划移入人数		实际移入人数	
1939	日本本土	85000		49819	
	桦太			3301	
	南洋群岛	—		—	
	合计	85000		53120	
1940	日本本土	88800		55979	
	桦太	8500		2605	
	南洋群岛	—		814	
	合计	97300		59398	
1941	日本本土	81000		63866	
	桦太	1200		1451	
	南洋群岛	17800		1781	
	合计	100000		67098	
1942	日本本土	120000		111823	
	桦太	6500		5945	
	南洋群岛	3500		2083	
	合计	130000		119851	
1943	日本本土	150000		124286	
	桦太	3300		2811	
	南洋群岛	1700		1253	
	合计	155000		128350	
1944	日本本土	290000		228320	
	桦太	—		—	
	南洋群岛	—		—	
	合计	290000		228320	
1945	不明	不明		不明	
1939 年到 1944 年 12 月总数		计划移入人数合计	857300	实际移入人数合计	656137

资料来源：朝鲜总督府财务局《第 86 届帝国议会说明资料》，战后补偿问题研究会编《战后补偿问题资料（第二集）》，战后补偿问题研究会，1991 年版，第 29—30 页。注释：本表的数据中不包括军队需要移入的劳工、满洲开拓民及在日本本土居住的朝鲜人。

[表 2—2]　　　　　　根据《劳动动员令》朝鲜人
在各地就劳情况（1939—1944 年 12 月）　　　　单位：人

	煤矿	金属矿山	土木建筑工地	工厂及其他	合计
在日本本土	320148	61409	129664	122872	634093
在桦太	10509	190	5414	—	16113
在南洋群岛	—	—	—	5931	5931
合计	330657	61599	135078	128803	656137

资料来源：朝鲜总督府财务局《第 86 届帝国议会说明资料》，对原来资料上存在的明显的错误数据进行了更正以后进行了合计。战后补偿问题研究会编《在日韩国·朝鲜人的战后补偿》，明石书店，1991 年版，第 35 页。

[表 2—3]　　　　　　在朝鲜实施《国民征用令》的情况　　　　单位：人

会计年度	朝鲜境内		对日本本土（新征用人数）	对南方（新征用人数）	合计人数
	新征用人数	现场直接征用人数			
1941	—		4895		4895
1942	90		3871	135	4096
1943	648		2341	—	2989
1944	19655	153850	201189	—	374694
1945	23286	106295	9786	—	139367
合计	43679	260145	222082	135	526041

资料来源：[日] 大藏省管理局编《有关日本人海外活动的历史调查·通卷·第 10 册·朝鲜篇（第 9 分册）》，第二十一章"战争与朝鲜的统治"，高丽书林，1986 年版影印本，第 69 页。注释：1943 年度以前征用的人员基本上可以认为征用的是军需人员。

军需劳工包括军队附属人员、军队役夫、从军慰安妇等。日本朝鲜殖民当局在向第 86 届帝国议会提交的材料中还解释称："大东亚战争爆发以来，作为陆海军军需人员送出的朝鲜人劳务者相当多"，其中 1941 年 9 月以来，以"海军作业爱国团"的名义就送出 32248 人，根据陆军的要求主要以"北部军经理部需要人员"名义送出 7061 人，作为美英俘虏监视人员送出 3223 名，作为运输部人员送出 1320 人。"此外，还向朝鲜境内、内地（指日本国内——笔者）、满洲、支那及南洋方面斡旋送出了众多需要之人员"。据朝鲜总督府推测，其中，由于直接卷入战争死亡者7300人，失踪735人。另外，1942年1月到1944年9月末，还根据《国民征用令》征用31783人朝鲜人劳工，把他们分配到了横须贺、俣、佐世保、舞鹤、大凑、镇海等海军设施及南方等地。[①]

[表2—4]　　　　　　　从朝鲜送出军需劳工情况　　　　　　单位：人

年　度	日本本土	朝鲜境内	"满洲"	中　国	南　方	合　计
1939	—	—	145	—	—	145
1940	65	—	656	15	—	736
1941	5396	1085	284	13	9249	16027
1942	4171	1723	293	50	16159	22396
1943	4691	1976	390	16	5242	12315
1944	24071	13575	1617	294	5885	45442
1945	31603	15532	467	347	—	47949
总　数	69997	33891	3852	735	36535	145010

资料来源：大藏省管理局编《有关日本人海外活动的历史调查·通卷·第10册·朝鲜篇（第9分册）》，"第二十一章　战争与朝鲜统治"。对原来资料上存在的明显的错误数据进行了更正。[日]战后补偿问题研究会编《在日韩国·朝鲜人的战后补偿》，明石书店，1991年版，第35页。

另据1953年发表的日本厚生省第二复员局的调查，战争期间陆军所属的朝鲜军需劳工达70424人，海军所属的朝鲜军事劳工84483人，两项合计154907人。其中确定死亡9963人，失踪9人。[②] 但实际数据可能远远超过这些。

泯灭人性，践踏妇女人格和尊严的、为世人所不齿的日军从军慰安妇问题，由于战前日本政府、军队的刻意隐瞒和销毁罪证，该问题至今也并不十分清楚。所谓的从军慰安妇是指，在日本军队管理的"陆军慰安所"等场所，以日军士兵为对象提供性服务的女性。这些女性多数是被迫提供性服务的。据我国慰安妇问题专家，上海师范大学历史系苏智良教授的估计，战争

----

① ［日］战后补偿问题研究会编《战后补偿问题资料（第二集）》，战后补偿问题研究会1991年版，第31页。

② 同上书，第189页。

期间日军从军慰安妇总数不少于 36 万到 41 万人，其主体是中国和朝鲜慰安妇。中国慰安妇总计 20 万以上，朝鲜慰安妇 16 万左右，[①] 据推测其中 5 万到 7 万朝鲜慰安妇在战争中死亡。[②]

这些强掳来的朝鲜劳工和慰安妇，往往平均每天从事 12 个小时以上劳动，领取只有日本人工资的 25％到 50％的微薄报酬（有的甚至无报酬），在最艰苦、最危险的地区从事最艰难的劳动，很多人累死、饿死或在前线卷入战争而战死、失踪。仅从 1939 年到 1940 年，因不堪忍受奴役冒着生命危险逃跑的朝鲜劳工就达 22 万人。[③]

2. 强征朝鲜青壮年入伍为日本侵略战争充当炮灰

全面侵华战争开始以后，随着战线的日益延长和战争陷入泥沼，日本法西斯为了减少"大和民族"这一"宝贵"人力资源在战争中的过度消耗及弥补前线兵力的严重不足，发布《陆军特别志愿兵令（1938.2—1944.3)》、《海军特别志愿兵令（1943.7—1944.7)》以及《征兵令（1943.3)》等法令，强行"动员"朝鲜青壮年充当日本侵略战争的炮灰。从 1938 年（均为会计年度）到 1943 年，根据《陆军特别志愿兵令》强征到日本陆军中的朝鲜士兵有 17664 人，1943 年 7 月至 1944 年 7 月根据《海军特别志愿兵令》强征到日本海军的朝鲜士兵有 3000 人（参见［表 2—5、表 2—6]）。根据 1943 年临时采用的特别志愿兵令，强征的学生兵有 3893 人；根据《征兵令》强征的朝鲜兵有 110000 人（参见［表 2—7、表 2—8]）。

另据 1953 年 5 月公布的日本厚生省第二复员局的调查，战争期间被"动员"参加日本陆军的朝鲜士兵共有 186980 人，参加日本海军的朝鲜士兵共有 22299 人，两项合计 209279 人，其中确定死亡 6377 人，失踪 14 人。另外，海军还有其所属朝鲜人员 154907 人，其中已死亡或确定死亡 9963 人，失踪 9 人。[④] 但实际数据可能也远远超过这些。

---

① 苏智良：《侵华日军慰安妇制度略论》，《历史研究》1998 年第 4 期。

② ［韩]《首尔新闻》，1974 年 11 月 1 日的报道，据推测从 1943 年到 1945 年 8 月 15 日，以"女子挺身队"的名义强掳的朝鲜妇女有 20 万人，其中 5 万到 7 万人已经死亡（注："女子挺身队"并非全部都是慰安妇）。

③ 前引佐藤胜巳编《在日朝鲜人——对其之歧视与待遇的实态》，第 25 页。

④ 前引战后补偿问题研究会编《战后补偿问题资料（第二集)》，第 31 页。

[表 2—5]　　　　　　　朝鲜人志愿兵数（陆军特别志愿兵）　　　单位：人

年　度	志愿者数	进入训练所人数
1938	2946	406
1939	12348	613
1940	84443	3060
1941	144743	3208
1942	254273	4077
1943	303294	6300
总　数	802047	17664

注释：陆军特别志愿兵制度因从 1943 年 8 月 1 日开始实施《征兵制》而从 1944 年 3 月 31 日开始废除。年度均为会计年度，从当年 4 月 1 日开始到翌年 3 月 31 日为止。

[表 2—6]　　　　　　　朝鲜人志愿兵数（海军特别志愿兵）　　　单位：人

年　度	志愿者数	进入训练所人数
1943	90000（概数）	1000
1944		2000
总　数	约 90000	3000

注释：海军特别志愿兵制度从 1944 年 7 月 31 日开始废除。年度均为会计年度，从当年 4 月 1 日开始到翌年 3 月 31 日为止。

资料来源：［日］内务省管理局编《朝鲜及台湾的现状》（1944 年 7 月），［日］近藤钊一编《太平洋战争下的朝鲜以及台湾》，友邦协会内朝鲜史料研究会 1961 年版，第 32—33 页、第 34—35 页。

[表 2—7]　　　　　　　　　　朝鲜人志愿兵数　　　　　　　单位：人

年　度	地　区	接受检查者	采用入队数
1943	朝鲜境内	3366	3117（朝鲜军）
	朝鲜境外（日本本土等）	无记录	776（朝鲜军以外）
总　数			3893

注释：针对学生的征兵是伴随着针对理工科以外的学生废除暂缓征兵以后开始的，因当时在朝鲜尚未实施征兵制，故而在朝鲜采取了临时征集特别志愿兵的方法。因此，学生志愿兵制度仅限于 1943 年。

[表2—8]　　　　　　　　　　朝鲜人征兵数　　　　　　　　单位：人

年 度	征集（采用）人数		
	陆军士兵	海军士兵	合计
1944	45000	10000	55000
1945	45000	10000	55000
总 数	90000	20000	110000

注释：不包括在南方军的管辖区域及作战区域内居住的朝鲜人被采用的人数。

资料来源：［日］宫田节子编《朝鲜军概要史》，不二出版社1989年版，第88、83页。

二、日本侵略战争给殖民地朝鲜造成的物的损害

1. 强行征用朝鲜籍船舶

日本发动大规模侵华战争以后，也开始强行征用殖民地车、船等能够支撑其对外侵略战争的物资。据历任韩国外务部政务局局长、驻日大使、外务部长官等职务的金东祚的回忆，第二次世界大战末期，"20吨以上的朝鲜籍船舶有855艘，109700吨，其中能够在外航行的船舶大约有6万吨"。① 据朝鲜总督府战争刚刚结束时提供的资料，在二战期间日本政府业已征用了500吨以上的13艘朝鲜籍船舶，共计210477吨。但是，等到了二战结束前后，连朝鲜总督府也已不知其去向，还有49艘，合计6872吨船舶（100吨以上的），因遭到破损正在修理中。②

金东祚在其回忆录中称：日本政府在"战争中大量征用我国的船舶，把它投入到运输战争物资上。其结果，在战争的旋涡中大部分船舶遭到沉没和毁坏。解放后给我们留下的大型船舶只有朝鲜邮船会社所属的5艘船舶。但是，连这5艘船舶中的4艘也被日本人撤走时装载自己的财产，携船而去。结果留在韩国领海上的大型船舶只剩下了一艘1500吨级的釜山1号"。③

据二战结束以后韩国政府进行的调查，在战争中遭到沉没、毁损的朝鲜

---

① ［韩］金东祚著《回想三十年·韩日会谈》，中央日报社1986年版，第29页。

② ［日］外务省·外交史料馆《外交记录·缩微胶卷·第四回公开》A'1.0.0.1—2《关于根据一般命令1号必须向盟国最高司令官提出之资料相关之文件〈第七卷·朝鲜·第二资料·一、船舶动静表2—2〉》A'—0117—402—13—7，第149—152页。

③ 前引金东祚著《回想三十年·韩日会谈》，第29—30页。

籍船舶以及日本政府征用后未归还的朝鲜籍船舶、日本人撤走时开回去的朝鲜籍船舶，其总数达 268 艘，折合为 818461700 日元。①

2. 大肆搜刮朝鲜的财富

日本发动全面侵华战争以后，为了支撑其对外侵略战争，日本加紧了对殖民地朝鲜的搜刮。1937 年朝鲜总督府以设置"临时军费特别会计"的方式，直接增加了朝鲜人的租税负担。1938 年又发行了 65 亿多日元的"国债"、"公债"强行让朝鲜人民购买。② 同时，朝鲜总督府又发动所谓的"赤诚（即'表忠心'——笔者）"、"爱国献金（即'捐款'——笔者）"、强行储蓄、"金属献纳（即'捐献贵金属'——笔者）"等名目繁多的运动，搜刮朝鲜的民脂民膏。

由于缺乏资料，战争期间日本在朝鲜到底搜刮了多少财富，其确切的数据至今也不得而知，但从一些零星的资料中也可以窥见其一斑。"七七事变"以后日本殖民当局就以"爱国献金"的名义，从 1937 年 7 月 15 日到 8 月 5 日的 20 多天里就搜刮了 597817 日元的"献金"。这相当于"九一八事变"时期历时一年半搜刮的"献金"。③ 太平洋战争爆发以后，随着日本在国际上的空前孤立和国内战略物资储备日趋枯竭，日本殖民当局先是要求妇女"献纳"金银首饰，要求家家储蓄，同时又展开所谓的"金属献纳"运动，拆卸回收学校、机关、楼房、公园的铁栏杆及家中铜像、佛像、祭器等，甚至连家庭中日常使用的铁锅、铜碗、铜勺、铜筷子等也不放过。④

3. 搜刮粮食和其他农畜产品

粮食，特别是大米和耕牛一直是日本在朝鲜掠夺的重要农牧产品。1912 年到 1916 年韩国年平均大米产量为 12303000 石，对日出口为 1056000 石；1922 年到 1926 年的年均大米产量则为 14501000 石，对日出口则为 4322000 石，大米产量仅增加了 18%，但是对日出口量则增加了 411%；1932 年到 1936 年的年均大米产量则为 17002000 石，对日出口则增加到 8757000 石，和 1912 年到 1916 年相比产量增加了 32%，但对日出口则增加了 829%。同一时期，朝鲜人的人均大米消费量则从 0.7188 石减少到 0.5871 石，再减少

---

① ［韩］大韩民国政府编《对日索赔要求调查报告》，1954 年版。
② 前引宋建镐著《韩国现代史论》，第 277 页。
③ 同上。
④ 同上书，第 277—278 页。

到 0.4017 石，减少了大约 45%。[1]

大规模侵华战争开始以后，日本殖民当局更是以粮食"出荷（即'缴纳粮食'——笔者)"、"供出"等名义进行"饥饿输出"，以满足日本国内的粮食供给和对外战争的需要。特别是太平洋战争爆发以后的 1942 年和 1943 年，朝鲜总督府不顾朝鲜粮食严重歉收的事实，虚报 25% 产量，强行摊派"供出"大米。到后来需要"供出"的农产品不仅包括粮食类，而且还包括马铃薯、蔬菜等。[2]

耕牛也是日本从朝鲜搜刮的重要对象。从 1937 年到 1941 年朝鲜向日本输出耕牛 67501 头，向日本"供出"耕牛 335761 头，两项合计达 408422 头。[3] 耕牛的大量"供出"导致了朝鲜当地畜力的严重不足，严重影响了农业生产，农民怨声载道。到后来这种畜产品"供出"已不限于耕牛，连马、猪、绵羊等家畜也被列入了需要"供出"的对象中。

第四节　二战后韩国的对日索赔准备与对日本殖民统治的态度

一、二战后朝鲜半岛南部民众的对日补偿要求

虽然日本自称朝鲜的"经济、社会、文化的发展与近代化，主要依靠的是日本的贡献"，并认为"这些都业已被公正的世界有识之士——包括原地居民——所公认"。但是，与日本人的这种自我评价正相反，二战后，在国际社会的帮助下，好不容易摆脱日本殖民统治的朝鲜人民，从那个获得解放的"狂喜的瞬间"[4] 开始，就向日本及日本人提出了因其殖民统治及侵略战争对朝鲜人民所造成损害进行赔偿的要求。

朝鲜半岛获得解放以后，在南朝鲜美军占领区，以急速发展起来的工会为中心，从 1945 年 9 月左右开始，在首尔、仁川、木浦、江原道、釜山、

---

① ［韩］成滉镛著《日本的对韩政策（1800—1965)》，明知社 1981 年版，第 84 页。

② 前引宋建镐著《韩国现代史论》，第 277—278 页。

③ 同上。

④ ［韩］崔章集："国民国家的形成与近代化的问题"，［韩］《韩国史（17）·分裂结构的固定（1)》，1994 年版，第 69 页。

南原、群山等地相继出现了夺取日本经营者的经营权，要求补发未支付工资、奖金、退职金和各种津贴的工人运动。① 南朝鲜地区工人要求补偿的运动成为"这一时期在 38 度线以南地区经常发生的两种骚乱（disturbance）之一"。②

　　另外，二战后从日本返回南朝鲜地区的朝鲜人也向"日本企业主或日本人援护会提出了庞大的补偿要求"。③ "在仁川，回国的劳动者约 3000 人向仁川府尹提出了强烈的救济要求"，"朝鲜人方面的'被征用者援护会'认为，这个责任必须由日本政府来承担，并认为在仁川居住的日本人也应该承担部分义务，从而也向仁川日本人援护会提出了〔救济〕要求"。在群山，1945 年 9 月中旬，"近千名朝鲜人突然包围群山府厅，向井上府尹提出了举行面谈的要求。从群山前往日本的 1803 名劳务人员，述说在日本遭受的残酷待遇，要求对死者每人赔偿 2 万日元，伤残者每人赔偿 1.5 万日元，回国者每人赔偿 1 万日元，然后每人每月再赔偿 3 千日元。其要求的损害赔偿总额达 540 万日元"。④

　　这些民众要求补偿的运动，从本质上看是在战后初期权力真空下，民众的主导权极度扩大时期爆发的劳动运动的一种形式。它反映了每一个南朝鲜人劳动者，要求日本及日本人对殖民统治下的朝鲜人劳动者的劳动进行补偿的愿望，反映了南朝鲜地区民众要求保障其起码生活权利的愿望。但是，二战后，上述南朝鲜地区民众要求补偿的运动却被看作是单纯的朝鲜人对日本殖民统治下所受之不公正待遇与歧视的反弹，未能引起各方面的足够重视。

　　二战结束以后，战前或被日本强制移民，或迫于日本殖民统治者的迫

---

　　① 前引森田芳夫、长田佳奈子编《朝鲜终战记录·资料篇·第一卷·日本统治的结束》，第 382—384 页；森田芳夫、长田佳奈子编《朝鲜终战记录·资料篇·第二卷·南朝鲜地区〔日本人〕的撤离与日本人援护会的活动》，岩南堂书店 1980 年版，第230—270 页。

　　② ［美］*HQ, USAFIK G—2 Periodic report*，3 November 1945（翰林大学亚洲文化研究所资料丛书），另一种"骚乱"是几种政治势力，相互争夺政治权力而产生的骚乱。见 *HQ, USAFIK G—2 Periodic report*，13 September1945；2 October1945；6 October1945；20 October1945；27 October1945；13 November1945；14 November1945；21 Novembe1945；24 November1945；28 November1945。

　　③ 前引 *HQ, USAFIK G—2 Periodic report*，6 October 1945；26 October.

　　④ ［日］森田芳夫著《朝鲜终战记录——美苏两国军队的进驻与日本人的撤离》，岩南堂书店 1964 年版，第 309—312 页。

害，在国外过流民生活的朝鲜人，纷纷从日本、"满洲"及亚洲其他各地回国。根据南朝鲜美军军政厅的统计，从 1945 年 10 月到 1947 年 12 月，从日本回到南朝鲜地区的朝鲜人约为 111 万人，从"满洲"回到南朝鲜地区者为 30 万人，从中国其他地区回到南朝鲜地区者为 7 万人，从亚洲其他各地回到南朝鲜地区者为 3 万人。① 要求日本对二战中朝鲜人所蒙受的战争损害进行赔偿的活动，正是以这一部分朝鲜人为中心开始活跃起来的。

例如，由"太平洋战争时期被征兵、征用，在太平洋各地强制驱使的同胞组成"的"太平洋同志会"；② 由"在太平洋战争中以征兵、征用、志愿兵、学徒以及其他各种名目被动员以后，在战争中死亡的人及'8.15 解放'以后尚未归来的人"遗属组成的"中日、太平洋战争遗族同仁会"；③ "为救出在桦太等地陷入悲惨处境的 5 万名同胞"而组成的"桦太、千岛在留同胞救出委员会"④ 等，展开了各种各样的要求补偿的运动和索赔资料的收集、调查，遗骨引渡、在留同胞救出等工作。

特别是其中的"太平洋同志会"，在首尔建立事务所，在地方设立联络机构，广泛展开了为向日本提出补偿要求而收集、调查资料的工作。作为"太平洋同志会"上述工作的一环，1948 年 2 月 3 日，日本复员省向该会移交了在二战中被日本征兵、征用，且在战争中死亡的 5422 名朝鲜人的名簿及部分遗骨、遗物⑤。同年 6 月 1 日，又接受了日方移交的第二批 2899 名战死的朝鲜人名簿及部分遗骨、遗物⑥。

此外，1948 年 9 月 14 日，"太平洋同志会"发表声明称：在第二次世界大战中，以"志愿兵、学徒、征兵、征用"的名义带走的朝鲜人约为 70 万人，"以太平洋战场为中心，在各个战争基地或在军需工厂，作为军属、

---

① ［韩］朝鲜银行调查部《朝鲜经济年报》，1948 年版，第 111—119 页。

② ［韩］《朝鲜日报》1948 年 1 月 27 日。该会顾问有过渡政府商务部长吴祯洙、保健厚生部长李容卨、警务部长赵炳玉，但实际展开活动的是李壬成等被征用过的民众。

③ ［韩］朝鲜民主主义人民共和国首尔市临时人民委员会文化宣传部编《政党社会团体登录缀》，社团法人·韩国安保教育协会 1989 年影印本，第 458 页。该会委员长是金康铉，委员金圭璜、闵完植。

④ ［韩］《京乡新闻》1947 年 11 月 8 日。该会顾问有吴世昌，会长李克鲁，委员长金甲山。

⑤ ［韩］《自由新闻》1948 年 2 月 4—6 日。

⑥ ［韩］《首尔新闻》1948 年 9 月 14 日。

报国队、护士、慰安妇被征用、选拔的人当中，尚未获得的工资，即对日本政府的个人债权，如果按照当时的货币计算累计达 30 亿日元"。该会要求日本政府，以与国家赔偿不同的另一种形式向朝鲜劳动者做出补偿①。

继而，1948 年 10 月 18 日，"太平洋同志会"向韩国国会提出了"关于要求履行与没有付清的、在日从事强制劳动的劳动者应得之款项相关的债务的请愿"，要求日本政府付清在日被迫从事强制劳动的劳动者应得之工资、基本补助金、特别补助金、家属津贴、寄往家属的汇款、奖金、储蓄、保管金、灾害补助金、死亡者丧葬费、吊慰金、遗属补助金等②。

在这一时期，南朝鲜地区的索赔动向中，值得关注的是经济界的动向。1946 年 5 月，在鲍利访问南朝鲜地区之际，"朝鲜商工会议所"向鲍利提出了"有关对日本要求赔偿的请愿书"。在该"请愿书"中，南朝鲜地区的经济界第一次把"有关要求日本赔偿"的问题与朝鲜半岛的经济复兴问题结合在一起。南朝鲜经济界称：由于日本的殖民统治，"朝鲜的产业与经济界陷于混乱与麻痹状态"，"朝鲜经济的重建，如果缺少对那些搜刮、破坏的返还乃至于补偿、赔偿，就无论如何也不可能实现"③。

南朝鲜地区各团体自发地要求日本赔偿的运动以及积极配合南朝鲜美国军政厅进行的战争受害调查，组织战争受害者团体向韩国国会提出请愿，要求对战争受害者进行补偿等活动是南朝鲜地区民众在摆脱日本殖民统治过程中提出的合理的民主主义的要求。但是，在东西冷战激化、朝鲜战争爆发等形势下，"反共"成为以美国为首的"盟国"考虑的首要任务，南朝鲜地区民众的上述民主主义要求却遭到了种种压制。南朝鲜地区民众要求日本进行补偿、赔偿的运动很快陷入了困境。

二、"南朝鲜过渡政府"的战争善后处理准备与对日索赔要求

1947 年 6 月 3 日，在南朝鲜美军军政厅之下成立了"南朝鲜过渡政

---

① ［韩］《朝鲜日报》1948 年 9 月 1 日。

② ［韩］《大韩民国国会第一届国会速记记录》第 115 号，1948 年 11 月 27 日。见［日］太田修《李承晚政权的对日政策——以"对日赔偿问题"为中心》，［日］《朝鲜史研究论集》，1996 年第 34 号。

③ ［韩］大韩商工会议所编《大韩商工会议所三年史》，1949 年版，第 68—75 页。

府"。同年 8 月 13 日，"南朝鲜过渡政府"政务会议决定，为"研究对日提出索赔要求的金额而收集、调查资料，并为之确立具体对策"。会后过渡政府设立以商务部长吴祯洙为委员长的"对日索赔问题对策委员会"，开始了"有关对日本索赔问题的首次正式的理论研究及资料调查"。①

"对日索赔问题对策委员会"成立以后，财务部、商务部、保健厚生部、递信部、农务部、运输部、文教部等过渡政府的各部纷纷在报纸上刊登有关协助调查的通告的同时，着手进行了有关对日索赔要求的基础调查。目前其调查的全过程及内容尚不清楚，但是可以了解到其中的部分调查过程及内容。

其中，占"对日索赔要求"大半的财务部的调查过程及内容如下。财务部着手进行"对日索赔问题"的基础调查以后，作为下属机构，1947 年 9 月，设立了由各银行相关人士组成的"对日清算委员会"。"对日清算委员会"又在各银行设立"分委员会"，进行了有关对日索赔问题的"专门的理论研究和收集准确的对日索赔资料"的工作。

1947 年 9 月 30 日，朝鲜银行作为"对日索赔要求的基础资料"，首先编制了《朝鲜银行的对日债权一览表（南朝鲜）》。② 在该"一览表"中，朝鲜银行对日本提出了包括日本的通货（含：日本银行券、满洲中央银行券、台湾银行券、联合准备银行券、储备银行券、日本军票、日本政府小额纸币、蒙疆银行券、代理保管的日系通货），对日未收资金（含：在日朝鲜银行支行应该向本行支付的金额、未到账的对日外汇交易款、未结算的对日外汇交易款、海外支行账面借款、特殊管理户头部分），日本系有价证券（含：日本政府国债、粮食证券、日本国内地方债券、日本政府保证的公司债券、日本政府机构经营的公司的债券、一般日本公司债券、一般日本股票、满洲及中国内地的公债、公司债权及股票、朝鲜境内公司股票、在日日本支店投资证券），贷款等总计 13 大类，总数额达16827490997.19 日元的赔偿要求。除此之外，作为另外的对日索赔要求，朝鲜银行还向日本提出了 400 万上海元③和 249 吨金块、67 吨银块的赔偿

① ［韩］《朝鲜日报》1947 年 8 月 23 日。

② ［韩］朝鲜银行编《朝鲜银行的对日债权一览表（南朝鲜）》〔1947 年 9 月 30 日调查〕，首尔大图书馆藏，另见前引［日］太田修《李承晚政权的对日政策——以"对日赔偿"问题为中心》。

③ 指当时在上海通用的区域货币。

要求。

1947 年 11 月，"南朝鲜过渡政府"财务部汇总朝鲜银行、殖产银行、储蓄银行、商业银行等各金融机构截止到同年 9 月份的调查结果，作为对日索赔要求提出了包括对日本人的贷款、日本系通货、日本系有价证券、对日未收资金、海外店铺动产不动产、在日本国库的资金、生命保险责任准备金、损害保险未支付之保险金等总计 16 大类，总数额为 19825659638.40 日元的赔偿要求。除此之外，作为另一类的赔偿要求还向日本提出赔偿 400 万上海元，金块 249 吨 633 公斤 198 克 61 分克，银块 89 吨 102 公斤 205 克 12 分克的要求①。

有关当时民间损失及受害情况的调查目前尚不明了。但据当时任朝鲜银行业务部次长，日后在日韩会谈中任韩方请求权委员会代表的李相德的介绍，有关民间受害情况的调查，主要围绕：①因掠夺而遭受的损害；②在这次大战中被强制动员而蒙受的损失；③因虐待和抢掠而遭受的损害三大类型，进行了相当详细的调查。但调查的具体内容及受害金额等尚不清楚②。

1947 年 11 月 6 日开始，南朝鲜过渡政府"对日索赔问题对策委员会"对各部提出的调查材料进行了正式的核实、对照、研究等工作。1948 年 1 月，"对日索赔问题对策委员会"作为"中间决定"发表了"①归还公债及其他金块、贵金属；②赔偿朝鲜船舶；③归还与递信部有关的邮政汇兑储蓄金；④对日本政府应支付给朝鲜人的养老金请求；⑤对征兵、征用的索赔要求" 5 大类型的对日索赔要求，③ 其总额达 41092507868 日元。④

南朝过渡政府在调查、收集、整理"对日索赔要求"资料的同时，也进行了有关赔偿问题的理论研究。当时参加调查"对日索赔问题"的金融机构负责人，朝鲜银行副总裁具镕书、殖产银行行长张凤镐、储蓄银行行长权石臣、商业银行行长李钟泰等人，从 1947 年 10 月开始在《首尔新闻》上发表文章指出："被解放的朝鲜，并不是国际法意义上的

---

① ［韩］《首尔新闻》1948 年 1 月 11 日。另见 ［日］太田修《日韩交涉——请求权问题的研究》库列因（クレイン），2003 年版，第 40 页。

② ［韩］李相德《对日要求赔偿的正当性》，《新天地》1948 年 1 月号。

③ ［韩］《首尔新闻》1948 年 1 月 11 日。

④ ［韩］《朝鲜日报》1948 年 8 月 13 日。

〔对日〕交战国，是世界史上少有先例的被解放的国家。"因此，"朝鲜的对日索赔要求"，"完全不同于战胜国向战败国提出的对其战争费用进行赔偿的概念"。它"意味着〔日本〕对过去数十年〔把朝鲜〕作为殖民地，依仗其强权单方面〔对朝鲜人民的〕膏血进行搜刮、掠夺、剥削的一种补偿"。① 类似的主张和观点，在财务部、"对日索赔对策委员会"正式发表的文件、相关人员的发言以及《朝鲜经济年报》② 等资料中同样可以看到。

例如，当时任朝鲜银行业务部次长，后来成为日韩会谈请求权委员会代表之一的李相德认为："日本对朝鲜的长期统治，并不是基于道义、公平、互惠等国际正义，而是基于暴力与剥削的事实，仅仅指出开罗会议、波茨坦宣言中的'朝鲜人民的奴役状态'这样一种表述就足够了。1910 年的韩日合并，本来就是日本违反朝鲜人民的自由意志，强加于〔朝鲜的〕。这次大战也是日本策划，并强制动员朝鲜人民的。朝鲜人民采取一切可能的方式进行了抵抗。但是，朝鲜对日提出的索赔要求，并不是为了惩罚日本而采取的报复性措施，而是为了恢复因〔日本的〕暴力与贪欲〔对朝鲜所〕造成的损失与受害而必然使其履行的义务。"③

对日索赔要求"并不是为惩罚日本而采取的报复性措施，而是为恢复因〔日本的〕暴力与贪欲〔对朝鲜所〕造成的损失与受害而必然使其履行的义务"的观点，在 1947 年 10 月左右开始几乎成了过渡政府内外有关人士的共同认识。这种认识，一方面反映了二战后朝鲜半岛南部地区民众强烈地要求日本对其造成的损害进行补偿的愿望，另一方面也反映了 1947 年以后在美国大大缓和对日索赔政策等国际形势变化的现实。

三、李承晚政权的战争善后处理准备与"对日索赔要求"

1948 年 8 月 15 日，在美军占领的南朝鲜地区成立了大韩民国政府（简

---

① 〔韩〕《首尔新闻》1947 年 10 月 25 日、11 月 1 日、11 月 8 日、11 月 12 日。
② 〔韩〕朝鲜银行调查部编《朝鲜经济年报》，1948 年版，第 334—335 页，《贯彻对日通货补偿要求》。
③ 前引李相德《对日要求赔偿的正当性》。

称"韩国")。李承晚成为韩国政府的第一任总统。韩国政府成立以后，1948年9月30日，李承晚在其施政方针演说中称："向盟国要求，〔韩国〕作为盟国的一员参加对日媾和会议，〔大韩〕民国保有对日要求赔偿的正当权利。"①

作为韩国对日索赔行动的一环，1948年11月27日，韩国第一届国会通过了"关于要求日本履行与从事强制劳动者未收之工资相关之债务的意见书"及"关于对日索要青壮年死亡赔偿金之请愿的意见书。"②

1949年1月6日，在年初记者招待会上李承晚称："对过去40年间日本从韩国夺取的一切提出损害赔偿，同时继续提出对对马岛的权利主张。"③

按照李承晚政权的上述方针，当时韩国政府法制处处长俞镇午等人认为，韩国政府在对日关系问题上有必要采取某种行动，于是开始着手进行了有关这一问题的准备工作。据俞镇午回忆："在政府内部谁先倡导了这件事（指'对日关系问题的准备工作'——笔者）现在已记不清了。但还记得当时任企划处（当时'处'相当于后来的'部'——笔者）处长的李顺铎与任法制处处长的我数次会面，对该问题相互交换了意见。"④

1949年2月，韩国政府企划处内设立了"对日索赔要求调查审议会"，同年3月15日，很快整理出版了《对日索赔要求调查报告》〔上卷〕，并于同年4月7日，把该"调查报告"提交给了占领日本的"盟军总司令部（GHQ）"。在该"调查报告"中，韩国把对日索赔要求分为：①金块；②银块；③书籍；④美术品及文物；⑤其他5大类，要求日本归还或赔偿上述现物。⑤ 同年9月，韩国又整理出版了《对日索赔要求调查报告》〔下卷〕。下卷主要由"因中日战争及太平洋战争而蒙受的损害"，"因日本政府的低价政策而遭受的损害"等内容构成，韩国要求日本对上

---

① 〔韩〕《朝鲜日报》1948年10月1日。

② 〔韩〕《第一次国会速记记录》（第61—128号），1948年，第1108—1110页。另见，〔日〕高崎宗司《日韩会谈的经过与殖民地化责任——1945年8月—1952年4月——》，《历史学研究》1985年9月号。

③ 〔日〕《朝日新闻》1949年1月8日。

④ 〔韩〕俞镇午《直到进行韩日会谈为止——前韩国首席代表披露的14年前曲折过程〔上〕》，《思想界》1966年2月号。

⑤ 〔韩〕《东亚日报》1949年3月26日。

述损害进行赔偿。① 1954 年 8 月 15 日，韩国政府把《对日索赔要求调查报告》上、下卷合并成一册，出版了"檀纪四二八七年（'檀纪'为檀君纪年法，檀纪四二八七年即'1954 年'——笔者）八月十五日《对日索赔要求调查报告》大韩民国政府。"

在《对日索赔要求调查报告》的序文中，韩国政府如下阐述了在对日索赔问题上韩方的原则立场。

"（一）从 1910 年到 1945 年 8 月 15 日，日本对韩国的统治是违反韩国国民的自由意志，单方面强加于韩国的，是基于非正义、公平、互惠等原则的充满暴力和贪欲的统治。其结果，韩国及韩国人蒙受了比其他任何国家都要大的损害。表明'轸念韩国人民所受之奴役待遇，决定使韩国自由独立'的开罗宣言及再一次确认'履行该宣言的诸条款'的波茨坦宣言，已明确地向全世界宣告了日本人对韩国统治的非人道性与非合法性。

（二）大韩民国对日赔偿要求的正当性不容怀疑。这一点，在①波茨坦宣言、②盟国的对日管理政策、③鲍利赔偿使团的报告等文件的规定中也有明确反映。但是，我们大韩民国对日本提出的赔偿要求的基本原则是：它并不是报复性的赋课，是为挽回和恢复〔韩国〕所蒙受的牺牲而提出的公正的、理性的合理要求。"②

不难看出，随着美国对日政策完全转变，韩国的对日索赔要求也发生了微妙的变化。韩国政府在对日索赔要求方面的基本立场，从过渡政府时期的"为恢复因〔日本的〕暴力与贪欲造成的损害而必然使其履行的义务"，转变成了"为挽回和恢复所蒙受的牺牲而提出的公正的、理性的合理要求"。

作为这种"公正的、理性的合理"的对日索赔要求，韩国政府提出了如下 4 大类 16 个项目的对日赔偿要求（见［表2—9］）。

在日本对朝鲜殖民统治的认识问题上，韩国第一届总统李承晚也持有和韩国的绝大多数国民相同的看法。对于在反对日本殖民统治的斗争中度过大半生的李承晚来说，持这种认识和看法也是极其自然的事情。

---

① 前引《直到进行韩日会谈为止——前韩国首席代表披露的 14 年前曲折过程〔上〕》。

② ［韩］大韩民国政府编：《对日索赔要求调查报告》，檀纪四二八七年（1954 年）八月十五日，第1—2 页。

[表2—9]　　韩国政府《对日索赔要求调查报告》中的对日索赔要求一览表

类别	项　目	索赔数额
第一类 现物归还要求	①金块	249633198.61 瓦（匁？）
	②银块	89112205 瓦（匁？）12
	③书籍（古籍善本）	212 种
	④美术品及文物	827 种及其他
	⑤船舶	268 艘（818461700 日元）
	⑥古地图原版	522 张及其他
	⑦其他（朝鲜银行海外动产、不动产等）	8320746 日元
第二类 明确的债权	①日本系通货	1514134098 日元
	②日本系有价证券	7435103942 日元
	③上海元	4000000 上海元
	④保险金、养老金、其他未收金	6436617521 日元
	⑤递信关系特别户头款项	2043506744 日元
	5 项合计	17429362305 日元
第三类 因中日战争及太平洋战争而蒙受的人的物的损害	①人员损失	565125241 日元
	②物质损害	11326022105 日元
	③8.15 前后因日本官吏的不法行为而蒙受的损害	231585215 日元
	3 项合计	12122732561 日元
第四类 因日本政府的低价搜刮而蒙受的损失	因强制供出而蒙受的损害	1848880437 日元
要求赔偿的总额（第一类除外）		31400975303 日元

资料来源：［韩］大韩民国政府编，《对日索赔要求调查报告》，1954 年版。"瓦"怀疑是"匁"之笔误。"匁"是日本自创的汉字，是过去的重量单位，读作"もんめ"1 匁＝3.75 克。

早在 1946 年秋，李承晚就以朝鲜半岛南部地区立法会议议长的名义致电美国：①要求允许朝鲜的代表参加对日索赔会议；②直接分配给赔偿中的一个份额；③归还被剥削的财富等。李承晚还主张"为帮助朝鲜恢复经济，应必须尽快研究朝鲜的对日索赔要求"①。值得注意的是，李承晚也是把

---

① ［韩］林炳稷著《林炳稷回顾录——近代韩国外交的内幕史》，女苑社 1964 年版，第 287—290 页。

"日本的赔偿"当作"恢复朝鲜经济"的重要契机来看待的。

此后，1948 年 9 月，已成为韩国总统的李承晚，在其施政方针演说中再一次明确了"作为盟国的一员参加对日媾和会议"的意向及韩国具有对日提出索赔要求的正当权利的立场。1949 年 1 月，在年初举行的记者招待会上，李承晚再一次对"过去 40 年间日本从韩国夺取的一切"提出了赔偿其损害的要求。

韩国政府编制《对日索赔要求调查报告》时，美国的对日政策业已发生了转变。1948 年 1 月 6 日，继美国陆军部长罗亚尔著名的"日本是阻止共产主义的防波堤"的演说之后，1949 年 5 月 6 日，"美国国家安全保障会议（NSC）"通过了 NSC13/3 文件，决定停止对日本的赔偿要求。根据这一决定，1949 年 5 月 12 日，在远东委员会上，美国代表马可威宣布取消对日本的中间赔偿计划[①]。

从以上的韩国民间、政府的"对日索赔要求"的演变中可以清楚地看到，韩国及韩国人的对日索赔要求虽然随着美国对日政策、特别是美国对日本赔偿政策的变化而发生了细微的变化，但总的来说，韩国及韩国人不仅完全否定日本对朝鲜半岛 36 年的殖民统治，而且还强烈要求日本赔偿因其殖民统治和侵略战争而对朝鲜人民所造成的损害。

不言而喻，二战后在日本殖民统治的认识问题上日韩两国发生了对立。这种对立在一定程度上对日韩两国的战后处理政策产生了影响。但是，与对殖民统治的认识问题相比，美国对日政策的转变及随之而来的日韩两国在赔偿问题上的国家利益的冲突对日韩两国的战后处理政策所产生的影响更加深刻。

伴随着美国对日占领政策的演变，围绕战争善后处理问题，日本方面为使战后各个方面的处理"不妨碍战后日本经济的复兴与重建"，新生的韩国则为使韩国能够从过去日本殖民统治的破坏及战争的损失中得到"恢复"，围绕日本的赔偿问题进行了针锋相对的斗争。战后在日本赔偿问题上的日韩立场的尖锐对立，一直持续到 20 世纪 60 年代日本经济实现高速增长为止，对日韩会谈产生了深刻的影响。

---

① ［日］大藏省财政史室编《昭和财政史——从停战到媾和》第 20 卷，东洋经济新报社 1982 年版，第 424—436 页。

第三章 二战后日韩之间的外交课题
与《对日和平条约》

第一节 遣返在朝鲜半岛的日本人与
没收日本及日本人财产

一、二战后因朝鲜半岛脱离日本殖民统治而产生的外
交课题

二战后，因朝鲜半岛脱离日本殖民统治而产生的日韩之间的外交课题共有九个。一是，在朝鲜半岛的日本人的遣返与日本及日本人财产的处理问题；二是，在日朝鲜人的遣返与滞留日本的朝鲜人的国籍和待遇问题，即所谓的"在日朝鲜人问题"；三是，日韩之间财产请求权问题；四是，船舶问题；五是，归还韩国［朝鲜］文物问题；六是，渔业及"麦克阿瑟线［后来演变为'李承晚（和平）线'］"问题，即日韩渔业纷争问题；七是，日韩建立基本关系问题，即日韩邦交正常化问题；八是，日韩签订通商航海条约问题；九是，领土争端问题，即"独岛"（日方称之为"竹岛"）问题。其中，船舶问题和归还韩国（朝鲜）文物问题，从广义上讲，实际上也是属于财产请求权范畴的问题。而在朝鲜半岛的日本人遣返与日本及日本人财产的处理问题，早在盟军占领时期已基本得到处理。只是由于日本方面对盟军处理在朝鲜半岛的日本人私有财产存有异议，并就此向韩国主张财产请求权，从而才成为日韩之间的交涉话题。因此，该问题本质上也属于财产请求权范围内的问题。签订日韩通商航海条约问题则与日韩基本关系问题密切相关。如果日韩建立基本关系的问题圆满获得解决，两国实现邦交正常化的话，签订日韩通商航海条约的问题也就成了顺理成章之事。日韩两国之间的领土争端问

题——即独岛（日方称之为"竹岛"）问题经日韩双方协商，在会谈中该问题被搁置了起来。因此，在日韩会谈中实际涉及的悬案问题可以说有四个，如果加上后来浮现出来的日韩贸易账户上的韩国对日贸易债务问题，就有五个问题。而其中成为日韩会谈核心课题的问题就是财产请求权问题和渔业及"李承晚（和平）线"问题。事实上，日韩在上述两个问题上的交涉进展情况，一直直接影响着整个日韩会谈的进程。

二、遣返在朝鲜半岛南部地区的日本人与没收日本及日本人财产

二战后伴随着朝鲜半岛摆脱日本的殖民统治而独立，日韩之间产生了新的亟待解决的诸多外交课题。其中首当其冲的就是遣返在朝鲜半岛的日本人与处理日本及日本人财产的问题。二战以后，在美军占领的南朝鲜地区大约驻扎着 17 万日本军队，这些日军根据美军的遣返计划截止到 1946 年 4 月基本遣返完毕。而在南朝鲜地区居住的 50 万日本人也在南朝鲜美军军政厅的组织下迅速得到遣返，截至 1946 年年底也大体完成遣返任务，结束了遣返工作。到 1947 年、1948 年仍滞留在南朝鲜地区的日本人只有釜山水产试验场及在南朝鲜地区各纺织厂工作的 10 个人。[①]

与遣返在南朝鲜地区的日本人相关联的另一个重要问题就是在南朝鲜地区的日本及日本人财产处理问题。对于在南朝鲜地区的日本及日本人财产，1945 年 9 月 25 日，南朝鲜美军军政厅首先颁布"法令第 2 号"，从1945 年 8 月 9 日起，禁止了对在南朝鲜地区的日本国有、公有财产的转移和处理。进而，1945 年 12 月 6 日，南朝鲜美军军政厅又颁布"法令第33 号"，没收了在南朝鲜地区的日本国有、公有财产及私有财产，并把它归南朝鲜美军军政厅所有。1948 年 8 月 15 日，在南朝鲜地区正式成立大韩民国政府以后，同年 9 月 11 日，美国同韩国政府签订《美韩有关财政及财产协定》，把没收的在南朝鲜地区的日本及日本人财产移交给了韩国政府。

但是，此后不久随着美国对日占领政策的转变，日本依据《海牙国际陆

---

① ［日］鹿岛和平研究所编，吉泽清次郎监修《日本外交史（28）·媾和后的外交（Ⅰ）·对列国关系（上）》，鹿岛研究所出版会 1972 年版，第 17—18 页。

战法》中的有关规定，对美国没收在南朝鲜地区的日本人私有财产提出了异议。这为日后在日韩会谈中，日本向韩国提出所谓的"对韩财产请求权"要求埋下了伏笔。

三、遣返在朝鲜半岛北部地区的日本人与没收日本及日本人财产

另一方面，在苏联占领的北朝鲜地区也有约 30 万日本人，但是，这些人在二战后的混乱中或大批逃离、或死亡。其结果，1946 年 12 月 19 日，美苏签订《苏联占领区日本人遣返协定》，同年底，日本占领当局（SCAP/GHQ）准备派船接应日本人时，还在北朝鲜地区的日本人只剩下 8000 多人。这些日本人截止到 1948 年 6 月才全部遣返回日本。北朝鲜地区的日本人遣返工作相对滞后的原因在于，战争结束以后，苏联继续留下 900 多名日本技师，安排他们在北朝鲜地区的重要工厂、矿山工作，协助北朝鲜地区经济复兴而造成的。此外，当时北朝鲜地区还收容有 27000 名日军俘虏，这些俘虏在被收容过程中死亡 9000 人，剩下的 18000 人截止到 1947 年 3 月全部遣返日本。[①]

与遣返在北朝鲜地区的日本人相关联的一个重要问题是在北朝鲜地区的日本及日本人财产处理问题。在苏联占领的北朝鲜地区，首先根据 1946 年 3 月 5 日颁布的《有关北朝鲜土地改革的法令》，"北朝鲜临时人民委员会"没收日本人所有的土地。接着，"北朝鲜临时人民委员会"又根据同年 8 月 10 日颁布的《有关产业、交通、运输、通讯、银行等国有化的法令》，把日本及日本人所有的企业等一切设施收归国家所有。最后，根据 1948 年 9 月 8 日颁布的《朝鲜民主主义人民共和国宪法》，以国家根本大法的形式在其宪法第 5 条、第 6 条中做出明确规定：把以前日本及日本人所有一切设施和财产收归国家所有，没收日本人所有的土地。[②]

在处理在朝鲜半岛的日本及日本人财产的问题上，朝鲜半岛南北的两个政权尽管意识形态和社会制度各不相同，但都采用无偿没收的办法处理了日

---

① 前引鹿岛和平研究所编，吉泽清次郎监修《日本外交史（28）·媾和后的外交（Ⅰ）·对列国关系（上）》，第 17—18 页。

② ［韩］成滉镛著《日本的对韩政策（1800—1965）》，明知社 1981 年版，第 151页。

本及日本人财产。这也从一个侧面反映了朝鲜半岛人民对 36 年日本殖民统治一致的态度，即全面否定日本殖民统治。

第二节　在日朝鲜人的遣返与滞留日本的
朝鲜人的法律地位及待遇问题

一、在日朝鲜人的由来

在日朝鲜人问题是日本对朝鲜半岛进行殖民统治的副产品。日本占领朝鲜半岛以后，在朝鲜半岛实施"土地调查"，推行了土地国有化等政策。"东洋拓殖会社"（简称"东拓"）等殖民机构趁机抢占森林、草原等公有土地，掠夺了朝鲜农民世世代代赖以生活和经营的耕地。其结果朝鲜半岛的小农社会迅速趋向崩溃，大批丧失土地的朝鲜农民流离失所，[①] 浪迹海外。

相当数量的朝鲜人开始移居日本是从第一次世界大战时期开始的（参见［表3—1］）。一战时期，随着战争引起的军需订货的增多，日本经济出现了"战争景气"。在一战期间日本"为了弥补国内劳动力不足和维持低工资政策，把寻求廉价劳动力的目光投向殖民地朝鲜，日本资本家开始从朝鲜正式输入劳动力"。[②] 此后，朝鲜人移居日本的人数，虽然随着日本的劳动力供给计划的变化有所波动，但从总体上看，大体保持了持续增长的势头。

朝鲜人大批移居日本，是中日战争爆发到二战结束这一段时期（参见［表3—1］）。这一时期，日本以征兵、征用等强迫手段以及给介绍职业等欺瞒手段，把近一百多万朝鲜人带到了日本。二战结束前后接近二百万的朝鲜人居住在日本（详细情况见［表3—1］），形成了在日朝鲜人社会。

---

① 李瑜焕著《在日韩国人的五十年史—关于产生原因的历史背景与解放后的动向》，［日］新树物产株式会社出版部 1960 年版，第 52 页。

② 同上书，第 58 页。

[表3—1]　　　　　　在日本居住的朝鲜人人口的变迁　　　　　单位：人

年　度	居住人口	增加人口	征用动员人数	备　考
1885	1	—	—	
1895	12	11	—	日清（中日甲午——引者）战争结束
1905	303	291	—	日俄战争结束
1907	459	156	—	
1908	·459	0	—	
1909	790	331	—	
1910	(2246)	—	—	强迫签订"日韩合并条约"
1911	(2527)	(281)	—	
1912	(3171)	(644)	—	在朝鲜发布"土地调查令"
1913	(3635)	(464)	—	
1914	(3542)	(—93)	—	第一次世界大战爆发
1915	3989 (3992)	(450)	—	第一次世界大战中
1916	5638 (5637)	1649	—	
1917	14501 (14501)	8863	—	
1918	22262 (22262)	7761	—	结束土地调查
1919	28272 (28273)	6091	—	3·1独立运动
1920	30175 (30149)	1901	—	制定增产稻米计划
1921	35876 (37271)	5693	—	
1922	59865 (59744)	23989	—	废除控制出入境制度
1923	80617 (80015)	20752	—	关东大地震
1924	120238 (118192)	39621	—	
1925	133710 (129870)	13472	—	实施出入境限制制度
1926	148503 (143798)	14793	—	日本经济危机
1927	175911 (171275)	27408	—	
1928	243328 (238104)	67417	—	世界经济危机
1929	276031 (275206)	32703	—	
1930	298091 (298091)	22260	—	
1931	318212 (311247)	20121	—	"满洲"（九一八）事变爆发
1932	390543 (390543)	72331	—	自力更生运动
1933	466217 (456217)	75674	—	
1934	537576 (537695)	71359	—	
1935	625678 (625678)	88102		

续表

年　　度	居住人口	增加人口	征用动员人数	备　　考
1936	690501（690501）	64823	—	
1937	735689（735689）	45188	—	中日战争爆发
1938	799865（799878）	64176	—	
1939	961591（961591）	161726	38700	国民总动员计划
1940	1190444（1190444）	228853	54944	实施职业介绍令
1941	1469230（1469230）	278786	53493	太平洋战争爆发
1942	1625054（1625054）	155824	112007	实施朝鲜征用令
1943	1882456（1805438）	257402	122237	
1944	1936843（1901409）	54387	280303	实施朝鲜征兵令
1945	＊（1968807）	不详	＊160427	日本投降

资料来源：①日本帝国统计年鉴。②日本内务省警保局调查，参见［日］田村纪之："内务省警报局调查显示的朝鲜人人口（1）——总人口・男女人口——"，《经济与经济学》（第46号），1982年2月号，第59页及李瑜焕著《在日韩国人的五十年史——关于产生原因、历史背景与解放后的动向》，［日］新树物产株式会社出版部，1960年版，第56、57、58、62页。（注）括弧内数据为田村纪之整理的统计数据。李瑜焕整理的数据与田村纪之整理的数据，虽然来源大致相同，但是个别数据多少有出入。大概是统计月份不同而导致的结果。

二、在日朝鲜人的回国浪潮与在日朝鲜人的遣返

　　二战结束以后，在日朝鲜人的法律地位和去留问题成了盟国日本占领当局（SCAP/GHQ）和日本政府不得不面对的现实问题。日本战败后，在战争期间被强行带到日本的朝鲜人，从日本各地的工厂、矿山向港口聚集，掀起了回国的浪潮。战后初期为了避免引起经济和社会秩序的混乱，日本政府试图采取措施控制朝鲜人回国的浪潮。为此，1945年8月22日，日本政府在其次官会议上通过了"关于战争结束时期，工厂、企业从业人员的措施"的文件。同一天，还在运输省举行"朝鲜人回国输送问题的协议会"等，① 采取了紧急应急措施。但是，未能出台像样的措施，也未能有效控制朝鲜人急于回国的势头。这样战后初期在日朝鲜人的回国处

---

　　① ［日］森田芳夫著《在日朝鲜人待遇的变迁与现状》，法务研修所编《法务研究报告》第43集第3号，1955年10月；《现代日本・朝鲜关系史资料》〔第三辑〕，湖北社1975年（复刻），第53—59页。

于无秩序的状态。

盟军完成对日占领之后，盟国日本占领当局，首次对在日朝鲜人问题做出反应是 1945 年 11 月。1945 年 11 月 1 日，美国政府在向盟军总司令官麦克阿瑟下达的《为占领及管理日本而致盟国总司令官的有关投降后的初期指令（JCS1380/15）》（简称"初期指令"）中，对在日朝鲜人规定："贵官在军事上的安全允许的范围内，必须把作为中国人的台湾人以及把朝鲜人待之以获得解放的国民。他们不包括在本指令中使用的'日本人'当中。但是，因为他们现在仍然是日本国民，所以在必要的时候把他们作为敌国人对待也无妨。如果他们提出希望，可根据贵官制定的规则遣返他们。但是遣返的优先权首先赋予盟国人"。① 在该文件中，在日朝鲜人作为法律地位极不明确的"获得解放的国民"，在"军事上的安全允许的范围内"，获得了继"盟国人"之后，被遣返的权利。

根据上述"初期指令"，1945 年 11 月 1 日，盟国日本占领当局颁布了《有关朝鲜人遣返问题的备忘录》。从这以后，在日朝鲜人的回国才进入较为有序的轨道。截至 1946 年 3 月，盟国日本占领当局与日本政府共遣返了130 万朝鲜人。② 1946 年 2 月 17 日，为了查清"是否还有希望获得遣返者"，盟国日本占领当局发布了《有关朝鲜人、中国人、琉球人及台湾人登录问题的备忘录》，对在日朝鲜人进行了登录。③ 结果了解到，截至 1946 年初，在日朝鲜人总数为 647006 人（其中被判刑服役者 3595 人）。这些人中，希望遣返回国者有 514060 人（其中被判刑服役者 3373 人），其中希望返回北朝鲜地区者有 9701 人（其中被判刑服役者 289 人）。④

盟国日本占领当局计划截至 1946 年 9 月，把这部分希望回国的在日朝鲜人全部遣返回国。但是，由于朝鲜半岛南北政局混乱、社会动荡、经济状况不稳定及缺乏必要的生活保障等原因，以及日方为防止财产流失，严厉限制在日朝鲜人回国时所携带的财产等诸多的原因，此后不仅希望返回朝鲜半岛的在日朝鲜人数量急剧减少，而且还出现了一度回国的在日朝鲜人，有的通过偷渡的方式再度进入日本的现象。其结果，到 1946 年 12 月底，盟国日

---

① ［日］外务省政务局特别资料课编《在日朝鲜人管理重要文件集》，1950 年 3 月；《现代日本·朝鲜关系史资料》〔第六辑〕，湖北社 1978 年（复刻），第 10 页。

② 前引森田芳夫著《在日朝鲜人待遇的变迁与现状》，第 56—57 页。

③ 前引外务省政务局特别资料课编《在日朝鲜人管理重要文件集》，第 19—20 页。

④ 前引森田芳夫著《在日朝鲜人待遇的变迁与现状》，第 59 页。

本占领当局宣布结束集团遣返为止，仅遣返了 82900 名在日朝鲜人。这个数字仅占前述希望回国者的 16%。① 从此以后，约 65 万朝鲜人继续滞留在日本，② 形成了日本社会最大的少数民族。

三、滞留日本的朝鲜人的法律地位和待遇问题

二战后，留在日本的 60 多万在日朝鲜人，在日本政府眼里成了一个麻烦的存在。由于在在日朝鲜人的法律地位问题上，盟国日本占领当局的态度极其暧昧，所以日本政府在处理与在日朝鲜人有关的问题的时候，处于一种既不能继续把他们当作日本人对待，又不能把他们当作普通外国人和其他外国人同样对待的尴尬境地。1946 年 9 月 2 日，吉田茂外相在贵族院预算大会上称："我们认为，国籍的归属归根结底应该是由媾和条约来决定。我们一直坚持主张，在缔结媾和条约之前，和以往一样必须把他们当作日本臣民来对待。但是，盟国方面以朝鲜、台湾及其他归属问题在雅尔塔会谈中已经决定从日本的统治权中分离出来为依据，认为雅尔塔会谈达成妥协的同时朝鲜、台湾的归属已经发生了变化。总之，直到最近尚未彻底明确〔他们的国籍问题〕。"③ 这样，日本政府不得不根据具体情况，有时赋予在日朝鲜人以外国人的特权，有时又给予准日本国民的保护。

1946 年 5 月 21 日，日本占领军总司令部在向美国国务院递交的一份文件中也指出："有关在日朝鲜人、台湾人的国籍（Citizen-Ship Status）存在混乱的现象。"因此要求"暂时采取如下政策。——根据自由意志留在日本，拒绝按现行的遣返手续返回本国的朝鲜人，在处置及待遇方面，直到正式成立的朝鲜政府承认该当个人为朝鲜国民为止，姑且（Presumptively）视为保留（be Considered）其日本国籍——"。美国国务院批准了这一要求。④

1946 年 11 月 5 日，当在日朝鲜人的集团遣返即将结束之际，盟军总司令部（GHQ）发布"有关朝鲜人遣返问题的总司令部民间情报教育局通

---

① 前引森田芳夫著《在日朝鲜人待遇的变迁与现状》，第 60—61 页。
② ［日］大沼保昭《〈资料与解说〉出入国管理法律制度的形成过程（10）——有关在日朝鲜人地位的 POLAD 对国务卿的书简》，［日］《法律时报》1979 年第 51 卷第 2 号。
③ ［日］《朝日新闻》1946 年 9 月 3 日。
④ ［日］大沼保昭《〈资料与解说〉出入国管理法律制度的形成过程（3）——与在日朝鲜人、台湾人国籍有关的指示文件》，［日］《法律时报》1978 年，第 50 卷第 6 号。

告"；同年 11 月 12 日，又发布"有关朝鲜人的地位及待遇问题的总司令部涉外局通告"及"有关朝鲜人的地位及待遇问题的总司令部民间情报教育局通告"，规定："拒绝按总司令部的遣返计划返回本国的在日本的朝鲜人，在合法成立的朝鲜政府承认其为朝鲜国民时为止，被视为保留其日本国籍。"①

1947 年 5 月 2 日，日本政府以"敕令二〇七号"的形式颁布"外国人登录令"。在该令第 11 条中规定："……对朝鲜人适用本敕令时，目前暂时把他们作为外国人看待。"对此，在日朝鲜人表示了强烈的反对。为了让在日朝鲜人进行登录，盟国日本占领军总司令部（GHQ）称："在本登录法之下，对目前的在日朝鲜人的国籍问题不必加以议论。因此，……应抛开国籍问题，根据外国人登录法加以登录。"② 也就是说盟国日本占领军总司令部（GHQ）否定了日本政府在处理在日朝鲜人问题上把在日朝鲜人当作普通外国人处置的作法。

在日朝鲜人问题上，日本政府首先感到负担的是他们的生活保障问题。日本战败以后，绝大部分在日朝鲜人失去了工作。他们当中一些人是为了回国自动放弃了工作，还有一些人是为利用"获得解放国民"地位的有利条件，在战后日益猖獗的日本黑市交易中发财致富而放弃了原来的工作。但绝大多数人是随着战争的结束和军需生产停止而失去工作的，被强制带到日本从事军需生产的劳动者和被战后从国外回来的日本人挤掉工作的人。朝鲜人的失业问题和生活保障问题，成了增加日本政府经济负担的令人头痛的社会问题。

日本政府虽然很想把在日朝鲜人当作外国人对待，对其置之不理，但是又不能完全忽视他们曾经拥有过日本国籍的事实。加上盟国占领当局也反对把在日朝鲜人当作一般外国人对待，所以日本政府只好把他们当作"准日本人"对待，③ 把他们包含在日本政府实施的生活救济的对象范围之内。1945年 12 月 15 日，日本政府颁布的"生活贫困者紧急救济纲要"及 1946 年 9月 9 日颁布的"生活保障法"，1950 年 5 月 4 日颁布的重新修订的"生活保障法"等都把在日朝鲜人列为该当法律的适用范围之内（见 [表 3—2]）。

---

① 前引外务省政务局特别资料课编《在日朝鲜人管理重要文件集》，第 14—16 页。

② ［日］大沼保昭《〈资料与解说〉出入国管理法律制度的形成过程（8）——"备忘录"》，［日］《法律时报》1978 年，第 50 卷第 11 号。

③ 1949 年 4 月 28 日，日本最高法院事务总长本间喜一在回答参议院法制局局长的咨询时称："从战前开始持续居住在日本的朝鲜人，直到媾和条约签订为止，除有特别规定的以外，只好以拥有日本国籍者来对待。"前引李瑜焕著《在日韩国人的五十年史——关于产生原因、历史背景与解放后的动向》，第 105 页。

[表3—2]　　　　　　　在日朝鲜人生活救济率及生活救济费

年度	全日本的救济率	救济率（%）		月救济费支付额（日元）	
		朝鲜人救济率	全日本救济者中朝鲜人所占比率	支付给朝鲜人的救济费	救济费总额中朝鲜人所占份额（%）
1951.8	2.42	10.81	2.93	48034368	2.57
1952.9	2.43	13.12	3.59	82205994	3.16
1953.9	2.23	17.70	5.05	124019450	3.92
1954.9	2.13	21.94	6.58	179263114	5.47
1955.12	2.15	24.06	7.24	239263811	5.76

　　资料来源：日本厚生省社会局资料，李瑜焕著《在日韩国人的五十年史——关于产生原因、历史背景与解放后的动向》，[日] 新树物产株式会社出版社，1960年版，第154—156页。

　　在日朝鲜人是日本殖民统治的副产品，他们不仅曾经拥有日本国籍，而且一直和日本人一样交纳同等数额的税金。因此，按照权利和义务对等的原则，在日朝鲜人也有正当权利享受和日本人同样的待遇。但实际上，在日朝鲜人除了获得根据《生活保护法》支付的少量的生活救济费以外，不能享受日本人享有的义务教育、融资、阵亡者遗属年金等其他照顾。即便是这样，日本政府仍然把在日朝鲜人视为麻烦的、增加负担的存在，恨不得把他们统统赶回朝鲜半岛。

四、在日朝鲜人的不法行为问题

　　在二战之后的日本社会混乱中，在日朝鲜人在社会治安等方面，也给日本政府出了不少难题。随着战争的结束，被强制带到日本的煤矿、工厂、公司、土木工地等从事强制、半强制劳动的朝鲜人为争取基本人权和维护自身的利益，展开了斗争。"华人、朝鲜人的工潮波及到了全国210家矿山中约占总数的30%的50家矿山"，其中70%以上的工潮都是要求提供粮食和衣物的。华人、在日朝鲜人的上述斗争也影响到同样怀有不满情绪的日本国内劳动者，"煤矿……处于极度混乱状态"。①

————————

①　[日]《读卖新闻》1945年12月14日。

除了工潮以外，在日朝鲜人当中也频繁出现了"以黑市为背景的经济犯罪现象及盗窃旧军需工厂物资"、袭击警察署、聚众斗殴等影响社会治安的犯罪现象。①

1945年9月10日，在日朝鲜人成立了"在日朝鲜人联盟准备委员会"[1945年10月15日正式成立"在日朝鲜人联盟（简称：朝联）"]，并在"援助回国同胞"的名义下编制要求回国人员名单、发放回国证明、进行财产管理等，展开了各种与在日朝鲜人回国有关的活动。"朝联"还组织保安队、自卫队、自治队、警备队等，行使类似警察权的权力，无票强行乘坐列车、公共汽车、客轮等。这些举动也在某种程度上扰乱了日本社会的正常秩序（见［表3—3］）。

［表3—3］　　　　　　　　　　所谓在日朝鲜人的不法行为

1945年8月—12月	件数	1946年度	件数	1947年度	件数
对日本人教导员的集团暴行	6	对警察官署的不法行为	179	对警察官署的不法行为	69
围绕物资配给的不稳举动	8	朝鲜人之间的集团冲突	108	朝鲜人集体斗殴	65
赌博引起的聚众斗殴	5	集体抢劫事件	572	集团抢劫盗窃	1184
日本人和朝鲜人之间的冲突	8	对官公署的不当要求	2407	对官公署不当要求	11
朝鲜人和中国人之间的集团冲突	5	集体暴行伤害事件	453	集团暴力伤害	373
围绕回国问题的不稳举动	21	集体欺诈和恐吓	147	集团欺诈恐吓	348
退职慰劳金等的不当要求	34	违反金融措施法	16	违反铁路运输	318
集体盗窃	8	违反铁路运输	580	类似警察权的行为	14
对官公署的不当要求	14	其他	750	其他	3299
保安队类似警察的行为	9				
对住宅的非法占据与不法要求	10				
朝鲜人之间的集团冲突	2				
其他	6				
合计	136件	合计	5212件	合计	5681
参加人数	不详	参加人数	约50000名	参加人数	15600

———————

① ［日］增田正度《在维持国内治安方面极为重要的——有关在日朝鲜人问题》，《警察时报》第7卷第4号，1952年4月号。

1948 年度	件数	1949 年度	件数	1950 年度	件数
对警察官署的不法行为	5	对警察官署的不法行为	19	对警察官署的不法行为	17
朝鲜人之间斗殴	12	朝鲜人之间斗殴	32	对官公署的不当要求	20
集团抢劫盗窃	142	集团抢劫盗窃	12	围绕取缔秘密酿酒的不	2
对官公署的不当要求	32	日本人与朝鲜人之间的	14	法行为	
集团暴力伤害	36	斗殴		朝鲜人之间的集团斗殴	21
集团欺诈恐吓	62	牵涉秘密酿酒而逮捕	37	日本人和朝鲜人之间集	2
日本人与朝鲜人之间的斗殴	19	与查封学校相关的事件	15	团斗殴	
牵涉秘密酿酒而逮捕	18	与解散朝联相关的事件	10	违反政令第 325 号	105
悬挂朝鲜国旗	8				
有关民族教育的事件	15				
合计	349	合计	139	合计	166
参加人数	5400	参加人数	不详	参加人数	4500

资料来源：［日］公安调查厅法务事务官坪井丰吉著《在日朝鲜人运动的概况》，《法务研修报告书》第 46 集第 3 号（秘密），法务研修所，1959 年版，第 233、235、238、239—240、241、321 页。

　　为制止上述"不法行为"中的刑事犯罪行为和扰乱社会秩序的行为，1946 年 2 月 19 日，盟国日本占领当局发布《有关刑事审判管辖权问题的总司令部备忘录》及《有关审查对朝鲜人及其他特定国家人判决的总司令部备忘录》规定，从日本刑事审判管辖权中免除的对象只限于盟国国民，并明确规定在日朝鲜人不包含在盟国国民当中。①

　　1946 年 3 月 26 日，盟国日本占领当局又公布《有关对朝鲜人的刑事审判管辖权及有关朝鲜人遣返问题的总司令部民间情报教育局通告》，规定："……在日本的朝鲜人和在日本的中立国人一样，应服从包括刑法在内的日本的法律。"另外，同年 4 月 4 日公布的《有关取缔利用铁路的台湾人及朝鲜人的总司令部备忘录》又规定："日本政府拥有取缔利用铁路的台湾人及朝鲜人的全部权限"，"行使其权限，维持并确保日本铁路的治安是日本政府的责任。"1946 年 4 月 30 日的《有关朝鲜人不法行为的总司令部备忘录》也规定："日本政府具有取缔从事上述列举之暴行的朝鲜人的全部权利。"②

① 前引外务省政务局特别资料课编《在日朝鲜人管理重要文件集》，第 36—38 页。

② 同上书，第 49—53 页。

为制止朝鲜人的刑事犯罪行为和扰乱社会秩序的行为，盟国日本占领当局，把对朝鲜人的刑事管辖权赋予了日本政府。

五、在日朝鲜人的政治倾向与政治活动问题

在诸多在日朝鲜人问题中，真正使盟国日本占领当局和日本政府感到头痛的问题是在日朝鲜人"左派"的政治倾向和政治活动问题。随着冷战的激化和美国对日政策的转变以及朝鲜半岛的南北分裂，在日朝鲜人问题也日趋复杂。在日朝鲜人与日本社会、日本政府之间的矛盾与斗争，在日朝鲜人内部左右翼之间的矛盾和斗争等，这些又与日本共产党为首的日本国内左翼运动相互交织在一起，形成了十分棘手的社会、政治问题。

早在 1946 年 1 月，当时任日本共产党中央委员的金天海就提出"定居日本参加革命"的口号，[1] 反对盟国日本占领当局和日本政府推行的在日朝鲜人遣返工作。1946 年 10 月 3 日，"朝联"发生分裂，标榜"民族主义和自由民主主义"的右翼在日朝鲜人脱离"朝联"，另行成立了"在日大韩民国居留民团"（简称"民团"）。在日朝鲜人右派脱离"朝联"以后，"左派"主导的"朝联"，与日本共产党携手积极参加了二战后蓬勃发展的日本工人运动。"朝联"和 1947 年 3 月 16 日创建的"朝联"系的"在日朝鲜民主青年同盟"（简称"民青"）自称是众所公认的"革命势力的最有力的战士群"，参加了不少激进或过激行动。[2]

"朝联"还提出"提高政治教育水平，树立科学世界观，培养爱国心"的教育方针，在在日朝鲜人中大力举办各种学校，热衷于共产主义思想教育。这些活动引起了视共产主义为洪水猛兽的盟国日本占领当局和日本政府的深深不安。

随着美国对日政策的转变，盟国日本占领当局和日本政府，对在日朝鲜人"左派"的活动更加难以容忍，逐渐加强了对其活动的取缔。1948年 1 月 24 日，日本政府下令"在日朝鲜人必须遵守日本的法律。义务教

---

① 前引李瑜焕著《在日韩国人的五十年史——关于产生原因、历史背景与解放后的动向》，第 121 页。

② ［日］筱崎平治著《在日朝鲜人运动》，转引自前引李瑜焕著《在日韩国人的五十年史——关于产生原因、历史背景与解放后的动向》，第 128 页。

育应遵循学校教育法进行，朝鲜人学校的设置必须经知事批准。教学内容也应遵循学校教育法"。[①] 日本政府的这一命令，直接导致了"阪神教育事件"的发生。[②] 盟国日本占领当局以此事件为契机，在神户地区实施戒严，逮捕了1800名在日朝鲜人。同时，盟国日本占领当局明确了"不支持无视基本的教育标准，为鼓吹过激理论而设立的政治学校及社会思想学校"的立场。[③]

在盟国日本占领当局的支持下，日本政府也进一步加强了对左翼在日朝鲜人学校、团体的取缔。1949年9月8日，盟国日本占领当局借口在下关市发生的左右翼朝鲜人团体的冲突事件（史称"下关事件"），解散了"朝联"和"民青"等左翼团体，并没收了其财产。1949年10月19日，日本文部省下令查封92所在日朝鲜人创办的学校，对245所学校下令重新进行申请登记。截至同年11月4日，245个学校中28所学校重新提出申请的结果，仅3所学校获得了批准。[④]

一位与公安系统有关的人士称："朝联时代的运动，在理论方面多少接受日共的领导，但在实践方面则自己完全掌握主导权，以对等的资格展开了运动。因此，有人认为与其说日共领导朝连，毋宁说往往日共是被拖着走的。"[⑤]

1950年1月，日本政府对所有外国人实施重新登录，并要求在日朝鲜人以朝鲜国籍进行了登录。由于韩国方面提出抗议，盟国日本占领当局于1950年2月23日，向日本政府下达"备忘录"，允许在日朝鲜人在进行外国人登录时，国籍一栏填写"韩国"、"大韩民国"。截止到1950年底，以"朝鲜"国籍登录的在日朝鲜人约为47万人，以"韩国"或"大韩民国"国籍登录的在日朝鲜人为7万多人（见［表3—4］）。

---

① 前引李瑜焕著《在日韩国人的五十年史——关于产生原因、历史背景与解放后的动向》，第166页。

② 阪神教育事件：1948年4月，日本政府以违反教育法为名查封大阪、神户的朝鲜人学校，反对查封学校的朝鲜人在政府门前举行示威，最终导致美军宣布戒严，朝鲜人死亡一人。

③ 前引李瑜焕著《在日韩国人的五十年史——关于产生原因、历史背景与解放后的动向》，第166—167页。

④ 同上书，第167—168页。

⑤ 前引坪井丰吉著《在日朝鲜人运动的概况》，第267页。

［表3—4］　　在日朝鲜人在外国人登录中在国籍一栏标记自己国籍的情况

区分 年月	韩国		朝鲜	
	人员	百分比	人员	百分比
1950.3	39418	7	495818	93
1950.12	77433	14	467470	86
1951.12	95157	17	465543	83
1952.9	116546	20	454462	80
1953.12	131437	24	424653	76
1955.1	138602	25	425620	75

资料来源：［韩］成滉镛著《日本的对韩政策（1800—1965）》，明知社1981年版，第162页。

1950年6月25日，朝鲜战争爆发以后，在日本各地接连爆发了"民团"系在日朝鲜人与左翼在日朝鲜人之间的冲突。左翼在日朝鲜人还从事各种反战活动，散布反美传单等。并打着完全就业，反对地方税，提高工资，立即适用《生活保护法》、要求祖国统一等旗号在日本各地举行示威游行或举行群众大会。1950年11月，在东京，原"朝联"系13所学校师生做出了"绝不屈服反动的吉田内阁的不正当干涉，为捍卫民族教育和民族文化而展开斗争"的决议。继而同年11月7日，在神户，以左翼在日朝鲜人与日本警察发生激烈冲突为开端，在大阪、京都、兵库、爱知、滋贺等地，左翼在日朝鲜人打着反对"对左翼的迫害"，要求释放被拘押人员的旗号，袭击县、市政府厅舍并与警察发生冲突。特别是，1951年1月9日成立的、以"积极开展祖国防卫斗争"为目标的"在日朝鲜统一民主阵线"（简称"民线"）与同年7月作为"推进军事计划的机关和实践的行动队"成立的"祖国防卫委员会"（简称"祖防委"），[①] 领导在日左翼朝鲜人展开了更加过激的政治运动。

"民线"与"祖防委"同日本共产党联手，开展了"反对对日单独媾和、反对日美安保条约，反对基地化、反对强制遣返、确保民族教育、反对治安立法、反对重整军备、粉碎日韩会谈、打倒吉田〔茂〕内阁"等广泛的大众运动。

————————————

① 前引成滉镛著《日本的对韩政策（1800—1965）》，第163页。

　　此外，以"祖防委"为中心，还开展了"制造、收集武器，进行军事训练，破坏和阻挠运往南朝鲜的军需品生产和运输，散布、张贴反美传单等"多种过激的政治斗争。① 从 1951 年春天开始，在日本共产党的军事方针的影响和指导下，左翼朝鲜人掀起了"袭击税务署、市町村事务所、警察署（派出所）、检察厅的行动"。②

　　随着朝鲜战争的爆发和所谓对日"多数媾和"（事实上的单独媾和——笔者）日益临近，日本政府进一步加强了对同日本共产党携手，开展左翼政治运动的"左派"在日朝鲜人的打击和监控。同时，日本政府希望盟国日本占领当局尽快明确在日朝鲜人的国籍问题，把那些不受欢迎的在日朝鲜人遣返回国。1950 年 12 月 26 日，日本内阁官方长官发表谈话表示"准备把在各地的骚乱中起核心作用的"在日朝鲜人，通过总司令部（GHQ）与韩国协商以后强制遣返韩国。③

　　1951 年 9 月 8 日，在朝鲜战争的战火中，在美国的积极策划下，日本同以美国为首的西方盟国签订旧金山《对日和平条约》实现了单独媾和。日本政府鉴于媾和条约的即将生效和国家主权的恢复，1951 年 10 月 2 日，制定了新的"出入国管理令"。新法令规定："强制遣返，①有特定传染性疾病者；②因其生活贫困成为国家和地方政府的负担者；③违反麻醉品取缔法者；④违反外国人登录令者；⑤判处一年以上徒刑、拘役或无期徒刑者；⑥从事卖淫者；⑦使用或企图使用暴力手段，组织以破坏日本国宪法及政府为目的的团体以及加入具有上述目的的政党或团体者；⑧组建或参加鼓励杀伤公务人员、破坏公共设施、阻碍工厂等安全设施的正常运行的政党或团体者，抑或与其有密切关系者；⑨为达到前述⑦和⑧中规定的团体之目的，制作、发布或展示印刷品、电影、文件或图书者；⑩此外，外相认为存在损害日本的国家利益或妨碍公共安全的行为者"。④ 日本政府在颁布该法令的同时，宣布对国籍尚不明确的在日朝鲜人，直到国籍问题获得解决为止，把他们排除在"出入国管理令"的适用范围之外。日本政府声称准备"在〔1951年〕10 月开始举行的韩国、日本、总司令部三方会谈中交涉"解决在日朝

---

　　① 前引李瑜焕著《在日韩国人的五十年史——关于产生原因、历史背景与解放后的动向》，第 130—131 页。

　　② 同上。

　　③ 〔日〕《朝日新闻》1950 年 12 月 27 日。

　　④ 〔日〕《朝日新闻》1951 年 10 月 3 日。

鲜人问题。①

　　《对日和平条约》生效前夕，日本政府对日韩关系所持的基本立场是，认为由于日本接受"波茨坦公告"、盟国对日占领政策及《对日和平条约》，所有过去日韩之间的关系已获得了清算。日本认为，由于日本接受"波茨坦公告"无条件投降，过去的日韩关系回到了原点，当前同韩国政府谈判解决的问题只有在日朝鲜人问题。而承认韩国的独立的问题仅采取形式上的步骤即可。

第三节　"麦克阿瑟线"与日韩渔业纷争问题

一、二战后盟国对日本渔业的限制和"麦克阿瑟线"的设置

　　二战后，伴随着朝鲜半岛脱离日本的殖民统治独立而产生的重要的外交课题还有"日韩渔业纷争问题"。早在二战结束之前的 1945 年 1 月，美国国务院、陆、海军部三方政策协调委员会就已确定了有关日本渔业方面的基本方针。② 日本接受《波茨坦公告》宣布无条件投降以后，出于占领日本的需要，1945 年 8 月 20 日，盟军总司令部下令禁止了一切日本渔船的出海。等盟军顺利实施对日占领之后，9 月 14 日，盟军总司令部下令解除了出海禁令的同时，宣布只允许木制渔船在日本列岛 12 海里范围内进行捕捞作业。这对二战结束前后开始已陷入不断恶化的粮食危机中的日本来说，不啻是一个晴天霹雳。盟国日本占领当局的上述严厉的对日渔业政策，立刻引起了日本政府及日本渔业界的深深不安。

　　在国内粮食危机的压力和日本渔业界的请求之下，日本政府向盟国日本占领当局提出陈请，要求进一步放宽对日本渔业的限制。接到陈请的盟国日本占领当局，考虑到战后日本国内的实际情况，首先于 1945 年 9 月 22 日发出有关放宽各类渔船出海限制的指令（FLTLOSCAP Serial No.69），放宽

---

　　① ［日］《朝日新闻》1951 年 10 月 3 日。
　　② ［日］外务省特别资料课编《日本占领及管理重要文件集（第一卷）基本篇》，1949 年版，第 92 页。

了一般渔船、拖网渔船、捕鲸船及活鱼运输船的出海限制。9 月 27 日，盟国日本占领当局又发出有关日本渔业及捕鲸业的操作区域的指令（FLTLOSCAP Serial No. 80，No. 95）指定了中小型渔船的捕捞区域。10 月 13 日，盟国日本占领当局又发出指令，规定了大型日本渔船的操作区域。根据上述指令日本渔船的出渔范围被限定在"从纳纱布岬到北纬 42 度 30 分东经 150 度的点；从该点向南到达北纬 30 度的点；从北纬 30 度的点向西到达东经 130 度的点；从东经 130 度的点向南到达北纬 29 度的点；从北纬 29 度的点向西到达东经 126 度的点；从东经 126 度的点向南到达北纬 26 度的点；从北纬 26 度的点向西到达东经 123 度的点；从东经 123 度的点再到达对马岛南端。从对马岛北端到北纬 40 度东经 135 度的点，从该点再到北纬 45 度 30 分东经 140 度的点；从该点向东到达东经 145 度的点；从该点向南一直到达北海道"的范围之内。①

　　所谓的"麦克阿瑟线"就是把上述各点连接起来的环绕日本列岛周边的线。由于该线是由盟国日本占领当局公布的，所以，借用盟国日本占领当局最高行政长官麦克阿瑟之名把它称之为"麦克阿瑟线"（Mac Arthur Line）。盟国日本占领当局设置"麦克阿瑟线"的目的，既有军事上的原因——保障占领初期盟军对日占领上的军事安全，也有制裁二战前日本渔业界的乱捕、乱渔行为，限制二战后的日本渔业活动的性质。设置"麦克阿瑟线"以后，起初盟国日本占领当局严格限制日本渔船越过指定的捕捞区域进行捕捞作业，并对那些越过"麦克阿瑟线"进行捕捞作业的日本渔船进行了相应的处罚。② 但是，这种情况很快就发生了变化。

二、"麦克阿瑟线"的扩张和日韩渔业纷争

　　二战结束前后，由于日本把大量青壮年劳动力投入战争，农业劳动力严重不足，加上战火的破坏，1945 年日本农业严重歉收。雪上加霜的是，二战后大批长期居住在海外的日本人又纷纷被遣返回国。这进一步增加了日本社会的粮食短缺危机和生活消费品紧缺危机。为了缓解日本国内日益严重的

---

① ［日］外务省特别资料课编《日本占领及管理重要文件集（第四卷）经济篇（Ⅱ）》，1949 年版，第 138—142 页。

② 前引成滉镛著《日本的对韩政策（1800—1965 年）》，第 153 页。

粮食危机，盟国日本占领当局一方面紧急从美国进口粮食；另一方面，逐渐放宽了对日本渔业的严厉限制。1945 年 11 月 3 日，根据日本政府要求，盟国日本占领当局下达《关于指定从事渔业、捕鲸业及海洋动物捕猎之船舶操作区域的日本商船管理局备忘录》，① 第一次扩张了"麦克阿瑟线"。1946年 6 月 22 日，盟国日本占领当局又根据盟国对日理事会议的决定，下达《关于指定渔业及捕鲸业操作区域的总司令部备忘录》，② 第二次扩张了"麦克阿瑟线"。东西冷战爆发以后，随着美国对日占领政策的转变，1949 年 9月 19 日，盟国日本占领当局应日本政府的期望，下达《关于日本渔业及捕鲸业操作区域之扩张许可的总司令部备忘录》，③ 第三次扩张了"麦克阿瑟线"。

"麦克阿瑟线"的三次扩张，在日韩两国相邻海域带来的实际变化并不大，但是给日本渔民带来的心理变化却是巨大的。在二战后的日本国内粮食危机和生活消费品短缺危机中，为了捕捞更多水产品本来就冒被制裁危险经常偷越"麦克阿瑟线"进行捕捞作业的很多日本渔民，看到"麦克阿瑟线"接二连三地被扩张以后，更是肆无忌惮地开始越过"麦克阿瑟线"到南朝鲜地区附近海域进行捕捞作业了。因此，偷越"麦克阿瑟线"到南朝鲜地区海域进行捕捞作业已逐渐成了家常便饭。因此，从 1947 年 2 月开始，南朝鲜地区施政当局开始缉拿越过"麦克阿瑟线"到朝鲜半岛附近海域进行捕捞作业的日本渔船，把被缉拿的船员诉之于设在釜山的南朝鲜美军军政厅法庭进行审判。

三、韩国政府加强对日本渔船的缉拿与日韩渔业纷争

1948 年 8 月 15 日，韩国政府成立以后，韩国政府进一步加强了对越过"麦克阿瑟线"到韩国附近海域进行捕捞作业的日本渔船的缉拿。在缉拿日本渔船的过程中甚至发生了枪击渔船，船员死伤事件。1949 年 1 月23 日，在缉拿第十二万荣丸、同年 2 月 1 日，在缉拿第六丰丸、同年 5 月4 日在缉拿大荣丸的过程中，日本渔船遭到韩国警备艇的枪击，发生了分

---

① 前引外务省特别资料课编《日本占领及管理重要文件集（第四卷）经济篇（Ⅱ）》，第 138—139 页。

② 同上。

③ 同上书，第 155—156 页。

别死亡 1 名日本船员的事件。① 随着韩国方面加强对日本渔船的缉拿，被缉拿的日本渔船数量也在不断地增加。日本政府多次通过盟国日本占领当局向韩国提出交涉，要求释放被缉拿的日本渔船和船员。在这种情况下，1949 年 1 月，根据盟国日本占领当局的要求，韩国方面释放了被扣押在釜山的 7 艘日本渔船，但是韩国方面并没有因此而停止对日本渔船的缉拿（参见［表3—5］）。

［表3—5］　　　　　　韩国方面缉拿的日本渔船及船员
（1947—1952 年对日和平条约生效为止）

年度	船只数			船员数		
	缉拿	归还	未归还	缉拿	归还	死亡
1947	7	6	1	81	81	0
1948	15	10	5	202	202	0
1949	14	14	0	154	151	3
1950	13	13	0	165	165	0
1951	43	42	1	497	497	0
1952（到对日和约生效）	3	3	0	37	36	1

资料来源：［日］鹿岛和平研究所编，吉泽清次郎监修《日本外交史（28）·媾和后的外交（Ⅰ）·对列国关系（上）》，鹿岛研究所出版会 1973 年版，第 27 页。

于是，日本政府向盟国日本占领当局提出陈请，要求放宽"麦克阿瑟线"的限制。韩国方面对此感到极为不满。1949 年 6 月 2 日，韩国方面通过海军总参谋长孙元一发表谈话的方式，对此表示："韩国海军准备缉拿越过'麦克阿瑟线'的全部日本渔船，并已令其把有关情况报告总司令部"。② 同年 6 月 7 日，韩国国会议员和与水产业有关的人士在首尔举行了反对放宽"麦克阿瑟线"的大会。同一天，首尔学生也举行"保卫国家学生紧急奋起大会"，高呼"反对放宽'麦克阿瑟线'"的口号举行了示威游行。同年 6 月 14 日，韩国国会全票通过了反对扩张"麦克阿瑟线"的

---

① 前引鹿岛和平研究所编，吉泽清次郎监修《日本外交史（28）·媾和后的外交（Ⅰ）·对列国关系（上）》，第 26 页。
② 同上。

动议案。①

韩国方面，对"麦克阿瑟线"扩张表现出了异常的关心。在其背后潜藏着日韩渔业水平及实力上的巨大差距。韩国独立以后，韩国方面极为害怕实力强大的日本渔业界卷土重来，损害韩国的渔业利益，因此，把"麦克阿瑟线"视为保卫韩国渔业利益的重要屏障。

但是，日本方面并没有因韩国方面的抗议和阻拦，而撤回要求放宽"麦克阿瑟线"请求。1949 年 9 月 19 日，"麦克阿瑟线"第三次得到扩张。与之同时，日本方面又通过盟国日本占领当局向韩国提出了归还被缉拿的日本渔船，赔偿日方的损失 1 亿日元的要求。不愿意因"麦克阿瑟线"引起的日韩渔业纷争，从而影响盟国日本占领当局同日本政府之间关系的占领当局，于 1950 年 1 月 27 日，向韩国驻日代表部大使申兴雨就缉拿越过"麦克阿瑟线"的日本渔船问题提出了抗议。同时，通告韩国政府，将派美军军舰"保护日本渔船，以免受到不明国籍的奇怪船舶的威胁"。②

起初，韩国方面对盟国日本占领当局的抗议采取了不予理睬的态度。但是，随着盟国日本占领当局的态度日趋强硬，李承晚政府也改变立场，采取了协商的态度。③ 结果，韩国政府与盟国日本占领当局达成了由盟国日本占领当局与日本政府保证，日本渔船不再越过"麦克阿瑟线"，一经发现有船舶越过该线，就马上通告盟国日本占领当局，占领当局和日本政府则立即做出相应的处罚的协议。④ 对于这份协议，日方把它理解为：韩国方面已"全面理解有关渔场的条款"，保证不再缉拿日本渔船，并对扣留日本渔船表示了道歉。⑤ 韩方则把它理解为：盟国日本占领当局承诺保障"麦克阿瑟线"。日韩在"协议"的理解上出现了很大的分歧。但是，此后盟国日本占领当局采取了逐渐把"麦克阿瑟线"的监视权及对越过"麦克阿瑟线"的日本渔船的处罚权移交给日本的方针。⑥

1950 年 2 月底，根据盟国日本占领当局的要求，韩国方面归还了被扣

---

①　前引鹿岛和平研究所编，吉泽清次郎监修《日本外交史（28）·媾和后的外交（Ⅰ）·对列国关系（上）》，第 26 页。

②　[韩]《东亚日报》1950 年 1 月 29 日。

③　[韩]《东亚日报》1950 年 2 月 25 日。

④　[韩]《东亚日报》1950 年 2 月 5 日。

⑤　同上。

⑥　[韩]《东亚日报》1950 年 2 月 28 日。

留在木浦的 9 艘日本渔船，同年 3 月又归还了被扣留在釜山的 4 艘日本渔船。[①]

四、朝鲜战争期间"联合国军"加强对朝鲜半岛周边海域的管制

1950 年 6 月 25 日，爆发了朝鲜战争。朝鲜战争的爆发暂时缓解了日韩在"麦克阿瑟线"问题上的矛盾。朝鲜战争爆发以后，出于战争的需要，"联合国军"加强了对朝鲜半岛周边海域的军事管制。在朝鲜战争时期，韩国方面虽然没有正式宣布停止缉拿越过"麦克阿瑟线"的日本渔船，但此时被缉拿的日本渔船绝大多数都是因在"麦克阿瑟线"附近作业时，遭遇参加朝鲜战争的"联合国军"舰艇而被缉拿的。特别是 1951 年 3 月 4 日到 4 月 8 日，33 艘日本渔船因遭遇"联合国军"舰艇遭到缉拿（仅 4 月 5 日就有 18 艘日本渔船遭到缉拿），但此后不久，这些渔船依照"联合国军"的命令全部获得释放。[②]

1952 年 9 月 27 日，驻韩"联合国军"总司令部以总司令克拉克（General Mark W. Clark）的名义在朝鲜半岛周围设置了"克拉克线"（亦称"防卫水域"见［图 3—1］）。"克拉克线"的设置在某种程度上缓解了朝鲜战争期间日韩之间的渔业冲突。

五、日韩两国的"麦克阿瑟线"存废之争与"李承晚（和平）线"的出笼

但是，随着朝鲜战争的形势向有利于韩国的方向发展及"对日和约"方案的日趋具体化，"麦克阿瑟线"的存废问题再一次成为日韩两国所关注的重要的热点问题。韩国方面，激烈抨击日本利用因朝鲜战争"美军及我国海军没有余力监视'麦克阿瑟线'之际"有计划、有组织地侵犯该线。并称："麦克阿瑟线"是"划分韩国领海的界线"，并不是"盟国日本占领当局随意

---

① 前引鹿岛和平研究所编，吉泽清次郎监修《日本外交史（28）·媾和后的外交（Ⅰ）·对列国关系（上）》，第 26 页。

② 同上书，第 27 页。

规定的，是根据国际法测算以后以适当的距离划分的韩日海洋权益的分界线"。因此，"麦克阿瑟线""不会因对日和平条约的签署而废除，只要韩国存在，它将作为我们领海的界线存在下去"。①

基于上述立场，韩国政府努力通过与美国接触，试图把有关保留"麦克阿瑟线"的条款写进对日和约，但韩国方面的努力并没有取得预期的成果。于是 1951 年 9 月 3 日，韩国政府发表声明称："直到韩日两国之间签订有关协定为止'麦克阿瑟线'将继续发挥其效力。《对日和平条约》签署以后，〔韩国〕将继续行使缉拿越过'麦克阿瑟线'的日本渔船的权利，并履行其义务。"②

在围绕"麦克阿瑟线"的日韩渔业纷争中，日方始终认为，设置"麦克阿瑟线"的是盟国日本占领当局。因此，解决该问题的关键是同盟国日本占领当局进行交涉，废除"麦克阿瑟线"，该问题的解决与韩国无涉。为放宽乃至最终废除"麦克阿瑟线"，日本政府倾注全力同盟国日本占领当局进行了交涉。但与之相反，把"麦克阿瑟线"理解为"划分韩日海洋权益的分界线"的韩国则认为，该线"直到韩日两国之间签订有关协定为止将继续发挥其效力"。也就是说，韩国方面是把"麦克阿瑟线"和与"麦克阿瑟线"相关的渔业权问题作为日韩双方有待协商解决的问题来把握的。

韩国方面保留"麦克阿瑟线"的努力失败以后，为维护韩国的海洋权益，1952 年 1 月 18 日，即旧金山《对日和平条约》生效之前的 3 个月，韩国政府以李承晚总统的名义发表《对邻接海洋的主权宣言》，在朝鲜半岛周围设置了被日方称之为"李承晚线"，韩方称之为"和平线"的日韩渔业分界线（见〔图 3—1〕）。1952 年 1 月 18 日，"李承晚（和平）线"公布之后不久，9 月 27 日，驻韩"联合国军"总司令部以总司令克拉克（General Mark W. Clark）的名义在与"李承晚（和平）线"几乎重复的朝鲜海域设置了"克拉克线"（亦称"防卫水域"见〔图 3—1〕）。"克拉克线"的设置在某种程度上缓解了因"李承晚（和平）线"可能引发的日韩之间的渔业冲突。

---

① 〔韩〕《东亚日报》1951 年 4 月 9 日。
② 〔日〕《朝日新闻》1951 年 9 月 4 日。

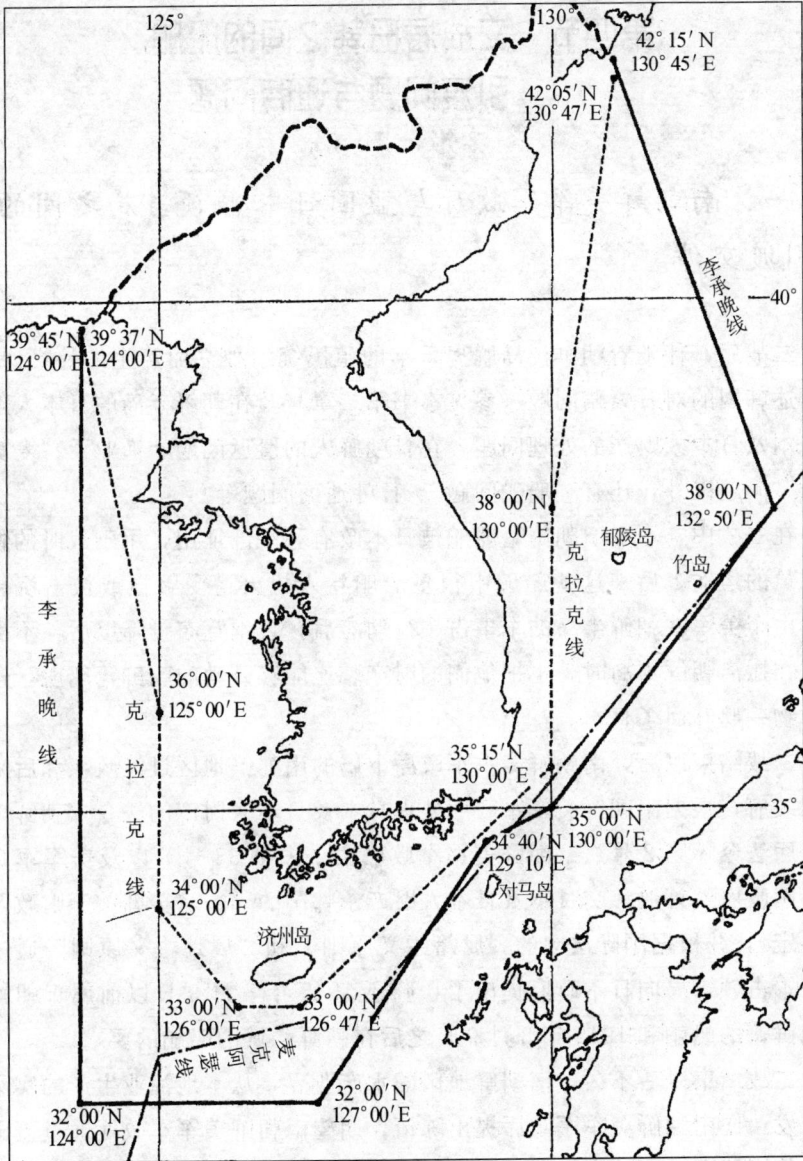

[图3—1]　麦克阿瑟线、"李承晚（和平）线"及克拉克线

资料来源：[日]鹿岛和平研究所编，吉泽清次郎监修《日本外交史（28）·媾和后的外交
（Ⅰ）·对列国关系（上）》，鹿岛研究所出版会1973年版，第57页。

第四节　二战后日韩之间的船舶
引渡问题与通商问题

一、南朝鲜美军军政厅与盟国日本占领当局之间的船
舶引渡交涉

二战后，伴随着朝鲜半岛脱离日本的殖民统治独立而产生的外交课题，除上述韩国的对日索赔问题（参见本书第二章）及在朝鲜半岛的日本人遣返和日本及日本人财产的处理问题、在日朝鲜人的遣返问题、渔业及"麦克阿瑟线"问题以外，还有"船舶问题"、日韩通商问题等。

在二战中，不少旧朝鲜籍船舶被日本政府和军部征用，用于战时的物资和人员的运输。后来这些船舶中很多船舶卷入战火遭受毁损或被击沉。另外，由于美军在朝鲜半岛的军事占领行动滞后，日本宣布投降以后，不少日本人在撤离朝鲜半岛时，也把他们的财产装上能够开动的朝鲜籍船舶，连船带财物一起开回了日本。

二战结束以后，南朝鲜美军军政厅下属的南朝鲜地区过渡政权和后来的韩国政府，根据南朝鲜美军军政厅处理日本及日本人财产的法令《朝鲜美军军政厅法令·第2号》、《朝鲜美军军政厅法令·第33号》以及美军军政厅同韩国政府签订的移交日本及日本人财产予韩国的——《美韩关于财政及财产协定》，并根据国际法中的"属籍主义原则"和"属地主义原则"通过盟国日本占领当局向日本政府提出了，归还1945年8月9日以前属于朝鲜的旧朝鲜籍的船舶和1945年8月9日之后在朝鲜水域的船舶的要求。

二战结束以后不久，南朝鲜地区的水产业界，从本地渔业生产的实际需要出发，向南朝鲜美军军政厅提出陈请，期望南朝鲜美军军政厅通过盟国日本占领当局向日本政府提出归还旧朝鲜籍船舶的要求。在南朝鲜地区的水产业界的压力和促使下，南朝鲜美军军政厅随即向盟国日本占领当局和日本政府提出了归还旧朝鲜籍船舶的要求。盟国日本占领当局于1946年6月29日就此向日本政府发出《关于准备归还朝鲜籍渔船的盟军总司令官备忘录1597-A（SCAPIN1597-A［1946.6.29]）》，敦促日本政府归还旧朝鲜籍船舶。此后，1946年12月2日，盟国日本占领当局向日本政府下达盟军总司

令官备忘录 2705-A（SCAPIN2705-A［1946.12.2］），令日本政府扣押惠比寿丸（EBISU MARU）等 18 艘渔船，等候处理。1947 年 1 月 4 日，盟国日本占领当局向日本政府下达盟军总司令官备忘录 1437（SCAPIN1437［1947.1.4］），令日本政府把第二乐洋丸（No. 2 RAKUYO MARU）以外的 17 艘渔船归还南朝鲜美军军政厅。日本政府于 1947 年 5 月，在釜山把上述 17 艘船舶移交给了南朝鲜美军军政厅（参见［表 3—6］）。

［表 3—6］　　　依据盟军总司令官备忘录 1437 归还的旧朝鲜籍渔船

船　舶　名　称	船　舶　名　称
EBISU MARU	
No. 2 FUEI MARU	No. 2 SHINKEI MARU
HO MARU	No. 2 KOFUKU MARU
KANHOKU MARU	TAIYO MARU
No. 2 KEIRIN MARU	No. 5 GYOSHO MARU
TOHO MARU	No. 1 KEIRIN MARU
No. 2 KEIRIN MARU	No. 2 KAIYO MARU
No. 15 WAKATSUI MARU	No. 11 CHOSUI MARU
	No. 11 KYOHO MARU
	No. 3 SHACHI MARU

资料来源：赔偿厅、外务省共编《日本占领及管理重要文件集（第五卷）特殊财产篇》，1950 年版，第 288—289 页。

二、韩国政府与盟国日本占领当局之间的船舶引渡交涉

1948 年 8 月 15 日，韩国政府成立以后，韩国新政府继续向盟国日本占领当局和日本政府提出了有关旧朝鲜籍船舶归还问题的交涉。为了便于同盟国日本占领当局进行交涉，经盟国日本占领当局同意，韩国政府于 1949 年 1 月 4 日，在日本东京设立了韩国驻日代表部。郑翰景博士成为首任驻日代表部公使。

在韩国政府的要求下，1949 年 2 月 15 日，盟国日本占领当局向日本政府下达盟军总司令官备忘录 6392-A（SCAPIN6392-A）——《关于在日本水域的朝鲜籍船舶的移交方法》，敦促日本政府归还在日本水域的旧朝鲜籍船舶。1949 年 5 月 24 日，盟国日本占领当局向日本政府下达盟军总司令官

备忘录 6392-A/1（SCAPIN6392-A/1）——《关于移交 3 艘朝鲜籍船舶的盟军总司令官备忘录》，要求日本政府把开运丸（KAIUN MARU）等 3 艘船舶移交韩国政府。1946 年 6 月 4 日，日方在釜山把上述 3 艘船舶移交给了韩国方面（参见［表 3—7］）。

［表 3—7］　依据盟军总司令官备忘录 6392-A/1 归还的旧朝鲜籍渔船

船舶名称	总 吨 数	船舶种类	乘组人员
KAIUN MARU	135.00	铁制客船	13
KONGO MARU	309.27	铁制牵引船	29
MUTOSAN MARU	66.63	渔船	7

资料来源：赔偿厅、外务省共编《日本占领及管理重要文件集（第五卷）特殊财产篇》，1950 年版，第 290—291 页。

　　1949 年 4 月初，韩国政府派遣以韩国海运公社社长金龙周为团长的船舶交涉使团，就朝鲜籍船舶的归还问题继续同盟国日本占领当局进行交涉。结果盟国日本占领当局答应，如果对韩国政府提出归还要求的 53 艘船舶，日方不能拿出该当船舶自 1945 年 8 月 9 日之后不在朝鲜半岛水域的证据，原则上在 1949 年 12 月 15 日之前归还韩国。[①] 就此，日本政府也同盟国日本占领当局展开了反交涉。在同日方的折中中，盟国日本占领当局对日本方面称："要求把 1945 年 8 月 9 日以后在朝鲜水域内的船舶归还给韩国的指令是远东委员会的决定，是不能改变的"。"韩国的要求极为庞大，当初提出了归还多达 30 万吨船舶的要求。总司令部（GHQ）好不容易把它压缩到 53 艘"。[②] "然而，据说在上述 53 艘船舶中，据日本运输省的调查，相当一部分船舶具有不在朝鲜水域的具体的反证，因此，实际被要求归还的船舶数大概在 20 艘左右"。盟国日本占领当局还称"如果韩国方面不承认日本方面提出的反证，那么有关这些船舶的归还问题只好留待媾和条约上加以处理"。[③]

①　［日］高崎宗司著《检证·日韩会谈》，岩波书店 1996 年版，第 28 页。
②　［日］外务省·外交史料馆：《外交记录·缩微卷第 4 次公开》A'1、0、0、2—3—2（昭 21.8—22.11）《有关归还在日本领海内的朝鲜籍船舶问题的文件》A'-0054-557-525-833，第 150—152 页。
③　［日］外务省·外交史料馆：《外交纪录·缩微胶卷（战后部分）第四次公开》A'1.0.0.2-3-2（1946.8—1949.11）"关于在日本领海内的朝鲜籍船舶的归还问题"A'0054-557-525-833，第 150—152 页。

1949 年 12 月 29 日，盟国日本占领当局下达了盟军总司令官备忘录（SCAPIN7028-A［1949.12.29］）——《关于移交在日本水域的朝鲜籍船舶的方法》，要求日本政府归还不能证明 1945 年 8 月 9 日以后不在朝鲜水域的平安丸（HEIAN MARU）等 18 艘船舶（参见［表 3—8］）。

据此，1950 年 12 月，日本方面向韩国方面移交了上述 18 艘不能证明 1945 年 8 月 9 日之后不在朝鲜水域的船舶。从 1947 年 5 月到 1950 年 12 月，日本政府奉盟国日本占领当局之命，先后向南朝鲜美军军政厅和韩国移交了 38 艘 5752 吨（其中 9 艘 2470 吨是沉船）船舶。[①]

1951 年 5 月 15 日，盟国日本占领当局又向日本政府发出指示，要求日本归还战后不法进入日本领海而被日本政府没收的旧朝鲜籍船舶。根据这一指示，经日韩双方协商，同年 6 月 4 日，双方又达成协议，日本同意把 58 艘旧朝鲜籍船舶移交韩国。[②] 韩国驻日代表部对日本准备移交韩国的船舶进行了考察之后放弃了对其中 23 艘腐烂不堪、已没有使用价值的船舶的引渡要求。对只残存部分零配件的船舶，决定视情况拆卸部分零配件运回韩国。

［表 3—8］　　盟国最高司令官备忘录 7028—A 中的 18 艘朝鲜籍船舶

船舶名称	船舶总吨数	船舶种类	船舶名称	船舶总吨数	船舶种类
HEIAN MARU	1163.11	半货船	EIKOU MARU	1163.11	半货船
KOSEI MARU	69.45	货船	KYOJO MARU	372.53	半货船
HATSUYUKI MARU	42.72	牵引船	HOJYO MARU	200.16	半货船
ASANAGI MARU	37.83	牵引船	KOYO MARU	129.19	半货船
CHIDORI MARU #2	16.04	小型渔船	SENKAI MARU #7	129.00	不详
CHIDORI MARU #5	17.92	小型渔船	SENKAI MARU #20	130.00	不详
CHIDORI MARU #6	17.92	小型渔船	KARATSU MARU	不详	不详
CHIDORI MARU #7	14.69	小型渔船	ASAHI MARU	48.00	小型渔船
CHIDORI MARU #9	14.69	小型渔船	KOUN MARU	90.00	牵引船

资料来源：赔偿厅、外务省共编《日本占领及管理重要文件集（第五卷）特殊财产篇》，1950 年版，第 293—295 页。

---

① 前引鹿岛和平研究所编，吉泽清次郎监修《日本外交史（28）·媾和后的外交（Ⅰ）·对列国关系（上）》，第 28 页。

② 前引成滉镛著《日本的对韩政策（1800—1965）》，第 152 页。

　　此后，日韩之间的船舶问题，只剩下了 1945 年 8 月 9 日到 9 月 25 日之间，进入釜山港的 221 艘船舶（包括日本籍船舶在内）的引渡问题[①]和 1945 年 11 月初，根据盟军总司令部（GHQ）的要求，为运输南朝鲜美军军政厅所需的煤炭，以 1945 年 11 月到 1947 年 6 月为期，借给南朝鲜地区施政当局的 5 艘（共计 1000399 吨）朝鲜邮船株式会社所属船舶归还日本的问题。[②] 对 1945 年 8 月 9 日到 9 月 25 日之间，进入釜山港的船舶的归属问题，当时盟国日本占领当局打算在对日媾和条约上最终解决上述问题。但是 1951 年 9 月 8 日签订的《旧金山对日媾和条约》对此并没有做出任何规定。为此，签署《旧金山对日媾和条约》以后，盟国日本占领当局于 1951 年 9 月 10 日（11 日），向日本政府和韩国驻日代表部发出备忘录，通告日韩两国政府在 60 天之内举行根据南朝鲜美军军政厅"法令第 33 号"及《美韩关于财政及财产协定》需要移交给韩国政府的有关旧朝鲜籍船舶的移交谈判。[③] 这便成为后来日韩举行会谈，进行船舶归还问题谈判的契机。

三、二战后日韩之间通商的问题

　　二战后，根据盟国日本占领当局（SCAP/GHQ）的指令，日本与南朝鲜地区之间进行了政府间贸易。1949 年 3 月，盟国日本占领当局与韩国政府举行通商会谈，同年 4 月 23 日双方签订了《占领下的日本与韩国的贸易协定》和《占领下的日本与韩国的金融协定》。同时，日韩双方还达成了从 1949 年 4 月 1 日起日韩之间一年内进行 8000 万美元贸易的协议。双方决定，当年日方出口 5000 万美元，韩方出口 3000 万美元，以美元现金结算。[④] 但是，由于美元不足，直到 1949 年 9 月，日本的对韩出口仅达到 600 万美元，韩国对日出口也仅达到 250 万美元。因此，为了扩大日韩之间的贸易，1949 年 10 月，盟国日本占领当局的代表在首尔同韩

---

　　① 前引成滉镛著《日本的对韩政策（1800—1965）》，第 152 页。

　　② 前引鹿岛和平研究所编，吉泽清次郎监修《日本外交史（28）·媾和后的外交（Ⅰ）·对列国关系（上）》，第 28 页。

　　③ ［韩］大韩民国政府编《韩日会谈白皮书》（非卖品），1965 年版，第 69—71 页。

　　④ 前引鹿岛和平研究所编，吉泽清次郎监修《日本外交史（28）·媾和后的外交（Ⅰ）·对列国关系（上）》，第 29—30 页。

方举行会谈（日本通产省通商监督小泷彬以观察员身份参加会谈），改订双方贸易总额为 8198 万美元，并决定把两国贸易进一步扩大到两国的私人业者之间。

为确保日韩之间的正常贸易往来，1950 年 3 月 28 日到 5 月 1 日，盟国日本占领当局又与韩国政府举行会谈，于同年 4 月缔结了《临时海运协定》。盟国日本占领当局于同年 4 月 15 日，韩国政府于同年 10 月 4 日正式批准了该协定。几乎与之同时，1950 年 4 月，盟国日本占领当局与韩国政府进行会谈，修订了占领下的日韩"贸易协定"和"金融协定"。韩国政府于同年 6 月 2 日，盟国日本占领当局于同年 6 月 8 日，分别批准了该协定。修改后的日韩贸易、金融协定规定，在贸易结算账户上以 L/A 方式以美元结算相互之间的贸易。新的贸易结算方式实施以后，1950 年 4 月到 1951 年 3 月，日本对韩出口 2550 万美元（不包括日本对韩国大米的进口和利用 ECA 资金的韩国对日进口），韩国对日出口 9535000 美元。[①]

1951 年 3 月 23 日到 4 月 3 日，占领军总司令部与韩国驻日公使金龙周举行会谈，在继续保留原来的"贸易协定"、"金融协定"基础上，签署了新的两国贸易计划。该计划规定，从 1951 年 4 月到 1952 年 3 月，日方向韩国出口 3200 万美元（自动调整结算 200 万美元），韩国对日出口 1600 万美元。[②] 当时，日本主要向韩国出口纤维制品、煤炭、机械及金属制品、非金属、新闻纸及其他化学制品，韩国主要出口海苔、海参、琼脂、矿物、农产品等。

如［表 3—9］所示，朝鲜半岛脱离日本的殖民统治独立以后，日本与韩国的贸易，无论其贸易内容还是其实际贸易额都非常有限，日韩贸易在低水平上徘徊。但即便是如此，在日韩贸易中日本处于出超的有利地位，韩国则处于入超的不利地位。这种贸易格局，随着朝鲜战争的爆发有了进一步的发展，最终导致了日韩之间的贸易结算账户上的韩国贸易债务问题。在朝鲜战争期间的 1951 年，韩国的对日贸易在其出口贸易总额中所占的比重高达 83.4%，对日进口在其总进口中所占的比重也高达 72.7%，日本成为韩国的第一大贸易伙伴。

---

① 前引鹿岛和平研究所编，吉泽清次郎监修《日本外交史（28）·媾和后的外交（Ⅰ）·对列国关系（上）》，第 29—31 页。

② 同上书，第 29—30 页。

[表3—9]　　　　　　日韩之间的贸易（1946—1951）　　　　单位：百万日元

年　　度	日本的出口	日本的进口
1946	473	15
1947	1744	133
1948	4635	757
1949	4847	1265
1950	6531	5647
1951	5340	2538

　　资料来源：［日］大藏省编《日本与外国贸易年表》，当时货币汇率为1美元等于1945年9月23日为15日元，1947年3月12日为50日元，1948年7月6日为270日元，1949年4月25日为360日元，见前引鹿岛和平研究所编，吉泽清次郎监修《日本外交史（28）·媾和后的外交（Ⅰ）·对列国关系（上）》鹿岛研究所出版会1972年版，第30页。

第五节　旧金山《对日和平条约》
与二战后的日韩关系

一、韩国方面参加对日媾和会议的要求

　　韩国方面提出参加战后有关对日处理的会议的要求由来已久。早在1946年11月16日，李承晚就以南朝鲜地区立法会议议长的名义向美国表示：朝鲜方面有意派代表参加对日索赔会议。1947年8月29日，南朝鲜地区立法会议又通过了要求参加对日媾和会议的决议案，并把上述决议案寄送给了四大国元首。

　　1948年8月15日，韩国政府成立以后，更是对参加对日媾和会议表现出了极大的关心。1948年9月30日，当选为首任韩国总统的李承晚，在第一届国会上的施政方针演说中表示："向盟国提出要求，使韩国能够作为盟国的一员参加对日媾和会议"。① 此后，随着美国加紧对日媾和的准备，

　　① ［韩］《第一届国会速记记录》（第61—128号），第393页。另见［日］高崎宗司：《日韩会谈的经过与殖民地化责任——1945年8月—1952年4月》，《历史学研究》1985年9月号。另见《东亚日报》1948年9月30日。

1949 年 1 月 6 日，在年初的记者招待会上李承晚又进一步明确了韩国要求参加对日媾和会议的立场。[1]

1949 年 9 月，美、英协商确立早日实现对日媾和的方针之后，针对韩国方面提出的参加对日和会的要求，同年 11 月 23 日，美国国务院向其驻韩大使穆乔（John J. Muccio）征询了相关意见。同年 12 月 3 日，穆乔向国务院回电称：以韩国方面同意"把已接受的全部在韩日本财产作为日本的全部对韩赔偿"为前提，主张美国允许韩国参加对日媾和会议。穆乔同时还认为韩国方面把"对日索赔"要求"追溯到 1905 年是不现实的"，应以美军军政厅业已移交给韩国政府的"在韩日本财产"来抵消韩国方面的"对日索赔"要求。[2] 美国国务院接受穆乔的意见，在 1949 年 12 月 29 日草拟完成的"对日和平条约草案"中，把韩国列入了条约签署国的名单。[3] 美国之所以把韩国列入对日媾和条约的签署国名单，并不是因为承认韩国是交战国和战争的受害国，而是出于"韩国是亚洲反共国家的一员"这样一种冷战的思维。

进入 1950 年以后，因受中华人民共和国成立等亚洲形势重大变化的影响，美国加快了对日媾和的步伐。随着媾和的临近，媾和问题也成了日本国内的重要政治话题。在第 7 届日本临时国会（1949.12.4—1950.5.2）上，日本国会议员们纷纷就媾和问题向政府提出咨询。受上述国际形势的影响，韩国国内各派政治势力对对日媾和问题和韩日合作问题的关心也空前高涨，并开始就上述问题频繁地同美国等国家进行接触。1950 年 1 月，美国杰瑟普（Jessup）巡回大使和盟国日本占领军总司令部外交局长西博尔德（William J. Sibald）访问韩国，韩方借机同美方相关人员接触，历陈韩方的主张。同年 2 月，应麦克阿瑟之邀李承晚总统又访日进行沟通和对相关意见进行调整。

在同美国方面的接触中，韩国方面要求：①作为盟国的一员参加对日媾和；②日本对过去的朝鲜的殖民统治进行相应的补偿；③为共同防御共产主义的威胁同意美国扶持日本，但也应对韩国进行相应的支援。[4] 对此，美国

---

① ［韩］《东亚日报》1949 年 1 月 8 日。

② ［美］*Foreign Relations of the United States*, 1949, vol Ⅶ Washington, 1969, p. 904, p. 911.

③ ［日］塚本孝《韩国的对日和平条约署名问题——与日朝交涉、战后补偿问题相关连》，《参考 reference》，1992 年，第 42 卷第 3 号。

④ 前引成滉镛著《日本的对韩政策（1800—1965）》，第 167 页。

并没有给予韩国任何肯定的答复，只是一味地强调了日韩合作的必要性和日本的战略地位的重要性，并表示将加强对日本的扶持。美国的上述态度使韩国对能否参加对日媾和会议问题更加感到担心和不安。韩国担心，美国有可能把韩国排挤在对日媾和会议之外。这种担心和不安具体表现在美国杰瑟普大使访韩前后韩国所采取的一系列的异常举措上。

1950 年 1 月，杰瑟普大使访韩前后，韩国方面先后公布，全韩国金融机构的对日债权为 91 亿日元，① 韩国方面的对日补偿要求总额为 400 亿日元，日本方面的请求金额则为 88 亿日元等。② 同年 1 月 7 日，李承晚就对日媾和问题发表谈话称："我们现在与亲日的美国人作斗争，将来也将继续与他们作斗争"，"日本无论怎样与亲日的美国人勾结起来，试图把韩国排除在对日媾和之外，但只要世界的正义俨然存在，我们必将找回属于自己的位置。"③ 同年 1 月 15 日，李承晚又称：韩国应原则上参加对日媾和会议，而且也相信能够参加对日媾和会议。因为，若没有韩国的参加，就不可能缔结对日媾和条约。④ 所有这些，都充分反映了上述韩国方面的担心、不安和不满情绪。

同杰瑟普大使接触以后，韩国方面对美国在日韩合作及对日、对韩援助问题上的态度与作法也表示了不满。对美国强调的"韩日合作问题"，韩国方面认为："从历史上看，对日外交与对美外交一样重要"，⑤ "韩日两国属于同一人种，不仅在地理上接近，而且在自然资源的交流方面也处于相互依存状态。因此，我们不管过去〔对日本〕有多大的不满，〔今后〕还要相互合作"。⑥ 但是，同时也向美国和日本发出警告说：如果把韩国的对日合作共存的政策，"不是把它理解为友好的表示，而是把它理解为软弱的表现的话，那么将来〔韩日〕两国的关系将会是很不幸的"。⑦

对美国援助日本和韩国问题，1950 年 1 月 15 日，李承晚通过记者招待会表示："我主张采取平衡加实力方式（balance of power），不反对美国为

---

① 〔韩〕《东亚日报》1950 年 1 月 7 日。
② 〔韩〕《东亚日报》1950 年 1 月 21 日。
③ 〔韩〕《东亚日报》1950 年 1 月 7 日。
④ 〔韩〕《东亚日报》1950 年 1 月 15 日。
⑤ 〔韩〕《东亚日报》1950 年 1 月 5 日，李承晚总统语。
⑥ 〔韩〕《东亚日报》1950 年 1 月 25 日，韩国驻日代表部大使申兴雨发言。
⑦ 同上。

扶持日本提供经济、军事援助，但是增强日本军备时，也必须向韩国提供同等数量的军事援助。"① 对韩国提出的加强美国对韩援助要求，美国采取了回避的态度。

1950 年 2 月 16 日，李承晚应麦克阿瑟的邀请访问日本。韩国方面试图借此机会同日本占领当局和日本政府接触，确认韩国方面的主张。在到达羽田机场后的演说中，李承晚强调共产主义对日韩两国国民的共同威胁，并称："如果日本国民像我们韩国国民一样能够认识到自身的危险，从而不单纯是为了韩国和日本，而是为了太平洋地区所有国民的生命与安全而有意同我们合作进行斗争的话，那我们之间的任何问题都不难获得解决。"② 在访日期间，李承晚向美、日提出了韩国的要求和主张。但美国只强调为防御共产主义以及日韩进行提携的必要性，对韩国方面的要求和主张则继续采取了回避的态度。

1950 年 2 月 18 日，回国前夕李承晚发表谈话称："我希望日本国民理解，大韩民国的军队在为韩国的自由而战的同时，也在捍卫日本的自由，这样一个事实。"李承晚称："以本人之见，只要东洋存在共产主义威胁，韩日两国应忘记过去，相互进行合作。太平洋地区各国之间缔结类似北大西洋同盟那样的条约也好。冷战难以以和平手段加以解决。我们有信心不借助美国的力量，自己解决韩国的纷争"。李承晚表示："为重建国家，期待日本在技术方面进行援助"。③ 在这次访问中，李承晚虽然一再强调，韩日之间的"安全保障上的共同利益"和"经济合作方面的共同利益"，但是在当时韩日两国所处的国际、国内环境下，李承晚的呼吁并没有引起日方的很大共鸣，也未能得到美国的有力支持。

回国以后，1950 年 2 月 25 日，李承晚又称："我们与日本比邻而居，应子子孙孙友好相处。但是，直至昨日只因日本缺乏信义才导致了两国之间的不幸，"如今我们"表示愿意在反共方面同日本进行合作。结果〔日方〕表示了积极的态度。听说日本方面，在我访日之前，吉田〔茂〕首相也在国会倡导了韩日提携。希望借此机会韩日两国国民抛弃琐碎的感情，在防止共产主义威胁方面采取共同的步骤。"④ 亦即，韩国方面采取了以满足其提出

① 〔韩〕《东亚日报》1950 年 1 月 15 日。
② 〔日〕《朝日新闻》1950 年 2 月 17 日。
③ 〔日〕《朝日新闻》1950 年 2 月 19 日。
④ 〔韩〕《东亚日报》1950 年 2 月 25 日。

的先决条件为前提，为防止"共产主义威胁"赞同进行韩日合作，"如果陆海空兵力的指挥权基于同等的条件"，① 也不反对签署共同防御条约的态度和立场。对此，美国方面通过盟国日本占领军总司令部外交局局长西博尔德发表谈话的形式，对韩国的上述态度给予了肯定。西博尔德表示："我完全同意，力主增进韩国和日本之间合作的李〔承晚〕总统的声明。日本和韩国是一衣带水的邻邦，两国的接近只会有利于他们。"②

在美苏冷战不断激化的形势下，美国推行以大国为中心阻止所谓"共产主义膨胀"的外交政策。在东亚地区的战略与防卫问题上采取了优先考虑扶持日本的政策。这一点在 1950 年 1 月 10 日，美国国务卿艾奇逊（Dean Acheson）宣布的美国在太平洋地区的战略防线中没有包括韩国的事实中也可以得到印证。在大国中心主义的政策之下，美国在日韩关系问题上，对韩国采取了强调"日韩提携"，并为此迫使韩国做出更多的让步的政策。对日则采取了诱导日本进行"多数媾和"，并参加美国一手策划的"对付共产主义的防卫体制"政策。在美国的诱导政策下，1950 年 5 月 3 日，吉田茂首相提出了"以美军驻扎〔日本〕为前提条件，尽快实现媾和"的方案。③

二、朝鲜战争的爆发与美国加快对日媾和的步伐

1950 年 6 月 25 日，朝鲜战争爆发。朝鲜战争在证明日本战略地位的重要性以及美国尽快实现对日媾和的必要性方面起了决定性的作用。另一方面，在朝鲜战争中日本所采取的对美合作的态度，也在某种程度上促使美国加快了对日多数媾和的步伐。

朝鲜战争爆发以后，1950 年 7 月 14 日，日本首相吉田茂在国会的施政演说中称："朝鲜事变表明赤色侵略者的魔掌在逼近日本，我们自身也已经处于危险的境地"，并表示对"联合国"的行动提供"尽可能的合作"。④ 1950 年 8 月 19 日，日本外务省发表《朝鲜的动乱与我们的立场》的声明，认为："韩国动乱是因北朝鲜的侵略而引起的，它表明了共产主义的侵略本

---

① 〔韩〕《东亚日报》1950 年 2 月 22 日，韩国林炳稷外务部长官发言。

② 〔韩〕《东亚日报》1950 年 2 月 25 日。

③ 〔日〕历史学研究会编《日本史年表》（增补版），岩波书店 1993 年版，第 302 页。

④ 〔日〕《朝日新闻》1950 年 7 月 15 日，另见〔日〕吉田茂著《回想十年》〔4〕，中央公论社 1998 年版，第 280—291 页。

质"，"韩国捍卫民主主义的战争归根结底也是保卫日本的民主主义的战争"。①

朝鲜战争的爆发进一步促使美国最终下决心实现对日"多数媾和"。1950 年 9 月 14 日，美国杜鲁门总统下令进行有关对日媾和问题的交涉，由国务院外交政策顾问约翰·杜勒斯（John Foster Dulles）全权负责对日媾和问题。1950 年 9 月 22 日，杜勒斯发表"对日媾和七原则"② 的同时，围绕对日媾和问题紧锣密鼓地展开了穿梭外交。

鉴于上述形势，1951 年 1 月 17 日，韩国驻美大使张勉奉命同美国国务院负责远东事务的官员腊斯克（Dean Rusk）举行会谈，转达了韩国政府的要求和主张。韩国政府认为，曾经在中国设立过大韩民国临时政府的韩国，希望同日本缔结和平条约，并准备对日本的殖民统治提出"合法的对日请求权"要求。③ 对此，美国以日本支付的赔偿实际上是由美国的纳税者在负担为由，拒绝了韩国方面的对日索赔要求。也就是说，面对韩国方面提出的"非现实"的索赔要求与日本殖民统治及战争对韩国造成的"现实"的损害，美国并没有以积极寻求解决二者之间矛盾的方式和途径，而是以增加"美国的纳税者负担为由"封杀了韩国的索赔要求。

但是韩国李承晚政权并没有轻易放弃参加对日媾和会议和要求赔偿的打算。1951 年 1 月 26 日，李承晚再一次表明：韩国①要求参加对日媾和会议；②要求废除从 1904 年到 1910 年韩日之间签订的诸条约，即《日韩合并条约》等；③不提出不合理的赔偿要求。④ 不难看出，韩国继续主张参加对日和会的同时，大大降低了对日索赔要求，已打算把赔偿要求局限在"合理"的要求范围内。

1951 年 1 月 25 日及同年 2 月 1 日，为确定媾和条约草案，杜勒斯（John Foster Dulles）特使两次访问日本。由于在这之前日本已明确表示了对美合作的态度，所以杜勒斯访日以后与吉田茂首相等举行会谈，着重处理日本的安全保障、重整军备及与美军驻扎日本相关的一些具体问题。通过会

---

① ［日］《朝日新闻》1950 年 8 月 17 日、20 日。

② ［日］大藏省财政史室编《昭和财政史——从停战到媾和》（第 20 卷），东洋经济新报社 1982 年版，第 263 页。"对日媾和七原则"的主要内容为：（1）小笠原和琉球群岛应置于美国的托管之下；（2）日本为自身安全，向美国提供军事基地；（3）签署对日和约联合国家原则上放弃对日本的全部赔偿要求。

③ ［美］*Foreign Relations of the United States*，1951，Vol. Ⅶ. p. 97.

④ ［韩］《东亚日报》1951 年 1 月 29 日。

谈，美日之间大体达成了在宪法允许和"不影响日本经济自立"的范围内重整日本的军备；根据联合国宪章第 51 条之基本精神，以自愿的形式日本参加区域性的或双边的集体安全保障体系；保留在日美军基地，美军继续驻扎日本等原则性协议。①

随着日美在对日媾和问题上达成原则性协议，日本国内对对日媾和的乐观情绪逐渐占据了支配地位。日本人普遍认为"联合国不会像巴黎和会时召来德国全权代表强迫其签订单方面的媾和条约那样"迫使日本签订单方面的惩罚性媾和条约。②

与之同时，韩国舆论则认为：韩国方面有关对日媾和问题的议论，在很长一段时期"拘泥于感情方面的因素，甚至其中很多言论是损害国家的百年大计"的。"今天日本所处的国际环境要比'8·15'时期不知有利多少倍，这进一步强化了日本在媾和会议上的立场"。③　"韩国动乱（即'朝鲜战争'——笔者）为契机出现的推动对日媾和的态势，进一步增强了日本重新武装的必要性"。韩国担心日本重整军备以后"有可能又回到 1945 年以前的军国主义侵略国家的老路上去"。④

三、《对日和平条约草案》的公布与韩国对和约草案的不满

1951 年 3 月 27 日，美国把草拟的《对日和平条约草案（第一案）》散发给包括韩国在内的有关各国，征求意见。韩国外务部组织"外务委员会"进行研究以后向美国提出了"在对日媾和条约第 2 条中明确规定独岛和波浪岛（后证实该岛实际不存在——笔者）归属韩国。在第 4 条中明确规定，根据美国军政厅法令第 33 号规定，归美军军政厅所有，此后又依据 1948 年 9 月 11 日签订的《韩美有关财政及财产协定》移交给韩国的在韩日本财产，不应成为请求权的对象"⑤ 的要求。

---

① ［日］《朝日新闻》1951 年 1 月 28 日、1 月 30 日、2 月 3 日。
② ［日］《朝日新闻》1951 年 2 月 23 日。
③ ［韩］《东亚日报》1951 年 1 月 22 日，社论。
④ ［韩］《东亚日报》1951 年 2 月 11 日，社论。
⑤ 前引鹿岛和平研究所编，吉泽清次郎监修《日本外交史（28）·媾和后的外交（Ⅰ）·对列国关系（上）》，第 27 页。

听取各方面的意见以后，1951 年 4 月 23 日，杜勒斯访日再一次同吉田茂举行会谈。在这次会谈中日本方面向美方提出了"韩国与和平条约（Korea and the Peace Treaty)"的文件。在该文件中，日方以"韩国是被解放的国家，不是同日本交战的国家"，如果韩国参加对日和约的签署，"100 万人以上的在日朝鲜人——其中大部分是共产主义者——将作为盟国国民获得取得财产与补偿的权利"为由，反对韩国参加对日和约的签署。对此，杜勒斯认为："从世界形势考虑，美国希望提高韩国的威望。因此，为使韩国能够成为条约的签署国，〔美国〕将继续进行努力。"杜勒斯称：假使日本政府的反对理由只是在日朝鲜人取得补偿的问题，那么"把取得利益的国家局限在日本投降时与日交战的盟国，问题就可以获得解决"。① 会谈结束以后，日方向美国递交的一份补充备忘录称：如果在条约中明确写明在日朝鲜人不能获得盟国国民的地位，那么不会坚持反对韩国在和平条约上签名的立场。② 可是，1951 年 5 月，美、英在华盛顿进行有关对日和平条约的协商时，英国以韩国不是"对日交战国"为由，坚决反对韩国参加对日和约的签署，结果美国向英国做出让步，同意了英国的主张。英国则在中国参加对日媾和会议的问题上做出让步，同意旧金山对日媾和会议不邀请中国代表，实现对日"多数媾和"以后，由日本自己决定到底和谁媾和。韩国遂被排挤在对日媾和会议之外。

1951 年 7 月 7 日，美国同英国协商草拟了《对日和平条约草案（第二案）》。1951 年 7 月 9 日，杜勒斯通告韩国驻美大使梁裕灿称："只有和日本处于战争状态，并在 1942 年 1 月 1 日的《联合国家宣言》上签名的国家才能参加对日和平条约的签署。因此，韩国不能成为签署国。"③ 1951 年 7 月 11 日，韩国驻美大使梁裕灿再一次向美国国务院转达了韩国政府对有关对日媾和问题的立场。④ 但是韩国政府的主张并没有被美国所接受。

1951 年 7 月 12 日，美国在正式公布《对日和平条约草案（第二案）》的同时，把该草案副本交给了有关各国。《对日和平条约草案（第二案）》正式公布以后，韩国国内一片哗然。特别是媾和条约草案第 4 条 A 项的规定引起了韩国各界的强烈不满和反对。《对日和平条约草案（第二案）》第 4 条

---

① 前引 Foreign Relations of the United States，pp. 1007—1008。

② Ibid.

③ Ibid.，pp. 1182—1184、p. 1111.

④ ［韩］《东亚日报》1950 年 7 月 13 日。

A 项规定:"有关在韩日本及日本人财产处理,由日韩两国签订相关特别协定来加以解决。"

对此,韩国各界认为,美国无视在韩日本及日本人财产业已通过美军军政厅"法令第 33 号"及《韩美有关财政及财产协定》合法移交到韩国的事实,把媾和条约草案第 4 条 A 项规定适用于韩国,这不仅不妥当,而且也"关系到美国的威信问题"。① 1951 年 7 月 16 日,韩国外务部长官卞荣泰在韩国国会上发言称:"过去麦克阿瑟将军数次表示,要把在韩日本人财产归还给韩国。〔美军〕军政厅的负责人也约定暂时由军政当局保管一切财产,而后完整地移交给韩国。此后,1948 年 9 月 10 日,通过韩美经济协定把一切〔在韩日本及日本人〕财产合法移交到我们韩国。"②

韩国方面还认为,在韩日本及日本人财产关系到韩国国民的生存权。1951 年 7 月 30 日,由"全国爱国团体代表大会"主持召开的奋起大会做出的有关对日媾和条约的决议,内称:"日本统治的 36 年间,在我疆土内积蓄的日本及日本人财产是我国的财产,是我们血汗的结晶。它不仅是民族怨恨的象征,同时也是新生大韩民国的生存要素。在日本的韩国及韩国人财产是深受日本帝国主义的奴役和剥削之后剩余的辛苦的结晶。但是,韩国的上述历史事实与现实,在新时代、新理念下签署的对日媾和条约草案中没有得到应有的重视。这将威胁具体体现 UN(联合国)精神的新生大韩民国的生存权。因此,应坚决加以纠正。"③

韩国的一些政党——如民国党也于 1951 年 7 月 21 日发表声明称:"第二次世界大战以后的新的国际惯例是以国家的生存权为其基础的。因此,美国不仅没有向日本提出一分钱的赔偿要求,反而采取了经济上给予援助的政策。从这样的观点看,威胁韩国生存权的,承认在韩日本财产权的作法是实在难以接受的。"为具体落实《开罗宣言》的内容,在"这次缔结对日和平条约之际,不仅应采取措施从政治上使韩国独立,而且也应让韩国在经济上自由独立,从而使韩国从奴役状态下彻底获得解放"。④

韩国方面认为,媾和条约草案第 4 条 A 项规定还将导致恶化韩日关系

---

① 〔韩〕《东亚日报》1951 年 7 月 18 日,《媾和草案与韩国的权益》。
② 〔韩〕《东亚日报》1951 年 7 月 17 日。
③ 同上。
④ 〔韩〕《东亚日报》1951 年 7 月 21 日。

的结果。由于日本主张"朝鲜有义务归还日本资产",① 这进一步激起了韩国人的义愤。韩国媒体报道称:"日本政府宣布,韩国应归还日本的资产为16 亿美元,并宣称拥有相关的一切凭证",与之相反"我们没有任何凭证。因此我们只好强调日本帝国主义〔对朝鲜〕的 40 年的物质与心理两方面的剥削与压迫"。这样"韩日两国实际上不可能达成协议,反而只会导致敌对感情。这样的对日媾和不仅不会促进民主阵营的团结,反而会导致相互之间的反目与妒嫉"。②

因此,韩国要求在对日和平条约第 4 条中插入"日本及日本人放弃1945 年 8 月 9 日以前在韩国拥有的一切财产"的条款。③

另外,《对日和平条约草案(第二案)》第 2 条 A 项中的有关领土问题的规定和废止"麦克阿瑟线"的问题,也引起了韩国方面的不满。韩国方面认为,渔业海域问题同在韩日本人财产一样,是关系到"韩国生死存亡的重大问题"。独岛(日方称"竹岛"——笔者)是"岛根县在日本政府的默许下,在没有通告盟国日本占领当局的情况下擅自将其划归己有"的。即是"解放后岛根县从韩国窃取的"。不仅如此,"独岛在'麦克阿瑟线'的我方一侧,如果把该岛划归岛根县所属,那么,'麦克阿瑟线'实际上成为有名无实的界线"。④ 由此,韩国方面主张,在对日媾和条约的有关条款中明确记载独岛、波浪岛归属韩国,并为避免"韩日渔业纷争,继续维持'麦克阿瑟线'"。⑤ 韩国方面称"以美国方面构想的宽大与和解的媾和——充满人间道义基本精神的媾和,很难想象竟是使韩日之间的宿怨和敌对关系永久化的条约"。⑥

为捍卫自身利益,韩国于 1951 年 7 月 18 日,通过韩国驻美大使梁裕灿又向杜勒斯提交了包括:①认定韩国为对日交战国;②日本放弃对韩国的全部政府及个人所有财产的请求权;③接受韩国为对日媾和条约的签署国;④日本放弃对对马岛、波浪岛、独岛的领土要求,以上三岛在日俄战争中,日本占领韩国之前就属于韩国等四项内容的抗议备忘录。⑦

---

① 〔日〕《东洋经济新报》1951 年 6 月 16 日;《朝日新闻》1951 年 8 月 6 日。
② 〔韩〕《东亚日报》1951 年 7 月 26 日,社论:《告美国国民》。
③ 〔韩〕《东亚日报》1951 年 7 月 18 日、26 日,社论。
④ 〔韩〕《东亚日报》1951 年 7 月 24 日,社论:《迫切期望派遣外交使团》。
⑤ 〔日〕《朝日新闻》1951 年 8 月 11 日。
⑥ 〔韩〕《东亚日报》1951 年 8 月 3 日,社论:《写给杜鲁门总统》。
⑦ 〔日〕《朝日新闻》1951 年 7 月 9 日;〔韩〕《东亚日报》1951 年 7 月 22 日。

　　另外，韩国国会于 1951 年 7 月 19 日，以国会 102 名在席议员中 83 票赞成，1 票反对，表决通过了"该条约第 4 条中的归属财产问题是关系到我们国家民族生死存亡的问题。因此，应尽快向美国派遣使团"决议案，督促政府尽快派遣对日媾和问题使团。

　　但是，由于当时正是朝鲜战争之际，加上美国东亚战略中心已发生转变，韩国已处于极端不利地位。由于战乱，韩国政府已被迫迁往釜山市政厅办公。在这种形势下，虽然韩国国内派使团与美进行交涉的呼声很高，但韩国政府已无更多精力与实力去关注对日和约问题。所以，只好主要通过驻美大使梁裕灿同美国接触来表达韩国方面的呼声与要求。

　　对韩国方面的上述呼声和要求，美国的态度极其冷淡。1951 年 7 月 18 日，杜勒斯会见梁裕灿时称：对马岛是日本的领土。美国一直忠实地代表韩国的利益。美国不认为第二次世界大战时韩国同日本处于正式的战争状态，因此对日媾和会议不会邀请韩国。① 在被逼无奈的情况下，1951 年 7 月 27 日，韩国政府向梁裕灿驻美大使发出训令，向美国递交了比以往主张有所后退的下述内容的备忘录。在该备忘录中韩国要求：①日本放弃在韩国国内的前日本及日本人财产的请求权；②在日本的韩国及韩国人财产和在日本的盟国国民的财产一样，归还韩国及韩国国民；③直到签订新的渔业协定为止，保留"麦克阿瑟线"。② 此后不久，韩国卞荣泰外长又提出了"①不提出对对马岛的领有主张，但该岛须非武装化；②作为日本人拿走韩国财产的赔偿，要求支付 60 亿美元"主张。③

　　虽然，美国对韩国方面的上述主张继续采取了极为冷淡的态度，但又不能完全无视韩国方面的强烈呼吁和要求，于是在 1951 年 8 月 7 日发表的"对日媾和条约最终草案"中，继续保留第 4 条 A 项的同时，又增设 B 项，部分反映了韩国方面的要求。

四、旧金山《对日和平条约》的签署与和约中有关韩国的条款

　　1951 年 9 月 4 日到 8 日，在美国的一手操纵下，在旧金山召开了对日

---

① ［日］《朝日新闻》1951 年 7 月 19 日。
② ［韩］《东亚日报》1951 年 7 月 28 日。
③ ［日］《朝日新闻》1951 年 8 月 15 日。

媾和会议，共有52个国家参加了该会。9月8日，多数与会国签署了旧金山《对日和平条约》，实现了所谓的对日"多数媾和"。但是，旧金山《对日和平条约》却给韩国人留下了"和约"除了"接纳韩国的在韩日本财产要求以外，没有接受其他任何要求"的怨恨。[①]

与之相反，日本窃喜以对己有利的条件恢复国权的同时，期待参加朝鲜停战以后即将由 UNKRA（联合国韩国复兴委员会）推进的"韩国复兴计划"，再一次获得巨额的经济利益。[②] 这进一步增强了韩国的对日怨恨和不满。

由于日英两国的反对，韩国最终未能参加旧金山对日媾和会议，也未能成为"对日媾和条约"的签署国。但根据《对日和平条约》第21条"朝鲜（英文原文为'Korea'——笔者，以下类同）得享有本条约第2条、第9条、第12条所规定的利益"的规定，韩国由此获得了享有第2条、第4条、第9条和第12条规定的相关利益的权利。

旧金山《对日和平条约》第2条A项规定："日本承认朝鲜（Korea）之独立，并放弃对济州岛、巨文岛及郁陵岛在内的一切权利、权利根据与要求。"

第4条规定："A. 日本及其国民在第2条所指区域内的财产及对此等区域之现在行政当局及居民（包括法人）的要求，包括债务之处理，以及此等行政当局及居民在日本的财产及此等行政当局与居民对日本及其国民的要求，包括债务之处理，应由日本及此等行政当局商定特别处理办法……

B. 日本承认，美国军政府对日本及其国民在第2条及第3条所指任何区域内财产之处理、或根据美国军政府指令对该财产所作处理为有效。

C. 为日本所有之连接日本与依照本条约脱离日本统治的领土之间的海底电线应平均分配。日本保留在日本之终点及与其相连电线之一半，该脱离之领土保留其余电线之一半及其相连之终点设备。"

第9条规定："日本将与愿意谈判之联合国家迅速进行关于规定或限制公海捕渔及保护与发展公海渔业之双边及多边协定之谈判。"

第12条规定："A、日本宣布准备立即与各盟国进行缔结条约或协

---

① 前引鹿岛和平研究所编，吉泽清次郎监修《日本外交史（28）·媾和后的外交（Ⅰ）·对列国关系（上）》，第34页，卞荣泰外长的发言。

② ［日］《朝日新闻》1951年8月5日。

定之谈判，借以将其贸易、海运及其他商务关系置于稳固与友好的基础之上……"。①

从上述内容可以看出，《对日和平条约》除规定"朝鲜"独立、有关在韩日本及日本人"财产的处理为有效"之外，对其他日韩之间存在的悬而未决的问题，并没做出明确的规定。因此，日韩之间的悬案问题未能在对日和约中彻底获得解决。

例如，日韩恢复邦交问题、"财产请求权问题"、"麦克阿瑟线"及渔业纷争问题、在日朝鲜人的法律地位问题、船舶问题、独岛（竹岛）问题等一系列的悬案问题都没有得到解决或圆满解决。这与自从日本的殖民统治下获得解放以来，一直积极要求，并希望作为盟国的一员参加对日媾和会议，解决日韩之间存在的所有悬案问题的韩国的期望相去甚远。

朝鲜的独立（抑或"韩国的独立"）是盟国做出的承诺，并在二战中打败日本取得对日战争胜利的直接结果。因此，有关日韩关系也应在《对日和平条约》中做出相应的规定。而且，一手操纵对日媾和条约的美国，有可能、也有能力通过媾和条约解决将来有可能引起日韩之间争端的问题。但是，推行以大国为中心的东亚防共防卫体制的美国，同韩国相比更加重视日本的战略地位和潜力，把东亚防卫体制的重点放在美日合作上。美国急于提高日本的实力和国际地位，为此对日极力采取了宽容与让步的态度。因此，在《对日和平条约》中本应获得解决的日韩之间有争议的问题，并没有获得妥善的解决，不仅如此，在《对日和平条约》中的有关韩国的条款中遗留下了许多容易产生分歧的暧昧的地方。

第一，"日本承认朝鲜之独立"（Japan recognizing the independence of Korea）的规定，没有明确韩国独立的时点问题。② 二战以后，韩国一度主张，韩国独立的时点是 1943 年 12 月 1 日，即"开罗宣言"发表之日，而后又修正为 1945 年 8 月 9 日。日本则一开始主张韩国独立之日是 1952 年 4 月 28 日，即《对日和平条约》生效之日，而后又修正为 1948 年 8 月 15 日韩国政府成立之日。最终在韩国独立的时点问题上，1965 年 2 月草签的"日韩基本关系条约案"，以 1948 年 8 月 15 日达成了妥协。

第二，《对日和平条约》英文本把韩国写作"Korea"。"Korea"，可以译作"韩国"，也可以译作"朝鲜"，如果译作"朝鲜"，那显然不单指"韩

---

① 《国际条约集》（1950—1952），世界知识出版社 1961 年版，第 333—347 页。
② ［韩］《东亚日报》1965 年 2 月 20 日。

国"。另外，"对日和约"第 4 条还规定，日本的交涉对象是"现在行政当局"（the authorities presently administering such areas）。这实际上也提出了韩国政府的管辖范围问题。这为日后日方主张朝鲜半岛存在两个政府留下了可能性。

第三，在第 2 条有关领土问题的规定中，谈到归属韩国的领土及岛屿时，只提到济州岛、巨文岛及郁陵岛，却没有明确规定实际上由韩国控制，但日韩之间存在争议的"独岛"（抑或"竹岛"）的归属。这导致了日后日韩之间长期的"独岛"领土争端。

第四，在第 4 条有关在韩日本及日本人财产的处理规定中，一方面，在 A 项中规定对在韩日本及日本人财产，应由日本与韩国当局"商定特别处理办法"加以解决；另一方面，又在 B 项中规定：日本承认，美国军政府对日本及其国民的在韩"财产之处理、或根据美国军政府指令对该财产所作处理为有效"。这使在该条的解释问题上，日本强调 A 项规定，主张在韩日本及日本人财产问题应由日韩双方协商解决，而韩国则强调该条 B 项规定，认为在韩日本及日本人财产已合法移交到韩国，与韩国的对日请求权无关。加上，1952 年 4 月 29 日，美国对该问题进行"把在韩日本及日本人财产移交韩国的事实，与韩国的对日财产请求权有关联"① 的暧昧的解释，致使日韩在《对日和平条约》第 4 条的解释问题上长期处于尖锐对立的状态。

第五，《对日和平条约》第 9 条规定，日本与相关国家签订渔业协定来解决有关渔业问题。媾和以后，日本相继同美国、加拿大等国签订了渔业协定。这些协定大大限制了日本的远洋渔业。但韩国与美、加等战胜国不同，战后刚刚恢复独立的韩国实力弱小，并因与日本临近，其渔业资源和权益有可能直接受日本侵害。因此，韩国一直希望对日实施强有力的渔业限制，希望保留"麦克阿瑟线"。《对日和平条约》签订以后，"麦克阿瑟线"面临废除。弱小的韩国为保护自己的利益，于 1952 年 1 月 18 日，以总统李承晚的名义在朝鲜周边海域设置了"和平线"（日本称"李承晚线"）。然而，二战后，其渔业活动已经大大受到限制的日本，在"麦克阿瑟线"废除以后，一味地打着"公海自由"的旗号反对"李承晚（和平）线"，对韩国担心的保护渔场、渔业资源等问题及日韩渔业合作等问题采取了缺乏诚意的态度。这导致围绕"和平（李承晚）线"问题日韩两国长期处于对立和纷争的状态。

---

① ［韩］闵丙歧《旧金山和约与韩日问题》，《亚细亚研究》1965 年 9 月号。

　　第六，在《对日和平条约》中，美国对二战后日韩之间的一大难题——"在日朝鲜人的法律地位及其待遇问题"，也采取了放任的态度。在日朝鲜人问题虽然应由日韩两国协商解决，但是韩国政府成立以后该问题仍然未能获得妥善解决，这与盟国日本占领当局的占领政策不无关系。在盟国占领下的日本，在日朝鲜人的法律地位极不稳定。他们有时被看作是"被解放的国民"，有时又被看作是"准日本人"。后来又被允许登录为"朝鲜人"或"韩国人"等。这种盟国日本占领当局在在日朝鲜人问题上的混乱政策，也是在日朝鲜人问题迟迟未能获得解决的重要原因。该问题也本应在《对日和平条约》中做出"起码的原则性规定"，[①] 但很遗憾的是该问题完全被排除在《对日和平条约》之外。

　　为正式解决上述问题，日韩从 1951 年 10 月 20 日开始进行谈判，直到1965 年日韩双方达成妥协为止，双方相继进行了长达 14 年的会谈。

---

① 前引闵丙歧《旧金山和约与韩日问题》。

第四章 吉田茂内阁与李承晚政权的 第一次日韩会谈

第一节 韩国政府成立到日韩会谈前的 两国关系的发展

一、韩国成立以后日韩关系的发展

1948 年 8 月 15 日大韩民国成立以后，美国试图使日本在某种程度上承认这个在南朝鲜地区诞生的新政权。这与美国作为其冷战政策的一环在亚洲推行的"区域一体化"政策密切相关。[①] 美国认为，为了确保韩国这一冷战的孤儿，从长期来看，必须加强同日本的政治、经济关系。而且，对日本来说韩国也具有潜在的重要的战略价值和经济上的价值。[②] 出于这种考虑，韩国政府成立以后不久，1948 年 10 月 19 日，盟国日本占领军总司令麦克阿瑟（Gen. Douglas Mac Arthur），把韩国第一任总统李承晚邀请到了日本。在到达日本之际，李承晚发表声明称："韩国愿意忘记过去，努力同日本建立新的关系。如果日本人成功地铲除军国主义的因素，两国将恢复互惠的贸易关系。"[③]

此后，1949 年 1 月 4 日，作为韩国政府与盟国日本占领当局（SCAP/GHQ）的联络机构，韩国政府在日本东京设立了驻日代表部，3 月 26 日开

① ［日］菅英辉《美国的战略秩序构想与亚洲的区域一体化——1945—1950 年》，［日］日本国际政治学会编《国际政治·第 89 号·第二次世界大战终结的诸相》，1988 年 10 月号。

② 李钟元《日韩会谈与美国——以"不介入政策"的形成为中心》，［日］日本国际政治学会编《国际政治》第 105 号《1950 年代国际政治》，1994 年 1 月号。

③ ［日］鹿岛和平研究所编，吉泽清次郎监修《日本外交史·28·媾和后的外交（Ⅰ）·对列国关系》，鹿岛研究所出版会 1973 年版，第 24 页。

始，盟国日本占领当局又与韩国政府举行通商会谈，4 月 23 日，分别签署了《占领下的日本与韩国贸易协定》及《占领下的日本与韩国金融协定》。

1950 年 2 月 16 日，应麦克阿瑟的邀请，李承晚再次访日。在到达日本之际，李承晚发表声明称："为就改善韩日关系的可能性同麦克阿瑟元帅及日本政府当局举行会谈而来到了日本。"接着，李承晚强调，为对付"共产主义势力"，韩日有必要采取共同的安全保障措施，并表示"愿以这次访日为契机进一步推动韩日合作"。① 在这次访日过程中，李承晚同麦克阿瑟为首的盟国日本占领当局的要人举行会谈，并在盟国占领当局的斡旋下还同日本首相吉田茂、前首相币原喜重郎、众参两院议长佐藤尚武、日本银行总裁一万田尚登等日本政、财界要人进行了会晤。访问结束以后，2 月 18 日，回国之前李承晚发表谈话称："了解到以吉田茂首相为首的日方领导人真心地热切期盼两国之间的友好。我期盼韩日两国在共同的理想与相互理解的基础上清算过去，在充分认识到正在逼近两国人民身边的危险的基础上，基于宽容的精神处理两国之间存在的各项共同问题。"②

李承晚一向认为，实现韩日"邦交正常化可能对日本有利，而对韩国则不利"，③ 他此次之所以对日采取如此积极的态度与行动，毋庸置疑，与美国强烈希望日韩尽快改善关系有着密切的关系。但是李承晚也不是没有自己的想法。李承晚不仅认识到了今后同日本进行经济交流的必要性，而且考虑到"正在逼近两国国民身边的危险"，强调了日韩两国在"对付共产主义方面的安全保障"上的共同利益。当时李承晚正在考虑筹建称之为"太平洋同盟"的类似像北大西洋组织（NATO）那样的反共地区同盟。④

二、韩国被排除在对日媾和会议之外与日韩两国的会谈准备工作

1950 年 6 月 25 日，朝鲜战争爆发。美国加快了对日媾和的步伐。韩国方面积极寻求参加对日媾和会议的可能性，并要求在《对日和平条约》上签

①　前引鹿岛和平研究所编，吉泽清次郎监修《日本外交史·28·媾和后的外交（Ⅰ）·对列国关系（上）》，第 24 页。

②　同上。

③　［韩］《韩国日报》1985 年 6 月 25 日，"采访丁一权"。

④　［日］《朝日新闻》1963 年 1 月 1 日。

字。对此，日、英以韩国并非是对日交战国为由，加以反对。于是，韩国参加对日媾和会议的希望变得越来越渺茫。意识到问题严重性的韩国，于1951年6月，向其驻日代表部发出训令，要求做好举行韩日会谈前的准备工作。据当时任韩国驻日代表部参事官葛弘基的回忆，其训令内容如下："①为政府能够举行韩日两国邦交正常化之会谈，同盟军总司令部（GHQ）方面和日本政府进行交涉的同时，在当地收集可能收集到的会谈资料。②须同时进行在日侨胞的国籍问题与船舶归还问题的交涉。③在这次会谈中，韩国方面须以事实上之盟国一员列席会谈。"①

同年6月底，李承晚任命申性模为驻日公使的同时，直接授命其做好韩日会谈之准备。申性模到任以后，为履行上述韩国政府的训令及李承晚的指示，留用正准备回国的、擅长英语的葛弘基，开始了同盟国日本占领当局的相关交涉。葛弘基每周同盟军总司令部外交局长西博尔德（William J. Sebald）等主要官员举行二、三次会晤，协商与举行韩日会谈有关之事项。②

1951年7月9日，美国正式通告韩国"只有和日本处于战争状态，并在1942年1月1日的《联合国家宣言》上签名的国家才能参加对日和平条约的签署。因此，韩国不能成为签署国"。③韩国被正式排除在对日和约的签署国之外。日韩会谈遂成不可避免之事。

1951年7月20日左右，韩国政府以协助驻日代表部工作为名，派俞镇午和林松本到日本。但是，其真正目的是"为日韩会谈作基础调查"。④

当时韩国政府并未完全放弃通过参加"对日媾和会议"解决日韩间悬案问题的打算。因此，当时韩国方面尚未打算通过日韩会谈解决日韩之间的所有悬案，只想通过日韩之间的会谈解决因暧昧的法律地位而在日本社会引发各种问题的在日韩国〔朝鲜〕人问题。⑤另外，该问题也是盟国日本占领当局与日本政府一直感到头痛的迫切希望尽快解决的问题。⑥由于当时美国也

---

① 〔韩〕俞镇午著《韩日会谈——回顾第一次会谈的同时》，外务部外交安保研究院1993年版，第51页。

② 同上书，第51页。

③ 〔美〕*Foreign Relations of the United States*，1951，vol. Ⅵ．pp. 1182—1184、p. 1111。

④ 〔韩〕俞镇午著《民主政治的道路》，一潮阁1963年版，第272—273页；〔韩〕外务部政务局编《韩日会谈略记（极秘）》，1955年版，第28—29页。

⑤ 前引外务部政务局编《韩日会谈略记（极秘）》，第12页。

⑥ 〔日〕朝日新闻社编《朝日年鉴》，1952年版，第139页。

期待通过《对日和平条约》解决除在日韩国〔朝鲜〕人法律地位问题以外的其他各项日韩之间的外交问题，所以，也主要劝告日韩两国通过谈判解决在日韩国〔朝鲜〕人问题。

韩国方面，考虑举行日韩全面会谈则是 1951 年 8 月以后。当时韩国不能参加对日媾和会议已成为定局，且《对日和平条约》的最终方案已经出台。1951 年 8 月底，韩国驻美大使梁裕灿与负责远东事务的国务卿助理腊斯克（Dean Rusk）举行会谈以后称：“在旧金山签署各项条约以后，在适当的时机大韩民国打算同日本缔结媾和条约。但现在为此未作任何准备。”① 韩国认为：“亡命中的〔大韩民国〕临时政府对日宣战的同时，〔韩国〕就与日本处于战争状态。这与认为占领状态下的菲律宾与日本，占领状态下的法国与德国处于战争状态是完全一样的。”② 因此，韩国以媾和的方式同日本建立外交关系是毫无疑问的。③

对韩国方面提出的同日本举行全面会谈，缔结媾和条约的要求，美国和日本分别采取了不支持和反对的态度。1951 年 9 月 4 日，日本外务省有关人士称：“日本与韩国之间不存在签订媾和条约的必要性。日本与韩国没有发生过战争，所以日本政府承认韩国政府即可。”④ 这表明，在如何看待日韩会谈和二战后日韩关系的问题上，从一开始日韩之间就存在着较大的认识上的差异。

在美国的一手操纵下，1951 年 9 月 8 日，在朝鲜战火中召开了旧金山对日媾和会议，签署了《对日和平条约》，实现了所谓的“对日多数媾和”（事实上的单独媾和——笔者）。韩国被排除在对日媾和会议之外。旧金山《对日和平条约》虽然规定：日本承认“朝鲜（抑或‘韩国’，英文为‘Korea’）的独立”，并承认南朝鲜美军军政厅对在韩日本及日本人财产所作出的处理，但正如前一章所述，《对日和平条约》也留下诸多日韩之间尚需谈判解决的外交课题。

三、美国的积极斡旋与日韩会谈

为了解决因韩国被排除在对日媾和会议之外而产生的日韩之间的外交课

---

① 〔韩〕《东亚日报》1951 年 8 月 31 日。
② 〔日〕《朝日新闻》1951 年 9 月 13 日。
③ 〔日〕《朝日新闻》1951 年 9 月 13 日，李承晚发言。
④ 〔韩〕《东亚日报》1951 年 9 月 6 日；〔日〕《朝日新闻》1951 年 9 月 13 日。

题，早在《对日和平条约》签署之前开始，日韩在美国的斡旋和促使下着手进行有关两国会谈前的准备工作。签署《对日和平条约》以后，美国为推动其东亚"区域一体化"的冷战政策及完善其东亚战略防共体制，在日韩之间积极进行斡旋，敦促两国尽快举行会谈，解决各项悬案，建立邦交。

1951年9月10日，盟国日本占领当局（SCAP/GHQ）向韩国驻日代表部递交一份备忘录，要求韩国在60天内就日本向韩国移交朝鲜籍船舶问题进行会谈。同年9月25日，盟国日本占领军总司令部外交局长西博尔德（William J. Sebald）又向日本政府和韩方分别递交备忘录，要求"日本政府与韩国政府，从10月8日开始，在总司令部外交局会议室，在总司令部的观察员列席的情况下，就在日朝鲜人的法律地位问题进行协商"。[1] 对此，日本吉田茂内阁表示同意。但是，韩国政府却要求把会谈时间推迟到10月下旬。10月9日，盟军总司令部又向日本政府递交备忘录称：韩国方面希望"为解决日韩之间存在的所有悬案问题举行两国间交涉，并讨论确定与交涉相关的议题和会谈方式"。韩国还要求变更10月8日的会谈日期，延期举行会谈。因此，希望日韩两国"从10月20日开始举行会谈"。对此，日本表示：同意从10月20日开始就"在日朝鲜人的法律地位问题"进行会谈，该问题的会谈结束以后，愿意就韩国方面所希望的议题举行会谈。[2]

第二节 在日朝鲜人国籍及待遇 问题与日韩预备会谈

一、日韩预备会谈（1951.10.20—12.22）与正式会议上的会谈

1951年10月20日，日韩预备会谈在盟国总司令部外交局会议室举行。当时，日本吉田茂内阁主要关心的是"在日韩国［朝鲜］人问题"。韩国李承晚政权主要关心的是为解决韩日之间"所有悬案问题"打基础。另外，作为现实问题，主要想通过会谈解决"朝鲜籍船舶"的归还问题和韩日之间的

---

[1] 前引鹿岛和平研究所编，吉泽清次郎监修《日本外交史·28·媾和后的外交（Ⅰ）·对列国关系（上）》，第38页。

[2] 同上。

渔业纷争问题。

参加这次日韩预备会谈的日方首席代表是外务次官井口贞夫，交替首席代表是外务事务官千叶皓。代表有：入国管理厅执行部部长田中三男、法务部民事局主管平贺健太、外务省管理局总务课课长後宫虎郎、外务省条约局局长西村熊雄、外务省亚洲局局长倭岛英二、外务事务官大野胜巳、大藏省事务次官舟山正吉、农林水产厅长官盐见友之助、运输事务次官牛岛辰巳、外务省条约局法规课课长佐藤日史、外务事务官兼赔偿厅次长川崎一郎、运输省海运调整部长国安诚一以及永野正一、石田正等。

出席日韩预备会谈的韩方首席代表是韩国驻美大使梁裕灿，交替首席代表是韩国驻日代表部公使申性模。代表有：高丽大学总长（校长）俞镇午、殖产银行总经理林松本、法务部法务局局长洪璡基、外务部政务局局长金东祚、海运局局长黄富吉、海运局监理课课长文德周、水产局渔捞课课长池铁根、驻日代表部参事官葛弘基等①。

1951 年 10 月 20 日，在盟国日本占领军总司令部观察员西博尔德（William J. Sebald）外交局长的司会下，日韩举行预备会谈，并开始了第一轮正式会议会谈。会谈一开始，西博尔德在致辞中称："希望会谈取得能够成为两国友好基础的成果。"接着，日方首席代表井口贞夫致辞说："与和平条约的生效相关联，获得对在日朝鲜人的法律地位问题进行讨论的机会感到非常荣幸。"从而表明了日方在会谈中准备着重解决在日韩国〔朝鲜人〕人法律地位问题的基本立场。

韩国首席代表梁裕灿则在致辞中说："希望取代过去的敌对和不正常关系，建立建设性的、互惠的关系。希望共同努力解决各项问题，在这基础上建立新的信赖关系。"② 与之同时，梁裕灿"以似乎准备要起诉的口气进行演说"，"痛斥过去近 40 年日本对朝鲜所采取的行动"，并提出了"能使日本达到破产程度的巨额对日索赔要求"。③ 也就是说，韩方从一开始就强调了

　　① 前引鹿岛和平研究所编，吉泽清次郎监修《日本外交史·28·媾和后的外交（Ⅰ）·对列国关系（上）》，第 38—39 页；〔韩〕大韩民国政府编《韩日会谈白皮书》（非卖品），1965 年版，第 160—164 页；前引外务部政务局编《韩日会谈略记（极秘）》，第 13—20 页，代表名单。

　　② 前引鹿岛和平研究所编，吉泽清次郎监修《日本外交史·28·媾和后的外交（Ⅰ）·对列国关系（上）》，第 39 页。

　　③ 〔美〕威廉·西博尔德著，野末贤三译《占领外交的回想》，朝日新闻社 1966 年版，第 249 页。

在会谈中准备"清算过去"的立场。从会谈一开始，日韩两国的立场就呈现出了较大的差异。在第一轮正式会议会谈中，双方还决定以英语为会谈用语，"会谈议事记录"则以盟国日本占领军总司令部观察员所作的记录为蓝本，经日韩双方讨论，确定记录内容。

在此后的正式会议会谈中，韩方率先提议，设立在日韩国［朝鲜人］人"国籍及待遇问题"的分委员会推进有关该问题的交涉。同时，还提议把正在另行举行的有关旧朝鲜籍船舶的归还问题也纳入到日韩会谈中来。对前一个问题日韩很快达成了一致意见，但对把有关朝鲜籍船舶的归还问题也纳入日韩会谈一事，日方一开始表示了反对的态度。①

1951 年 10 月 24 日，举行的正式会议上的会谈中，韩国方面重新提出：把①在日韩国［朝鲜人］人国籍及待遇问题；②船舶问题；③将来之协调方法等三项作为会谈议题。对此，日方也表示了同意。在 10 月 25 日举行的正式会议上的会谈中，双方就为处理在日韩国［朝鲜人］人国籍及待遇问题和船舶问题成立委员会之事进行协商，10 月 26 日正式设立了"船舶问题委员会"，10 月 30 日设立了在日韩国［朝鲜人］人"法律地位问题委员会"。同时，双方还决定在正式会议会谈中着重进行会谈议题及"有关将来协商之方法"等问题的交涉。

11 月 8 日举行的第 6 轮正式会议上的会谈中，韩国方面提议"为使韩日双方就两国之间存在的所有悬案问题进行交涉"，提议除上述两个委员会以外，还增设①请求权；②渔业；③海底电缆；④通商航海条约；⑤其他问题等委员会，并立即着手进行上述委员会的会谈。对此，日方以"没有准备"为由表示拒绝，表现出了消极和拖延时间的态度。②

11 月 12 日，在第 7 轮正式会议上的会谈中，日方进一步明确了旧金山《对日和平条约》生效之前，至多进行与两国建立邦交相关的，有关基本条约的会谈的态度。对韩方提出的其他方面的问题，日方则采取了"暂且听着"不加任何评论的态度。日本的意图是极力避免在占领状态下同韩国进行会谈，尽量拖延时间等待和约生效，以便在恢复国家主权的有利条件下同韩国进行会谈。

然而，会谈进行一个多月以后，"日本受诸多国际因素的制约，虽然不

① 前引外务部政务局编《韩日会谈略记（极秘）》，第 21 页。
② 同上书，第 22 页。

是出于本意，但开始转变了态度"。① 1951 年 11 月 28 日举行的第 9 轮正式会议上的会谈中，日方撤回"没有准备"的发言，同意预计在 1952 年 2 月上旬举行的日韩正式会谈中，就①建立基本关系问题；②解决财产及请求权问题；③缔结通商航海条约问题；④缔结渔业协定问题；⑤分割海底电缆问题；⑥其他问题等举行会谈。② 同年 12 月 4 日举行的第 10 轮正式会议上的会谈中，西博尔德、井口贞夫、梁裕灿相互确认，预计于 1952 年 2 月举行的日韩正式会谈中解决上述问题之后，结束了日韩预备会谈中正式会议上的会谈。但是，"船舶委员会"及在日韩国（朝鲜）人"国籍处理与待遇委员会"上的会谈一直持续到日韩举行正式会谈为止。日韩正式会谈开始以后，上述两个委员会直接并入日韩正式会谈——即第一次日韩会谈中继续进行。

由于"日韩预备会谈"和"第一次日韩会谈"之间的上述关联性，韩国方面把日韩预备会谈和第一次日韩会谈并称"第一次日韩会谈"或称"第一次日韩会谈的预备会谈"，而日本则分别称之为"日韩预备会谈"和"第一次日韩会谈"。

二、"船舶问题委员会"上的会谈经过

所谓的船舶问题，就是旧朝鲜籍船舶的归还问题和 1945 年 8 月 9 日以后在朝鲜水域的船舶归属问题。1951 年 10 月 26 日，日韩成立"船舶委员会"以后，从 10 月 30 日开始双方举行了有关船舶问题的会谈。截止到 1952 年 4 月 1 日，该问题的会谈共举行了 33 轮（第一次日韩会谈开始以后该会谈直接转入第一次日韩会谈）。③

出席"船舶问题委员会"的日方委员有：川崎一郎、国安诚一、龟山信郎、川毛一郎、小山健一、横山正臣、牧野诚一。此外，赔偿厅总务课课长服部五郎，运输省船舶局登记测度课富冈延一，运输省海运调整部特殊财产课福井重孝等也参加了"船舶问题委员会"的会谈。

韩方委员有：洪璀基、黄富吉、池铁根、陈弼植、韩奎永等。此外，大韩海运公社船舶部部长尹常松，大洋水产总务部部长郑华一等也参加了"船

① 前引外务部政务局编《韩日会谈略记（极秘）》，第 23—24 页。
② 同上书，第 24、41 页。
③ 同上书，第 41 页。

舶问题委员会"的会谈。①

在前四轮"船舶问题委员会"的会谈中，双方就会谈的议题进行了交涉。韩国方面，依据 1945 年 12 月 6 日颁布的《朝鲜美军军政厅法令·第 33 号》、1948 年 9 月 11 日签订的《韩美关于财政及财产协定》及 1951 年 9 月 10 日盟国日本占领军总司令部"备忘录"等，提议把① "1949 年 8 月 9 日当时拥有朝鲜籍的船舶的归还事项"；② "1945 年 8 月 9 日及其后在韩国水域而现在返回日本的船舶的归属事项"等作为本次船舶会议会谈的议题。对此，日方则提议，把③根据盟国日本占领军总司令部的指示，停战以后日本借给韩国的 5 艘船舶的归还事项；④因侵犯"麦克阿瑟线"被韩国缉拿的〔日本〕渔船的归还事项等作为本次船舶会议会谈的议题。经日韩双方协商，同意把①、②、③三项作为本次船舶会议的议题，进行会谈。②

在 1951 年 11 月 13 日举行的"船舶问题委员会"第 6 轮会谈中，韩方向日方提出了履行 1951 年 9 月 10 日盟军总司令部（SCAP/GHQ）"备忘录"第 2168 号的要求。韩方要求日本归还与之相关的朝鲜籍船舶。对此，日方表示，盟军总司令部"备忘录"所依据的是 1945 年 9 月 25 日颁布的南朝鲜美军军政厅"法令·第 33 号"，我们对该军政厅法令 33 号存有异议，因此，对该法令做出明确解释之前，我们对韩国方面提出的问题不能进行回应。③ 也就是说，在会谈中日方采取了"提出法理问题来拖延会谈"的战术。

此后，日方的态度有所缓和。日方同意对韩国方面要求归还的船舶进行实际调查和核实，并于 11 月 20 日举行的第 11 轮会谈中，向韩方提出了有关朝鲜籍船舶的清单。韩方接受该清单以后，立即对其中已证实该船是朝鲜籍的 19 艘船舶提出了归还要求。与之同时，韩方认为除此之外在日本尚有更多的朝鲜籍船舶。对此，日方要求韩方"提供具体的新的朝鲜籍船舶清单"。日方称：如果韩方提不出具体的新的朝鲜籍船舶清单，那么基于"船籍主义"的旧朝鲜籍船舶问题就认为获得解决。日本之所以采取上述态度，主要是想逼迫本来就缺乏资料，此后又因朝鲜战争等原因佚

---

① 〔韩〕外务部编《第一次日韩会谈·船舶问题委员会会议录》，1951 年，第 4—6 页。

② 同上书，第 4、42 页。

③ 前引外务部政务局编《韩日会谈略记（极秘）》，第 41—42 页。

失绝大多数资料而无法提出有关船舶的详细清单的韩国，不得不放弃对部分船舶的归还要求，从而达到把韩国的归还要求限制在最少限度内的目的。在会谈中，日方还表示，基于"领海（属地）主义"的1945年8月9日及以后在朝鲜海域的船舶归还问题，以及停战后根据盟军总司令部的指示借给韩国的5艘船舶的归还问题，在总体上获得解决之前，日本不能向韩国引渡船舶。

第12轮会谈到第16轮会谈中，在第①项议题上日韩双方主要针对"法令第33号"的法理问题展开了辩论。在第②项议题的会谈中，韩国方面向日方提出了1945年8月9日及之后在韩国水域之船舶的清单以及唯一的证据——釜山港供水日志。日方则提出了第③项议题——借给韩国的5艘船舶的归还要求和第④项议题——因侵犯"麦克阿瑟线"而被韩国扣留的日本渔船的归还要求。对日方提出的要求归还二战后借给韩国的5艘船舶要求，韩方认为，该船舶属朝鲜籍船舶范围，因此，表示拒绝归还。对此，日方则认为上述5艘船舶是根据盟军总司令部的指示借给韩国的日本政府所属船舶，强烈要求韩国归还上述船舶。①

为了打破上述僵局，1952年4月1日举行的第33轮"船舶问题委员会"会谈中，日方提出了"避开有关船舶归属问题的议论，在援助韩国海运发展的宗旨下，日本方面提供若干船舶为前提协商达成妥协是何？"的提案。② 具体做法是："日本方面从日本国内购买，相当于在第①项议题的会谈中同意归还韩国的15艘（5610吨）朝鲜籍商船和9艘（336吨）渔船的船舶，把它移交给韩国"。但"上述移交并非是基于去年（1950年）9月11（10？）日的SCAPIN（盟军总司令官备忘录）和在韩美军军政厅法令第33号的，而且对两国之间的请求权问题也不产生任何影响。〔上述移交〕是作为日韩经济合作的一环，采取日本赠与韩国的方式"。③ 也就是说，日本吉田茂内阁避开归还船舶的法律上的义务问题，向韩国提出了在"经济合作"的名义下，以"赠与"的方式解决旧朝鲜籍船舶问题的建议。但是韩国方面拒绝了日方的这一提议。在这里，日本首次提出了二战后日本同亚洲各

---

① 前引外务部政务局编《韩日会谈略记（极秘）》，第41—42页。

② ［日］缩微胶卷《众议院委员会会议记录（Reel 29）》第1类，第5号，临川书店，平成3年12月25日，《第13届国会众议院外务委员会会议记录》第24号，1952年5月14日，第38页。

③ 前引外务部编《第一次韩日会谈·船舶问题委员会会议记录》，第311—313页；前引《韩日会谈略记（极秘）》，第44页。

国的战争善后处理外交的重要形式——"经济合作方式"。

以"赠与"、"无偿援助"、"有偿长期低息贷款"等名目的所谓的"经济合作"方式，避开有关战争责任及殖民统治责任的法律追究，处理日本同亚洲各国之间"赔偿"、"财产请求权"等问题，恢复和重建日本同这些亚洲国家（或地区）的邦交关系，是二战后日本亚洲外交的重要形式和特色。这也成了后来日本解决日韩关系问题的基本立脚点。

三、在日韩国（朝鲜）人"法律地位问题委员会"上的会谈

日韩于 1951 年 10 月 26 日，成立在日韩国［朝鲜］人"法律地位问题委员会"以后，从 10 月 30 日，即新的日本《出入国管理法》生效之前的两天开始，双方举行了有关国籍及待遇问题的会谈。该会谈到同年底进入休会为止，共举行了 21 次会谈。

出席"国籍及待遇问题委员会"的日方委员有：田中三男、平贺健太、入国管理部部长铃木、入国管理部事务官神原、今井、佐治等。

韩方委员有：洪璀基、俞镇午、金东祚、金泰东、李一雨、韩奎永、金永周等。[①]

在在日韩国［朝鲜］人"法律地位问题委员会"上的会谈中，日韩争论的焦点集中在如何看待在日韩国［朝鲜］人问题的形成上。在会谈中，日方只想确认在日韩国［朝鲜］人拥有韩国国籍，以便《对日和平条约》生效以后，把在日韩国［朝鲜］人当作"外国人"处理，对他们适用日本出入国管理法中针对一般外国人的一切条款。对此，韩方则认为，在日韩国［朝鲜］人是日本社会中具有特殊背景的特殊的外国人。因此，要求给予在日韩国［朝鲜］人以比一般外国人优越的待遇。对韩方的上述主张，日方认为这是"无理的主张"。但韩方则辩称："韩国并没有要求对所有的韩国人以比一般外国人优越的地位。对 1945 年 8 月 9 日以后进入日本的韩国人给予一般外国人待遇没有任何异议。但是在这以前开始居住在日本的韩国［朝鲜］人是与现在〔在日本〕的一般外国人不同，具有特殊的地位是不争的事实。因

---

① 前引外务部政务局编《韩日会谈略记（极秘）》，第 16 页。

此，〔韩国〕只要求确认这一既成事实。"①

日韩预备会谈开始以后，日方在正式会议上的会谈中就在日韩国〔朝鲜〕人的国籍问题，提出了：①《对日和平条约》生效以后在日韩国〔朝鲜〕人脱离日本国籍，取得韩国国籍；②以户籍为基础决定在日韩国〔朝鲜〕人的国籍；③在日韩国〔朝鲜〕人取得日本国籍，则依据日本国籍法的提案。对日方提出的这一提案，韩方认为有多少人拥有本国国籍，有多少人加入日本国籍的问题，在国际法上属于"国内问题"，所以这一问题不能成为国际会谈的议题。与之同时，韩方还认为，韩国政府在国际法上对在日韩国〔朝鲜〕人具有保护的义务，所以，呼吁在日韩会谈中着重讨论在日韩国〔朝鲜〕人的待遇及法律地位问题。② 因此，此后日韩在在日韩国〔朝鲜〕人"法律地位问题委员会"上主要围绕在日韩国〔朝鲜〕人的待遇及法律地位问题展开了交涉。

在在日韩国〔朝鲜〕人"法律地位问题委员会"的会谈中，韩国方面要求日本政府把在日韩国〔朝鲜〕人作为"特殊的外国人"——即日本殖民统治的产儿，给予特殊照顾。③ 1951 年 11 月 2 日及 6 日举行的在日韩国〔朝鲜〕人"法律地位问题委员会"上，韩国方面要求对从 1945 年 8 月 9 日以前开始居住在日本的韩国〔朝鲜〕人以：①赋予永住权；②不适用强制遣送条款；③给予日本国内的内国民待遇；④目前暂时继续支付给生活保障费；⑤对回国者携带的动产及汇款采取特别措施。

对韩国方面的上述要求，日方称：对日和平条约生效以后准备给在日韩国〔朝鲜〕人以与一般外国人相同的待遇，并愿意在即将缔结的日韩通商航海条约中给予韩国〔朝鲜〕人以最惠国国民待遇。对此，韩方则认为：最惠国国民待遇是对将来进入各自国家的对方国民的待遇问题，现在不是议论它的时候。现在需要做出决定的是从停战以前开始居住在日本的特殊的外国人——有关在日韩国〔朝鲜〕人的待遇问题。在日韩国〔朝鲜〕人，目前在日本享受除参政权以外的和日本国民同等的待遇，即内国民待遇。韩方要求日本将来继续给予在日韩国〔朝鲜〕人以同样待遇。对此，日方认为：对在日韩国〔朝鲜〕人给予永久的内国民待遇，等于在日本国内承认"双重外国

---

① 前引外务部政务局编《韩日会谈略记（极秘）》，第 30 页。
② 同上书，第 31 页。
③ 〔韩〕外务部编《第一、二、三次韩日会谈在日韩人法律地位委员会会议录》，1951 年版，第 128 页。

人",这在国际法上也没有先例,因此,实在难以接受。①

对在日韩国〔朝鲜〕人赋予永住权问题,日方一开始则称:"不能让在40来年的特殊时期(日本对朝鲜进行殖民统治时期——笔者)产生的没有前例的既成事实永远延续下去。"②后经日韩双方舌战,日方有所后退,主张对在日韩国〔朝鲜〕人赋予永住权时,要根据日本"出入国管理令"逐一审查申请永住权的韩国〔朝鲜〕人①是否为人善良;②是否拥有或掌握独立维持生计的资产或技能;③永住日本是否符合日本国的利益等以后,再决定是否赋予在日韩国〔朝鲜〕人以永住权。并受理申请时准备征收2000日元的手续费。经过再度舌战以后日方再一次做出让步,日方同意:只要韩国政府的驻日代表机构发给登记证明,日本政府将把该证明与外国人登记簿加以对照后,如果能够确认该韩国〔朝鲜〕人确实从1945年8月9日以前开始居住在日本,那么不对其进行任何审查,也不再收取任何手续费就赋予永住权。③

在在日韩国〔朝鲜〕人问题上,成为日韩会谈焦点的问题是强制遣送出境的问题。在"出入国管理法"的有关强制遣送出境的条款中,可适用于在日韩国〔朝鲜〕人的条款是有关"贫困者、流浪者、残疾人等对日本国家及地方公共团体成为负担的人"可强制遣送出境的条款。当时,约6万在日韩国〔朝鲜〕人,根据日本政府的"生活保障法",接受日本政府的生活救济,其年救济额达66000万日元。日本政府计划把这一部分人逐次强制遣送出境。但又称:即使是生活贫困者,如果不接受救济费,也可以排除在强制遣送出境的对象之外。④

在这一问题上,韩方陷入了左右为难的困境。如果韩国接受日方的主张,同意日方停止对贫困的在日韩国〔朝鲜〕人的救济,那么贫困的在日韩国〔朝鲜〕人将免受被强制遣送出境的处理。但是,这样做不仅使实际生活依靠救济的赤贫的在日韩国〔朝鲜〕人陷入生存困境,而且也将给在日本的朝鲜共产主义者提供攻击韩国政府的绝好素材。当时在日朝鲜共产主义者把日本政府向在日韩国〔朝鲜〕人提供生活救济,宣传为他们与日

①　前引外务部政务局编《韩日会谈略记(极秘)》,第36—37页。
②　前引外务部编《第一、二、三次韩日会谈在日韩人法律地位委员会会议录》,第77页。
③　前引外务部政务局编《韩日会谈略记(极秘)》,第32—33页。
④　同上书,第33—34页。

本政府斗争的结果。因此，如果通过日韩会谈取消这项日本政府的生活救济，那么很明显该问题将立刻成为他们攻击韩国政府的材料。但韩国政府又不能心甘情愿地接受日方强制遣送出境的处理，于是提出：①继续对生活贫困的在日韩国人以生活救济；②对接受〔日本政府〕生活救济的在日韩国人，直到他们在经济上能够自立为止，在一定期限内不适用强制遣送出境的条款。①

对此，日方则提出：①同意今后一年继续进行生活救济。在这以后虽然继续进行生活救济，但根据同韩国签订的国际条约进行的救济仅限于一年，而后日本自主进行。②今后一年内如果出现因贫困需强制遣送出境者，〔日本政府〕将事先同韩国政府协商，若韩国方面采取适当的保护措施，就不打算强制遣送出境。②

对在日韩国人回国时所携带动产及汇款问题，日方一开始主张：根据日本出口贸易管理令（重量限制在 4000 磅，汇款限制在 10 万日元）及汇兑管理法加以限制。对此，韩方则主张：①回国者可以自由携带财产出境，对其数量及种类不加任何限制；②对所携带出境的财产不征收任何税金；③但禁止以携带财产出境的名义进行走私贸易或偷运鸦片、火药等禁运物品，并为取缔上述行为日韩两国进行合作。③ 对韩方的上述主张，日本大藏省、通产省等表示强烈反对。但是，急于把更多的在日韩国〔朝鲜〕人遣返回国的日本政府，最终原则上同意了韩国的主张，只是要求，①对上述特别待遇设置期限；②由双方专家举行会谈，签订详细的有关防止走私贸易、汇款等方面的协议。④ 如上所述，在"国籍及待遇委员会"的会谈中，日韩双方的很多主张很快有了接近。这也是 1951 年 12 月 22 日，日韩预备会谈结束以后日本有关媒体报道称：日韩已达成原则协议的原因。⑤

1952 年 2 月 15 日，第一次日韩会谈开始以后，在日韩国〔朝鲜〕人"法律地位问题委员会"的会谈直接转入第一次日韩会谈，继续进行。1952年在日韩国〔朝鲜〕人"法律地位问题委员会"的会谈从第 22 轮到最后一轮——第 36 轮会谈，共举行了 15 轮会谈。这些会谈中，虽然日韩双方没有

---

① 前引外务部政务局编《韩日会谈略记（极秘）》，第 34 页。
② 同上书，第 33—36 页。
③ 同上书，第 39—40 页。
④ 同上书，第 40 页。
⑤ ［日］《朝日新闻》1951 年 12 月 22 日。

达成新的妥协，但为起草相关问题的共同草案而全力以赴的结果，1952 年 4 月 1 日，双方在搁置部分分歧的情况下，就"关于在日韩国人的国籍及待遇的日韩协定案"达成了妥协。

四、日韩"预备会谈"的成果及局限

日韩"预备会谈"在确定日韩正式会谈的时间及会谈议题等方面达到了预期的目的。且在"船舶问题"和在日韩国［朝鲜］人"法律地位问题委员会"的会谈中双方的折中取得了一定进展。但日韩"预备会谈"并没有取得美国所期待的成果，未能彻底解决日韩"船舶问题"和在日韩国［朝鲜］人的"法律地位问题"。在会谈中，日本除在日朝鲜［韩国］人问题及船舶问题等个别问题以外，在其他问题上均采取了尽量等待媾和条约生效，恢复主权以后再进行交涉的态度。因此，日韩预备会谈，除在个别问题上取得一些进展以外，就整个会谈而言，处于相当散乱的状态。韩国方面把这些原因完全归咎于日方缺乏诚意，指责日方企图把会谈拖延到对日媾和条约生效为止。① 韩方还警告日本：这种缺乏诚意的态度和行为"不仅会对将来的韩日两国关系投下阴影，也会给自由阵营带来不幸"。②

那么，当时韩方是否对日韩预备会谈充满了热情呢？那也不见得。据同李承晚关系亲密的女诗人毛允淑回忆：接到美国希望韩日举行会谈的劝告以后，李承晚非常生气地说"我有许多必须做的事情，韩日会谈不过是其中也许能排到第 11 号才能考虑的问题"。③ 当时，朝鲜战争正进行得如火如荼，连韩国政府机构也被迫迁往釜山办公。在这种形势下，日韩会谈对韩国政府来说，无论是从时机上讲还是从精力上讲，都并非是最佳时期。因此，实际上韩国也对日韩会谈采取了消极应付的态度。这种态度也反映在韩国的日韩预备会谈准备工作上。

据参加日韩预备会谈的俞镇午后来回忆：日韩预备会谈的首席代表，驻美大使梁裕灿不仅"对日本毫无了解，且也对日本不感兴趣"。④ 梁裕灿从美国回国是代表团准备赴日的前二三天，代表团出发前既没有召开会

---

① ［韩］《东亚日报》1951 年 10 月 3 日；［日］《朝日新闻》1951 年 11 月 25 日。
② ［韩］《东亚日报》1951 年 11 月 21 日，社论《有感于韩日会谈的迟延》。
③ ［韩］《韩国日报》1972 年 6 月 24 日，《韩国外交秘话》。
④ ［韩］《中央日报》1983 年 9 月 23 日、24 日，《韩日会谈》第 55、56 回。

议，也没有从政府得到一句训令，在这种情况下，（1951 年）10 月 19 日
出发到了日本。会谈在没有充分准备的情况下开始进行，会谈完全依靠代
表们的见识推进①。在这种情况下，很难想象会谈会取得令人满意的
成果。

另一方面，在日韩预备会谈中，日韩双方在有关日韩问题的妥协方式上
也存在重大的差异。即韩方主张一揽子解决日韩之间的悬案，而日方则主张
渐进地、分阶段地达成妥协的方式解决日韩之间的悬案问题。日方把日韩之
间的悬案问题分为对日媾和条约生效之前需要解决的问题和此后逐步加以解
决的问题。首先，在属于前者的在日韩国（朝鲜）人法律地位及待遇问题上
达成妥协，使有关该问题的协议与媾和条约同时生效，并同时实现日韩邦交
正常化。韩方则考虑到自身的实力和处境，利用日本尚未摆脱占领，美国对
日韩会谈尚有强大影响力的时机，争取一揽子解决日韩悬案，以便问题以有
利于韩国的方式获得解决。但是在日韩预备会谈中双方都未能达到预期的
目的。

第三节　第一次日韩会谈与日本的
"逆财产请求权"要求

一、吉田茂内阁向韩国派遣特使的计划与韩国宣布
"和平（李承晚）线"

随着日韩预备会谈接近尾声，日韩纷纷为预计于第二年（1952 年）2 月
上旬举行的日韩会谈做准备。1951 年 12 月，在首相吉田茂的倡议下，日本
政府决定以首相吉田茂特使名义于 12 月 20 日派遣外务省顾问松本俊一访问
韩国。当时松本俊一被内定为下次日韩会谈的首席代表。日方派遣特使的目
的是为了"从韩国开始着手进行战后〔日本〕对亚洲各国的睦邻友好外交，
同时也是为了圆滑地推进今后的正式会谈"。② 但是 1951 年 12 月 13 日，韩

---

① ［韩］俞镇午《直到举行韩日会谈为止——前韩国首席代表披露的 14 年前的
曲折过程（上、下）》，［韩］《思想界》1966 年 2 月、3 月号。

② 前引鹿岛和平研究所编，吉泽清次郎监修《日本外交史·28·媾和后的外交
（Ⅰ）·对列国关系（上）》，第 40 页。

国向日本表示，松本俊一特使没有必要访问韩国，遂该计划流产。

在日韩预备会谈中，日方迫于盟国日本占领当局的压力和自身的需要，虽然就"船舶问题"和在日朝鲜［韩国］人的"国籍和待遇问题"等同韩国举行了谈判，但极力回避韩国方面关心的对日财产请求权问题，日韩渔业纷争等问题。在"预备会谈"中，当韩方向日方提议进行韩日渔业谈判时，日本以没有准备为由拒绝了韩方的建议。而此时随着《对日和平条约》的即将生效，韩国想极力保留的"麦克阿瑟线"也面临废除。鉴于此，刚刚恢复国家独立的弱小韩国，为了在即将举行的日韩正式会谈中争取更加主动的地位，也不得不开始考虑对日采取必要的行动。于是 1951 年 11 月末，在韩方日韩预备会谈代表中间就出现了是否有必要在韩国周边海域设置渔业分界线划分日韩之间利益的议论。后经多次向李承晚总统提出建议的[①]结果，1952年 1 月 18 日，即《对日和平条约》生效之前的 3 个月、第一次日韩会谈之前的一周，韩国政府以《国务院告示·第 14 号》的形式，以总统李承晚的名义发表了《关于对邻接海洋的主权宣言》。并通过该宣言，韩国在朝鲜半岛周边海域设置了日方称"李承晚线"，韩方自称"和平线"的海洋上的分界线（"李承晚线"见第三章［图 3—1］）。

该宣言称："依据确定的国际先例及必须永久保障国家的福祉与防御的需要，大韩民国总统宣言如下。

（一）大韩民国政府为以更加有益于国家的形式保护、保存及利用与国家领土韩半岛及其所属岛屿的海岸相连接的大陆架上下的现已知或将来有可能发现的所有自然资源、矿物及水产资源，不问其海洋深度如何，宣布对邻接的大陆架保有主权，并且行使其主权。

（二）大韩民国政府为了保有、保护、保存及利用在国家领土韩半岛及其所属岛屿相连接的海洋上下及其内部存在的所有自然资源及财富，在如下所限定之整个海域范围内，不问其海洋深度如何宣布对邻接海洋保持国家主权，且行使其主权。特别是为避免像鱼类那样的具有减少之虞的资源及财富，以损害韩国国民利益的形式进行开发而有可能导致其减少和枯竭，以至于对国家造成损失，故将把水产业及捕捞业置于政府的监督之下。

（三）在此，大韩民国政府为监督大韩民国政府具有管辖权与支配权的

---

① ［韩］俞镇午，刘彰顺《对谈：韩日交涉十年，六次会谈的内幕——对谈》，《思想界》1964 年 4 月号；［韩］元容奭著《韩日会谈十四年》，三和出版社 1965 年版，第 81—88 页。

上述海洋上下及其内部存在的自然资源及财富，宣布如下所明示之限定海域的界线，并维持该界线。

同时宣布，此界线可根据因将来究明之新发现、研究抑或权益的出现而产生的新情况，进行修正。

在大韩民国主权及保护之下的水域是连接韩半岛及其附属岛屿的海岸与如下诸线相连而组成的界线内的海洋。

1. 连接咸镜北道庆兴郡的牛岩岭顶到北纬 42 度 15 分与东经 130 度 45 分相交之点的线。

2. 连接北纬 42 度 15 分与东经 130 度 45 分相交之点到北纬 38 度与东经 132 度 50 分相交之点的线。

3. 连接北纬 38 度与东经 132 度 50 分相交之点到北纬 35 度与东经 130 度相交之点的线。

4. 连接北纬 35 度与东经 130 度相交之点到北纬 34 度 40 分与东经 129 度 10 分相交之点的线。

5. 连接北纬 34 度 40 分与东经 129 度 10 分相交之点到北纬 32 度与东经 127 度相交之点的线。

6. 连接北纬 32 度与东经 127 度相交之点到北纬 32 度与东经 124 度相交之点的线。

7. 连接北纬 32 度与东经 124 度相交之点到北纬 39 度 45 分与东经 124 度相交之点的线。

8. 连接北纬 39 度 45 分与东经 124 度相交之点到（平安北道龙川郡薪岛列岛）马鞍岛西端的线。

9. 马鞍岛西端到北边与韩满国境之西端交叉的直线。

（四）对邻接海洋的本土主权宣言，不妨碍公海上的航行自由。"①

韩国政府宣布《邻接海洋的主权宣言》（即日本所称"李承晚线"——笔者）的根本原因首先在于其落后的国内渔业。韩国水产业的落后集中表现在从业人口众多和技术水平的落后上。首先，第二次世界大战后的 1946 年韩国水产人口为 408000 人，但 1952 年猛增到 588000 人。② 韩国水产人口迅速增加的原因并不在于韩国水产业的发展，而恰恰相反是由于大批战争灾民和食不果腹的沿岸农民加入水产队伍所造成的。其次，韩国的水产业在殖

---

① ［韩］外务部政务局编《韩日关系参考文件集》，1958 年版，第 155—165 页。
② ［日］海港新闻社编《韩国的水产业》，海港新闻社 1967 年版，第 14 页。

民地时期被日本所独占，随着日本殖民统治的结束和日本人的撤走以后，韩国水产业几乎完全丧失了动力渔船及近代渔业设施。此后，韩国水产业又在朝鲜战争中遭到了进一步的破坏。转瞬间"几乎变成空白，不过是在仅仅勉勉强强地维持着原始的沿海渔业"。① 这一点，从宣布"李承晚（和平）线"以后不久的日韩渔船拥有量就看得十分清楚。正如下［表4—1］所示，1952年日本的无动力渔船达韩国的约7倍，动力渔船达韩国的约38倍。韩国水产业和日本相比处于极端落后的状态。

其次，日本在渔业问题上对待西方强国和韩国的截然不同的态度和做法也刺激了韩国人的民族自尊心，这也是韩国方面宣布"李承晚（和平）线"的不可忽视的原因。

日本在对待同美国及加拿大渔业关系问题上，1951年2月7日，日本通过吉田茂与杜勒斯的往返书简形式表示，日本与美、加签订渔业协定之前愿意自我限制日本渔船在美、加相关海域的捕捞。② 旧金山《对日和平条约》签订以后，日本又主动向美国、加拿大等国提议缔结相关的渔业协定。但根据旧金山《对日和平条约》的有关条款，同样负有同韩国签订相关渔业协定之义务的日本，却以没有准备为由拒绝了韩国方面提出的签订日韩渔业协定要求，对签订日韩之间的渔业协定采取了回避和拖延的态度。

［表4—1］　　　　　　　　　　　**1952年日韩渔船拥有量**

国家	渔船种类	渔船数量	渔船吨数
日本	无动力渔船	280721	
	动力渔船	129048	860645
	合计	409765?（409769）	
韩国	无动力渔船	37883	80105
	动力渔船	2509	23322
	合计	41244?（40382）	112138?（103427）

资料来源：［日］日韩渔业协议会编《日韩渔业对策运动史》，1968年版，第30页；［韩］李康遇、李种礼著《韩国水产发展史》，1966年版，第409页。日本的渔船数为能够在海面上作业的船舶，韩国渔船数中包括运输船。注：原来的资料合计数据有误，括弧内数据为笔者的合计。

① 前引海港新闻社编《韩国的水产业》，第6页。
② 前引元容奭著《韩日会谈十四年》，第80—81页。

因为，二战后，在所谓"公海的渔业自由"越来越受到限制的情况下，与韩国签订渔业协定限制自己的渔业活动，这并不是日本所希望的。这一点在日本海洋渔业协议会 1951 年 2 月 6 日向访日的杜勒斯递交的"期望书"中也可以窥见一斑。该"期望书"中日本渔业界要求"①在公海渔业方面实现公正且平等的国际渔业关系；②期望尽可能恢复对渔业方面具有重大意义的基地及日本人开发的渔场上的日本的渔业活动"。① 所谓"日本人开发的渔场"实际上指的就是朝鲜周边海域渔场和苏联千岛群岛附近海域的"北洋渔场"。

第三，签订旧金山《对日和平条约》以后，日本即已着手进行有关废除"麦克阿瑟线"的交涉，美国也对此采取了理解态度。因此，美国拒绝了此前韩国要求把"麦克阿瑟线"写进《对日和平条约》的要求。在"麦克阿瑟线"即将被废除，日本又极力拖延签订日韩之间的渔业协定的情况下，作为某种对抗手段，韩国宣布了"和平（李承晚）线"。

第四，从当时的朝鲜半岛形势分析，韩国方面宣布"和平（李承晚）线"也不能排除其军事上的目的。在《关于对邻接海洋的主权宣言》中，韩国政府也强调了"保障国家防御的需要"。韩国宣布"和平（李承晚）线"时，朝鲜战争尚在进行中，从军事角度分析，在韩国周边设置军事管制区域对进入管制区域的渔船及过往船舶进行适当监控，这对韩国来说也是确实必要的。这一点，从下述事实中也可以得到反证。1952 年 4 月 25 日，即《对日和平条约》生效之前的 3 天，盟国日本占领当局废除"麦克阿瑟线"以后，9 月 27 日，驻韩"联合国军"总司令部以总司令克拉克（General Mark W. Clark）的名义在与"李承晚（和平）线"几乎重复的朝鲜海域设置了"克拉克线"（亦称"防卫水域"详见第三章［图 3—1］）。"克拉克线"的设置在某种程度上缓解了日韩之间的渔业冲突。

第五，二战后从美国开始兴起的国际性的分割海洋领土的浪潮是韩国宣布"和平（李承晚）线"的重要国际背景。二战后，1945 年 9 月 28 日美国总统杜鲁门发表了对二战后国际海洋法的发展产生重大影响的两个宣言，即《关于大陆架地下、海底自然资源的美利坚合众国政策的总统宣言》及《关于公海水域沿岸渔场的美利坚合众国政策的总统宣言》（一般合称"杜鲁门宣言"）。该宣言发表以后迅速引发了国际性的分割海洋领土

---

① 前引元容奭著《韩日会谈十四年》，第 80—81 页。

的浪潮。

有关大陆架和周边海域的"杜鲁门宣言"发表以后，从 1945 年 9 月到 1952 年 1 月韩国宣布《对邻接海洋的主权宣言》为止，已有包括美国、墨西哥 (1945.10.29)、阿根廷 (1946.10.11)、智利 (1947.6.23)、冰岛 (1948 年)、沙特阿拉伯 (1949 年)、巴西 (1950.11.8)、巴基斯坦 (1950 年) 等国家在内的 20 个中南美洲及亚洲的一些发展中国家相继发表类似的宣言，宣布保护本国的海洋利益和主权。特别是南美洲的智利等国家还设置了 200 海里渔业保护线。这些极大地动摇了二战前的"公海自由"的观念，掀起了国际性的海洋分割的浪潮。韩国宣布《关于对邻接海洋的主权宣言》也与这种国际性的海洋利益保护浪潮有着深刻的联系。

韩国宣布"和平（李承晚）线"以后，1952 年 1 月 24 日，日本外务省情报文化局局长发表谈话称：韩国的《关于对邻接海洋的主权宣言》"从根本上破坏了国际社会所公认的公海自由的原则，也与国际渔业合作的基本观念不相容。日本怀疑〔韩国〕缺乏从善意出发完成日韩渔业会谈的诚意"。[1] 同时，日本政府还对该线发表了如下见解：①韩国的《关于对邻接海洋主权宣言》，如果排除对他国船舶航行自由的认可，那么该宣言就可以解释为韩国单方面把其领海扩大到公海，这是一种违法行为。②韩国把根据《对日和平条约》可解释为日本领土的岛根县所属的竹岛（韩国称"独岛"——笔者）划归"李承晚（和平）线"之内，日本怀疑韩国单方面主张对该岛的主权。③从宣布该宣言的同时又称可根据将来的形势对其进行修正这一点看，怀疑该宣言是为即将举行的日韩渔业会谈而准备的"交易"条件。④同上述海域有直接利害关系的国家只有日本，因此，该宣言的目的在于禁止日本渔船对该海域的出渔。[2] 日本政府还表示，日本将无视韩国这种"单方面的措施"。[3]

1952 年 1 月 28 日，日本外务省向韩国驻日代表部递交抗议照会称："李〔承晚〕总统的宣言违反公海自由的原则，也违反保护及开发公海水产资源的国际合作原则。日本政府不能接受这一宣言。"[4]

---

① 前引鹿岛和平研究所编，吉泽清次郎监修《日本外交史·28·媾和后的外交（Ⅰ）·对列国关系（上）》，第 42 页。

② 〔日〕《朝日新闻》1952 年 1 月 25 日；〔韩〕《东亚日报》1952 年 1 月 27 日。

③ 〔日〕《朝日新闻》1952 年 1 月 25 日。

④ 〔日〕《朝日新闻》1952 年 1 月 29 日。

对日本的上述抗议，1952 年 1 月 25 日，韩国外长卞荣泰称："李〔承晚〕总统宣布的渔业界线是永久性的，韩国政府不仅不允许日本渔船侵犯，而且也不允许所有国家渔船侵犯该界线。"① 同年 1 月 27 日，韩国政府通过外务部情报局的声明阐述了韩国政府的如下立场：①《关于对邻接海洋的主权宣言》是根据墨西哥、阿根廷、智利、秘鲁、哥斯达黎加等各国援引1945 年杜鲁门总统宣布的有关沿海渔业的宣言与有关海洋地下及海底资源的宣言，宣布类似宣言而确立的国际惯例宣布的。②"麦克阿瑟线"只限制日本渔船的出渔海域，签署相关的国际协定以后该线将予以废除。但与之不同，为使韩国设置的保护海域的资源不至于枯竭，不仅限制日本人在该海域的作业，而且也限制本国人在该海域的作业，是以国民永久福利为目标的。③设置保护海域，并非是向公海扩张领海。④确认邻接海洋的特殊性的国际先例不只一二，之所以执著于那些认为在邻接海洋中绝对存在渔业自由之类的 19 世纪的理论，其原因概出于不理解国际法的发展②。与之同时，韩国政府还向日本递交备忘录，依据上述理论及列举日本殖民地时期，朝鲜总督府在与"和平（李承晚）线"几乎重复的海域设置过禁止拖网渔船作业的禁渔线的事实，反驳了日本方面的抗议。

1952 年 2 月 8 日，李承晚称："该问题准备提交正在进行中的日韩会谈。好像'邻接海洋的主权'这样的不确切的表述导致了日本的误会。但我们的目的在于，在不侵害别国的主权或者利益的前提下，划定保护渔业资源的公平的界线，维持日韩之间的和平与友谊。"③ 从此以后，韩国把根据《关于对邻接海洋的主权宣言》划定的日韩渔业分界线称之为"和平线"。

日韩之间围绕《关于对邻接海洋的主权宣言》发生的纠纷，并没有影响第一次日韩会谈的按时举行。日本政府并没有改变旧金山《对日和平条约》生效之前同韩国举行会谈建立邦交，并首先解决在日韩国〔朝鲜〕人法律地位问题的基本对韩政策。据 1952 年 2 月 10 日的《朝日新闻》报道，第一次日韩会谈前夕，日本制定了如下"日韩基本条约案"。①两国建立正式外交关系，并交换大使。②从停战前开始居住在日本的朝鲜人，在媾和条约生效的同时将丧失日本国籍。其细目另签具体协定。③两国谈判解决因战争而产

---

① 〔日〕《朝日新闻》1952 年 1 月 26 日。
② 〔韩〕《东亚日报》1952 年 1 月 27 日。
③ 前引元容奭著《韩日会谈十四年》，第 86 页。

生的各项请求权的处理问题。④两国尽快缔结通商航海条约，条约签订之前韩国在日本享受同盟国相同的待遇。⑤尽快进行两国之间有关规定限制渔业活动的谈判。⑥本条约经两国批准与媾和条约同时生效。①

二、第一次日韩会谈（1952.2.15—4.25）与正式会议上的会谈

根据日韩预备会谈中达成的协议，1952 年 2 月 15 日，日韩两国开始在东京举行正式会谈，该会谈后来被称之为"第一次日韩会谈"。

第一次日韩会谈的日方首席全权代表是外务省顾问松本俊一。参加该会谈的其他日方代表还有外务省事务次官井口贞夫、外务省条约局局长西村熊雄、外务省亚洲局局长倭岛英二、外务省参事官大野胜巳、法务府民事局局长村上朝一、大藏省事务次官舟山正吉、水产厅长官盐见友之助、运输省事务次官牛岛辰弥以及平贺健太、川崎一郎、田中三男、千叶皓、石田正、永野正一、国安诚一、後宫虎郎、藤崎万里、光滕俊雄、重光晶、上田克郎、川上健二、永野正一、桀田正二、龟山信郎、川毛一郎、小山健一、横山正臣、牧野诚一等。

参加第一次日韩会谈的韩国首席代表是驻美大使梁裕灿，交替首席代表是韩国驻日代表部公使金溶植。参加该会谈的韩方代表还有外交委员任哲镐、高丽大学总长俞镇午、殖产银行总经理林松本、法务部法务局局长洪璀基以及外务部政务局局长金东祚、水产渔捞课课长池铁根以及柳泰夏、金泰东、崔圭夏、李相德、郑文基、黄富基、文德周、张润杰、尹锡均、韩奎永、李一雨、黄镐乙、金永周、陈弼植等。②

在 1952 年 2 月 15 日举行的第一轮正式会议上的会谈中，经双方协商，决定以英、日、韩三国语为会谈中使用的正式语言，决定日韩双方分别用英文撰写各自的各个会议的议事要录后，经双方同意和确认后加以确定。在首轮正式会议上的会谈中还决定就①建立外交关系在内的两国基本问题；②解决在日韩国［朝鲜］人国籍及待遇问题；③处理日韩两国及国民的财产及请求权；④缔结渔业协定；⑤划分海底电缆的事

---

① ［日］《朝日新闻》1952 年 2 月 10 日。

② 前引外务部政务局编《韩日会谈略记（极秘）》，第 13—20 页。

宜；⑥协商缔结通商航海条约的事宜；⑦解决有关船舶问题的悬案等作为本次会谈的议题。①

同年 2 月 16 日举行的正式会议上的会谈中，决定设立"财产请求权委员会"及"渔业问题委员会"，由这两个分委员会具体协商相关问题。在 2 月 20 日举行的第 3 轮正式会议会谈中，又决定设立"协商建立包括外交关系在内的基本关系的分科委员会"——"基本问题委员会"。对在日韩国[朝鲜]人法律地位问题和船舶问题，则双方决定在正式会议会谈中继续进行从日韩预备会谈时期就已经开始进行的"国籍及待遇委员会"上的会谈和"船舶问题委员会"上的会谈。另外，有关缔结日韩通商航海条约的会谈和划分海底电缆的会谈，则双方同意稍后进行。②

在会谈中，日方主张根据会谈的进展情况分期、分批缔结个别协定。希望通过本次会谈先行缔结在预备会谈中会谈已有相当进展的有关在日韩国[朝鲜]人法律地位问题协定、船舶归还问题的协定和较容易达成妥协的基本关系问题的协议。日方认为，请求权问题和渔业问题相当复杂，对日和平条约生效之前难以达成妥协，因此，对上述两个问题的会谈采取了消极的态度，要求继续推迟进行上述会谈。

韩方则把本次日韩会谈视为"实质性的和平会谈"，主张同时综合解决日韩之间存在的所有问题。韩国认为，不应只在口头上谈论友好关系，也应圆满解决请求权、渔业等实质性利害关系问题。只有这样才能建立两国之间的真正的友好关系。③ 不难看出，在第一次日韩会谈中，日韩双方的基本立场从一开始就呈现出了很大差异。

三、"基本问题委员会"上的会谈

1952 年 2 月 20 日举行的第 3 轮正式会议上的会谈中，日韩决定设立"基本问题委员会"进行包括建立两国之间外交关系在内的"基本问题"的会谈。

参加"基本问题委员会"的日方代表有大野胜巳、后宫虎郎、腾崎万

---

①　前引鹿岛和平研究所编，吉泽清次郎监修《日本外交史·28·媾和后的外交（Ⅰ）·对列国关系（上）》，第 44 页。

②　前引外务部政务局编《韩日会谈略记（极秘）》，第 25—26 页。

③　同上书，第 26—27 页。

里、光滕俊雄。韩方代表有俞镇午、金东祚、崔圭夏、柳泰夏、张润杰、黄镐乙、尹锡均。①

早在"基本问题委员会"成立之前，在2月16日举行的第2轮正式会议会谈中，日方就提出了《关于日本国与大韩民国之间友好条约之日方第一次草案》，② 其内容包括前言及9项条文。在该"条约案"前言中，日方强调了"依据和解与协调之精神及在正义与公平的原则之下，迅速解决因两国之间出现的新关系而产生的各项悬案"的重要性。在2月22日，举行的第1轮"基本问题委员会"的会谈中，日方对"第一个草案"的提案理由进行了如下说明。日方称：提出该草案的目的是"为了增进共同的福祉与维持国际和平"，是为了处理"随着大韩民国的独立而产生的在日朝鲜人的国籍变更问题，并为此签订协定"，是"为了在友好条约中规定，因韩国接受旧金山和约而产生的诸案的解决方针"等。③

2月27日及29日举行的"基本问题委员会"的会谈中，围绕日方的"友好条约草案"，韩方着重进行了各种提问和质疑。首先，韩方认为韩日之间的条约应规定两国之间的最基本的关系，因此提议避开使用"友好"的字样，采用"基本"这一词汇。④ 其次，韩方认为：日方在"友好条约草案"中着重强调"解决因新〔日韩〕关系而产生的各项悬案"，⑤ "丝毫没有提到在过去殖民统治下，使我们［韩国］所遭受的精神及物质上损害"，韩方要求"清算过去，签订事实上的和平条约"。⑥ 对此，日方则采取了"不要追究过去"，"都是过去的事情，我们不太清楚"的全然与己无关的"漠然"态度。⑦

通过对日方提出的"友好条约草案"逐条质疑，双方的意见差异逐渐显现了出来。首先双方在"条约"的目的上产生了分歧。日方着重强调"条约"的目的在于解决"因日韩之间的新关系而产生的各项悬案"，而韩方则

---

①　前引外务部政务局编《韩日会谈略记（极秘）》，第14—15、18—19页。

②　同上书，第219—228页。

③　［韩］外务部政务局编《有关日韩会谈（檀纪4284年10月至4285年4月）关系文件要录》，1952年版（?）第31页；前引外务部政务局编《韩日会谈略记（极秘）》，第241—244页。

④　前引外务部政务局编《韩日会谈略记（极秘）》，第45—46页。

⑤　同上书，第45页。

⑥　同上。

⑦　［韩］俞镇午："余话：日韩会谈（49）"，《中央日报》1983年10月26日。

着重强调"条约"的目的应是,"为了建立日韩之间新关系,清算过去并解决各项悬案"。换一句话说,日本强调的是"面向未来的友好条约",而韩国则强调了"在清算过去基础上签订实质性的和平条约"。其次,在"基本问题委员会"的地位问题上双方也出现了分歧。日方主张,在"基本问题委员会"上讨论决定其他分委员会上需要讨论的议题和原则,试图把"基本问题委员会"凌驾于其他分委员会之上,借以限制其他委员会的会谈内容。这遭到了韩方的拒绝。第三,在"基本问题委员会"上,日方急于把《对日和平条约》中与韩国有关的条款——例如第 12 条"通商航海条款"——加以具体化。对此,在会谈中韩国仅限于确认《对日和平条约》中的相关条款,具体问题则主张拿到相关委员会上进行讨论。①

为了应对日方的上述和约草案,1952 年 3 月 5 日,韩方提出了由前言及十条内容组成的《大韩民国与日本国之间的基本条约案》②。在"基本条约案"的前言中,韩方宣称"依据和解与协调之精神及在正义与公平的原则之下要迅速解决两国之间存在的各项悬案"。与之同时,为了贯彻韩方清算过去的立场,在第 3 条中插入"大韩民国与日本国确认 1910 年 8 月 22 日以前旧大韩帝国与日本国之间缔结的所有条约无效"的条款。③

对此,在 3 月 12 日举行的第 5 轮"基本问题委员会"的会谈中,日方认为"即使没有本条款(即第 3 条——笔者),没有一个日本人会认为日韩合并条约至今有效,该条款只会不必要地刺激日本国民的心理",因而,主张删除该条款。④ 以"不必要地刺激日本国民的心理"为理由主张删除韩方"基本条约案"中的第 3 条,这只是日方的借口,其真正原因在于日本对朝鲜半岛殖民统治的认识。日本一直认为:朝鲜"是通过当时国际法及国际惯例上普遍承认的方式取得"的,"且很长一段时期作为日本的领地,被世界各国所承认"。

对此,韩方则认为,"如果说插入该条款就刺激日本国民,那么,这就事实上证明日本至今尚未清算过去帝国主义侵略行径的错误。日本国民应欣然接受该条款而翻然醒悟,从而使其成为民主日本的新的出发点。在规定韩

---

① 前引外务部政务局编《韩日会谈略记(极秘)》,第 45—46 页。

② 同上书,第 249—254 页。

③ 前引外务部政务局编《有关日韩会谈(檀纪 4284〔1951〕年 10 月至 4285〔1952〕年 4 月)文件要录》,第 38 页。

④ 前引外务部政务局编《韩日会谈略记(极秘)》,第 48 页。

日关系的基本条约中插入该条款是韩国的基本路线，它基于韩国国民的民族感情"。① 围绕"清算过去"的历史问题日韩发生了对立。

3月22日举行的第6轮"基本问题委员会"的会谈中，日方提出了日方第一案的修正案——《关于日本国与大韩民国之间的友好条约之日方第二次草案》。② 在该修正案中，日方删除韩方"基本条约案"中的第3条的同时，在前言中加入了"确认日本国与旧大韩帝国之间缔结的所有条约及协定不能规范和限制日本国与大韩民国的关系"的词句。③ 但是，主张从根本上否定日本与旧大韩帝国之间签订的各项条约及协定的韩国，没有接受日方的这一修正案。

在3月26日举行的第7轮"基本问题委员会"的会谈中，日方对前述"修正案"中的"确认日本国与旧大韩帝国之间缔结的所有条约及协定不能规范和限制日本国与大韩民国的关系"的词句再度进行修正，改为"对日本国与大韩民国的关系不产生效力"。据1952年3月26日《朝日新闻》报道，日方进行上述进一步修正之后，日韩之间的意见开始趋于接近。这时，日方第三次提出了条约草案，即《设定日本和大韩民国之间基本关系的条约草案（日方第三次草案）》。④ 4月2日，日韩在"基本问题委员会"上的会谈，在遗留下"日韩合并条约"的处理问题等两三个分歧点的情况下结束。⑤

韩方一向认为"日韩合并条约"从一开始就无效，而与之相反，日方则解释称，该条约在第二次世界大战后失去了效力。在上述问题上如何达成妥协并在条约中如何进行表述，成为双方能否最终签署基本关系条约的关键。尽快签订日韩之间的基本关系条约，建立两国之间正常邦交关系是日本所希望的。因此，"基本问题委员会"的会谈进展相对顺利，会谈结束之前除上述个别问题以外，在大部分问题上日韩双方都基本上达成了共识。

四、"渔业问题委员会"上的会谈

1952年2月16日，日韩设立"渔业问题委员会"，并从当天开始举行

---

① 前引外务部政务局编《韩日会谈略记（极秘）》，第48页。
② 同上书，第265—268页。
③ 前引《有关日韩会谈（檀纪4284〔1951〕年10月至4285〔1952〕年4月）关系文件要录》，第53页。
④ 前引外务部政务局编《韩日会谈略记（极秘）》，第275—278页。
⑤ ［日］《朝日新闻》1953年4月13日。

了有关日韩渔业问题的会谈。参加本次"渔业问题委员会"的日本代表有：千叶皓、後宫虎郎、川上健二、永野正一、桀田正二等。韩方代表有：任哲浩、金东祚、池铁根、郑文基、黄富基、张润杰、黄镐乙、尹锡均等。①

　　1952 年 2 月 16 日，在第一轮"渔业问题委员会"上的会谈中，日方提出了《关于渔业的日本国政府与大韩民国政府之间的协定之日方草案》。② 在该草案中，日方"基于国际法的原则，在公海自由进行渔业活动"为前提，提出"为保护鱼类资源进行科学调查，并采取必要的共同措施"。③ 日方提出"草案"以后，双方围绕该案举行了 8 轮会谈。在前 3 轮会谈中，日方表示：反对"一个国家单方面采取措施保护〔渔业〕资源，不承认基于这一单方面措施的〔渔业〕资源开发特权"。④ 日方试图通过这一主张，为从理论上否定韩国的《关于邻接海洋的主权宣言》做了准备。其次，日方还明确表示："不能承认存在单方面利害关系的渔业资源"。日方的这一强硬态度显示，日方不会像同美、加进行渔业会谈时那样，对韩国也做出"自我控制"日本渔船出渔那样的让步。⑤

　　在此后的会谈中，日韩主要围绕日方主张的"公海自由原则"与韩方主张的"沿岸国家渔业管辖权问题"展开了争论。为了打探日方在"沿岸国家渔业管辖权问题"上的真正意图，韩方对 1951 年 12 月拟订《关于北太平洋公海渔业的美加日协定》（1952 年 5 月 9 日签署）时日方对"沿岸国家渔业管辖权问题"的立场进行了提问和质疑。对此，日方答称："①日、美、加协定第一条第 2 项既没有肯定也没有否定'沿岸国家渔业管辖权'。②'自我控制'的原因并不在于因为承认了渔业管辖权，而是在于日本不感兴趣或有些鱼类资源已到了不得不限制捕捞的程度。③尚未发现在日韩〔渔业〕关系方面有必要考虑自我控制问题。"⑥

　　对日方的上述答复，韩方则认为：首先，美、加、日协定第一条第 2 项可从文脉上解释为尊重有关〔国家的〕渔业管辖权主张。其次，日本对美、加承诺自我控制的原因在于美、加的保护措施具有实际效果。这亦可以解释为，日本承认了两国渔业管辖权的结果。韩方还指出"①美、加、

---

① 前引外务部政务局编《韩日会谈略记（极秘）》，第 16、19 页。
② 同上书，第 305—316 页。
③ 同上书，第 305—319 页。
④ 同上书，第 53 页。
⑤ 同上。
⑥ 同上书，第 54—55 页。

日协定第 1 条第 2 项尊重管辖权的事实，从该条约中所示之有关该条款的美国总统咨文中也可以得到印证。②美、加、日协定中尚有不少规定美、加管辖权的条款。③鱼类资源已到不可不限制的程度时，只有日本〔一个国家〕进行自我控制是不合情理的。④日本提出的'不感兴趣'的自我控制理由，如果回想起 30 年代的白令海（Behring sea）事件，那么就难以相信日本的这一理由"。①

通过前 8 轮会谈在某种程度上摸清日方立场的韩国，在 3 月 20 日举行的第 9 轮日韩"渔业委员会"的会谈中，提出了《关于渔业的大韩民国政府与日本国政府间协定之韩方草案》。② 在该"草案"中，韩方提出了"相互承认领海及毗连海域之沿岸国家的渔业管辖权"的主张。对韩方的提案，最初日方采取了"对韩国提案不表明任何态度"的立场。但此后日本又改变立场，对韩方的提案进行了提问和质疑。这样双方围绕韩方提案共进行了 7 轮会谈。在最后一轮，即第 15 轮"渔业问题委员会"的会谈中，日方向韩方提出了 11 项书面质疑。③ 但由于日韩双方宣布停止所有会谈，所以"渔业问题委员会"的会谈也被迫中止，会谈没有取得任何进展。

五、"财产及请求权委员会"上的会谈与日本的"逆财产请求权要求"

1952 年 2 月 16 日，经日韩双方协商设立了"财产及请求权委员会"，并于 2 月 20 日开始了在该委员会上的第 1 轮会谈。

参加本次"财产及请求权委员会"的日方代表有大野胜巳、服部五郎、光滕俊雄、后宫虎郎、重光晶、上田克郎等。韩方代表有林松本、洪璀基、金泰东、李相德、韩奎永、李一雨等。④

在"财产及请求权委员会"会谈中，第一轮会谈一开始，韩方就提出了《韩日之间的财产及请求权协定纲要（韩国方案）》。在该方案中，韩方向日方提出了"①要求归还从韩国搬出的古籍、美术品、古玩及其他国宝、地图原版以及金块、银块；②要求清偿 1945 年 8 月 9 日之前，日本政府所欠朝

---

① 前引外务部政务局编《韩日会谈略记（极秘）》，第 55—56 页。
② 同上书，第 320—340 页。
③ 同上书，第 57 页。
④ 同上书，第 15、19 页。

鲜总督府之债务；③要求归还 1945 年 8 月 9 日以后，从韩国转移、汇出的资金；④要求归还 1945 年 8 月 9 日之前，在韩国设有本社（店）及主要办事处的法人财产；⑤要求偿还韩国法人或自然人所有的日本及日本国民的日本国债、公债、日本银行券、被征用韩国人未收金及其他请求权；⑥依法确认韩国法人或自然人所有的日本法人股票及其他证券；⑦归还由上述财产或请求权产生的利益；⑧签署协定以后，立即开始上述归还及偿还，最迟在 6 个月内结束归还及偿还" 8 项要求。① 围绕韩方提出的"纲要案"，日韩双方举行了 4 轮会谈。在会谈中，韩国以"日本占领朝鲜的不法性"为前提，认为"在这样的不法占有的基础上积蓄起来的日本的全部财产都具有非法性"。因此，"根据美国军政厅法令·第 33 号……及美韩协定〔在韩日本及日本人财产〕全部转移到了韩国"。②

在第一次日韩会谈中韩方提出的"纲要案"与前述"对日赔偿要求调查报告"相比较，由于受到美国对日赔偿政策的大幅度缓和，韩国要求参加对日媾和会议的交涉受挫，《对日和平条约》业已缔结等国际形势变化的影响，"纲要案"中提出的韩国的对日"赔偿"要求有了很大的后退。

首先，韩国的对日"索赔"要求从"赔偿"转变成了"请求权"。其次，"纲要案"中，韩方没有提出明确的"请求"金额。再次，"对日索赔要求调查报告"索赔要求第三部分中的"因中日战争及太平洋战争造成的人员及物质损失"，在"纲要案"第 5 项中以"被征用韩国人未收金及其他请求权"的形式出现，有了大幅度的削减。第四，"纲要案"中韩方删除了"对日索赔要求调查报告"索赔要求第四部分中的"日本政府低价搜刮造成的损害"。也就是说，和"对日索赔要求调查报告"相比，"纲要案"更强调了基于确切根据的现物"归还"及损失"补偿"。但是，日方最终还是拒绝了韩方的"纲要案"。

1952 年 3 月 6 日举行的第 5 轮"财产及请求权委员会"上的会谈中，日方提出了《关于日韩财产请求权处理的协定基本纲要（日本方案）》。在该"基本纲要"中日方主张：

"1.①承认日韩两国国民（包括法人）在对方境内的财产及其他权利

---

① 前引外务部政务局编《韩日会谈略记（极秘）》，第 377—378 页。

② ［日］缩微胶卷《众议院委员会会议录（Reel 29）》第 1 类第 5 号，临川书店 1991 年 12 月 25 日，《第 13 届国会众议院外务委员会会议记录》第 24 号，1952 年 5 月 14 日，第 37 页。

（利益及其代价）。当这种权利受到损害时，应采取措施恢复其权利。②上述权利被对方及其国民侵害时，有责任恢复原状或对被侵害的权利进行补偿。③两国分别签署协定，规定恢复之措施、现状之恢复及补偿之方法等。

2.①日韩两国承认根据美国军政指令在对方所作的财产处理的妥当性。②两国分别签署协定，规定上述承认的效力范围。

3.①日本把在韩国国内的日本国有、公有财产移交韩国。②把以办企业为目的的政府财产移交韩国。③两国分别签署协定，规定政府财产、公有财产及政府企业的财产范围。④除①、②中规定之财产，其他在韩国国内的日本财产，应该按第1条之规定处理。

4. 日韩两国对第1条至第3条的规定采取实质性的措施，并以适当且有效的方法解决各项问题。"[1]

在日方提出的"基本纲要"中，值得注意的是日方虽然在第2条①中规定承认对南朝鲜美军军政厅对在韩日本及日本人财产的处理，但同时又在第3条①、②中，规定其范围限于国有和公有财产，对在韩日本人私有财产则在第3条④中规定协商解决。也就是说，为对抗韩国的对日请求权要求，日方通过"基本纲要"反过来也向韩方提出了财产请求权要求——所谓的"逆财产请求权"要求。

对日韩之间的财产及请求权问题，《对日和平条约》第4条（a）规定：日韩两国应签订特别协议加以解决；但同时，该条约第4条（b）项中还规定：日本承认，南朝鲜美军军政厅对日本及其国民在朝鲜半岛南部地区的财产之处理、或根据南朝鲜美军军政厅指令"对该财产所作处理为有效"。在"财产及请求权委员会"的会谈中，如何理解《对日和平条约》第4项中的（a）款和（b）款的问题上日韩双方产生了分歧。[2] 日方根据，"印度独立时，印度承认了在其国内的英国人财产"，[3] "1907年在海牙签订的《有关陆战法规惯例的条约及海牙陆战法》第46条规定敌国私有财产不可侵犯"等实际案例和国际法上的规定，主张：日本"承认"南朝鲜美军军政厅对在

---

① 前引外务部政务局编《韩日会谈略记（极秘）》，第379—381页。

② 前引鹿岛和平研究所编，吉泽清次郎监修《日本外交史·28·媾和后的外交（Ⅰ）·对列国关系（上）》，第46页；1952年5月16日，冈崎胜男外相在参议院外务委员会上的发言。

③ [韩]金溶植著《拂晓的约定——金溶植外交三十三年》，金英社1993年版，第18页。

韩日本人财产的处理问题，"应该根据其条文与一般国际法原则、通则相互联系起来加以解决"。南朝鲜美军军政厅"即便是对日本的私有财产进行了相当于管理敌国财产性质的处理，那也不能消灭其财产原来的所有权。例如发生对其进行出售的行为时，日本方面的所有者对出售所得之资金拥有请求权。总之，虽然承认其出售行为的合法性，但其财产的原先权利依然存在，我方仍可对因出售而获得的资金提出请求"。①

日本吉田茂内阁提出"逆财产请求权"要求的目的，首先在于试图用南朝鲜美军军政厅没收的在韩日本及日本人财产来抵消韩国的对日请求权要求，并把它用于对盟国的赔偿。② 这一点在 1952 年 4 月 23 日，日本外务省条约局局长西村熊雄与美国驻日大使馆二秘惠茵的会谈中也可见一斑。在这次会谈中，惠茵问西村："日本是真的很认真地对在韩日本人财产提出要求吗？"对此，西村熊雄明确回答说"不（NO）"。西村熊雄接着说：日本的对韩财产请求权要求是"面对向日本提出过大的在日财产请求的韩国，为了保护日本，日方人员才想出了对韩财产请求权要求。"进而，西村熊雄还说："日方期待相互放弃请求权，并为迫使韩国提出上述〔放弃财产请求权的〕提案而作出了上述选择。"惠茵还问西村：你认为韩国人能放弃他们对"文物、邮政储蓄、未支付之被征用者工资"等请求权要求吗？对此，西村熊雄回答称："韩国人的请求金额恐怕相当庞大，因此，日本期望把它包含在相互放弃的请求权当中。"③

其次，日本吉田茂内阁提出对韩"逆请求权"要求也是出于其内政上的考虑。因为，如果日本政府承认在韩日本人财产被没收的事实，并放弃对其财产的请求，那么很显然，约 50 万名二战后从朝鲜遣返回国的日本人，将马上追究日本政府的责任，向日本政府提出补偿要求。④

但不管怎样，日方的"逆财产请求权要求"激起了韩国方面的极大不

①　[日] 缩微胶卷《众议院委员会会议录（Reel 29）》第 1 类第 5 号，临川书店 1991 年，《第 13 届国会众议院外务委员会会议录》第 24 号，1952 年 5 月 14 日，第 37 页；前引"韩日会谈略记"，第 60 页。

②　[日] 外务省·外交史料馆《外交记录·缩微卷第 4 次公开》B'.3.1.1.1.7《有关占领下的对日赔偿的文件·调查报告（第二卷）·赔偿关系资料（未定稿）——第一次媾和资料》B'-0003-649-3-3，第 330—341 页。

③　[美] *Foreign Relations of the United States*（1952—1954），pp. 1250—1252。

④　[日] 外务省情报文化局第一课《世界的动态》，1953 年特集 6 号，《日韩会谈的经纬》。

满，导致了双方在会谈中的严重对立。1952年3月底，韩国方面表示"只要请求权问题得不到解决，继续进行会谈也没有意义"。在同年4月4日举行的正式会议上的会谈中，韩国首席代表梁裕灿谴责日方的主张，称："长期以来韩国人深知日本人的这些财产（胁迫、行贿、恐吓及其他警察国家所能采用的一切手段获得的财产）是如何获得的。"按照韩国人的见解，在韩日本及日本人财产，无论从"法律角度上看还是从历史角度上看都是不正当的"。① 4月8日，梁裕灿首席代表再一次强烈要求日方收回"逆财产请求权要求"。梁裕灿称："假如日方真的有诚意，应撤回〔对韩国的〕请求权主张"。②

因日方提出"逆请求权要求"使第一次日韩会谈陷入僵局以后，1952年4月17日，日方首席代表松本俊一提议，把较容易达成妥协的签订日韩基本条约等问题从其他未解决议题中分离出来，另行谈判签订协议。但是，一直主张一揽子解决日韩悬案的韩国，拒绝了日方的提案。于是4月18日，日方提议"到此停止会谈，待媾和条约生效以后再举行会谈"。③ 接到该提案后，韩方代表林松本称："日本方面提出非理性的、不合逻辑的主张是破坏会谈的行为。如果由此而导致会谈的破裂，其责任也完全在于日本"。④ 4月19日，韩方首席代表驻美大使梁裕灿返回任所美国。4月22日，韩国内阁会议决定停止日韩会谈，4月25日，向韩国驻日公使金溶植发出了停止第一次日韩会谈的指令。

在第一次日韩会谈中，在财产请求权问题上的对立成为会谈破裂的重要原因。特别是，在会谈中《对日和平条约》第4条（b）项的解释成为双方争论的焦点。韩国方面为打破会谈僵局，于1952年3月25日，日韩尚在举行会谈期间韩国首席代表梁裕灿向美国国务院发出信函，寻求美国对《对日和平条约》第4条（b）项的解释。结果4月29日，美国复信驻美韩国大使馆称："根据和平条约第4条（b）项规定在韩日本人财产已被剥夺。因此，日本对上述财产不能提出有效的主张。但是，美国认为上述在韩日本人财产被剥夺的事实，根据同条约第4条（a）项规定，在决定在日韩国财产时是有关系的"。5月15日，美国也向日本驻美大使馆通报

---

① 前引外务部政务局编《韩日会谈略记（极秘）》，第229—239页。
② ［日］《朝日新闻》1952年4月9日。
③ ［日］《朝日新闻》1952年4月19日。
④ ［日］俞镇午《余话：韩日会谈（52）》，《中央日报》1983年10月29日。

了上述信函的内容。①

美国对日韩双方的争论采取了折中的态度，对日韩会谈采取了"不直接卷入的立场"。美国的这种态度和立场，使韩国在日韩会谈中陷入了更加不利的处境。

总之，第一次日韩会谈在"在日朝鲜人法律地位问题"、"基本关系问题"、"船舶问题"等方面虽然取得了一定进展，但在"财产及请求权问题"、"渔业问题"等重要问题上，会谈没有取得任何进展。在会谈中，韩方主张一揽子解决日韩之间的悬案，而日方则主张渐进地、分阶段地达成妥协的方式解决日韩之间的悬案问题。这种双方在会谈中的立场、方式上的差异以及日方在"请求权问题"及"渔业问题"上的消极态度，使会谈很快触礁搁浅。特别是，日方向韩国提出的"逆请求权要求"，直接导致了第一次日韩会谈的破裂。

六、日韩预备会谈和第一次日韩会谈的意义及会谈破裂的原因

吉田茂内阁与李承晚政权之间进行的日韩预备会谈和第一次日韩会谈，在战后历时 14 年的日韩会谈史中占有重要的地位。在日韩预备会谈和第一次日韩会谈中日韩两国政府（特别是日本政府）不仅确立了针对对方的基本的外交政策和基本的谈判策略，而且，双方还确定了此后会谈的基本框架与形式。

另外，在这两次会谈中，在"基本关系问题"、在日韩国［朝鲜］人"法律地位问题"、"船舶问题"等方面会谈也有了相当的进展，甚至达到了议论草签有关协定的程度。在其他委员会的会谈中，双方也都各自阐明了自己的主张和立场，使双方对对方的主张有了进一步的了解。此后，历时十几年的会谈，实际上成了双方根据国际形势和日本国内及韩国国内的具体情况，调整谈判对策，缩短会谈中存在的双方意见和差距的过程。从这个意义上说，此后十几年的日韩会谈实际上是在吉田茂——李承晚时期的日韩预备会谈和第一次日韩会谈的延长线上进行的。

---

① 前引鹿岛和平研究所编，吉泽清次郎监修《日本外交史·28·媾和后的外交（Ⅰ）·对列国关系（上）》，第 47—48 页。

吉田茂—李承晚时期的日韩预备会谈和第一次日韩会谈，因双方在殖民统治的认识问题、"请求权问题"及"渔业及李承晚（和平）线问题"上的尖锐对立未能最终达成妥协。日韩双方在上述问题上的对立和会谈的失败，如果不留心考察，或许不少人都以为是日韩围绕日本对朝鲜半岛的殖民统治问题发生的感情对立导致的。但笔者认为，导致日韩会谈破裂的更深层次的真正原因并不在于"日韩在殖民统治问题上的感情对立"，而是在于围绕韩国对日请求权及"渔业问题"［抑或"李承晚（和平）线"问题］发生的两国之间国家利益的尖锐对立。当然，韩国［朝鲜］人对日本殖民统治的怨恨以及双方在有关日本对朝鲜半岛殖民统治问题上的巨大的认识差异等感情方面的对立也是促使双方矛盾进一步激化，导致会谈破裂的原因之一，但是它并不是最主要的原因。

更深层次的原因首先在于，围绕韩国对日请求权问题发生的日韩两国之间的国家利益的尖锐对立。日韩预备会谈和第一次日韩会谈时期，正好是二战后日本的"复兴与重建"时期。为了日本的"复兴与重建"，当政的吉田茂在国会的施政演说中反复呼吁："为谋求我国的复兴与重建应举国一致同心协力，正视这一凄惨的现状。同时，下大决心、作好精神准备，毅然决然地确立将来之大计"。① 在 20 世纪 50 年代初，在吉田茂内阁竭尽全力的努力下，以及在朝鲜战争"特需"的刺激下，日本好不容易实现了经济的初步"稳定"。此后，日本政府又继续"为进一步巩固这一稳定局面，为进一步充实复兴与重建的基础"进行了积极的努力。② 在这种情况下，日本不可能在日韩会谈中接受韩国方面提出的庞大的财产请求权要求，把日本战后"复兴与重建"中迫切需要的宝贵的外汇用于支付韩国的对日请求权。于是因签署《对日和平条约》，在韩国的对日财产请求权问题上处于"不妙"③ 处境的日本，为维护本国的利益向韩国提出了"逆请求权"主张。

另一方面，对打算把从日本获得的"赔偿金"或"补偿金"用于独立后的韩国经济复兴及因朝鲜战争而变成废墟的国家之重建的韩国来说，对日请

---

① ［日］内阁官房编集《内阁总理大臣演说集》，大藏省印刷局 1966 年版，第 480 页。

② 前引内阁官房编集《内阁总理大臣演说集》，第 500 页。

③ 缩微胶卷《参议院委员会会议录（Reel 22）•第 27 部》，临川书店 1991 年 11 月 10 日，《第 12 届临时国会参议院和平条约及日美安全保障条约特别委员会会议录（第 10 号）》，1951 年 11 月 5 日，第 18 页。

求权问题又是关系到韩国"生死存亡的问题"①。因此，当日方提出韩方认为缺乏法律依据的"非理性的不合乎逻辑"的"逆请求权"要求时，韩方对此表现出强烈反弹，立刻中止了日韩会谈。

在渔业及"李承晚（和平）线"问题上，日韩两国的渔业利益也发生了尖锐的对立。独立后的韩国渔业与日本渔业之间，存在着巨大的差距。为了弥补因与日本的渔业水平差距而造成的韩国在渔业方面的利益，在日方对签订两国间渔业协定持消极态度的情况下，韩国为了保护自己的渔业利益被迫宣布了"李承晚（和平）线"。韩国的上述举措，也是二战后弱小国家为从海洋大国手中维护自身海洋权益而采取的诸多类似举措中的一例。弱小国家维护自身海洋权益的行动，最终被 1982 年颁布的"国际海洋法"所承认。该法承认了沿岸国家对"毗连海域"（24 海里）及"专属海洋经济区"（200海里）上的特殊权力。

但是，作为海洋大国从殖民地时代开始垄断朝鲜半岛周边海域的渔业权的日本，在韩国摆脱日本的殖民统治独立以后，仍缺乏必须尊重"沿岸国家的利益"，控制有关公海渔业活动的意识，不愿意同弱小国家韩国签订渔业协定从而使自己的渔业活动受到限制。韩国宣布"李承晚（和平）线"以后，日本不顾沿岸国家的利益，对失去朝鲜半岛周边"日本人开发的渔场"感到不满，打着已经难以行得通的"公海渔业自由"的旗号，试图在"尽可能的情况下由日本来恢复〔朝鲜半岛周围的渔场〕"。② 由于二战后苏联控制千岛群岛周围"北洋渔场"，由于中南美国家、澳大利亚等纷纷宣布周边200 海里海域的渔业管辖权，并对本国周边海域进行管辖，加上日本又同美国和加拿大签订《关于北太平洋公海渔业的美、加、日协定》自主限制北太平洋出渔，从而使二战后的日本远洋渔业活动大大受到限制。所以，日本把朝鲜半岛周边的渔场视为日本渔业的最后一块乐园，力图排除该海域的一切渔业障碍。日本强烈要求韩国废除"李承晚（和平）线"，主张根本没有远洋渔业能力的韩国与日本"共同"在公海上"公平"地进行渔业活动。这种主张与韩国的渔业利益发生尖锐的冲突。正是这种请求权、渔业及"李承晚（和平）线"问题上的日韩两国国家利益的根本对立最终导致了第一次日韩会谈的破裂。

---

① ［韩］《东亚日报》1951 年 7 月 20 日。

② ［日］日韩渔业对策协议会编《日韩渔业对策运动史》，日韩渔业对策协议会发行，1968 年版，第 12—13 页。

此外，从当时日本及韩国的国内情况以及东亚地区国际形势来看，日韩会谈在时间上也并非是最佳时期。第一次日韩会谈时期，日本的当务之急是恢复国家的"独立"，在内政上则是"复兴与重建"日本经济。对日本来说，同亚洲国家的战争的善后处理工作并非是十万火急的外交课题。另一方面，开始举行日韩会谈时，朝鲜半岛正值朝鲜战争，韩国政府被迫迁往釜山，当时的形势对韩国来说异常严峻，韩国政府能否继续存在都成了未知数。因此，对韩国李承晚政权来说"日韩会谈并非是〔韩国〕愿意举行而举行的会谈"，① 在李承晚的政治日程表中，日韩会谈成了"轮到第 11 号"也未必能排得上的问题。② 在这种客观形势下，日韩会谈没有达成妥协也是可想而知的。

但是，这时期日韩之间并不是丝毫不存在共同利益。至少在东亚安全保障问题及日韩两国经济实现互补方面，两国的利益基本上是一致的。但是这时期日韩之间的经济及安全保障方面的共同利益，因日本对亚洲市场的注意力转向东南亚及由美国来保障日韩的安全，所以对日本来说韩国市场并不具有特别的吸引力，对日韩两国来说安全保障方面的相互利益也并不显得特别突出了。

总之，虽然美国对日韩会谈进行了多方面的积极斡旋，但由于两国之间缺乏国家利益上的相互吸引，致使会谈未能解决两国之间的各项悬案，建立邦交。

---

① 〔韩〕俞镇午著《余话：日韩会谈（16）》，《中央日报》1983 年 9 月 23 日。
② 〔韩〕《韩国日报》1972 年 6 月 24 日，《韩国外交密话》。

第五章 吉田茂内阁与李承晚政权的 第二、第三次日韩会谈

第一节 旧金山《对日和平条约》 生效后的日韩关系

一、《对日和平条约》的生效与对占领时期遗留下来的日韩关系问题的处理

1952 年 4 月 28 日，旧金山《对日和平条约》正式生效。盟国结束了对日占领，日本恢复了国家主权。由于韩国未能参加对日媾和会议，加上《对日和平条约》生效前举行的日韩会谈未能达成任何妥协，致使《对日和平条约》生效以后，如何处理占领时期发生的盟国日本占领当局与韩国之间的经济、外交等诸领域的关系，成为日韩两国必须首先加以处理的问题。

首先，1952 年 4 月 28 日，日韩通过磋商以相互交换照会的方式决定直到两国建立正常的外交关系为止，作为临时性措施继续保留"韩国驻日代表部"，并对其"赋予领事馆及其成员所拥有的国际惯例允许的特权"。[①] 同一天，日韩又以相互交换书简的形式决定，直到新的协定签署为止，继续保留1950 年 4 月盟国日本占领当局与韩国政府签订的《占领时期日韩贸易协定》和《占领时期日韩金融协定》，并决定把 1950 年 4 月盟国日本占领当局与韩国政府签订的《占领时期日韩临时海运协定》再延长 1 年。对盟国日本占领当局与韩国政府签订的《占领时期日韩通商航海条约》则同意延期到 1954年 4 月 27 日。日韩两国通过上述措施，暂时避免了无邦交情况下两国关系

---

① ［日］《朝日新闻》1952 年 5 月 1 日。

上的诸多不便。

其次，对在日韩国［朝鲜］人的国籍和法律地位问题，日本政府则于1952年4月28日，颁布《外国人登录法》（《法律·第125号》），对在日外国人重新进行登记的同时，又颁布《法律·第126号》规定：1945年9月2日以前开始持续居住在日本的韩国［朝鲜］人（包括截止到媾和条约生效之日为止在日本出生的在日韩国［朝鲜］人子孙），"考虑到从战前开始存在的特殊情况，直到另行制定法律为止，允许在没有在留资格的情况下继续居留"日本。在日韩国［朝鲜］人如果想取得日本国籍，必须根据日本国籍法办理相应的归化手续。[①]　在日韩国［朝鲜］人问题上，日方声称：虽然不采取把贫病的弱者强制遣送出境的非人道的措施，但对恶劣的违法犯罪分子则继续适用强制遣送出境的法律条款。[②]

根据日本政府的上述方针，1952年5月12日，日本派船准备把410名受到强制遣送出境处罚的在日韩国［朝鲜］人遣送回韩国。对日本政府的上述举措，韩国政府通过韩国驻日代表部通知日本，韩国拒绝接受其中125名从战前开始居住在日本的在日韩国［朝鲜］人，遣送船到达釜山以后，韩国政府也拒绝上述在日韩国［朝鲜］人入境。作为拒绝接受的理由，韩国方面称：因日韩尚未签订有关在日韩国［朝鲜］人国籍及待遇问题的协定，"这些韩国［朝鲜］人的韩国国籍尚未在法律上得到确认"。[③]　对此，日本方面反驳道：韩国已有7次接受被强制遣送出境的在日韩国［朝鲜］人的先例。另外，"在日韩会谈中韩国主张在日朝鲜［韩国］人自〔日本〕接受波茨坦宣言之日起正式取得了韩国国籍"，[④]　因此，理应接受上述韩国［朝鲜］人。7月1日，日本再次向韩国提出，要求遣送受到强制遣送出境处罚的在日韩国［朝鲜］人，但依然遭到韩国政府的拒绝。

所谓"在日不良韩国［朝鲜］人问题"，是第二次世界大战结束以来日本政府一直感到棘手和头痛的问题。虽然日本政府也可以通过给这些韩国［朝鲜］人介绍职业、提供生活保障等方法解决"不良韩国［朝鲜］人问题"，但是日本政府却把强制遣送出境视为解决该问题的最好的方法。可在

①　［日］鹿岛和平研究所编，吉泽清次郎监修《日本外交史·28·媾和后的外交（Ⅰ）·对列国关系（上）》，鹿岛研究所出版会1973年版，第49页。

②　［韩］《东亚日报》1952年4月30日。

③　前引鹿岛和平研究所编，吉泽清次郎监修《日本外交史·28·媾和后的外交（Ⅰ）·对列国关系（上）》，第50页。

④　［日］《朝日新闻》1952年5月14日，日本出入国管理厅见解。

当时形势下又不能把所谓"不良韩国［朝鲜］人"遣送到朝鲜民主主义人民共和国（当时朝鲜战争尚未结束）。① 因此，迫切希望尽快同韩国进行交涉，把不受日本政府欢迎的在日韩国［朝鲜］人尽快遣送回韩国。这是第一次日韩会谈破裂以后日本感到有必要尽快恢复日韩会谈的重要原因之一。日本政府还举行有关治安方面的阁僚会议，决定在国内彻底检举不法韩国［朝鲜］人，并扩建了相关收容设施。前述韩方拒绝接受的 125 名受强制遣送出境处罚的在日韩国［朝鲜］人后来被收容在日本出入国管理局所属的大村、滨松收容所。

二、韩国［朝鲜］人非法进入日本的问题

二战结束以后，战前居住在日本的大批在日朝鲜人满怀被解放的喜悦返回到了在朝鲜半岛的各自的家乡。但是战后初期，由于朝鲜半岛南北政局混乱、社会动荡、经济状况不稳定、缺乏必要的生活保障等原因，以及后来又因朝鲜战争等原因，大批返回朝鲜半岛各地的二战前曾经在日本居住过的韩国［朝鲜］人，又以各种非法途径入境，来到了日本（详见［表5—1］）。于是如何有效取缔韩国［朝鲜］人的非法入境问题，成为日韩之间重要的外交问题。

1950 年 12 月到 1952 年 3 月，日本政府分 7 次把 3188 名非法入境的韩国［朝鲜］人强制遣送回釜山。《对日和平条约》生效以后，1952 年 5 月 12 日，日本政府又把 285 名非法入境的韩国［朝鲜］人强制遣送到韩国釜山港。

第一次日韩会谈破裂以后，日本方面考虑到韩国［朝鲜］人非法入境问题、"不良在日韩国［朝鲜］人的强制遣送问题"、废除"李承晚（和平）线问题"、被缉拿的日本渔船及渔民的回国问题等一系列棘手问题的彻底解决都离不开韩国政府的合作，于是 1952 年 7 月秘密地向韩国提出了重开日韩会谈的要求。② 与之同时，为了重开日韩会谈，起初是日本外务省亚洲局局长倭岛英二，后来是吉田内阁外相冈崎胜男与韩国驻日代表部公使金溶植接触，就重开会谈的条件等进行了交涉。在双方交涉中，由于日方拒绝放弃"对在韩日本财产的请求权"要求，所以韩方坚持称："如果最基本的财产请

---

① ［日］《朝日新闻》1952 年 7 月 17 日。
② ［韩］《东亚日报》1952 年 7 月 20 日。

求权问题得不到解决，就没有必要继续进行会谈。"① 致使日韩双方未能就很快恢复会谈达成妥协。

[表5—1]　　　韩国人出入日本国境一览表（1946—1951年）

年度	正常出入境人数		非法入境人数			强制遣送出境
	入境人数	出境人数	总人数	警察厅逮捕	海上保安厅逮捕	
1946	—	—	4—12月	4—12月		1—12月
			19107	19107		（26032）
1947			5906	5906	—	（6222）
1948			7979	6620	1359	（6964）
1949	11—12月	11—12月	8302	7573	729	（7709）
	79	99				
1950	825	508	2445	2116	329	（1058）12月955人
1951	1035	734	3495	2774	721	2170

资料来源：鹿岛和平研究所编，吉泽清次郎监修《日本外交史·28·媾和后的外交（Ⅰ）·对列国关系（上）》，鹿岛研究所出版会1973年版，第32页。注释：（1）正常的出入境人数依据法务省入国管理局《出入国管理月报》及《法务统计年报》。（2）括弧内的强制遣送出境人数依据佐世堡、博多、仙崎等地遣返支援局"局史"，其大部分是GHQ遣送的非法入境者。1950年12月及1951年的统计人数则根据法务省入国管理局统计。遣送出境者中包括非法滞留者与触犯刑律者。（3）正常出入境人数的统计始于1949年11月，非法入境人数的统计始于1946年。

三、韩国加强对"和平（李承晚）线"的警戒与日本渔船及渔民被扣留问题

随着"麦克阿瑟线"的废除（1952.4.2）及《对日和平条约》的生效，成群的日本渔船向朝鲜半岛周边海域及向二战前开始日本人出渔的世界各地渔场出渔。② 在这种形势下，为了维护韩国的渔业利益，从1952年8月14日开始，韩国加强了对越过"和平（李承晚）线"的日本渔船的缉拿。面对

---

① ［韩］《第13届韩国国会会议录》；另见［日］高崎宗司著《检证·日韩会谈》，岩波书店1996年版，第40页。

② 前引鹿岛和平研究所编，吉泽清次郎监修《日本外交史·28·媾和后的外交（Ⅰ）·对列国关系（上）》，第51—52页。

韩国方面的上述缉拿措施及在其他各地海域也相继发生的日本渔船被缉拿事件，1952 年 5 月 23 日，日本吉田茂内阁召开内阁会议通过《缉拿事件对策及渔船保护对策》，决定派海上保安厅的巡逻舰会同水产厅的巡视船出海为日本渔船提供巡视和警戒。

日本方面的上述应对措施传到韩国以后，1952 年 9 月 19 日，韩国海军参谋长孙元一发表声明谴责日本称：日本渔船侵犯海洋主权线的行为及为此派遣巡视船的举动是"破坏〔韩日〕两国友好的严重行为"。[①] 韩国外长卞荣泰则谴责日本称：这是"从背后威胁为自由世界与共产主义阵营进行斗争，为捍卫自由世界正在付出巨大牺牲的韩国的行为"。[②] 9 月 25 日，韩国在釜山举行了谴责日本侵犯韩国海洋权益的国民大会。9 月 26 日，韩国政府还向日本政府递交了书面抗议照会。

与之同时，韩国还加强了有关保护鱼类等海洋资源方面的国内立法。1952 年 10 月 4 日，韩国颁布了《缉拿审判令》，翌日又制定颁布了《取缔侵犯韩国海洋令》。10 月 17 日，又制定并实施了《资源保护法》，[③] 加强了对突破"和平（李承晚）线"进入朝鲜半岛周边海域的日本渔船的缉拿，并按照韩国国内法令没收渔船、渔具和捕捞的海产品，按照韩国国内的司法程序审判了被缉拿的日本船员（这时期被韩方缉拿的渔船及渔民情况，详见 [表 5—2]）。围绕渔业及"李承晚（和平）线"问题的日韩对立逐步升级。

[表 5—2]　　　被韩国缉拿的日本渔船、船员及其归还状况（1953 年 10 月 12 日）

	被缉拿的数量			归还的数量			未归还数
	1952 年 4 月 29 日以前	1952 年 4 月 29 日至 1953 年 10 月 12 日	合计	1952 年 4 月 29 日以前	1952 年 4 月 29 日至 1953 年 10 月 12 日	合计	
船只数	101	41	142	93	4	97	45
人员数	1270	518	1788	1266	116	1382	401

资料来源：日韩渔业对策总部编《李承晚线问题与日本的立场》，1953 年 10 月，第 42 页。

1953 年 2 月 4 日，发生了日本渔船第一、第二大邦丸在济州岛以西 20

---

① ［韩］《东亚日报》1952 年 9 月 20 日。

② 同上。

③ ［日］海港新闻社编《以渔业连结起来的日本与韩国》，1965 年版，第 110 页。

海里的地点进行捕捞作业时，遭到韩国警备艇的枪击，导致该船渔捞长死亡，渔船及船员被扣留的"大邦丸事件"。"大邦丸事件"极大地刺激了日本。该事件发生以后，2月24日，日本国会众议院水产、外务、法务三个委员会以委员长的名义向吉田茂内阁提出：①向韩国政府提出抗议，要求对事件谢罪，处罚直接肇事者；②政府尽快签订日韩渔业协定；③确认公海自由的原则三项要求，① 向政府施加了压力。

为防止事态进一步激化，美国驻日本大使墨菲（Robert Murphy）劝告日本政府，取消派遣海上保安厅巡视舰的计划，声称：对"该地区的日本渔船的保护由美国海军承担"。② 日方接受了这一劝告。1952年9月27日，在韩"联合国军"（实为美军——笔者）总司令部在韩国周边海域设立了"防卫水域"（亦称"克拉克线"——笔者），并声称"对妨害'联合国军'军事行动的渔船会发出警告或要求撤离，但不会把没有嫌疑或不进行极端抵抗的渔船加以缉拿"。③

对韩国缉拿越过"和平（李承晚）线"的日本渔船的行为，吉田茂内阁向韩国李承晚政府提出了抗议，但韩国方面并没有理睬日本的抗议。反而于1953年4月9日，向釜山地方法院起诉被缉拿的日本渔民，判处了6个月至12个月的徒刑。④ 韩国政府的上述强硬态度，使日本政府感到了通过尽快恢复日韩会谈解决"李承晚（和平）线"问题的必要性和紧迫性。

四、美国艾森豪威尔政权的"新战略"与吉田茂—李承晚会谈

1953年1月20日，艾森豪威尔（Dwight Eisenhauer）出任美国第34任总统。艾森豪威尔上台以后积极推行其"新战略"，在东亚区域问题的处理上也改变了过去杜鲁门时代的"不直接介入日韩会谈的"的"不介入政策"。艾森豪威尔上台后，针对"美国的对外政策手段存在的局限性"，提出

① ［日］《每日新闻》1953年2月24日。

② 前引鹿岛和平研究所编，吉泽清次郎监修·《日本外交史·28·媾和后的外交（Ⅰ）·对列国关系（上）》，第52页。

③ 同上。

④ ［日］《朝日新闻》1953年4月10日。

了"新战略"，他把建立减轻由美国单方面负担的战略分工体制——"地区同盟体制"，作为新政权的紧迫课题。① 艾森豪威尔政权的高层从保证整个东亚地区安全的角度出发，强调"实现日韩邦交正常化，对整个太平洋周边地区安全保障具有生死攸关的重要性"，② 并向日韩双方施加压力，促其尽快实现日韩邦交正常化。

作为美国上述政策的一环，1953 年 1 月 5 日到 7 日，应驻韩"联合国军"总司令克拉克（General Mark W. Clark）的邀请李承晚夫妇再度访问日本。访日期间，1 月 6 日，在美国驻日大使墨菲主持的午餐会上李承晚同日本外相冈崎胜男、外务次官奥村胜藏等相会，同一天下午 4 点，在克拉克将军举行的茶话会上同日本首相吉田茂、外相冈崎胜男会面，并举行了会谈。离日之际，李承晚发表声明称："只要对韩日之间存在的问题不达成某种形式的相互理解，就不能期待确保东洋的和平。""我很高兴地了解到吉田〔茂〕首相深刻地理解韩日两国关系在邻国关系中的重要性。"我"已转告吉田首相欢迎重开韩日会谈"。③

在吉田茂—李承晚会谈中决定重开日韩会谈以后，1953 年 1 月 27 日，日方向韩国提议进行正式会谈前的预备交涉，与之同时又基于外交上的"相互对等的原则"，提出了在韩国设立日本驻韩代表部的要求。但是韩方拒绝了日方设立驻韩代表部的要求。

李承晚访日期间，日本民间渔业界的代表曾提出要求，希望同李承晚总统举行会谈。当时，李承晚以日程安排紧张为由拒绝了日方的要求。但是回国以后李承晚通过韩国驻日代表部公使金溶植转告日方"如果〔日本渔业界〕代表到韩国来，将很高兴地会见他们"。④ 1953 年 2 月 1 日至 2 日，以前大日本水产会会长锅岛太道为团长，以大日本水产会副会长伊东猪六、日本远洋拖网渔业协会参事田口新治为团员的代表团访问韩国，同李承晚举行了 3 个小时的会谈。在会谈中，李承晚强调了韩日建立信赖的伙伴关系的重要性，并对日方提出的希望派韩国渔业代表团到日本访问的邀请表示了赞

---

① 李钟元《艾森豪威尔政权的对韩政策与日本（一）》，〔日〕《国家学会杂志》1994 年 1 月号。

② 〔美〕*Foreign Relations of the United States*，*1952 — 1954*，vol. 15，part I，pp. 693—694。

③ 〔日〕《朝日新闻》1953 年 1 月 7 日；〔韩〕《东亚日报》1953 年 1 月 8 日。

④ 前引鹿岛和平研究所编，吉泽清次郎监修《日本外交史·28·媾和后的外交（Ⅰ）·对列国关系（上）》，第 61 页。

同。日韩之间逐渐形成了会谈的氛围。但是，2 月 4 日发生的"大邦丸事件"极大地破坏了日韩之间的上述会谈氛围，双方的对立达到了相互声称不排除诉诸武力的可能性的程度。①

为使好不容易促成的重开日韩会谈的日韩两国之间的谅解不至于化为泡影，1953 年 3 月，美国国务院派国务院东北亚课课长 T. 杨格访问韩国，继续对日韩会谈进行了斡旋。继杨格之后，美国国务院又派斯蒂芬逊（A. Stevenson）访问日韩，继续对日韩会谈进行了斡旋。② 在美国的极力斡旋之下，1953 年 4 月 15 日，日韩两国终于又回到了谈判桌上。

第二节　吉田茂内阁与李承晚政权的
第二次日韩会谈

一、第二次日韩会谈（1953. 4. 15—7. 23）与正式会议上的会谈

1953 年 4 月 15 日，新一轮的日韩正式会谈在日本东京举行。后来这次会谈被称之为第二次日韩会谈。在第二次日韩会谈中外务省参与久保田贯一郎被任命为会谈首席代表，但并没有给予"日本政府代表"或"全权"等头衔。对参加会谈的人员也并没有给予"代表"或"随员"区分。③ 第二次日韩会谈的日方主要成员还有：各委员会的负责人，外务省参事官铃木政胜、法务省入国管理局次长鹤冈千仞、大藏省理财局局长石田正、水产厅次长冈井正男、运输省海运调整部长国安诚一和其他成员高桥觉、重光晶、广田禛、武野义治、池川正良、吉田信邦、上田克郎、岗井正男、大户正长、增田正一、高林康一、小岗靖、牧野诚一、西山昭等。第二次日韩会谈的韩方首席代表是韩国驻日代表部公使金溶植，主要成员有各委员会的负责人，外交委员会委员林松本、张基荣、张暻根和法务部法务局局长洪璀基，以及其他成员池铁根、李相德、柳泰夏、崔圭夏、高鸿基、辛徹山、韩奎永、李

① ［日］《朝日新闻》1953 年 2 月 24 日。

② ［韩］《东亚日报》1953 年 3 月 19 日。

③ 前引鹿岛和平研究所编，吉泽清次郎监修《日本外交史·28·媾和后的外交（Ⅰ）·对列国关系（上）》，第 61 页。

壬道、张润杰、张师弘等。①

　　1953 年 4 月 15 日，根据此前日本外务省次官奥村胜藏与韩国驻日代表部公使金溶植事先达成的协议，第二次日韩会谈在日本外务省会议室举行。在第二次日韩会谈中，双方共举行了 3 轮正式会议上的会谈。会谈开始的当天举行了首轮正式会议上的会谈。在首轮正式会议上的会谈中，双方同意把英语、日语和韩语作为会谈通用语言，并对会谈的运营方式、会谈议事录制作、新闻公报发表等问题做出了具体安排。

　　在 4 月 22 日举行的第 2 轮正式会议上的会谈中，韩方主张继续设立基本关系、〔在日朝鲜人〕国籍及待遇、财产请求权、渔业、船舶 5 个分委员会进行相关问题的具体会谈。对此，日方虽然原则上表示赞同，但对其中的"财产及请求权"问题的会谈表现出难色。日方称：因为"主管该问题的事务性机关大藏省尚未做好准备"，加上"该会谈有必要作出政治决断"，因此希望把该委员会的会谈延期到日本总选举结束之后，在新内阁成立，政局得到稳定以后再举行。② 日方主张首先举行"船舶问题"和"渔业问题"的会谈。当韩方问及何时能举行"财产请求权"问题的会谈时，日方称："渔业问题具有动态性特点，因此有必要尽快解决，与之相反财产请求权问题则是静态性的，因此希望首先尽快解决渔业问题"，"对财产请求权问题则同大藏省协商后，下次进行回答。"③ 在第 2 轮正式会议的会谈中，日韩双方都同意在分委员会的会谈中避开原则性的争论，非正式地、自由地进行会谈，并且不作正式的会议记录，原则上也不发表会谈内容、双方代表也可以自由参加各分委员会上的会谈。各委员会上讨论的议题不能在该委员会上获得解决时，则拿到正式会议上的会谈中加以解决。双方还指定日本外务省亚洲局第二课课长广田慎和韩国驻日代表部总领事崔圭夏为本次会谈的联络官。④

　　同年 4 月 30 日，日韩举行了第 3 轮正式会议的会谈。在本轮会谈中，日方声称已获大藏省的同意，同意在第二次日韩会谈中继续进行"财产及请求权委员会"上的会谈。会谈结果双方正式决定设立上述 5 个委员会举行会谈。⑤

---

　　① 〔韩〕外务部政务局编《韩日会谈略记（极秘）》，1955 年版，第 80—85 页；〔韩〕大韩民国政府编《韩日会谈白皮书》（非卖品），1965 年版，第 153—164 页。

　　② 前引外务部政务局编《韩日会谈略记（极秘）》，第 73—74 页。

　　③ 同上书，第 74 页。

　　④ 同上书，第 75—76 页。

　　⑤ 同上书，第 80 页。

二、"渔业关系委员会"上的会谈

1953 年 5 月 6 日，日韩首先开始了"渔业关系委员会"上的会谈。参加本次"渔业关系委员会"会谈的日方代表有岗井正男、大户正长、增田正一、高桥觉和广田祯。韩方代表有张暻根、池铁根、李壬道和张润杰。① 在第二次日韩会谈中，双方共举行了 13 轮"渔业关系委员会"上的会谈。

"渔业关系委员会"上的会谈涉及"李承晚（和平）线"问题，是日方最为关注的会谈。会谈一开始日方就认为，在去年的渔业会谈中，双方只是在原则性问题和法律根据问题的争论上花费时间，对实质性问题没有达成任何妥协。因此，主张在本次会谈中无拘无束地着重讨论实际问题。② 主张就具体问题进行会谈的日方，向渔业委员会提出了①渔业保护问题；②渔业开发问题；③渔业资源调查问题三项希望具体讨论的问题。③ 并对拖网捕捞与渔业资源的保护，浮游鱼类的捕捞与保护等问题进行了说明。

在日方进行有关说明的过程中，韩方对日本渔船的"捕捞区域"（渔场）问题进行了提问。对此，日方答称："麦克阿瑟线"业已废除，因此，在该线之外进行了捕捞作业；日本政府不承认"李承晚（和平）线"，因此，谈不上所谓侵犯问题；而"克拉克线"并非是禁渔线，因此也在该线之内进行了捕捞作业。④

对日方的上述建议和说明，韩方强调，在原则性问题没有获得解决的情况下就无法研究具体问题⑤的同时，就韩国的渔业现状问题进行了说明。进行上述说明之后，韩方还声称：韩国为保护渔业资源采取了限制网眼、设置禁渔海域、控制渔船数量、加强渔业立法等具体措施。⑥

接着在会谈中，日方也就本国的渔业资源的保护、开发、调查等阐述了自己的见解。日方认为，渔业资源的保护、开发、调查等问题是相互密切关联的问题，其目的均在于维持渔业的最大限度的可持续生产。因此，应该为

① 前引外务部政务局编《韩日会谈略记（极秘）》，第 83—84 页。

② 同上书，第 105—107 页。

③ ［韩］外务部编《韩日会谈・渔业委员会议事录（第一、二、三次会谈）》，1958 年版，第 250—251 页。

④ 前引外务部政务局编《韩日会谈略记（极秘）》，第 108 页。

⑤ 同上书，第 105 页。

⑥ 同上书，第 108—110 页。

维持渔业的最大限度的可持续生产，对相关问题和情况进行周密调查，并在上述周密调查的基础上，区分出需要马上进行保护的鱼类和需要采取的具体保护措施。日方主张鱼群集中产卵的海域设置禁止捕捞区域。日方还认为有必要设立日韩"共同委员会"，调查、编写、收集有关渔业资料。对"共同委员会"的组织程序及机能等最好在本会谈中协商决定。

对渔业资源的开发问题，日方主张：浮游鱼类（青花鱼）资源比较丰富，因此希望双方共同开发该资源，并在共同委员会中对此进行调查研究。日方认为，日韩渔业协定的核心在于设立日韩渔业委员会，如果解决了该问题，就可以圆满解决日韩之间的渔业问题。①

针对日方的上述见解，韩方则阐述了下述自己的立场。韩方认为：主要鱼类的捕捞已达到极限，很难继续维持最大限度的可持续生产。因此，有必要设立渔业管辖海域加以限制。韩国自古特别注意保护渔业资源，并取得了一定成绩。韩国独立以后，新设"和平（李承晚）线"加强了对渔业资源的保护。"麦克阿瑟线"和"克拉克线"进一步加强了"和平（李承晚）线"以内的渔业资源的保护。公海自由原则正在发生变化，特别是公海渔业自由原则正在被修正。"和平（李承晚）线"主张的是邻海渔业管辖权，这不过是为了保护韩国周边海域的渔业资源。韩国主张"和平（李承晚）线"内的渔业管辖权的原因在于，该海域内的鱼类资源在减少，且只有韩国在该海域曾经采取过保护措施。在渔业能力方面，和日本相比韩国目前尚处于很大的劣势，其根源在于过去36年间日本对韩国的歧视政策、美国军政时期的动荡以及朝鲜战争中的损失与破坏等。

韩国认为，为了调整临近两国及数国之间的渔业利害冲突，为谋求保护水产资源，应控制公海的渔业活动。其最有效的保护措施是承认沿岸国家对邻接海洋的渔业管辖权，这是最公平的。韩国主张双方相互承认渔业管辖海域。韩方认为：该海域不是领海的扩张，归根结底是为了保护水产资源。另外，韩方还主张：直到日韩渔业委员会发挥其真正作用为止，作为过渡性措施，主张"维持现状"。等根据该委员会劝告采取有关保护、开发措施时，前述临时性措施不再作为其基准。②

对韩方的上述说明和主张，日方并未立即做出回答。但是在稍后的会谈中，日方表示：无论如何也不能接受把渔业专管海域设到领海之外的做法。

---

① 前引外务部政务局编《韩日会谈略记（极秘）》，第111—113页。

② 同上书，第113—122页。

对此，韩方则反驳称：如果日方真正希望日韩共存共荣，那么在韩国的渔业能力一时落后于日本的情况下，就不应该放任自由竞争。如果这样做，只会导致单方面的繁荣兴旺。韩方谋求实现渔业资源分配上的正义，管辖海域的设置不是在分割公海，是出于渔业上的实际需要。①

在上述日韩渔业会谈中，日方以其在渔业实力上的优势为后盾，极力主张"共同开发"、"共同调查"，主张"先调查、后保护"，反对在领海以外设立"渔业管辖海域"，并以"公海自由"为借口，不承认"沿岸国家对邻接海洋的渔业管辖权"。而渔业实力大大落后于日本的韩国方面则主张，"先保护、后调查"，主张"保护重于开发"。韩方指出"公海自由"的国际法原则正在发生变化，要求日本适应新形势，承认"沿岸国家对邻接海洋的渔业管辖权"，主张根据韩日渔业协定设置的韩日"渔业委员会"提出新的解决方案之前维持韩日渔业关系的"现状"，保留"和平（李承晚）线"。在前8轮"渔业关系委员会"的会谈中双方立场基本保持了平行线。

基于日韩"渔业关系委员会"会谈中的日方的上述立场，在第9轮日韩"渔业关系委员会"的会谈中，日方提出了《日韩渔业协定纲要》，② 并对其进行了如下说明。日方称：主张国际法及国际习惯所确认的公海自由的原则是日方的基本立场。因此，日本不能承认公海上的沿岸国家的渔业管辖权。日方称，提出本"纲要"的目的在于，日韩两国在双方极为关心的海域持续维持最大限度的渔业生产，并为此共同采取适当的保护及开发的措施。③ 同时，作为特别考虑的事项，日方还提出：①日韩双方成员组成的渔业委员会基于科学根据提出有关劝告之前，作为临时性保护措施，经两国协商设立拖网渔船的禁渔区域。②为防止两国渔船在同一个渔场作业时发生纠纷，考虑采取必要的处理纠纷措施。③为防止侵犯领海，考虑采取特别措施。④考虑采取渔业调整措施。④

对日方的上述"纲要"和说明，韩方认为该"纲要"过于抽象。韩方在提出种种质疑的同时，要求日方对"纲要"进一步加以说明。与之同时，为表明韩方的基本立场与态度，韩方也向日韩"渔业关系委员会"提出了韩方的《韩日渔业条约纲要》，并对此进行了如下说明。韩方主张，调整两国渔

①　前引外务部政务局编《韩日会谈略记（极秘）》，第126页。

②　同上书，第471—474页。

③　同上书，第128页。

④　同上书，第128—129页。

业关系的最公平和妥当的方法是承认沿岸国家的渔业管辖权。韩方还认为，日方"纲要"第 4 项过于抽象，无法把握其内容，妨碍会谈的进展。①

对此，日方称：要想明确阐明第 4 项的内容有必要从数据上把握韩国渔业的实态。因此，日方要求韩方提供相关的韩国方面的渔业资料。对此，韩方同意在下轮会谈中提供日方要求的资料。至于下轮会谈的时间，双方同意日后协商决定。② 第二次日韩会谈中举行的 15 轮"渔业关系委员会"上的会谈，在没有取得任何进展的情况下就这样草草收场。

三、"船舶关系委员会"及"财产及请求权关系委员会"上的会谈

在第二次日韩会谈中，1953 年 5 月 8 日，日韩举行了第一轮"船舶关系委员会"上的会谈。参加本次"船舶关系委员会"会谈的日方代表有国安诚一、小岗靖、牧野诚一、西山昭和广田祯；韩方代表有洪璀基、池铁根、李壬道和张师弘。③ 在第二次日韩会谈中，双方共举行了 4 轮"船舶关系委员会"上的会谈。

在首轮会谈中，日方提议，在没有第三国干涉的情况下，以即将签订的"日韩基本条约"和"日韩海运协定"为前提，解决船舶问题。对此韩方认为，本会谈与其他各委员会的悬案问题相互关联。因此，先清算 1945 年 8 月 15 日（日本战败）以前的问题，然后逐一解决将来的问题比较妥当。

在第 2 轮会谈中，日方又称：现行的日韩临时海运协定对日本不利。这是因韩国政府强有力地统制海运政策，推行排他性的海运政策所造成的。因此，如果日韩之间能够达成扭转海运关系的谅解，日方就准备解决船舶归还问题。对此，韩方认为，根本不存在所谓韩国政府统制海运政策的问题，船舶归还问题与海运问题应严格加以区分。如果在本委员会上的会谈及其他委员会上的会谈中议论海运问题，那就意味着擅自扩大议题或等于新设议题。这是不应该的，会对整个会谈产生不利的影响。解决船舶归还问题以后，再设新的有关海运问题的议题加以讨论，才是建设性的做法。

在第 3 轮会谈中，日方再一次主张船舶归还问题与日韩海运问题应联系

---

① 前引外务部政务局编《韩日会谈略记（极秘）》，第 131—134 页。
② 同上书，第 134 页。
③ 同上书，第 84—85 页。

起来加以解决。但对此韩方仍然以扩大议题为由拒绝了日方的建议。此后双方虽然又举行了新一轮的会谈，但双方的分歧依然如故，会谈未获任何进展。

在第二次日韩会谈中，1953 年 5 月 11 日，日韩举行了第 1 轮"财产及请求权关系委员会"的会谈。参加本次"财产及请求权关系委员会"会谈的日方代表有：石田正、吉田信邦、上田克郎和重光晶。韩方代表有：张基荣、洪璀基、李相德和韩奎永①。在第二次日韩会谈中，双方共举行了 3 轮"财产及请求权关系委员会"上的会谈。

韩方对"财产及请求权关系委员会"上的会谈极为关注。韩方是抱着"日方可能撤回对在韩财产的一切主张"的期待回到第二次日韩会谈的谈判桌上来的。② 在第 1 轮会谈中，双方都同意暂时避开原则问题与法律根据问题的争论，从现实角度出发讨论实际问题。③ 在 5 月 19 日举行的第 2 轮会谈中，韩方首先对第一次日韩会谈中韩方提出的：①"关于归还韩国国宝及历史性纪念品（美术工艺品、古籍及其他）之事项"（附有目录）；②"关于归还韩国地图原版，原图及海洋地图之事项"（附有目录）；③"关于支付在太平洋战争中被征用的韩国劳动者未得之薪金及抚恤对策之事项"；④关于"韩国人（法人、自然人）所有之日本有价证券（公债、社债、股票等）的偿还及处理方法之事项" 4 项请求的日方事务性调查处理的进展情况进行了提问。

对韩方的提问，日方非正式表示：对前①、②项的调查将在 6 月 2 日结束，对第③项希望韩国补充提供详细的资料。至于第④项，日方表示目前在日朝鲜〔韩国〕人享有同日本人一样的权利，尚无采取特别偿还方法的打算。④

在第 2 轮会谈中，韩方接着提出：①"关于向太平洋战争中负伤、生病或战死的韩国人支付抚恤金之事项"；②"关于清算在韩国国内回收的日本银行券，支付补偿金之事项"；③"关于支付相当于韩国人回国者回国时被强迫寄存在旧日本官宪之处之货币的补偿事项"；④"关于归还旧朝鲜总督府铁路局共济组合在日财产之事项"；⑤"关于归还旧朝鲜奖学会维持财团

---

① 前引外务部政务局编《韩日会谈略记（极秘）》，第 82—83 页。
② 〔日〕《朝日新闻》1953 年 4 月 8 日，韩国外长卞荣泰发言。
③ 前引外务部政务局编《韩日会谈略记（极秘）》，第 135 页。
④ 同上书，第 135—136 页。

的在日财产之事项" 5 项请求权要求，并对其进行了大致说明。① 对韩方提出的上述 5 项要求，日方同意进行非正式的事务级磋商。

在 6 月 15 日举行的第 3 轮会谈中日韩双方确认，在第 2 轮会谈及此后的两次非正式会谈中韩国方面向日本提出的总的请求权要求事项共为 22 项。之后韩方就日方具体落实韩国方面提出的请求权要求的情况进行了提问。对韩方的提问日方答称：①对韩国国宝、古籍及美术工艺品，外务省内有人专门负责此事，并会同文物委员会进行调查；②太平洋战争中被动员的韩国人未得薪金总数尚未算出，但对每人的计算标准将按日本人标准计算，抚养津贴只限支付给居住在日本的家属；③明确了移交的遗骨数量；④对韩国人拥有的有价证券（股票与国债）将对照双方的资料确定其数额，并为此设立了工作人员会议。② 在会谈中，对上述 4 项双方同意组成特别委员会，视相关事务的进展，可以进行归还或支付的将立即付诸实施。但是第三轮会谈之后，在第二次日韩会谈中再也没有举行有关财产请求权问题的会谈。

在"财产及请求权关系委员会"的会谈中，双方刻意避开了"原则问题与法律根据问题的争论"。因此，在会谈中双方根本没有涉及在请求权问题的会谈中至关重要的日方的"逆请求权"要求。据韩国媒体报道，在"请求权委员会"的会谈中，日方采取了"与其说是在进行会谈，还不如说是姑且听听再说的态度"。③

四、"国籍及待遇关系委员会"及"基本关系委员会"上的会谈

1953 年 5 月 13 日，日韩举行了在日韩国［朝鲜］人"国籍及待遇委员会"上的首轮会谈。参加本次"国籍及待遇关系委员会"会谈的日方代表有：鹤岗千仞、铃木政胜、武野义治、池川正良、重光晶和广田禛。韩方代表有：洪璀基、李相德、辛徹山和韩奎永。④ 在第二次日韩会谈中，双方共举行了 6 轮在日韩国［朝鲜］人"国籍及待遇关系委员会"上的会谈。

首轮"国籍及待遇关系委员会"上的会谈仅以双方相互介绍参加本委员

---

①　前引外务部政务局编《韩日会谈略记（极秘）》，第 135—136 页。
②　同上书，第 138—139 页。
③　［韩］《东亚日报》1953 年 5 月 13 日。
④　前引外务部政务局编《韩日会谈略记（极秘）》，第 81—82 页。

会会谈的代表而结束。接着，5 月 22 日，日韩举行第 2 轮在日韩国［朝鲜］人 "国籍及待遇关系委员会" 的会谈。在第 2 轮会谈中，日韩双方围绕强制遣送问题、监禁处罚的合法性问题等进行了会谈。会谈中日方称：现在受到强制遣送处罚的在日韩国［朝鲜］人共有 460 人。去年 5 月（1952 年 5 月 12 日）韩国政府拒绝接受 125 名被强制遣送的在日韩国［朝鲜］人的举动，使两国关系严重恶化，且引起了善良的在日韩国［朝鲜］人的忡忡忧虑。因此，希望尽快解决强制遣送问题。对此，韩方认为：韩国拒绝接受被强制遣送的在日韩国［朝鲜］人一事发生在第一次日韩会谈之后。被强制遣送的在日韩国［朝鲜］人是被判刑、服刑结束以后被关押在收容所的。被收容者中有人曾正式提出过停止关押的要求，但被日本政府所拒绝。①

接着韩方从法理角度追究了日本持续关押遣送未遂的在日韩国［朝鲜］人的不正当行为。韩方认为：未经司法程序，单以行政处罚，一年以上或无限期拘束个人人身自由的行为，与日本宪法中蕴含着的人权思想背道而驰。对此，日方则辩解称：即便是采取行政处罚也是依据日本宪法第 31 条进行的。日本并没有打算对在日韩国［朝鲜］人进行长期拘束，形成事实上被长期拘束局面的原因在于韩国拒绝接受被遣送的在日韩国［朝鲜］人。所以，不能以此断言，造成违法局面的责任完全在于日本。对此，韩方反驳说：在去年的会谈中（1952 年第一次日韩会谈——笔者），双方都同意韩日正式签署协定以后日本政府就强制遣送对象问题事先同韩国政府进行协商。但是，日本不仅在韩日正式签署协定之前就决定了强制遣送对象，而且，事先也未同韩国进行协商。这在国际习惯上是属于不友好的行为，其责任在于日本。对韩方的反驳，日方进一步辩称：一般在国际习惯上，即便是双方达成了事先进行协商的协议，也不妨碍国家行使其强制遣送之主权。韩国政府有过去接受被强制遣送的在日韩国［朝鲜］人的先例。另外 "国籍尚未确定"，也并不意味着创设国籍。对此，韩方认为：去年达成的协定案确认了国籍未被确定的事实。另外，在日本对有关在日韩国［朝鲜］人的声明及对外国人所进行的登录中也可以看出，在日韩国［朝鲜］人的国籍尚未确定的事实。因此，直到确定在日韩国［朝鲜］人的国籍为止，韩国不能接受被强制遣送过来的在日韩国［朝鲜］人。对此，日方提出了姑且抛开法理，希望从政治角度解决该问题的要求。②

①　前引外务部政务局编《韩日会谈略记（极秘）》，第 85—86 页。

②　同上书，第 87—88 页。

5 月 28 日，日韩举行了第 3 轮在日韩国［朝鲜］人"国籍及待遇关系委员会"的会谈。在第 3 轮会谈中，双方就强制遣送问题、自由回国问题进行了会谈。对强制遣送问题，韩方认为：在日韩国［朝鲜］人的国籍问题上双方事实上已经达成了协议，所以如果没有事先协商，韩国方面不能接受被强制遣送过来的人。对此，日方则称：强制遣送作为主权行为，日本方面将自主行使强制遣送权。对生活贫困者，考虑到历史事实，将对其不予以立即实施遣送。所谓"事先协商"，与其说它是实质性的审查，莫如说它是事务性联络方面的某种手续。日方还主张，取消去年达成的协议，重新进行协商。对此，韩方则认为：目前，韩日共同草案第 1 条中的有关在日韩国［朝鲜］人的实质性待遇问题尚未得到充分协商，在日韩国［朝鲜］人的国籍问题也尚未确定。只因韩国驻日代表部对在日韩国［朝鲜］人行使外交保护权，从而认为在日韩国［朝鲜］人事实上取得了大韩民国国籍的看法，韩方认为，这只是意味着保留大韩民国国籍，并不意味着立即产生法律效力。至于"事先协商"问题，韩方认为，在去年的会谈中日方还另外提出过有关"协议案"。这说明，"事先协商"应该是比有关强制遣送的事务性手续更为实质性的内容。作为行使国家主权的"强制遣送"，只限适用于依本人的自由意志入境的普通外国人。①

对在日韩国［朝鲜］人的自由回国问题，韩方要求对回国的在日韩国［朝鲜］人给予特别待遇。对此，日方表示：对特别贫困者可以提供车船费，并反问韩国，准备回国者预计能有多少？对此，韩方希望：自由回国的在日韩国［朝鲜］人，不受日本国内法上的任何限制，自由携带其财产、自由向韩国国内汇款。对日元汇款则采取特别措施。②

6 月 5 日，日韩举行了第 4 轮在日韩国［朝鲜］人"国籍及待遇关系委员会"上的会谈。在本轮会谈中日韩着重讨论了赋予在日韩国［朝鲜］人以永住权的问题。日方称：虽然同意对在日韩国［朝鲜］人赋予永住权，但对有犯罪前科者只允许在日居住一定年限，而后视其品性可批准延长居住年限。对未成年者，限定一定年限批准其在日本居住。其成年以后的居住上的法律地位，由日本政府根据其判断单方面做出决定。

日方接着称：受强制遣送处罚的在日韩国［朝鲜］人，将丧失既得的永住权。日方不希望把有关强制遣送的规定，写进条约的条文当中，而是以附

---

① 前引外务部政务局编《韩日会谈略记（极秘）》，第 88—90 页。
② 同上书，第 90—91 页。

属交换公文的形式加以规定。至于生活贫困者，在其自由回国时，准备视情况给予特别优待。另一方面，对继续居住在日本的生活贫困的在日韩国［朝鲜］人，韩国也有给予照顾的责任与义务，因此，必要时日本也将对上述生活贫困者行使强制遣送权。

对日方的上述主张，韩方表示：在盟军总司令部管辖之下，在日韩国［朝鲜］人一直被当作日本人对待，他们的国籍问题不管是日本恢复独立之前还是恢复独立之后，韩日双方均未达成任何协议。韩方接着称：韩方不能同意日方在赋予永住权的问题上，对有前科的韩国［朝鲜］人和未成年人设置差别条款加以限制。差别对待有前科者及未成年人的日方主张，使在日韩国［朝鲜］人所受之待遇比去年日韩会谈时进一步下降。至于生活贫困的在日韩国［朝鲜］人法律地位，韩方认为，导致其生活贫困的责任在于日本政府。因此，期望日本政府签订有关协定之后，继续对生活贫困的在日韩国［朝鲜］人采取救助措施。韩方还称：韩国无力对在日韩国［朝鲜］人采取救助措施。

对韩方的上述反驳，日方坚持称：为了两国的友谊，对有前科者的处理将以符合国际习惯为前提，合理地加以处理。对有前科者赋予三年时间的居住权，如果在这期间遵纪守法可延长居住期限或赋予永住权。对此，韩方认为：即使对在日韩国［朝鲜］人一律赋予永住权，也不影响日本行使强制遣送权利。对在日韩国［朝鲜］人赋予永住权，不过是重新确认过去韩国［朝鲜］人拥有的永住权。韩方要求对有前科的在日韩国［朝鲜］人及未成年人等共计5万人左右的在日韩国［朝鲜］人赋予永住权。

对生活贫困的在日韩国［朝鲜］人的救助问题，日方表示，不能无限期地承担救助责任，所以要求万不得已的情况下韩国政府承担其救助之责任。对此，韩方表示：韩方只能期待日本抱着诚意对生活贫困者采取救助措施。[①]

6月13日，日韩举行了第5轮在日韩国［朝鲜］人"国籍及待遇关系委员会"的会谈。在本轮会谈中，韩方提出了韩国方面的"最终意见"，并就在日韩国［朝鲜］人国籍的确定方法及其登录的意义及手续等问题进行了会谈。在会谈中，日方主张，不把有关国籍的规定写进条约，以交换条约附属公文的形式加以处理。对此，韩方认为，因领土变更而产生的国籍变更中，如果适用"认定居住地领有国国籍"的原则，那么，在日韩国［朝鲜］

---

① 前引外务部政务局编《韩日会谈略记（极秘）》，第91—96页。

人应先取得日本国籍，而后根据个人的自由意志可以取得其祖国韩国的国籍。因此，本次会谈如果意味着签订与上述原则相左的协定，那么应以条约的形式明确规定国籍。

对在日韩国〔朝鲜〕人的登录问题，韩方认为：韩国政府对在日韩国〔朝鲜〕人的登录，意味着在日韩国〔朝鲜〕人取得韩国国籍，同时对日本来说是批准永住权的重要条件。并认为这是把握在日韩国〔朝鲜〕人情况的最好的方法。对此，日方认为：问题在于登录行为与批准永住申请之间的相关性。既然不在日本进行登录就能赋予永住权，反之在日本进行登录就已具备了赋予永住权的充要条件。因此，日方主张以日本政府实施的外国人登录为依据对在日韩国〔朝鲜〕人赋予永住权。日方认为，果真如此，那么剩下的问题就是强制遣送问题了。对此，韩方认为，对 60 万在日韩国〔朝鲜〕人来说，韩国政府的登记是仅有的一次机会，所以韩国政府准备从国家的角度克服困难进行登记工作，日本也应对此加以协助。①

6 月 19 日，日韩根据上一轮会谈中达成的谅解，举行了第 6 轮在日韩国〔朝鲜〕人"国籍及待遇关系委员会"的会谈。在本轮会谈中。韩方主张就迄今尚未达成妥协的确认国籍问题、强制遣送问题、认定永住资格的登录问题等进行了会谈。对上述问题，韩方主张：在强制遣送方面，因犯罪判处一年以上徒刑者，要求提供判决书誊本（抄本）；因其贫困而强制遣送的人，须经韩国政府同意；因其他理由而强制遣送的人，须提出真实的证据。对此，日方答称：对上述问题的概括性回答需要时日。此后，一直到会谈结束，在日韩国〔朝鲜〕人"国籍及待遇关系委员会"上的会谈再也没有举行。

第二次日韩会谈中进行的在日韩国〔朝鲜〕人"国籍及待遇关系委员会"上的会谈中，在避开原则性争论的名义下，双方虽然充分展示了各自的立场，但日韩双方仍就未能在关键性的强制遣送问题、确认国籍问题、永住资格认定问题等问题上达成协议。

在第二次日韩会谈中"基本关系委员会"的会谈只进行了两次。参加本次"基本关系委员会"会谈的日方代表有：铃木政胜、高桥觉、重光晶和广田祯。韩方代表有：林松本、洪璀基和高鸿基。②

1953 年 5 月 15 日，日韩举行了第一轮"基本关系委员会"的会谈。首

---

① 前引外务部政务局编《韩日会谈略记（极秘）》，第 96—98 页。
② 同上书，第 80—81 页。

轮会谈仅以双方相互介绍参加本委员会会谈的代表而结束。5月25日，日韩举行了不足1个小时的第2轮"基本关系委员会"的会谈。在会谈中，双方首先就基本关系条约的性质问题进行了会谈。在会谈中，日方主张：需要把其他各委员会的会谈中达成妥协的内容写进基本条约一事与需要在"基本关系委员会"中专门进行会谈的事项加以区别开来，主张在"基本关系委员会"中专门就"与建立邦交相关之事项"举行会谈，最低限度地涉及其他问题。日方所说的所谓"建立邦交相关之事项"，就是有关旧《日韩合并条约》失效问题的事项。在第一次日韩会谈中，由于日韩双方分别主张《日韩合并条约》对"今后的两国关系不产生效力"（日方）和该条约"一开始就无效"（韩方），致使双方未能在该问题上达成妥协。另外，日方所说的所谓的"其他事项"就是同旧金山《对日和平条约》相关的事项。

对此韩方称：在有关旧《日韩合并条约》失效问题上的立场，同去年会谈（第一次日韩会谈）时一样，"我方的立场丝毫没有变化"，从而明确了要着重讨论同旧金山《对日和平条约》相关的事项的立场。

在与旧金山《对日和平条约》相关事项的会谈中，如何在日韩"基本关系条约"中，对在日韩国〔朝鲜〕人的国籍条款进行表述的问题成为议论的话题。但对该问题双方也未能达成妥协，最终决定在在日韩国〔朝鲜〕人"国籍及待遇关系委员会"上继续进行会谈。在本次委员会的会谈中，日韩仅就有关日韩通商问题写进日韩基本条约方面达成了妥协。①

在第二次日韩会谈过程中，朝鲜停战谈判有了重大进展，朝鲜半岛出现了和平的曙光。鉴于东北亚地区的上述国际形势的重大变化，日本外务省开始"重新研究"日韩会谈问题，② 并提出了休会的要求。1953年7月24日，即《朝鲜停战协定》签署前三天，第二次日韩会谈宣布休会。韩国召回了自己的代表。

在第二次日韩会谈中，日韩双方基于会谈前达成的尽量"避开法理和原则性的争论"的谅解协议，着重对具体问题进行讨论，在许多具体问题上，会谈虽然尚未达成妥协，但会谈有了相当的深入。通过第二次日韩会谈，日韩除了在原则性问题上的分歧以外，在一些具体问题上的双方分歧也开始露出了端倪。日韩双方相互对对方的基本立场及具体问题的看法有了更深的了解。从这个意义上说，第二次日韩会谈是一次双方相互摸底的会谈。在会谈

---

① 前引外务部政务局编《韩日会谈略记（极秘）》，第102—105页。
② 〔日〕《朝日新闻》1953年6月9日。

中，基于现实的考虑，日方把会谈的重点放在了在日韩国［朝鲜］人"国籍及待遇关系委员会"的会谈和日韩"渔业关系委员会"的会谈上。而韩国则仍把重点放在了以"清算过去"为主旨的"财产及请求权关系委员会"的会谈上。但就整个会谈的态势上看，日方显然掌握着更大的主动权，这一点从双方感兴趣的问题的会谈次数中也可窥见其一斑。

关于第二次日韩会谈中断的原因，笔者以为，首先，日韩双方都缺乏把会谈引向成功的诚意。特别是事实上掌握会谈主动权的日本缺乏上述诚意。这可以从日本政府拒绝赋予参加会谈的代表以"全权代表"、"代表"等头衔，这种异常举措中也可以窥见一斑。日韩举行第二次日韩会谈，虽然也有各自的具体原因，但更多是迫于美国的斡旋与压力。因此，日方以"避免原则性争论"为借口，把会谈引向缺乏目的性的"自由议论"，只把会谈当成了进一步打探对方的机会。

其次，日本举行第二次日韩会谈只是出于其国内政治上的暂时需要。韩国设置"和平（李承晚）线"并缉拿越过该线的日本渔船的行为大大刺激了日本渔业界和相关行业。特别是第二次日韩会谈之前的"大邦丸事件"对日本各界的刺激尤为强烈。面对1953年4月19日举行的众议院大选及同年4月24日举行的参议院选举，日本吉田茂内阁感到了前所未有的巨大压力。以吉田茂为首的执政的日本自由党为在选举中占据有利的地位，感到了同韩国举行有关会谈的必要性。因为，不管会谈成功与否，正在举行会谈的事实本身将对自由党的选举产生有利的影响。

再次，朝鲜停战谈判的重大进展及1953年7月27日《朝鲜停战协定》的签订等东北亚国际形势的重大变化，也迫使日韩双方不得不重新审视日韩会谈。

第三节　第三次日韩会谈与"久保田妄言"

一、朝鲜半岛停战以后韩国的复兴问题与日韩关系

第二次日韩会谈中断以后，在日韩关系方面，日本最为关心的是朝鲜停战对日本经济所造成的冲击。朝鲜战争对日本来说真可谓是又一次"天赐良机"。因朝鲜战争缘故，日本不仅在极有利条件下签署了旧金山《对日和平条约》，恢复了国家主权，而且，在朝鲜战争期间，日本在经济上也获取了

庞大的战争"特需"利益。朝鲜战争期间，日本从美军的"特需"中所获得的外汇收入，1950年为15000万美元，1951年为59000万美元，1952年为82000万美元。① 在历时三年的朝鲜战争中，日本共获得了24亿美元的直接或间接的战争"特需"利益。上述"特需"外汇收入，不仅改善了日本的国际收支，而且在二战后日本经济的恢复与重建等方面也产生了极为积极的效果。

朝鲜战争的结束，使美军的"特需"骤然减少，这对很大程度上依赖"特需"恢复过来的日本经济造成了深刻的影响。为避免因"特需"减少而对日本经济造成的打击，日本极为关注朝鲜战争以后将接踵而至的韩国的复兴建设问题，试图通过参与韩国的复兴建设，再一次享受"复兴特需"。1953年7月27日，日本外相冈崎胜男在众议院外务委员会上说："作为邻国，日本今后将同韩国提携、合作"，"韩国的复兴，将从日本定购资材，日本应该为邻国的经济发展及战灾复兴提供比其他国家更多的合作"。② 但是，日方能否享受"复兴特需"的关键却在于联合国"韩国复兴资金"的使用形式上。即如果联合国把"韩国复兴资金"的使用权交给韩国政府，那么从当时的日韩关系及韩国人的对日感情上看，肯定对日本产生不利的影响。

当时，韩国人对缺乏对过去殖民统治的反省与谢罪的战败国日本、对朝鲜战争中捞取别国的国难之财的日本，怀有极大的不满情绪。朝鲜战争以后韩国的国力极度虚弱，由于日韩两国实力对比悬殊，在诸多日韩关系问题上，韩国已处于即便日本明明利用其各方面的优势，藉口对韩国施加种种压力，但韩国也无多大还手之力的地位。二战后，韩国虽然在政治上实现了独立，但在经济上的对日依存度仍然很高。例如，根据"日韩通商协定"，1953年度的日韩贸易协定金额是日本对韩国出口3200万美元，韩国对日出口1600万美元。但是具体执行结果，仅半年内日本的对韩出口就已达到3926万美元，已经超出协定额726万美元，可是韩国的对日出口却只有400万美元，远远没有达到协定额。③ 尽管如此，在日韩贸易中，日本仍然控制进口韩国大宗出口产品海苔、黑铅、鲜鱼、高岭土、无烟煤等，并以对日本渔业形成竞争局面为由，禁止向韩国出口韩国极希望进口的小型渔船及运输用船舶等。日本还向韩国施加压力，要求其根据贸易协定的规定偿还拖欠日

① ［日］《朝日新闻》1953年4月14日，7月27日。
② ［日］《朝日新闻》1953年7月28日。
③ ［韩］《东亚日报》1953年8月17日。

本的 2000 万美元的贸易债务。①　因此，当时韩国政府极希望掌握预计停战以后将在四五年内投入 2 亿美元资金的"韩国复兴资金"的使用权，企图把该使用权用于牵制日本。

1953 年 8 月 4—9 日，美国国务卿杜勒斯访问日韩两国。杜勒斯访韩期间，李承晚同杜勒斯举行了会谈。杜勒斯要求韩国大量从日本购买韩国复兴资材。对此，李承晚感到非常不满，他强烈希望联合国直接向韩国政府提供复兴资金，由韩国政府根据其复兴计划独立使用复兴资金。②　对韩国的上述要求，杜勒斯劝告韩国，为"防备共产主义"，放弃如是的"反日感情"。同时还明确阐述美国的立场说："美国的美元应该以援助韩国的同时，也能够达到援助日本之目的的形式加以使用。"③　美国的上述态度，使韩国丧失了在对日关系上牵制日本的一个有效手段。这样，加强对进入"和平（李承晚）线"的日本渔船的缉拿，几乎成了韩国在外交上能够牵制日本的唯一手段。

二、韩国加强对进入"和平（李承晚）线"的日本渔船的缉拿

第二次日韩会谈中断以后，作为对日施加压力的手段，韩国在"和平（李承晚）线"问题上采取了更加强硬的态度。《朝鲜停战协定》签署以后，1953 年 8 月 27 日，"联合国军"（实为美军——笔者）司令官废除了韩国周边的"防卫水域"（即"克拉克线"）。当时正值青花鱼的渔汛期，数百艘日本渔船借机越过"和平（李承晚）线"大举出渔朝鲜半岛周围。对此韩国方面采取了强硬的态度。1953 年 9 月 9 日，韩国海军总参谋长宣布"〔1953 年9 月〕10 正午以后在'和平线'内被发现的日本渔船将都被予以缉拿"。④9 月 10 日，韩国国防部长孙元一又警告日方称："在一部分日本人中，存在梦想再一次侵略韩国的政客和商人。对侵犯韩国领海的侵略行径，将采取果断的措施，而且如果有必要，不惜开枪予以还击。"⑤　此后韩国加强了对侵

---

① 〔日〕《朝日新闻》1953 年 8 月 9 日、9 月 23 日。
② 〔日〕《朝日新闻》1953 年 8 月 5 日。
③ 〔日〕《朝日新闻》1953 年 8 月 11 日。
④ 〔日〕《朝日新闻》1953 年 9 月 9 日。
⑤ 〔日〕《朝日新闻》1953 年 9 月 11 日；〔韩〕《东亚日报》1953 年 9 月 11 日。

犯"和平（李承晚）线"的日本渔船的缉拿。例如，从 1951 年宣布"和平（李承晚）线"到 1953 年 9 月 6 日韩国缉拿了 10 艘日本渔船，但此后被缉拿的日本渔船数量迅速增加，到同年 10 月 30 日为止共缉拿 42 艘，并扣留了 508 名日本船员（详见［表 5—3］）。①

［表 5—3］ 被韩国缉拿的日本渔船及船员（1952 年以后）

年度	被缉拿船舶	被扣留船员	归还的船舶	归还的船员	沉没的船舶	死亡的船员	未归还船舶
1952	10	132	5	131	—	1	5
1953	47	585	2	584	—	1	45
1954	34	454	6	453	—	1	28
1955	30	498	1	496	—	2	29
1956	19	235	3	235	1	—	15
1957	12	121	2	121	—	—	10
1958	9	93		93	—	—	9
1959	10	100	2	100	—	—	8
1960	6	52		52	1	—	5
1961	15	152	11	152	—	—	4
1962	15	116	4	116	—	—	11
1963	16	147	13	147	—	—	3
1964	9	99	7	99	1	—	1
1965	1	7	1	7	—	—	—
总数	233	2791	57	2786	3	5	173

资料来源：鹿岛和平研究所编，吉泽清次郎监修《日本外交史·28·媾和后的外交（I）·对列国关系（上）》，鹿岛研究所出版会 1973 年版，第 56 页。（注）1952 年的数字中 1 月—4 月 28 日《对日和平条约》生效为止，共 3 艘渔船及 37 名船员被缉拿。

韩方采取上述强硬措施以后，日本国内舆论沸腾，要求吉田内阁尽快解

---

① 前引鹿岛和平研究所编，吉泽清次郎监修《日本外交史·28·媾和后的外交（I）·对列国关系（上）》，第 53 页。

决"李承晚（和平）线"问题的呼声进一步高涨，并出现了批评政府对韩政策的强音。1953 年 9 月 10 日，《朝日新闻》发表社论认为，"必须以实力对付暴力的呼声也未必没有道理。尽管如此，我们一定要绝对谨慎地对待以实力解决纷争的主张。……我们认为应立即重开眼下中止的日韩会谈，两国相互讨论合理的解决对策"。① 1953 年 9 月 15 日，大日本水产会、全国渔业协同组合会、全日本海员组合会等日本全国的渔业者及船员团体在东京联合成立"日韩渔业对策总部"，在各地方设立分部，提出了"①韩国必须撤销不正当的'李承晚（和平）线'主张；②韩国必须立即停止在公海上的一切暴力行为；③韩国政府必须立即释放无视人道，不正当地扣留的日本船员；④韩国政府立即归还缉拿的渔船及其捕捞的水产品；⑤日韩两国政府尽快努力缔结公正的渔业协定"的要求，并开展了强有力的宣传运动。② 1953 年 9 月 23 日，在东京、神奈川、静冈、千叶等地的渔业界人士召开渔民大会，公开批评政府对韩国的过分软弱的外交。③ 一些日本政治家也要求政府"为根本上解决事件，明确政府对自卫军的态度"，要求加强自卫力量。④ 另外，还有一部分人要求把韩国的行为诉诸联合国或求助于第三国的斡旋，抑或诉诸于国际法院进行裁决。

在上述严峻的渔业形势和日本国内各方面的压力之下，1953 年 9 月 8 日，吉田内阁举行内阁会议讨论了韩国缉拿日本渔船的问题。在该会议上，吉田茂内阁确定了"有关对韩国采取实力行动的问题，今后进一步进行研究。首先，在数日内向韩国政府提出正式抗议的同时，邀请美国为解决问题进行斡旋"的方针。⑤ 9 月 9 日，日本政府向韩国政府提出抗议照会的同时，冈崎胜男外相会见美国驻日大使艾利逊（John M. Allison）向美国提出了斡旋请求。日本之所以没有采取"实力行动"，是因为采取"实力行动"不仅要冒很大的风险，而且在战后初期的国际及日本国内环境下采取"实力行动"意味着日本冒天下之大不韪。日本之所以也未诉诸国际法院的仲裁是因为，如果韩国方面不应诉，即便是日本起诉韩国也毫无意义的缘故。

---

① ［日］《朝日新闻》1953 年 9 月 10 日。

② ［日］日韩渔业对策总部编《李承晚线问题与日本的立场》，1953 年 10 月 20 日，"送达《李承晚线问题与日本的立场》之际"（序）。

③ ［日］《朝日新闻》1953 年 9 月 23 日。

④ 改进党干事长松村谦三的发言，［日］《朝日新闻》1953 年 9 月 9 日。

⑤ ［日］《朝日新闻》1953 年 9 月 9 日。

对日本的斡旋请求，美国外交当局表现出为难之色的同时，劝告日本通过日韩两国之间的直接会谈来解决两国之间存在的问题。① 美国驻日大使艾利逊称："与'李承晚（和平）线'问题相关的调整日韩两国邦交的问题，应该是由两国自己解决的问题，美国无意介入这一问题。"② 对日本政府的抗议和吉田茂内阁请求美国出面斡旋的举措，韩国方面表示"不管〔日本政府〕通过第三国进行何种交涉和抗议，韩国政府都不会响应它"。③ 日本请求美国从中进行斡旋的举措遭到了失败。

日本请求美国进行斡旋的举措遭到失败以后，根据国会的劝告，1953年9月24日，日本政府向韩国提议，把渔业问题从日韩之间的诸悬案问题中分离出来加以解决。④ 对此，韩国坚持主张一揽子解决日韩之间的各项悬案。9月30日，韩国驻日代表部公使金溶植与日本外务次官奥村胜藏进行相关交涉的结果，双方决定从1953年10月6日开始重开日韩正式会谈。后来把这次会谈称之为第三次日韩会谈。

三、第三次日韩会谈（1953.10.6—10.21）与会谈形式确立

根据奥村胜藏与金溶植达成的妥协，1953年10月6日，日韩两国在东京重开了日韩正式会谈，即第三次日韩会谈。在第三次日韩会谈中，双方基本上延续了第二次日韩会谈中的人事安排。日方首席代表仍然是上次会谈的首席代表久保田贯一郎，其他代表还有：外务省条约局局长下田武三、外务省参事官铃木政胜、法务省入国管理局次长鹤冈千仞、大藏省理财局局长阪田泰二、水产厅长官清井正、水产厅生产部长永野正二、运输省海运调整部长国安诚一等。其他成员还有小岛太作、高桥觉、大田哲郎、竹内春海、木本三郎和大户元长等人。另外，在第三次日韩会谈的日方人事安排中较为引人注目的是大日本水产会副会长伊东猪六、日本远洋拖网渔业协会副会长七田末吉、西日本围网渔业联合会组合长天野郡治3

---

① 〔日〕《朝日新闻》1953年9月12日。
② 〔日〕《朝日新闻》1953年9月16日。
③ 同上。
④ 〔日〕《朝日新闻》1953年10月1日。

人参加了渔业委员会的会谈。①

　　第三次日韩会谈的韩方首席代表是韩国驻美大使梁裕灿，交替首席代表是韩国驻日代表部公使金溶植，代表有：韩国驻日代表部参事官柳泰夏、外交委员会委员张曒根、法务部法务局局长洪璡基、驻日代表部总领事崔圭夏、韩国银行外国部部长李相德、商工部水产局渔捞课课长李壬道和韩国驻日代表部的张师弘、张润杰和韩麟凤等。②

　　在第三次日韩会谈中，从 1953 年 10 月 8 日到 21 日，双方共举行了 4 轮正式会议上的会谈，两轮"财产请求权问题委员会"上的会谈，两轮"渔业问题委员会"上的会谈，两轮"基本关系委员会"上的会谈，1 轮在日韩国〔朝鲜〕人"国籍及待遇问题委员会"的会谈和 1 轮"船舶问题委员会"的会谈。③

　　1953 年 10 月 6 日，第三次日韩会谈开始的同时，双方举行了首轮正式会议上的会谈。在首轮正式会议上的会谈中，双方首席代表首先致词。日方首席代表久保田（贯一郎）在致词中称："由衷地欢迎颇为关心日韩会谈的梁（裕灿）大使阁下。"接着韩方首席代表梁裕灿在致词中称："韩日两国在地理上比邻而居，韩国为维持自由阵营的防线，正在进行反共斗争。应该认识到，万一韩国落入共产主义分子之手，那么，日本也会受到共产主义侵略的威胁。鉴于此，韩日两国应该努力维持睦邻关系。韩日会谈取得成功的关键在于日本放弃对在韩日本人财产的请求权主张。"④ 在第三次日韩会谈中日方最重视的问题是"被缉拿的渔船的归还问题"和如何使韩国"立即停止缉拿"日本渔船的问题。⑤ 因此，会谈一开始日本就主张首先讨论渔业问题。对此，韩方提议继续"组织①基本关系、②渔业问题、③财产请求权问题、④国籍及待遇问题、⑤船舶问题 5 个分委员会举行会谈"，同时韩方还提议"每天至少举行 1 至 2 个委员会的会谈，在分委员会的会谈中出现难以

　　① 前引鹿岛和平研究所编，吉泽清次郎监修《日本外交史·28·媾和后的外交（Ⅰ）·对列国关系（上）》，第 63 页；前引外务部政务局编《韩日会谈略记（极秘）》，第 143—144 页。

　　② 前引外务部政务局编《韩日会谈略记（极秘）》，第 142—143 页；前引大韩民国政府编《韩日会谈白皮书（非卖品）》，1965 年版，第 153—164 页。

　　③ 前引鹿岛和平研究所编，吉泽清次郎监修《日本外交史·28·媾和后的外交（Ⅰ）·对列国关系（上）》，第 63 页。

　　④ 前引外务部政务局编《韩日会谈略记（极秘）》，第 144—145 页。

　　⑤ 〔日〕《朝日新闻》1953 年 10 月 6 日夕刊。

解决的问题时，把难题拿到正式会议会谈中加以解决"。① 对韩方的上述提议，日方也表示了同意。

在 10 月 13 日举行的第二轮正式会议会谈中，日韩双方主要围绕"渔业问题委员会"、"财产请求权问题委员会"、"船舶问题委员会"、在日韩国［朝鲜］人"国籍及待遇问题委员会"、"基本关系委员会"等会谈中未能达成一致的各项问题进行了会谈。会谈开始以后，日韩双方各自分别阐述了在各分委员会上提出的各自对有关问题的立场（各自的详细立场见各分委员会会谈）。但双方的见解仍然保持其平行线，未能达成任何妥协。

四、"渔业问题委员会"上的会谈

1953 年 10 月 8 日，日韩举行了第 1 轮"渔业问题委员会"上的会谈。参加这次"渔业问题委员会"的日方代表有：久保田贯一郎、清井正、永野政二、大户正长、增田正一、高桥觉和竹内春海。大日本水产会副会长伊东猪六、日本远洋拖网渔业协会副会长七田末吉、西日本围网渔业联合会组合长天野郡治 3 人也作为观察员参加了渔业委员会的会谈。韩方代表有：张暻根、柳泰夏、洪璀基、任哲镐、李壬道、李相德、韩益相和张润杰。②

在"渔业问题委员会"上的会谈中，会谈一开始，日方代表劈头就称：最近在济州岛附近相当数量的日本渔船被韩国缉拿。其中还包括水产厅的监视船第二京丸，日本政府认为这是理应引起重视的重大事态。并质问韩方：上述缉拿日本渔船的命令是不是出自韩国政府？若是，其理由是什么？是何种类型的命令？何种机构实施缉拿等。③

对此韩方答称：①设置"和平（李承晚）线"的目的是为运用国际法及国际惯例上认为正当的手段保护鱼类和防止交错捕捞时发生的渔业纷争。因此，侵犯"和平（李承晚）线"就是违反国际法，同时也是违反韩国国内法。为达到上述保护鱼类、防止纷争的目的必要时对侵犯该线的日本渔船采取了强制措施。②虽然日方指责韩国说，缉拿日本渔船的举措破坏了进行日

---

① 前引外务部政务局编《韩日会谈略记（极秘）》，第 145 页。

② 前引外务部编《韩日会谈·渔业委员会议事录（第一、二、三次会谈）》，第 455—456 页。

③ 前引外务部政务局编《韩日会谈略记（极秘）》，第 173 页；前引外务部编《韩日会谈·渔业委员会议事录（第一、二、三次会谈）》，第 457—461 页。

韩会谈的友好气氛，但韩国却认为其责任首先在于日本，如果日本方面不侵犯"和平（李承晚）线"就不会发生缉拿事件。③不会缉拿在"和平（李承晚）线"以外航行的渔船，在"和平（李承晚）线"之内也不会限制航行自由，不会缉拿不进行捕捞作业的单纯通过的渔船。①

韩方进行上述说明之后，日方要求韩方对被缉拿的渔船及船员的情况进行详细的说明。对此，韩方表示法院进行判决之前无法告知其详。韩方接着称：对日方不能充分理解韩国对沿岸海域的特殊权益感到十分遗憾。考虑到韩日两国在渔业能力上的过分不自然的悬殊差距，对韩国来说承认沿岸海域的韩国的渔业管辖权，无论从保护鱼类等海洋资源的角度还是从渔业资源分配的角度，抑或是寻求实际公平的角度都是合理而妥当的。②

在第2轮"渔业问题委员会"的会谈中，作为观察员身份参加日韩渔业会谈的日本渔业界代表，向韩方询问了有关被缉拿的船舶及船员的消息，并对其处境表示了担忧。在本轮会谈中，韩方"为消除对'和平（李承晚）线'的误解"继续对该线的设置原因、依据、目的、"邻接海洋的主权宣言"［即"和平（李承晚）线"］中的"主权"含义等进行了说明。在上述说明中韩方称："和平（李承晚）线"是日方缺乏签订渔业协定的诚意的情况下不得已而设置的，设置该线的目的是为了保护鱼类及渔业资源并合理开发上述资源。设置该线是依据"杜鲁门宣言"所表明的沿岸国家对沿岸海域的渔业管辖权，"和平（李承晚）线"中所指的"主权"是"渔业管辖权"等。③

对此，日方则反驳称：在公海划定一定海域，单方面对外国公民及船舶实施管辖权是违反国际法及公认的国际习惯的行为。对鱼类保护问题，有关国家应基于科学根据，采取有效的保护措施。以便弥补因渔业能力上的差距而造成的事实上的不公平，以及为了防止纠纷等为理由，不能在公海对他国船舶实施其管辖权，该理由也不能成为实施其管辖权的根据。考虑到战争造成的韩国的苦难局面，日方正在考虑能够使两国渔业共存共荣的具体措施。公海自由的原则是国际法上确定的原则。"杜鲁门宣言"同"邻接海洋的主权宣言"具有本质上的区别。④

---

① 前引外务部政务局编《韩日会谈略记（极秘）》，第173页；前引外务部编《韩日会谈·渔业委员会议事录（第一、二、三次会谈）》，第461—463页。

② 同上书，第476—480页。

③ 前引外务部政务局编《韩日会谈略记（极秘）》，第178—182页。

④ 同上书，第182—194页。

在"渔业问题委员会"的会谈中,日韩几乎重复了前两次日韩会谈中双方的基本观点,双方的基本立场保持了平行线,会谈没有取得任何进展。

五、"国籍及待遇问题"、"船舶问题"、"基本关系问题"委员会上的会谈

1953 年 10 月 12 日,日韩分别举行了在日韩国〔朝鲜〕人"国籍及待遇问题"、"船舶问题"、"基本关系"三个委员会的首轮会谈。

在在日韩国〔朝鲜〕人"国籍及待遇委员会"的会谈中,韩方首先要求日方释放被收容在大村收容所的 120 名韩国〔朝鲜〕人。韩方还称:签署有关协定之前上述 120 人的国籍在法律上处于尚未确定的状态,而且根据双方达成的"共同协定草案",未经事前协商不能对他们给予强制遣送处罚。

对韩方的上述主张,日方同意通过正常途径由日本出入国管理局与韩国驻日代表部协商解决前述 120 人的释放问题。日方还称:他们到目前为止,事实上仍被收容在大村收容所是遗憾的事情。为消除上述事态的发生,虽然未必是现在,但哪怕是在将来某个时期,如果双方达成协议或韩国方面同意接受,那么,日方将研究对其给予适当待遇,并解决这一问题。日方同时还表示:不以贫困为理由实施强制遣送。但是,由于日本政府的财政状况不稳定,所以不能无限期地提供救济。希望韩国接替救济之责任,提供救济金之类的生活救济。对日方的上述要求,韩方称:强制遣送及接受被强制遣送回国人员的问题与双方"共同协议案"第 1 条国籍条款与第 3 条事前协商条款相关。换句话说,应先确定国籍以后再与韩国事前协商决定强制遣送问题。韩方还认为:不是一时拘束人身自由,而是无限期或历时两年数个月拘束人身自由,甚至发生死亡事件的收容不能不认定是一种处罚行为。①

对此,日方称:强制遣送是自由行使主权的行为,因此韩国应接受上述被收容者。如果韩国现在答应接受,那么日本将立刻采取措施加以释放。日方还提议:既然在法理上进行争论也不能达成一致意见,那么有关问题不要在这个会谈中议论而应另行协商解决。韩方对此表示同意的同时,要求日方在刑事犯罪分子的引渡问题上给予合作。对此,日方答称:该问题应另行签

---

① 前引外务部政务局编《韩日会谈略记(极秘)》,第 165—194 页。

订犯人引渡协定加以解决。①

在"船舶问题委员会"上的会谈中，韩方提议就船舶的移交数量、移交手续等进行会谈。对此，日方称：有关船舶移交的数量及时间等，就同上一次会谈时提出的那样，日方的立场没有变化。但是最好是同其他委员会的会谈相协调加以决定。对此，韩方称：船舶引渡问题是 5 个问题中最简单的问题，是日本表示会谈诚意的最好的机会，所以尽快解决该问题，将对会谈产生良好的影响。对此，日方称：虽然韩国对以前日方提出的移交数量不满，但从事务级别的立场上，不能增加现在的移交数量。日方提议，该问题视其他委员会上的进展情况再作决定。②

在"基本关系委员会"的会谈中，韩方提议就缔结犯人引渡条约问题举行会谈。对此，日方认为这个问题是一个非常微妙的问题，应当在日韩两国签订基本关系条约，建立邦交以后，协商缔结犯人引渡条约。其具体内容届时再作协商。此后，虽然韩方再一次提出了缔结犯人引渡条约的要求，但日方再次重复了在本次"基本关系委员会"上的会谈中对此不予以讨论的立场。③

对日韩"基本关系条约"，日方主张把会谈的内容局限在两国拟订条约所需之最少限度之内。日方希望不再涉及去年会谈中已达成协议的国籍条款，只简单讨论条约的条款，并表示愿意为此准备草案。对次，韩方表示：至于是否采纳日方草案，取决于草案的内容，不过韩国方面尚有希望插入的条款。④

六、"财产及请求权问题委员会"上的会谈与"久保田妄言"

1953 年 10 月 9 日，日韩举行了首轮"财产及请求权问题委员会"上的会谈。在第 1 轮会谈中，韩方基于在这次"财产及请求权问题委员会"会谈中，无论如何也要就原则性问题举行会谈，达成原则性协议的立场出发，作为韩国方面向日本提出请求权要求的依据，提出了在过去的会谈中韩国一直

① 前引外务部政务局编《韩日会谈略记（极秘）》，第 165—166 页。
② 同上书，第 167—168 页。
③ 同上书，第 169—170 页。
④ 同上书，第 169—172 页。

赖以主张的财产请求权根据及美国国务院对有关"《对日和平条约》第 4 条"
的解释备忘录。① 对此，日方表示：日方不能放弃以往主张的理论与见解。
日方称：日方研究过美国国务院的备忘录，但是美、韩对《对日和平条约》
第 4 条 b 项的有关解释，意味着没收该项中所包含的私有财产，因此是违反
国际法的。

对日方的上述主张，韩方称：不管日方是否喜好，做出上述决定的美国
承认是"没收"。如果日方对此给予否定，是不是与美国的见解发生矛盾呢？
对此日方答称：美国国务院备忘录的后半部分中也有政治性语句。日方比较
关心的是，去年梁（裕灿）大使与松本（俊一）代表之间进行的非正式会谈
中，梁（裕灿）大使所作的发言，即"如果日本方面放弃一切对韩请求权，
韩国也放弃对日请求权，彼此间那就不会存在问题。……韩国准备放弃对日
请求权"的发言。对此，韩方称：梁（裕灿）大使的意思是"放弃对日索赔
要求"，梁（裕灿）大使绝不会作那样的发言。②

在会谈中日方还称：在韩日本财产中的公有、国有财产，可根据国际法
上的国家继承原则，由韩国继承。但是，如果连私有财产也单方面地归属韩
国，那么，日本国民的感情是不会允许这样做的。对此，韩方称：如果论国
民感情，韩国国民憎恨日本的感情更深、更敏感。韩方在进行上述反驳的同
时，要求日方对韩方的主张给予确切的答复。对此，日方坚持了相互放弃请
求权的主张，否定了韩国的对日请求权主张。③

1953 年 10 月 15 日，日韩举行了第 2 轮"财产及请求权委员会"的会
谈。在会谈中韩方提出了，要求日本归还的韩国古籍的追加目录。同时，对
第二次日韩会谈中韩方提出的，要求日方归还的韩国文物的调查情况进行了
提问。对此，日方答称：对上述韩方要求归还的文物进行调查的结果，绝大
部分是通过正当的手段取得的，事实上不存在无偿取得的文物。宫内厅及国
会图书馆的负责人证实，取得古籍方面也不存在任何不正当手段。因此，不
存在作为义务归还的文物和古籍。但是对李（承晚）总统特别关心的文物古
籍，可以考虑以"赠送"的形式移交给韩国。对此，韩方认为：现在日本拥
有的韩国古籍及其他国宝，估计全部都是日本统治朝鲜 36 年期间通过其权
力机构非法搬运出去的。因此，如果日方认为是正当手段取得的，那么应该

---

① 即指《对日和平条约》第 4 条 b 项的解释备忘录。
② 前引外务部政务局编《韩日会谈略记（极秘）》，第 194—196 页。
③ 同上书，第 196—198 页。

逐一证明其合法性。①

此后，双方又围绕盟国战后处理中对私有财产的处理问题进行了争论。日方以第一次世界大战后《凡尔赛条约》中有关私有财产"转移"之规定为依据，主张日韩应相互承认对方私有财产。而韩方则强调南朝鲜美军军政厅"法令·第 33 号"所规定之"所有"与"凡尔赛条约"所规定之"转移"之不同的同时，还强调了二战后盟国"解放"朝鲜的特殊意义。韩方称：没收在韩日本财产是上述"解放"措施之一。对此，日方继续坚持了没收私有财产的行为违反国际法的立场。②

在上述争论过程中，日方首席代表久保田贯一郎对韩国对日请求权问题和日本对朝鲜殖民统治问题的发言——即"久保田妄言"——引起双方的激烈争吵。现在依据《朝日新闻》报道的《在外务省会谈议事录中留下的同氏（久保田贯一郎）与韩国代表之间的相互对答（要旨）》再现当时的场景如下。

"（前略）（注：韩国方面的梁裕灿驻美大使屡屡称：'〔日本对朝鲜半岛进行殖民统治期间〕85％的韩国财产成了日本的财产，而日本方面却要求归还这些财产，这是不正当的。'对此，日方要求韩方出示 85％的财产都是韩国财产的根据。对此，韩方洪璡基代表作了如下发言。）

〔韩方〕洪璡基：85％的数据发表在战争结束前的朝鲜银行的调查月报中。

〔日方〕久保田贯一郎：银行进行调查的大概是与投资有关的事项吧。

〔韩方〕洪璡基：就拿投资来说重要企业的 90％都是日本企业。

〔日方〕久保田贯一郎：如果说的是投资〔我〕也明白，〔但是，依我的〕理解梁（裕灿）氏所说的是全部财产的 85％。

〔韩方〕洪璡基：土地的 60％—70％也为日本人所有。也没有给予韩人（指朝鲜人——笔者）以矿业权和渔业权。像韩国这样的被统治国家里〔日本财产〕当然超过 80％。〔注：在上一次分委员会中久保田代表曾提过：'在以前的会谈中，梁（裕灿）大使不也提出过"如果双方相互放弃请求权就好了"的发言吗'？对此，洪代表作了如下回答。〕

〔韩方〕洪璡基：〔梁裕灿大使〕未曾做过那样的发言。金〔溶植〕公使也在场，当然也记得说过还是没说过。（中略）在原则性问题上不能达成一致，请求权问题就不会有进展。

---

① 前引外务部政务局编《韩日会谈略记（极秘）》，第 198—199 页。

② 同上书，第 200—203 页。

〔日方〕久保田贯一郎：日本方面将坚持对韩拥有请求权的态度。不过也有互相进行让步的充分准备。问题在于你们主张自己有〔对日〕请求权，而〔认为〕我方却没有〔对韩请求权〕。

〔韩方〕洪璀基：虽然说是互相进行让步，但是日本所说的请求权与韩国所说的请求权在法律上的意义是不同的。韩国所说的〔请求权〕是伴随着朝鲜从日本的分离而产生的清算问题。日方的主张则是政治性的。由于性质不同，所以不可能相互进行让步。

〔日方〕久保田贯一郎：日本方面的请求权也是法律上的问题。

〔韩方〕洪璀基：韩国国会上也有人要求必须对水原屠杀事件、韩日合并后不久发生的屠杀事件以及〔日本〕统治36年期间，因违反治安维持法而被投入监狱的人和被杀害的人提出请求权。另外，日本以比世界市场上的价格还要低的不正当的价格把朝鲜的大米输入到了日本国内，在韩国国会上也有人建议要求归还其差价。〔我看〕日本方面还是差不多就此达成协议为好。我们没有想到日本会提出这样的请求权。我们避免提出政治性的请求权，只提出了纯粹法律上的请求权。尽管如此，如果日本仍然要求韩国归还〔日本统治朝鲜半岛〕36年间积蓄的财产，那么，韩国只好要求日本赔偿〔日本统治朝鲜半岛〕36年期间蒙受的损害。

〔日方〕久保田贯一郎：日本在朝鲜建设了铁路及港湾、开垦了农地，在当时有些年份大藏省还〔向朝鲜〕划拨了多达2000万日元的〔预算〕。如果韩国方面是由于国会的建议而提出那种请求权的话，那么，日本只好主张归还上述日本的投入，以此来抵消韩国方面的政治性请求权要求（韩国方面各委员情绪激昂，纷纷发言）。

〔韩方〕洪璀基：你是在以如果日本人不来韩国人可能还在睡大觉为前提，讲这一番话吗?! 如果日本人没有来也许我们做得更好。

〔日方〕久保田贯一郎：也许做得更好，但也有可能变得更糟。从现在开始说的话希望不要作记录。……依我个人之见，根据我对外交史的研究，当时如果日本不去〔占领朝鲜〕，那么，我想也许中国或俄罗斯就进入（占领）了〔朝鲜〕。

〔韩方〕张暻根：所谓的号称1000万日元、2000万日元的补助金，并不是为朝鲜人支出的，而是为日本人而支出的，利用这一资金难道不是建立了警察机构和监狱吗?!

〔韩方〕柳泰夏：久保田先生，如果你说那些，就无法在继续进行会谈了。日方要是以过去的事情就让它过去、对不起了的心境进行会谈，那就另当别论。

〔日方〕久保田贯一郎：希望相互着眼于未来而进行会谈。希望就法律上的请求权问题继续进行协商。

〔韩方〕洪璀基：即便是法律上的请求权，难道你还认为日本人的私有财产是在与朝鲜人同等的条件下积蓄起来的吗？

〔日方〕久保田贯一郎：谈起细节问题来话就没边儿了。不过〔日本统治朝鲜的〕36 年时间里，是在资本主义经济结构之下平等对待了他们〔日本人与朝鲜人〕。希望考虑时代的因素。

〔韩方〕洪璀基：那么《开罗宣言》中为什么就使用了'朝鲜人民所受之奴隶待遇'这样的词句呢？

〔日方〕久保田贯一郎：依我个人之见，那是在战争中亢奋的心理状态下写下的。我不认为那是奴隶。

〔韩方〕张暻根：难道你还认为日本人的良好的投资和经营能力增加了日本的财产不成？日本人收买〔朝鲜的〕土地是依仗〔朝鲜〕总督府的政策，由'东拓'（东洋拓殖会社——笔者）等进行〔廉价〕收购的，机会并不均等。

〔日方〕久保田贯一郎：并不仅仅是为了日本。肯定对朝鲜的经济发展也在发挥作用。

〔韩方〕洪璀基：久保田先生虽然一再讲本着互让精神、互相进行让步等，但我们已没有相互进行让步的余地。

〔日方〕久保田贯一郎：在《凡尔赛条约》中也有缔约各方相互承认在对方国家战时所采取的对财产的处理及转移措施的条款。这与旧金山条约（《对日和平条约》）第 4 条 b 项的说法是相同的。根据《凡尔赛条约》的解释，采取转移措施的财产具有要求赔偿或提出请求权的权利。只是德国在另外的条约中放弃了其权利。比如捷克（注：分离国），虽然清算了德国的财产，但偿还了清算的价款。由此看来日本的主张并非毫无道理。

〔韩方〕洪璀基：问题是转移命令的内容。美军军政厅'法令·第 33号'中使用了'被所有'这样的词汇，这种说法是没有先例的。作为当事者的美国也在其有关见解（指前述有关《对日和平条约》第 4 条 b 项的备忘录——笔者）中称：取得了对日本财产的所有权。如果日本认为这是违反国际法，那希望向美国提出请求权。签署《凡尔赛条约》时与第二次世界大战时处理私有财产的方法不同。例如，不仅是私有财产，比这还要重大的领土也在缔结和约之前未经日本的同意进行了处理。这也是没有先例的。更是存在把 60 万在朝鲜的日本人只身进行遣返，这样一个重大的问题。日本方面为何不认为这样重大的问题违反国际法，而认为私有财产这样的小问题却违反国际法呢？

〔日方〕久保田贯一郎：以我个人之见，〔我〕还是认为没收私有财产违反〔国际法〕。我不想指责美国在违反国际法，同时尽量把它解释为不违反国际法。再者，即便是违反了〔国际法〕，日本也已放弃了对美国的请求权。

〔韩方〕洪璍基：行为者（注：美国）不是在说没收了吗？

〔日方〕久保田贯一郎：如果以行为者所说的话来进行辩解，那岂不是在说最有实力者在制定国际法吗？

〔韩方〕李相德：〔你〕认为缔结旧金山条约之前处理〔日本〕领土及强制遣返日本人是违反国际法吗？

〔日方〕久保田贯一郎：领土问题已在条约中做出了规定，所以没有问题。遣返原地是占领军的政策。

〔韩方〕洪璍基：在现代的总体战中，为了达到战争的目的对私有财产也进行总动员。从这一角度出发，决定了处理私有财产的方针。难道你还认为旧金山条约违反国际法吗？

〔日方〕久保田贯一郎：自由主义必须尊重个人。因此，我认为这次的和平条约并没有充分体现国际法的精神。难道你还支持这样的处理（注：没收私有财产）方法吗？

〔韩方〕洪璍基：这次处理并非意味着对日本在外财产的轻视。只是为了切断依仗日本权力机构膨胀起来的〔经济〕力量。在被奴役的状态下〔把朝鲜〕从日本分离出来予以解放是比尊重私有财产更为崇高的目的，因此，采取了上述措施。

〔日方〕久保田贯一郎：为解决请求权问题有必要互相进行让步。说那样的话，并非是建设性的"。①

---

① 〔日〕《朝日新闻》1953 年 10 月 22 日 "外务省的会谈议事录中留下的同氏（久保田贯一郎）与韩国代表之间的相互应酬（要旨）"。有关 "久保田发言" 的资料除前引《朝日新闻》1953 年 10 月 22 日上披露的资料以外，还有〔日〕《法律时报》第 37 卷·第 10 号 1965 年 9 月号，第 48—49 页〔资料 6〕"久保田发言"；〔日〕《第 16 届国会众议院外务委员会会录》第 32 号，20 页，1953 年 10 月 27 日参议院水产委员会上久保田贯一郎所作的说明；〔韩〕"完全无视韩国主权——因久保田氏的放言会谈破裂"，《朝鲜日报》1953 年 10 月 27 日等。虽然语句多少有出入，但基本意思相同。其中《朝日新闻》披露的资料最为详细，故本文采用该资料。

上述日方首席代表久保田贯一郎的"妄言"引起了韩方的极大愤慨和不满。"久保田发言"以后,韩方迅速做出反应,取消了准备于 10 月 16 日举行的第 3 轮在日韩国〔朝鲜〕人"国籍及待遇问题委员会"上的会谈及准备在 10 月 19 日举行的第 3 轮"基本关系委员会"上的会谈。

此后,在 1953 年 10 月 20 日,举行的第 3 轮正式会议上的会谈中,韩方金溶植驻日公使把久保田日方首席代表在 10 月 15 日第 2 轮"财产及请求权委员会"上所作的上述发言归纳为:①韩国在缔结对日媾和条约之前宣布独立是违反国际法的;②日本战败后遣返所有在朝鲜的日本人是违反国际法的;③在请求权的解释上日本称美国与韩国在做违反国际法的解释;④《开罗宣言》中的"奴役状态"的词句是战时亢奋状态下写成的;⑤在过去对朝鲜半岛的 36 年殖民统治中,日本对朝鲜人民给予了恩惠五点,① 并严厉追究了其真意。

针对韩方对前述第①点的追究,久保田回答称:本人所说的意思是,有关韩国的独立最终在媾和条约中做出结论是一般惯例,对日本而言是通过"旧金山和约"最终结束了战争。在这之前日本所采取的行动是预约性行为,因此,对日本来说承认韩国独立的时间是"旧金山和约"生效之日。后来久保田还补充说:"战争应签署媾和条约来结束",这是迄今国际法上的惯例。从这样的惯例来看,韩国的独立是没有前例的。本人保留对是否违反国际法这样一个问题的回答。对前述第②点的追究,久保田回答称:本人从未说过这样的话。对前述第③点的追究,久保田回答称:在占领地区没收公有财产是不会成为问题的,但对私有财产必须给予尊重,这是国际法的原则。因此,虽然很不幸日韩对有关在韩美军"军政厅法令·第 33 号"的解释上意见相左,但日本不能撤回自己的主张。所以,万一"法令"不按日本方面的理解去解释,而是按韩国方面的理解去解释的话,那种解释就违反国际法。对前述第④点的追究,久保田答称:我相信日本接受《波茨坦公告》,并忠实履行了该公告。但是以我之见,该宣言(指其中《开罗宣言》——笔者)的文字是以表达其法律效果为目的的,日本接受的是其法律效果。因此,在个别用词等细枝末节的解释上有可能产生不同的解释。对前述第⑤点的追究,久保田则回答称:本人认为这样的问题是非建设性的问题,因此不想再触及(touch)这些问题,但对此,既不能给予肯定也不能给予否定〔的回答〕。② 后来,在

①　前引外务部政务局编《韩日会谈略记(极秘)》,第 204—205 页。
②　同上书,第 153—156 页。

第 4 轮正式会议上的会谈中，韩方代表金溶植再度进行追究时，久保田贯一郎回答称："那些话是因贵国方面只强调日本对韩国统治的负面影响才说的。也就是说，也有正面影响的意思"。①

10 月 21 日，日韩举行了第 4 轮正式会议会谈。在第 4 轮正式会议会谈中，金溶植对久保田的前述发言，继续加以追究，并进一步追问道："那么，上述发言是官方立场上的发言吗？"对此，久保田答称："当然不是私下所作的发言，是以官方代表的资格所作的发言。但并不是根据政府的训令所作的发言。"②

于是韩国代表金溶植就称："我们努力忘记过去，想尽快建立韩日友好关系，然而在上次举行的第 2 轮'财产及请求权问题委员会'上的会谈中，贵首席代表不仅进行了有问题的发言，而且还努力把错误的发言和见解加以正当化，对此我们感到非常遗憾。本人曾期待过贵方的建设性态度，但贵方始终没有表示其建设性态度。因此，提出如下两项要求。万一该项要求不被日方所接受，我方代表团就不能继续出席会谈。我方要求：①撤回贵方代表所作的 5 项有问题的发言。②贵方明确表明上述发言是错误的。"③

对此，久保田答称："这是在要求全部撤回本人的发言。我认为我们的会谈是平等的外交会议。在国际会议上作为一国的代表，发表见解是很自然的，并且相互吐露有差异的见解也是正常的事情。据我所知没有撤回一国代表所作之发言的先例"。④ 日方拒绝了韩方提出的上述两项要求，于是韩方宣布会谈破裂。

这样，第三次日韩会谈最终因"久保田妄言"导致了破裂。直接引发"久保田妄言"的导火线在于日方提出的"逆请求权"主张，日方提出"逆请求权"主张的深层原因则主要在于当时的日本国家利益——国内经济恢复的需要。当然也不可否认，殖民统治认识问题也是存在的。

日韩会谈破裂以后，日方也曾多次寻求重开日韩会谈的途径。1953 年 11 月至 1954 年 2 月中旬，受日本外相冈崎胜男之托，美国驻日大使艾里逊（John Allison）为重开日韩会谈进行了斡旋，但是并没有获得成功。接着，1954 年春天，被任命为日本驻美大使的井口贞夫，在美国的斡旋下，以

① 前引外务部政务局编《韩日会谈略记（极秘）》，第 158 页。
② 同上书，第 158—159 页。
③ 同上书，第 162—163 页。
④ 同上书，第 163—164 页。

"久保田发言并不代表日本政府的正式见解"，"撤回久保田发言"为前提，就重开日韩会谈问题同韩国驻美大使梁裕灿进行了交涉，但依然未能获得成功。1954 年 7 月至 10 月，日本外务省亚洲局局长中川融和韩国驻日代表部参事官柳泰夏又为重开日韩会谈进行了接触，但是也未能获得成功。① 二战后日韩关系进入了一段最灰暗的时期。

七、日韩两国对会谈破裂的态度与两国各界对"久保田妄言"的反应

第三次日韩会谈破裂的当天，日本外务省情报文化局局长林馨发表声明谴责韩国方面称："韩国方面在请求权委员会上提出与议题无关之问题的同时，故意曲解我方对一些问题的应答，而且也不肯接受我方在两次正式会议上的会谈中所进行的说明。不仅如此，还要求我方撤回所作的发言，承认其错误，并采取若不答应要求则拒绝进行会谈的态度。我方认为我方的说明是正当且充分的……因此，不得不说单方面破坏整个会谈的责任全在于韩国，并对此表示深深的遗憾。"②

第三次日韩会谈破裂以后，日本谴责对方在破坏会谈的同时，准备采取进一步的制裁措施。1953 年 10 月 23 日，吉田内阁召开内阁会议，讨论如何对韩采取制裁措施的问题。副首相绪方竹虎、外相冈崎胜男、保安厅长官木村笃太郎等阁僚聚集在一起，拟制了立即封锁驻日韩国代表部，强制遣送金（溶植）公使及全体工作人员，停止对在日朝鲜人的生活救济，出动武装警备队保护日本渔船等为主要内容的 8 项报复措施。③ 但所幸没有付诸行动。

10 月 28 日，在众议院外务委员会上自由党议员佐佐木盛雄称："虽说〔日本〕是一个被打败的国家，但竟被地球上的一个弱小国家韩国所侮辱也不能采取任何手段，这真是丢尽了日本的丑。我认为这样的呼声作为一般社会舆论及国论也是理所当然的事情。……日本现在粮食紧张。现在〔日本〕

① 前引鹿岛和平研究所编，吉泽清次郎监修《日本外交史·28·媾和后的外交（Ⅰ）·对列国关系（上）》，第 66 页。

② 《日韩会谈的经纬》，〔日〕外务省情报文化局第一课《世界的动向》特集号（6），1953 年 11 月。

③ 〔日〕《朝日新闻》1953 年 10 月 23 日、24 日。

对 60 万朝鲜人、韩国人提供生活救济，尽最大的努力提供着本来就紧张的粮食。……从这一点考虑，我想现阶段是否应该理所当然地考虑对居住在日本的韩国人采取强制遣送措施，或者不然的话对他们（韩国〔朝〕人——笔者）采取其他某种形式的对抗措施呢？"① 第三次日韩会谈破裂以后，作为对抗措施日本加强了对在日朝鲜人的强制遣送处罚，并把大批准备强制遣送的朝鲜人关押在大村、滨松等日本政府出入国管理局管辖的外国人收容所，开始玩起了"人质外交"。

对于导致第三次日韩会谈破裂的"久保田发言"，日本政界和舆论界无论是保守势力还是革新势力，多数都采取了一致支持的态度。会谈破裂的当天，外相冈崎胜男在会见记者时替久保田贯一郎申辩称：久保田贯一郎的发言"只不过是讲了通常情况下都要讲的话"。② 社会党委员长铃木茂三郎认为：日本被李（承晚）政权小看了。③ 胜间田清一则称："顽固者让其孤立起来。〔日本〕需要改变的是，不管什么事情，都只是把韩国作为唯一的外交对手的态度"。④

舆论界，如《朝日新闻》认为："正如政府声明所指出的那样，韩国方面的发言中存在可以认为'故意曲解无关紧要的言辞，单方面全面破坏会谈'的言论，这是非常遗憾的"。⑤《读卖新闻》则谴责韩国称："韩国方面在与财产请求权没有直接关系……的问题上，故意找茬。"⑥虽然不能说日本国内完全不存在批评"久保田妄言"的声音，但与支持该发言的声音相比，批判之声极其微弱。只有《每日新闻》认为"韩国国民的不幸与不满的根本原因在于更深层次的被剥夺独立的怨恨上。那种言论（指'久保田妄言'）是不能在负责的外交场合轻率地说出口的"。⑦ 这说明，在二战后的日本社会中，多么缺乏对日本过去殖民统治及侵略战争的责任意识。

---

① 缩微胶卷《众议院委员会议录（Reel 39）》第一类，第 5 号，临川书店 1992 年 4 月 25 日，《第 16 届国会众议院外务委员会会议录》第 32 号，1953 年 10 月 28 日，第 16 页。

② 〔日〕《每日新闻》1953 年 10 月 22 日。

③ 〔日〕《朝日新闻》1953 年 10 月 21 日。

④ 〔日〕《每日新闻》1953 年 10 月 19 日。

⑤ 〔日〕《朝日新闻》1953 年 10 月 22 日。

⑥ 〔日〕《读卖新闻》1953 年 10 月 22 日。

⑦ 〔日〕《每日新闻》1953 年 10 月 22 日。

　　第三次日韩会谈破裂以后，韩国方面谴责日本称：日本的"言行表明，〔日本〕丝毫没有改变 70 年前帝国主义的侵略本性"。① 与之同时，韩国也进一步强化了与"和平（李承晚）线"相关的立法。1953 年 12 月 2 日，韩国颁布《渔业资源保护法》，规定：在"和平（李承晚）线"以内海域进行渔业作业的人必须获得主管长官的批准，如果违反该项规定则处以 3 年以下徒刑、监禁或处以 50 万韩元以下的罚款，并同时没收其所有或持有的渔船、渔具及捕捞的海产品。由海军舰艇上的军官、士兵及总统指定的公务人员行使司法警官之职务。② 韩国加强了对进入"和平（李承晚）线"以内的日本渔船的缉拿，扣留了被缉拿的渔船和渔民，同样以"人质外交"来应对日本。第三次日韩会谈破裂以后，日韩双方相互责难和报复，使两国关系遭受严重伤害，关系极端恶化。

　　在韩国国内，无论政界还是社会舆论界几乎异口同声地对"久保田妄言"进行了谴责。第三次日韩会谈破裂以后，1953 年 10 月 24 日，韩国国会全票通过了《有关韩日会谈的紧急建议案》。该建议案称："导致韩日会谈破裂的日本政府首席代表久保田的傲慢无礼且荒唐无稽的发言以及日本政府支持该发言的声明，与大韩民国所坚持的善邻友好的外交政策是绝对对立的。"因此，建议"大韩民国政府向国内外阐述上述宗旨的同时，向日本政府正式提出取消（'久保田妄言'）"的要求。③

　　韩国的社会舆论也齐声谴责了"久保田妄言"。1953 年 10 月 24 日，《朝鲜日报》发表社论称："看到日本的这种言行时，坦率地说我们产生了日本究竟准备向何处去的很大的疑问。"同年 10 月 25 日，《东亚日报》的社论则称："这次他们（指日本——笔者）的言行表明，他们丝毫没有改变 70 年前的帝国主义侵略本性。"当时韩国有影响的综合性月刊《新天地》在同年 12 月号的《卷首语》中谴责"久保田妄言"，"再现了过去侵略者的本来面目"。

　　几乎所有的日本人都认为"久保田妄言"，"不过是讲了通常情况下都要讲的话"的时候，在韩国方面则几乎举国一致谴责"久保田妄言"，"丝毫没有改变 70 年前的帝国主义侵略本性"。由此，我们可以再一次清楚地看到日

---

① 社论：《破裂的韩日会谈》，〔韩〕《东亚日报》1953 年 10 月 25 日。
② 〔韩〕外务部编《韩日关系参考文件集》，1958 年，第 159—160 页。
③ 〔韩〕《第 17 届大韩民国国会临时会议速记记录》第 12 号，第 2 页；前引〔日〕高崎宗司著《检证·日韩会谈》，岩波书店 1996 年版，第 62 页。

韩两国在"殖民统治认识"上存在的巨大差异。

第四节　日本的朝鲜半岛政策和日韩两国在会谈中的策略与手段

一、吉田茂内阁的朝鲜半岛政策

　　吉田茂内阁时期日本的对朝鲜半岛政策基本是"两个政府"的政策，亦即"两个朝鲜"的政策。但是，在大韩民国与朝鲜民主主义人民共和国之间要选择哪一个国家建立外交关系的问题上，日本则决定性地倾向了韩国。

　　第二次世界大战后在冷战体制的形成过程中，实现"多数媾和"（事实上的"单独媾和"——笔者），参加以美国为首的"自由阵营"，并推行"对美一边倒"外交政策的日本来说，选择韩国建立外交关系，不仅是占领时期日本"外交"的继续，而且在地缘与国家战略上也都是必然的归结。这种选择与冷战时期日本追求的国家利益也是相一致的。

　　在 1951 年 10 月 20 日举行的日本众议院"和平条约及日美安全保障条约特别委员会"上，日本政府代表外务省条约局局长西村熊雄就日本政府的朝鲜半岛政策发言时称："在这两个政府（'韩国'和'朝鲜'——笔者）中究竟选择哪一个政府作为正统政府是日本最好作为自主而独立的国家加以决定的问题。当然，毫无疑问日本的方针是准备承认联合国大会决议及联合国其他机构承认其为正统政府的韩国政府。"①

　　但是，吉田茂内阁的上述承认韩国政府的政策也存在着明显的保留。吉田茂内阁之所以称：承认"联合国大会决议中承认其为正统政府的韩国政府"，是因为这句话包含两层意思。其一是，承认韩国是联合国承认的合法政府；其二是，根据联合国的决议，韩国实际管辖的范围被局限在北纬 38 度线以南地区。1948 年 11 月 12 日，联合国第三届大会的决议称："在联合国临时朝鲜委员会进行观察且达成协议之地区，在大多数朝鲜人民居住之朝鲜之地区成立了对其行使有效统治与管辖的政府。该政府的成立基于前述朝

---

　　① ［日］缩微胶卷《众议院委员会会议录 Reel 27》第 2 类，第 1 号，临川书店1991 年 12 月 25 日，《第 12 届国会和平条约及日美安全保障条约特别委员会会议录》第 5 号，1951 年 10 月 20 日，第 24 页。

鲜之部分选民自由意志的有效表明，同时，亦基于临时委员会观察之选举。该政府是在朝鲜唯一之这种类型的政府。"① 所谓"联合国临时朝鲜委员会观察之下举行选举的地区"，事实上就是北纬38度线以南的朝鲜半岛地区。吉田茂内阁的上述有限承认韩国政府的"唯一合法"性的政策，此后被历届日本政府所继承，并最终写进了《日韩基本条约》，至今仍对日本的对韩政策和朝鲜半岛政策产生影响。

二、日韩两国在会谈中采取的策略与手段

基于日本政府对朝鲜半岛的上述基本政策，选择韩国为谈判对手的吉田茂内阁的基本政策是：首先，至少在正式场合不公开承认过去日本对朝鲜进行殖民统治的错误。1953年1月6日，李承晚访日时举行的吉田茂与李承晚之间的非正式会谈中，李承晚对吉田茂说"日本应该对40年的朝鲜统治向韩国谢罪"时，吉田茂答称："那是日本军阀干的。"② 吉田茂虽然没有承认日本对朝鲜的殖民统治是"错误"的，但至少可以说承认了日本对朝鲜殖民统治是通过非正常手段进行的。尽管如此，一到正式谈判，吉田茂内阁不仅不承认日本对朝鲜殖民统治的错误，甚至还放出了"久保田妄言"那样的发言和主张。这种发言和主张的背后，除了潜藏着两国在请求权问题上的国家利益上的根本对立以外，还存在着日本是通过"当时国际法及国际惯例上认为正当的方式"取得了对朝鲜的统治权的错误历史认识。吉田茂内阁的这种"不承认殖民统治错误"的政策也被后来的历届日本政府所继承，并始终贯穿于整个日韩会谈过程中。该问题实际上最终也未能获得圆满解决。因此，该问题至今仍时不时地以历史认识问题或民族感情冲突的形式浮现出来，影响着日韩两国关系的正常发展。

其次，在日韩会谈中，吉田茂内阁不顾《对日和平条约》中明确规定在韩日本人财产处理的合法性的事实，向韩国提出了"非理性的不合道理"③ 的对韩国的财产请求权（亦称"逆请求权"）要求，以此来抵消韩国的对日财产请求权或对日索赔要求。在如何对待过去的殖民地韩国向日本提出的财

---

①　前引鹿岛和平研究所编，吉泽清次郎监修《日本外交史·28·媾和后的外交（Ⅰ）·对列国关系（上）》，第22页。

②　[日]《朝日新闻》1953年1月10日。

③　[韩]俞镇午《余话：韩日会谈（52）》，《中央日报》1983年10月29日。

产请求权的问题上，当时吉田茂内阁的基本立场是：日本放弃的在殖民地的公有、私有财产，足以抵消殖民地对日本的各种索赔（claim）要求和补偿要求以后还有剩余，因此，接受遗留在殖民地的〔日本〕公有、私有财产以后，殖民地不要再向日本提出索赔或补偿要求的立场。① 吉田茂内阁在日韩会谈中提出的"逆财产请求权要求"也正是基于上述处理日本与过去殖民地之间请求权问题的基本思路而提出的。其目的是为了保护日本的经济利益。日本的这种"制造出问题"来进行交涉的外交手段，在二战后的日本同其他亚洲国家的交涉中也可以看得到。

再次，在日韩会谈中，吉田茂内阁的另一个谈判战术是利用谈判中自己所处的有利地位，尽量回避和拖延原则性问题和对自己不利问题的会谈，并尽可能地把会谈限制在自己关心的问题上。在会谈中，日本还不时地借用国际习惯、国际惯例及国际法来为自己做护身符。在日韩会谈中，吉田茂内阁对自己不利或与己利益相矛盾的日本在朝鲜殖民统治的认识问题、韩国的对日财产请求权问题、归还旧朝鲜籍船舶问题等，采取了尽量回避或消极应付的态度。而对自己当前面对的、亟待解决的在日朝鲜人"国籍及待遇问题"、"渔业及'李承晚（和平）线'问题"等则积极谋求尽快解决，并为此不惜把这些问题与日韩会谈割裂开来，单独加以解决。

第四，在第一次日韩会谈中的"船舶委员会"上的会谈中，吉田茂内阁首次提出了由日方提供"无偿赠与"的方式解决日韩之间的船舶问题的方案。在此后的会谈中，日方又进一步向韩方提出了以"无偿援助"和"经济合作"的方式解决日韩之间悬案问题的建议，并且事实上也以这种方式最终达成了日韩之间的妥协。这种在会谈中尽可能避开法律上的责任与义务，以"经济合作"、"无偿援助"、"赠与"等方式处理战争善后问题是日本在处理同亚洲其他国家之间的战争遗留问题时也惯常采用的手段。但这种以"经济合作"、"无偿援助"、"赠与"等方式解决战争善后问题的方法，却往往混淆了人们的视听，掩盖了问题的本质，日本应尽的法律上的责任与义务到头来往往变成了日本的施惠。获得日本"经济合作"、"无偿援助"和"赠与"的亚洲日本侵略战争的受害国，到头来还要感谢日本的"合作"与"援助"。日本通过这种"经济合作"、"无偿援助"和"赠与"的方式，不仅在经济上

---

① 〔日〕外务省·外交史料馆《外交记录缩微卷第 7 次公开》B'4.0.0.1（25.1—25.10）《对日和平条约关系·准备研究关系》（B'—0008—0743—6）第六卷，第 281-282 页。

捞到了实惠，而且在政治、外交方面也捞到了"经济合作"、"经济援助"大国的美名。

最后，在日韩会谈中，吉田茂内阁曾经企图通过同"这个地球上的弱小国家"韩国的谈判，为今后日本同亚洲其他各的战后处理外交开创对自己有利的"先例"。吉田茂想"从韩国开始着手进行战后日本对亚洲各国的睦邻友好外交"的意图就在于此。但是，韩国方面的、出乎预料之外的强硬的态度，使吉田茂政权的如意算盘未能得逞。

另外，吉田茂内阁时期，日韩会谈的一个重要特点是美国的直接斡旋。吉田茂内阁时期举行的4次日韩会谈（包括"预备会谈"）中，美国为了完善其东亚战略，试图以某种形式把日韩两国连接起来。但是，已经把战略重点放在日本的美国，在有关日韩会谈的斡旋中采取了尽可能扶持和袒护日本的利益（至少在客观上），抑制韩国的主张和要求的政策。美国的上述态度使韩国在会谈中陷入更加不利的地位。

在日本吉田茂政权时期的日韩会谈中，刚刚独立的、实力弱小的韩国，面对美国对日政策的转变、朝鲜战争的爆发、国内政治经济的混乱等诸多不利因素，在会谈中采取了试图利用美国的影响力，尽可能一揽子解决日韩之间的悬案问题的策略。但是，由于美国采取扶持和袒护日本的政策，韩国李承晚政权的借助美国影响力解决日韩之间悬案问题的政策遭到了彻底失败。于是，韩国便设置"和平（李承晚）线"来对抗日本。这虽然一时达到了迫使日本举行会谈的目的，但同时也进一步加深了双方的冲突和对立。单方面在公海设置利益线的做法也损害了其他周边国家的利益。

在日韩会谈中韩国过分拘泥于过去的感情，在外交上缺乏应有的弹性和灵活性，错过了以对自己有利的方式解决个别问题的时机。如，错过了解决在日朝鲜人"国籍及待遇问题"、"船舶问题"等的机会。拖延时间对韩国来说越来越不利的情况下，错过达成妥协的机会，即意味着外交上的失败。

三、日韩会谈破裂的原因

吉田茂内阁时期举行的第二次日韩会谈和第三次日韩会谈没有取得像样的成果的情况下，由于东亚国际形势的变化、"久保田妄言"等原因，或不得不休会、或导致了会谈彻底破裂。这两次日韩会谈的共同特点都是，在韩国加强对进入"和平（李承晚）线"的日本渔船的缉拿的情况下，日本政府迫于国内渔业界及相关行业的压力而举行的。日韩之间的渔业冲突，貌似起因于"和平（李承晚）线"，其实其背后潜藏着日韩渔业方面的国家利益的根本对立和冲突。日韩之间的渔业冲突，某种程度上也可以说是世界海上大国、强国与第三世界弱小海洋国家之间海洋利益冲突的一个缩影。"和平（李承晚）线"也在某种程度上代表着二战以后从美国开始掀起的海洋资源保护和管理的浪潮和中小国家分割海洋、保护本国海洋利益的浪潮。

从这一点来说，尽管日韩都是从各自的国家利益出发，主张各自的海洋权益，但是韩国代表的是二战以后国际海洋认识发展的新趋势和新理念，而日本主张的"公海自由"、"公海渔业自由"的理念，显然是越来越落伍于时代的旧的观念。日韩在渔业问题上的国家利益冲突，以新旧海洋理念冲突的形式表现了出来，并最终以逐渐认同新的海洋理念的形式得以解决。

导致第三次日韩会谈破裂的"久保田妄言"，是在"财产请求权问题委员会"上的会谈中，在讨论日本在韩财产的处置是否得当的问题时发生的。该发言，从表面上看是日本对朝鲜半岛殖民统治的认识问题，而且绝大多数日本人也认为该问题与财产请求权问题无关，是韩国人拿无关紧要的问题找茬。但是这种貌似"无关的问题"为什么会在"财产请求权问题委员会"上讨论日本在韩财产的处置问题时发生呢？这是值得思考的问题。实际上，"日本对朝鲜半岛殖民统治的认识"问题上的日韩两国的分歧背后深藏着的依然是两国国家利益的矛盾、对立和冲突。在 20 世纪 50 年代初，在吉田茂内阁竭尽全力的努力下，以及在朝鲜战争"特需"的刺激下，日本好不容易实现了经济的初步"稳定"。在这种情况下，吉田茂政权不可能在日韩会谈中接受韩国方面提出的庞大的财产请求权要求，把日本战后"复兴与重建"中迫切需要的宝贵外汇，用来支付韩国的对日财产请求权。而打算把从日本获得的"赔偿金"或"补偿金"用于独立后的韩国经济复兴及因朝鲜战争而变成废墟的国家之重建的韩国来说，对日财产请求权问题又是关系到韩国"存亡的问题"。[①] 于是，吉田茂内阁放出"久保田妄言"之类的"不能在负责的外交场合轻率地说出口的"言论[②]来刺激韩国，迫使其不得不做出强烈反应，并立刻中止了会谈，这样韩国也就不得不承担了单方面停止会谈的责任。财产请求权及渔业问题上的日韩两国利益的根本对立也是第二次日韩会

---

① ［韩］《东亚日报》1951 年 7 月 20 日。
② ［日］《每日新闻》1953 年 10 月 22 日。

谈无果而终，第三次日韩会谈破裂的根本原因。

　　此外，从当时日本及韩国的国内情况以及当时东亚的国际形势来看，第二、第三次日韩会谈在时间上也并非是最佳时期。这时期，日本的当务之急是经济上的"复兴与重建"。而对韩国来说，第二次日韩会谈时，朝鲜战争尚在进行之中，在李承晚的政治日程表中，日韩会谈并不是最要紧的课题。朝鲜战争结束以后，韩国的当务之急又成了尽快恢复遭受战争破坏的经济。在这种形势下，日韩会谈也不具备达成妥协的客观条件。

第六章 岸信介内阁与李承晚政权的 第四次日韩会谈

第一节 美国对第三世界国家援助 政策的变化与日韩关系

一、美国对第三世界"自由国家"援助政策的变化

20 世纪 50 年代中期开始，东西冷战呈现出了东西两大阵营围绕第三世界国家的经济开发问题展开政治、经济体制竞争的趋向。在这种背景下，美国艾森豪威尔政府，从 1956 年开始，全面、重新审视美国对发展中国家的外交政策，把原来重"军事型"的对外援助政策逐步调整为以"经济开发为中心"的对外援助政策。伴随着美国对第三世界"自由阵营"各国援助政策的调整，美国对韩国的援助政策也开始发生了新的变化。

目前能够看到的最早提出转变美国对韩经济援助政策的文件是，1955年 2 月 28 日，驻韩美军司令哈利（John E. Hull）给驻韩经济协调官伍德（C. Tyler Wood）的一份电文。在该电文中，哈利指出，"塔斯卡（Henry J. Tasca）报告"作为以往对韩经济援助政策的基本文件，"随着形势的变化业已落后于时代"，要求对其进行修正。哈利认为以往的"塔斯卡报告"，在对韩国的援助方面主要着眼于维持西方在韩国的军事力量，鉴于此，哈利希望伍德在制定新的对韩国的援助计划时能够考虑到以下几点：①在相当一段时期，不会再一次发生战斗行为，现在的停战体制将得到长期维持；②1956 年 7 月到 1960 年 7 月，分阶段地把现有 72 万人的韩国军队削减到 35 万人；③1956 年会计年度内实现日韩关系正常化为前提，

制订长期经济计划。① 哈利建议的具体落实情况，尚不清楚，但是哈利的电文却反映了美国国内正在抬头的对韩政策的转变趋向。1955 年 10 月，为了重新审视美国的对外经济援助政策，美国政府派遣由副国务卿赫韦尔（Herbeh Hoover Jr.）和国际合作局局长霍利斯特尔（John B. Hollister）负责的调查团，对包括韩国在内的东亚各个国家和地区进行了考察，并以这次调查结果为依据，以美国国务院及国际合作局的事务级官员为中心，开始具体审查美国对东亚第三世界"自由国家"的援助政策。

二、美国着手调整对韩国的援助政策

"1956 年是结束与救济和复兴相关的对韩经济援助计划，开始进入发展经济阶段的一年"。② 1956 年 7 月，美国几乎同时调换了驻韩大使和在韩经济协调官，派道林（Walter C. Dowling）和沃恩（William E. Warne）分别出任了新的驻韩大使和在韩经济协调官。同年 7 月 14 日到任的驻韩大使道林，很快就着手审查以往美国对韩国的政策，同年 10 月 25 日，向国务院递交了长篇的审查结果报告。

道林在报告中首先指出：美国对韩国的政策面临了重大的转折。美国以往的对韩政策已达到了在军事上增强阻止北朝鲜侵略的韩国军事力量、在经济上对战灾进行复兴和救济的初期目标。但是，与之同时，以"经济开发"为中心的、"新的复杂问题"也随之抬头。因此，美国的政策重点必须放在"不削弱国防力量"的前提下，如何着手解决逐渐明显的"韩国国内的政治经济难题"上。但是，在对韩国的援助业已趋向削减，且又不能指望美国为韩国经济开发提供新的财源的情况下，只能在"美国及韩国能力所及的范围内，寻求解决问题的对策"。为此，必须加紧审查和调整美国在"政治、军事、经济等各方面"对韩国的政策。

道林提议：首先，在政治上，除目前推行的和平统一、政府功能合理化、揭发不正当行为的政策之外，还应把重点放在防止乱用警察权力和促进

---

① ［美］Hull to Wood, February 28, 1955, RG 218, *JCS Geographic Files*, 1954—56, *box25*, NA。李钟元《艾森豪威尔政权的对韩政策与日本（三）》，［日］《国家学会杂志》，1995 年 1、2 月号。

② ［美］Seoul to DOS, Embdes 481, "Annual Economic Review, ROK, 1956" May 21, 1957, 895B.00 / 5—2157, *RG59*, *Decimal File*, 1955 — 59, *NA*。前引李钟元《艾森豪威尔政权的对韩政策与日本（三）》。

民主主义方面。其次，在军事方面，在维持驻韩美军现状的同时，大量削减
韩国军队的兵力。道林指出，以往对韩国的援助大部分用于填补韩国国防预
算，这成为经济开发的很大障碍。道林提议，把现有的韩国军队削减到 10
个师团。道林说："我们并不是在轻率地提出削减兵力的方案，摆脱现在我
们所面临的财政及经济上的困难的途径只有这一条。"再次，在经济方面，
道林主张在韩国推行重点着眼于长期经济开发计划的经济援助"新战略"。
作为具体提案，道林主张对韩国政府的财政、金融政策进行改革，减少政府
对经济活动的介入，积极诱导外国民间资本到韩国进行投资，培养以中小企
业及第一产业为轴心的出口产业，并设立长期开发银行。在报告中，道林还
强调了"为了扩大韩国的出口，实现对日贸易正常化"的重要性。[①]

　　1956 年 7 月 1 日，到韩国赴任的经济协调官沃恩，对韩国经济进行一
段考察之后，也于同年 11 月，向华盛顿报告称："过去三年的援助政策主要
局限于救济、原材料的进口、战灾的复兴、军事预算的填补方面"，可是现
在为了实现韩国经济的"自立"，"增加对生产设备的投资是重要"的。在不
得不削减援助总额的今天，留给美国政府的选择只有三种，或则减少投资部
门，或则削减军事支出，或则继续推行赤字财政政策。沃恩特别强调了削减
军事支出的必要性。

　　1956 年 12 月，兰塔尔（Clarence B. Randall）对外经济政策会议主席
访问东亚地区。借此机会，沃恩向兰塔尔提出了更加系统的有关韩国经济
问题的备忘录。沃恩在其备忘录中称：维持军备支出"占 GNP 的三分之
一以上，占岁出的 50%，占政府的国内岁入的三分之二以上"的"异常
庞大的军事力量"，这对韩国经济是一个沉重的负担，它导致了慢性通货
膨胀和生产设备投资的不足。因此，沃恩主张"与长期经济计划相联系，
对美国的对韩军事政策进行'长期艰难的修正'是十分重要的"。和道林
一样，沃恩也认为，美国的对韩政策"正在从战后的复兴阶段向工业化和
经济开发阶段转变"。他强烈要求改变在以往对韩援助中"优先考虑军事
上的必要性"的援助政策。但是，作为削减军费的附加条件，沃恩强调了
加强日韩关系在重建韩国经济方面的重要性。沃恩认为，目前韩国所面临

---

　　① ［美］Dowling to DOS, Embdes 128, "Broad Evaluation of U. S. Program in Ko-
rea," October 25, 1956, *RG 469*, *Office of Far Eastern Operations*, *Korea Division*,
Korea Program Files, *1953—1957*, *box 1*, *WNRC*。前引李钟元《艾森豪威尔政权的
对韩政策与日本（三）》。

的基本问题，起因于"韩国在文化、经济等方面同远东隔绝，过分依赖于美国"。所以他主张，从长远看美国应该把其政策重点转向"韩国同远东经济一体化"的方向上。特别是，美国必须为目前处于胶着状态的日韩关系寻找突破口，为促进"区域合作"，发挥具体作用。① 美国政府官员的上述提案，在当时尚未马上体现在美国政府的正式外交政策上，不过它却反映了美国政府的基本政策趋向。

三、梅西报告与美国对韩政策的调整

1956 年 9 月 18 日，美国预算局国际处处长梅西（Robert Macy）受美国国家安全保障会议的委托访问了韩国。梅西访韩是美国政府重新调整其对外援助政策的各项工作中的重要一环。从 1956 年 9 月 18 日开始，大约利用一个多月的时间，梅西对韩、日两国进行实地考察之后，于同年 10 月 25 日，向华盛顿提交了考察报告。

梅西在报告中指出，美国现行的对韩政策，依然基于韩国处于"战争状态"这样一个假设之下，根本没有反映出朝鲜停战以后的形势变化。但是，上述假设却导致了极大的混乱。这种混乱集中体现在韩国军队的兵力水准问题上。如果韩国军队的使命仅仅是为了防卫韩国和确保国内治安，那么现在的兵力规模过于庞大。相反，如果是为了单独防御全面进攻，那么，必须进一步加强同北朝鲜的空军力量相比尚处于劣势的以韩国空军力量为核心的韩国军事力量。美国应重新考虑对韩国军事力量的政策目标，并加以明确这一政策目标。这是美国决定对韩政策的先决条件。

梅西基于对日、韩两国的观察和实地调查认为，预计一两年内中国军队将从北朝鲜完全撤退，在有关韩国防卫方面美国所作的保证没有改变的情况下，北朝鲜再一次单独发动战争的可能性"几乎不存在"。目前朝鲜正倾全力进行国内经济建设，并把武力统一朝鲜的政策转向了通过韩国内部的革命完成统一的路线。因此，梅西建议，把美国对韩政策的前提，从"战时状态"转向"平时状态"。梅西指出，考虑到韩国国内的形势，如果不尽快采

① ［美］CFEP，"Report on Foreign Economic Policy Discussions between U. S. Officials in the Far and C. B. Randall and Associates," December 1956，*CFEP*, *Office of the Chairman Records*，*Randall Series*，*Trips Subseries*，*box2*，*Ddel*。前引李钟元《艾森豪威尔政权的对韩政策与日本（三）》。

取"适当的对策"，"两三年内有可能抬头更加左翼的运动"。因此，形势迫切需要美国尽快转变政策。

基于以上认识，梅西在报告书中建议：①把对韩政策的重点，从"国防"转向"应对国内情况"；②推动以中小企业为中心的经济开发，与之相联系，加强日韩之间的经济关系；③明确韩国军队的使命与目的，设定适当的兵力水准。特别值得注意的是，在报告书中，梅西把韩国的长期经济开发问题与加强日韩关系紧密联系起来，指出："没有同日本这样的工业强国的紧密结合，就不可能指望韩国的发展。"梅西高度评价韩国国内在野党及执政的自由党内一部分人要求扩大对日贸易的主张，并认为如果有必要的话，也应对李承晚本人施加影响，迫使他作出"最终解决"日韩问题的决断。[①]

梅西的上述政策建议和构想，后来也逐步反映在美国对韩国的援助政策上，对以后日韩两国关系的发展及日韩会谈产生了不可忽视的影响。

第二节　鸠山一郎内阁"推进同共产圈外交"与日韩关系

一、鸠山一郎内阁的上台与日本对内外政策的调整

1954 年 12 月 7 日，吉田茂内阁宣布退阵，10 日，日本民主党总裁鸠山一郎上台执政，组成鸠山一郎内阁（1954.12.10—1956.12.20）。[②] 早在二战前鸠山一郎已经是日本国内小有名气的政客。二战后，鸠山一郎继续投身政界，1945 年 11 月 9 日，联合 43 名国会议员成立了日本自由党，并成为该党总裁。1946 年 4 月 10 日举行的第 22 届大选中，日本自由党一跃而成为国会第一大党。正当鸠山一郎踌躇满志地准备组织下一届内阁的

①　Macy, "Report on Korea," October 25, 1956, *OSANSA*, *OCB Series*, *Subject Subseries*, *box 3*, *Ddel*; Parsons to Robertson, "Robert Macy's Robert on Korea," November1, 1956, *FRUS*, *1955 - 1957*, VOL. 23, pt. 2, pp. 340 - 341. 前引李钟元《艾森豪威尔政权的对韩政策与日本（三）》。

②　1955 年 11 月 15 日，自由党与民主党合并，成立"民主自由党"，简称"自民党"。鸠山内阁也因此变成战后第一届自民党内阁。

时候，由于二战前及二战时鸠山一郎存在同日本法西斯主义势力同流合污的嫌疑，所以 1946 年 5 月 4 日，被盟军革除公职。于是经日本自由党内部的调整，决定邀请非党内人士吉田茂出山，担任日本自由党总裁，鸠山一郎不得不同吉田茂签订全无任何法律保障的"君子协定"，把已经到手的政权拱手让给了吉田茂。在该"君子协定"中吉田茂承诺：等"革除公职"的处罚解除以后吉田茂再把政党和政权奉还给鸠山一郎。但是，等鸠山一郎的"革除公职"的处罚解除以后，向吉田茂索要自由党总裁位置和政权时，吉田茂拒不履行"君子协定"，交出权力。① 因此，解除处罚后鸠山一郎又不得不另行组织民主党，准备从吉田茂的自由党手中重新夺回政权。由于上述原因，鸠山一郎和吉田茂之间存在宿怨，两人关系多有不睦。所以，如愿以偿地夺取政权以后，鸠山一郎也在政见和对内外政策上同吉田茂谨慎地保持一定距离，提出了具有鲜明的鸠山一郎内阁特色的"修改宪法"、"重整军备"、"推进同共产圈外交"等吉田茂内阁所不为的内外政策纲领。正因为如此，鸠山一郎内阁上台以后，也改变了吉田茂内阁在改善日韩关系方面的消极态度，在改善日韩关系问题上表现出了一定的积极态度。当然，这种政策调整，不单纯是个人关系的原因，更深层次的原因在于日本国家利益的需要。

二、鸠山一郎内阁成立初期日本的对韩态度与日韩关系

鸠山一郎内阁成立以后不久，1954 年 12 月底，鸠山一郎首相通过韩国的通讯社，致信韩国民众，坦率地表明了"建立日韩两国民族的友好关系是实现亚洲和平的不可缺少的重要条件，在充分理解和尊重相互立场的基础上处理两国之间的关系"② 的立场。鸠山一郎内阁的上述态度，受到了韩国方面的欢迎。从 1955 年 1 月底开始日韩两国通过一些途径进行了非正式的接触。1 月底至 3 月末，日本外务省顾问谷正之大使和韩国驻日代表部公使金溶植二人前后举行了七次非正式的交涉。在交涉过程中，为重开日韩正式会谈，双方围绕"日韩修好条约案"、"日美韩之间的互不侵犯共同宣言案"等

---

① 鸠山一郎著《鸠山一郎回忆录》，上海译文出版社 1978 年版，第 61—65 页。
② [日]鹿岛和平研究所编，吉泽清次郎监修《日本外交史（28）·媾和后的外交（Ⅰ）·对列国关系（上）》，鹿岛研究所出版会 1973 年版，第 66—67 页。

相关议题①展开了讨论。

但是，在外交上强调"日本的独立自主"，主张"自主展开国民外交"的鸠山一郎内阁，②从日本现实的国家利益需要和修正吉田茂内阁的对美"一边倒"的外交政策的必要性出发，提出了改善同社会主义国家的关系，"推进同共产圈的外交"的政策主张。为此，鸠山一郎内阁把恢复日苏邦交，扩大同中国大陆的交流作为其内阁具体的外交施策。在鸠山一郎内阁改善同社会主义国家关系的外交政策的影响下，日本国内也出现了要求扩大同朝鲜民主主义人民共和国（以下简称"朝鲜"——笔者）的经济、文化交流的动向。1955 年 2 月 17 日，日本国际贸易促进会同朝鲜在北京签订了总额为120 万美元的"易货贸易协定"。③同年 2 月 25 日，朝鲜外相南日表示："愿意同日本举行实现通商、文化以及其他关系正常化的会谈。"对此，鸠山一郎发表评论称："我一直主张同所有的国家进行文化及经济交流，这一主张至今没有任何变化。"④日本和朝鲜之间出现的上述改善和发展两国关系的动向，极大地刺激了韩国。

本来，根据本国的实际情况采取措施同社会主义国家改善关系，是日本作为独立的主权国家所做出的理所当然的行为。而且，面对 1955 年 2 月份将要举行的第 27 次总选举，从选举策略的角度考虑，鸠山一郎内阁强调改善同社会主义国家的关系，也是很自然的事情。但是，韩国作为一个在国土和意识形态上都处于分裂状态的国家和作为一个刚刚同"共产主义"进行过殊死战争的国家，几乎谈"共"色变，对日本"推进同共产圈的外交"的行为，采取了一味地排斥、无条件地反对和谴责的态度。

另一方面，在谷正之与金溶植的非正式交涉中，尽管日韩双方都采取极为慎重和克制的态度，并极力避免发生不必要的感情方面的对立和冲突，但是双方在重大问题上的意见分歧始终难以弥合。在非正式交涉中，日方提出"如果韩国在渔业权问题上有意做出让步，那么，日本就有意放弃〔对韩〕财产请求权"。对此，韩国坚持认为"日本对韩国的财产请求权，本来就缺乏能够使其成立的必要的法律依据"，⑤双方在这一问题上依然难以继续缩

　　①　前引鹿岛和平研究所编，吉泽清次郎监修《日本外交史（28）·媾和后的外交（Ⅰ）·对列国关系（上）》，第 67 页。

　　②　［日］林茂、辻清明编《日本内阁史录（5）》，第一法规 1981 年版，第 279 页。

　　③　［韩］《东亚日报》1955 年 2 月 19 日。

　　④　［韩］《东亚日报》1955 年 2 月 27 日。

　　⑤　《卞荣泰外务部长官的谈话》，［韩］《东亚日报》1955 年 3 月 13 日。

小彼此的意见差距。

正在这时，1955 年 3 月 26 日，鸠山一郎首相在日本国会众议院预算委员会上就日本与朝鲜的关系问题所作的发言，使日韩关系进一步陷入了艰难的境地。鸠山一郎在国会发言中称："〔日本〕希望尽可能同所有国家和民族增进友好关系。"① 之后，日本又向韩国表示：日本希望实现日韩邦交正常化，如果对改善日韩关系有利，日本愿意以韩国希望的条件进口 11 万吨韩国产的大米。② 对此，韩国谴责日本对其实行"双重外交"。尽管鸠山一郎内阁利用各种场合一再表示："日本政府的正式立场是首先同韩国实现邦交正常化"，"不会同北朝鲜建立正式的经济、文化交流关系"，③ 但与日方努力改善日韩关系的愿望相反，刚刚有所好转的日韩关系再一次趋向恶化。

三、鸠山一郎内阁"推进共产圈外交"与日韩关系的恶化

实现日苏邦交正常化是政治家鸠山一郎的多年心愿，实现日苏邦交正常化对鸠山一郎来说，既是修正吉田茂内阁"对美一边倒"外交的需要，也是"日本独立自主"地"展开国民外交"，实现其国家利益的需要。鸠山一郎对实现日苏邦交正常化有自己的看法，他从美苏冷战的夹缝中求生存的日本的立场出发，认为"如果美苏爆发战争，那么日本便会成为战场，苏联将立即攻击日本"。因此，认为必须迅速实现日苏邦交正常化。④ 此外，日苏邦交正常化问题，当时也确实成了二战后日本战争善后处理外交中再也不能绕过去的一道门槛。签署旧金山《对日和平条约》而获得独立的日本，急于重返以联合国为核心的战后国际社会，但是，日本要求加入联合国的多次申请，均因苏联的否决未能如愿。日本感到要想重返国际社会，必须首先通过实现日苏邦交正常化来争取苏联的支持。

在冷战形势下，日本同战时盟国的媾和是日本与美国为首的西方盟国之

---

① 前引鹿岛和平研究所编，吉泽清次郎监修《日本外交史（28）·媾和后的外交（Ⅰ）·对列国关系（上）》，第 67 页。

② ［日］《朝日新闻》1955 年 5 月 8 日。

③ ［日］《朝日新闻》1955 年 6 月 6 日、6 月 22 日。

④ 前引鸠山一郎著《鸠山一郎回忆录》，第 128 页。

间的片面媾和。因此，旧金山对日媾和未能完成日本同苏联、中国等国家之间的战争善后处理问题。日苏之间尚存在需要从国际法层面上结束战争状态，恢复邦交，遣返战俘和被扣留人员，解决两国之间的领土问题和渔业纷争问题，签订通商航海条约等一系列亟待解决的问题。因此，鸠山一郎上台以后就宣布"我作为政治家的使命，就在于日苏交涉和修改宪法"。鸠山一郎还特别强调："特别是恢复日苏邦交的问题，希望在我的任期内一定要加以解决。"① 鸠山一郎内阁上台以后，"推进同共产圈的外交"的政策，也迅速得到了苏联、中国等国的积极回应。从 1955 年 1 月 25 日开始，日苏为举行日苏邦交正常化谈判而进行接触，并于同年 6 月 1 日起在英国伦敦开始了正式的复交谈判。②

在鸠山一郎内阁推行的改善同社会主义国家关系的外交政策的影响下，日朝关系也继续趋向缓和。1955 年 5 月 26 日，《在日朝鲜人总联合会》（简称"朝总联"）成立，并获得日本政府批准。6 月 6 日，日本国际贸易促进会为了开辟同朝鲜的贸易关系，决定派贸易代表团访问平壤。③ 7 月 3 日，《朝日新闻》又大量报道了朝鲜外相南日会见《朝日新闻》特派员的内容。据《朝日新闻》的有关报道，朝鲜方面对"在日朝鲜人被强制收容和遭到强制遣送"表示了极大的关心，并要求"日本政府给予在日朝鲜人以国际法上所具有的一切正当的权利"。④ 这表明，随着日朝民间关系的发展，双方关系也开始触及了在日韩国［朝鲜］人法律地位和待遇问题等一些敏感的政治问题。对日朝关系的日趋活跃，韩国方面表现出了深深的忧虑。对此，日方一再声称：日本政府从来没有正式承认过日本民间人士在朝鲜的各种活动，如果日本民间业者与朝鲜之间的日常交涉进入实质性阶段，日本政府准备对此不予以承认。但是与之同时，日方也表示政府对日本民间人士在朝鲜的活动"无法进行禁止"。⑤ 也就是说，日本采取了政府虽然不承认日本与朝鲜之间的正式的官方关系，但也不能完全禁止民间的实质性经济、文化交流的态度。

对日本的上述态度，据韩国学者成滉镛分析："日本政府之所以庇护民

---

① ［日］河野一郎著《正因为是现在，所以才说：河野一郎回忆录》，春阳堂书店 1958 年版，第 5 页。

② 前引鸠山一郎著《鸠山一郎回忆录》，第 196—199 页。

③ ［日］《朝日新闻》1955 年 6 月 7 日。

④ ［日］《朝日新闻》1955 年 7 月 3 日。

⑤ ［韩］《日本外务省亚洲局局长中川融的谈话》，《东亚日报》1955 年 6 月 10 日。

间层次上的同北韩的接触，个中原因首先在于，通过显示与北韩交流的可能性，对围绕重开韩日会谈的一些问题和日本正处于意见对立状态的韩国施加间接压力，以此来软化韩国政府的对日强硬政策。其次，寻找解决在日韩国人问题的某种突破口，即探寻北送的可能性。"① 但是日本政府迫使韩国改变对日强硬政策的意图并没有获得成效。韩国方面指责日本缓和同朝鲜的关系是"对韩国和自由世界的背叛行为",② 并认为"除非出现鸠山一郎政府之外的另一个反共内阁，并在调整两国关系方面表现出诚意",③ 否则日韩关系就没有实现正常化的希望。随着日韩关系的逆转，1955 年 6 月底，美国派其驻日大使艾里逊（John Allison）到首尔进行斡旋，但是由于未能满足韩国提出的"撤回久保田妄言"、"放弃日本的对韩财产请求权"这两项要求，所以美国的斡旋活动没有取得任何成效。

　　1955 年 8 月 17 日，韩国对外宣称"日韩关系已到了爆炸的临界点"。于之同时，针对日本谋求改善同朝鲜关系的行为，韩国对日采取了一系列的报复性措施。其中之一就是，同一天韩国政府通过公报处处长葛洪基宣布："禁止在日侨胞访问韩国"，"禁止韩国人同日本进行贸易，禁止韩国人到日本旅行"。④ 但是，韩国政府的禁止对日贸易的行为并没有起到真正制裁日本的作用，反而伤及了韩国。因为，据当时的日本年度贸易统计，日本的对韩出口仅占其总出口的 1/50，而进口则占日本总进口的 1/200。相比之下在韩国的约 3000 万美元的总出口额中，对日出口约占 50％，在约 1 亿美元的总进口额中，从日本的进口大约在 30％ 到 50％ 之间徘徊。⑤ 在这种贸易结构之下，断绝对日贸易，对日本并没有起到实质性的制裁效果，反而对严重依赖日本市场和商品的韩国经济造成了严重打击。至于断绝人员往来的制裁措施，由于当时韩国方面尚未批准日本人入境，所以也失去了实际意义。

　　韩国政府的另一个对日施加压力的措施就是准备停止使用 ICA（美国国际合作局）资金购买日本商品。8 月 21 日，韩国政府通过复兴部长官俞英昌对外宣布："美国要求韩国从日本购买 4000 万美元的商品，但是我们不能

---

① ［韩］成滉镛著《日本的对韩政策（1800—1965）》，首尔明知社 1981 年版，第 224 页。所谓"北送"是指把在日韩国［朝鲜］人，送回朝鲜民主主义人民共和国。

② 《葛洪基公报处处长的谈话》，［韩］《东亚日报》1955 年 6 月 10 日。

③ ［韩］《东亚日报》1955 年 6 月 15 日。

④ ［日］《朝日新闻》1955 年 8 月 18 日。

⑤ ［韩］《东亚日报》1955 年 8 月 21 日。

同意这一计划。"① 但是，该项施压措施也因遭到美国的反对而作罢。美国的理由是上述措施违反美韩之间此前业已签订的有关 ICA 资金使用方面的协定。

韩国政府报复日本的最后一个措施，也是最强有力的措施就是加强对进入"和平（李承晚）线"的日本渔船的缉拿。仅 1955 年和 1956 年两年韩国就缉拿了 49 艘日本渔船，扣留了 733 名日本渔民。② 韩国政府不仅根据《渔业资源保护法》没收日本渔船和渔具，还对部分日本船员进行了审判，判处了 6 个月至一年不等的徒刑，并处以罚金。对于 1954 年 7 月 19 日以后被缉拿的日本船员，则刑满释放以后继续关押在釜山的外国人收容所。③ 随着韩国方面加强对进入"和平（李承晚）线"的日本渔船的缉拿，日本国内要求解决"李承晚（和平）线"问题的呼声也一浪高过一浪。1955 年 7 月 18 日至 1956 年 6 月 3 日，日本国会通过了 6 项要求解决"李承晚（和平）线"问题和被扣留渔民问题的议案（参见 ［表 6—1］）。迫于国内各方面的压力，日本政府多次要求韩国政府释放被扣留的日本渔船和渔民，但对此韩国政府采取了不予理睬的态度。1955 年 9 月初，韩国政府向日本提出了，如果日本政府释放被其收容的自二战结束之前就开始居住在日本的韩国人，那么，韩国也有意释放被扣留在釜山的日本渔民。对此，1955 年 10 月 12 日，日本政府法务大臣花村四郎向韩国驻日代表部金溶植公使建议，两国同时释放相同数量的被收容人员，但是由于韩国主张全员同时释放，所以双方也未能达成妥协（有关在日朝鲜人的收容情况见 ［表 6—2］）。

与日韩关系的持续逆转相反，日朝关系继续得到了缓和。1955 年 10 月 20 日，在日本国际贸易促进会的帮助下，日本东山物产与朝鲜的国营贸易公司——朝鲜贸易会社在平衡双方进出口的基本原则下签订了双方各自出口 500 万英镑货物的以货易货的贸易协定——《日朝贸易协定》。④ 同一天，日本国会议员古屋贞雄率领一支日本国会议员代表团也访问朝鲜，同金日成首相、金枓奉最高人民会议常任委员长、南日外相等朝鲜首脑就日朝邦交正

---

① ［日］《朝日新闻》1955 年 8 月 26 日；［韩］《东亚日报》1955 年 8 月 26 日。

② 参见本书 ［表 5—3］《被韩国缉拿的日本渔船及船员（1952 年以后）》。

③ 前引鹿岛和平研究所编，吉泽清次郎监修《日本外交史（28）·媾和后的外交（Ⅰ）·对列国关系（上）》，第 68 页。

④ ［日］《朝日新闻》1955 年 10 月 20 日。

常化、日朝通商等问题举行了会谈。① 紧接着 10 月 29 日，又由帆足计为团长的第二次日本国会议员代表团访问平壤，同朝鲜最高人民会议常任委员会副委员长金应基举行会谈，发表了包括举行日朝邦交正常化谈判、尽快履行贸易协定、促使缔结旅游、航空、港湾、通讯等各项协定为主要内容的《共同声明》。②

［表 6—1］　　　　　　1952 年 11 月至 1956 年 6 月提交日本国会的
有关"李承晚（和平）线"问题的议案

通过议案的时间	提交议案的国会委员会	决议案名称
1952.11.29	众议院水产委员会	《关于朝鲜半岛周边公海渔业的议案》
1952.12.5	参议院水产委员会	《关于李承晚线及防卫水域的议案》
1953.9.15	众议院水产委员会	《关于朝鲜半岛周边公海渔业的议案》
1953.10.27	参议院水产委员会	《关于日韩渔业问题的议案》
1953.10.27	众议院农林水产委员会	《关于日韩渔业问题的议案》
1953.11.3	众议院全体会议	《关于促进解决日韩问题的议案》
1953.11.7	参议院全体会议	《关于促进解决日韩问题的议案》
1955.7.18	众议院农林水产委员会	《关于尽快送还被扣留在韩国的渔民等的议案》
1955.7.30	众议院全体会议	《关于扣留在韩国的渔民的待遇及促其尽早送还的议案》
1955.8.19	参议院农林水产委员会	《关于送还被韩国扣留的船员及渔船等的请求》
1955.12.14	众议院全体会议	《关于日韩问题的议案》
1955.12.16	参议院全体会议	《关于日韩问题的议案》
1956.6.3	众议院农林水产委员会	《关于送还被韩国扣留的船员及渔船等的决议》

资料来源：［日］鹿岛和平研究所编，吉泽清次郎监修《日本外交史（28）·媾和后的外交（Ⅰ）·对列国关系（上）》，鹿岛研究所出版会 1973 年版，第 54—55 页。

对日本国内的上述扩大日朝之间贸易和文化交流关系的举动，日本外务省和日本内阁都分别召开会议，对此做出了一概不予承认的决定。但是，依然难以消除韩国方面的愤怒情绪。加上在相互释放被扣押人员问题上双方的

---

① ［日］《朝日新闻》1955 年 10 月 21 日。
② ［韩］《东亚日报》1955 年 11 月 1 日。

立场对立以及 1955 年 11 月 2 日，日本宣布停止进口韩国生产的海苔而造成的负面影响等叠加在一起，日韩关系恶化到了极点。

此时，正值韩国周边海域的渔汛期，韩国加强对日本渔船的缉拿的同时，1955 年 11 月 17 日，通过联合参谋本部发表声明称："如果日本渔船继续侵犯'和平（李承晚）线'，必要时将开炮击沉它。"①

[表 6—2]　　　　　受强制遣送处罚的在日朝鲜人的送还
与在大村收容所收容的在日朝鲜人

区分 / 年度	送还		在大村收容人员	区分 / 年度	送还		在大村收容人员
	集团送还	其他送还	到年底为止		集团送还	其他送还	到年底为止
1950.12	955	0	231	1956	0	664	1655
1951	2170	2	541	1957	0	1074	1736
1952	2298	22	510	1958	1003	799	1113
1953	2587	126	435	1959	0	998	1133
1954	837	185	1356	1960	1431	1159	139
1955	707	455	1719	1961	554	962	304

资料来源：［日］鹿岛和平研究所编，吉泽清次郎监修《日本外交史（28）·媾和后的外交（Ⅰ）·对列国关系（上）》，鹿岛研究所出版会 1973 年版，第 59 页。

韩国方面的上述强硬态度反过来又刺激了日本国内的舆论。日本一些政党和渔业界人士谴责韩国的上述声明是"挑拨战争的行为"，要求政府出动海上自卫队保护日本渔业生产，断绝日韩经济往来，查封韩国驻日代表部。② 但是，日本政府把韩国的对日强硬态度解读为，为即将在第二年举行的韩国总统选举所做的政治上的准备，对此并没有采取进一步的对抗措施，转而寻求美国的仲裁和斡旋。③ 1955 年 12 月 1 日，在众议院预算委员会上鸠山一郎首相表示"从一开始就没有武力解决的意图，可以通过协商加以解

---

① ［韩］《东亚日报》1955 年 11 月 18 日。

② ［韩］《东亚日报》1955 年 11 月 29 日。

③ 前引成滉镛著《日本的对韩政策（1800—1965）》，第 228 页。

决，而且也是必须通过协商加以解决的问题，希望尽快消除武力加以解决的论调"。①

随着日韩关系的持续恶化，美国特别担心"日韩之间发生兵戎相见的事态"，并认为"远东最信赖的两个盟国之间发生武力冲突是极其重大的问题"。因此，美国五角大楼（国防部）声称，如果真的发生日韩之间的武装冲突，美国第七舰队将不得不介入冲突。② 1955 年 12 月 6 日，美国国务卿杜勒斯在会见记者时就"李承晚（和平）线"问题也发表谈话，称："美国一直都在为友好地解决这一问题而努力。"第二天，杜勒斯又派副国务卿助理罗伯特逊会见韩国驻美大使梁裕灿，表明了美国调解和仲裁日韩关系的意图。③ 但是，由于美国的调解意见给韩国人以"美国过于袒护日本"的印象，④ 所以美国的仲裁也未能取得成效。

在这种情况下，1955 年 12 月 6 日，日本鸠山一郎内阁召开有关日韩关系问题的内阁成员恳谈会，确立了如下处理日韩关系的基本方针，即①和平解决日韩关系，并为此进一步要求美国给予协助；②为了尽快救出被收容在釜山收容所的日本渔民，可进一步考虑政治解决大村收容所的问题；③试图全面解决包括"李承晚（和平）线"在内的日韩之间的各项悬案⑤。鸠山一郎内阁还修订《被缉拿渔船乘组人员救济费补助金交付纲要》，提高了发放给被扣留人员的政府补助金额度。

四、日韩两国相互释放被扣留人员的交涉失败与"北送问题"⑥ 的浮现

1955 年 12 月 31 日，日本首相鸠山一郎在新年谈话中称："随着'旧金山和平条约'的生效，日本已承认韩国为独立国家，因此，保护条约和合并

---

① 前引鹿岛和平研究所编，吉泽清次郎监修《日本外交史（28）·媾和后的外交（Ⅰ）·对列国关系（上）》，第 69 页。

② ［日］《朝日新闻》1955 年 12 月 2 日。

③ ［日］《朝日新闻》1955 年 12 月 8 日。

④ 前引成滉镛著《日本的对韩政策（1800—1965）》，第 229 页。

⑤ 前引鹿岛和平研究所编，吉泽清次郎监修《日本外交史（28）·媾和后的外交（Ⅰ）·对列国关系（上）》，第 69 页。

⑥ "北送问题"，即把希望返回朝鲜民主主义人民共和国的在日朝鲜人送回朝鲜的问题，此处，为了行文简洁继续沿用了日方的习惯性称呼，并无作者特殊用意。

条约已经失去效力"，并"希望 1956 年成为增强两国之间信赖关系的划时代的一年。"① 与之相配合，日本政府也表示：希望向韩国派遣贸易代表团和友好代表团。日本社会党也提出了向韩国派遣民间代表团的要求。② 鸠山一郎内阁在改善和缓和日韩关系方面再一次发出了善意的信号。

1956 年参加在卡拉奇举行的东南亚条约组织（SEATO）理事会会议的杜勒斯，会议结束以后顺便于 3 月 17、18 日访问日韩两国，并在日韩两国的邀请下，杜勒斯也答应出面调停两国关系。1956 年 3 月 19 日，韩国方面，也为改善韩日关系做出了象征性姿态，这一天李承晚总统破例视察了釜山外国人收容所。③

以上述一系列日韩双方采取的缓和日韩关系的措施为契机和突破口，日本外相重光葵和韩国驻日代表部公使金溶植就日韩两国相互释放被扣留的人员问题进行折中的结果，达成了如下内容的《重光葵—金溶植谅解备忘录》。①韩国政府释放被扣留的刑期已满的日本渔民；②韩国政府接受（二战结束以后偷渡日本的）〔被遣送回来的韩国人〕偷渡者；③日本政府释放从二战结束之前就已居住在日本、且因受到强制遣送的处罚，被关押在大村收容所的韩国人，但是，至于回国还是继续滞留在日本，则基于本人的自由选择。至于具体的释放办法则由日本政府任命的委员和韩国驻日代表部任命的委员进行事务性协商加以解决。④

根据《重光葵—金溶植谅解备忘录》中达成的协议精神，从 1956 年 4 月 10 日开始，日韩双方为相互释放被扣留者开始了事务性会谈。参加本次事务性会谈的日方代表有外务省参事官安藤吉光、外务省亚洲局局长前田利一、法务省入管局局长内田藤雄、法务省参事官平贺健太。韩方代表有韩国驻日代表部参事官柳泰夏和总领事崔圭夏等。为相互释放被扣留者而举行的事务性会谈于 1956 年 4 月 10 日举行了第 1 轮交涉，之后 4 月 25 日又举行了第 2 轮交涉，但是双方交涉很快陷入了困境。使会谈陷入困境的直接原因是，在交涉中，日本法务省官员提出，虽然这次同意释放被关押在大村收容所的韩国〔朝鲜〕人，但是韩国政府必须保证将来也同样接收受强制遣送处罚的韩国〔朝鲜〕人。对此，韩方则认为，这一要求有悖于重光葵和金溶植

---

① 〔韩〕《东亚日报》1956 年 1 月 3 日。

② 〔韩〕《东亚日报》1956 年 1 月 16 日。

③ 〔韩〕《东亚日报》1956 年 3 月 22 日。

④ 〔日〕《朝日新闻》1956 年 4 月 3 日。

达成的谅解备忘录，从而拒绝了日方的要求。

　　但是，使会谈陷入困境的真正原因在于日本外务省和法务省之间存在意见分歧。日本外务省从优先救出被扣留的日本渔民并以此为契机重开日韩会谈，这样一个从大局的角度出发，达成了日韩两国"相互释放被扣留者谅解"。但是，日本法务省却认为①首先要明确关押在大村收容所的韩国［朝鲜］人的国籍；②尚未刑满的韩国［朝鲜］人获释，在国内治安方面也会造成一些问题。另外，从国际惯例的角度看，接受犯法的本国公民是一个国家当然的义务。因此，韩国有必要保证今后继续接受可能被收容在大村收容所的韩国［朝鲜］人。由于日本外务省和法务省之间存在上述意见分歧，所以在日韩有关相互释放问题的事务性交涉中也邀请法务省的相关人员参加了该交涉，结果很快导致日韩双方的意见分歧，使交涉陷入了困境。虽然此后日韩之间还有几次接触，但是，由于日本法务省不肯改变现有的立场，韩国方面也不肯做出任何让步，故而双方没有达成任何妥协。

　　正当日韩两国围绕相互释放被扣留者问题进行交涉的时候，在日韩国［朝鲜］人的"北送问题"又悄然浮出水面。"北送问题"开始浮出水面是从 1956 年 1 月 27 日，葛西嘉资率领的日本红十字会代表团访问朝鲜开始的。葛西嘉资率领的代表团到达平壤以后同朝鲜红十字会代表俞基征（音译）举行会谈，讨论尚在朝鲜的 50 余名日本人的回国问题。在会谈中日方提出了在朝日本人与在日朝鲜人的相互交换护送问题。① 由于当时日本政府采取了不承认"北送"的态度，所以虽然不能同朝鲜方面签订具体的"北送协定"，但是从必要时一定采取一切可能的手段，一定要实现"北送"的角度出发，日本代表团在协商中以"私下好好进行妥协"的态度②同朝方举行了会谈。1956 年 2 月 14 日，日本众议院外务委员会，特邀日本红十字会的有关人士和"朝总联"的干部列席会议，在日本国会史上第一次讨论了在日朝鲜［韩国］人的"北送问题"。据"朝总联"外务部长李起洙在日本众议院外交委员会上证实："60 万在日朝鲜人当中有相当数量人希望返回朝鲜"。"从去年（1955 年）11 月到现在，普通在日朝鲜人希望返回朝鲜的有 1100 人，在大村收容所被收容的朝鲜人当中有 71 人希望返回朝鲜，此外还有 120 名残留家属和 130 名希望进一步升学深造的学

----

　　① ［韩］《东亚日报》1956 年 2 月 11 日、14 日。
　　② ［日］《朝日新闻》1956 年 2 月 6 日。

生，希望返回朝鲜。"①

　　具体了解希望返回朝鲜的在日朝鲜［韩国］人数量以后，日本红十字会向国际红十字会发出了要求派代表到日本、韩国、朝鲜具体斡旋在日朝鲜［韩国］人回国问题的请求。对此，国际红十字会通告日本方，国际红十字会 5 月份将派遣两名特别代表去远东②。1956 年 4 月 7 日，国际红十字会还通过日本红十字会副会长葛西嘉资，谴责日本①企图以不允许在日朝鲜［韩国］人返回朝鲜为前提举行日韩会谈；②大村收容所内的希望返回朝鲜的收容者生命正处于危险的境地；③日本政府把韩国国籍强加给从大村收容所释放出来的朝鲜［韩国］人。要求日本政府允许希望返回朝鲜的在日朝鲜［韩国］人返回朝鲜③。但是，鸠山一郎内阁时期，由日本红十字会出面推进的在日朝鲜［韩国］人的"北送政策"始终未能获得日本政府的正式批准和支持。因此，"北送"活动只得以民间自费出国的形式进行，日本政府则对此采取了表面上默认、背后则支持的态度。因为，此时鸠山一郎内阁正倾注全力处理日苏邦交正常化问题，已无暇顾及从日本国家利益的角度看相对次要的"北送"问题和日韩关系正常化的问题。但是，此后"北送"问题上的日韩冲突终于在岸信介内阁时期全面爆发，严重干扰了第四次日韩会谈。

五、日苏邦交正常化与日本政局的新变化

　　1956 年下半年，日苏复交谈判进入了关键性阶段。日苏全权代表之间的事务性谈判已经接近尾声，谈判已到了政治家需要做出政治决断的最后时刻。对日苏谈判过程的前前后后进行一番精心研究之后，已拿定主意的鸠山一郎首相，在国内完成自民党内各派的意见调整之后，以自己的政治生命为赌注，于 1956 年 10 月 7 日踏上了前往莫斯科的航程。经过日苏双方的最后博弈，1956 年 10 月 19 日双方终于以签署《日苏共同宣言》的形式实现了两国关系的正常化。

　　1956 年 11 月 1 日，鸠山一郎首相圆满结束访苏，完成日苏邦交正常化使命之后回国。回国后的第三天，即 11 月 3 日鸠山一郎首相宣布"光荣"

---

① ［日］《朝日新闻》1956 年 2 月 16 日。
② ［日］《朝日新闻》1956 年 3 月 21 日。
③ ［日］《朝日新闻》1956 年 4 月 7 日。

引退。自民党内各派角逐结果，1956 年 12 月 23 日，石桥湛山以极其微弱的多数胜出，成立了石桥湛山内阁（1956.12.23—1957.2.28），其主要竞争对手岸信介则被任命为副首相兼外相。

石桥湛山内阁成立以后，作为新内阁的对外政策，石桥湛山提出了"作为自由主义国家的一员，一方面忠实彻底地同联合国相协调，另一方面决心确立自主外交。强有力地推进同各国之间的经济合作，特别是推进同亚非各国的合作"① 的政策。根据石桥湛山内阁的上述外交政策，在日韩关系问题上，早在 1956 年 12 月 18 日，作为下届首相，石桥湛山就曾明确表示，准备完全放弃日本的对韩财产请求权，② 同年 12 月 23 日，石桥湛山内阁成立的当天，石桥湛山首相还同岸信介副首相兼外相一起举行记者招待会，明确表示准备竭尽全力修复日韩关系，为被扣留在韩国的日本渔民早日获得释放作积极的努力。"可以说，使被扣留的〔日本〕渔民获得释放，成了石桥湛山首相的'第一号公约'"。③

根据石桥湛山内阁上述积极的对韩政策，1957 年 1 月 10 日，外相岸信介会见韩国驻日代表部公使金溶植，表示在取消"久保田发言"，撤回对韩国的财产请求权等方面愿意做出让步。日方做出让步的原因，其一，是为了促使韩国尽快释放被扣留的日本渔民；其二，是根据在外财产审议会的报告，被没收的战前在朝鲜的日本人私有财产的补偿问题已有了大体的着落，④ 日本政府准备通过一项法案，对被没收财产的从海外只身遣返回国的日本人给予一定的经济补偿。1957 年 3 月 22 日，岸信介内阁向国会提交《回国者补偿金法案》，并获得了通过。该法案规定，对从国外遣返回国者每人最多可获得 28000 日元的经济补偿。

但是，石桥湛山内阁尚未把积极的对韩政策付诸实施，石桥湛山首相就病倒了。1957 年 1 月，参加母校早稻田大学举行的庆贺石桥湛山当选首相的露天酒会以后，遇风寒的石桥湛山病情逐渐加重，后发展成为脑中风，出现了语言障碍。同年 1 月 31 日，养病中的石桥湛山首相指名副首相兼外相岸信介代行首相职权，进而，同年 2 月 22 日又正式宣布引退。1957 年 2 月

① 〔日〕户川猪佐武著《岸信介与保守暗斗》〔昭和宰相·第 5 卷〕，讲谈社 1982 年版，第 184 页。

② 〔韩〕《东亚日报》1956 年 12 月 20 日。

③ 〔日〕《朝日新闻》1956 年 12 月 30 日。

④ 〔日〕《日本经济新闻》1957 年 1 月 14 日。

25 日，国会指名岸信介为后继首相，组成了新的岸信介内阁（1957.2.25—1960.7.18）。

第三节　岸信介内阁的积极对韩政策与日韩关系的缓和

一、岸信介内阁的成立及其积极的对韩政策

岸信介内阁成立以后，除新任命石井光次郎为无任所国务相以外，全部留用了石桥湛山内阁的原班人马。岸信介出任首相以后，继续推行了积极的对韩政策。当选首相的当天，在日本政界幕后人物矢次一夫的斡旋下，岸信介与即将出任韩国外务部次官的金东祚会面。会见时，岸信介对金东祚称："我深刻地反省日本过去殖民统治的错误，决心为尽快实现〔日韩〕关系正常化尽最大的努力。希望你无论如何向李（承晚）总统转达我的如是意向。"①

另外，岸信介在"北送"问题上，也表示了慎重的态度。岸信介称："日韩之间存在亟待解决的问题，现在如果同北朝鲜进行交涉，会影响同韩国的关系。"② 岸信介提议向韩国派遣友好代表团，并强调说：日本的现行外交政策"不是李〔承晚〕总统自己想象的那种亲共产主义"的外交政策，希望消除"双方在感情方面的对立"这一阻碍日韩关系发展的重要因素。③

岸信介内阁还确立了，1957 年 6 月中旬，岸信介首相访美之前争取重开日韩正式会谈的时间表。在这一方针之下，岸信介表示："如果有必要，愿意会见金〔溶植〕〔驻日代表部〕公使，也愿意做出政治决断。"④ 1957 年 4 月 30 日，在参议院外务委员会会议上，岸信介针对有关"久保田发言"问题的咨询，答称："我认为应该坦率地撤回它（'它'指'久保田妄言'——笔者），政府做出上述明确的表态，有利于将来顺利进行〔日韩〕

---

①　〔韩〕金东祚著《回想三十年——韩日会谈》，中央日报社 1986 年版，第 92 页。

②　〔日〕《朝日新闻》1957 年 3 月 4 日。

③　〔韩〕《东亚日报》1957 年 3 月 17 日。

④　〔日〕《朝日新闻》，1957 年 4 月 5 日。

两国间的正式会谈。"对日本主张的"对韩财产请求权"问题，岸信介也表示"我并不拘泥于以往我们所坚持的法律方面的解释"。①

岸信介上台以后对韩做出让步，并为重开日韩会谈作积极的努力是有其原因的。首先，使被收容在釜山的日本渔民尽快获得释放，这对岸信介来说不仅是国政问题，而且也是处理选区陈请的问题。② 1952 年 1 月 18 日，韩国在其近海设置"和平（李承晚）线"以来，一直禁止日本渔船在"和平（李承晚）线"内捕鱼，不时地加强了对进入"和平（李承晚）线"进行捕捞作业的日本渔船的缉拿。韩国方面没收被缉拿的日本渔船和捕捞的水产品，并按照韩国国内的司法程序对日本船员进行审判，并判处了徒刑。从 1953 年 10 月到 1957 年 2 月，因侵犯"和平（李承晚）线"被扣留的日本渔船达 130 艘，被扣留的渔民达 1772 人。③

随着韩国方面加强对进入"和平（李承晚）线"的日本渔船及渔民的缉拿，日本国内要求废除"李承晚（和平）线"的呼声不断高涨。自韩国宣布"和平（李承晚）线"以来，日本国会相继通过了 13 次有关"'李承晚（和平）线'的议案"，仅 1955 年就通过了 5 次（参见［表 6—1］），有关渔业界人士和团体也到处展开促使政府尽快解决渔业及"李承晚（和平）线"问题的活动，对政府施加了强大的压力。

从个人的角度来讲，岸信介出生于山口县，是山口县选民选举出来的国会议员，而山口县从事渔业的各界人士又是其重要选票来源。面对预计在 1958 年 5 月举行的众议院选举，为了在未来的选举中取得胜利，岸信介也不得不尽快着手解决"李承晚（和平）线"问题及日本渔民被扣留的问题。对岸信介来说，近 2000 名渔民被扣留在韩国釜山的现实成了不容忽视的重要政治问题。岸信介回忆到，岸信介内阁成立时"同渔船一起被逮捕的数千名日本渔夫被扣留在釜山收容所"，"被扣留在釜山的渔民大部分是山口县人。所以，老家方面也有过尽快让他们回来的陈请。本来从小成长的环境使我们感到韩国与我们非常接近，同釜山的距离不像北海道或青森那样感觉很遥远，而是非常邻近的感觉。因此，处于断绝状态的日韩关系，不仅是渔业

---

① ［日］缩微胶卷版《参议院委员会会议录》〔Reel 54〕，1992 年 10 月 25 日发行，临川书店，《第 26 届国会参议院外务委员会会议录》（第 17 号），第 6—7 页。

② ［日］大日向一郎著《岸政权·1241 日》，行政问题研究所 1985 年版，第 195 页。

③ 李元德《日韩请求权交涉过程（1951—1962）的分析——从日本的对韩政策的角度》，［日］《法学志林》（法政大学），1995 年 11 月号。

人员和〔山口〕县民感到苦恼的问题，从感情上我也感到了对韩国问题必须采取某种措施的必要性"。①

其次，岸信介内阁的积极的对韩政策与其内阁推行的外交政策也是密切相关的。岸信介上台以后，提出了"以联合国为中心、与自由主义国家相协调、坚持作为亚洲国家一员的立场"的三项外交原则，并具体提出了"同亚洲各国睦邻友好、推行经济外交、调整日美关系"的三项外交课题。② 其中，岸信介又把"调整日美关系"，寻求日美"对等或平等的地位"作为其外交的核心课题。③

岸信介重视亚洲的外交是日本寻求同美国的"对等或平等"地位的重要步骤。岸信介回忆道：当时"我判断，提高日本在亚洲的地位，即把日本塑造为亚洲的中心，可以增强我同艾森豪威尔（Dwight D. Eisenhower）会晤，〔同美国进行〕交涉改变日美关系为对等关系时的我的立场"。④ 为了"把日本塑造为亚洲的中心"，岸信介上台以后，于 1957 年 5 月及同年 11 月两次出访了东南亚各国及大洋洲的澳大利亚、新西兰等国家。

当然，改善同近邻国家韩国的关系，恢复日韩会谈的努力也是岸信介的上述"重视亚洲外交"的重要一环。自韩国政府成立以来，美国一直或在明里或在暗里积极斡旋和促使日韩尽快解决两国之间的悬案，建立邦交，以便完善美国在东北亚地区的战略防卫体系。因此，对准备修改"日美安全保障条约"，争取日美"对等或平等"地位的岸信介内阁来说，解决日韩问题也成了不可回避的问题。岸信介内阁之所以以 1957 年 6 月岸信介访美之前恢复日韩正式会谈为目标，积极同韩国方面进行交涉，其中的原因亦在于此。

再次，岸信介内阁的积极的对韩政策与日本国内的经济状况也有密切关系。岸信介上台时，正是日本经济由鸠山一郎内阁时期的"神武景气"转向"锅底不况"（即日本经济运行曲线处于锅底状态，经济运行处于不景气阶段）时期。出现这次经济不景气的重要原因在于，"神武景气"期间过大的生产设备投资，促使资材、原料进口量大增，引起美元大量流失，导致国际收支恶化的结果。为了恢复正常的经济运转，1957 年 3 月 20 日和 5 月 8

---

① 〔日〕岸信介，矢次一夫，伊藤隆著《岸信介回想》，文艺春秋社 1981 年版，第 219 页。

② 〔日〕外务省编《我国外交近况》〔第 1 号〕，1957 年，第 7—9 页。

③ 前引户川猪佐武著《昭和宰相·第 5 卷·岸信介与保守暗斗》，第 180—181 页。

④ 〔日〕岸信介著《昭和宰相·第五卷·岸信介回顾录——保守联合与修订安保条约》，广济堂 1983 年版，第 317 页。

日，岸信介内阁在两次提高官定利率的同时，6 月 19 日，又出台"改善国际收支综合对策"，推行了限制进口，鼓励出口的"建立坚实产业，划时代地增加出口"的经济政策。①

声称"日本外交以联合国为中心，与自由民主主义各国相提携，不采取容共的、中立的立场，进一步发展同亚洲各国的密切关系"② 的岸信介，自然也把向海外开拓日本商品出口市场的眼光，投向了包括韩国在内的亚洲的"自由民主主义各国"。1957 年 6 月 21 日，在美国华盛顿的全美新闻记者俱乐部（National Press Club ）举行的演讲中，岸信介称："日本绝对不会走共产主义或中立主义的道路。我们时常与自由世界相联系。但是日本经济的自立，不能只依靠对美贸易，不能不把眼光投向东南亚。"③ 为此，岸信介呼吁建立"东南亚开发银行"，加强对东南亚经济开发的同时，加快了日本对东南亚的"战争赔款"和"经济合作"的进程。

与对东南亚各国的"战争赔款"一样，日韩之间的悬案问题，作为日本战争善后处理外交的重要一环，成了岸信介内阁不可回避的重要课题。而岸信介内阁推行的，重视同亚洲"自由民主主义各国"的"经济合作"的政策，也恰恰迎合了美国艾森豪威尔政府推行的，为在冷战中最终取得胜利，在自由资本主义各国建立"健全的经济"的"新战略"。④

总之，由于上述各个方面的原因，岸信介内阁对日韩关系采取了积极的向前看的姿态。

二、韩国政局的微妙变化与李承晚政权的对日态度

20 世纪 50 年代中期，随着李承晚独裁统治的加强及韩国国内社会、经济状况的进一步凋敝，反对李承晚独裁统治及其内外政策的呼声逐渐高涨。一些持不同政见的政治家，批评李承晚政权的对日政策"过分拘泥于个人反日感情"，缺乏理性的、必要的妥协与让步，表现出了"其外交〔智慧〕的贫弱"性。⑤ 政界反对李承晚独裁统治的势力还积极谋求"保守大同"，准

---

① 前引户川猪佐武著《昭和宰相·第 5 卷·岸信介与保守暗斗》，第 213 页。
② 同上书，第 205 页。
③ 同上书，第 208 页。
④ 李钟元：《艾森豪威尔政权的对韩政策与日本（一）》，［日］《国家学会杂志》，1994 年第 2 期。
⑤ ［韩］《东亚日报》，1956 年 4 月 4 日。

备筹建新的政党，以便对抗支持李承晚的执政党——自由党。

1955 年 9 月 18 日，韩国右翼的"保守大同派"组建了民主党，并在 1956 年 5 月 15 日的韩国正、副总统选举中，民主党推举的候选人张勉一举当选为韩国副总统。这对于在选举中勉强保住总统职位的李承晚及其执政党——自由党来说是一个很大的刺激。对韩日会谈持积极态度的反对党候选人张勉当选副总统，无疑对李承晚政权的对日政策是一个相当大的考验。

因此，面对岸信介内阁的让步，李承晚也不得不开始认真考虑举行韩日会谈，解决悬案，建立两国邦交的问题。1957 年 2 月 25 日，岸信介会见金东祚以后，27 日，金东祚把会谈内容转告李承晚时，李承晚对岸信介的"日本对朝鲜的殖民统治表示深刻反省"的表态表示非常满意，并称赞说"作为日本人，岸〔信介〕首相是少有的能够正确看待韩国的人"。① 1957 年 4 月，李承晚还说："为了对抗国际共产主义国家的威胁，韩日两国必须在短时间内尽快实现邦交正常化。"② 1958 年 5 月，李承晚在接见访韩的岸信介首相的个人特使矢次一夫时说："对吉田茂这个人，我总觉得有点信不着他。但是，岸〔信介〕君这个人，似乎觉得很好。我想在我们这一代了结韩日相互憎恶的感情。所以，我想今后以岸〔信介〕君为对象致力于改善两国关系，〔解决两国之间存在〕的各项问题。"③ 1960 年 3 月 26 日，迎来 85 岁生日的李承晚，对其亲信、驻日代表部大使柳泰夏说："我无论如何也活不多了长时间了。美国人也在催促尽快了结〔韩日会谈〕。自由党也好在野党也好我都信不着。我想在我活着的时候，今年之内无论如何也要结束〔韩日〕会谈。"④

20 世纪 50 年代中后期，韩国社会经济处于极端凋敝的状态。韩国社会潜伏着社会、政治、经济方面的严重危机，国民挣扎在饥饿与死亡的边缘上，大韩民国成了真正的"大患悯国"。⑤ 20 世纪 50 年代中后期，在韩国总

---

① 前引金东祚著《回想三十年——韩日会谈》，第 92 页。
② 〔日〕《朝日新闻》1957 年 4 月 25 日；〔韩〕《东亚日报》1957 年 4 月 26 日。
③ 〔日〕矢次一夫著《讲述我的浪人外交》，东洋经济新报社 1973 年版，第 44 页。
④ 〔韩〕《韩国日报》1972 年 6 月 24 日。
⑤ "大患悯国"一词，出现在 1958 年 5 月的韩国总选举中，在韩国语中"大韩民国"与"大患悯国"谐音，是在野的民主党抨击李承晚政权的语言，意即"身患重疾苟延残喘的可怜国家"。该词的发明者为郑承汉，后被李承晚政府以违反"国家保安法"罪名投进监狱。参见《邻国——大韩民国》，〔日〕《中央公论》1959 年 7 月号。

人口 2072 万人中，农渔民占 78％，其中 221 万多户农民中，占 43％的 95 万户农民又是耕地不足 5 段的小农。大部分农渔民不管丰歉之年，每年春天都为"春季饥荒"所困扰，每到春季农渔民都以海草、土豆和卖不出去的烂海苔充饥，而且这样的伙食也只能维持一日两餐，其悲惨之状实在是"惨不忍睹"。① 韩国农渔民挣扎在"800 年未曾有的高物价"和"4000 年未曾有的生活苦难中"。② 据韩国《釜山日报》报道，1958 年韩国农民负债总额达 1200 亿韩元，每户农家负债 54300 韩元（当时官定比价为 500 韩元＝1 美元），90％的农户依靠举借年利高达 10％—30％的高利贷度日。

城市市民的生活也好不到哪儿去。据 1958 年版的《大韩年鉴》记载，当时汉城人口是 157 万多人，其中"约三分之一的市民、48 万人是'需要救济的人'"。③ 在韩国 2000 多万人口中，有 850 万劳动力人口，其中完全失业者达 113 万人，半失业者达 260 万人，两项合计 373 万人，占全部劳动力人口的 40％。④ 一般"庶民……即使拼命干活儿，也难以糊口"。⑤

韩国企业的状况也达到了令人堪忧的程度。据 1959 年 3 月 6 日，韩国政府商工部发表的调查资料，1958 年下半年全国 45 种行业团体之下的 5251 个工厂中，完全开工的工厂有 2261 家，占总数的 43.1％；缩短开工时间的有 1465 家，占总数的 27.9％；停工的工厂有 1525 家，占总数的 29％。很多企业因资金困难（占 50.8％）、销路不畅（占 27.7％）、原料不足（占 10.1％）、重税（占 9.6％）、动力不足（占 1.8％）⑥ 等原因处于停产和半停产的状态。

韩国政治和官场也腐败透顶，在政界选举舞弊，猎官活动猖獗，在官场行贿、受贿、贪污公行。

与韩国贫弱的经济基础，痛苦的国民生活，腐败的政界、官场，猖獗的社会犯罪活动形成鲜明对照的是北部朝鲜民主主义人民共和国充满活力的社会经济、政治状况。《朝鲜停战协定》签署的翌月，即 1953 年 8 月，朝鲜政府就制定"经济复兴三年计划"（1954—1956），在"重工业优先，轻工业并进"的方针下，开始了大规模的战后经济的复兴建设。朝鲜政府的"经济复

---

① ［日］《中央公论》1959 年 7 月号。

② 同上。

③ ［韩］《商工日报》1958 年 6 月 4 日。

④ ［韩］《朝鲜日报》1957 年 6 月 17 日。

⑤ ［韩］《希望》1957 年 3 月号。

⑥ ［韩］《韩国日报》1959 年 3 月 7 日。

兴三年计划"，以苏联、中国及东欧国家的资金、技术援助为背景，提前 4
个月顺利完成了计划目标。从 1957 年开始，朝鲜政府又制定"第一个经济
发展五年计划"，提出了工业生产增加 2.6 倍，粮食生产增加 1.3 倍的计划
目标。"经济复兴三年计划"的顺利完成，使朝鲜社会政治稳定，国民生活
安定，经济蒸蒸日上。

朝鲜半岛南北的社会、政治、经济状况出现了巨大的反差，韩国在各
方面明显处于劣势。这时期，朝鲜政府利用政治、经济上的优势地位，向
韩国李承晚政府接连提出了以"经济交流及经济援助，裁减军备"等为核
心内容的各项南北交流及裁军方案，展开了强大的"和平攻势"。从 1954
年到 1958 年朝鲜政府向韩国提出的经济交流、裁减军备等各项方案多达
10 项。[①] 这也迫使李承晚政权从 20 世纪 50 年代后期开始"从对抗国际共
产主义国家的威胁"的角度，不得不认真考虑经济建设和改善韩日关系等
问题。

解决日韩之间的各项悬案，实现两国邦交正常化，尽快同日本进行经济
合作，引进日本资本，改变在朝鲜半岛南北关系中韩国所处的各方面的劣势
地位等问题，被提到了李承晚政权的议事日程。[②]

第四节　岸信介内阁与李承晚政权的
第四次日韩会谈

一、日韩为恢复日韩正式会谈而进行预备交涉

鸠山一郎内阁成立以后，日韩双方为恢复中断的日韩正式会谈，通过各
种渠道进行了多次接触。但是，由于种种原因，日韩始终未能恢复正式会谈
（参见本章第二节）。

石桥湛山内阁成立以后，鉴于日方对日韩关系的积极态度，1957 年 1
月中旬，韩国向日本提出了，以日方撤回"久保田发言"，放弃对韩国的财

---

①　［日］朝日新闻社调查研究室编《南北朝鲜的现状〔下〕——"北朝鲜篇"》，朝
日新闻社 1962 年版，第 46 页。

②　［日］高崎宗司著《检证·日韩会谈》，岩波书店 1996 年版，第 81 页。

产请求权为前提，就"相互释放"① 问题和重开韩日正式会谈问题进行协商的建议。日方很快接受了韩方的这个建议。经日韩双方协商，决定在相互释放被扣留者的基础上，举行第四次日韩会谈。为了避免出现恢复正式会谈以后会谈很快陷入僵局，双方同意尽可能预先在原则性问题上达成一致意见，而后再开始举行正式会谈。于是，日韩开始了举行正式会谈前的预备交涉。②

从 1957 年 1 月底开始，基于上述新的谅解协议，日本外务省亚洲局局长中川融与韩国驻日代表部公使金溶植、参事官柳泰夏并行举行了日韩正式会谈前的预备交涉和"相互释放问题"的事务性交涉。日韩开始交涉之后不久，1957 年 2 月 25 日，日本内阁发生更替，岸信介内阁替代了石桥湛山内阁。

岸信介内阁成立以后，继续采取了积极的对韩政策。岸信介上台以后日韩双方继续围绕"相互释放问题"和恢复日韩正式会谈问题，由日本外务省亚洲局局长中川融、外务省参事官三宅喜二郎、安藤吉光与韩国驻日代表部公使金溶植、参事官柳泰夏继续进行了事务性交涉。后来 1957 年 5 月 16 日金裕泽大使接替金溶植公使以后，又由外务省事务次官大野胜巳与韩国驻日代表部新任大使金裕泽继续进行了相关问题的日韩两国之间的事务级交涉。此外，还通过政界幕后人物矢次一夫与李承晚总统的亲信柳泰夏进行了频繁的幕后交涉。在矢次一夫—柳泰夏的幕后交涉过程中，矢次一夫还频繁地带柳泰夏去见首相岸信介，进行了幕后折中。③ 通过上述接触，基本了解韩国方面的态度和立场的岸信介，在 1957 年 4 月 30 日举行的第 26 届国会参议院外务委员会上，明确了撤回"久保田发言"，放弃对韩财产请求权的日本政府的原则立场。

对日方的积极态度，韩国方面也做出了积极的反应。李承晚总统公开表示"必须尽快寻找机会实现〔韩日〕邦交正常化"。④ 与之同时，李承晚政府为举行日韩会谈又进行了部分人事调整，任命一直参与制定对日政策和参

---

① 所谓"相互释放问题"就是，韩国释放因侵犯"李承晚（和平）线"被扣留在釜山外国人收容所的日本渔民；而日本则释放因触犯日本刑法及偷渡，被收容在大村收容所的韩国公民。

② 前引鹿岛和平研究所编，吉泽清次郎监修《日本外交史·28·媾和后的外交（Ⅰ）·对列国关系（上）》，第 71 页。

③ 前引矢次一夫著《讲述我的浪人外交》，第 43 页。

④ ［韩］《东亚日报》1957 年 4 月 26 日。

与处理韩日问题的金东祚为韩国外务部次官，1957 年 5 月 1 日又任命经济界人士金裕泽为驻日代表部顾问，5 月 16 日又把他任命为驻日代表部大使，并继续留任与日本政界有很多联系渠道的柳泰夏为驻日公使。

1957 年 5 月 20 日，新任驻日代表部大使金裕泽拜会首相岸信介。在会见中，岸信介再一次表明了日方撤回"久保田发言"，放弃对韩财产请求权的立场。此后，日方以 1957 年 6 月岸信介访美之前恢复日韩正式会谈为目标，加快了预备交涉步伐。

受上述日韩两国政府积极态度的影响，日韩两国事务级别的交涉也取得了进展。1957 年 6 月 3 日，日韩事务级交涉虽然遗留下了几个需要进行政治决断的问题，但在"相互释放被扣留者；释放被扣留者以后，一个月之内开始日韩正式会谈；撤回'久保田发言'；撤回日本的〔对韩〕财产请求权"等方面达成了大体协议。[1]

在上述事务级别交涉的基础上，1957 年 6 月 7 日至 13 日，岸信介首相与驻日代表部金裕泽大使进行了 3 次会谈。其结果，在"相互释放问题"的表述上日方做出让步，以韩国方面主张的"释放被扣留在釜山外国人收容所的刑满的日本渔民"而达成了妥协。在恢复日韩正式会谈的问题上，双方同意相互交换日方表示妥善处理韩方提出的取消"久保田发言"、撤回对韩财产请求权要求的照会和韩方表示接受的照会，并同意把 1952 年 4 月 29 日，美国国务院对日韩财产请求权问题所作的解释，作为两国解释财产请求权问题的依据。另外，双方还同意，就此发表共同声明。[2]

以岸信介和金裕泽举行会谈达成的协议为基础，日本外务省和韩国驻日代表部继续进行了相关交涉，并起草了"最终草案"。剩下的就只等李承晚总统进行裁决了。但是，1957 年 6 月 16 日，即岸信介启程访美的同一天，韩国政府以外务部长官曹正焕发表谈话的形式暂缓了总统对"最终草案"的裁可。曹正焕称：韩国代表部与日本外务省之间的"最终草案"，"有几处在技术性问题上尚未达成一致"。[3] 因而，日方准备在岸信介访美之前达成妥协的计划落了空。

李承晚之所以拒绝作出裁决是因为，对"最终草案"中的有关日本撤回

---

① ［日］《朝日新闻》1957 年 6 月 4 日。

② ［日］《朝日新闻》1957 年 6 月 13 日；［韩］金东祚：《日韩会谈》，《中央日报》1983 年 12 月 30 日。

③ ［韩］《东亚日报》1957 年 6 月 17 日。

对韩财产请求权的婉转的表述感到不满。"最终草案"第 4 条，有关日本撤回对韩请求权的条款称："①韩国方面在正式会谈中涉及韩国的对日请求权；②对此，日本方面不加以反对，并为解决该问题诚实地做出努力；③日本方面认为美国有关旧金山对日和约第 4 条的解释方面的立场，并不意味着日韩两国相互放弃财产请求权主张。"

李承晚要求在"最终草案"第 4 条③的最后一段插入"这与完全属于另一个问题的韩国对日本及对日本人的财产请求权要求没有任何关系"的词句。李承晚之所以要求插入上述词句，主要是考虑到，1952 年 4 月 29 日美国向韩国通报的《对日和平条约》第 4 条的有关解释。根据美国通报给韩国的《对日和平条约》第 4 条的有关解释，日本虽然不能主张对韩财产请求权，但是"在韩日本财产被消灭的事实，在讨论韩国的对日财产请求权之际，与其有一定关系"。李承晚试图通过插入前述词句，把"有一定关系"的美国方面的解释改换成"没有任何关系"，从而达到完全封杀主张相互抵消财产请求权的日方法律根据的目的。对此，日本方面表示："即使日本能够放弃对韩请求权主张，也绝不能答应追加这样的词句。"日方的意图在于"日方无论如何也不能接受韩国的对日请求权要求时，利用其婉转的表述，通过重新提出逆请求权主张（即'主张日本的对韩财产请求权'——笔者），可以继续坚持相互抵消的论调"。①

另外，李承晚没有当即作出裁可的原因，有可能是出于对金裕泽大使的越权行为的某种反弹。李承晚任命金裕泽为韩国驻日代表部大使时，曾当众就称："现在不是同日本实现邦交正常化的时候"，"对方无论说什么，只管听着。不要采取任何行动，只管向我报告就是了"。② 但金裕泽到任以后，却在积极推进日韩预备交涉的同时，还亲自同岸信介进行会谈，并最终签署了日韩"最终草案"。这在李承晚看来无疑是一种越权行为。从惩戒越权行为的角度，李承晚也保留了对"最终草案"的裁可。

但是，韩国方面拒绝裁可日韩之间业已达成的协议的行为，显然损害了刚刚好转的日韩关系。日本国内出现了在李承晚的总统任期内无望改善日韩关系的论调。一些被扣留的渔民家属也向岸信介首相提出陈请说："如果这（指'释放被扣留的渔民'——笔者）意味着屈辱的让步，那么，以这样的

---

① 前引金东祚著《回想三十年——韩日会谈》，第 103 页。

② ［韩］金裕泽著《回想 65 年》，合同通讯社出版部 1977 年版，第 286—289 页。

方式使被扣留者获得释放并非是我们所愿"，① 日本国内对韩强硬论开始抬头。另一方面，在韩国也出现了带有感情色彩的对日非难。② 一些人以日方在日韩贸易上毫无诚意为由，要求中断利用美国援助资金进行的对日采购。③

在日韩关系趋向恶化的过程中，1957 年 8 月 20 日，日本外务省亚洲局局长板垣修与韩国公使柳泰夏之间又开始了新一轮的预备交涉。但是，日本方面对韩国方面提出修正"最终草案"的要求，反弹极为强烈。1957 年 7 月 10 日的内阁改造中出任岸信介内阁外相的藤山爱一郎，在同年 8 月 25 日会见记者时明确表示："就到此为止，不会再进行让步。"④ 接着，同年 9 月 5 日，藤山爱一郎还称："日本不能无条件地撤回〔对韩〕财产请求权主张，也不能无条件地承认韩国的〔对日〕财产请求权。"⑤ 同年 9 月 28 日，日方正式拒绝韩国方面的修改要求，日韩预备交涉被迫中断。

另一方面，在"相互释放问题"上，一时趋于沉寂的要求把日韩之间相互释放被扣留者的问题提交国际红十字会进行仲裁的主张再一次兴起。1957 年 12 月 10 日，"国际红十字会"向日韩两国政府提出了"①释放并送回扣留在釜山的日本渔民；②日本在其国内释放，从 1945 年 8 月 15 日以前就居住在日本的，被扣留在大村、滨松收容所的韩国人；③被扣留的韩国人当中，韩国政府原则上接受属于非法入境的，希望回国的韩国人，并由日本红十字会负责制定释放、遣送回国的计划，并对其进行管理和调整"⑥ 的提案。对该提案，日本表示了欢迎的态度，而韩国却拒绝了该提案。日本方面还把"相互释放问题"提交到了国际劳工组织（ILO）。1957 年 11 月，国际劳工组织执行委员会通过了有关相互释放被扣留者的决议案，并把决议案递交给了联合国秘书长和联合国人权委员会。⑦ 日韩关系处于濒临断绝的危险状态。

从 1957 年 11 月下旬开始，为缓和日韩之间的紧张关系，金裕泽大使通过石井光次郎自民党副总裁向日方提出了恢复日韩交涉的要求。于是金裕泽

---

① ［韩］《东亚日报》1957 年 7 月 24 日。
② ［韩］《东亚日报》1957 年 7 月 26 日。
③ ［韩］《东亚日报》1957 年 11 月 5 日。
④ ［韩］《东亚日报》1957 年 8 月 25 日。
⑤ ［韩］《东亚日报》1957 年 9 月 7 日。
⑥ ［日］《朝日新闻》1957 年 12 月 11 日。
⑦ ［韩］《东亚日报》1957 年 12 月 14 日。

与藤山爱一郎外相开始进行接触性会晤，并于 1957 年 12 月初，日韩正式恢复了预备交涉。日韩能够恢复预备交涉的原因在于，同年 12 月初，李承晚总统终于取消了在"最终草案"中插入"这与完全属于另一个问题的韩国对日本及对日本人的财产请求权要求没有任何关系"这样一段文字的打算并同意按原来达成的谅解缔结协议。此后，通过金裕泽和藤山爱一郎之间的前后 3 次会谈，1957 年 12 月 24 日，日韩双方终于达成了正式协议。日韩达成的正式协议包括"共同声明"、"协议备忘录"、"照会"等共 8 个文件，但经日韩双方协商，决定只公布其中的四个文件，即"关于相互释放被扣留者的备忘录"、"取消久保田发言"、"放弃对韩请求权"和"共同声明"。其余"移交文物"等 4 个文件暂时作为秘密不加以公布。①

1957 年 12 月 31 日，有关协议文件的签字仪式在东京举行。但是，举行签字仪式的当天，又经过了一番波折。李承晚总统突然表示，反对公开 1957 年 12 月 7 日的美国政府照会，下令取消原定举行的签字仪式。

所谓的 1957 年 12 月 7 日美国政府照会的产生经纬是这样的。在日韩交涉中，对日本的对韩财产请求权主张感到不满的韩国，再一次求助于美国，要求美国对这一问题进行"善意的解释"。结果 1957 年 12 月 7 日，美国以保留国务卿签字的照会形式，对这一问题向日韩阐述了美国的立场。

美国在照会中称："1952 年 4 月 29 日，递交给韩国驻美大使的书简中，美国国务院对《对日和平条约》第 4 条进行过如下解释。美国认为，根据《对日和平条约》第 4 条（b）款及依据驻韩美军军政厅的有关法令进行的〔在韩日本及日本人财产的〕处理，完全剥夺了日本及日本人在韩国管辖范围内财产的所有权利、权限及利权。根据美国的见解，日本虽然不能对这些资产及与之相关的利权进行有效的主张，但是，美国还认为，上述条约第 4 条（a）款中认定有效的日本人资产的处理，在根据该条约第 4 条（b）款的规定考虑提出与之相关的要求时，是有关联的。"②

美国的这一备忘录基本上沿袭了 1952 年 4 月，美国在日韩请求权问题上的立场。美国虽然否认日本可以对韩国提出有效的财产请求权，但同时也认为，在韩日本财产的处理与韩国的对日财产请求权之间存在某种关系，可以在某种程度上抵消韩国的对日财产请求权。李承晚认为，如果美国的这一备忘录被公布出来，有可能削弱韩国的对日财产请求权主张。因此，作为签

①　前引金东祚著《回想三十年——韩日会谈》，第 106—107 页。

②　〔韩〕元容奭著《韩日会谈 14 年》，三和出版社 1965 年版，第 379—380 页。

署协议文件的条件，要求日方"暂时不公开美国的备忘录"。结果，最终日本接受李承晚的要求，以"暂时不公开美国的备忘录"为条件，1957 年 12月 31 日深夜，日韩在双方协议的文件上签了字。

同一天，日韩共同发表了如下声明："1957 年 12 月 31 日，根据日本国藤山爱一郎外务大臣与驻日代表部金裕泽大使之间进行会谈达成的协议，日本国政府释放从第二次世界大战结束之前开始持续居住在日本国，现被收容在日本的入境者收容所的韩国人；大韩民国政府送还收容在韩国外国人收容所的日本人渔民，并且接收〔日本〕送还的第二次世界大战以后非法入境的韩国人。同时，日本国政府向大韩民国政府通告，日本政府撤回 1953 年 10月 15 日，久保田贯一郎日本首席代表所作的发言，且以 1957 年 12 月 31 日合众国政府所表明的见解为基础，撤回在 1952 年 3 月 6 日，日本国与大韩民国之间的会谈中，日方代表所提出的有关在韩财产的请求权的主张。其结果，日本国与大韩民国达成了从 1958 年 3 月 1 日开始在东京举行全面会谈的协议。"①

日韩签署上述八个协议文件，使第一次日韩会谈以来双方发生尖锐对立的日本主张的对韩财产请求权（亦称"逆请求权主张"——笔者）问题与后来的"久保田妄言"问题获得了解决。不仅如此，日韩还决定相互释放"被扣留者"，使一直影响两国国民感情的"相互释放问题"获得了解决。日韩两国之间的"人质外交"也宣布告一段落。这些问题的解决与岸信介内阁基于日本战略及政治、经济利益而采取的积极的对韩政策以及在交涉过程中对韩国的一定程度上的让步是分不开的。

二、日韩相互释放被扣留者与日本移交部分韩国文物

1958 年 1 月开始日韩双方在东京举行了具体实施"有关相互释放被扣留者的备忘录"的事务性交涉。双方就相互释放的步骤、送还方式等进行了交涉。根据双方达成的协议，截止到 1958 年 2 月 11 日，日本方面释放了被收容在大村收容所的 474 名受强制遣送处罚的在日韩国〔朝鲜〕人，并赋予他们特别在留资格。接着同年 2 月 20 日和 3 月 3 日又相继释放并送还了 249名和 251 名韩国非法入境者。

---

① 〔日〕神谷不二编《朝鲜问题战后资料》（第 2 卷），日本国际问题研究所 1978年版，第 507—508 页。

　　韩国方面，于 1958 年 2 月 1 日和 3 月 3 日分批送还了 300 名和 200 名被扣留的日本渔民。但在事务级别的有关交涉中，由于日方拒绝把希望返回朝鲜的 93 名非法入境者送回韩国，使"相互释放备忘录"的实施出现了波折。在这一问题上，韩国方面采取了把"扣留的韩国人一个人也不能送回北朝鲜，应悉数送回韩国"的立场。① 对此，日本方面则认为"日本虽然有义务把希望返回韩国的朝鲜〔韩〕人送回韩国，但并不负有把全部朝鲜〔韩〕人移交给韩国的义务"。② 日韩双方的立场、观点发生了对立。于是，韩国采取了拖延送回被扣留日本渔民的期限的措施。对此，感到不满的日方，1958 年 2 月 27 日，向韩国方面通报称：在被扣日本渔民的送还问题没有完全获得解决之前，日方难以回应日韩正式会谈。由于上述原因，预计从 1958 年 3 月 1 日开始的日韩第四次会谈被迫延期。

　　日韩在"相互释放问题"上发生对立以后，该问题以 1958 年 3 月 27 日，岸信介首相写亲笔信给李承晚总统，同年 4 月 2 日，李承晚复亲笔信给岸信介的方式得到了解决。于是，日韩决定从 1958 年 4 月 15 日，开始举行第四次日韩会谈。此后，截止到 1958 年 5 月 18 日，韩国方面全员释放并送还了 422 名早该释放的日本渔民。截止到同年 5 月份，日本方面也送还了除希望返回朝鲜的人员以外的 1002 名非法入境的韩国人。③

　　自第一次日韩会谈开始以来，韩国方面一直要求日本归还韩国文物，"对在日本的韩国文物表示了异常的关心"。④ 对此，日方正式决定"移交"部分韩国文物，并于 1956 年 5 月，鸠山一郎内阁时期，把该决定通报了韩国。

　　岸信介内阁上台以后，为日韩会谈创造良好的氛围，决定兑现把部分文物"移交"给韩国的诺言。1957 年 6 月举行的岸信介——金裕泽会谈及此后同年 12 月举行的藤山爱一郎—金裕泽会谈中，日韩双方就"移交"部分文物问题均达成了协议，但是考虑到当时日本国内的情况，"移交"文物的协议暂时作为秘密未加以公布。金东祚回忆道：那是因为，已经公布的"备忘录"就已经足以"使日本的舆论以〔岸信介政府〕对韩国作出了过多的让

---

　　① ［韩］《东亚日报》1958 年 3 月 16 日，柳泰夏公使的发言。

　　② ［韩］《东亚日报》1958 年 3 月 16 日，藤山爱一郎外相在日本国会众议院外务委员会上的发言。

　　③ 前引成滉镛著《日本的对韩政策（1800—1965）》，第 235 页。

　　④ 前引鹿岛和平研究所编，吉泽清次郎监修《日本外交史（28）·媾和后的外交（Ⅰ）·对列国关系（上）》，第 73 页。

步为理由，集中攻击"岸信介内阁的对韩政策了。因此"为了分散舆论的攻击"，没有公布"移交"文物等其他"备忘录"。① 对日方"移交"部分文物的政策，韩国的一些专家呼吁"在会谈中，双方对有关文物归还的原则、品种等没有得出结论之前，即使送来也不能接受，并应该对此加以警惕"。②

但是，第四次日韩会谈开始后的第 2 天，即 1958 年 4 月 16 日，日方向韩国"移交"了在庆尚南道昌宁郡面校洞古坟中出土的、由朝鲜总督府组织发掘，并收藏于东京博物馆的陶制高脚盘 50 个、陶制盖 24 个、陶制深碗 10 个等共计 106 件文物。

对日本向韩国移交文物的举动，日本的《东京新闻》（1958 年 4 月 24 日）及《每日新闻》（1958 年 5 月 13 日）等传媒作了夸张和不实的报道，并责问政府："一般国民感到不可思议的是，日本为了什么必须这样一而再，再而三地进行让步。"③ 对此，1958 年 5 月 31 日，外务省亚洲局局长板垣修在参议院外务委员会上代表政府解释说："韩国方面认为，在日本的〔韩国〕文物中有些是掠夺来的文物。因此，要求全面进行归还。日本方面认为，哪一个都不是掠夺来的，对归还文物的法律依据也存在异议，因此，一直拒绝归还文物。不过在去年的预备交涉中，从今后实现日韩邦交正常化的大局出发，日本政府尽管并不承认归还文物的法律根据，但是，还是从为庆祝韩国独立赠送纪念品的角度出发，出于日本方面的好意做出了赠与若干文物的决定。"④

也就是说，在归还文物的问题上，日本政府采取了不承认归还"有其法律根据"立场。"移交"文物只是出于日本的好意，是为庆祝韩国的独立而"赠与"的"纪念品"。

取消"久保田发言"也罢、撤销对韩财产请求权也罢、"引渡文物"也罢，日本都并非是出于对朝鲜殖民统治的真正"反省"。而是从国家利益的角度出发，日韩双方在邦交正常化问题上的相互利益日趋接近的情况下，日本为调整日韩关系而作出的一种权宜之计。在调整日韩双方关系的过程中，李承晚的对日外交缺乏弹性和灵活性，从表面上看韩国政府获得了日方的很

①　〔韩〕金东祚《韩日会谈》，《中央日报》1983 年 12 月 23、30 日。

②　〔韩〕黄寿永《在日文物的归还问题》，《思想界》1960 年 7 月号。

③　〔日〕《每日新闻》1958 年 5 月 13 日。

④　〔日〕《参议院委员会会议录》（Reel 62），临川书店 1994 年 2 月，《第 28 届国会参议院外务委员会（连续）会议录》（第一号），第 7—8 页。

大让步，是外交的赢家，但是实际上，韩国丧失了外交的主动权，处于被动应付的状态。真正的赢家乃是日本。日本以貌似重大让步的"有限让步"获取了外交的主动权，并达到了日本所要达到的目的。

三、第四次日韩会谈（1958.4.15—12.20）前半期会谈

1958 年 4 月 15 日开始，第四次日韩会谈在东京举行。这是第三次日韩会谈，因"久保田发言"而中断以来，时隔 4 年半以后重开的正式会谈。

在第四次日韩会谈前期，日本方面任命前外务省顾问泽田廉三为日方首席代表，任命井上孝治郎为特命全权大使。任命外务省移住局局长伊关佑二郎、法务省民事局局长平贺健太、外务审议官大隈涉、外务省亚洲局局长板垣修、外务参事官高野藤吉、大藏省理财局局长正示启次郎、农林省水产厅次长西村健次郎、运输省海运局局长粟泽一男等为代表。

韩国方面参加第四次日韩会谈的首席代表是前韩国驻联合国大使林炳稷，代表有：驻日代表部大使金裕泽、公使柳泰夏、参事官崔圭夏、前法务部长官李澔等，后来国会议员张暻根也加入到韩国代表的行列。①

在首席代表的人选问题上，日方颇费了一番心计。日方之所以任命泽田廉三为首席代表是因为，林炳稷在 1951 年 4 月至 1958 年 2 月任联合国大使期间，泽田廉三也在联合国任大使（1955 年 3 月至 1958 年 8 月），两人之间颇有私交。日方的用意在于想利用首席代表之间的上述关系减少会谈中双方在感情上的对立。② 第四次日韩会谈开始时，由于日本政府采取了"从未有过的友好的态度"，③ 所以起初使人产生了会谈可能会出现突破性进展的印象。

1958 年 4 月 15 日，会谈开始的当天首轮正式会议上的会谈席上，韩国首席代表林炳稷致辞说"为自由世界的稳定与统一、为自由世界的建设，应

---

① 前引鹿岛和平研究所编，吉泽清次郎监修《日本外交史（28）·媾和后的外交（Ⅰ）·对列国关系（上）》，第 74 页；[韩] 大韩民国政府编《韩日会谈白书（非卖品）》，1965 年，第 153—164 页。

② [韩] 林炳稷著《林炳稷回顾录——近代韩国外交的内幕史》，女苑社 1964 年版，第 510 页。

③ 前引成滉镛著《日本的对韩政策（1800—1965）》，第 236 页。

在正义、平等、诚实的三原则的基础上推进日韩会谈"。对此，日本首席代表泽田廉三则称："现在是两个兄弟国家并肩走向永久和平道路的时期，应以相互协助的精神进行交涉。"①

1958 年 4 月 17 日，《东亚日报》发表社论，就这次韩日会谈的目的谈道："只有建立韩日邦交，才能建立起韩日中（指'台湾'——笔者）为核心的亚洲各国经济协调机构及军事性共同防御体制，才能在更有效地进行防共的同时，进一步提高生活水平。"为了创造更加友好的会谈气氛，会谈开始的第二天，日本向韩国"移交"了部分韩国文物，日韩相互实施了释放被扣留者的措施（在前面已论及）。

1958 年 5 月 1 日的日韩正式会议上的会谈中，双方就设立各个分委员会的问题举行了会谈。日韩双方在设立"基本关系委员会"、"财产请求权委员会"、"渔业及'李承晚（和平）线'委员会"、在日韩国〔朝鲜〕人"法律地位委员会"4 个"委员会"，及在"财产请求权委员会"之下，设"一般请求权小委员会"、"船舶小委员会"、"文物小委员会"3 个"小委员会"的问题上达成了共识。

但是，日韩在"请求权委员会"的称呼问题上发生了对立。在该委员会的名称问题上，韩国主张，称之为"韩国的对日请求权问题委员会"，日方则主张称之为"财产权问题委员会"。双方的分歧在 1958 年 5 月 6 日举行的日韩正式会议上的会谈中也未能获得解决，双方只好按各自的主张，分别称之为"韩国的对日请求权问题委员会"或"财产权问题委员会"。1958 年 5 月 7 日，第 6 轮正式会议上的会谈中日韩正式设立了上述 4 个"委员会"和 3 个"小委员会"。

1958 年 5 月 12 日，日韩进行了有关会谈议题的先后次序安排问题的讨论。结果双方决定推迟举行"基本关系委员会"的会谈，优先举行有关"请求权问题"和在日韩国〔朝鲜〕人"法律地位问题"的会谈。

在第四次日韩会谈中，韩国方面把会谈的重点放在文物归还问题和"船舶问题"上。而日本则把会谈的重点置于"渔业及'李承晚（和平）线'问题"上。

第四次日韩会谈正在全面进行的时候，1958 年 5 月 19 日，日本国策研究会代表常务理事矢次一夫，以首相岸信介个人特使的身份携岸信介的亲笔信访韩。韩国方面把矢次一夫当做"日本对韩国 36 年殖民统治进行非正式

---

① 〔韩〕《东亚日报》1958 年 4 月 18 日。

谢罪的谢罪使"来看待，对其访韩表示了欢迎的态度。①

矢次一夫号称是日本政界的"怪物"，他作为日韩之间的"非正式接触者"，正式登上日韩关系的政治舞台是 1956 年春天。矢次一夫通过原防卫厅航空幕僚长上村健太郎的介绍结识了与李承晚关系密切的当时任韩国驻日代表部参事官的柳泰夏。柳泰夏后来又相继晋升为驻日公使和大使。② 矢次一夫与日韩交涉结缘时，正是日本政局发生变化的时期。日本内阁从鸠山一郎内阁到石桥湛山内阁，再从石桥湛山内阁到岸信介内阁，内阁像走马灯似地发生了更替。

岸信介内阁的成立为矢次一夫在改善日韩关系方面发挥影响力提供了绝好的舞台。这是因为，早在战前岸信介在日本政府商工省任局长时，矢次一夫就结识了岸信介。岸信介在第二次近卫文麿内阁任商工省次官时开始，两人的关系已经是非常亲密了。正如岸信介在矢次一夫的葬礼上所说的那样，岸信介与矢次一夫具有"近 50 年作为朋友、作为同志"相互交往的很深的关系。③ 岸信介内阁为调整日韩关系，同韩国驻日代表部进行预备交涉时，矢次一夫利用其同岸信介的特殊关系充当了日韩之间的幕后交涉者的角色。在日韩交涉中，矢次一夫频繁地暗中把柳泰夏、金东祚等人领到了岸信介的官邸。岸信介之所以选矢次一夫为其个人特使，也正是因为矢次一夫与日韩交涉、与岸信介有上述密切关系的缘故。

当时，岸信介决心使日韩会谈尽快达成妥协，实现日韩邦交正常化。④ 为此，有必要尽快转变李承晚的对日强硬态度。岸信介认为矢次一夫所处立场比较自由，因此，希望通过李承晚与矢次一夫之间的会谈打开日韩关系的僵局。⑤ 矢次一夫把此事的联络工作拜托给了柳泰夏公使。其结果，收到了

---

① ［韩］《东亚日报》1958 年 5 月 20 日。

· ② ［日］山本刚士《日韩关系与矢次一夫》，《日本外交的非正式渠道》［日］日本国际政治学会编《国际政治》第 75 号，有斐阁 1983 年 10 月。另据矢次一夫的回忆，矢次关心日韩关系是 1956 年 8 月，和石井光次郎自民党总务会长一起访问台湾以后开始的。访台期间，蒋介石提及日韩关系，询问有关情况，这对矢次产生了刺激。矢次回忆道："当时就产生了，连别的国家（指'台湾'——笔者）也都在表示担心，日本政府却装作不知道的样子，这是不是怠慢呢的感觉"。前引岸信介著《岸信介回想》，第 219 页。

③ 前引山本刚士《日韩关系与矢次一夫》。

④ 同上。

⑤ 前引矢次一夫著《讲述我的浪人外交》，第 22 页。

李承晚总统愿意接待岸信介首相派去的使节的回函。① 于是作为岸信介首相个人特使的矢次一夫的访韩问题提上议事日程。

1958 年 5 月 19 日，矢次一夫以岸信介私人特使的身份携岸信介的亲笔信访韩。访韩期间矢次一夫把岸信介首相的亲笔信转交给李承晚的同时，还转达了岸信介首相的"日韩合帮（即指'日韩合并'——笔者）……这对韩国来说也曾是一件令人难堪事情吧"的口信。然后，矢次一夫还附言道："岸〔信介〕首相作为同样是山口县出身的伊藤博文的晚辈，具有为其前辈作善后工作的心愿。"② 在会谈中，矢次一夫还极尽阿谀奉承之能事。③ 矢次一夫以近乎献媚的语言赞扬李承晚总统是"韩国伟大的领导人，同时也是反共阵营中的巨人"，"对与其年龄相比十分健康的神态吃了一惊"等。④

矢次一夫的上述态度，某种程度上软化了李承晚的反日感情，也博取了李承晚对岸信介的好感。李承晚表示："今后以岸〔信介〕君为对象致力于改善两国关系"，⑤ 李承晚还回信表示，欢迎岸信介访韩。

但是，进入 1958 年 6 月份以后，日本的对韩态度开始趋于强硬。原因之一是，在同年 6 月 11 日举行的"船舶小委员会"的会谈中，当韩国方面要求日方归还 75000 吨旧朝鲜籍船舶时，日方要求把因越过"李承晚（和平）线"而遭扣留的 141 艘渔船问题及因侵犯"麦克阿瑟线"而遭扣留的 8 艘渔船问题也作为日韩"船舶小委员会"上的会谈话题。结果，日韩双方意见相左，"船舶小委员会"上的会谈很快陷入僵局，不得不停止会谈。

使日方的态度趋于强硬的原因还有，韩国对日方极为关心的"渔业及'和平（李承晚）线'问题"的会谈采取了消极态度。日韩正式会谈开始以后已过了 4 个多月的 1958 年 8 月 18 日，韩国才派"渔业及'和平（李承晚）线'委员会"的代表张暻根到日本参加会谈。对此，日方极为不满。

另外，还有一个重要的日本国内政治背景是岸信介内阁已顺利渡过了众议院大选和内阁改造的难关。1958 年 5 月 22 日，第 28 届众议院大选中自民党取得国会 287 个议席。由于选举结束后，又有 11 名无所属议员加入自民党，这样自民党在国会的议席达 298 席，比解散前增加了 8 席。同年 6 月

---

① 前引山本刚士《日韩关系与矢次一夫》。

② ［日］矢次一夫《李承晚总统会见记——作为第一号访问韩国的日本人》，［日］《文艺春秋》1958 年 7 月号；［韩］《东亚日报》1958 年 5 月 22 日。

③ 前引成滉镛著《日本的对韩政策（1800—1965）》，第 236 页。

④ ［韩］《东亚日报》1958 年 5 月 22 日。

⑤ 前引矢次一夫著《讲述我的浪人外交》，第 44 页。

12 日，岸信介又顺利完成内阁改组，在自民党和内阁确立了岸信介派主导的党政体制。岸信介在内外政策上开始逐渐推行强硬政策。①

一开始就考虑到 1958 年 5 月的众议院大选和 6 月的内阁改造而着手处理日韩问题的岸信介，已通过对韩的有限让步，取得了"被扣留的渔民获释"、确保选举胜利、进一步稳定政权等预期要达到的政治目的。因此，今后对韩再作大幅度的让步已成为多余。

此外，当时日本国内批评岸信介的对韩让步政策的声音也比较强烈。在 1958 年 6 月 24 日举行的众议院预算委员会上，社会党的今澄勇议员，对岸信介通过矢次一夫捎去日本对韩国的殖民统治表示谢罪的"口信"的行为，进行了追究。今澄勇追问岸信介"这可是你的发言"时，岸信介只好以"那是矢次君个人的见解。到现在为止，我自己从未和矢次一夫讲过那样的看法"② 而搪塞过去。日共中央日韩协会会长田中武雄也批评岸信介的对韩软弱态度，认为"没有必要向李承晚低头承认过去的错误"。③ 也就是说，不管是在执政党内还是在在野党内，都存在着相当大的反对对韩进行让步的势力。

而使第四次日韩会谈陷入僵局的直接原因则出在"相互释放问题"上。在"相互释放问题"上，日本拒绝把希望返回朝鲜的被收容在日本大村、滨松收容所的朝鲜〔韩国〕人送回韩国。1958 年 7 月 6 日，日本以"人道主义"的名义在日本国内释放了扣留 3 年以上的 25 名希望返回朝鲜的被收容在大村、滨松收容所的朝鲜〔韩国〕人。日本的这一举动引起韩国的剧烈反弹，使日韩会谈几近面临中断。为打破僵局，韩国驻日代表部公使柳泰夏与日本外务省事务次官山田久就就上述释放问题举行交涉，结果 1958 年 9 月 13 日，日韩达成了"暂时不把希望返回朝鲜的在日朝鲜〔韩国〕人送回朝鲜"的谅解意向。

正当日韩会谈处于胶着状态时，1958 年 6 月 21 日，日本共产党机关报《赤旗》披露了泽田廉三日本首席全权代表在日韩会谈的政府代表组成的"朝鲜恳谈会"上所作的发言。

据《赤旗》报的披露，1958 年 6 月 11 日举行的"朝鲜恳谈会"上，泽

① 前引大日向一郎著《岸政权·1241 日》，第 153—156 页。
② 〔日〕《众议院委员会会议录》（Reel 80），临川书店 1993 年版，《第 29 届国会众议院预算委员会会议录》（第 3 号），第 7 页。
③ 〔日〕《赤旗》1958 年 6 月 21 日。

田廉三说："把三八线顶回到鸭绿江，在那里设置〔命运线〕是日本外交的任务，而且也是日本外交的目的。因为如果三八线压到釜山，那日本的前途就会变得一片黑暗。我们为了报答在地下长眠的英灵，也不能忘记这一点。我在联合国的时候，已经与现在的日韩会谈韩方首席代表林炳稷商定，坚决把三八线顶回到鸭绿江。"①

对此，在第 29 届国会众议院预算委员会上，社会党委员今澄勇追究"泽田〔廉三〕发言"道："泽田〔廉三〕氏说，为使李承晚把三八线顶回到鸭绿江一线，与其日本人拿起武器支援〔韩国〕，莫如在日韩会谈中以尽可能做出让步的形式给予援助。各报也以各种各样的形式报道了泽田〔廉三〕氏的上述发言，现在已经成为天下周知的事情。……泽田〔廉三〕氏是有关日韩会谈的日本首席全权代表。这个首席全权代表在正式的集会上公然讲出这样的话——对此，有速记也有录音带——难道你（指岸信介——笔者）认为这样就可以使日韩会谈取得成功吗"？"泽田廉三全权的上述发言，那是政府的态度吗"？对此，岸信介以"我不认为泽田〔廉三〕全权在各种场合所作的发言句句都代表政府的态度"而搪塞了过去。② 1958 年 6 月 25 日，在众议院预算委员会上社会党的田中稔男委员提出罢免泽田廉三日韩会谈首席全权代表，但未果。

"泽田〔廉三〕发言"，披露了日韩在朝鲜半岛上的战略利益关系，也暴露了日本岸信介政府积极推动日韩会谈的真正用心。这同时也告诉人们，自 20 世纪 50 年代后期，在日韩关系正常化问题上日韩两国在安全战略上的相互利益在日趋接近。

日韩就"大村、滨松收容所的韩国〔朝鲜〕人送回朝鲜"问题进行交涉期间，日韩在"文物小委员会"和在日韩国〔朝鲜〕人"法律地位委员会"的会谈也在进行。在会谈中，韩国方面要求日本以"归还最低限度的文物和船舶来表示其对会谈的诚意"。③ 在"文物小委员会"的会谈中，韩国方面要求日本归还 1905 年韩国沦为日本的保护国以后，从韩国掠夺走的古代档案、美术品及其他文物、地图原版等。韩国方面还要求，日方提供已准备归

---

① 〔日〕《赤旗》1958 年 6 月 21 日。

② 前引《参议院委员会会议录》（Reel 62），临川书店 1994 年版，《第 28 届国会参议院外务委员会（连续）会议录》（第一号），第 8 页。

③ 〔韩〕《东亚日报》1958 年 12 月 21 日。

还的文物的全部详细目录。① 对此，日本认为，日本没有从韩国掠夺文物，因此谈不上"归还"。日方"移交"的 106 件文物也不是"归还"，而是"赠与"②。这期间，与"相互释放问题"关系比较密切的在日韩国〔朝鲜〕人"法律地位委员会"的会谈举行得较为频繁。在会谈中，主要讨论了强制遣送在日韩国〔朝鲜〕人的法律基准问题，日方以文件的形式向韩方提出了对在日韩国〔朝鲜〕人适用强制遣送的 6 种类型。③

另一方面，这时期日本把会谈的重点放在解决"渔业及'李承晚（和平）线'问题"上。在"渔业及'李承晚（和平）线'问题"上，日方以"'李承晚（和平）线'违反国际法上的公海航行自由的原则"为前提，由外务省负责制订了解决日韩之间渔业问题的方案。该方案规定："在韩国本土和济州岛附近海域承认比领海（日方主张 3 海里领海——笔者）更宽的 6 海里到 9 海里范围海域内的韩国的渔业优先权，日〔渔船〕不在该海域进行捕捞作业，但保障除此以外其他海域内的捕捞作业及航行自由。同时，日韩共同进行渔业资源的调查，以期问题得到合理的解决"。④

1958 年 10 月 10 日举行的"渔业及'李承晚（和平）线'问题委员会"上，日方提议签署"包括设置渔业资源保护海域、解决渔业纠纷、交换渔业技术情报等内容在内的渔业协定"。对此，同年 10 月 17 日，韩国方面答称："不能基于日本否定'和平线'的见解为基础举行会谈。"⑤ 于是，双方决定搁置"和平（李承晚）线"问题，先讨论渔业问题。1958 年 11 月 28 日，日方又提出了包括禁渔海域范围、限制捕捞作业海域的范围及渔船数量等内容的渔业协定案，但未能被韩方所接受。⑥

在日韩僵持过程中，韩国国内一部分人主张把韩日渔业问题提交国际法院裁决，结果在韩国国内引起非议。⑦

1958 年 12 月 20 日开始，日韩会谈进入了年底休会阶段。双方约定

---

① ［韩］外务部政务局编《韩日会谈关系参考问题集》，1960 年版，第 178 页。

② ［韩］《东亚日报》1958 年 10 月 21 日。

③ ［韩］外务部政务局编《第 4 次韩日会谈会议录（在日韩国人法律地位及渔业·"和平线"委员会）》，1960 年版？（年代不详），第 62—63、274—275 页。

④ ［韩］《东亚日报》1958 年 8 月 18 日。

⑤ ［韩］《东亚日报》1958 年 10 月 19 日。

⑥ ［日］《朝日新闻》1958 年 11 月 30 日。

⑦ ［韩］《东亚日报》1958 年 12 月 5 日，提出该主张者为韩国民主党最高委员赵炳玉。

1959 年 1 月 26 日续开会谈。在第四次日韩会谈的前期会谈（1958 年 4 月 15 日至 12 月 19 日）中，日韩共举行了 10 轮正式会议上的会谈，在下设的各分委员会中，"渔业及'李承晚（和平）线'委员会"上的会谈举行了 8 轮、"请求权委员会"上的会谈举行了 3 轮、"一般请求权小委员会"上的会谈举行了 3 轮、"船舶小委员会"上的会谈举行了 24 轮、"文物小委员会"上的会谈举行了 12 轮、在日韩国［朝鲜］人"法律地位委员会"上的会谈举行了 15 轮。但是，这些会谈都没有取得明显的进展。

四、日韩在"北送问题"上的对立与第四次日韩会谈的暂时中断

二战后，在日韩国［朝鲜］人问题一直是使日本政府感到头痛的问题。因此，自第一次日韩会谈开始时，日方要求韩国接受在日本受到强制遣送处罚的在日韩国［朝鲜］人，并希望双方通过会谈确定在日韩国［朝鲜］人的法律地位问题。但是，因日韩在强制遣送的条件、在日韩国［朝鲜］人的法律地位等问题上存在相当大的分歧，致使这一问题始终未能获得妥善解决。由于韩国方面长期拒绝接收日方准备强制遣送的在日韩国［朝鲜］人，日本最终根据 1957 年 12 月 31 日，藤山爱一郎—金裕泽会谈中达成的有关协议，在日本国内释放了受强制遣送处罚的在日韩国［朝鲜］人。在这种情况下，日本把解决在日朝鲜［韩国］人问题的期望目光投向了表示愿意接收送回来的在日朝鲜［韩国］人的朝鲜政府，并把有关事宜委托给了国际红十字会。

1956 年 5 月，国际红十字会派代表威廉·米歇尔（William Michelle）与尤杰努·迪·威克（Eugene de Wecke）实地考察了韩国、朝鲜及日本，并依据米歇尔和威克的报告，1956 年 7 月到 1957 年 4 月，就国际红十字会能否介入在日朝鲜［韩国］人返回朝鲜问题、如何介入等问题同日本红十字会交换了书简。1957 年 8 月 16 日，日本红十字会向日本政府提出了，通过国际红十字会的介入，处理在日朝鲜［韩国］人返回朝鲜问题的要求。

几乎与之同时，1958 年 9 月 16 日，朝鲜外相南日也发表声明表示，愿意接收从日本归国的人员，[①] 同年 12 月 30 日，又表示愿意为归国的朝鲜人

---

① ［日］神谷不二编《朝鲜问题战后资料》（第 2 卷），日本国际问题研究所 1978 年版，第 531—532 页。

提供输送船舶和全部经费，并承诺"归国以后，根据各自的能力和愿望安排工作，解决子弟入学等问题"。①

根据上述日本及朝鲜方面的态度，"在日朝鲜人总联合会"（简称"朝总联"），积极展开活动，募集愿意返回朝鲜的在日朝鲜〔韩国〕人，并向日本政府、各政党及社会团体发出了寻求支援的请求。与之相呼应，从 1958 年 10 月初开始，日本方面也出现了组织声援团体进行声援的动向。1958 年 11 月 17 日，以前首相鸠山一郎为首的各界代表 50 余人为发起人，组织成立"在日朝鲜人归国协议会"，要求日本政府协助落实"返回朝鲜问题"。② 对此，日本政府表示，要把在日朝鲜〔韩国〕人回国的问题同日韩会谈区别开来，不管希望回国的在日朝鲜〔韩国〕人其原籍是南还是北，日本政府将从国际法及人道主义的立场出发，解决在日朝鲜〔韩国〕人的回国问题。③

1959 年 1 月 20 日，日本红十字会代表岛津忠承向朝鲜红十字会会长朴基浩发去电文称：日本政府已通过了把在日朝鲜〔韩国〕人问题与"政治问题分离开来，在人道主义立场上加以解决"的决议案。④

对此，感到不安的韩国政府，谴责日本政府所采取的措施是无视韩国主权的行为，是以为"北韩"（指朝鲜——笔者）提供人力资源的方式来损害韩国国家安全的非友好的行为。并警告日本，如果决定实施"北送政策"，那么韩国将采取包括拒绝保障"北送"船舶的通行安全，拒绝遣送被扣留的日本渔民等措施在内的各种报复措施。⑤ 由于日本政府已决定实施"北送政策"，受其影响，原定于 1959 年 1 月 26 日复会的第四次日韩会谈未能如期举行。1959 年 2 月 10 日，韩国驻日代表部公使柳泰夏称：日本政府的上述举措违背了金裕泽—藤山爱一郎会谈中达成的秘密协定，即"日本政府待法律地位委员会做出决定以后着手处理，事关全体在日韩国人的问题"的协议。⑥ 同时，柳泰夏还表示："在认为有必要的情况下，〔韩国〕也可以接受在日侨胞。"⑦ 在在日韩国〔朝鲜〕人的回国问题上，韩国政府也表示了对日有所妥协的态度。

---

① 〔韩〕《东亚日报》1958 年 11 月 2 日。
② 〔日〕《朝日新闻》1958 年 11 月 15 日。
③ 〔日〕《朝日新闻》1958 年 12 月 13 日。
④ 〔韩〕《东亚日报》1959 年 1 月 21 日。
⑤ 〔韩〕《东亚日报》1959 年 1 月 10 日。
⑥ 〔韩〕《东亚日报》1959 年 2 月 11 日。
⑦ 〔韩〕《东亚日报》1959 年 2 月 8 日。

但是，日本政府根据藤山爱一郎外相的"即使日本再作让步，也不能期待韩国在日韩会谈中，在各项悬案问题上都对日本做出让步。因此，〔北送〕对日韩会谈产生坏影响也无可奈何"① 的强硬主张，在 1959 年 2 月 13 日举行的内阁会议上确立"北送方针"，并决定把希望返回朝鲜的在日朝鲜〔韩国〕人送回朝鲜。

日本政府确定"北送方针"的当天，韩国驻日代表部公使柳泰夏紧急同日本外务省事务次官山田久就举行会晤，转达了韩国政府"不承认〔日本政府的把在日韩国〔朝鲜〕人〕遣返北朝鲜"的决定，准备"加强在'和平（李承晚）线'内的实力监视，停止遣送被扣留的日本渔民，拒绝举行韩日会谈"② 的基本方针。同一天，韩国政府还向日本政府递交了抗议备忘录。韩国的抗议备忘录称"北送"政策是"以所谓集团回国运动的形式出现的最恶劣的政治阴谋"，考虑到韩日会谈可能因此而中断，要求日本立刻放弃"北送"计划。韩国方面还称，如果日本无视韩国的要求，韩国则"为了保护自己的权利和利益将采取认为必要的一切可以采取的措施"。③

对此，日本外务省通过情报文化局发表"关于在日朝鲜人返回北朝鲜问题的经纬及本质"的声明的同时，也向韩国方面递交了说明照会。日方在照会中宣称：日本内阁的决定是基于居住地选择自由的基本人权原则而做出的。〔日本政府〕出于客观地确认"北送"是否基于个人自由意志之表达的目的，才决定邀请国际红十字会加以协助的。日本称："①确定是否基于个人自由意志之表达，尊重国际红十字会的确认；②是否返回北朝鲜取决于个人的意志，并不是日本政府强制遣送的；③日本政府无意承认北朝鲜政府，也没有侵害韩国主权或对韩国采取不友好行为的意图；④'北送'是基于尊重基本人权的原则而作出的，与政治问题没有任何关系。"④ 1959 年 2 月 20 日，根据日本政府的"北送方针"，日本红十字会外事部长井上益太郎携藤山爱一郎的信飞往日内瓦国际红十字会总部，要求国际红十字会协助处理"北送问题"及"释放被扣留的〔日本〕渔民问题"。

---

① 〔韩〕《东亚日报》1959 年 2 月 7 日。当时执政的自民党及政府内也有一部分人以"北送"对日韩会谈产生坏影响为由，认为"'北送'不合时机"；《东亚日报》1959 年 2 月 1 日。

② 前引鹿岛和平研究所编，吉泽清次郎监修《日本外交史（28）·媾和后的外交（Ⅰ）·对列国关系（上）》，第 76 页。

③ 〔韩〕《东亚日报》1959 年 2 月 15 日。

④ 〔日〕《朝日新闻》1959 年 2 月 14 日。

　　知悉日本无意改变"北送政策"以后，1959 年 2 月 14 日，韩国政府发表了"关于把在日韩国人强制送回北韩问题的资料"。2 月 19 日，韩国国会通过了《反对北送在日韩国人的决议案》，并把有关决议分别发送给了联合国大会主席、联合国秘书长、参加朝鲜战争的 16 国政府首脑及国际红十字会代表。同年 2 月 15 日，韩国国内成立了"反对北送侨胞全国委员会"，并于同年 3 月 7 日，派该委员会代表张泽相（前总理）、崔奎南（前文教部长官）、俞镇午（高丽大学总长）到日内瓦，与国际红十字会进行交涉，试图阻止国际红十字会参与在日朝鲜［韩国］人返回朝鲜的问题。从 1959 年 2 月 13 日到同年 3 月 5 日，韩国国内还相继爆发了 4315 次"反对'北送'在日侨胞"的游行示威，其参加人数达 7356897 人。据 1959 年末韩国的人口调查，当时韩国人口为 22973922 人，据此计算，参加游行的人数超过韩国全国人口的 32%。

　　当时韩国方面试图极力阻止国际红十字会参与"北送问题"。韩国试图说服国际红十字会，使其认识到"北送问题"是与"国际红十字会没有任何关系的政治问题"。[1] 韩国方面称：在日韩国［朝鲜］人并不是"无国籍的人，也不是需要国际红十字会帮助的失去家园的人，而是具有大韩民国国籍的人"，把他们送回"北韩"（指朝鲜——笔者）的"北送计划"是"日本出于政治目的而采取的政治行为"。[2] 韩国方面还认为，所有在希望返回"北韩"的陈请书上签名的在日韩国［朝鲜］人都是被"北韩"提供的活动资金收买或者是在其威逼之下被迫签字的人。[3] 与之同时，韩国政府表示愿意继续进行日韩会谈，并声称："如果日本政府对在日侨胞过去〔所受之不公正待遇〕进行补偿，那么韩国政府随时都愿意接受全部在日侨胞。"[4]

　　针对韩国方面的上述态度，日本方面就"北送问题"一再向韩国进行说明的同时，采取了宁肯日韩会谈受到影响，也要坚持"北送"的态度。1959 年 4 月 13 日，在国际红十字会、苏联等国的斡旋下，日本和朝鲜红十字会的代表在日内瓦举行了会谈。经 17 轮的会谈，1959 年 6 月 10 日，日朝红十字会会谈基本达成妥协，同年 6 月 24 日，草签了相关文件。迫于来自各方面的压力，有关文件几乎全面接受了朝鲜方面的主张。"北送协议"规定：

---

① ［日］《朝日新闻》1959 年 2 月 19 日。

② ［韩］《东亚日报》1959 年 3 月 14 日。

③ ［韩］《东亚日报》1959 年 3 月 10 日。

④ ［韩］《东亚日报》1959 年 3 月 4 日。

国际红十字会无权确认希望返回朝鲜者是否出于自由意志，也无权审查改变意志不准备返回朝鲜的人，申诉异议的资格也只限于"本人"。"协议"对国际红十字会只赋予了形式上的观察员资格。①

韩国方面试图阻止"北送"的努力遭到失败以后，韩国加强了对"和平（李承晚）线"的警戒和对日本渔船的缉拿。② 同时，1959 年 6 月 12 日，韩国驻日代表部大使柳泰夏自作主张宣布"断绝我国同容共的日本商社之间的贸易"，③ 6 月 15 日，韩国政府正式宣布断绝对日通商关系，事实上追认了柳泰夏断绝对日贸易的措施。6 月 24 日，日朝草签有关协定的当天，李承晚总统进一步宣布："为阻止〔日本〕把在日同胞送回北韩，〔韩国〕将采取一切可能的手段。"④

另外，韩国政府还要求美国出面为阻止"北送"，并为实现韩日关系正常化提供必要的帮助。但是，1959 年 7 月 11 日到 13 日，分三次举行的李承晚总统与道林美国驻韩大使的会谈及此后道林同韩国政府的频繁接触中，美国反而积极说服韩国放弃"毫无条件地盲目反对把在日韩国人送回北韩的'北送计划'的立场"。⑤ 同年 8 月 11 日，国际红十字会正式决定参与"北送计划"。同一天，美国国务院发表声明称："美国政府一贯支持依据自由意志回国的原则。国际红十字会在这方面具有相当丰富的经验，该委员会参与在日朝鲜〔韩国〕人的回国计划，将为落实自由回国原则做出贡献。"⑥ 这无疑给韩国政府当头泼了一盆冷水。

韩国方面为阻止"北送"而采取的种种措施，并没有真正起到阻止日本的"北送计划"、制裁日本的作用。相反，草率做出的断绝韩日经济关系等措施，使韩国在外交上陷入了更加被动的境地。在韩国国内及"在日韩国人居留民团"中，批评李承晚政权对日政策的呼声迅速高涨。1959 年 6 月 16日，"在日韩国人居留民团总部"团长金龙华、中央总部议长朴根世等民团干部发表声明，抨击李承晚政府在在日朝鲜〔韩国〕人问题上的无能与无所

---

①　〔日〕《朝日新闻》1959 年 6 月 7、9、11 日；〔韩〕《东亚日报》1959 年 6 月 14日。

②　〔日〕《朝日新闻》1959 年 6 月 3 日。

③　〔韩〕《东亚日报》1959 年 6 月 12 日。

④　前引鹿岛和平研究所编，吉泽清次郎监修《日本外交史（28）·媾和后的外交（Ⅰ）·对列国关系（上）》，第 77 页。

⑤　〔韩〕《东亚日报》1959 年 7 月 15 日。

⑥　〔日〕《朝日新闻》1959 年 8 月 12 日。

作为，宣布："撤回对李［承晚］总统及执政的自由党的支持。"① 在韩国国内同年 6 月 16 日召开的韩国国会外务委员会及 6 月 17 日举行的韩国国会全体会议上通过了，建议政府为实施对在日侨胞的保护支付预算，并刷新驻日代表部人事的建议案。②

韩国在野的民主党领导人赵炳玉，还指责韩国政府过分姑息日本，缺乏远见地回避同日本进行外交。他还谴责李承晚政权单方面主张"和平线［李承晚］"是无谋外交，10 年来仅以日本曾是侵略者为理由漠然地采取敌视日本的政策也是错误的。赵炳玉还称：日本曾提议组建东北亚防卫组织，但是仅仅因为提案者是日本而对其提案置之不理也是十分拙劣的外交，他要求李承晚"果断改变故态复萌的对日政策"。③

1959 年 6 月 15 日，"反对北送侨胞全国委员会"通过了要求罢免驻日代表部大使柳泰夏的决议案，④ 同年 7 月 21 日，又直接写信给柳泰夏，奉劝他如果无法履行其重任就自动辞职。韩国执政党——自由党的干部及政府 5 个部长官也在三清洞国会议长官邸举行会议，要求外务部长官曹正焕立即罢免柳泰夏大使。⑤

面对上述压力，在外交上处于内外交困地位的韩国李承晚政权，于 1959 年 7 月 30 日，即国际红十字会临时大会决定国际红十字会参与在日朝鲜［韩国］人"北送"计划的当天，韩国驻日代表部大使柳泰夏会见藤山爱一郎外相，要求尽快无条件地恢复包括讨论在日韩国［朝鲜］人问题在内的日韩正式会谈，并同意相互释放被扣留的日本渔民和被扣留在大村、滨松收容所的非法入境的韩国人。对此，日本政府在按原计划实施"北送"的同时，以无条件地实施相互释放为前提，同意 1959 年 8 月 12 日恢复日韩正式会谈。1959 年 7 月 30 日，日韩为落实相互释放问题，成立了有关相互释放问题的双方联络会议。⑥

1959 年 8 月 11 日，国际红十字会决定帮助日本红十字会实施"北送"

---

① ［韩］《东亚日报》1959 年 6 月 16、17 日；［日］《朝日新闻》1959 年 6 月 25 日。

② ［韩］《东亚日报》1959 年 6 月 16、17 日。

③ ［韩］《东亚日报》1959 年 6 月 18 日。

④ ［韩］《东亚日报》1959 年 6 月 16 日。

⑤ ［韩］《东亚日报》1959 年 7 月 22 日。

⑥ 前引鹿岛和平研究所编，吉泽清次郎监修《日本外交史·28·媾和后的外交（Ⅰ）·对列国关系（上）》，第 77 页。

计划。8 月 13 日，日本和朝鲜的红十字会在加尔各答（Calcutta）正式签署了《日本红十字会与朝鲜民主主义人民共和国红十字会之间的关于在日朝鲜人回国的协定》，① 即通常所说的 "北送协定"。1959 年 12 月 14 日，两艘载有 284 个家庭 975 人的第一批 "北送船" 离开日本开往朝鲜。

五、日韩重开第四次日韩会谈与李承晚政权的倒台

1958 年 12 月 20 日，第四次日韩会谈进入年终休会时，日韩约定 1959 年 1 月 26 日重开日韩会谈，但是由于双方在 "北送问题" 上的对立而迟迟未能恢复第四次日韩会谈，直到 1959 年 4 月 15 日，第四次日韩会谈才终于得以复会。但为了避免会谈开始以后很快就进入僵局的局面，双方决定先期举行非正式会谈。但是，由于韩国方面加强对越过 "和平（李承晚）线" 的日本渔船的缉拿，以及在 "北送问题" 上的相互对立等原因，刚刚复会的日韩非正式会谈也很快陷入僵局。1959 年 5 月 28 日，韩国驻日代表部大使柳泰夏会见日韩会谈首席代表泽田廉三，宣布："韩国不惜以武力阻止它（指'北送'——笔者）。另外，不准备重开日韩正式的会谈，取消日韩之间的一切会谈及交涉。"② 此后，日韩交涉处于全面断绝状态。

1959 年 7 月 30 日，在外交上处于内外交困状态的韩国，被迫放下架子通过其驻日代表部大使柳泰夏向日本外相藤山爱一郎提议无条件重开日韩会谈。同年 8 月 1 日，日本通过外务省次官山田久就转告韩国，日本同意尽早恢复日韩会谈，并希望重开会谈之前相互释放被扣留者并送还释放的被扣留人员。③ 后经协商，双方同意于 1959 年 8 月 12 日重开日韩正式会谈。

1959 年 8 月 12 日，日韩恢复了第四次日韩会谈。参加第四次日韩会谈后期会议的日方首席代表为外务省顾问泽田廉三，代表有：法务省民事局局长平贺健太、法务省入国管理局局长高濑侍郎、外务省亚洲局局长伊关佑二郎、外务审议官大隈涉、三宅喜二郎、大藏省理财局局长西原直廉、农林省水产厅次长高桥泰彦、运输省海运局局长朝田静夫等。

参加第四次日韩会谈后期会议的韩方首席代表发生了变化。由于前韩国首席代表林炳稷于 1958 年 12 月底辞职，后期会谈首席代表由前国务总理代

---

① 前引神谷不二编《朝鲜问题战后资料》（第 2 卷），第 560—563 页。
② ［日］《朝日新闻》1959 年 5 月 28 日夕刊。
③ ［日］《朝日新闻》1959 年 8 月 2 日。

理许政担任。次席代表由驻日代表部大使柳泰夏担任。其他代表有：高丽大学总长俞镇午、前内务部长官张暻根、前法务部长官李澔、驻日代表部参事官李载沆、陈弼植、水产局局长池铁根、韩国银行业务部部长李相德、韩国银行外国部部长俞昌顺、文教部特邀顾问黄寿永等。①

在 1959 年 8 月 12 日举行的复会后的首轮后期正式会议会谈中，韩国首席代表许政强调，为使会谈取得成功，日本应该"首先承认韩国是韩半岛（指'朝鲜半岛'——笔者）上的唯一合法政府"。② 同年 8 月 18 日举行的第 2 轮后期正式会议会谈中，韩国方面表明了反对日本的"北送计划"的态度。同时，为对抗在日朝鲜〔韩国〕人返回朝鲜的风潮，并促使其回到韩国，韩方接受美驻韩大使道林的斡旋案③，向日方提出了就围绕①在日永住者问题；②希望返回韩国者问题；③也不在日本永住，也不希望返回韩国者等问题举行在日韩国〔朝鲜〕人"法律地位委员会"会谈的提案。④ 结果，日方接受了这一提案。

1959 年 8 月 31 日，日韩举行了在日韩国〔朝鲜〕人"法律地位委员会"上的会谈。起初韩国方面基于"在日韩国〔朝鲜〕人不希望回国"的判断，在会谈中，韩方首席代表许政对让"在日韩国〔朝鲜〕人"返回韩国的日方提案表示了反对的态度。⑤ 但是，由于美国在在日韩国〔朝鲜〕人回国问题上，采取支持日本的态度，并奉劝韩国"实施尽可能使更多的在日韩国〔朝鲜〕人留在日本，同时也允许他们回国"的政策的⑥结果，韩国的态度也逐渐发生了变化。1959 年 10 月 29 日，美国通过国务院发言人林肯·怀特发表声明的形式，阐述了美国政府在有关在日韩国〔朝鲜〕人回国问题上的正式立场。林肯·怀特的声明称："在日韩国〔朝鲜〕人回国，毫无疑问并不是把他们驱逐到国外。日本政府无论是在东京还是在华盛顿，一直都在

---

① 前引鹿岛和平研究所编，吉泽清次郎监修《日本外交史·28·媾和后的外交（Ⅰ）·对列国关系（上）》，第 79 页。另外，参见前引大韩民国政府编《韩日会谈白书（非卖品）》，第 153—164 页。

② 〔日〕《朝日新闻》1959 年 8 月 12 日。

③ 〔韩〕权五琦著《权五琦政界秘话对谈——现代史的主角们讲述的政治证言》，东亚日报社 1986 年版，第 358 页。

④ 〔日〕《朝日新闻》1959 年 8 月 18 日；〔韩〕《东亚日报》1959 年 8 月 19 日。

⑤ 〔韩〕许政著《为了明天的证言——许政回顾录》，新潮流（?）1979 年版，第205 页。

⑥ 〔韩〕《东亚日报》1959 年 9 月 3 日，美国驻韩大使道林语。

强调在日韩国［朝鲜］人的回国完全是自发的，他们无论留在日本还是回到北朝鲜、韩国及其他任何地方都是自由的。这一点在'回国指南'中也有明确的记载。我们认为与其称其为向国外驱逐，还莫不如称其为自发回国更为确切。"①

1959 年 9 月 8 日，韩国外长曹正焕表示：如果日本对过去"被迫从事强制劳动的在日韩国人做出补偿"，并"允许他们携带全部财产回国"，那么"即使全部侨胞都是共产主义者，那韩国也愿意接受"。② 10 月 14 日举行的在日韩国［朝鲜］人"法律地位委员会"上的会谈中，韩国方面一改过去反对在日韩国［朝鲜］人回国的态度，主动提出了"在日韩国［朝鲜］人"回国的问题。10 月 20 日，韩国方面提议就"在日韩国［朝鲜］人"问题缔结"特别协定"。但是，日方对韩方提出的"定居者所需之必要费用由日方负担"的内容感到不满，拒绝了韩国方面的提议。此后，韩国驻日代表部大使柳泰夏虽多次就这一问题同日韩会谈首席代表泽田廉三及外务省亚洲局局长伊关佑二郎进行了交涉，但未能取得任何进展。

1959 年 11 月 17 日，日方向韩国提出了中断有关在日韩国［朝鲜］人回国问题之交涉的要求。这实际上意味着日本拒绝了韩国方面的要求。③

韩方之所以无条件地恢复日韩会谈，并要求尽快举行在日韩国［朝鲜］人"法律地位委员会"上的会谈，其主要目的在于，阻止日本实施"北送计划"，并挽回因"阻止北送政策"失败而失坠的李承晚政权的面子。为了摆脱外交上内外交困的状态，李承晚政权改变战术，采取了通过会谈延缓或阻止日本的"北送计划"的策略。在在日韩国［朝鲜］人"法律地位委员会"上的会谈中，韩方之所以要求日本对过去"被迫从事强制劳动的在日韩国［朝鲜］人做出补偿"，并要求"在日韩国［朝鲜］人"回国时"允许他们携带全部财产"，而且提议就此签订"特别协定"等，就是为了赋予准备返回韩国的"在日韩国［朝鲜］人"以希望返回朝鲜者所不能享受的特权，从而降低"在日韩国［朝鲜］人"返回朝鲜的欲望，并通过签署"特别协定"，使日朝间的"北送协定"事实上成为一纸空文。不难看出，李承晚政权为了阻止日本政府的"北送"作了不遗余力的努力。

① ［日］《朝日新闻》1959 年 10 月 30 日；［韩］《东亚日报》1959 年 10 月 31 日。
② ［韩］《东亚日报》1959 年 9 月 9 日。
③ ［韩］外务部政务局编《第 4 次日韩会谈会议录（在日韩人法律地位及渔业·和平线委员会）》，1960 年？（年代不详），第 244—261 页。

但是，由于在会谈中日本坚持"北送问题"与日韩会谈是不同性质问题的立场，并在支付补偿的问题上也坚持"不会区别对待北送的韩国人和返回南韩的韩国人"① 的立场，致使李承晚政权的上述努力最终都成了泡影。对此，就连当时参加日韩会谈的韩国代表也未曾期待韩国的上述努力能够取得成功。韩方代表之一的俞镇午后来回忆到"我们只好提出没有把握的'在日侨胞集团返回韩国'问题来维持我们的面子"。②

1959 年 10 月 15 日，日韩举行了恢复日韩会谈后的首轮"渔业及'李承晚（和平）线'委员会"上的会谈，但首轮会谈仅以相互介绍各自代表就宣告结束。10 月 23 日，日韩举行了恢复日韩会谈后的第 2 轮"渔业及'李承晚（和平）线'委员会"上的会谈。日本方面再一次把 1958 年 11 月提交过该委员会的"日韩临时渔业协定案"提交到了"渔业及'李承晚（和平）线'委员会"。但是韩国方面再一次拒绝了日方提出的提案。③ 此后不久，重开后的第四次日韩会谈又早早地从 1959 年 11 月 3 日开始就进入了年终休会阶段。日韩会谈事实上已经处于决裂状态。

从 1959 年 8 月 12 日到同年 11 月 2 日，近 3 个月的时间里，日韩共举行了 4 轮正式会议上的会谈，2 轮"渔业及'李承晚（和平）线'委员会"的会谈和 7 轮在日韩国［朝鲜］人"法律地位委员会"的会谈。④

第四次日韩会谈进入休会以后，日本实施的"北送计划"也逐渐步入了轨道。为阻止和干扰日本的"北送计划"，1959 年 12 月 5 日，韩国方面又向日方提出了《关于在日韩国人返回韩国时的待遇问题的共同声明案》，并声称，如果日本接受该案，韩国愿意在年内实施被扣留者的相互释放。此后，日韩围绕韩国方面的提案进行了几次交涉，但未能达成妥协。12 月 11 日，即第 1 批"北送船"出发的前 3 天，韩国向日本递交抗议照会称："在日韩会谈中，在日韩国人问题尚未获得解决之前实施'北送'是不妥当"的。⑤ 12 月 14 日，"北送船"出发的当天，韩国又向日本提出照会，要求把

①　［韩］《东亚日报》1959 年 10 月 8 日，日本藤山爱一郎外相在国会众议院外交委员会上的发言。

②　［韩］俞镇午《日韩关系与我们的态度》，《东亚日报》1961 年 1 月 12 日。

③　前引外务部政务局编《第 4 次日韩会谈会议录（在日韩人法律地位及渔业·和平线委员会）》，第 244—261 页。

④　前引鹿岛和平研究所编，吉泽清次郎监修《日本外交史·28·媾和后的外交（Ⅰ）·对列国关系（上）》，第 78 页。

⑤　［日］《朝日新闻》1959 年 12 月 12 日。

"北送问题"诉之以国际法院，进行国际司法裁决。对此，日本答称："像独岛（韩国称'竹岛'）、'李承晚（和平）线'问题之类的涉及法律问题，并在外交交涉中难以解决的问题可以提交国际法院进行裁决"，但是，"像返回北朝鲜这样的问题是基于个人选择的回国，是任何政府也不得侵害的关系、到基本人权的问题"。① 在"北送问题"上，韩国始终极力想挽回其面子，但是最终也未能达到其目的。

韩国为挽回面子而采取的断绝日韩经济关系的措施，不仅没有达到制裁日本的目的，反而使韩国自身的经济陷入了困境。因为，在日韩经贸关系中，韩国在日本的对外贸易中所占的比重有限。日本的对韩进口只占其总进口的 0.3％左右，日本的对韩出口只占其对外出口的 2％左右。相反，在韩国的对外贸易中日本所占的比重，要比韩国在日本对外贸易中所占的比重高得多。韩国的对日出口占其总出口的 10％左右，韩国的对日进口则占其总进口的 20％到 40％（见第七章［表 7—1］和［表 7—2］）。断绝对日经济关系使韩国经济陷入了困境，所以在经济上韩国不得不屈就于日本。

在 1959 年 9 月 29 日举行的韩国政府国务会议上，李承晚总统向有关人员和机构发出指示，要求扩大大米、海苔等产品的对日出口。根据李承晚的上述指示，在同年 10 月 8 日举行的内阁主管经济的部长和外务次官崔圭夏、驻日大使柳泰夏参加的联席会议上，韩国政府确立了以日本购买韩国大米为条件恢复对日贸易的方针。根据这一方针，1959 年 10 月 12 日，韩国驻日代表部大使柳泰夏向日本外务省亚洲局局长伊关佑二郎提出了希望日方进口 3 万吨韩国无烟煤，用 10 万吨韩国产大米换取日本生产的化肥的要求，并取得了日方的谅解。② 但是，作为上述谅解的补偿条件，日方要求韩国释放被扣留在釜山的日本渔民。③ 对此，1960 年 2 月 2 日，韩国方面表示："如果日本方面愿意购买韩国的大米，韩国将立刻释放被扣留在釜山的日本渔民，并恢复中断的日韩贸易"。④ 但是，为了保持韩国政府的面子，韩国方面提议在形式上把释放被扣留的渔民问题作为相互释放问题加以处理，并且截止到 3 月底实施完毕。进口韩国产大米问题则作为恢复日韩经济关系问题

①　日本外务省次官山田久就递交给柳泰夏大使的备忘录，［日］《朝日新闻》1959年 12 月 19 日。

②　［日］《朝日新闻》1959 年 10 月 12 日；［韩］《东亚日报》1959 年 10 月 12 日。

③　［日］《朝日新闻》1960 年 2 月 20 日。

④　［日］外务省编《我国外交近况》（第 5 号），1961 年版，第 60 页。

加以处理。①

此后，经韩国驻日代表部大使柳泰夏与日本外务省亚洲局局长伊关佑二郎之间的多次磋商，1960年3月19日双方达成了如下协议。截止到同年3月28日，日本释放并遣送收容在大村、滨松收容所的344名韩国人；同年3月31日，韩国释放并遣送扣留在釜山收容所的日本渔民。1960年3月20日，日本内阁会议决定进口3万吨韩国产大米。1960年4月4日，柳泰夏大使与山田久就外务次官举行会谈的结果，双方决定同年4月15日开始恢复日韩贸易。

在上述形势下，1960年4月15日，日韩又恢复了事实上中断了一段时间的第四次日韩会谈。当天举行的首轮正式会议上的会谈仅以相互问候而宣告结束。此后，会谈因受韩国1960年3月15日举行的选举中韩国执政的自由党和李承晚总统进行选举舞弊而引发的韩国国内"4·19"学生运动的影响及因受随后李承晚政权倒台等韩国国内形势的影响，1960年4月25日以后第四次日韩会谈事实上宣告中断。

岸信介内阁与李承晚政权的第四次日韩会谈，由于受"北送问题"、"4·19"学生运动等的影响，未能取得预期的成果，也未能实现日韩邦交正常化。但是，在恢复日韩正式会谈的交涉过程中，日本取消了曾经导致日韩会谈破裂的"久保田妄言"，撤回了与韩国发生尖锐对立的日本的对韩财产请求权要求（亦称"逆财产请求权"）。而且，在严重影响双方国民感情的"被扣留的日本渔民"及"被收容的在日韩国［朝鲜］人"的相互释放问题上，日韩也大体实现"相互释放"。这些都为日后的日韩会谈扫清了障碍。从这个意义上说，第四次日韩会谈在战后长达14年的日韩会谈史上仍具有重要的意义。

---

① ［日］《朝日新闻》1960年3月3、10日。

第七章　池田勇人内阁与张勉内阁的第五次日韩会谈

第一节　20世纪60年代初日韩国内政局的变化

一、韩国李承晚政权的倒台

"李承晚是第二次世界大战以后美国对韩政策的最忠实的合作者。"① 但是，随着20世纪50年代中后期美国对韩政策的调整和转变，顽固地叫嚣"北进统一"和"反日"的李承晚的对外政策，越来越难以适应推行"维持朝鲜半岛南北分裂状态，保持南北政权和平共存局面"，"在日本的支持下维持韩国的反共体制"② 的美国的朝鲜半岛政策。另外，李承晚政权的一系列对内外政策的失误造成的韩国国内经济危机、社会混乱和政治腐败以及由此而导致的要求"政治革新"，主张"和平统一"的韩国国内"革新势力"的抬头，也引起了美国的极大关注。尽管李承晚死心塌地的"效忠美国"，但是美国当权者早已对他心生不满，有意改弦更张，另立新人。

成为李承晚政权倒台的导火线的标志性事件就是1960年3月15日举行的，李承晚谋求第四次连任总统的韩国总统、副总统选举。李承晚是"一个政权欲望极其强烈的男人"，③ 在李承晚独裁统治的后期，他不顾韩国国内社会对其独裁统治的强烈不满，继续谋求第四次连任总统。为此，1958年

---

① 民族统一问题研究院·［韩］朴己出著《韩国政治史》，［日］社会评论社1977年版，第190页。

② 同上书，第191页。

③ 同上书，第190页。

11 月 18 日，韩国执政的自由党和李承晚政权向国会提交了由 3 章，40 条正文和 2 条附则构成的《国家保安法》修正案，并获得了通过。正如在野的韩国民主党在其反对声明中所指出的那样，《国家保安法》修正案，与其说它有利于逮捕更多的共产分子，莫不如说它是在扼杀言论自由、窒息在野党、严重威胁一般国民的公、私生活。李承晚政权颁布《国家保安法》修正案的目的非常明确，就是"排除一切反政府势力"，①为下一届韩国总统和副总统选举作准备。1959 年 6 月 2 日，自由党推举李承晚为总统候选人，推举李起鹏为副总统候选人。1959 年 11 月 26 日，民主党则推举赵炳玉为总统候选人，张勉为副总统候选人。此外，统一党和大韩女子国民党等也推举了副总统候选人。

1960 年 2 月 3 日，韩国政府正式公布 3 月 15 日举行总统和副总统选举。由于 2 月 15 日民主党总统候选人赵炳玉在华盛顿病逝，加上张勉又不肯出面竞选总统，因此，3 月 15 日的选举成了名副其实的副总统之争。在这次选举中，执政的自由党为了打倒张勉以便让李起鹏当选副总统，动用了"官权（指政府官僚的权力——笔者)"、"金权（指金钱的力量——笔者)"、"暴力"、"收买"及其他可以想到的所有不正当手段，取得了选举的"胜利"。李承晚政权的倒行逆施，引起了韩国国内民众的强烈不满和抗议。1960 年 3 月 25 日，民主党宣布"3·15 选举"为不正当选举，选举结果无效，并于 28 日以全体民主党国会议员的名义发表了选举无效的宣言。4 月 2 日，"反独裁民主守护联盟"向大法院提起诉讼，控告"3·15 选举"是"不当不法的选举"。4 月 5 日，民主党又向"联合国韩国复兴委员会"控告，"3·15 选举是无效选举"。

在"3·15 选举"前后的韩国混乱的政局中，1960 年 2 月 28 日，大邱市的高中学生首先为抗议当局为禁止学生参加在野党的集会而颁布的"星期天登校令"，举行了示威游行。此后，3 月 8 日在大田、釜山，3 月 13 日在首尔，3 月 15 日在马山相继爆发了抗议"不正当选举的"学生示威。特别是在马山的抗议示威中，警察向示威群众开枪，制造了死亡 26 人、负伤 86 人的惨案。"马山惨案"的消息很快波及全国各地，3 月 24 日，釜山学生举行示威游行谴责当局和警察的野蛮暴行。4 月 11 日至 13 日，马山再一次爆发激烈的抗议示威。4 月 18 日在首尔，高丽大学的学生率先举行抗议示威游行，遭到右翼暴力团体的事后报复，再一次酿成了流血事件。这引起了首

---

①　前引朴己出著《韩国政治史》，第 182 页。

尔各大学学生的更大的愤慨。4 月 19 日，以首尔大学为首的首尔市内的大中学校学生举行了更大规模的抗议当局暴行、要求校园自由的示威游行。学生的示威游行很快演变成了全民性的反对李承晚独裁统治的反政府抗议示威，整个首尔市都陷入抗议示威的漩涡。韩国局势的发展也引起了美国为首的各国的普遍关注。4 月 20 日，李承晚当局颁布了戒严令，但是群众的抗议活动，不仅没有停止，反而向大邱、仁川、全州等其他城市继续扩散。4 月 21 日，戒严司令部宣布，在 "4·19 示威" 中平民死亡 130 人，受伤 740 人。同一天韩国政府内阁成员宣布总辞职。李承晚召集部分政要召开了 "收拾时局" 的会议，但是局面越来越难以控制。4 月 24 日，通过不正当的、非法手段当选副总统的李起鹏辞去所有公职，李承晚也辞去了自由党总裁的职务。但是，这也未能完全平息韩国民众的愤怒。首尔大学、高丽大学、延世大学等首尔的部分大学教授和学生坚决要求李承晚下野，并得到了广大学生和市民的热烈响应。4 月 26 日，反政府示威达到高潮，数十万示威群众不畏催泪弹，冲进了政府官厅所在地中央厅和总统府所在地景武台。事已至此，美国也只好说服李承晚下野。已完全陷入孤立无援困境的李承晚，按照美国的意向，被迫宣布下野。李承晚表示："①如果国民希望也可以辞去总统职务；②也可以重新举行正副总统选举；③让李起鹏辞去一切公职；④如果国民希望也可以改宪实行责任内阁制。" 根据李承晚的上述表态，同一天韩国国会召开紧急会议作出了 "①李承晚总统立即下野；②宣布 '3·15 选举' 为无效，重新举行选举；③在过渡内阁之下完成改宪，实行真正责任内阁制；④解散改宪国会，重新举行大选"① 的决定。4 月 27 日李承晚正式向国会提出辞表，并当即被予以受理。根据当时韩国宪法的规定，27 日，由外长许政代行总统职权，5 月 2 日完成组阁，5 月 3 日，李承晚正式辞职，5 月 29 日亡命夏威夷。二战后执政长达 13 年之久的李承晚政权寿终正寝。

二、许政过渡内阁的成立与日韩关系的变化

李承晚下野以后，1960 年 5 月 2 日韩国成立了许政过渡内阁。韩国的对日政策也随即发生了明显的变化。1960 年 4 月 27 日，代行总统职权的许政表示："过渡政权最紧迫且重大的课题是如何处理对日、对美关系，并为

---

①　前引朴己出著《韩国政治史》，第 195—196 页。

改善同日美两国的关系采取有效的对策。"① 同年 5 月 3 日，许政过渡内阁在其新内阁基本方针中再一次强调"日韩关系正常化是必须解决的重要课题"，并表示为了增进两国之间的相互理解及改善两国关系，准备采取批准日本〔新闻机构〕特派员入境的方针。② 根据许政过渡政权的这一方针，同年 5 月 4 日，韩国政府宣布释放因侵犯"和平（李承晚）线"被缉拿、判刑，并已刑满的 30 名日本渔民，17 日把他们送回日本。同一天，日本朝日、每日、读卖、产经、日经、东京、西日本、共同社、时事社、NHK 等新闻媒体的特派员获准同时派往首尔。

　　日本的岸信介内阁也对韩国过渡政权的上述举措，做出了迅速的反应。1960 年 4 月 28 日，岸信介内阁的外相藤山爱一郎表示：希望"双方从大局和建设性的立场出发，为实现邦交正常化做最大的努力"③。5 月 16 日，日韩重新恢复了李承晚政权后期韩国方面提出的，要求日本进口 3 万吨韩国产大米的谈判。该谈判于 6 月 24 日达成协议，双方在备忘录上签了字。5 月 30 日，日本通产省又为进口韩国海苔，批准了 150 万美元的外汇。6 月 29 日，韩国政府解除了对 83 种日本商品的进口禁令。这样，日韩之间事实上恢复了第四次日韩会谈期间，因在日韩国〔朝鲜〕人返回朝鲜问题而自 1959 年 6 月 15 日开始中断的日韩经济关系。

　　韩国许政过渡政权之所以不顾国内的反对势力的抨击和制约，④ 竭力调整对日政策是有其客观原因的。首先，1959 年 6 月 15 日，韩国方面宣布断绝对日经济关系的行为，并没有起到实际制裁日本的作用。因为 20 世纪 60 年代以前韩国在日本对外贸易中所占的比重非常有限。从 1953 年到 1960 年日本的对韩进口只占日本全部进口的 0.3％到 0.4％，在日本的主要进口国家和地区中的位次徘徊在第 41 位到 32 位之间；日本的对韩出口在日本的总出口中所占的比重则徘徊在 8.4％到 1.8％之间，在日本的主要出口国家和地区中的位次，除特殊时期以外大体徘徊在第 10 位到 16 位之间（详细情况见〔表 7—1〕）。相比之下韩国的对日出口，从 1957 年到 1962 年一直占韩国全部出口的 50％左右；同一时期，韩国的对日进口在韩国全部进口中所

　　① 〔日〕《朝日新闻》1960 年 4 月 28 日。
　　② 〔日〕《朝日新闻》1960 年 5 月 3 日。
　　③ 〔日〕《朝日新闻》1960 年 4 月 28 日。
　　④ 〔日〕《朝日新闻》1960 年 5 月 10 日报道，1960 年 5 月 9 日，韩国国会抨击过渡政权改变以往 20 年来的韩国对日政策，认为这是过渡政权的越权行为。

占的比重分别是，1957 年约为 7.9％，1958 年约为 13.2％，1959 年约为 10.5％，1960 年约为 20.3％，1961 年约为 21.8％，1962 年约为 25.8％。①因此，韩国断绝对日经济关系并没有起到制裁日本的作用，反而起到了对同年下半年开始实施的韩国财政稳定计划造成困难的负面效果。断绝对日经济关系，仅仅是保全了韩国政府的一点点可怜的面子而已，因此，招致了国内舆论对政府对日政策的严厉批判。②

[表 7—1]　　　　　　日本的对韩贸易（1953—1960 年）　　　　单位：百万美元

年度	日本的进口				日本的出口			
	全世界	韩国	百分比	位次	全世界	韩国	百分比	位次
1953	2410	9	0.4	34	1275	107	8.4	2
1954	2399	8	0.3	34	1629	69	4.2	5
1955	2471	10	0.4	32	2011	39	1.9	10
1956	3230	11	0.3	41	2501	64	2.6	8
1957	4284	12	0.3	37	2858	57	2.0	16
1958	3033	11	0.4	38	2877	57	2.0	13
1959	3599	12	0.3	39	3456	62	1.8	14
1960	4491	19	0.4	33	4055	100	2.5	11

资料来源：（1）日本银行调查统计局《经济统计年报》1968—1983 各年度版。（2）位次根据前引《经济统计年报》及联合国 Yearbook of International Trade Statistics（1956—1985）。（3）出口额为 FOB 价格，进口额为 CIF 价格。

其次，日韩关系恶化以后，韩国也受到来自美国的压力。1960 年 3 月 16 日，美国国务卿哈特（Christian Herter）召见韩国驻美大使，表明了美国在日韩关系上的立场。哈特称："日本与韩国都是〔我们的〕盟国，两国关系处于纷争状态，这使美国深感忧虑。两国应放弃相争，建立友好关系。""韩国在公海缉拿日本渔船和渔民并没收渔船、处罚渔民的行为，严重损害

① 参见 [表 7—2]，百分比是根据 [表 7—2] 内的数据计算而得。
② [韩]成滉镛著《日本的对韩政策（1800—1965）》，明知社 1981 年版，第 246 页。

了日韩关系。"① 另外，美国还向韩国政府施加压力，要求许政过渡政权默认日本把在日韩国［朝鲜］人送回朝鲜的行为。② 美国政府的这种立场和态度，显然对韩国政府修正对日政策产生了积极影响。

[表7—2]　　　　　韩国的对日贸易及对世界贸易收支（1955—1960年）

单位：百万美元

年度	出口		进口		贸易赤字		全部赤字中日本所占的比重（%）
	世界	日本	世界	日本	世界	日本	
1955	18	7	341	19	323	12	3.7
1956	25	8	386	21	361	13	3.6
1957	22	11	442	34	420	23	5.5
1958	17	10	378	50	361	40	10.1
1959	20	13	304	32	284	19	6.7
1960	33	20	344	70	311	50	16.1

资料来源：（1）韩国银行《经济统计年鉴》1960年版、1961年版。统计数字前后不一致时采用了后来发表的数字。（2）出口额为FOB价格，进口额为CIF价格。（3）1958年3月以前的数据为贸易汇票上的数据，贸易额尾数不整时进行四舍五入，取了整数。

另外，岸信介内阁时期已步入高速增长阶段的日本，由于过剩的设备投资，引起了生产过剩问题。因此，扩大对外出口的必要性有了显著增加。这使日本也渐渐开始对韩国市场产生兴趣，对日韩邦交正常化表现出了热情。岸信介内阁后期，日本对许政过渡政权的对日政策的积极回应，可以说就是这种变化的反应。但是，属于过渡政权的许政内阁和此后不久陷入"安保斗争"风暴中的岸信介内阁，已在日韩关系上难以有更大的作为了。

在许政过渡政权之下，韩国实施了政体改革。1960年6月15日，韩国国会通过了把总统制改为责任内阁制的宪法修正案。并基于新宪法，7月29日举行了民、参两院选举。结果在野的民主党在民议院233个议席中获得175席，在参议院58个议席中获得31席，成为国会第一大党。8月2日，尹潽善当选为韩国总统，16日，国会中占多数席位的民主党领导人张勉受

---

① ［日］《朝日新闻》1960年3月17、18日。

② 前引成滉镛著《日本的对韩政策（1800—1965）》，第249页。

命组阁，23 日成立了张勉民主党内阁。韩国政治进入了"第二共和国"时期。

三、日本国内"安保斗争"与岸信介内阁的总辞职

韩国政局发生重大变化的时候，日本国内围绕《日美新安全保障条约》的批准问题爆发了"安保斗争"，政局也出现了严重动荡。1960 年 1 月 19 日，日美签订"新安保条约"以后，围绕条约的批准问题日本政局和社会出现了动荡。1960 年 4 月，"新安保条约"进入国会审议阶段以后，连日来日本各地爆发了阻止批准"新安保条约"的学生示威。学生高呼"反对安保"、"打倒岸信介"的口号，在日本各地举行示威游行。在东京，国会大厦前学生举行静坐示威，全学联一万数千人参加了示威。[①] 在国会内，在野的社会党、共产党等也采取了阻止批准"新安保条约"的行动。但是岸信介内阁和执政的自民党不顾日本各界的强烈反对，与同年 5 月 19 日，在国会上未经认真审议就强行单独表决通过了"新安保条约"。强行通过"新安保条约"的举措，引起了更大的政局和社会的动荡。

1960 年 5 月 20 日，社会党、民社党发表声明表示"新安保条约通过无效"。在国会大厦外，以大学生为中心的社会各界反对"新安保条约"的示威也进一步高涨。5 月 20 日，约有 10 万人的示威游行队伍涌进了永田町，全学联的学生还冲进了国会会场和首相官邸与警察发生了流血冲突。[②] 此后，参加游行示威的人数不断增加，5 月 26 日已达到了 15 万人。[③] 6 月 4 日，动力车辆工会、私铁工会总联合会等采取了第一次罢工示威游行，游行者打出了"杀死凸牙子（指岸信介，岸信介是包牙——引者）"的标语。6 月 15 日，全国 111 个工会举行了第二次罢工示威游行，580 万人参加了这次罢工游行示威行动。在东京，参加示威游行的学生再一次冲进国会与警察发生冲突，在冲突中东京大学的女学生桦美智子身亡。这使冲突进一步升级。警察动用催泪弹驱散示威游行群众，永田町附近陷入一片混乱之中。在国会内社会党经开会决定，社会党议员宣布总辞职。在这种形势下，自民党

---

① ［日］《朝日新闻》1960 年 4 月 26 日。

② ［日］《朝日新闻》1960 年 5 月 21 日。

③ ［日］户川猪佐武著《昭和的宰相·第 5 卷·岸信介与保守暗斗》，讲谈社 1982 年版，第 279 页。

内要求岸信介下野的呼声也开始高涨。① 6 月 19 日，"新安保条约"自然生效通过。6 月 22 日，阻止安保条约国民会议又发起了统一行动，全国 111 个工会 620 万人参加了这次行动。②

在社会及政界的强大压力下，6 月 23 日，岸信介内阁终于被迫宣布总辞职。7 月 14 日，自民党召开大会，在一片混乱中池田勇人当选为自民党总裁，19 日池田勇人组成了第一届池田勇人内阁。

第二节　池田勇人内阁与张勉内阁
恢复日韩会谈的努力

一、池田勇人内阁的上台与积极的对韩政策

1960 年 7 月 19 日，池田勇人组成了第一届池田勇人内阁。"安保斗争"之后上台的池田勇人内阁（1960.7.19—1964.11.8），在政权的运营方面，提出"宽容与忍耐"③的政治口号，大力推行"国民收入倍增计划"，把国民的注意力逐渐从政治转向了经济。随着经济的高速增长，日本国内政局也逐渐趋于稳定。这为日韩重开会谈创造了良好的日本国内环境。

池田勇人认为：韩国的政治稳定要靠经济上的稳定来实现。④ 这同认为"自由资本主义体制的维持及确保，是在冷战中取得最终胜利的最大的武器，也是其目的"的艾森豪威尔（Dwight D. Eisenhower）的想法⑤如出一辙。

池田勇人内阁上台以后，为改善日韩关系而采取的第一个举措就是，加紧举行日朝红十字会会谈，延长《在日朝鲜人送回朝鲜民主主义人民共和国

---

① 前引户川猪佐武著《昭和的宰相·第 5 卷·岸信介与保守暗斗》，第 279—282 页。当时，自民党副总裁大野伴睦对川岛正次郎自民党干事称："为了收拾这个时局，只好让岸（信介）退阵，并在（新安保条约）批准之前解散（国会）。"5 月 30 日，河野一郎在大阪称："比起反对安保，国民更要求岸（信介）退阵。"

② 前引户川猪佐武著《昭和的宰相·第 5 卷·岸信介与保守暗斗》，第 283 页。

③ ［日］吉村克己著《池田政权·1575 天——伴随着高速增长、从安保到奥林匹克》，行政问题研究所出版局 1985 年版，第 27 页。

④ ［日］高崎宗司著《检证·日韩会谈》，岩波书店 1996 年版，第 102 页。

⑤ 李钟元《艾森豪威尔政权的对韩政策与日本（二）》，［日］《国家学会杂志》，1994 年 5、6 月号。

的协定》（日方称"北送协定"——笔者），尽快了结在日朝鲜［韩国］人送回朝鲜的问题（日韩称"送回北朝鲜问题"或"北送问题"，以下为行文简便起见亦称"北送问题"——笔者）。在日朝鲜［韩国］人的"北送问题"是日韩关系中一个极为敏感的问题。这一问题在岸信介内阁时期曾导致过第四次日韩会谈的中断及日韩经济关系的断绝。1960 年 11 月 12 日是日朝红十字会之间签订的"北送协定"截止的日期。从当时的"北送"工作进展情况看，"北送协定"面临势必需要延长的局面。但是，延长"北送协定"的举动，极有可能再一次刺激韩国，从而破坏李承晚下台以后在日韩之间出现的希望改善日韩关系的新氛围。当时，韩国政府也一再警告日本，延长"北送协定"的举措是恶化日韩关系的举动，是全体韩国国民反对的行为。① 鉴于上述情况，池田勇人内阁决心在韩国民主党政权成立之前了结"北送协定"的延长问题，并尽可能加快"北送"工作的进程，在短期内完成集团"北送"，以期避免或减少在这一问题上同韩国发生摩擦的可能性。②

依据上述方针，1960 年 7 月 29 日，日本红十字会向朝鲜红十字会提议举行"包括北送进程问题在内的北送协定的延长谈判"。③ 日本政府打算在韩国新政权成立之前了结延长"北送协定"的问题。于是从 8 月中旬开始，日朝双方举行了日朝红十字会会谈。在会谈中，日方提出了"①对希望返回北朝鲜的人员，进行一次性登记；②以一年内完成'北送'工作为目标，加快'北送'进程"④ 等为主要内容的会谈议案。对此，朝鲜方则提出了"不修改原协定，单纯延长期限 1 年 3 个月"提案。⑤ 由于双方的意见对立，会谈未能迅速达成协议。由于在会谈中，朝方采取了不惜撤回代团的强硬态度，所以，日方被迫作出让步。1960 年 10 月 27 日，日朝双方达成了"不修改原协定，单纯延长期限 1 年，11 月 10 日开始在新泻继续举行有关'北送'进程问题的会谈"⑥ 的协议。

日方作出让步是有其原因的。首先，尽快把更多的在日朝鲜［韩国］人遣送出境是第二次世界大战后历届日本政府的夙愿。在日朝鲜［韩国］人问题，一直是日本政府感到头痛的问题。因此，早在吉田茂内阁时期，日本政

① ［日］《朝日新闻》1960 年 7 月 20 日。
② ［日］《朝日新闻》1960 年 8 月 1 日。
③ ［日］《朝日新闻》1960 年 7 月 29 日。
④ ［日］《朝日新闻》1960 年 9 月 5 日。
⑤ ［日］《朝日新闻》1960 年 9 月 24 日。
⑥ ［日］《朝日新闻》1960 年 10 月 28 日。

府就把在日韩国［朝鲜］人问题作为日韩预备会谈的重要议题提了出来。所以，不管采用何种方法和手段，尽可能把更多的在日朝鲜［韩国］人遣送出境，对日本政府来说是求之不得的事情。其次，日本政府也认识到，事实上无论怎样加快"北送"进程，也无法在年内完成"北送"工作，因此，认为延长是必然的。再次，当时，日本面临年末大选。执政的自民党，为了对付以社会党为首的在野党对政府推行的朝鲜半岛政策的攻击，也需要在"北送问题"上表现出一定的"积极性"和灵活性，以便在大选中居于有利地位。另外，日本政府也认为，"北送"是大多数日本国民支持的一项工作，不得已的时候还可以向韩国进行辩解，并争取韩国的谅解。

　　不过，最根本的原因仍在于日本政府推行的"两个朝鲜的政策"。自日韩开始举行会谈以来，日本从未放弃过"两个朝鲜的政策"。1960 年 12 月 5日召开的第 37 届特别国会上，日本社会党议员细迫兼光就日本政府在南北朝鲜问题上的立场向池田勇人内阁提出咨询时，池田勇人答称："韩国虽然是联合国决议上的合法政府，但另一方面，事实上存在着实际管辖三八线以北的当局。"1948 年的联合国决议规定"大韩民国政府是……唯一合法政府"，其后的有关朝鲜半岛问题的"联合国的各种报告中，虽然避免把北朝鲜（指'朝鲜民主主义人民共和国'——笔者，以下类同）称之为'政府'，但称之为'当局'，日本政府尊重联合国的这一决定"。再则联合国的决议"也并没有把北朝鲜当局认定为'非法'"，"另外，作为现实问题，日本与北朝鲜之间在处理〔在日韩国［朝鲜］人〕返回北朝鲜等问题上也存在一定关系"，因此，日本政府虽然承认韩国政府是"联合国决议规定的合法政府"，但不同意韩国政府是"代表朝鲜半岛全体居民的正统政府的主张"①。

二、韩国张勉内阁的对日政策和日韩关系

　　1960 年 8 月 23 日，韩国张勉内阁成立。继许政过渡政权之后上台执政的韩国张勉民主党政权，继续采取了缓和日韩两国关系的政策。韩国新政权，一方面继续敦促日本"反省过去，改变对韩国抱有优越感的态度"的同时，尽力避免对日本表现出过分的民族敌对情绪。新政府的总理张勉一直主张在设置日本驻韩代表部问题上应采取"相互对等原则"，允许日本在韩国

---

　　① ［日］《朝日新闻》1960 年 12 月 20 日、22 日、24 日。池田勇人首相、小坂善太郎外相的答辩。

设立代表部。主张签订韩日渔业协定，实现韩日贸易正常化。① 张勉认为
"对日本的殖民政策抱有怨恨的人很多，但是如果总是被这种怨恨所累的话
就不能实现〔韩日〕邦交正常化"②。1960 年 8 月 13 日，尹潽善总统在接见
外国记者时也称：要放弃李承晚时代的"孤立外交"③。同年 9 月 30 日，在
国会施政演说中，张勉谈到有关韩日关系问题时称："韩日关系问题也是非
常重要的问题，因此，要扬弃过去李〔承晚〕政权的对日感情外交，在平等
和相互尊重的原则下，准备通过诚挚的会谈，为解决悬案问题作出最大的努
力。"④ 在对待日朝之间进行的"北送协定"延长谈判的问题上，张勉内阁
也表现出了比较克制的态度。1960 年 10 月 27 日，日朝签署延长协定后，
张勉内阁虽然第二天向日本政府递交了"抗议照会"，但实际上默认了"北
送协定"的延长。⑤ 10 月 28 日，张勉总理称："即便是把在日韩国人的北送
协定延长一年，韩国也将为日韩邦交正常化而努力。"⑥

　　由于日韩两国都努力避免刺激对方，日韩之间尽快实现邦交正常化的动
向开始活跃起来。

三、小坂善太郎访韩与日韩两国重开日韩会谈

　　早在张勉新内阁成立之前，日本政府就认为韩国的对日方针与韩国"国
家建设的紧迫性"⑦ 密切相关，建议对韩进行经济合作，派遣使团访韩。池
田勇人内阁成立以后不久，就任外相的小坂善太郎明确表示准备重开日韩会
谈。1960 年 8 月 13 日，小坂善太郎外相又称：如果快的话，月底就派遣阁
僚级人物为团长的友好访问团访韩。8 月 23 日，韩国张勉内阁成立以后，
基于"趁热打铁，借此机会构筑新的日韩友好时代的想法"⑧，小坂善太郎

　　① 〔日〕鹿岛和平研究所编，吉泽清次郎监修《日本外交史（28）·媾和后的外交
（Ⅰ）·对列国关系（上）》，鹿岛研究所出版会 1973 年版，第 82 页。
　　② 〔日〕《朝日新闻》1960 年 8 月 2 日。
　　③ 前引高崎宗司著《检证·日韩会谈》，第 101 页。
　　④ 〔日〕石丸和人、松本博一、山本刚士著《战后日本外交史——开始起步的日
本外交》，三省堂 1983 年版，第 323 页。
　　⑤ 〔日〕《朝日新闻》1960 年 10 月 29 日。
　　⑥ 同上。
　　⑦ 〔日〕《朝日新闻》1960 年 8 月 1 日。
　　⑧ 〔日〕小坂善太郎著《从这里到那里——战后日本政治史的体验》，牧羊社 1981
年版，第 144 页。

决心亲自访韩。对小坂善太郎的访韩决心，吉田茂等自民党元老也表示了支持。起初，池田勇人首相虽然表现出了谨慎的态度，但在小坂善太郎的热情与自民党元老们的影响下，池田勇人也最终同意了小坂善太郎外相的访韩计划。①

韩国张勉内阁，虽然觉得来的"太突然"，② 但对小坂善太郎外相的访韩，仍然表示了欢迎的态度。1960 年 8 月 17 日，韩国政府首次向日本三菱商社的人员签发了入境签证。8 月 31 日，张勉总理发表谈话，明确表示："李〔承晚〕政权在有关韩日交涉的条件方面，采取了缺乏弹性的态度，但我们打算在某种程度上进行让步"，"对接受日本的长期资本，虽然国内存在不安情绪，但我们欢迎日本资本。"③

1960 年 9 月 6 日，以小坂善太郎为团长的访韩团，作为韩国独立后第一个正式访问韩国的日本政府代表团访问了韩国。到达首尔以后小坂善太郎外相发表声明称："韩国与日本自古以来在经济、文化及其他方面有很深的渊源关系，作为一衣带水的最为亲近的邻国，我认为两国理应是携手前进的关系。可是不幸的是，两国关系的现状与这种两国之间本应具有的关系相去甚远，对此我深感遗憾。所幸的是，韩国新的领导者们，不拘泥于过去，准备面向未来处理两国关系，对此，我们也深受感动。日本准备与之相呼应，充分尊重韩国国民的对日感情，向共同繁荣的方向前进。"④ 访韩期间，小坂善太郎外相拜会了尹潽善总统、张勉总理，并同韩国外长郑一亨举行了两国外长会谈。

在会见小坂善太郎外相时，张勉称："我们绝不是在憎恨日本，是怕日本。日本是可怕的老兄，从这位老兄那里特意有人来访，这是史无前例的令人感动之事。我们现在还很穷，也缺乏回报贵国好意的东西，但是，起码作为感谢之意，现在立刻全部释放因越过'和平（李承晚）线'而被逮捕的〔日本〕渔船和渔民。"⑤ 在 9 月 6 日的记者招待会上，小坂善太郎外相一再强调"既然是人，就不可能忘记过去的事情。但是，总是拘泥于过去就会裹

---

① 前引［日］小坂善太郎著《从这里到那里——战后日本政治史的体验》，第 144—145 页。

② 前引高崎宗司著《检证·日韩会谈》，第 102 页。

③ ［日］《朝日新闻》1960 年 9 月 1 日。

④ 前引鹿岛和平研究所编，吉泽清次郎监修《日本外交史（28）·媾和后的外交（Ⅰ）·对列国关系（上）》，第 82—83 页。

⑤ 前引小坂善太郎著《从这里到那里——战后日本政治史的体验》，第 146 页。

足不前。过去就让它过去，是不是应该相互努力，去开创美好的明天呢！"①
与之同时，小坂善太郎还指出"对日韩两国来说，现在最重要的是两国在经
济上实现繁荣。发展经济才是对付共产主义的最好的对策②。"9月7日，张
勉也称："日本已明确表示，抱着诚意进行对韩经济合作。如果提出具体方
案〔韩国〕有意接受。"③

　　在同郑一亨外长的会谈中，小坂善太郎提出了在韩国设立驻韩代表部的
要求。对此，韩方认为，为时尚早。但是，从10月下旬开始举行日韩正式
会谈前的预备会谈方面，日韩两国外相达成了一致意见。④ 9月7日，小坂
善太郎结束访韩回国。在羽田机场，小坂善太郎外相称："作为政府代表
〔第二次世界大战后〕时隔15年访问韩国，在韩国政府的非常周到的安排
下，打开了日韩两国睦邻友好的大门，对此我感到欣慰。"⑤

　　此后，日韩两国都竭力营造重开日韩会谈的友好气氛。为此，1960年9
月16日，日本派以日韩贸易协会会长团伊能为团长的经济代表团访韩。9
月17日，韩国张勉内阁，在阁议中虽然再一次确认了"全部缉拿侵犯'和
平线（李承晚）'的日本渔船的方针"，⑥ 但这不过是做给国内反对派看的一
种姿态。正如同年11月12日，金溶植外务次官所证实的那样，实际上张勉
政权采取较为温和的方针，只是驱逐了侵犯"和平（李承晚）线"的日本渔
船。⑦ 10月5日，韩国释放并送回了被扣留的40名日本渔民。

　　1960年10月14日，日韩召开了日韩预备会谈之前的联络会议，在该
会议上双方决定目前暂时不讨论基本关系问题。在日韩联络会议上，日方向
韩方非正式提出了"如果在'李承晚（和平）线'问题上，韩国方面能够做
出让步，那么日方有意以长期借款的形式解决财产请求权问题"⑧ 的意向。
池田勇人内阁以经济合作的方式解决日韩之间悬案问题的基本构想正式浮出
水面。

---

　　①　前引小坂善太郎著《从这里到那里——战后日本政治史的体验》，第146页。

　　②　［日］《朝日新闻》1960年9月7日。

　　③　同上。

　　④　前引鹿岛和平研究所编，吉泽清次郎监修《日本外交史（28）·媾和后的外交
（Ⅰ）·对列国关系（上）》，第82—83页。

　　⑤　同上书，第83页。

　　⑥　［日］《朝日新闻》1960年9月18日。

　　⑦　［日］《朝日新闻》1960年11月13日。

　　⑧　［日］《朝日新闻》1960年10月15日。

　　其实，早在 1960 年夏天，日本外务省就确定了以经济合作的形式打开日韩会谈僵局的方针。日本外务省认为，"以某种形式把财产请求权问题搁置起来为比较妥当。另一方面，为使日韩会谈达成妥协，有必要进行某种形式的经济合作。对我国来说，若不是作为对过去〔殖民统治〕的赔偿，而是在为将来韩国的经济发展作贡献的宗旨下进行经济合作的话，这样的经济援助是必要的"。① 但是，日本构想的"经济合作"并不是以提供资金方式的金钱援助，而是以提供日本生产的货物、机械和劳役等形式进行的实物援助。因为"通过这种形式的合作，对方国家建立工厂、引进机械后，日后对其进行维修时，日本还可以出口配件。进而在扩大工厂规模时，日本又可以出口同一类型的机械。因此，经济合作这种形式，对日本来说并不见得就是损失"。②

第三节　池田勇人内阁与张勉内阁的
第五次日韩会谈

一、第五次日韩会谈前的准备工作与正式会谈（1960. 10. 25—1961. 5. 15）

　　1960 年 10 月 25 日，第五次日韩会谈前的预备会谈，在日本东京举行。前日本外务省顾问泽田廉三被任命为日方首席代表。此外，参加会谈的日方代表还有法务省民事局局长平贺健太郎、法务省入管局局长高濑侍郎、外务省亚洲局局长伊关佑二郎、外务省条约局局长中川融、外务省参事官宇山厚、外务省参事官卜部敏男、大藏省理财局局长西原直廉、农林省水产厅次长高桥泰彦、运输省海运局局长朝田静夫等。参加第五次日韩会谈前预备会谈的韩方首席代表是高丽大学总长俞镇午。此外，参加会谈的韩方代表还有驻日代表部公使严尧燮、韩国银行副总裁刘彰顺、律师金润根、外务部政务局局长尹锡宪、外务部通商局局长陈弼植、驻日代表部参事官文哲淳、韩国

　　① 〔日〕外务省内部极密文书《关于进行对韩经济技术合作的预算措施》，见〔日〕新延明《实录：一直到缔结条约为止的过程》，《季刊·青丘》1993 年夏季号。
　　② 外务省原条约局局长中川融的证言。见前引〔日〕新延明《实录：一直到缔结条约为止的过程》，《季刊·青丘》1993 年夏季号。

银行国库部部长李相德、前海务厅水产局局长池铁根等。① 虽然名义上是正式会谈前的预备会谈，但从会谈的人选及级别看与前几次会谈毫无二致。因此，这次会谈后来被称之为第五次日韩会谈。

在第五次日韩会谈中，"在举行正式会谈之前，先期举行预备会谈来寻求解决悬案问题的妥协方案"的名义下，日韩双方以预备会谈的形式开始了第五次日韩会谈。② 在第五次日韩会谈中，韩国政府采取了较为灵活的态度。会谈开始之前，韩方首席代表俞镇午称："解决所有问题之后，一揽子进行签署，还是根据分委员会的进展，逐一进行签署，届时对此进行灵活处理。"③ 在本次会谈中，前几次会谈中的难题"请求权问题"和"渔业及'李承晚（和平）线'问题"，依然成了会谈的焦点。

二、1960 年内的日韩会谈经过

1960 年 10 月 25 日，日韩举行了首轮正式会议上的会谈。在首轮正式会议上的会谈中，韩方首席代表俞镇午在致辞中称："四月革命后成立的新政府，把韩日关系正常化作为其主要的施政目标之一。因而，决定在平等和相互尊重的原则的基础上举行会谈就如何合理解决一直以来阻碍两国关系正常化的诸问题摸索出一条途径"，"韩国代表团是抱着对日方新提议的很大期待参加会谈的"。④ 对此，日方首席代表泽田廉三则在致辞中称："韩国新政府成立以来日韩两国之间的友好亲善的氛围正在不断高涨，希望通过圆满举行本次会谈，在不远的将来确立两国之间稳固的友好亲善关系的基础，实现相互繁荣，并为维持国际和平而努力。"⑤ 不难看出，日韩双方对会谈都寄予了很大的期望。双方首席代表致辞结束以后，双方相互介绍代表团的成员、互致问候而结束了第 1 轮正式会议上的会谈。1960 年 11 月 2 日举行了本次会谈的第 2 轮正式会议上的会谈，日韩双方

---

① 前引鹿岛和平研究所编，吉泽清次郎监修《日本外交史（28）·媾和后的外交（Ⅰ）·对列国关系（上）》，第 83—84 页。另见［韩］大韩民国政府编《韩日会谈白书》（非卖品），1965 年版，第 153—164 页。《韩日会谈白书》（非卖品）中，池铁根的名字从代表名单中删除，另外把李天祥与吉恒镇列入代表名单。

② 前引成滉镛著《日本的对韩政策（1800—1965）》，第 253 页。

③ ［日］《朝日新闻》1960 年 10 月 24 日。

④ ［韩］郑一亨《为什么反对朴政权的韩日会谈》，《新东亚》，1984 年 10 月号。

⑤ ［韩］金东祚著《回想三十年·韩日会谈》，中央日报社 1986 年版，第 206 页。

同意继续设立基本关系、韩国对日请求权、渔业及"和平（李承晚）线"、在日韩国［朝鲜］人（从这次会谈开始使用了"在日韩国人"这样的称谓——笔者）的法律地位等四个分委员会进行会谈。同时，还同意在韩国对日请求权委员会之下设置"一般请求权"、"船舶"、"文物"三个小委员会举行会谈，分别解决具体问题。但根据会谈前日韩联络会议上达成的协议，在第五次日韩会谈过程中一直都没有召开"基本关系委员会"。在会谈中，日方主张渔业问题与请求权问题同时加以解决，而韩方主张首先解决对日请求权问题。如何调整日韩之间的上述意见分歧，成为此次会谈能否取得进展的关键。①

在这次日韩会谈中，从1960年11月7日到年底，"在日韩国人的法律地位委员会"共举行了6轮会谈。在该委员会的会谈中，韩方要求日本对在日韩国人赋予子子孙孙永远居住在日本的权利，并要求日本政府不要对在日韩国人适用强制遣送令。对此，日方拒绝了韩方的要求。

从1960年11月9日到年底"渔业及'和平（李承晚）线'委员会"共举行了2轮会谈。在会谈中，由于韩方称：韩方有关"'和平（李承晚）线'问题的原则立场至今没有变化。"② 因此，会谈也没有取得任何进展。

从1960年11月10日开始举行的"一般请求权小委员会"会谈，到年底共举行了3轮。在"一般请求权小委员会"的会谈中，韩方再一次提出了下述8项对日请求权要求：

"①要求归还通过朝鲜银行搬出的金块、银块。

②要求偿还截止到1945年8月9日，日本政府欠朝鲜总督府的债务。

③要求归还1945年8月9日以后，从韩国汇出或转移出去的资金。

④要求归还截止到1945年8月9日，在韩国设有本社（店）抑或设有主要办事处的法人财产。

⑤要求日本国及国民偿还韩国法人和自然人提出的对日本国债、公债、日本银行券、被征用韩国人未得薪金、补偿金及其他请求权。

⑥要求以法律形式承认韩国法人或自然人所有的日本法人的股票或其他有价证券。

⑦要求偿还因上述财产或请求权而产生的收益。

⑧达成协议之后立即开始上述财产的归还及批准事项，并最迟在6个月

---

① ［日］《朝日新闻》1960年11月26日。
② ［日］《朝日新闻》1960年11月16日，韩国郑一亨外长的发言。

内结束协议的履行。"①

在"一般请求权小委员会"会议上，日韩双方代表开始围绕韩方提出的8项要求逐一进行了质疑和说明。首先，应日方的要求，韩方对8项对日请求权要求中的第1项要求，即"要求归还通过朝鲜银行搬出的金块、银块"的主张进行了说明。韩方称："日本应该归还金块 67541771 克，银块 269633199 克。"但是，因朝鲜战争中相关材料散失等原因，未能提出确切证据。② 由于会谈很快转入年底休会阶段，所以 1960 年内的"一般请求权小委员会"的会谈并没有取得更多的进展。

1960 年 11 月 11 日，日韩举行了首轮"文物小委员会"的会谈。韩国方面再一次提出了归还韩国［朝鲜］文物的要求。对此，11 月 14 日举行的非正式会议上日方提出了"移交"文物的 3 项原则。即，"①原则上移交国有文物。所谓'移交'，并不是'归还'之意，是'捐赠'之意。调查过国际上的先例，除荷兰曾'归还'过印度尼西亚的部分文物以外，尚无其他实例。通过电报向印度、印度尼西亚、巴基斯坦、越南咨询过。结果，有过若干'移交'的实例，但没有'归还'的先例。大部分国家都没有'移交'。原则上'移交'的文物是国立大学（疑为国立博物馆之误——笔者）拥有的文物，大约是 300 件。国立大学不太听政府的话，因此，移交（国立大学所藏文物）极为困难。②不能移交私有文物。③移交文物，始终是基于政治、文化上的考虑，并不是基于法律上的义务。"③ 对此，韩方坚持了必须"归还文物"的立场。

从 1960 年 11 月 11 日开始，"船舶小委员会"的会谈也拉开了帷幕。到同年年底，共举行了 4 轮会谈，但并未取得实质性进展。

日韩会谈开始以后，1960 年 11 月 28 日，韩国外务部曾召开郑一亨外长、金溶植外务次官、俞镇午韩日会谈首席代表参加的联席会议，讨论过韩日会谈中的韩方立场。在该会议上俞镇午首席代表提出"首先签署比较容易解决的〔在日韩国［朝鲜］人〕法律地位问题的协议，并使其生效。'和平（李承晚）线'问题则在不损害国家利益的原则下，应签订渔业协定。在请

---

① ［韩］外务部政务局编《第五次韩日会谈预备会谈会议录（一般请求权委员会·船舶委员会·文物委员会）（极秘）》（编写年代不详，疑为 1961 年），第6—7页。

② ［韩］金东祚著《回想三十年——韩日会谈》，中央日报社 1986 年版，第 207—208 页。

③ 前引外务部政务局编《第五次韩日会谈预备会谈会议录（一般请求权委员会·船舶委员会·文物委员会）（极秘）》，第 448—449 页。

求权问题上日本采取准备进行经济合作的态度，既然韩国主张优先解决请求权问题，是不是这个问题成熟到某种程度以后可以加以政治解决呢?”的建议。对此，金溶植外务次官答称“原则上希望一揽子达成妥协，实现邦交正常化。但是，如果重要问题（指‘财产请求权问题’——笔者）获得解决，也可以考虑实现邦交正常化”。① 也就是说，韩国确立了“既然难以一揽子解决所有的悬案问题，就一件件加以解决”② 的方针。至此，在处理日韩之间悬案问题上，韩国方面一直坚持的“一揽子加以解决”的立场发生重大变化。事实上韩方的立场也逐渐倾向了日方一直主张的视会谈的进展情况各种悬案分别加以解决的主张。日韩两国在会谈达成妥协的方式（形式）上也开始逐渐趋向一致。

但是，此后韩国的态度又发生了微妙的变化。1960 年 12 月 10 日，日本农相周东英雄发表了“韩国方面废除‘李承晚（和平）线’，接受日本的经济合作如何?”的谈话。12 月 15 日，韩方首席代表俞镇午与日方首席代表泽田廉三举行了非正式会谈。韩方首席代表俞镇午向日方探寻了日方考虑的请求权资金的具体数额。对此，日方首席代表泽田廉三回答称：“解决‘李承晚（和平）线’问题的具体方式得到确定之前，无可奉告。”韩方首席代表俞镇午进一步向日方探寻“日本媒体报道称日方准备支付 7 亿美元或 6 亿美元请求权资金，这又有多大的可靠性”? 对此，泽田廉三回答称：“不知道这些数据的来源”，日方主张“至少把请求权问题和‘李承晚（和平）线’问题一并加以解决。坚决反对先解决请求权问题，然后再去解决‘李承晚（和平）线’问题”。③ 日方采取了请求权问题和‘李承晚（和平）线’问题联系起来加以解决的立场。12 月 16 日，韩国郑一亨外长针对日方首席代表泽田廉三的发言发表谈话称：韩国对“和平（李承晚）线”的政策没有变化。经济合作应在财产请求权问题获得解决以后加以研究，但必要的话接受也无妨。④ 但 12 月 17 日，郑一亨又称：“作为韩国政府，在财产请求权、‘和平（李承晚）线’问题等重要问题获得解决之前也可以实现邦交正常化的态度没有变。……回顾前两个月的会谈，甚至比以前举行的 10 年会谈，

① ［日］《朝日新闻》1960 年 11 月 29 日。
② ［日］《朝日新闻》1960 年 12 月 9 日。
③ 前引金东祚著《回想三十年——韩日会谈》，第 208 页。
④ ［日］《朝日新闻》1960 年 12 月 17 日。

还有成果。"① 韩国的对日政策出现了左右摇摆的现象。但是，据与韩国政府高层关系密切的政府内人士透露，当时韩国政府却又打算作为"请求权资金"准备向日本政府提出如下高额的偿还要求："①在第二次世界大战中被征用的朝鲜人未得之薪金 35000 万日元；②与日本银行券相关之款项 15 亿日元；③有价证券 47 亿日元；④金、银块 6 亿日元（以上都是第二次世界大战结束时的日元）。"② 这几项合计达 715000 万日元。这笔资金，按 1960 年当时日元对美元的汇率计算，达 27 亿美元。金东祚也在其回忆录中称："那时我方一侧并没有向日本提出过具体的请求权数额，但是大概估算的结果，请求权本金大约是 276000 万美元，当时双方如果有机会就这个问题进行进一步协商的话，韩方腹案中的'马奇诺防线'是 8 亿美元。"③ 显然，日本媒体透露的日方准备提供的 7 亿美元或 6 亿美元的请求权金额与韩方准备索要的 27 亿美元的请求权金额之间尚有较大的差距，但是从金东祚的回忆看，实际达成妥协时双方考虑的底线正在接近。

　　日方虽然赞同韩方"即使两国之间保留部分悬案，也要实现邦交正常化"的提议，但并不同意以优先解决请求权问题为其前提。日本主张把渔业问题和请求权问题以及经济合作问题联系起来一揽子加以解决。当时韩国《东亚日报》报道称，1960 年 12 月初，日本向韩国政府提出了"以韩国放弃财产请求权为前提，〔日本向韩国〕提供 6 亿美元的资金和技术援助"④ 的提案。并称"日方的援助是年利为 3 分 5 厘的低息借款，20 年内分期偿还"。⑤ 对这一报道，虽然日韩两国政府都予以否认，但从当时的情况以及 1965 年日韩达成妥协的金额上看，可以认为该报道是极有根据的。

三、进入 1961 年以后的日韩会谈

　　进入 1961 年以后，韩国张勉内阁再一次对促使韩日会谈尽快达成妥协表现出了极大的热情。在 1961 年 1 月 5 日发表的《新年度准备重点实施的

---

① ［日］《朝日新闻》1960 年 12 月 18 日。
② ［韩］《东亚日报》1960 年 12 月 27 日。
③ 前引金东祚著《回想三十年——韩日会谈》，第 208 页。
④ ［韩］《东亚日报》1960 年 12 月 12 日。
⑤ ［韩］《东亚日报》1960 年 12 月 13 日。

政策》中，张勉内阁明确提出"随着韩日邦交正常化的实现，研究接受日本投资和借款的可能性"，① 并确立了"本年度上半年结束会谈，下半年确立韩日经济合作体制"② 的谈判日程。

日韩会谈韩方首席代表俞镇午，也在 1961 年 1 月 12 日《东亚日报》上发表题为《韩日会谈与我们的态度》的文章，呼吁国民的理解与支持，要求加快韩日会谈，实现韩日邦交正常化。俞镇午称："直到今天我国与日本之间还没有建立正常的外交关系。若从获得解放时开始计算，今年业已是第16 个年头。若从大韩民国政府建立开始计算起也已是第 13 个年头。考虑到3 天可以周游世界，首尔到东京坐喷气式客机只有一个多小时的距离，那十几年的时间并不是一段很短的时间。""我们明知解决当前成为韩日之间不信任与憎恶之根源的诸悬案是极为困难的事情，但现在仍然继续推进这项事业。之所以如此是因为，像今天这样的喷气式时代，而且像现在这样处于自由主义与共产主义对立的前沿上的我们，再也不能在国际上继续保持孤立状态了。""希望全体国民了解，没有国民舆论的支持就难以贯彻对外政策。因此，在开辟韩日关系方面，也需要国民的严正而冷静的判断、鞭策及支持。国家之间的关系是国力的较量，在国内舆论分裂的背景下，就不可能贯彻强有力的对外政策。"③

1961 年的日韩会谈，以 1 月 26 日两国首席代表之间的非正式会谈的形式拉开了帷幕。日韩续开会谈以后，韩方提出了"首先解决较容易达成妥协的在日韩国［朝鲜］人的法律地位、文物、船舶问题，然后着手处理一般请求权问题，在此基础上再协商解决渔业问题"④ 的提案。对此，日方采取了"如果不举行渔业问题的协商，就难以回应解决其他悬案问题的会谈"⑤ 的立场。经妥协，双方同意在尽快把预备会谈转化为正式会谈的前提下，达成加快各委员会的会谈，对一般请求权和渔业问题也尽快举行实质性会谈的协议。⑥

---

① ［韩］俞镇午：《日韩会谈与我们的态度》，《东亚日报》1961 年 1 月 12 日。前引鹿岛和平研究所编，吉泽清次郎监修《日本外交史（28）·媾和后的外交（Ⅰ）·对列国关系（上）》，第 84 页。

② ［韩］《韩国日报》1961 年 1 月 5 日。

③ ［韩］俞镇午：《韩日关系与我们的态度》，《东亚日报》1961 年 1 月 12 日。

④ ［韩］俞镇午：《回顾日韩会谈》，《时事》1961 年 11 月号。

⑤ ［日］《朝日新闻》1961 年 2 月 7 日。

⑥ 前引成滉镛著《日本的对韩政策（1800—1965）》，第 256—257 页。

1961 年 2 月 3 日，日韩续开了一般请求权小委员会会谈。两国代表继续逐条对韩方提出的 8 项请求权要求进行了质疑和说明。在会谈中，日韩围绕"1957 年 12 月 7 日的美国照会"的解释问题上产生了对立。所谓"1957 年 12 月 7 日的美国照会"就是，第四次日韩会谈期间，就旧金山《对日和平条约》第 4 条的解释问题，美国政府阐明其立场的一份文件。该文件称：①对于被美国军政府没收，并移交给韩国政府的在韩日本财产，根据和平条约第四条 b 项规定，日本不能对其主张有效请求权。②但是，在韩日本财产移交给韩国的这一事实，在决定韩国的对日财产请求权金额时，有必要对此给予适当考虑。③至于上述移交在多大程度上抵消或满足韩国的对日请求权要求的问题，日韩两国应协商解决。①

在第五次日韩会谈中，日本试图最大限度地利用美国方面"有必要对此给予适当考虑"的解释，想尽可能抵消韩方提出的 8 项请求权主张。对此，韩国方面则称："韩国方面提出的 8 项〔请求权〕要求业已考虑到了美国照会宗旨，8 项要求全然不受在韩日本财产处理的影响。"② 但是韩方的这种辩解立即遭到了日方的反驳。日方反驳称："韩国方面的 8 项要求，最早是在和平条约生效之前的 1952 年 2 月提出的，在这次会谈中又提出了同样的要求。可是，美国的想法最早是在 1952 年 4 月转告韩国的。此后，美国考虑到日韩会谈在请求权问题上再三发生对立，才于 1957 年 12 月向日韩两国提出了照会。因而，从时间上看，很难认为 8 项要求是业已充分考虑到照会宗旨以后提出的要求。"③

在 1961 年 3 月 8 日举行的"一般请求权小委员会"的会谈中，日韩双方决定公开 1957 年 12 月 7 日美国向日韩发出的有关《对日和平条约》第 4 条的解释照会。并决定同时公布藤山爱一郎与金裕泽之间达成的相关协议中有关请求权部分的内容。1961 年 3 月 9 日，日韩公布了前述美国对《对日和平条约》第 4 条的解释照会，以及在 1957 年 12 月 31 日藤山爱一郎与金裕泽之间达成的相关协议中与请求权相关的内容。

在韩国提出的请求权要求第 2 项到第 4 项的质疑和说明中，对上述 3 项对日请求权要求的起讫时间问题上日韩双方又产生了分歧。韩方根据 1945

---

① 前引鹿岛和平研究所编，吉泽清次郎监修《日本外交史（28）·媾和后的外交（Ⅰ）·对列国关系（上）》，第 90 页。

② ［日］《朝日新闻》1961 年 3 月 9 日，3 月 16 日。

③ ［日］《朝日新闻》1961 年 3 月 23 日。

年 12 月 6 日公布的《在朝鲜美国陆军司令部军政厅法令·第 33 号》（简称
"军政厅法令第 33 号"）认为，自 1945 年 8 月 9 日起，日本在韩国的财产及
其所有权已转移到韩国。因此，要求日本归还自 1945 年 8 月 9 日以后从朝
鲜搬运出去的全部财产。

　　韩方称："1945 年 9 月 7 日公布的太平洋美国陆军总司令部布告第 3
号，禁止把在韩财产转移到海外；军令 2 号（即《在朝鲜美国陆军总司令部
军政厅法令·第 2 号〔1945.9.25〕》——笔者）宣布自〔1945 年〕8 月 9 日
起冻结所有日本财产，对〔1945 年〕8 月 9 日到 9 月 25 日之间进行的上述
财产的所有交易，宣布除获得特别许可的以外均视为无效。接着在军令 33
号（即《在朝鲜美国陆军总司令部军政厅法令第 33 号〔1945.12.6〕》——
笔者）中又明文规定，自〔1945 年〕8 月 9 日起日本财产归美国军政厅所
有。此后，1948 年的韩美协定（即《韩美关于财政及财产协定
〔1948.9.11〕》——笔者）又把依据军令 33 号归军政厅所有的日本财产，除
业已处理的以外，全部移交给了韩国。军令 33 号发布以前颁布的诸布告与
法令，很显然是为发布军令 33 号而作的预备性立法，显然军令是从〔1945
年〕8 月 9 日开始发生效力的。"①

　　对此，日方认为韩国方面只能对南朝鲜美国"军政厅法令第 33 号"公
布以后的，即 1945 年 12 月 6 日以后的在韩日本财产有权主张所有权。日方
称："在法律效力方面，大凡在该法律发生效力时不在其适用范围之内的对
象，不溯及适用该法律。这是法理上的当然原则。因此，〔韩国〕不能对
〔1945 年〕12 月 6 日军令〔第 33 号〕公布时，业已不在韩国国内存在的财
产及权利提出要求，所以不能以军令为理由提出如是的归还请求。而且 8 月
9 日这个日期是确定财产是否归属日本的基准日期，不能把它理解为可以以
此为基点进行溯及没收的时间。"②

　　1961 年 4 月 28 日到 5 月 10 日，日韩着重进行了韩国对日请求权要求
第 5 项，"韩国法人和自然人向日本国及国民提出的日本国债、公债、日
本银行券、被征用韩国人未得薪金、补偿金及其他请求权的偿还要求"，
即"对个人补偿要求"的质疑和说明。在会谈中，日方认为：第 5 项请求

---

　　① ［日］大藏省理财局外债课编《日韩请求权问题参考资料（未定稿）》，1963 年
版，第 8 页。
　　② 前引大藏省理财局外债课编《日韩请求权问题参考资料（未定稿）》，第 9—10
页。

权要求原则上"姑且还可以认为是有法律根据的要求，是可以成为请求权问题会谈对象的项目"。① 因此，表示愿意进行具体的会谈。在会谈中，韩方提出了带有赔偿性质的对日请求权要求。韩方要求日本对"生者、伤者、死者、行踪不明者以及对包括军人及军属在内的所有被征用者进行补偿"。② 对此，日方极为不满。为迫使资料不足的韩国放弃赔偿要求，日方明知韩国难以提供确切的材料，却要求韩国"明确死者、伤者的死亡及负伤的原因"，"提供被害者花名册"等。并声称："全然不知其〔死亡、受伤〕原因的情况下难以支付请求资金。"在会谈中，韩方提出了"向〔韩国的〕被征用者支付未支付的薪金及津贴 25000 万日元"的补偿要求。对此，日方要求韩国提供"提出金额的根据"。日方同样以"证据论"棒杀了韩方的主张。③

对要求提供明确"证据"的日方的态度，当时参加会谈的韩方代表文哲淳回忆说："征兵等是明白的事实，虽然不知道确切的人数，但至少数万人被带走是事实吧。可是日本要求韩国方面提供具体的人数、证据及材料。提供这些对韩国来说却是不可能的。韩国是没有这方面的资料的。日本方面理应拥有大量能够成为证据的资料。因此，如果日方真的有〔对韩国〕进行补偿的意向，那么，不应该要求韩国方面提供证据。"④

对此，当时作为日本外务省东北亚课的课员参与过日韩会谈的柳谷谦介这样阐述了日方的立场。对请求权金额，"仅外交当局和会谈当事者是不能决定的。因为必须作出〔国家〕预算，并获得国会的批准以后才能付诸实施。所以，提出确切的根据是必要的。作为请求权，也就是说，作为清算过去而支付的请求权资金，必须明确其证据和法律根据。在种种意义上请求事项的证据和法律根据非常不明确的情况下就支付请求权资金，这对日方来说，无论在法律上还是在制度上都是不可能的。"⑤ 从日本的法律程序和制度来看，批准请求权金额确实需要经过柳

---

① 前引大藏省理财局外债课编《日韩请求权问题参考资料（未定稿）》，第 2—5 页。

② 前引外务部政务局编《第五次韩日会谈预备会谈会议录（一般请求权委员会·船舶委员会·文物委员会）（极秘）》，第 191 页。

③ 同上书，第 192—223 页。

④ 〔日〕NHK 调查报告《从亚洲传来的呼声——被质问的日本战后》（1992 年 8 月播放的 NHK 专集中的证言）。

⑤ 前引 NHK 调查报告《从亚洲传来的呼声——被质问的日本战后》。

谷谦介所讲的上述程序。但这并不能成为日方拒绝支付，抑或想方设法减少所支付的请求权金额的根本理由。其根本原因在于，一方面，从现实的经济利益出发，日本不想心甘情愿地接受足以影响本国经济发展的韩方提出的庞大的"请求权要求"；另一方面，从骨子里日本就缺乏对殖民统治及对侵略战争的深刻反省，根本就不曾认为日本对其他国家和民族造成过严重伤害。

在会谈中，日韩双方还就接受补偿的形式进行了会谈。对此，日方表示"今后如果建立邦交、实现关系正常化，日本也可以考虑根据一般法律进行个别补偿"，"对韩国的受害者也准备在尽可能的范围内采取必要的措施"。也就是说，日方提出了"直接对个人进行必要的补偿"主张。但是，韩方基于当时的国际法，称："我们考虑由国家出面解决。而且认为在此提出的请求权要求，必须在恢复邦交之前获得解决。""我们认为对受害者如何进行个别补偿的问题是应基于韩国国内的措施加以解决的问题"，"我们考虑把该问题作为国内问题加以解决"，"我们认为对受害者个人的补偿，应该经韩国政府之手进行。"[1] 与试图对韩国受害者进行直接的个人补偿的日本的想法相反，韩国则坚决主张由国家统一代收补偿资金，再把有关资金转交给受害者。

日本主张对个人进行直接补偿是有一定意图的。其目的首先是为了削弱求偿者的求偿能力。因为分散的个别求偿者难以在短时间内形成强大的压力集团，并获得相应的补偿。即便是形成压力集团也不可能与国家的力量相提并论。这一点，也可以从目前中、韩民间对日索赔要求屡屡受挫中可窥见一斑。个别补偿显然减少了谈判中日本政府所承受的压力。其次，个别补偿也可以大大减少一次性补偿的资金数额，减轻财政方面的压力。再次，通过个别补偿还可以直接介入他国事务等。由于韩国政府的坚决反对，最终日本还是接受了由韩国政府从日本手中接受请求权资金，然后再由韩国政府对个人进行个别补偿的方案。

另外，在会谈中，为迫使韩国政府不得不最终接受估算的请求权金额，日方对韩国政府的个人受害调查表示了极大的关心。在会谈中，日方质问韩方"韩国方面有没有具体调查〔受害者〕的想法"？对此，韩方答称"当然也考虑进行具体调查"。日方进而称："我们认为必须具体调查〔受害者〕人

---

① 　前引外务部政务局编《第五次韩日会谈预备会谈会议录（一般请求权委员会·船舶委员会·文物委员会）（极秘）》，第223—227页。

数、金额、受害程度等。"① 日方如此关心韩国的"个人受害调查",并不是打心眼里关心韩国受害者,准备对韩国受害者进行与日本人同等的补偿,而是想通过这一手段迫使韩国政府知难而退,放弃个人补偿要求,以估算金额了结请求权问题。

正如参加会谈的韩国代表文哲淳所指出的那样,具体、详细地调查个人受害情况是一件极为困难的工作,"以何种方式,以何为标准确定每一个人的补偿金额,这在技术方面也是难以做到的。其结果,只好放弃运用技术手段一件件地累计起来计算出补偿金额的方法,不得不开始考虑以政治手段达成妥协了"。结果,"韩国政府确立了通过政治上的决断,以日本政府向韩国政府支付相当数额的补偿金的方式解决韩国对日请求权问题的方针"。② 通过要求韩国调查受害人人数、金额、受害程度等,日本最终达到了迫使韩国以估算金额了结请求权问题的目的。在审议韩国提出的 8 项要求的过程中,日方多次询问韩方"是不是在更高级别的会谈中进行协商更为妥当"?③ 这说明日方也开始考虑政治解决"请求权"问题了。

进入 1961 年以后在"船舶问题小委员会"上,主要进行了对韩国方面追加提出的、要求归还韩国的船舶清单与日方提出的资料加以核对,来确定应该归还韩国之船舶的工作。双方试图从中寻求解决问题的突破口。

另外,在文物小委员会上,应韩国方面的要求设立了新的非正式的"文物专家委员会"。"文物专家委员会"从 1961 年 3 月 7 日开始举行会谈。日方派遣文物保护委员会美术工艺课课长松下隆章和该委员会的文物调查官斋藤忠出席会谈。韩国派美术史专家黄寿永参加了会谈。在专家委员会上,作为韩方向日本提出归还文物要求的根据,黄寿永对日本不法搬出文物的情况进行了说明。④

1961 年 3 月 7 日开始日韩举行了"渔业及'李承晚(和平)线'问题委员会"的会谈。在这次会谈中双方决定把公布"李承晚(和平)线"的法律根据问题搁置起来,同意今后着重讨论渔业资源的保护问题。这意味着

---

① 前引外务部政务局编《第五次韩日会谈预备会谈会议录(一般请求权委员会·船舶委员会·文物委员会)(极秘)》,第 223—227 页。

② 前引新延明《实录:一直到缔结条约为止的过程》。

③ [韩]郑一亨著《一心一意,专心致志》,新近文化社 1970 年版,第 313 页。

④ 前引外务部政务局编《第五次韩日会谈预备会谈会议录(一般请求权委员会·船舶委员会·文物委员会)(极秘)》,第 453—456 页。

"韩国方面默认了几年来日方一直主张的废除'李承晚（和平）线'，签订渔业协定"① 的要求。

进入 1961 年后，在"在日韩国〔朝鲜〕人法律地位委员会"的会谈中，日韩双方都认为有关在日韩国〔朝鲜〕人法律地位的问题的会谈已经接近尾声。双方围绕日方提出的在日韩国〔朝鲜〕人待遇问题的协议案，展开了会谈。其结果双方的意见越来越接近，已到了"下个月之内就有可能达成妥协"，"剩下的只是表述问题"的程度。会谈之所以有如此进展，是因为韩国方面撤回了"对〔在日韩国〔朝鲜〕人〕子子孙孙都赋予永住权的主张"。②

随着日韩两国国内希望尽快使会谈达成妥协的气氛日趋高涨，1961 年 4 月 26 日，日本自民党在党内设立了以石井光次郎为首的"日韩问题恳谈会"。在日本自民党内迅速形成了在韩国"出现亲日政权之际断然实现日韩邦交正常化的氛围"。③ 同年 5 月 6 日，自民党"日韩问题恳谈会"组织野田卯一为团长，有田中荣一、田中角荣等 8 名议员参加的访韩团出访韩国，与韩国相关部门就有关日韩经济合作问题进行了协商。回国后，田中荣一在《讲演》杂志上撰文称："韩国这个国家正在为我们日本在反共前线上战斗着，实在不胜感谢。"④ 此后，以通过对韩提供经济合作的方式，同韩国合作"防共"的主张在自民党内占据了主导地位。

本来决定在 1961 年 4 月份举行的第五次日韩正式会谈，因各分委员会上的会谈滞后而面临推迟。为了协调会谈进程，跟随野田卯一访韩的日本外务省亚洲局局长伊关佑二郎，在访韩期间与金溶植外务次官举行会谈，结果达成了"5 月末或 6 月初结束'预备会谈'，6、7、8 三个月进行内部调整，从 9 月开始利用一两个月时间举行正式会谈，一举解决悬案"的协议。但是此后不久，1961 年 5 月 16 日，韩国发生了以朴正熙为核心的军事政变。这样，第 5 次日韩会谈未能转为正式的会谈，就在"预备会谈"阶段被迫中断。

---

① 〔日〕《朝日新闻》1961 年 3 月 8 日。

② 〔日〕《朝日新闻》1961 年 4 月 24 日。

③ 〔日〕野田卯一《积累经济合作，促进和解》，《讲演》1961 年 7 月上半期（1 日号）。

④ 〔日〕田中荣一《通过互相进行合作，使韩国增强实力》，《讲演》1961 年 7 月上半期（1 日号）。

四、日韩经济贸易会谈与日韩互还清算贸易结算账户的书简

第五次日韩会谈期间，日韩还举行了与第五次日韩会谈没有直接关系的有关经济贸易方面的会谈。二战后的日韩贸易，在原则上是依据 1950 年 6 月签订的《占领时期日韩贸易协定》和《占领时期日韩金融协定》进行的。签署旧金山《对日和平条约》以后，日韩通过互致照会的方式继续延长了占领时期的贸易协定和金融协定。日韩之间的贸易结算则是通过开设在日本银行的"日韩贸易清算账户"进行的。朝鲜战争以后，随着日本对韩出口的激增，日本的对韩贸易黑字迅速增加，到 1954 年已超过了 4700 万美元。此外，日韩之间还有基于 ICA（美国国际合作局）资金的日本对韩出口、特定产品的现金进出口贸易及以日元支付的少量的埃斯克罗信用证形式的补偿贸易等。在日本的对韩出口总额中，基于 ICA 资金的出口占一半，通过"日韩贸易清算账户"进行的记账式贸易不过占日本对韩总出口的 20％ 左右（详见表 [7—3]）。

[表 7—3]　　　　　　　　　　日韩贸易　　　　　　　　单位：千美元

年度	日本的出口					日本的进口				贸易平衡 A－B
	总额（A）	通常贸易	结算账户贸易	ICA出口	日元信用证贸易	总额（B）	通常贸易	结算账户贸易	日元信用证贸易	
1956	42895	11078	7395	30931	886	8434	7415	7415	1019	34461
1957	54335	13958	10074	38477	1900	10863	9121	9121	1742	43472
1958	43043	14651	10436	27028	1364	10057	8732	8732	1325	32986
1959	53064	14206	10374	37241	1617	11405	9755	9755	1650	41659
1960	69061	26993	15344	40858	1210	16020	14835	12728	1185	53041

资料来源：日本银行汇率统计，刊载于 1961 年 4 月 22 日，外务省记事资料。鹿岛和平研究所编，吉泽清次郎监修《日本外交史（28）·媾和后的外交（Ⅰ）·对列国关系（上）》，鹿岛研究所出版会 1973 年版，第 91 页。

1950 年 6 月签订的《日韩金融协定》规定："……结算后的净剩金额超过 200 万美元时，从超过之时起净剩金额就转为负债，并须根据债权国的要

求支付所负的债务。"① 但是，自 1955 年以后韩国不顾上述"日韩金融协定"的规定，在没有履行偿还已超过 200 万美元的对日贸易债务的义务的情况下，就从同年 2 月开始，推行审批对日进口的管理贸易制度，以寻求对日贸易的平衡。此后，在"日韩贸易清算账户"上的日本对韩贸易结算余额大体固定在 4500 万美元的线上（见表 [7—4]）。

[表 7—4]　　　　　　日韩贸易结算账户上的日本对韩贸易债权　　　单位：千美元

年度	领受（A）	支付（B）	A—B	进款额	年末净剩额
1950	1048	552	496	0	496
1951	12535	5572	6963	2655	4805
1952	18765	4850	13915	13146	5573
1953	43320	5678	37642	11863	31351
1954	28977	7188	21789	5695	47446
1955	6624	7048	—424	0	47022
1956	7811	8121	—310	0	46712
1957	9887	9214	673	0	47384
1958	10179	10655	—476	0	46908
1959	10577	12994	—2417	0	44491
1960	16890	15720	1170	0	45661

资料来源：日本银行汇率统计，刊载于 1961 年 4 月 22 日，外务省记事资料。[日] 鹿岛和平研究所编，吉泽清次郎监修《日本外交史（28）·媾和后的外交（Ⅰ）·对列国关系（上）》，鹿岛研究所出版会 1973 年版，第 92 页。

1961 年 2 月 2 日，韩国政府推行 1 美元等于 1300 韩元的单一汇率制，取消了包括使用外汇上的地区限制在内的贸易及汇率管理制度。作为上述政策的一环，也取消了对日进口的审批制度。韩国即将取消管理贸易之际，1961 年 4 月 22 日，日韩举行经济贸易会谈，签署了《关于清算贸易结算账户的书简》。其主要内容如下："①韩国政府确认，把日韩贸易结算账户清算

① 前引鹿岛和平研究所编，吉泽清次郎监修《日本外交史（28）·媾和后的外交（Ⅰ）·对列国关系（上）》，第 92—93 页。

到本年度 1 月份的最后一天的结果，日方净剩余额为 45729398 美元 8 美分。韩国政府考虑尽快妥当地对其进行偿还。②对从今年 2 月 1 日以后新产生的债务，韩国政府保证每月用现金结算。③韩国政府同意就尽快废除贸易结算账户，并就过渡到现金结算的问题进行协商。④日本政府为扩大韩国产品的进口，在其权限范围内采取认为适当的措施。"①

1961 年 4 月，日韩虽然签字并交换了上述内容的书简，但是日韩之间贸易结算账户上的韩国债务问题并没有很快就获得解决。这一问题直到 1965 年日韩恢复邦交时才得以最终获得解决。日本从提供给韩国无偿援助金额中直接分批扣除了韩国对日贸易债务。

第四节　第五次日韩会谈取得进展的原因及其局限

一、第五次日韩会谈取得进展的原因

在第五次日韩会谈中，更确切地说在第五次日韩会谈前的预备会谈中，日韩两国共举行了 4 轮正式会议上的会谈，13 轮一般请求权小委员会上的会谈，8 轮船舶小委员会上的会谈，2 轮文物小委员会上的会谈，3 轮渔业及"李承晚（和平）线"问题委员会上的会谈，10 轮在日韩国［朝鲜］人的法律地位问题委员会上的会谈。举行了 13 次首席代表之间的非正式会谈，14 次非正式的渔业及"李承晚（和平）线"问题的会谈及 11 次非正式的在日韩国［朝鲜］人法律地位问题的会谈。②

通过这些会谈，日韩为解决两国之间的悬案问题迈出了重要一步。特别是在韩国方面特别关注的"请求权问题"与日本方面特别关心的"渔业及'李承晚（和平）线'问题"上，都有了新的进展。在这次会谈中，通过 13 次一般请求权小委员会的会谈，韩国方面提出的 8 项请求权要求中前 6 项已得到讨论。通过"文物的小委员会"会谈，日方明确了"移交"文物的立场与"移交"文物的三项原则，并具体提出了准备"移交"的 300 件文物的清

---

① 前引鹿岛和平研究所编，吉泽清次郎监修《日本外交史（28）·媾和后的外交（Ⅰ）·对列国关系（上）》，第 86 页。

② 同上书，第 92—93 页。

单。更为重要的是，日方提出的以"经济合作"方式解决"请求权问题"的提案，得到了韩国政府的默认。会谈进行到了相互"透露""经济合作"金额与"请求权"金额，互摸底牌观察对方反应的阶段。

另外，在会谈中，日方关注的"渔业及'李承晚（和平线）'问题"也取得了重大进展。在会谈中，韩方放弃了以往固守"和平（李承晚）线"的态度，同意讨论日方提出的"渔业资源"保护问题。这实际上默认了多年来日方一直主张的"彻底废除'李承晚（和平）线'，签订渔业协定"的要求。其他委员会的会谈也有了相当的进展。例如"在日韩国人的法律地位问题"的会谈已到了考虑草签协议的程度。

池田勇人内阁和张勉内阁之间举行的第五次日韩会谈之所以出现上述进展是有其原因的。第一，美国对这次日韩两国会谈施加了积极影响。二战后不久，随着东西冷战的开始，美国从加强东北亚防卫体制的角度出发，一直对日韩改善关系、建立邦交给予很大的关心。但是，从20世纪50年代后期开始，美国被二战后总额高达998亿美元的军事、经济援助所累，其国际收支不断恶化。为此，美国大幅度削减对外援助或者改援助为提供借款的同时，要求西欧各国和日本，分担美国全球战略上的部分责任，向美国"关心"的第三世界发展中国家提供经济援助。[1] 在亚洲，美国要求日本"积极参与国际上有关亚洲问题的讨论"，要求日本积极承担其东亚战略上的部分责任，并认为，这将"有益于自由世界。"[2]

韩国李承晚政权倒台以后，美国认为促使日韩实现关系正常化的时机来临，对日韩施加积极的影响。1960年9月7日，美国国务卿赫脱（Christian Herter）称："对美国来说日本和韩国都是无法舍弃的盟国，两国顶牛，无端地削弱了远东自由阵营的力量，这反而对共产主义〔阵营〕有利。两国建立政治、经济上的合作体制不仅对日韩两国有利，而且对美国、对整个自由世界都是有益的。在经济上，美国希望改变通过提供庞大的防卫援助，单方面支持韩国经济的现状，希望韩国同最近的日本，建立正常的经济关系来发展韩国经济。在军事上，美国在〔日韩〕两国都拥有军事基地，并驻扎有

---

① ［日］川口融《美国的对外援助政策——其思想与政策的形成》，东京，1980年，第49—50页，引自［美］李庭植著，小此木政夫译《战后日韩关系》，［日］中央公论社1989年版，第64页。

② ［日］斋藤真、永井阳之助、山本满著《战后资料·日美关系》，日本评论社1970年版，第133页。

军队，不正常的日韩两国关系对美军也造成了许多行动上的不便。从上述意义上，美国政府当局打心眼里认为，李（承晚）政权的对日态度存在着过分之处。"①

第二，从岸信介内阁时期开始日本经济已完全摆脱了战后的窘困局面，进入了高速增长阶段。20 世纪 60 年代初，日本的外汇储备已达 20 亿美元。日本经济实力的增强，为解决韩国方面关注的"请求权问题"奠定了物质基础。也就是说，日本已具备了能够部分满足韩国提出的请求权要求的能力。另外，20 世纪 50 年代末 60 年代初，经济高速增长所带来的过剩的设备投资，在日本国内引起了总供给与总需求之间的矛盾。为解决这一矛盾，并为经济发展寻找新的突破口，日本也面临着急需开拓新市场的局面。为此，池田勇人上台以后积极调整日本对外政策，在"政经分离"的前提下，积极谋求发展同苏联、中国、朝鲜等社会主义国家间的经济关系。但是发展同社会主义国家间的经济关系遇到了诸多的困难。因此，在地理和文化上比较接近，在政治和安全方面存在防御"共产主义"的共同利益，在经济结构上又存在很强的互补性的韩国，越来越受到了日本企业、特别是日本垄断资本的关注。

第三，从韩国方面看，从 20 世纪 50 年代末开始，随着美国对外援助的削减，美国也大幅度地削减了对韩援助。1957 年美国的对韩援助为 36880 万美元，但到 1959 年减少到 21970 万美元，1960 年也只有 24520 万美元。当时韩国进口的 70％以上是靠美国的援助来支付的。② 因此，美国援助的大幅度削减，对韩国经济造成了严重的困难。美国对韩援助达到顶峰的 1957 年，韩国的经济增长率为 8.7％，但是 1958 年以后，随着美国对韩援助的削减，韩国的经济增长率立刻下降到 7.0％，比前一年下降了 1.7 个百分点；1959 年进一步下降到 5.2％，又比前一年下降了 1.8 个百分点；1960 年和 1961 年韩国的经济增长率又分别下降到了 2.1％和 3.5％。③ 为了打破经济上的困难局面，韩国张勉内阁着手研究并制定了经济开发计划。但是缺乏国内资本原始积累的韩国，只好通过与经济发达国家进行"经济合作"，

① ［日］《朝日新闻》，1960 年 9 月 9 日。
② Anne O. Krueger, *The Developmental Role of the Foreign Sector and Aid* (Cambridge, Mass. , 1979), p. 67.
③ 前引石丸和人、松本博一、山本刚士著《战后日本外交史——开始起步的日本外交》，第 334 页。

依靠引进外资来实施"经济开发计划"。① 从这个意义上,尽快同在地理上、文化上、政治上接近的最近的邻国日本实现邦交正常化,扩大日韩贸易,接受日本的"经济合作"也成了韩国的当务之急。

第四,随着美国对韩援助的减少,韩国也开始担心和怀疑美国对韩国安全保障方面的承诺。1960 年 11 月 16 日,韩国郑一亨外长在东京称:"迫切感到了建立地区安全保障体制必要性。远东也有必要建立地区安全保障体制。其中当然也包括日本。我希望尽快建立 NEATO [亚洲条约组织],使韩国、日本、自由中国(指台湾——笔者)、越南(指南越——笔者)、菲律宾等自由主义各国能够团结起来形成地区性的集团安全保障体制。"② 韩国对美国安全保障方面承诺的担心,也对日韩关系产生了微妙的影响。

第五,这一时期,韩国历来固守的"和平(李承晚)线"越来越丧失了原来所具有的防范日本渔船向韩国海域出渔的作用。20 世纪 60 年代,随着日本渔业的现代化,渔船中动力渔船的数量占据了绝对优势,且渔船也向大型化方向发展,渔船的速度也有了很大的提高。加上日本海上保安厅的警备艇也跟随渔船出海,加强了警戒,所以装备相对落后的韩国警备艇越来越难以缉拿越过"和平(李承晚)线"的日本渔船,局面越来越难以控制。③ 因此,对韩国来说放弃"和平(李承晚)线",签订"渔业协定"也成为刻不容缓的事情。

就日本而言,1958 年的国际海洋法大会,也向承认沿岸国家的渔业及海洋资源管辖权方面迈出了重要的一步。二战以后兴起的海洋分割的浪潮逐渐被国际社会所承认。在这种国际形势下,日本也逐渐感到了尽快解决日韩渔业纷争,签订相对有利于自己的日韩渔业协定的必要性。

总之,20 世纪 60 年代初,在解决悬案、实现邦交正常化问题上,日韩之间的国家利益开始日趋接近。这是池田勇人内阁和张勉内阁之间举行的第五次日韩会谈出现一些进展的根本原因所在。

二、第五次日韩会谈的局限性

池田勇人内阁和张勉内阁时期举行的日韩会谈虽然取得了一些进展,

---

① 前引李庭植著,小此木政夫译《战后日韩关系》,第 64 页。
② [日]《朝日新闻》1960 年 11 月 17 日。
③ [日]加藤晴子《对战后日韩关系史的一种考察——围绕李(承晚)线问题》(下),《日本女子大学纪要(文学部)》,1980 年第 29 号。

但会谈仍存在很大的局限性。从日本方面看，首先，继日本国内"安保斗争"之后上台的池田勇人内阁，竭力避免再一次挑起国民的政治热情。因此，对日韩会谈采取了较为谨慎的态度。当时，围绕朝鲜半岛问题政界及社会舆论已明显分裂为左右两大派。因此，在日韩会谈问题上日本政府稍有闪失，就有可能再次导致"安保斗争"时期那样的社会动荡。这是池田勇人所不愿意看到的。这也是此次日韩会谈没有出现明显的突破性进展的重要原因。

其次，1960 年 12 月，日本面临大选，池田勇人内阁需要尽量保持国内局势的平稳。因此，竭力避免采取引起社会动荡的重大举措，这是 1960 年的日韩会谈毫无起色的重要原因之一。因此，第五次日韩会谈对日本来说，在时间上并非是最佳时期。

从韩国方面看，张勉政权的政治基础较为薄弱。张勉民主党政权，并不是通过同李承晚及执政的自由党进行政治角逐而上台的，是在李承晚政权被学生运动打倒的情况下，借助学生运动的力量上台的。张勉领导的民主党，虽然在 1960 年 7 月份的选举中取得了胜利，但由于先后失去了申翼熙和赵炳玉（因病去世）两位强有力的领导人，民主党实际上处于分裂状态。① 民主党内部以金度演为首的"旧派"与以张勉为首的"新派"处于严重对立的状态。张勉内阁成立以后，"新派"试图以自己一派为中心重新统一民主党，但没有取得成功。同年 9 月 23 日，"新派"进行国会议员登记时，只有 92 名议员参加了民主党议员登记。1961 年 2 月 20 日，民主党"旧派"脱离民主党另行组建了新民党，张勉政权事实上成为国会内少数派政权。② 由于上述原因，张勉内阁对舆论及学生势力的动向极为敏感，在推行内外政策方面极为软弱无力。

在第五次日韩会谈过程中，韩国国内反对韩日会谈的呼声高涨。从民主党分裂出来的新民党发表声明，提出了"要求日本对朝鲜的殖民统治谢罪，要求归还抢掠的国宝及其他资产"等 7 项要求。③ 在韩国国会内，对日强硬论也开始抬头。1961 年 2 月 3 日，国会通过了有关韩日关系的 4 项决议，以牵制政府举行的韩日会谈。受这些因素的影响，1960 年底至 1961 年初，韩国政府在对待韩日会谈的发言方面出现了前后不一致，发生动摇的现象。

---

① 前引李庭植著，小此木政夫译《战后日韩关系》，第 66 页。
② 前引朴己出著《韩国政治史》，第 205—206 页。
③ ［日］《朝日新闻》1960 年 9 月 11 日。

因此可以预料，即便没有被军事政变赶下台，张勉政权也难以完成韩日邦交正常化的历史使命。

三、日韩两国国内反对日韩会谈的呼声

池田勇人内阁和张勉内阁时期，随着尽快使会谈达成妥协的动向日趋明显，日韩两国国内反对日韩会谈的势力也开始活跃起来。

1961 年 1 月 4 日，韩国总理张勉，在韩国民议院（相当于国会众议院——笔者）进行了有关韩日会谈的报告。张勉在报告中称：日本认同韩国的"反共诚意"；"在请求权数额上双方存在相当的距离"；在是否对在日韩国〔朝鲜〕人及子孙赋予永住权的问题上，双方的意见存在对立；不允许日本渔船侵犯"和平（李承晚）线"。待张勉的报告一结束，台下立刻就接连提出了"是否以 6 亿美元的代价放弃财产请求权"、"总理对日本过分乐观"、"应该建交后进行经济合作"[1] 等质问、批评、反对的意见。在野党的总裁柳珍山在国会发言中称："拿走的我国文物，日本政府说是要'移交'，之所以称其为'移交'，是不愿意使用'归还'这个词，日本称，'赠送'给韩国……实用主义者也许认为'归还'与'赠送'有何不同？但是不愿意重提历史的日本政府的态度中，是否存在我们需要重新审视一下的问题呢？"柳珍山还进一步指出：这一举动表露出了日本政府不愿意承认〔韩国对日本的〕请求权，企图以无偿援助、借款等形式解决请求权问题的用心。[2]

在韩国国会内反对韩日会谈势力的推动下，1961 年 2 月 3 日，韩国民议院通过了"①实现对日邦交正常化，应从有限地恢复邦交逐渐过渡到全面恢复邦交的阶段；②为了国防及保护海洋资源，为了保护渔民的利益，尊重并坚守和平（李承晚）线；③正式恢复邦交应推迟到历史上的悬案问题得到解决之后，特别是，因日本的占领使我们所蒙受之痛苦得到清算之后；④现有的通商关系以外的经济合作，则待正式恢复邦交以后，在国家的统制下按照经济发展计划，在不损害国内产业的范围内进行"4 项决议案。[3]

---

① ［韩］《第 38 届国会民议院会议录》第 2 号，第 1—3、14、18 页。
② 同上。
③ ［日］《朝日新闻》1961 年 2 月 3 日。

　　另一方面，日本国内也出现了反对日韩会谈的动向。1961 年 1 月 13 日，日朝协会、总评等团体组织成立了"日韩会谈对策联络会议"，决定进行反对日韩会谈的运动。在国会中，社会党和共产党议员从反对日韩会谈的角度，开始在国会中对有关日韩会谈及朝鲜半岛问题进行了咨询。但是，当时在日本国内未能形成像反对"新安保条约"时期那样的反对运动。

第八章　池田勇人内阁与朴正熙政权的第六次日韩会谈

第一节　20世纪60年代初韩国政局的动荡与朝鲜半岛形势

一、韩国军事政变与军事政权对韩日会谈的态度

20世纪60年代初，韩国政局接连出现了大的动荡。继1960年4月韩国学生运动把李承晚赶下台之后，1961年5月16日的军事政变，又推翻了刚上台不久的民主党张勉政权。

1961年5月16日黎明，以时任韩国陆军总部少将副总参谋长的朴正熙①为核心的军队少壮派军官，率领海军陆战队为首的3500多名全副武装的韩国军队，闯进首都首尔（中国原译"汉城"），占领中央政府机构、军事首脑机关及首尔市政府等要害部门，逮捕政府要员，控制了首尔全市的警察。同一天7时，组织这次军事政变的"军事革命委员会"通过电台宣布："军事革命委员会"已完全掌握国家的立法、司法、行政等三大权力，"革命"完全取得了成功。同一天，"军事革命委员会"还发布"第一号布告"宣布，在全国范围内实施非常戒严。接着，"军事革命委员会"又解散民、参两院和地方议会，禁止了一切政党和社会团体的活动。这一事件历史上被

---

①　朴正熙（1917年9月30日—1979年10月26日）：1917年出生在韩国庆尚北道善山郡的一个穷苦农民家庭。1940年至1942年曾入伪满"新京军官学校"学习，1942年至1944年入日本陆军士官学校学习，他曾经用过冈本实和高木正雄这两个日本名字。朝鲜半岛脱离日本殖民统治以后，参加韩国军队，1949年任陆军本部作战情报室室长，后被派到美国陆军炮兵学校进修。回国后历任韩国陆军特种军团团长、师长、军长、军区司令和副司令等职。

称之为"5·16军事政变"。

军事政变发生以后，一度不知去向的政府总理张勉，于18日终于抛头露面，召开内阁会议宣布内阁总辞职，把政权移交给了"军事革命委员会"。尹潽善总统也追认了"军事革命委员会"接替政府的合法性。19日，"军事革命委员会"改称"国家重建最高会议"，由张勉内阁时期的韩国陆军总参谋长，朴正熙的顶头上司张都暎中将出任"国家重建最高会议"议长，政变的核心人物朴正熙少将出任了副议长。20日，以"国家重建最高会议"为核心组织成立了张都暎军人内阁。同一天，军人内阁宣布了6条所谓的"革命公约"。该公约称："①把反共作为国是，重新整顿和强化迄今为止只流于形式和口号的反共态势。②遵守联合国宪章，忠实履行国际条约，进一步加强同以美国为首的自由友邦的关系。③铲除韩国社会所有的腐败与过去的罪恶，为重新匡正业已颓废的国民道义与民族正气，注入清新的风气。④尽快解决在绝望与饥饿线上挣扎的国民的生活问题，为重建国家自立经济倾注全力。⑤为完成国土统一这一民族的夙愿，集中全力培养能够与共产主义抗衡的实力。⑥完成上述我们的任务之后，就把政权移交给清新且有良心的政治家，我们准备重返自己的岗位，去履行自己本应尽的职责。"① 但是，军事政变以后成立的张都暎内阁，很快就因张都暎涉嫌所谓"反革命事件"，于同年7月3日被逮捕而垮台。政变的核心人物朴正熙升任"国家重建最高会议"议长，名副其实地掌握了国家的实权。朴正熙掌握实权以后，很快又组织了以宋尧赞为首的新内阁。

以朴正熙为核心的军事政权上台以后，对韩日会谈继续采取积极的态度。早在1961年5月20日的"革命公约"中，军事政权就已把"加强同以美国为首的自由友邦的关系"作为新政权的一项重要使命提了出来。接着同年5月24日，军事政权的外长金弘一又在会见记者时，称："希望年内重开韩日会谈。"② 同年6月1日，"国家重建最高会议"副议长朴正熙也在会见外国记者时，称："'日本人应对过去赔礼道歉，并以更大的诚意面对会谈'等如是的说法，在现时代行不通。……把过去的事情付诸东流，恢复〔韩日〕邦交才是明智之举。"③

---

① ［韩］朴己出著《韩国政治史》，［日］社会评论社1977年版，第217页。
② ［日］鹿岛和平研究所编，吉泽清次郎监修《日本外交史（28）·媾和后的外交（Ⅰ）·对列国关系（上）》，鹿岛研究所出版会1973年版，第95页。
③ ［日］《朝日新闻》1961年6月2日。

韩国军事政权之所以对韩日会谈表现出如此的积极性，其原因，首先在于通过军事政变上台的"革命政权"急切地需要其他国家政府的承认与支持。① 对韩国军事政权来说，日本政府若以己为对象重开日韩会谈，这等于事实上承认了军事政权的合法性。

其次，20世纪60年代初，韩国经济处于崩溃的边缘，政界腐败，经济凋敝，高利贷横行，民不聊生。当时，韩国2400万人口中600万人因失业而流落街头。② 1961年11月访美之际，朴正熙在美国对外关系理事会上发表的讲演中称："农民不得不预先出售农作物。高利贷年利高达100%或100%以上。街头充斥着脸色苍白而憔悴的失业男女。一天从早到晚工作而得到的报酬，仅够获得最低限度的口粮。公共的金融机构被少数牟取暴利的贪婪的财界的人所把持。垄断企业与政治权力结成邪恶的同盟，榨取国民的血汗。这种社会状态下，不可能存在任何社会正义。"③

韩国的这种社会状况，也是其政局接连出现动荡的重要社会原因。因此，军事政权上台以后也不得不把"尽快解决在绝望与饥饿线上挣扎的国民的生活问题"、"重建国家自立的经济"作为其重要的任务。通过军事政变取得政权的朴正熙等军人集团，上台以后以"反共"与"经济开发"为其政策核心，在国内开始酝酿《第一次经济开发五年计划》（该计划1962年开始实施），开始了以能源开发为中心的工业化基础建设。为此，尽快解决韩日之间的各项悬案问题，建立邦交，从日本引进必要的资本和技术，成为当务之急。1961年7月，前韩国驻越南（指"南越"——笔者）大使崔德新访日期间，在同自民党内的日韩会谈恳谈会的成员举行的座谈会上称："希望通过和日本进行经济合作，早日实现韩国经济的自立。"④ 另外，曾任第六次日韩会谈韩方首席代表的裴义焕也回忆说："当时我们认为，对除日语以外几乎不懂其他外语的韩国实业家来说，从最近的日本引进技术或〔同日本〕进行合作是最有效的突破口。"⑤

---

① ［日］木村修三：《日韩交涉的经纬》，《国际政治·日韩关系的展开》，日本国际政治学会编，有斐阁1963年7月号。

② ［日］大冈越平：《保卫"自由韩国"——围绕日韩会谈中存在的问题》，《中央公论》，1962年1月（新年特大号）。

③ ［美］*UPI*（*New York*）November 18, 1961。

④ ［日］《朝日新闻》1961年7月6日。

⑤ ［韩］裴义焕著《虽然渡过了青黄不接的难关——裴义焕回忆录》，韩国先驱者（Korea Herald）·内外经济新闻社1991年版，第113页。

再次，20世纪60年代初，在南北朝鲜的对峙中，无论在政治、经济上，还是在军事上，韩国都处于劣势。因此，"集中全力培养能够与共产主义抗衡的实力"也成了军事政权的重要使命。在美国的经济援助逐年削减，美军是否长期驻扎韩国也成为疑问的现实情况下，要想培养出"能够与共产主义抗衡的实力"，无论从过去的经验看，还是从现实的利害关系分析，对军事政权来说，尽快改善韩日关系都成了必然的选择。韩国前总理丁一权回忆说：朴正熙认为，正如"'6·25'动乱（即朝鲜战争——笔者）时我们所亲身经历过的那样，把日本作为后方供应基地来确保的角度考虑，即从安全保障的角度考虑，也必须使（使韩日会谈）之达成妥协"。①

最后，韩国军事政权之所以急于推进韩日会谈，还有一个重要的内政上的考虑。韩国国内的反日情绪一直根深蒂固，反对韩日会谈的呼声十分强烈。朴正熙等军事政权的领导人认为，预计过渡到民选政权以后，如果召开国会，韩日会谈就必然招致在野党的强烈批评与反对。很多事情就会变得复杂和麻烦。因此，试图在军事政权之下，以快刀斩乱麻的形式解决多年悬而未决的韩日间的悬案问题，实现韩日邦交。1962年11月9日，第六次日韩会谈韩方首席代表裴义焕与韩国驻日代表部参事官崔英泽同日方首席代表杉道助等进行会谈时，韩方称："如果韩国实现还政于民，必然会召开国会，届时事情可能就会变得麻烦。现在是使会谈达成妥协的最好时机，朴议长（即朴正熙——笔者）也这样认为。"② 由于以上种种原因，以朴正熙为首的军事政权，对韩日会谈表现出了"连日本人都觉得性急"程度的热情。

二、美国对韩国军事政权及在军事政权之下举行韩日会谈的态度

"5·16军事政变"推翻了民主党张勉政权以后，驻韩美军总司令卡尔特·B.麦克劳德（Carter B. Magruder）将军和美国驻韩代理大使马希尔·格林（Marshall Green）都强烈谴责军事政变，要求恢复民主政府。③ 但是，美国发现包括总理张勉在内的韩国政府领导人都缺乏进行抵抗的意志，军事

---

① ［韩］《采访丁一权》，《韩国日报》1985年6月25日。

② ［韩］《东亚日报》1992年6月22日。

③ ［美］Se-Jin Kim, *The Politics of Military Revolution in Korea*. (Chapel Hill, N.C., 1971), pp. 96—97。

政变逐渐成为既成事实之后，美国很快就倾向于追认既成事实了。1961 年 5 月 29 日，美国国务院发言人称："为了韩国的防卫与国民生活的稳定，（美国）有意同新的军事政权进行合作。"① 政变发生后不久，美国对政变核心人物朴正熙少将的不信任感便逐渐消失了。②

虽说如此，但实际上美国并没有彻底消除对韩国军事政权的担心。美国认为韩国军事政权内的"激进派"，"具有强烈的民族主义倾向，存在着可能不愿意对美国的政策提供合作的倾向"。一份综合分析"5·16 军事政变"以后的有关韩国情况的美国政府的报告认为：军事政变的主导势力，即以金钟泌为核心的年轻的"激进派"，"具有权威主义和强烈的民族主义倾向"。因此，和美国过去接触过的文官政府和年长的军部领导人不同，他们"存在着不顺从美国的领导"，在"军事、经济、政治等各方面追求韩国独立"的倾向。

美国对军事政权之下的日韩会谈，也表示了同样的担忧。美国一方面基于韩国军事政权的年长领导人大部分都接受过日本的教育这样一个事实，对日韩会谈寄予希望；另一方面，又指出：日韩会谈依然存在不透明的地方，对军事政权的"年轻的一派公然表示强烈的反日情绪"表示了忧虑。③

1961 年 6 月 5 日，美国政府的"韩国问题特别小组"汇总军事政变以后韩的各方面情况，提出了有关韩国军事政变后美国对韩政策的"最终报告"。该报告提议：①池田〔勇人〕首相访美时，不拘泥于韩国发生的军事

---

① 当时在野的韩国知名政治家朴己出认为，在"联合国军"的名义处于美军指挥之下的韩国军队，能否单独发动军事政变乃是一大疑问。"5·16"政变前夕，即从 1960 年 12 月开始有关朴正熙、金钟泌等有不稳举动的风闻已流传于社会。张勉内阁的搜查机构也已获得了有关情报。因此，虽然难以断定美国驻韩大使馆和国务院在多大程度上知晓政变计划，但可以肯定，美国驻韩的中央情报局（CIA）人员和美军情报机构业已知晓了军事政变的计划。美国军方曾多次提醒张勉政权把朴正熙转为预备役。而且朴己出还怀疑韩国军事政变与美国中央情报局有关联，驻韩美军司令与美驻韩大使的声明很可能是为了掩盖事实。由于目前韩、美资料尚未公开，尚难以弄清其内幕，所以笔者在此采用了通行说法。参见前引朴己出著《韩国政治史》，第 211—212 页。

② ［美］Director of Central Intelligence to the President，"Current Situation in South Korea"，May 18, 1961，NSF：CO：Korea，General，box 127，JFKL．引自李钟元：《韩日邦交正常化与美国——1960—1965 年》，［日］《年报·近代日本研究》第 16 号，1994 年 11 月。

③ ［美］Special National Intelligence Estimate，42-2-61，"Short-term Prospects in South Korea"，May 31, 1961，NSF：CO：Korea，General，box 127，JFKL．前引李钟元：《韩日邦交正常化与美国——1960—1965 年》。

政变，协商改善日韩关系的途径。②美国虽然不积极介入〔日韩〕交涉，但有意起某种"催化剂"的作用。③鼓励池田〔勇人〕首相促进对韩贸易，并与美国的计划相协调向，韩国提供经济援助等，把重点放在促使日本主动提出提案方面。另外，该报告最后还附加了"美国必须促使〔韩国〕国家重建最高会议响应日本方面的提案"① 的内容。该报告在 1961 年 6 月 13 日的美国"国家安全委员会"会议上获得通过，并以 NSC6918/1（美国的对韩政策）形式，成为美国对韩政策的基本文件。

美国一方面继续支持自张勉政权以来日本所采取的对韩国的积极援助政策的同时，在另一方面，美国又想在尽力弄清韩国军事政权的动向的前提下，在日韩关系的舞台背后，为改善日韩关系充当"催化剂"的作用。

美国把落实新的对韩政策的时间，确定在日本首相池田勇人访美的 6 月份。美国为 6 月份的美日首脑会谈准备的材料，总的来说是以在日韩会谈中日方提出议案，并对韩国做出让步为特点。但该材料还认为，万一日方的议案遭到韩国军事政权的拒绝，〔日韩〕两国关系将会出现"相当一段时期的"冷却期。因此，该材料还强调了日本正式提出协议案之前，"在舞台背后做细致入微的准备"与"预备性的基础工作"的必要性。②

1961 年 7 月 27 日，美国国务卿腊斯克（Dean Rusk）正式明确了美国政府继续支持和援助韩国军事政权的态度。腊斯克发表声明称："欢迎韩国军事政府采取强有力的措施铲除腐败，为重建国家注入清新的空气，并为民主政治奠定坚实的经济基础。"③ 同年 9 月 12 日，美国又宣布：肯尼迪（John F. Kennedy）总统正式邀请朴正熙"国家重建最高会议"议长访美。这表明，美国完全承认了因发生军事政变而出现的韩国国家政权的更迭。

---

① ［美］Presidential Task Force on Korea，"Report to the National Security Council"，June 6，1961，*NSF：CO：Korea，General，box 127，JFKL*。前引李钟元：《韩日邦交正常化与美国——1960—1965 年》。

② ［美］Talking Paper："First White House Meeting with Prime Minister Ikedr" June 1961，*NSF：CO：Japan，Subjects，Ikedr Visit 6/61，Briefing book，Introduction and Index Material，box125，JFKL*；Paper，"Japanese-Korean Relations"，June 16，1961，*Sorensen Papers：Classified Subject Files：NSC，BOX 52*"，*JFKL*。前引李钟元：《韩日邦交正常化与美国——1960—1965 年》。

③ ［日］中保与作著《韩国读本（续）》，时事通讯社 1961 年版，第 142 页。

三、日本对韩国军事政权及重开日韩会谈的态度

韩国爆发"5·16军事政变"以后，日本政府一开始采取了观望的态度。1961年5月20日，张都暎内阁成立的当天，韩国军事政权即通过驻日代表部代理代表朴昌俊，向日本政府转交了军事政权的"革命公约"，并要求日本政府给予理解与合作。同一天，日本政府以外务省情报文化局局长发表谈话的形式表示："日本作为韩国的邻邦，举国对韩国局势的发展表示重大的关心。日本政府希望，事态早日恢复正常。"①

此时，日本之所以采取观望的态度是因为，首先，韩国军事政变以后，发动政变的各派势力的内部斗争尚未结束，韩国政局尚未稳定。其次，国内执政的自民党及政府内部，在对韩国军事政权的看法上尚未形成统一的意见。再次，美国尚未明确对韩国军事政权的态度。池田勇人政权把最终确定日本对韩国军事政权的政策的时间定在池田勇人首相访美之后。

1961年6月19日，池田勇人启程访美，20日到达华盛顿。20日、21日，池田勇人两次同肯尼迪总统举行了首脑会谈，"就〔日美〕两国与韩国的关系交换了意见"。② 有关这次日美首脑会谈的资料尚未公布，所以其详细内容目前尚无法知晓。但根据日本传媒的报道，已通过第一次首脑会谈对美国的想法有所了解的池田勇人首相，在21日举行的第二次肯尼迪—池田勇人会谈中，主动表示："对日本来说，从某种意义上韩国问题要比中国问题重要。不管怎么样，大国决定〔韩国独立〕以来，韩国是在地理上、历史上与日本最为接近的国家，而且，处于决定日本的生死存亡的地位。特别是，如果连釜山也被赤化的话，会对日本的治安产生很大的影响。因此，日本不能不对韩国的反共体制给予重大的关心。恐怕美国也抱有同样见解吧。"池田勇人接着说："日本希望进行以实现邦交正常化为目的的日韩交涉。韩国的所谓革命政权，未必是民主的政权，也绝不是值得欢迎的政权。但是姑且由总统任命的首相组织政府，所以在这个意义上是合法政权。作为我个人，希望〔韩国〕尽快成立民主政权，但是现在的事态不是坐等民主政权成

---

① 前引鹿岛和平研究所编，吉泽清次郎监修《日本外交史（28）·媾和后的外交（Ⅰ）·对列国关系（上）》，第95页。

② 〔日〕鹿岛和平研究所编《日本外交主要文书·年表（2）（1961—1971）》，原书房1984年版，第342—344页。

立的时候，所以在现状态下也愿意积极地援助韩国。为此希望重开日韩会谈。"

对此，肯尼迪回答说："我心里想的和你完全一样"，并表示："日本以这样的态度面对韩国实在是非常难得。美国也准备奉劝韩国尽快实现日韩邦交正常化。"①

结束访美回国后，7月1日，池田勇人表示："希望韩国新政权稳定，并成为出色的民主国家。日美有必要〔对韩国〕采取一贯的政策。〔若韩国〕新政权提出日韩邦交正常化的要求，日方有意与之相呼应。"②

池田勇人政权之所以迅速改变观望韩国政局的态度，积极回应韩国方面要求恢复日韩会谈的呼吁是有其原因的。首先，通过访美，池田勇人已弄清了美国的意图及其新的对韩政策。这是促使池田回国以后迅速改变对韩国军事政权的态度，对重开日韩会谈表现出积极态度的直接原因。

其次，池田勇人之所以对重开日韩会谈表现出积极的态度，这与自民党内亲韩势力的压力有密切关系。池田勇人访美前夕，自民党内开始集结以岸信介、石井光次郎、贺屋兴宣、佐藤荣作等为代表的赞同尽快实现日韩邦交正常化的"安保"势力。特别是自1961年4月的"古巴事件"③以来，自民党内"安保"势力的集结越发明显，逐渐成为自民党内的核心势力。自民党内的"安保派"认为，如果美国出现危机，日本应该伸手帮一把。他们的这种想法，在对待韩国问题上表现得尤为突出。④对自民党内"安保派"的举动和想法，吉田茂也表示了支持，吉田在大矶写信给池田勇人，鼓励池田勇人"勇往直前"（这是一语双关的话，池田名"勇人"，"勇"亦指池田，亦指在改善日韩关系方面大胆而有所作为——笔者）。⑤

在韩国问题上，"安保派"（也是"韩国帮"——笔者）的"重镇"⑥岸

----

① 《池田—肯尼迪会谈中谈了些什么?》，〔日〕《经济学家（Economist）》1961年7月18日号。

② 〔日〕《朝日新闻》1961年7月1日。

③ "古巴事件"：古巴卡斯特罗革命胜利以后，美国为颠覆卡斯特罗政权，于1964年4月17日，指挥一千多名雇佣军在古巴吉隆滩登陆，结果惨遭失败，72小时内全军覆没。

④ 《池田访美的困境》，〔日〕《经济学家（Economist）》1961年5月30日。

⑤ 前引《池田访美的困境》，〔日〕《经济学家（Economist）》1961年5月30日。

⑥ "重镇"："重镇"原为日文用词，意即"中心人物"，"核心人物"，"起重要作用的人物"等。中文中无特别对等的词汇，该词比较形象，中国人对此也不难理解，故沿用原词。

信介认为："发动革命的朴正熙等一伙人进行的事业，从某种意义上可以说是保卫'自由韩国'的'最后一张牌'。我想，假如没有弄好韩国的事情，远东的自由阵营只好举手投降"，"如果不幸〔韩国〕不能支撑三八线，共产主义势力浸透到釜山时，考虑到日本的处境……这将在治安上成为重大的问题"。因此，岸信介主张："尽快实现日韩邦交正常化以后，日本和美国一起对韩国进行相当的经济合作，奠定韩国经济发展的基础。"岸信介接着还谈到："所幸的是，韩国是军事政权，所以可以按朴正熙等少数领导人的想法去做。日本出再多的钱，韩国方面也不会在请求权问题上感到满足。因此，以某种程度的金额〔在请求权问题上〕说服朴议长（指朴正熙，以下类同——笔者）的话，对方也没有议会，假使新闻媒体出来反对，那朴议长也可以把它们查封，所以事情就可以办得到。"① 这反映了自民党内"安保派"的普遍想法。

值得注意的是，这时自民党内持这种观点的并非只是"安保派"。曾对日韩会谈持谨慎态度的自民党内的又一实力人物河野一郎，在回答池田勇人首相的有关日韩会谈问题的咨询时，也称："解决日韩问题，现在是战后最好的机会。之所以这样说，是因为对方正处于经济危机，对资金的需求正是如饥似渴的时候。〔在会谈中〕压价现在正是时候"，并向池田勇人推荐了日本贸易振兴会理事长、财界"重镇"杉道助为日韩会谈首席代表。这说明自民党内的"日韩会谈慎重派"也开始转向了积极推进日韩会谈方面。自民党内的这种动向与压力，无疑对池田勇人内阁的对韩政策产生了积极影响。

再次，进入20世纪60年代以后，随着日本经济的高速增长，日本垄断资本开始积极寻求向海外发展。日本财界认为：日本作为"亚洲唯一的工业国，现已到了无论如何也要向海外发展的地步"。"经团联"要求，池田勇人应确立"基于向海外发展是日本的使命，这样一种考虑之下的〔日本〕国内体制"。② 日本垄断资本在向海外发展的氛围中，早就把韩国作为日本重要的商品与资本输出市场而给予了足够的重视。早在1960年12月27日，日本财界一些实力人物就与在日有实力的韩国人实业家联合起来成立了"期待并推动日韩邦交正常化"为目的的"日韩经济协会"。③ 该协会，由日本商

① 前引大冈越平《保卫"自由韩国"——探寻日韩会谈中存在的问题》。
② 前引《池田—肯尼迪会谈中谈了些什么？》。
③ 〔日〕日韩经济协会编《协会十年脚步》，日韩经济协会1970年版，第2页。

工会议所会长足立正出任顾问，由经团联副会长植村甲午郎担任会长，副会长由小野田水泥的社长安藤丰禄，三亚药品工业的会长李康友，阪本纺织的社长徐甲虎担任。协会下设 20 名理事，2 名监事，1 名专务理事、事务局长和参与等。该协会成立以后或组团访韩进行考察，或接待韩国经济界访问团等，为日韩邦交正常化作了多方努力。1962 年 9 月 17 日，该协会组织由植村甲午郎为团长的经济代表团访韩，同年 11 月，又组织小野田水泥的社长安藤丰禄为团长的第一次赴韩考察团访韩。1964 年 11 月，组织昭和电工的社长安西正夫为团长的第二次赴韩考察团访韩，1965 年 4 月，组织石川岛播磨的会长土光敏夫为团长的第三次赴韩考察团访韩等，为日韩关系正常化展开了积极的活动。

从 20 世纪 50 年代末开始，日本的大型商社开始进军韩国市场。刚开始，日本商社从韩国政府取得一个月以内的过境签证（transit）或一到六个月的登记签证（entry）之后，作为公司的联络员交替驻扎韩国，后来又逐渐租借首尔市内的宾馆房间开设办事处。20 世纪 60 年代初日本主要商社开始相继在韩国设立正式办事处。从 1960 年 4 月，日本“东洋棉花”在韩国设立办事处开始，“兼松商事”、“丸红饭田”、“日立制作”、“安宅产业”、“木下产商”、“三菱商事”、“三井物产”、“住友商事”、“伊藤忠”、“日本工营”、“东洋人造丝”、“日棉实业”、“江商”、日本特勒廷等商社相继向韩国派驻了常驻机构和人员。[1] 到 1963 年，在韩日本商社已发展到四十余家，几乎囊括了日本所有知名“会社（公司）”（参见［表 8—1]）。[2]

三井、住友、三菱等商社的 1962 年和 1963 年的对韩贸易额达 67334401 美元，其中由韩国政府持有的美元及 AID（美国军事援助）支付的外汇收入达 14883571 美元。[3] 这些日本商社不仅从事贸易，还兼营引进外资、韩国商社的资信调查、技术合作等多方面的业务。这些商社“参与了占韩国全部贸易的四分之一”的业务。[4] 日本商社大规模进军韩国的态势，也迫使日本当政者不得不考虑尽快改善日韩邦交正常化问题。

---

① ［韩］1964 年 4 月 28 日，韩国财务长官递交国务会议的报告书《有关在韩日本人商社的调查报告》，前引鹿岛和平研究所编，吉泽清次郎监修《日本外交史（28）·媾和后的外交（Ⅰ）·对列国关系（上）》，第 115 页。

② ［韩］《东亚日报》1964 年 4 月 29 日。

③ ［日］日韩经济协会《协会报》1964 年 3 月、4 月号（参见表 8—1）。

④ ［韩］《首尔经济新闻》1964 年 1 月 10 日。

[表 8—1]　　　　　　　1962—1963 年在韩日本商社的实际情况

商社名	建办事处时间	从业人员		实际贸易额	月平均经常性开支
		日本人	韩国人	（美元）	（美元）
三井物产	1962 年 4 月	7	10	20492607	13841
住友商事	1962 年 5 月	1	5	12377506	—
东洋棉花	1960 年 4 月	4	6	9916620	5309
丸红饭田	1962 年 1 月	2	15	6356336	8208
日立制作	1962 年 2 月	—	—	5789456	3000
三菱商事	1962 年 4 月	4	5	3446364	—
日棉实业	1963 年 4 月	3	8	1883016	6199
日本特勒廷	1963 年 9 月	1	—	1784732	1501
伊藤忠商事	1963 年 1 月	3	15	1634921	2181
安宅产业	1962 年 3 月	2	5	1617645	7777
木下产商	1962 年 3 月	3	3	1045548	672
兼松商事	1961 年 9 月	1	5	622081	5000
江商	1963 年 7 月	1	2	368562	5681
合计	—	32	75	67334401	—

资料来源：[日]日韩经济协会《协会报》1964 年 3、4 月号。

四、20 世纪 60 年代初朝鲜半岛南北战略态势的微妙变化

20 世纪 60 年代初，朝鲜半岛上的战略均衡发生了微妙的变化。1961年 7 月 6 日，朝鲜民主主义人民共和国同苏联签署了《朝苏友好合作及相互援助条约》。紧接着同年 7 月 11 日，中国也同朝鲜民主主义人民共和国签署了《中朝友好合作及相互援助条约》。这样，事实上中、朝、苏三国在东北亚地区形成了军事性的"三角同盟"。朝鲜半岛南北战略态势的这种微妙变化，改变了此前东北亚地区业已形成的战略力量的均势。这无疑对韩、日、美形成了战略上的压力。这种压力对日韩会谈也不可避免地产生重要的影响。

第二节　第六次日韩会谈前半阶段会谈
(1961. 10. 20—1962. 3. 8)

一、日韩两国政府为重开会谈进行交涉

朴正熙上台以后，为重开日韩会谈开始采取了实质性的行动。1961 年 7 月 4 日，朴正熙政权派遣前驻南越大使崔德新为团长的东南亚友好访问团出访东南亚之际，让该代表团先到日本访问。7 月 5 日，崔德新拜会池田勇人首相，递交了朴正熙的亲笔信，同时提出了重开因韩国军事政变而中断的韩日会谈的要求。① 同年 7 月 11 日，朴正熙又举行日本记者招待会称："〔韩国〕政府正在进行尽快重开韩日会谈的准备，〔韩日之间的〕悬案得到解决以后应该实现邦交正常化，'和平（李承晚）线'〔问题〕应在保护韩日两国相关海域内的渔业资源及保护韩国渔民的利益的前提下加以解决。"②

韩国政府再三提出重开日韩会谈要求以后，日本以"日本政府深切地感到了在今后同韩国进行交涉时充分把握韩国国内的政治经济形势的必要性"③ 为理由，1961 年 7 月 21 日，日本外务省亚洲局局长伊关佑二郎向韩国驻日代表部代表代理朴昌俊提出了在首尔设置日本驻韩代表部的要求。对此，同年 7 月 31 日赴任的驻日代表部公使李东焕，于同年 8 月 2 日，向日本政府转达了韩国方面拒绝日方要求的答复。但是，日方坚持称："为尽快重开日韩会谈有必要随时把握不断变化的韩国政情。"其结果，韩国方面提出了"可以允许日本的有关政府官员随时出差韩国"的折中方案。日方接受了该方案。

1961 年 8 月 7 日到 16 日，为考察韩国政情，日本外务省东北亚课长前田利一首次访问了韩国。此后，日本外务省以"有必要把握韩国政情"为由，④ 继续派遣外务省有关人员对韩国进行短期访问，并从 1963 年 3 月开

---

① 〔日〕《朝日新闻》1961 年 7 月 6 日。

② 〔日〕《朝日新闻》1961 年 7 月 12 日。

③ 〔日〕《朝日新闻》1961 年 7 月 21 日。

④ 〔韩〕成滉镛著《日本的对韩政策（1800—1965）》，〔首尔〕明知社 1981 年版，第 262 页。

始经韩国方面同意，在首尔的半岛宾馆租借房间为临时办公室，以 1—3 个月短期出差的形式派员交替驻扎在首尔。

1961 年 8 月 12 日，朴正熙议长宣布两年以后把政权移交给民选政府。同一天日本政府以外务省情报文化局局长发表谈话的形式，对此表示："欢迎该声明（指朴正熙议长宣布把政权移交给民选政府的声明——笔者）。随着韩国事态的进一步稳定，期待进一步确实地落实这一承诺。"[1] 同年 8 月 16 日，前田利一结束访韩回国报告称：韩方认为"解决日韩问题是稳定军事政权，使韩国事态趋于好转的决定性因素"。[2] 日本政府根据前田利一的报告和朴正熙准备把政权移交给民选政府的声明认为，朴正熙军事政权确实对"日韩会谈抱有热情和焦躁感"，可以"乐观地评价朴政权"，[3] 于是决定重开日韩会谈。

1961 年 8 月 24 日，韩国方面提出了重开日韩会谈的要求。经日韩双方协商，决定"从〔1961 年〕9 月 20 日左右重开日韩会谈，新会谈称第六次日韩全面会谈，并直接承袭第五次［会谈］预备会谈中的会谈内容"。[4]

重开日韩会谈的时间确定下来以后，1961 年 8 月 30 日到 9 月 9 日，应日本自民党日韩问题恳谈会召集人石井光次郎的邀请，韩国经济企划院院长金裕泽访日。金裕泽访日的目的主要在于协调日韩双方的会谈准备工作，打探和摸索政治解决日韩间悬案问题的可能性。

解决请求权问题是使日韩会谈能够达成妥协的关键所在。日韩双方在请求权的数额、名分、范围等问题上存在着很大的分歧。为了一举政治解决请求权问题，韩国方面在金裕泽访日之际准备了两套方案。其一是，请求权问题与"和平（李承晚）线"问题联系起来一举达成妥协，在〔1961〕年内结束会谈；其二是，非正式提出 8 亿美元左右的请求权金额，促使日本达成政治妥协，有一定希望时，再提出腹案。[5]

金裕泽在访日期间同池田首相、小坂善太郎外相、自民党干部、财界要

---

[1] 前引鹿岛和平研究所编，吉泽清次郎监修《日本外交史（28）·媾和后的外交（I）·对列国关系（上）》，第 96 页。

[2] ［日］《朝日新闻》1961 年 8 月 16 日。

[3] ［日］《朝日新闻》1961 年 8 月 24 日。

[4] 前引鹿岛和平研究所编，吉泽清次郎监修《日本外交史（28）·媾和后的外交（I）·对列国关系（上）》，第 96 页。

[5] ［韩］金东祚著《回想三十年——韩日会谈》，中央日报社 1986 年版，第 217 页。

人等举行广泛的会晤，试图在请求权金额上捕捉到某种头绪。但对此日方却表现出了近似无动于衷的慎重的态度。自民党内的右翼"亲韩派"，虽然同意政治解决日韩悬案，但是日方以外务省为核心，坚持主张政治折中与实际业务会谈同时举行。

1961 年 9 月 1 日，在同小坂善太郎的会谈中，金裕泽称："日方如果在请求权〔问题〕上加把劲儿，'和平线'问题可以得到解决。"① 在访日之际，金裕泽还提出了 8 亿美元的请求权金额案，而日方则暗示了 5000 万美元的请求权金额。② 这是日韩会谈开始以来双方首次正式提示各自的请求权金额。

在金裕泽访日的同时，日韩之间为重开会谈也进行了事务性交涉。在事务性交涉中，急于寻求政治解决韩日之间悬案问题的韩国，内定前总理许政为韩日会谈韩方首席代表，同时也希望日方任命前总理岸信介或石井光次郎那样的"亲韩派"政界大人物为日方首席代表。1961 年 10 月 4 日，日方向韩方通报了日方的首席代表人选。出乎韩方预料之外的是，日方任命关西财界"重镇"杉道助为会谈首席代表。韩方认为，这是"意外的人事"安排，于是 5 日韩国外务次官朴东镇宣布："预定于（10 月）10 日开始举行的日韩会谈，因故延期举行。"③ 同一天，韩国向日本提出了推迟会谈要求。④

1961 年 10 月 7 日，韩国政府通过李东焕驻日公使正式向日本外务省转达韩方延期会谈的原因，声称："韩国政府之所以延期会谈是因为日本政府在首席代表人选上起用了预料之外的人物。"⑤ 但对此日本外交当局答称：日方无意改变对杉道助的任命。对此感到不满的韩国，通过"外务部高官的谈话"向日方提出了"①不要把日本的对韩援助与日韩会谈相提并论；②两国之间的悬案问题与其通过事务性会谈解决，莫不如通过政治折中来解决；③真诚地接受韩国的财产请求权〔要求〕；④首席代表更换为杉（道助）氏

①　〔日〕《朝日新闻》1961 年 9 月 2 日。

②　〔韩〕李元德《日韩请求权交涉过程（1951—1962）的分析——从日本的对韩政策的角度》，〔日〕《法学志林》（法政大学）1995 年 11 月号。

③　〔日〕《朝日新闻》1961 年 10 月 6 日。

④　前引鹿岛和平研究所编，吉泽清次郎监修《日本外交史（28）·媾和后的外交（Ⅰ）·对列国关系（上）》，第 98 页。

⑤　〔日〕中保与作《闹别扭的日韩会谈》，《世界周报》1961 年 10 月 24 日，第 43 号。

以外的人"四项要求。①

韩方之所以对日方的人事安排如此不满,是因为韩方不了解杉道助这个人,认为日方派一介商人与韩国前总理(一度代行总统职权)举行会谈是有意藐视韩国,表明日方无意政治解决日韩会谈中的悬案问题。② 但经日方解释以后,急于进行日韩会谈的韩国虽然接受了"杉道助为日方首席代表"的日方人事安排,但取消了原内定许政为首席代表的人事安排,重新任命裴义焕为会谈首席代表。同年 10 月 12 日,韩方向日方提出了 10 月 20 日重开会谈的要求。日方也接受了这一要求。

池田勇人政权之所以一改以往和外务省有密切关系的人士出任日韩会谈首席代表的惯例,起用财界人士为首席代表是有其原因的。首先,从自民党内的派阀关系上看,岸信介是池田勇人的有力的竞争对手,处于能够左右池田勇人政权命运的地位。因此,池田勇人并不愿意把能够在政治上获得声誉的日韩会谈,让自己的竞争对手岸信介或岸信介一派的人去完成。

其次,主张"宽容与忍耐"政治的池田勇人,试图尽量减少在日韩问题上的政治色彩与"安保"色彩,尽可能以经济手段解决日韩问题。任命在"安保"问题上已声名狼藉的岸信介为日韩会谈的首席代表,很可能会使日韩会谈再一次面临以在野党为首的"反安保"势力的强烈反对,弄不好会危及池田勇人政权的生命。池田勇人所谓"起用政界人士会对国内政治产生微妙的影响"的想法,③ 盖出于上述原因。

再次,倡导"国民收入倍增计划"的池田勇人认为,避免引起社会动荡,而且又能够解决日韩问题的关键在于双方进行经济合作。因此,希望一位能够统率经济界和统合财界的实力人物来推进日韩会谈。从这一点上看,和韩国的经济界关系密切,而且又能够统合日本财界的关西财界的"重镇"杉道助,可谓是理想的人选。④

韩方任命裴义焕为首席代表的原因,除裴义焕与杉道助一样都是财界人士这一点以外,裴义焕曾为美国公民,并在美国政府机关担任过公职,韩方

① 前引中保与作《闹别扭的日韩会谈》。

② 前引裴义焕著《虽然渡过了青黄不接的难关——裴义焕回忆录》,第 113—114 页。

③ [日]杉道助追悼录刊行委员会编《杉道助追悼录〔下〕》,杉道助追悼录刊行委员会发行 1965 年版,第 237 页。

④ 前引裴义焕著《虽然渡过了青黄不接的难关——裴义焕回忆录》,第 113—114 页。

想利用裴义焕的这一层关系，在日韩会谈中使美国发挥对己有利的影响力。[1]

另外，韩方还任命李东焕为次席代表。这是因为，李东焕与小坂善太郎、大平正芳是东京商大时的同学。韩方想利用"同窗"这一层亲近关系，在会谈中减少感情上的对立与冲突。不难看出，在第六次日韩会谈中，日韩双方从人事安排开始，就用尽了心计。

二、第六次日韩会谈的双方代表及本次会谈的特点

1961 年 10 月 20 日，日韩正式开始举行第六次日韩会谈。参加这次会谈的日方首席代表是日本贸易振兴会理事长杉道助。代表有：法务省民事局局长平贺健太、法务省入国管理局局长高濑侍郎、外务省亚洲局局长伊关佑二郎、外务省条约局局长中川融、外务审议官宇山厚、外务参事官卜部敏男、大藏省理财局局长宫川新一郎、农林省水产厅次长村田丰三、运输省海运局局长辻章男等，另据前引《韩日会谈白书（非卖品）》，参加第六次日韩会谈的日方代表还有八木正男、後宫虎郎、吉冈英一、龟山信郎、臼田彦太郎等。

第六次日韩会谈韩方首席代表是裴义焕，次席代表是驻日公使李东焕，顾问是国家重建最高会议议长顾问李汉基。韩方代表有：国立博物馆馆长金载元、文教部文物保护委员会委员李弘植及同委员会委员黄寿永、大韩水产中央会顾问池铁根、韩国银行副总裁高范俊、韩国银行参事李相德、产业银行理事洪升熹、律师金润根、律师李天祥、律师郑泰燮、外务部长官咨询委员会委员郑一永、外务部政务局局长全祥振、外务部通商局局长李圭星、驻日代表部参事官崔英泽、文哲淳、财务部理财局局长朴东燮、农林部水产局局长金命年、交通部海运局局长尹基善、首尔地方检察厅部长检事文仁龟等。[2]

第六次日韩会谈具有和以往会谈不同的特点。首先，双方会谈的首席代表都不是政界人士而是财界人士。由财界人士出任会谈首席代表，意味着双

①　前引裴义焕著《虽然渡过了青黄不接的难关——裴义焕回忆录》，第 115 页。

②　前引鹿岛和平研究所编，吉泽清次郎监修《日本外交史（28）·媾和后的外交（Ⅰ）·对列国关系（上）》，第 97 页；［韩］大韩民国政府编《韩日会谈白书（非卖品）》1965 年版，第 153—164 页。

方都开始把会谈的着重点放在了经济问题上。韩方在代表团成员中增加了与请求权问题相关的人士，有经济界人士 1 人（首席代表）、文物专家 3 人、银行界人士 3 人、财务部官僚 1 人参加了本次会谈。足见在本次会谈中，韩方对请求权问题和日韩经济合作问题的重视程度。这也充分表明日韩双方在经济合作方面的共同利益开始越来越接近，感情上的对立与矛盾则逐渐退居到次要地位。在这次会谈中，韩国方面大幅度增加代表团名额，网络各个领域的知名人士，组织了有 22 人组成的大型代表团，足见韩国方面对本次会谈的重视程度。

其次，在第六次日韩会谈中，为使会谈尽快达成妥协，每当会谈遇到难关时双方都试图通过双方高层领导人之间的会谈达成妥协。因此，在会谈过程中，日韩双方频繁举行了高层会晤。日韩之间的很多悬案问题是在日韩会谈之外的高层会晤中获得解决的。因此，从某种意义上说，第六次日韩会谈只起到了对高层会晤的辅助性作用。

再次，和以往不同，第六次日韩会谈中设立了许多"事务级会议"、"专家会议"、"小委员会会议"等。在上述各种"会议"上双方具体讨论了相关问题的基础性资料和技术性问题，这为正式会谈及分委员会会谈的顺利进行创造了条件。

另外，在第六次会谈过程中日韩双方还频繁地举行了正式会谈以外的"预备会谈"、"非正式会谈"、"双方首席代表会谈"等，调整和处理会谈中遇到的暗礁、险滩。在第六次日韩会谈中，对那些在一般性会谈中也难以达成妥协的问题则采取了及时上交到高层的外相会谈、农相会谈等加以政治解决的办法。

最后，在第六次日韩会谈中，日韩两国、特别是韩国，为尽快使会谈达成妥协，尽力避免使用刺激对方的言论，所以相互妥协的氛围支配了整个会谈的过程。

三、第六次日韩会谈前半阶段的会谈（1961. 10. 20—1962. 3. 8）

1961 年 10 月 20 日开始，日韩举行了第六次日韩会谈。在当天举行的首轮正式会议上的会谈中，日方首席代表杉道助在致辞中表示：决心使"这次会谈成为〔日韩之间的〕最后一次会谈"。韩方首席代表裴义焕也在致辞中称："迄今为止，每次举行会谈时，开始的时候双方都发誓一定要使会谈取得成功，但这次会谈中，我们会为使〔我们的〕誓言不至于落空而作出努力。"① 双方首席代表的致辞结束以后，双方还相互介绍了参加会谈的各自代表之后便结束了第 1 轮正式会议上的会谈。

同年 10 月 26 日，日韩举行了第 2 轮正式会议上的会谈。在这次会谈中，日韩双方决定设立与第五次日韩会谈时设立的委员会完全一样的各个委员会和小委员会，举行会谈。

从 1961 年 10 月 20 日开始到 1962 年 3 月进入"预备会谈"以前，日韩举行了 4 轮正式会议上的会谈、11 轮请求权委员会上的会谈、16 轮渔业及"和平（李承晚）线"委员会上的会谈、9 轮船舶小委员会上的会谈、4 轮在日韩国〔朝鲜〕人法律地位委员会上的会谈和 7 轮文物小委员会上的会谈。

另外，在第六次日韩会谈中还举行了与各委员会上的会谈内容相关的"事务级会议"、"专家会议"、"小委员会会议"等。在这一类的会议中"一般请求权小委员会"会议举行了 8 轮，"船舶问题小委员会"会议举行了 3 轮，"文物小委员会"会议举行了 6 轮。② 在第六次日韩会谈中，请求权问题和渔业及"和平（李承晚）线"问题，依然成了整个会谈的核心问题。

在第六次日韩会谈中，从 1961 年 10 月 26 日到同年年底，"一般请求权小委员会"上的会谈，共举行了 8 轮。在"一般请求权小委员会"的会谈中，韩方再一次提出了 8 个项目的请求权要求（参见第 5 章）及每项具体的请求权金额，并对此进行了详细说明。而后，日方对此提出了质疑和提问。在会谈中，韩方强烈要求日本归还自 1909 年到 1945 年间从韩国搬出的多达249 吨的金块和 67 吨的银块。③ 这些金银块合计约为 3 亿美元。④

在"一般请求权小委员会"的会谈中，1961 年 12 月 15 日到 21 日，日韩双方着重讨论了韩方提出的 8 项请求权要求中的第 5 项，即与"韩国法人和自然人向日本国及国民提出的对日本国债、公债、日本银行券、被征用韩国人未得到的薪金、补偿金及其他的请求权"相关的条款。韩方把第 5 项请求权要求又具体细分为下述 6 个方面，具体提出了要求补偿的金额。韩方提

---

① 前引鹿岛和平研究所编，吉泽清次郎监修《日本外交史（28）·媾和后的外交（Ⅰ）·对列国关系（上）》，第 98 页。

② 同上书，第 98—99 页。

③ ［韩］外务部政务局·亚洲课编《第六次日韩会谈·（和平线·一般请求权·船舶）委员会会议录（极秘）》，1961 年，第 110、131 页。

④ ［韩］郑一亨著《一心一意，专心致志》，新近文化社 1970 年版，第 310 页。

出的 6 个方面的具体补偿要求如下：

"①日本的有价证券：876503 万余日元；②日系通货：152549 万余日元；③被征用者的未得到的薪金：约 25000 万日元；④对战时被征用者所蒙受的损害的补偿金：36400 万美元（只有这一项是美元，1961 年 1 美元等于360 日元——笔者）；⑤韩国人对日本政府的请求金（养老、抚恤金及其他）：30619 万日元；⑥韩国人对日本及日本法人的请求金：43800 万日元。"①

韩方对其中的第 4 个条目进一步解释称："被强制征用的韩国人当中，劳务人员为 667684 人，军人及军属为 365000 人，两项合计为 1032684 人。其中，死伤的劳务人员为 19603 人，军人及军属为 83000 人，两项合计为102603 人。"韩国政府按死亡者以 77684 人计、伤残者以 25000 人计，要求日本对死者每人补偿 1650 美元，对伤残者每人补偿 2000 美元，对除伤残者以外的生存者每人补偿 200 美元，共计要求补偿 36400 余万美元。②

1961 年 12 月 21 日召开的一般请求权小委员会上，日方称"希望能够最终确认，与自然人及法人有关的全部请求权在这次会谈中获得解决"。对此，韩方认为："对未能纳入 8 项〔请求权要求〕的个人请求权要求……连提都不提的话，这会成为重大问题"，③ 并对 8 项请求权要求中的第 6 项进行了如下修正。即"作为韩国人〔自然人及法人〕对日本政府及日本人〔自然人及法人〕的权利，没有包含在上述纲要第 1 项到第 5 项的事项，即使韩日会谈达成协议以后，也可以个别行使〔其请求权〕。这种情况下，截止到邦交正常化为止不计算时效"。④ 但是，日方没有接受韩方的这一主张，韩方也未能坚持贯彻这一主张。假如韩方的这一主张当时得到了落实，那么现今的韩国民间向日本提出的有关从军慰安妇的索赔诉讼、强制带走韩国劳工的对日索赔诉讼等就不会如此艰难，日本政府也不可能采取"业已在日韩条约中获得解决"来搪塞索赔者的要求吧。

1961 年 10 月 26 日到同年 12 月 21 日，渔业及"和平（李承晚）线"委员会举行了 8 轮，双方着重讨论了韩方提出的"渔业资源保护案"，但会

① 前引外务部政务局·亚洲课编《第六次日韩会谈·（和平线·一般请求权·船舶）委员会会议录（极秘）》，第 220—221 页。
② 同上。
③ 同上书，第 256—258 页。
④ 同上书，第 263 页。

谈并没有取得明显的进展。

1961 年 10 月 27 日到同年年底，举行了 3 轮 "在日韩国 ［朝鲜］人法律地位委员会" 和 5 次该委员会的非正式会议。另外，还举行了 2 次有关在日韩国 ［朝鲜］人法律地位问题的专家会议。

在 "在日韩国 ［朝鲜］人法律地位委员会" 的会谈中，双方争论的焦点主要集中在赋予永住权的范围问题上。韩方要求日本对在日韩国 ［朝鲜］人及其子孙均赋予永住权。对此，当时日方只考虑 "对截止到旧金山和约生效为止在日本出生的韩国 ［朝鲜］人子女赋予永住权"，[①] 并没有考虑对在日韩国 ［朝鲜］人子孙都赋予永住权。因此，日方表示重新考虑这一问题。

在有关在日韩国 ［朝鲜］人法律地位问题的两次专家会议上，日韩双方着重讨论了强制遣送出境的条件。在会谈中，日方主张对在日韩国 ［朝鲜］人与其他外国人都一视同仁，对在日韩国 ［朝鲜］人全面适用出入国管理令中规定的各项强制遣送出境的条款。对此，韩方以历史背景为理由，要求在某几种情况下，对在日韩国 ［朝鲜］人不适用强制遣送的条款。[②]

1961 年 10 月 31 日到同年年底，"文物小委员会" 上的会谈举行了 5 轮。在会谈中，韩方对各种文物的归还要求进行了说明，并要求日方 "归还" 文物。对此，日方则认为，"对是不是利用不正当或不法手段取得的文物，韩国方面虽然举几个例子进行了说明……但其中也存在很难断定证据确凿实例"，"对于出土文物是否应当归还出土国这一点……没有找到文物必须归还出土国的国际法上的原则和惯例"。[③] 以此为由，日方拒绝了韩方的 "归还" 要求。

1961 年 10 月 20 日到同年年底为止的第六次日韩会谈，并没有取得预期的明显的进展。双方的主张在很多问题上都保持了平行线或看法上的巨大的差异。特别是在能够使会谈引向成功的关键性问题上，即韩国对日请求权问题上，日韩双方提出的数额存在着相当的差距。由于第二次世界大战结束以后已过了相当一段时间，加上朝鲜战争等原因，韩方的有关请求权的资料遗失的比较多，应该得到补偿的对象已经死亡的也不少，所以韩方难以提出日方要求的 "确切依据"，也难以计算出确切的请求权数额。因此，很快就

---

①　［韩］外务部政务局编《第六次日韩会谈会议录（Ⅱ）（极秘）》1966 年，第 26—32 页。

②　前引外务部政务局编《第六次日韩会谈会议录（Ⅱ）（极秘）》，第 126—138 页。

③　同上书，第 416—417 页。

倾向于政治解决日韩悬案问题了。

四、池田勇人—朴正熙的会谈与朴正熙访美

从第六次日韩会谈开始，韩国方面开始寻求政治解决日韩之间的悬案的途径。为此，第六次日韩会谈日程确定以后，韩国就派经济企划院长官金裕泽访问了日本。日韩会谈开始以后，1961 年 10 月 24 日，朴正熙的左膀右臂之一，中央情报部部长金钟泌，作为韩国政府特使秘密访问日本，同池田勇人首相、佐藤荣作通产相、小坂善太郎外相等日本政府领导人及岸信介、石井光次郎等政界要人举行了会谈。在这次访日期间，金钟泌称："希望把日本支付的请求权金额，定为 4 亿美元。"① 韩国方面不到一个月的时间内，就把对日请求权金额削减了一半（金裕泽访日时提出过 8 亿美元的要求），从中也可以窥见韩国方面对资金的渴求程度和日益严峻的韩国经济形势。对此，日方则提出了"今后以有偿、无偿、经济合作三种形式，以不使用'请求权'字样的协定的形式处理〔请求权问题〕的主张"。对日方的提议，金钟泌"大致表示了理解，并称回国以后与本国政府进行充分协商"。② 访日期间，金钟泌还提出了"希望举行高级别政治会谈"的要求。③

对日韩之间酝酿中的首脑会谈，美国表示了积极欢迎和支持的态度。1961 年 11 月 2 日，为参加第一次日美贸易经济混合委员会而访日的腊斯克（Dean Rusk）国务卿同池田勇人首相举行会谈，对日韩首脑会谈进行了积极的斡旋。在池田勇人—腊斯克会谈中，腊斯克称：韩国的经济开发计划（1961 年 8 月 22 日发表试案）估计需要 7 亿美元的外汇，但不能指望美国和西欧各国投入资金。据说"与韩国的对日请求权密切相关的资金达三亿数千万美元，这一资金已编入了韩国的经济开发五年计划。因此，希望尽快做出决断"。④

1961 年 11 月 4 日，日美贸易经济混合委员会结束以后，次日，腊斯克

---

① 〔日〕中保与作《百日交涉还是最终交涉——日韩会谈的潜流》，《世界周报》1961 年 11 月 21 日第 47 号。

② 〔日〕藤田一郎著《记录·椎名悦三郎〔下〕》，椎名悦三郎追悼录刊行会 1982 年版，第 25 页。

③ 前引中保与作《百日交涉还是最终交涉——日韩会谈的潜流》。

· ④ 《池田—腊斯克（Dean Rusk）会谈都谈了些什么》，〔日〕《经济学家（Economist）》1961 年 11 月 21 日。

顺便访问韩国，与朴正熙等政府领导人举行了会谈。在会谈中，腊斯克对韩国领导人称：在美国国会通过对韩援助案已变得越来越困难了。腊斯克奉劝韩国，有必要把寻求经济开发所需财源的目光转向美国以外的其他国家。腊斯克对正准备访日的朴正熙称：两国首脑的"直接对话"与"平静的外交"才是渡过国内反对的难关，"处理这种被感情因素纠缠的问题的唯一的办法"。腊斯克还称："美国虽然不能直接介入交涉，但必要时不惜做出应有的努力。"①

为了安排池田勇人—朴正熙会谈的具体日程，1961 年 11 月 2 日，日方日韩会谈首席代表杉道助悄然访问了韩国。在首尔杉道助称：此次访韩既是对金裕泽经济企划院长官和金钟泌中央情报部部长访日的礼节性回访，也是为了传递池田勇人首相邀请朴（正熙）议长访日的亲笔信。② 同月 7 日，朴正熙通过韩方日韩会谈首席代表裴义焕转交给池田勇人一封信。朴正熙在信中表示"以感激之情，接受池田勇人首相的邀请"。③

1961 年 11 月 11 日，朴正熙在访美途中途经日本，与池田首相举行了 1 小时 50 分钟的会谈。池田勇人—朴正熙首脑会谈的具体细节，由于资料所限尚不得而知，但根据当时的日本媒体的报道和官方公报的内容分析，池田勇人—朴正熙首脑会谈中，双方都没有涉及日韩会谈中的具体细节问题，④ 而是"在亲切的气氛中，从大局和长远的观点出发讨论了日韩两国的未来"。⑤

据 1961 年 11 月 13 日的《朝日新闻》报道，在池田勇人和朴正熙的会谈中，双方对请求权问题的处理方式达成了如下原则性协议。"①韩国的对日请求权……不具有赔偿性质……②请求权问题应根据资料通过事务性计算而确定，不应以政治谈判的形式以'估算金额'来决定……③作为严密计算

①　[美] Memorandum of Conversation, "The Secretary's Call on Chairman Park Chung Hee", November 5, 1961, *NSF*：*CO*：*Korea*, *General*, *box* 127, *JFKL*；Memorandum of Conversation, "Korean Economic and Other Objectives", November 5, 1961, *NSF*：*CO*：*Korea*, *General*, *box* 127, *JFKL*。前引李钟元《韩日邦交正常化与美国——1960—1965》。

②　前引中保与作《百日交涉还是最终交涉——日韩会谈的潜流》。

③　同上。

④　[日] 吉村克己著《池田政权·1575 天——伴随着高速增长、从安保到奥林匹克》，行政问题研究所出版局 1985 年版，第 194 页。

⑤　[日] 中保与作《开始起步的韩国外交》，《世界周报》1961 年 12 月 5 日第 49 号。

请求权的补偿，根据韩国的经济开发五年计划的需要，以对韩国方面极为有利的条件提供经济合作"。①

池田勇人和朴正熙的会谈结束以后，小坂善太郎外相在新闻发布会上称：日韩首脑会谈中"①对日韩问题、亚洲问题及整个世界形势交换了意见，并在很多方面达成了共识。②为使目前进行中的日韩会谈达成妥协，双方继续以最大的诚意努力推动日韩会谈。③双方除了为解决现在的悬案问题进行没有隔阂的意见交换之外，今后还将为解决日韩之间将来面临的各方面问题进一步进行没有隔阂的意见交换方面达成了一致意见"。同时，小坂善太郎外相还附言到，日韩首脑会谈"将会消除日韩之间的不信任感，加强信赖感。确信这为今后双方会谈的进展打下了良好的基础"。②

会谈结束以后，朴正熙在会见记者时称："对会谈感到非常满意"，"通过会谈我所得到的印象是，池田勇人首相在解决韩日问题上抱有诚意"。③"在请求权问题上，韩国方面并不是在要求战争赔偿，而是要求基于确凿法律依据的〔财产〕请求权。因此，对这一问题日方表示多大程度的诚意是韩日会谈尽快达成妥协的关键所在。若在请求权问题上日本政府表现出能够说服韩国国民的诚意，那么韩国政府也将有弹性地处理'和平（李承晚）线'问题。"④

池田勇人—朴正熙会谈结束以后，池田首相也对周围的人称："朴正熙这个人，是一个男子汉。他还叫我仁兄。我还和他约定，等我辞去总理职务以后准备到韩国帮助他制定经济计划。""韩国尚不能自给粮食。我告诉他了，经济建设应从振兴农业开始较为妥当。振兴农业需要资金。因此，日本提供借款时，可以通过进出口银行以 2 分 4 厘利息提供给韩国。"⑤ 池田勇人—朴正熙会谈之后，池田已完全消除了以往毫不掩饰地对韩国政情表示担心的态度。⑥ 对池田勇人—朴正熙会谈，11 月 12 日，美国国务院也通过非

———————

　　① ［日］《朝日新闻》1961 年 11 月 13 日。

　　② ［日］《每日新闻》1961 年 11 月 12 日夕刊。

　　③ 前引中保与作《开始起步的韩国外交》。

　　④ 前引鹿岛和平研究所编，吉泽清次郎监修《日本外交史（28）·媾和后的外交（Ⅰ）·对列国关系（上）》，第 100 页。另见［日］《朝日新闻》1961 年 11 月 12 日。

　　⑤ 前引吉村克己著《池田政权·1575 天——伴随着高速增长、从安保到奥林匹克》，第 193 页。

　　⑥ 同上。

正式渠道对会谈给予了积极和肯定的评价。①

1961 年 11 月 12 日，结束日韩首脑会谈之后，朴正熙起程访美，14 日到达华盛顿同美国总统肯尼迪（John F. Kennedy）、国防部长麦克纳马拉（Robert McNamara）、商务部长霍奇斯（Luther H. Hodges）等举行了会谈。朴正熙此次访美，对美国来说具有公开支持和承认韩国军事政权的性质。但对韩国军事政权来说，除上述意义之外，还有几乎与之同等重要的争取美国援助的重要使命。

在会谈中，对韩国方面提出的军事援助要求，美国国防部长麦克纳马拉答称：“韩国尽快改变现在不仅武器装备，而且连日常消费品也依靠美国援助的局面，逐渐扩大韩国所担负的责任，把军事援助只限于武器弹药方面。”

对韩国方面的投资要求，美国商务部长霍奇斯称：“迄今为止，韩国尚不具备足够引起投资欲望的魅力。而且具有很大的风险。”“如果今后随着社会、经济体制的改善，具有吸引投资的条件，请再派使团访美。”②

美国对韩国的经济援助要求表现出了相当冷淡的态度。1961 年 11 月 14 日发表的《肯尼迪—朴正熙共同声明》中，也只是提到“尽可能为韩国的经济开发五年计划提供援助与合作”，③ 而没作任何具体的保证提供援助的承诺。韩国方面争取美国援助的工作受到了很大的挫折。

五、小坂善太郎—崔德新两外相会谈与 1962 年年初的日韩会谈

1961 年 11 月 25 日，朴正熙访美归来以后，在解决日韩之间的悬案，实现邦交正常化的问题上，韩国军事政权表现出了连日本人都觉得“太性急”程度的热情。④ 这与争取美国援助出现困难及美国对日韩会谈施加的压力有极为密切的关系。

为了尽快推进日韩会谈，1961 年 12 月 20 日，进入年末休会之前，韩方首席代表裴义焕访问池田勇人首相，要求新年复会的同时，尽快举行高级

---

① 前引中保与作《开始起步的韩国外交》。
② 同上。
③ 同上。
④ 前引成滉镛著《日本的对韩政策（1800—1965）》，第 260 页。

别政治会晤,以便从大局出发解决事务级会谈上难以解决的重大问题。1962年1月1日,裴义焕首席代表又在首尔举行记者招待会称:"韩国方面业已在〔去年〕12月份的会谈中提出了对日请求权金额,日本政府方面将派小坂善太郎外相、岸(信介)前总理或石井(光次郎)前副总理中的一人到首尔举行政治会谈。"① 这样,事实上日韩会谈的主战场开始转移到了日韩高层之间的政治会谈上。

1962年年初,朴正熙还指示韩方首席代表裴义焕,如果日本方面"无论如何也想使用'经济合作'这一名目,那就把请求权与经济合作加在一起,以5亿美元达成妥协"。② 1962年1月17日,日方首席代表杉道助与韩方首席代表裴义焕举行会谈,达成了"实际业务性的接触和妥协已到了其限度,因此必须尽快进行政治妥协"的共识。③ 双方还达成了"日本国会上的预算审议结束后的3月上旬开始举行为期一个月左右的政治会谈,为尽可能在5月份草签协定作努力"的"秘密协议"。④

根据上述日程安排,1962年1月21日,韩国中央情报部部长金钟泌访日,并同池田勇人首相举行会晤,结果双方决定在东京举行外相会谈。

另外,急于进行国内经济开发的韩国,未等实现日韩邦交正常化就开始寻求日韩民间经济合作。其结果是,1962年2月20日,以汤川康平为团长的、由21个公司的代表组成的日本工矿业保税加工访韩调查团一行23人访问了韩国。⑤

1962年3月12日到17日,小坂善太郎和崔德新两外相在东京举行了5次政治会谈。日本把这次会谈称"外相会谈",韩国方面则称这次会谈为"第一次政治会谈"或"中级会谈"。韩方把日韩"外相会谈"理解为最终解决两国之间悬案问题之前的会谈,但是此次日韩外相会谈,不仅未能达成妥协,反而使日韩关系出现了倒退。

在日韩外相会谈中,急于达成妥协的韩国,迫不及待地提出请求

① 前引鹿岛和平研究所编,吉泽清次郎监修《日本外交史(28)·媾和后的外交(Ⅰ)·对列国关系(上)》,第100页。

② 前引裴义焕著《虽然渡过了青黄不接的难关——裴义焕回忆录》,第168页。

③ [韩]李度晟著《实录·朴正熙与日韩会谈——从"5·16"到签订条约》,寒松社1995年版,第49页;裴义焕著《虽然渡过了青黄不接的难关——裴义焕回忆录》,第158—159页。

④ [韩]《东亚日报》1962年4月10日。

⑤ [日]《每日新闻》1962年2月20日。

权数额，并要求日本"从欣然清算过去的角度，必须先向韩国支付赔偿金"。① 对此，小坂善太郎外相认为，既然双方在请求权问题的看法上存在相当大的差距，那么，即便是提出结论性的请求权金额也没有多少意义，因此，拒绝提出日方的请求权金额。②

在韩国提出的请求权的适用范围问题上，日韩双方也发生了分歧。小坂善太郎外相认为，"请求权问题是仅限于三八线以南的问题，北朝鲜（指朝鲜民主主义人民共和国——笔者）的请求权应除外。考虑到在韩日本财产被没收的事实，韩国应该再降低韩国的请求权〔金额〕"。③ 对此，崔德新外相重复了"北朝鲜"（指朝鲜民主主义人民共和国——笔者）的请求权也应包括在韩国的请求权中，提出请求权金额时，韩国方面已考虑到了被没收的在韩日本人财产等韩国方面的历来在请求权问题上所持的基本立场。

在请求权的名分问题上，韩国主张请求权的"赔偿"性质。与之相反，日方则主张"不使用'请求权'这样一个名目"，在"祝贺韩国独立，纪念邦交正常化，为稳定韩国经济作贡献"的名义下，以日方提供"无偿援助和提供借款"的形式解决请求权问题。④

对韩国方面提出的 7 亿美元的请求权要求（在这前后韩国的对日请求权数额变化较大，金裕泽访日时提出了 8 亿美元、金钟泌访日又提出了 4 亿美元），日方表示作为抵消请求权资金的代价，可以提供"无偿援助"7000 万美元（金裕泽访日时，日方提出了 5000 万美元的数额，1962 年 1 月 10 日，根据池田勇人首相的指示日本外务省和大藏省提出的数额分别是 7000 万美元和 1600 万美元）。⑤

日韩双方的请求权数额在很短的时间内出现如此大的出入，这说明，此时日韩都没有协调好各部门之间的意见，尚未形成统一的对外口径。从这个

---

① ［韩］崔德新著《在南韩大地上 30 年——在民族分裂的悲剧中》，［日］统一评论社 1985 年版，第 142 页。

② ［日］石丸和人、松本博一、山本刚士著《战后日本外交史——开始起步的日本外交》，三省堂 1983 年版，第 339 页。

③ ［日］《朝日新闻》1963 年 3 月 18 日。

④ 前引李度晟著《实录·朴正熙与日韩会谈——从"5·16"到签订条约》，第 73、85 页。

⑤ ［日］大藏省理财局外债课编《日韩请求权问题参考资料·第 2 分册（未定稿）》1963 年，第 72 页。

意义上外相会谈没有取得成果也是不足为怪的。

在日韩外相会谈中，韩国方面提出了 4 月份在首尔举行第二次日韩政治会谈的要求。对此，小坂善太郎外相表示："既然是外交交涉，如果韩国方面继续不允许日本在首尔设立代表部的话，难以考虑在首尔举行会谈。"① 也就是说，小坂善太郎外相反而提出了在首尔设立日本代表部的要求。

在日韩外相会谈中，小坂善太郎外相还提出了在日韩会谈中从未涉及的"竹岛问题"（韩国称"独岛"——笔者），提议把"竹岛问题"提交国际法院进行裁决。对此，韩国方面则称："关于'独岛问题'，待日韩邦交正常化以后，有意同日方进行协商，但无意提交国际法院进行裁决。"② 结果，日韩外相会谈只达成"尽快举行下次政治会谈"的共识③而告终。

双方都抱有一定期待的日韩外相会谈就这样以没有取得实质性进展而告终。会谈结束以后，小坂善太郎外相称："双方的想法在根本上存在很大的差距。但是，这也是邦交正常化的一个过程。"④ 韩国崔德新外长则认为："并不认为不愉快地结束了会谈，〔这次会谈〕可以为将来的〔会谈〕打基础。……如果双方抱着诚意进行妥协，八九月份可以达成妥协。"⑤

但是日韩外相会谈的失败，显然损害了两国关系。日韩外相会谈结束以后，韩方认为日韩外相会谈中日方提出与解决两国之间悬案问题无关的日本在韩设立代表部问题、独岛（竹岛）归属问题等的行为，明显是一种拖延会谈的背信弃义的行为，并披露此前杉道助—裴义焕之间达成的"秘密协议"，对"日本的背信弃义"的行为进行了谴责。

与此同时，1962 年 2 月 6 日，韩国还公开谴责日本渔船侵犯"和平（李承晚）线"，同年 3 月 20 日开始加强了对越过"和平（李承晚）线"的日本渔船的缉拿。对韩国的举措感到愤怒的日本，对韩国的谴责进行了反击，"池田勇人和小坂善太郎都主张，如果韩国方面不改变态度，就拒绝继

---

① 〔日〕《读卖新闻》1962 年 3 月 18 日。

② 〔日〕《朝日新闻》1963 年 3 月 19 日。

③ 〔日〕《朝日新闻》1963 年 3 月 17 日，《小坂—崔德新日韩外相共同声明》。

④ 〔日〕《读卖新闻》1962 年 3 月 18 日。

⑤ 〔日〕《东京新闻》1962 年 3 月 19 日。

续进行高层会谈"。①

日韩外相会谈失败的原因主要在于，首先，此时两国尚未完成国内各部门之间的协调，日韩政治会谈从时机上讲尚不成熟。其次，日本意识到拖延会谈对日本并没有坏处，拖延会谈可以迫使急于从日本引进经济开发所需资金的韩国，进一步降低请求权金额。另外，年内要进行参议院选举和自民党总裁选举的池田勇人政权，尽量避免在内外政策上采取大的举措，借以避免在野党和反对势力对政府的攻击。

自信已经掌握会谈主动权的日本，在会谈中表现出了从容的态度，而已陷入困境的韩国为了尽快达成妥协，在各方面都表现出了有弹性地对待日韩会谈的态度。

在举行外相会谈的同时，日韩继续进行了第六次日韩会谈各分委员会的会谈。从 1962 年 2 月 3 日到 3 月 8 日，日韩会谈进入休会为止，日韩举行了 4 轮 "一般请求权小委员会" 上的会谈和 1 次 "有关被征用者等专门委员会" 上的会谈，以求缩小会谈中双方的意见分歧。在这些委员会上的会谈中，日方提出了日方掌握的被征用者的数据。根据日方提出的资料，在战争中被征用的军人、军属为 242341 人，其中死亡 22182 人，从 1939 年 9 月到战争结束为止，被征用集团来到日本的韩国劳务人员总数为 667684 人。② 对此，韩方提出了被征用的军人军属为 365000 人，其中死亡 65000 人，被征用的劳动者死亡 12603 人，伤残者 7000 人的数据。③ 对此，日方继续要求韩方提供确凿证据来逼迫缺乏资料的韩国作出退让。

在 "文物小委员会" 会谈中，日方 "对不可能大规模归还文物的理由进行了辩解，而且为使文物归还问题的性质进一步变得暧昧和模糊，把话题转向了文化合作问题"。④

在 "在日韩国人的法律地位委员会" 会谈中，继续围绕对有关赋予永住权的在日韩国［朝鲜］人的范围及强制遣送出境条款的适用范围等问题进行了交涉。但会谈大部分重复了以前的各自主张。

---

① ［美］埃德温·O. 赖肖尔著，讲谈社编辑部译《赖肖尔大使日记》，讲谈社 1995 年版，第 79—80 页。

② ［韩］外务部政务局编《第六次日韩会谈会议录（Ⅵ）·第二次政治会谈预备折中（1962.12—1963.5）（极秘）》，1966 年，第 194—223 页。

③ 前引外务部政务局编《第六次日韩会谈会议录（Ⅵ）·第二次政治会谈预备折中（1962.12—1963.5）（极秘）》，第 199—210 页。

④ ［韩］李弘植著《一个史家的流薰》，通文馆,1972 年版，第 314 页。

第三节　日韩预备交涉与"大平正芳—金钟泌备忘录"

一、美国的斡旋与日韩修复两国关系的努力

日韩外相会谈失败，两国关系出现倒退的迹象以后，美国很快就派担任远东事务的国务卿助理哈里曼（William Averell Harriman）到日韩，同赖肖尔（Edwin O. Reischauer）驻日大使及伯格（Samuel D. Berger）驻韩大使一起，对日韩两国进行说服和调停工作。

美驻日大使赖肖尔与小坂善太郎举行会谈，希望日本提高支付给韩国的请求权金额。对此小坂善太郎外相反问赖肖尔：不是由于没收在韩日本财产而"实质性的补偿已经结束了吗"？小坂善太郎还称"对这一问题过分对日本施加压力，〔日本〕国民将会对没收在韩日本财产的美军的举措提出怀疑"。① 日本对试图对日韩会谈的进程施加影响的美国表示了不满。美国的调停和斡旋工作并没有取得明显的效果。

1962 年 4 月 24 日，希望尽快实现日韩邦交正常化的美国白宫集团，以肯尼迪总统的名义，把《国家安全行动备忘录（NSAM）151 号》递交到美国国务院，对"日韩间再一次出现的胶着状态"表示担忧的同时，强调"为把〔会谈〕迅速引向成功，必须倾注所有的努力"。"如果认为美国的压力和诱导对撮合〔日韩〕双方十分重要，那么不辞冒这个风险"，并表示了总统要亲自参与日韩会谈的斡旋工作的意向。②

接到白宫方面递交的《国家安全行动备忘录》以后，美国国务院制定了对日韩两国施加影响的政策方案。在该方案中，国务院提出了对日施加影响的两种方案，其一是，"运用吉田（茂）氏的相当的权威与影响力，诱导池田勇人首相，使其从今夏时分开始向同韩国改善关系的方向采取决定性的行

---

① 前引埃德温·O. 赖肖尔著，讲谈社编辑部译《赖肖尔大使日记》，第 79—80页。

② 〔美〕National Security Action Memorandum（NSAM），151，JFK to Rusk，A-pril 24, 1962, *NSF*: *Meetings and Memoranda*: *NSAM151*, *Impasse Between Japan and South Korea*, *box 336*, *JFKL*. 前引李钟元《韩日邦交正常化与美国——1960—1965 年》。

动"。其二是，把美国和德国的企业开始对韩国经济开发计划表示关心的事实"作为刺激日本关心〔日韩〕妥协的契机来灵活运用"。另外，该方案还提出，以提供开发援助为交换条件，促使韩国接受包括日本提供借款在内的"一揽子"解决请求权问题的方案。①

该政策方案经 1962 年 5 月 18 日，美国家安全会议常设委员会（NSC Standing Committee）的讨论及国务院的进一步修订之后，作为美国政府的新的日韩政策，于同年 7 月 13 日送交到了美国驻日、驻韩大使馆。但至于美国到底进行了哪些工作，目前因缺乏资料尚不明了。但不言而喻美国肯定采取了某种行动。

日韩外相会谈破裂以后，日韩关系一度出现了倒退。但是，两国都不愿意从根本上损害两国关系，所以很快就采取了修补两国关系的举措。1962年 4 月末，日本政府派以外务省经济局次长中山贺博为团长的经济访韩团，对韩国进行了考察。同时，从同年 3 月 14 日开始，日韩在东京举行了日本进口韩国 4 万吨大米（白米 22000 吨，玄米 18000 吨）的谈判，并于同年 4 月 30 日，日韩在东京签订了进出口合同。

1962 年 5 月 1 日，韩国又取代原来的海洋警备队，在内务部之下，新设了海洋警察队。但韩国方面的上述措施，"与其说是为了对日进行报复，莫不如说是为保护渔业资源而采取的习惯性措施，或者是意识到国民感情而采取的行为"。②

1962 年 3 月 8 日，考虑到即将在同年 7 月份准备举行的日本参议院选举和自民党总裁选举，日韩宣布会谈暂时休会。日韩会谈一直休会到同年 8月 21 日，日韩开始第二次政治会谈前的预备会谈为止。在这期间，日韩政局都发生了新的变化。

韩国军事政权成立以后，国内外一致要求军事政权尽快把政权移交给民选政府。迫于这种压力，准备重新恢复政变以后一度禁止的政治活动的朴正熙军事政权，为了巩固其统治基础，1962 年 3 月 16 日，以"国家重建最高会议"名义公布了《政治活动净化法》。根据该法，韩国军事政变之前就从

---

①　［美］"Korean-Japanese Relations"，（Background Paper for use in connection with the meeting of the NSC Group，May 18，1962）*NSF：Meetings and Memoranda：NSC，Standing Group Meetings，box 314，JFKL*，前引李钟元：《韩日邦交正常化与美国——1960—1965》。

②　前引成滉镛著《日本的对韩政策（1800—1965）》，第 262 页。

事过政治活动的特定人物，必须通过"国家重建最高会议政治活动净化委员会"的"是否适合进行政治活动审查"，并获得批准才有资格进行政治活动，否则直到 1962 年 8 月 15 日，不准进行政治活动。① 对军事政权的《政治活动净化法》感到不满的尹潽善总统，于 1962 年 3 月 22 日辞去了总统职务。由"国家重建最高会议"议长朴正熙代行总统职权。6 月，宋尧赞又辞去了总理职务，韩国成立了以金显哲为首的新内阁。通过《政治活动净化法》，朴正熙名副其实地确立了其军事独裁统治。

与此同时，1962 年 7 月 1 日，日本也结束了第六次参议院选举，自民党取得 142 席（解散前 137 席），取得了压倒性的胜利。接着在自民党总裁选举中，由于自民党总裁的有力竞争者佐藤荣作宣布不参加竞选，7 月 14 日，在没有强有力竞争对手的情况下，池田勇人也以 391 票的绝对优势再次当选为自民党总裁。

1962 年 7 月 17 日，池田勇人调整自民党内人事，18 日改组了内阁。在自民党内确立了以大野伴睦为副总裁、前尾繁三郎为干事长、赤城宗德为总务会长、贺尾兴宣为政调会长的池田勇人体制。在内阁方面也确立了以大平正芳为外相、田中角荣为藏相、宫泽喜一为经济企划厅长官、黑金泰美为官房长官的"对池田勇人来说最省心、最容易摆布的内阁"。②

新的池田内阁成立以后，立即对日韩会谈表现出了积极性。1962 年 7 月 19 日，在新内阁成立后第二天的记者招待会上，池田勇人首相表示："在解决日韩问题方面作积极的努力。"③ 同年 8 月 10 日，在临时国会的施政方针演说中，谈到日韩关系时，池田勇人称："通过合理地、现实地解决两国之间存在的问题，谋求尽快实现日韩邦交正常化。"④

"自认为自己是大藏省出身可以不依赖专家来处理请求权问题"⑤ 的大平正芳认为，"与现在的〔韩国〕军事政权进行交涉〔对日本〕有利"。因此，出任外相以后，大平正芳迅速指示外务省当局，研究"如果实现了

---

① 前引朴己出著《韩国政治史》，第 216 页。

② 前引吉村克己著《池田政权·1575 天——伴随着高速增长、从安保到奥林匹克》，第 164—175 页。

③ 前引石丸和人、松本博一、山本刚士著《战后日本外交史——开始起步的日本外交》，第 341 页。

④ 同上。

⑤ 〔日〕高崎宗司著《检证·日韩会谈》，岩波书店 1996 年版，第 129 页。

邦交正常化，在贸易方面有何利益"等问题，摆起了"准备动真格的架势"。① 大平正芳为制定解决请求权问题的日方腹案，同自民党及政府各部门首脑进行协商以后，8 月 17 日，向池田首相提出了请求权、无偿援助和长期借款加在一起，准备以 3 亿美元达成妥协的方案，并获得了池田的批准。②

二、日韩第二次政治会谈前的"预备会谈"

池田勇人改组内阁以后，日韩双方为尽快恢复会谈采取了实质性行动。1962 年 7 月 26 日，日方首席代表杉道助与韩方首席代表裴义焕举行会谈，达成了原则上恢复会谈的协议，并为预计在东京举行的第二次政治会谈，举行政治会谈前的"预备会谈"达成了一致意见。

这样，从 1962 年 8 月 21 日开始，日韩双方以"预备会谈"的名义开始了第六次日韩会谈。日方由第六次日韩会谈首席代表杉道助和日本外务省亚洲局局长伊关佑二郎出席预备会谈。从 1962 年 10 月 30 日的第 13 次会谈开始，伊关佑二郎的后任後宫虎郎亚洲局局长接替伊关佑二郎出席双方交涉。韩方由第六次日韩会谈首席代表裴义焕与驻日代表部参事官崔英泽出席预备会谈。1963 年 4 月 4 日开始，由崔英泽的后任李圭星参事官接替崔英泽出席双方会谈。该"预备会谈"从 1962 年 8 月 21 日到 1964 年 3 月，共举行了 65 次。从 1962 年 9 月 13 日开始，作为上述"预备会谈"的下属委员会，又设置"渔业专门委员会"与有关韩国［朝鲜］人"法律地位委员会"，截止到 1964 年 3 月，前者共举行了 52 次会谈，后者共举行了 42 次会谈。待在请求权问题上达成妥协以后，从 1963 年 2 月开始，又设立了"经济合作［请求权］委员会"和"文物委员会"，截止到 1964 年 3 月，前者共举行了9 次会谈，后者举行了 6 次会谈。③

美国为促使日韩会谈取得成果，日韩"预备会谈"开始以后的第二天，即 1962 年 8 月 23 日，肯尼迪总统接受赖肖尔驻日大使和伯格驻韩大使的建

---

① ［日］《朝日新闻》1962 年 7 月 29 日。

② ［日］《朝日新闻》1962 年 7 月 18、21 日。

③ 前引鹿岛和平研究所编，吉泽清次郎监修《日本外交史（28）·媾和后的外交（Ⅰ）·对列国关系（上）》，第 103 页。对"有关经济合作会议"，韩方称"有关请求权会议"，而日方则称"有关经济合作会议"，双方各叫各的名称。

议分别向池田勇人首相和朴正熙议长发出了，督促双方克服国内的障碍，尽快使会谈达成妥协①的亲笔信。美国国务院方面作为有力的外交手段，准备在最有效时期使用而一直保留下来的"总统亲笔信"的发出，意味着美国已下定了促使日韩达成妥协的决心，也意味着美国对此次日韩会谈中促使双方达成妥协方面充满了信心。

同时，韩国当政者也强烈希望日韩会谈尽快达成妥协。1962 年 9 月 14 日，在视察闻庆水泥厂时朴正熙也称："与其计较得失，更有必要考虑国际形势。韩国和日本的为政者，在某种程度上必须作好受到国民的谴责的心理准备。在有利的条件下达成的妥协，也难以满足两国所有国民〔的期望〕。"②

1962 年 8 月 21 日开始到 1962 年 11 月，大平正芳和金钟泌之间的会谈达成原则协议为止，日方杉道助、伊关佑二郎（后由后任後宫虎郎接替）与韩方裴义焕、崔英泽（后由后任李圭星接替）之间共举行 14 轮"预备会谈"，为在大平正芳和金钟泌之间的会谈中在请求权问题上达成原则性妥协奠定了基础。

1962 年 8 月 21 日，日韩举行了第 1 轮"预备会谈"。"预备会谈"一开始，日方就开始贯彻大平正芳外相的"请求权、无偿援助、借款加在一起一揽子解决请求权问题"的构想。会谈开始后日方首席代表杉道助就提出了"放弃请求权名义，代之以经济合作"的提案。日方称："在支付请求权〔资金〕时，同时使用请求权与无偿援助两种名义存在困难。如果同时使用两种名义，必须严密计算出请求权的各种细目。外相会谈时，提出过 7000 万美元的数额，但如果同时使用请求权与无偿援助两种名义的话，请求权名目的金额会远低于 7000 万美元的数额。如果以无偿援助的形式处理的话，韩国方面必须明确承认，通过上述处理，韩国的对日请求权已获得解决。因为，如果韩国方面不作上述确认，在法律上对日请求权依然存在。因此，如果日本方面以无偿援助的形式支付〔请求权资金〕的话，韩国方面必须宣布，放

---

①　[美] JFK to Park, August 23, 1962, POF: CO: Korea, General, 1962 – 1963, box120, JFKL [John F. Kennedy Library (Boston, MA)]; JFK to Ikeda, August 23, 1962, POF: CO: Japan, General, 1962, box120, JFKL; Brubeck to McG. Bundy, "Letters from the President to Prime Minister Ikeda and President Pak Regarding ROK-Japan Negotiations", August 22, 1962, NSF: CO: Korea, Park Correspondence A, box 127, JFKL。前引李钟元《韩日邦交正常化与美国——1960—1965》。

②　[韩]《东亚日报》1962 年 9 月 14 日。

弃对日请求权抑或称今后不再主张对日请求权。"①

对日方的这一主张，韩方表示了强烈的反弹。崔英泽认为："韩国方面，绝对不可能放弃有确凿的法律根据与事实关系明确的〔对日〕请求权。"对此，杉道助称：如果放弃〔对日〕请求权困难，那么称"从日本接受无偿援助而〔对日〕请求权得到了解决"，也不是很好吗？对此，裴义焕首席代表称：听了日方的一席之言，我们感到非常吃惊。难道〔日方〕认为事到如今韩国方面会放弃已经坚持了十余年的请求权吗？现在说只提供无偿经济援助，这使问题的解决变得困难。②

为了迫使韩国方面放弃请求权这一名分，日方又提出了"如果放弃请求权〔的名义〕就增加金额"的提案。在交涉中，伊关佑二郎称："日本方面的情况是，如果同时使用请求权与无偿援助的名目，就得减少请求权〔金额〕。如果只使用请求权〔的名目〕，那么只有 7000 万美元。"对此，崔英泽问："如果单独使用无偿〔援助〕的名目处理〔对日请求权问题〕，日本方面考虑到何种程度〔的请求权金额〕？"对此，杉道助称："如果只用无偿〔援助的〕名目，就可以大幅度增加〔提供的〕金额吧。如果韩国方面坚持请求权名分，日本方面很难增加〔提供的〕金额。"伊关佑二郎还称："〔日方〕并不是不提出金额，但现在是受命对请求权的名分问题进行交涉。"③

也就是说，日方提出了如果韩国方面放弃"请求权"的名分，日方就增加提供的金额的解决方案。日方试图以这种方式来消除日韩之间存在的 7 亿美元对 7000 万美元的 10∶1 的数额差距。但是，韩方碍于国内强烈的反对，表示无论如何也是难以放弃"请求权"的名分。为了缩小请求权金额上的差距，韩国方面稍作让步提出了至少要提供 6 亿美元的妥协案。对此，日方则表示了"无偿提供"15000 万美元的意向。

1962 年 8 月 24 日开始，日韩举行了第 2 轮"预备会谈"。日韩继续进行了"请求权"名分问题上的攻防战。在这次交涉中，韩方裴义焕首席代表以正式公文的形式向日方递交了表明韩方在"请求权"问题上的原则立场文件。在该文件中，韩方再一次强调了请求权所具有的清算过去的性质。韩方称："韩国的对日请求权的解决，除具有清算韩日两国间存在的请求权金额

　　①　〔韩〕外务部政务局编《第六次韩日会谈会议录（Ⅲ）·第二次政治会谈预备折中（1962.8.22—1962.12.25）（极秘）》，1966 年，第 6—7 页。

　　②　同上书，第 12—16 页。

　　③　同上书，第 18—20 页。

的意义以外，还有另一方面的重大意义。那就是，从韩国人的角度上看，偿还请求权又象征着清算韩日之间不幸的过去。韩国方面在过去十余年的韩日会谈中一直重视解决这一请求权〔问题〕以及韩国国民一直关心这一问题的圆满解决的原因就在于此。因此，韩国的对日请求权无论是从其本质上看，还是从其理论上讲，都不得不以请求权的名义加以解决。"①

在请求权的"名分"问题上发生对立以后，为寻求解决问题的突破口，韩国方面提出了两种方案。其一是，从开始主张以单一的请求权名目解决悬案问题的立场上后退一步，提出了"在请求权的框架内以纯粹的偿还加无偿援助"的双重名目下继续就有关请求权问题进行交涉的方案。其二是，采用改变名分的问题与所提供的资金数额分离开来进行交涉的方式，提出了名分问题与所提供的资金数额相互联系起来加以讨论的方案。

韩方称："韩国方面从推进这次交涉的真诚的意图出发，不顾国内国民舆论制约等许多困难的国内情势以及对日请求权无论从其所具有的独特的意义上还是从其理论上都必须以纯粹的偿还形式加以支付的事实，考虑到日本方面的情况，以日方同意解决请求权〔问题〕为前提，在纯粹的偿还与无偿支付的名义下，以日方分别在金额上表示最大的诚意为前提，我们做出了困难的让步。……在请求权问题上最重要的是支付的名分和金额，韩国方面认为不应把名分和金额分离开来交涉，而是应该同时进行交涉，这才是加快解决问题的途径"。② 以韩方的上述两种提案为契机，双方提出了各自的金额和名分。日方提出了无偿 15000 万美元加借款的方案，韩方则提出了在请求权的框架内纯粹的偿还 3 亿美元，再加无偿 3 亿美元的方案。③

1962 年 8 月 29 日开始，日韩举行了第 3 轮"预备会谈"。双方在请求权金额的名分问题上再一次发生了冲突，会谈没有取得进展。

1962 年 8 月 30 日，在向朴正熙递交的报告中，裴义焕称："崔（英泽）参事官与伊关（佑二郎）局长举行非正式会谈的结果，日本方面有意以无偿援助 3 亿美元了结〔请求权问题〕。只是名分问题尚未确定。另外，在预备会谈中〔日本方面〕似乎要与上述金额保持 1 亿美元左右的距离。"裴义焕

---

① 前引外务部政务局编《第六次韩日会谈会议录（Ⅲ）·第二次政治会谈预备折中（1962.8.22—1962.12.25）（极秘）》，第 52—58 页。

② 同上。

③ 同上书，第 42—46 页。

还建议："有望取得 2—3 亿美元政府借款的情况下，如果日本最终提出无偿3 亿美元，有偿 2 亿美元程度的提案，以我之见，在这一线上落锤，对我们来说也是有利的。"①

1962 年 9 月 14 日的报告中，裴义焕还称：在请求权金额上，"举行政治会谈之前，我代表团准备维持韩国方面 4 亿美元、日本方面 2.5 亿美元，抑或韩国方面 4.5 亿美元、日本方面 2 亿美元的各自立场。另外，日本方面也试图保持韩国方面 4 亿美元、日本方面 2 亿美元的各自主张"②。韩方会谈代表开始倾向于"不使用请求权名义的无偿 3 亿美元加有偿 2 亿美元"的妥协案。

1962 年 9 月 13 日开始，日韩举行了第 6 轮"预备会谈"。韩国方面为了落实"为使日本方面最终无偿提供的金额达到 3 亿美元，在预备会谈中至少让日本方面接受 2 亿美元的数额"的裴义焕首席代表的想法以及为尽力缩小双方在金额上的差距而倾注了全力。

在会谈中，裴义焕提出："假使今天韩国方面非正式地降低 1 亿美元，那么日本方面必须至少增加 5000 万美元。只有在日本方面增加 5000 万美元的前提下，〔韩国方面〕才能考虑降低到 5 亿美元，这是〔我们〕现在接受到的训令。"对此，伊关佑二郎答称："韩国方面虽然〔想让我们〕增加到 2亿美元，但只能增加到 17000 万美元。韩国方面一开始提出的数额本身就太大。"对此，裴义焕答称："日本〔方面〕如果不能增加到 2 亿美元，谈判就回到此前双方提示的 1.5 亿美元对 6 亿美元的原点上。"③

1962 年 9 月 20 日开始，日韩双方举行了第 7 轮"预备会谈"。从第 7轮"预备会谈"开始，双方就讨论了如何把预备会谈升格为政治会谈的问题。在预备会谈中，韩国方面急于把预备会谈升格为政治会谈，但与之相反，日本方面主张，在"预备会谈"中进一步进行交涉拉近两者之间存在的距离之后，再进行政治会谈。④

1962 年 9 月 27 日开始，日韩举行了第 8 轮"预备会谈"。从第 8 轮

① 前引裴义焕著《虽然渡过了青黄不接的难关——裴义焕回忆录》，第 204 页。
② 《有关请求权的日方动向报告 1962 年 9 月 17 日》，〔韩〕《未整理的韩国外交文书》，前引李元德著《日韩请求权交涉过程（1951—1962）的分析——从日本的对韩政策的角度》。
③ 前引外务部政务局编《第六次韩日会谈会议录（Ⅲ）·第二次政治会谈预备折中（1962.8.22—1962.12.25）（极秘）》，第 42—46 页。
④ 同上书，第 154—155 页。

"预备会谈"开始，双方结束有关请求权金额问题的一切交涉，专门进行了和政治会谈有关的交涉。交涉结果，日韩双方达成了，在政治会谈中最终解决请求权金额问题，由日本外相大平正芳与韩国中央情报部部长金钟泌代表各自政府举行政治会谈的协议。

从 1962 年 8 月 21 日开始到同年 10 月 18 日，分 11 次举行的日韩"预备会谈"，在相互探寻日韩各自在处理请求权问题上的立场、调整相互提示的请求权金额等方面具有极为重要的意义。这些交涉，为在此后举行的大平正芳和金钟泌之间的会谈——即在第二次政治会谈中，双方在请求权问题上达成原则性协议奠定了基础。

日韩政治会谈提上议事日程以后，1962 年 9 月 17 日，大平正芳还派以植村甲午郎为团长的经济使团访韩，传递日方信息，同时探寻韩国方面的意向。回国以后植村甲午郎汇报称：韩国方面"虽然直到现在对能够达成妥协的〔请求权〕金额不予以做出回答。但是在早日实现日韩邦交正常化，与日本合作进行经济开发方面，双方达成了一致的意见"。植村甲午郎还向池田勇人首相提出了尽快实现日韩邦交正常化的建议。①

三、第二次政治会谈与"大平正芳—金钟泌备忘录"的形成

根据日韩在"预备会谈"中达成的协议，1962 年 10 月 20 日，韩国中央情报部部长金钟泌在访美途中，途经日本与日本外相大平正芳在外相官邸客厅举行了两个半小时的单独会谈。即举行了大平正芳和金钟泌之间的日韩"第二次政治会谈"。

大平正芳和金钟泌举行会谈之前，朴正熙与金钟泌进行协商，确定了"无偿 3 亿美元，有偿（海外经济合作基金）3 亿美元，民间性借款 3 亿美元"为核心内容的韩国方面的原则立场。②

围绕有关请求权问题，大平正芳外相与金钟泌部长进行了如下内容的会谈。

①关于金额问题："金钟泌：日本能够支付多少？请说出最终数额。大

---

① ［日］《朝日新闻》1962 年 9 月 23 日。
② 前引金东祚著《回想三十年·日韩会谈》，第 231 页。

平正芳：大约是 3 亿美元。金钟泌：这金额是与首相协商的金额吗？大平正芳：不是。金钟泌：幸亏不是。我们希望 3 亿美元不是日本的最终数额。因为这是我们无论如何也难以接受的数字。大平正芳：韩国是如何考虑的呢？金钟泌：我们考虑无论如何也要超过 6 亿美元。"①

对于"为了解决问题，有没有摸索其他方案意向？"的金钟泌的询问，大平正芳提出了以民间借款或银行借款来补充的方案。大平正芳称："问题在于韩国以请求权名义要求多少。"对此，金钟泌答称："以请求权名义要求多少暂且不说，3 亿美元的水平是不够的，包括政府对政府的借款必须达到 6 亿美元，同时把定期贸易结算账户上的债务也包含在请求权金额中一揽子加以解决。"对此，大平正芳要求金钟泌"具体加以说明"。金钟泌答称："既然达成了这种程度的协议，让双方预备会谈代表在上述范围内继续进行协商为好。"②

②关于支付期限问题：大平正芳称："考虑每年支付 2500 万美元，分 12 年支付。"对此，金钟泌称："希望用 12 年的一半以内的时间里支付。"③

③定期结算账户问题：大平正芳称："韩国实业界表示愿意从翌年 1 月开始分期偿还贸易结算账户〔上的债务〕，并要求作为其补偿，考虑给予民间借款。我们以为是韩国政府已私下答应了此事。因此，采取了与请求权无关的举措。"对此，金钟泌答称：韩国方面"考虑把贸易结算账户〔问题〕包含在请求权中一揽子加以解决。"④

④借款问题：大平正芳称："最好是对邦交正常化以后提供的民间借款或银行借款上不封顶。"对此，金钟泌答称：韩国在"考虑〔日本〕政府的无息或低息的长期借款"。⑤

⑤关于提供资金的名分问题："大平正芳：又一个问题是名目问题。如果我们能对国民和议会称，这〔日方提供给韩国的资金〕是祝贺〔韩国〕独

---

①　前引裴义焕著《虽然渡过了青黄不接的难关——裴义焕回忆录》，第 207—209 页。

②　《1962 年 10 月 20 日金部长与大平外相的会谈中议论的问题与会谈内容》，〔韩〕《未整理的韩国外交文书》，前引李元德《日韩请求权交涉过程（1951—1962）的分析——从日本的对韩政策的角度》。

③　前引《1962 年 10 月 20 日金部长与大平外相的会谈中议论的问题与会谈内容》，〔韩〕《未整理的韩国外交文书》。

④　同上。

⑤　同上。

立的祝贺金或经济援助就好了。金钟泌：日本的情况是那样吧。我们是置于即便是使用了请求权的名分也被指责为卖国贼的处境。大平正芳：但是，我们如果使用请求权这一名目，正如以前所说的那样，连支付 7000 万美元也困难。希望能理解我们的处境。金钟泌：互相都是难办的问题。停止对这一问题的讨论，暂时〔把问题〕搁置起来吧。"①

首轮大平正芳和金钟泌之间的会谈之后，大平正芳和金钟泌两个人分别把个人记录的会谈内容转交给日韩双方的"预备会谈"代表，继续进行了有关问题的核实与交涉。但是，由于会谈内容是双方的个人记录，在"预备会谈"中，很快在一些条文的解释与理解上出现了分歧。

为了便于在第二轮的大平正芳和金钟泌之间的会谈中进行折中，在"预备会谈"中双方整理出了存在理解上的差异和分歧的问题，其结果如下：首先，对请求权的名分，大平正芳主张使用"以祝贺韩国独立的名义"或"为韩国经济自立提供援助资金的名义"；金钟泌则主张"避开具体的名目问题进行交涉"，但韩方认为这并不意味着放弃请求权名分。其次，对提供的金额，日方认为"大平正芳因想起腊斯克国务卿提出的数额才说出了 3 亿美元。此外，虽然准备了 2.5 亿美元的调整数额，但这不是日本政府决定的最终金额"。因此，双方确认，日韩对请求权金额没有达成具体的协议。第三，对无偿提供的 3 亿美元的支付期限问题，日方称"大平外相说过考虑每年 2500 万美元左右"，但是并没有说过具体的期限是 12 年，与之相反韩方认为日方具体提出了 12 年的时间期限。②

从上述日韩交涉的过程看，在首轮大平正芳和金钟泌的会谈中，双方对有关请求权的金额、提供的条件、名分等进行了实质性的交涉，并取得了明显的进展。但尚未达成完全妥协。遗留下来的问题只好留待第二轮大平正芳和金钟泌会谈中加以解决了。

1962 年 11 月 12 日，访美回国途中金钟泌再次到日本，又在大平正芳外相官邸的客厅同大平正芳举行了三个半小时的单独会谈。在此之前，1962 年 11 月 8 日，朴正熙向金钟泌发出紧急训令。其核心内容是：拒绝大平提出的"祝贺〔韩国〕独立的资金或经济合作"名目，在金额上维持 6 亿美

---

① 前引裴义焕著《虽然渡过了青黄不接的难关——裴义焕回忆录》，第 207—209 页。

② 前引《1962 年 10 月 20 日金部长与大平外相的会谈中议论的问题与会谈内容》，〔韩〕《未整理的韩国外交文书》。

元，无偿提供的金额必须超过借款额。①

在第二轮大平正芳和金钟泌的会谈中，金钟泌以朴正熙的新的训令与首轮会谈的成果为基础提出了韩国的最终方案。大平正芳后来回忆说："38 岁的金钟泌是一位年轻的具有果断处理问题的能力和才干的优秀人物。我以向韩国〔独立〕献贺礼的心情同他讲，现在能够证实对日请求权的材料已经〔大部分〕散佚，虽然也有一部分，但由于立场不同，日韩对它的评价也不同，所以应该停止对过去的追究，为将来建立友好关系而努力。"大平正芳还说服金钟泌"撤回多达八个项目的庞大的对日请求权"要求，日方代之以进行相当"数额的有偿、无偿经济合作，为韩国的未来发展提供帮助"②的形式解决请求权问题。

金钟泌后来回忆说：对我说最多只能支付 8000 万（疑是 7000 万美元之误——笔者）美元的大平正芳，当我提出了"无偿供与 3 亿美元、有偿援助 2 亿美元，资金合作 1 亿美元以上"的提案以后，对此，他大约考虑了 40 分钟以后就说："那好吧。"随即"便拿出了两张大臣记事用纸，在其上面记下了协议事项。这张记录后来就被称之为金钟泌—大平正芳备忘录。"③

另据岛元谦郎的"日韩交涉秘话"中记载，金钟泌提出"8 亿〔美元〕"的提案以后，"那个大个子大平正芳真的跳起了 30 厘米"。而后过了近一个小时以后大平正芳称："被你（指金钟泌）必死的决心折服了。6 亿美元怎么样……我有可能被池田罢免。即使被罢免，〔这件事〕作为双方达成的谅解事项也会保留下来，记录一下吧。"④于是记下了双方协议事项。

但是，《实录·朴正熙与日韩会谈——从"5·16"到签订条约》的作者李度晟则认为，金钟泌的回忆具有对"金钟泌的交涉能力进行戏剧性地夸张，把从结局上看是成功的妥协故意加以渲染"的嫌疑。其实，在大平正芳和金钟泌举行会谈之前，朴正熙已作了相当具体的训示，并且双方"已通过预备会谈，充分确认两国各自的立场，妥协仅仅是在已确定的轨

---

① 《有关对日交涉的朴议长对金部长的训令（1962 年 11 月 8 日）》，〔韩〕《未整理的韩国外交文书》，前引李元德《日韩请求权交涉过程（1951—1962）的分析——从日本的对韩政策的角度》。

② 〔日〕大平正芳《日韩条约是怎样签订的？》，〔日〕《外交时报》1966 年 1 月号。

③ 《采访〔金钟泌〕要旨》，〔日〕《朝日新闻》1988 年 8 月 18 日。

④ 〔日〕岛元谦郎《日韩交涉秘话（中）》，《读卖新闻》1992 年 1 月 21 日夕刊。

道上进行的"。① 从第二次日韩政治会谈前的"预备会谈"的情况看李度晟的看法似乎更接近事实。

据裴义焕回忆录及 1992 年 6 月 22 日《东亚日报》（附有照片）披露的资料，日本外相记事用纸上，日语加英语记录下的"大平正芳—金钟泌备忘录"的内容如下："①无偿提供：Korea 方面要求 3.5 亿美元（O. A.〔贸易结算账户 [Open Account]。换言之，韩国的对日贸易债务的结算部分〕包括在内）；Japan 方面主张 2.5 亿美元（O. A. 包括在内）。双方协商结果，定为 3 亿美元（O. A. 包括在内）在 10 年内提供，但以有能力提供为前提，向两国首脑提出建议。②有偿提供（海外经济合作基金）：Korea 方面要求提供 2.5 亿美元（利息 3 分以下，延期偿还期限 7 年，在 20—30 年内〔偿还〕；Japan 方面：主张提供 1 亿美元（利息 3.5 分以下，延期偿还期限 5 年，20 年内〔偿还〕。双方协商结果，定为 2 亿美元，在 10 年内提供，但以有能力提供为前提，延期偿还期限 7 年，利息 3.5 分 20 年内〔偿还〕，向两国首脑提出建议。③有关进出口银行〔的借款〕方面，Korea 方面希望个别处理；Japan 方面称 1 亿美元以上的项目，根据项目可以增加〔贷款〕。为使双方达成的上述协议内容在没有实现邦交正常化的情况下也能够得以实现，建议双方首脑尽快推进双方的合作。"②

"大平正芳—金钟泌备忘录"确定了日本向韩国提供的资金总额，但是，对上述资金的名分、适用范围（如果是请求权的话，朝鲜半岛的北部地区是否也包括在内的问题）等，都没有涉及。即事实上，在大平正芳和金钟泌会谈中，这些问题都被搁置了起来。

根据金东祚的回忆，一开始的记录中本来有"对韩国主张的请求权进行了协商"的词句。但是，大平正芳认为"如果这样写，日本国会与国民大概不会加以理解"，"称之为'经济合作'如何？"对此，金钟泌称："因为，我们有我们的立场，所以称之为'请求权'。但是贵国如果想用'经济合作'这样的表达方式，那〔贵国〕也可以称之为'经济合作'。但是，应认为在使用'经济合作'这一表达方式上没有达成妥协。"③ 这说明，在大平正芳

---

① 前引李度晟著《实录·朴正熙与韩日会谈——从"5·16"到签订条约》，第124 页。

② ［韩］《东亚日报》1992 年 6 月 22 日；裴义焕著《虽然渡过了青黄不接的难关——裴义焕回忆录》，第 213—214 页。

③ 前引金东祚著《回想三十年·韩日会谈》，第 231 页。

和金钟泌的会谈中，在日本提供给韩国的资金名目问题上，日韩达成了某种默契，准备各自分别采用对己有利的名目了。

但是不管怎样，大平正芳和金钟泌备忘录的形成，使日韩在会谈的关键性问题——请求权问题上日韩双方终于达成了原则性协议。会谈结束以后不久，大平正芳对记者说："日韩会谈从而渡过了卢比昆河。"① 另外，金钟泌也称：日韩会谈"虽然还存在一些问题，但已经有渡过了难关的强烈印象。"②

"大平正芳—金钟泌备忘录"毕竟是临时协议，尚需要双方政府首脑的裁可。对大平正芳和金钟泌会谈中形成的"备忘录"，朴正熙很快就爽快地作出了裁可。但是日本的情况就并非这样简单。虽然，对大平正芳和金钟泌在会谈中达成的协议，自民党各派都表示了赞成的态度，③ 但池田勇人首相并没有爽快地作出裁可。

池田勇人首相结束对欧洲各国的访问回国以后，1962 年 11 月 28 日，大平正芳把"大平正芳—金钟泌备忘录"递交给池田勇人首相，要求作出决断。但是池田勇人认为"大平正芳—金钟泌备忘录"中的有关请求权资金的支付方式、条件等问题有待进一步研究。因而保留了对"大平正芳—金钟泌备忘录"的裁可。池田勇人还认为，大平正芳外相的方案与日本同东南亚各国的经济合作之间缺乏协调，而且在日元资金的筹措方面也存在一些问题。因此，要求针对上述问题同韩国进行进一步的交涉。④

池田首相保留对"大平正芳—金钟泌备忘录"的裁可期间，应金钟泌在1962 年 11 月 12 日，在日本自民党欢迎会上向大野伴睦发出的访韩邀请，同年 12 月 10 日到 13 日，大野伴睦自民党副总裁以个人身份率领自民党外交调查会长船田中等 10 名自民党议员及驻荷兰大使伊关佑二郎（前外务省亚洲局局长，日韩"预备会谈"代表）等对韩国进行了访问。访韩期间，大野伴睦于 12 月 10 日同金钟泌、12 月 12 日同朴正熙分别举行会谈，并向朴正熙转交了池田勇人首相的亲笔信。在大野伴睦和金钟泌的会谈中，日韩还达成了"日韩会谈按照以年内确定大纲，来年春天签字，夏天批准的日程表推进"的协议。⑤ 12 月 14 日回国以后，大野伴睦向池田勇人首相汇报访韩

① 前引石丸和人、松本博一、山本刚士著《战后日本外交史——开始起步的日本外交》，第 343 页。

② ［日］《朝日新闻》1962 年 11 月 13 日。

③ 前引高崎宗司著《检证·日韩会谈》，第 136 页。

④ ［日］《朝日新闻》1962 年 11 月 29 日。

⑤ ［日］《朝日新闻》1962 年 12 月 10 日。

情况的同时，希望池田勇人首相积极努力解决日韩问题。

听取大野伴睦访韩汇报后的第三天，即 1962 年 12 月 17 日，池田勇人首相终于对"大平正芳—金钟泌备忘录"进行了裁可。同年 12 月 27 日，朴正熙议长也正式公布：韩日"在请求权问题上达成了原则性协议"。1963 年 1 月 29 日，在众议院预算委员会上，大平正芳外相报告了日韩第二次政治会谈中达成协议事项。①

大平正芳和金钟泌的会谈中，日韩能够在请求权问题上达成协议，而且该协议能够被双方政府首脑所确认，这意味着日韩会谈渡过了最艰难的一关。

四、"大平正芳—金钟泌备忘录"批准以后日韩围绕细节问题交涉

"大平正芳—金钟泌备忘录"批准以后，围绕"备忘录"中的细节问题，日方首席代表杉道助、日本外务省亚洲局局长後宫虎郎与韩方首席代表裴义焕、韩国驻日代表部参事官崔英泽之间继续进行了多次后续的"预备会谈"。在后续的"预备会谈"中，韩方认为"日本支付的无偿、有偿、借款等归结底是为了清算请求权"。因此，想方设法把表达类似意思的词句写进协定的条文中。韩方主张把日本提供的资金定义为"为了解决韩日之间的请求权问题以及为了增进韩日之间的经济合作"，并同时在文末明确写进"两国政府认为，通过上述措施韩日两国之间的请求权问题已得到解决"的词句。但是，日方却认为，"作为提供资金的条件如果明示请求权，那么就必然要提及计算〔请求权〕金额的根据、留在韩国的日本政府及日本人的财产问题、北朝鲜问题（这一问题涉及韩国提出的对日请求权的适用范围——笔者）等复杂且棘手的问题"。因此，主张把"两国政府认为通过经济合作措施，解决了请求权问题"的词句写进条文中。②

1962 年 11 月 22 日召开的"预备会谈"中，日方提出了把韩方提出的《韩日关于请求权与经济合作协定》改称为《日韩关于经济合作协定》的提

---

① 前引鹿岛和平研究所编，吉泽清次郎监修《日本外交史（28）·媾和后的外交（Ⅰ）·对列国关系（上）》，第 105 页。

② 前引外务部政务局编《第六次韩日会谈会议录（Ⅲ）·第二次政治会谈预备折中（1962.8.22—1962.12.25）（极秘）》，第 264—269 页。

案。在该案中日本在有关资金的"名分"问题的条文中插入了"考虑到日韩两国为解决请求权问题而举行的会谈过程"的词句，并称"期盼两国之间的睦邻友好，为增进日韩之间的经济合作采取了下述措施（即'经济合作'——笔者）"。对此，韩方要求把它修正为"为了解决韩日之间的请求权问题及韩日之间的经济合作"。但日方首席代表杉道助表示："日本方面难以在这里写进请求权的字样"，并强硬地表示："就发表为，因日本方面'并没有按请求权接受，所以就以这样的（日本提出的——笔者）名分接受了'不也很好吗？"①

1962 年 12 月 10 日，日方提出了"日本国与大韩民国之间的有关解决请求权与经济合作的协定案"（内容不详）。对此，韩方同意"协定"中使用这一名称，但要求在前言中加入"为了解决大韩民国与日本国之间伴随着第二次世界大战的结束而产生的两国之间的请求权问题以及为了增进两国之间的经济合作"② 的词句。看来，日方提出的"协定案"中没有上述表述。在后续的"预备会谈"中，有关提供资金的"名分"问题的交涉一直持续到1963 年 5 月，但终未能消除双方在这一问题上的分歧与对立。

除上述"名分"问题以外，在"预备交涉中"对其他一些细节问题也进行了议论。对有关有偿资金（海外经济合作基金）的延期偿还期限 7 年是否包括在 20 年的偿还期限中的问题，在交涉中，日方认为，延期偿还期限 7年已包括在 20 年的偿还期限中，而韩方则认为延期偿还期限不应包括在 20年的偿还期限内。关于延期偿还期限 7 年是否包括在 20 年偿还期限内的问题，1963 年 5 月，日本外务省参事官宇山厚访问韩国同韩国外务部政务局局长举行会谈后才最终得以解决。③

有关"船舶问题"是否包括在"大平正芳—金钟泌备忘录"中的问题，在交涉中日方认为，船舶问题业已在"大平正芳—金钟泌备忘录"中获得解决。而韩方则认为"船舶问题"与请求权问题是两回事。为此，1963 年 2月 14 日的后续的"预备会谈"中，韩方主张举行"船舶问题委员会"会谈，但日方坚持了"船舶问题包含在请求权问题中，并业已获得解决的立场"，

---

① 前引外务部政务局编《第六次韩日会谈会议录（Ⅲ）·第二次政治会谈预备折中（1962.8.22—1962.12.25）（极秘）》，第 267—276 页。

② ［韩］外务部政务局编《第六次韩日会谈会议录（Ⅳ）·第二次政治会谈预备折中（1962.12—1963.5）（极秘）》，第 13 页。

③ 同上书，第 246 页。

反对另行举行有关船舶问题的会谈。①

此外，在后续的"预备会谈"中还就有关民间借款的数额及提供借款的条件、偿还方式及如何处理韩国的对日贸易债务等问题进行了交涉。

总之，日韩双方在上述各项细节问题上，在后续"预备会谈"中都没有达成最终妥协。但双方在上述问题上的对立和分歧都不足以动摇日韩在"大平正芳—金钟泌备忘录"达成的原则性协议，也不足以影响日韩关系发展的大局。

1963年1月11日举行的后续的"预备会谈"中，为了决定请求权问题的细目，双方决定召开专家会议。在同年2月13日举行的专家会议上韩方主张，把该会议称之为"请求权关系会议"，提议"讨论解决请求权问题的手续问题"。但是日方却主张，称该会议为"经济合作关系专家会议"或"经济合作关系会议"，并采取了"从国内的情况考虑，称其为请求权云云是有困难的。韩国方面在国内以自己认为适当的形式发表也可以"② 的态度。此后，该会议再也没有涉及请求权问题，主要围绕经济合作问题进行了会谈。

1963年1月23日的后续"预备会谈"中，有关今后的会谈方式成了话题。韩方认为"今后没有必要再举行政治会谈"；因此，要求回到第六次日韩会谈的谈判桌上去。对此，日方从国内执政的自民党的"国会对策"（即为了避免反对党［派］在国会中的批评与质问）角度出发，要求继续进行不太显眼的"预备会谈"。③ 此后，日韩之间的"预备会谈"以每周一次的频率继续进行。

第四节　渔业及"李承晚(和平)线"问题的交涉与日韩会谈的中断

一、日韩之间渔业及"李承晚（和平）线"问题的交涉

在大平正芳和金钟泌的会谈中，在请求权问题上达成原则性的协议之

---

① 前引外务部政务局编《第六次韩日会谈会议录（Ⅳ）·第二次政治会谈预备折中（1962.12—1963.5）（极秘）》，第109—110页。

② 同上书，第423—427页。

③ 同上书，第61—72页。

后，日韩会谈的重点转向了余下的关键性问题，即渔业及"李承晚（和平）线"问题上。在大平正芳和金钟泌的会谈中，日韩双方达成了"使渔业协定与请求权〔协定〕同时生效，韩国方面如果不签署渔业协定，请求权〔问题〕上达成的妥协也将变成一张废纸"的谅解。①

早在大平正芳和金钟泌举行会谈之前，1962 年 9 月 3 日，日韩作为"预备会谈"的下属委员会，设立"渔业专门委员会"，进行了渔业及"李承晚（和平）线"问题的会谈。但一直到日韩形成"大平正芳—金钟泌备忘录"为止，有关"渔业专门委员会"上的会谈实际上处于观望大平正芳和金钟泌会谈的结果的状态。在大平正芳和金钟泌的会谈中，日韩双方在有关财产请求权问题上达成原则协议以后，有关渔业问题的会谈也迅速出现了进展。

1962 年 12 月 5 日举行的日韩"渔业专门委员会"上的"预备会谈"中，日韩双方互相提出了各自的"渔业协定案"。这次日方提出的"渔业协定案"一改以往日方坚持的专属海域 3 海里的主张，提出了专属海域 12 海里的新主张。日方还主张 12 海里专属海域以外的海域允许日本渔船自由进行捕捞作业，并在公海自由的原则下，对进入该海域的渔船的管辖及审判实行"旗国主义原则"。

日方之所以提出这样一个"划时代的提案"，② 其原因，一方面是为了尽快打破日韩渔业会谈的僵局，但更为重要的是，迫于当时有关海洋问题的国际形势。日方试图在已成为国际大趋势的专属海域问题上，对韩做出"重大让步"来，谋求日韩渔业会谈上的突破，以避免将来国际海洋法生效以后日方的被动局面。

二战以后，沿海国家保卫自身海洋利益的斗争不断高涨。其结果，1958年，在日内瓦召开了第一届联合国国际海洋法大会，并在该大会上通过了《公海法》、《领海及毗连海域法》、《渔业及公海生物资源保护法》等四项国际海洋法，并规定，上述法律在 22 个国家获得批准即可生效。上述国际法，虽然在领海、毗连海域的范围等问题上尚未达成一致的意见，但一致肯定了沿海国家对领海及毗连海域海洋资源保护方面的优先权。1960 年，联合国

----

① 统一朝鲜新闻社编《统一朝鲜年鉴》，[日] 统一朝鲜新闻社 1964 年版，第 305页。

② 前引鹿岛和平研究所编，吉泽清次郎监修《日本外交史（28）·媾和后的外交（Ⅰ）·对列国关系（上）》，第 111 页。

召开了第二次国际海洋法大会。在这次大会上美国、加拿大等国家提出了12海里专属海域案。对此，世界海上大国大都表示了赞同的态度。此后，1962年《公海法》生效，1964年《领海及毗连海域法》生效，1966年《渔业及公海生物资源保护法》也正式生效。

日本正是迫于上述有关海洋问题的国际形势，才提出了"12海里专属海域案"。但如果该案与目前国际上通行的从基线量起领海为3—12海里、领海加毗连海域24海里，专属经济区200海里（从领海基线量起）相比较的话，日本的"重大让步"就可见一斑。①

韩国方面则提出了，在"①考虑到沿海国家的特殊利益；②考虑到韩日渔业的特殊性及实际上的公平性；③考虑到日本给予加拿大、美国等第三国的利益"②的基础上，以"国防线"或"海底资源线"的形式大部分保留了"和平（李承晚）线"，仅在若干海域设置共同管制海域的"渔业协定"案。③对韩方提出的这一方案，日方认为连协商的余地都没有而加以拒绝。

此后。1963年2月到4月，日韩在"渔业专门委员会"上，着重举行了有关渔业资源及日韩两国实际渔业状况的会谈。期间，日方主要着力于，日韩两国渔业界代表的交流、对韩进行渔业技术合作、共同调查渔业资源等方面的问题，为日韩渔业会谈打基础而倾注了全力。④

1963年4月到6月，日韩着重进行了有关渔业合作问题的会谈。在会谈中，韩方对日方提出的，以渔业合作的形式解决日韩渔业问题的提案也表示了赞同。在这期间，1963年5月，日本外务省参事官卜部敏男访问韩国，同韩国政府有关人员举行会晤，达成了韩国方面接受12海里专管海域案，但是暂时对此加以保密的谅解。⑤1963年5月23日，韩方作为废除"和平（李承晚）线"的前提条件，向日方提出了，包括技术合作、资金合作、增加韩国水产品的进口数量等内容在内的，要求日韩进行渔业合作的方案。其

---

　　①　1982年《海洋法公约》第56—58条规定：专属经济区是沿海国享有主权权利等的海域，其宽度不超过200海里。沿海国对勘探、开发养护和管理区内水域和海底的自然资源有主权权利，以及对在区内从事经济性开发和勘探活动有主权权利。

　　②　前引鹿岛和平研究所编，吉泽清次郎监修《日本外交史（28）·媾和后的外交（I）·对列国关系（上）》，第111页。

　　③　《日本的海潮》，[日]《世界》1963年10月号。

　　④　[日]《朝日新闻》1963年4月15日。

　　⑤　前引外务部政务局编《第六次韩日会谈会议录（Ⅳ）·第二次政治会谈预备折中（1962.12—1963.5）（极秘）》，第229页。

目的是为了消除韩国渔民的不满，推进会谈。① 从 1963 年 6 月 3 日开始到 1964 年 1 月 28 日，为了解决渔业会谈中的一些专业领域的重大问题，日韩举行了 29 次非正式的有关渔业问题的"专家会议"。日本水产厅次长和田正明与韩国农林部水产局局长金命年分别代表各自的政府出席了"专家会议"。

以上述会谈为基础，1963 年 7 月 5 日，韩方重新提出了以"在韩国沿海 40 海里范围内设置渔业专属海域，在这以外的海域设置共同管制海域，为调查渔业资源及解决渔业纷争，设立韩日共同委员会"② 为核心内容的新的"渔业协定案"。但是该案再一次遭到了日方的拒绝。

渔业问题与"和平（李承晚）线"问题是两个相互密切关联的问题。韩方之所以在"和平（李承晚）线"问题上，迟迟不肯做出较大的让步，其背后存在日韩两国渔业水平上的巨大差距。③

对此，当年参加过日韩会谈的日本水产厅次长和田正明后来谈到：当时韩国的渔业人口达 130 万人，但是其装备基本上都是"旧船，全部 42000 艘渔船中，有发动机的渔船仅占 5000 艘，且又几乎是热球式发动机，航海器械也不充分。而且，由于收入水平低下，（水产品）缺乏国内需求，因而又难以形成价格机制。韩国民众认为，现在独立时间不长，所以无可奈何，但是早晚要实现向现代化国家的一大飞跃。被这种理想所鼓舞着的韩国民众中，普遍存在着，'等期待已久的时刻到来，拥有崭新的渔船时，是不是已经没有鱼了呢？〔我们拥有新渔船〕之前日本渔船是否已把鱼捕捞殆尽了呢？'的不安。因装备陈旧天气稍微不好就不能出海，单位捕捞量也有限。如果上述情况与日本进行比较，就存在显著的差距，这种差距以比实际上差距还要大的形象映入他们的眼里。因此，他们千方百计把日本的渔船从〔韩国〕近海排挤出去"。④

这时期尽管在表面上韩方仍然并不明确表示放弃"和平（李承晚）线"，但是"韩国方面也开始采取了灵活的立场"，韩方称："之所以难以废除'和平（李承晚）线'是因为惧怕日本渔船大举出渔，如果日方提出能够消除上

---

① 〔日〕《朝日新闻》1963 年 7 月 2 日。

② 前引鹿岛和平研究所编，吉泽清次郎监修《日本外交史（28）·媾和后的外交（Ⅰ）·对列国关系（上）》，第 112 页。

③ 参见笔者拙文《吉田内阁时期的日韩交涉》，〔日〕《国学院大学大学院纪要——文学研究科》1999 年第 31 辑。

④ 〔日〕和田正明《日韩渔业交涉的经过与存在的问题》，〔日〕《国际问题》，1965 年 5 月号。

述不安的方案，那么，也不一定就拘泥于 12 海里的专管海域。"对此，日方表示："无意增加该海域的渔业能力，只希望进行安全的捕捞作业，日方愿意为韩国的渔业发展提供尽可能的合作。"①

韩国学者成滉镛称：韩国方面之所以提出上述方案，"其目的是为了限制日本渔船的出渔，同时也是为了获得日方更多的渔业合作资金"。② 因此，日本在多大程度上为韩国的渔业发展提供资金、技术等方面的合作，成了解决日韩渔业问题的关键。

1963 年 7 月 12 日，韩国方面提出了，包括准备建造及进口大、中型渔船，修缮陈旧渔船，进口柴油发动机，建立修理及制造柴油发动机的工厂，建立渔业无线电联络系统（陆地与渔船之间的），扩充渔港及其他渔业设施，引进渔业指挥船，引进进行渔业试验、调查及观测的船舶，建造水产品制造加工设施，扩充水产试验所设施，建立水产教育研究设施，为水产技术中心配备设施，培训研修生及邀请技术人员等 12 项内容的，总金额达 17840 万美元的日韩渔业合作的方案。

1963 年 7 月 26 日到 30 日，为解决日韩渔业问题，韩国金溶植外务部长官访日，与大平外相举行两次"高级别的渔业会谈"。在大平正芳和金溶植的会谈中，作为日方提供渔业借款的回报，韩方原则上同意把 12 海里作为"专属海域"，同日本缔结协定。但是，当时日韩并没有公布这一消息。其原因在于，除尚遗留"专属海域"的测算问题等一些技术问题以外，更重要的是，面临国内总选举和把政权移交给民选政府问题的朴正熙军事政权，为了避免国内反对势力的攻击，有意掩盖了事实。另外，在提供渔业合作借款方面，双方也发生了分歧。韩国要求提供 17800 万美元借款，而日方只答应提供 3000 万美元，两者之间存在相当大的差距。对此，双方同意该问题在双方事务级别的会谈中继续磋商解决。③

日韩外相会谈中，双方还达成了"①尽快缔结合理的渔业协定；②为保护〔渔业〕资源，制定能够公正地适用于两国的合理的、能够付诸实施的管制措施；③必须为渔业发展进行合作"④ 三项原则性协议。

---

① 前引和田正明《日韩渔业交涉的经过与存在的问题》。

② 前引成滉镛著《日本的对韩政策（1800—1965）》，第 266 页。

③ ［韩］外务部外交研究院编《韩国外交二十年》，外务部外交研究院 1967 年版，第 150—151 页。

④ 前引和田正明《日韩渔业交涉的经过与存在的问题》。

1963 年 10 月，日方作为对前次韩国渔业合作方案的修正案提出了，"对韩国提出的专属海域线进行若干修正，在专属海域以外设置共同管制海域，对渔船的大小、网眼、聚鱼灯的亮度进行共同管制"的新方案。韩国方面对该案给予高度评价，并于同年 11 月提出了原则上接受日本方案的韩国方面的修正案。于是，日韩"渔业协定"核心内容大体形成。

此后的日韩会谈主要围绕专属海域的计算问题与年捕捞量的限制问题进行。日韩主要围绕在测算 12 海里专属海域时，是从低潮线开始算起呢还是从直线基线开始算起的问题以及如何调整主张限制年捕捞量的韩国与主张除聚鱼灯的亮度、渔船的大小、网眼的限制外没有必要采取其他限制措施的日方之间的意见分歧和差异等问题举行了会谈。① 这些问题成了双方会谈的中心内容。这说明，在日韩渔业问题上，双方也已达成了原则性的协议，会谈开始进入了处理细节问题，选择语句草拟条文的最后阶段。

二、日韩在其他委员会上的"预备会谈"

1962 年 9 月 13 日，作为"预备会谈"的下属委员会，日韩成立了有关在日韩国〔朝鲜〕人"法律地位关系委员会"，并开始了相关问题的会谈。该委员会上的会谈到 1964 年 3 月共举行了 42 次。在"法律地位关系委员会"上的会谈中，对何种身份的在日韩国〔朝鲜〕人赋予永住权的问题，依然成了会谈的焦点。在会谈中，日方主张"对从太平洋战争结束之前开始持续居住在日本国的大韩民国国民及一直到日本缔结的和平条约生效之日为止，在日本国出生并持续在日本居住的在日韩国〔朝鲜〕人"赋予条约上的永住权，而"对其子孙，直到他们成年为止，允许在没有在留资格的情况下，继续在日本国居住"②。

对此，韩方表示："不顾越是到了子孙后代，在日本居住的必要性越增强的实际情况，削弱对其（指在日韩国〔朝鲜〕人——笔者）子孙的永住权的做法令人难以接受。"韩方遂提出了"作为在日本居住的韩国人，对从太平洋战争结束以前开始持续居住在日本国领域内的，以及此后自本协定生效之日起 20 年内出生的子孙赋予协定上的永住权。对协定生效满 20 年以后出

---

① 前引和田正明《日韩渔业交涉的经过与存在的问题》。
② 前引外务部政务局编《第六次韩日会谈会议录（Ⅲ）·第二次政治会谈预备折中（1962.8.22—1962.12.25）（极秘）》，第 397—399 页。

生的子孙，届时重新进行协商"的方案。①

　　为了达成妥协，日韩双方采取折中的方式，在"自本协定生效之日起5年内〔在日本〕出生的〔在日韩国［朝鲜］人〕子孙赋予协定上的永住权"的方案上摸索了能够相互达成妥协的途径。②

　　在有关在日韩国［朝鲜］人法律地位问题的会谈中，强制遣送问题也成了议论的重要话题。为了解决这一问题，1963年2月22日开始，日韩专门召开"强制遣送问题会议"，对相关问题进行了会谈。③ 此外，还针对在日韩国［朝鲜］人回国时携带财产的问题、汇款问题、在日韩国［朝鲜］人的教育问题、就业问题等也进行了会谈。

三、"还政于民"与韩国政局的动荡

　　以朴正熙为首的军人集团发动军事政变以后，迫于国内外的压力，在其"革命公约"中许下了"将来还政于民选政府的诺言"。为此，1961年8月12日，朴正熙以"国家重建最高会议"议长的名义宣布：到1963年夏天"还政于民选政府"。但是准备维持其军事独裁统治的朴正熙，为了建立以自己为首的"民选政府"采取了一系列的措施。

　　其一是，1962年3月16日宣布"政治活动净化法"，限制了反对势力的政治活动。其二是，从1962年夏天开始，在金钟泌的策划下进行了民主共和党筹备工作，并于1963年1月18日，发表民主共和党的建党宣言，同年2月26日正式组建了民主共和党。其三是，1962年12月6日，由"国家重建最高会议"决定修改宪法，并于同年12月26日公布了修改后的新宪法。由此，韩国进入了"第三共和国"时期。"第三共和国宪法"——即修改后的新宪法，大大加强总统权力的同时，也规定了"组织政党的自由"及"保障多党制"等内容。④

　　根据新宪法，从1963年1月1日开始，韩国朴正熙军事政权，取消了自"5·16军事政变"以来对民间人士参与政治活动的限制和对社会舆论的

---

　　① 前引外务部政务局编《第六次韩日会谈会议录（Ⅲ）·第二次政治会谈预备折中（1962.8.22—1962.12.25）（极秘）》，第408—422页。

　　② 前引外务部政务局编《第六次韩日会谈会议录（Ⅳ）·第二次政治会谈预备折中（1962.12—1963.5）（极秘）》，第323、354页。

　　③ 同上书，第258、362页。

　　④ 前引朴己出著《韩国政治史》，第220页。

严厉控制，准备过渡到民选政治。在这样的政治空气下，一些在野的政治活动家纷纷召开建党发起人大会，开始筹建各自的政党。面对即将要举行的总统选举与国会议员选举，在野党一致反对发动军事政变的"革命势力"参与"民选政治"，对军事政权的对日"软弱外交"进行了强烈的谴责。

迫于国内的压力，1963 年 2 月 18 日，朴正熙宣布放弃竞选总统，金钟泌也被迫辞职，到国外"旅游"。但是，作为放弃参加总统竞选的条件，朴正熙提出了"继承'5·16 革命'事业；肯定'5·16 革命'的正当性；禁止进行政治性报复；参加革命的主导势力，根据个人意愿或允许回归军队抑或允许参加民选政治；起用有能力的预备役军人；以超党派的形式推动日韩会谈问题的解决"等 9 项前提条件。[①]

可是，实际上并不愿意放弃政权的朴正熙军事集团，以同年 3 月 15 日，首尔卫戍司令部现役军人"反对还政于民"的示威游行为契机，第二天宣布"进行是否继续延长军政 4 年的国民投票，颁布《处理非常事态临时措施法》，禁止了政治家的一般性的政治活动"。[②] 但是这一举动遭到了国内外的一致反对。

1963 年 3 月 19 日到 22 日，在首尔爆发了反对延长军政的示威。3 月23 日，美国国务院也向朴正熙转达了"反对延长军政，希望合理地过渡到民选政治"为主要内容的美国方面的建议。进而，4 月 2 日，美国总统肯尼迪在给朴正熙的信中也再一次表示"希望韩国建立民主政府"。[③] 迫于上述国际、国内的压力，1963 年 4 月 8 日，朴正熙收回成命，宣布"是否举行总统选举与国会议员选举，到 9 月份与各政党代表协商决定。重新恢复〔国内〕政治活动。"[④] 同年 5 月 16 日，进而又宣布"年内还政于民选政府"。

确定"还政于民"的方针以后，朴正熙军事政权进一步加快了韩日会谈的步伐。1963 年 6 月 7 日，朴正熙称："希望韩日会谈在今年内达成妥协。"6 月 10 日，总理金显哲也称："为在总选举之前解决韩日问题而竭尽全力。"[⑤] 为了尽快推进日韩会谈的进程，6 月 27 日，韩国政府派特使崔圭夏大使到日本与大平正芳外相举行会谈。在崔圭夏—大平正芳会谈中双方同意

---

① 前引朴己出著《韩国政治史》，第 224 页。

② 同上书，第 225 页。

③ 同上。

④ 〔韩〕《东亚日报》1963 年 4 月 8 日。

⑤ 前引鹿岛和平研究所编，吉泽清次郎监修《日本外交史（28）·媾和后的外交（Ⅰ）·对列国关系（上）》，第 113 页。

金溶植外长访美归国途中到日本举行日韩外相会谈，政治解决渔业问题。大平正芳和金溶植之间的日韩外相会谈就是在这种背景下举行的。但是韩国军事政权的上述积极推进韩日会谈的政策很快遭到了国内在野党、社会舆论、渔业界等的强烈反对。

1963 年 7 月 8 日，在野的民主党、民政党、新政党分别发表了谴责政府 "40 海里专属海域案" 的声明。其中，民主党的声明称：政府的对日外交 "令人想起了屈辱的江华岛条约前夜" 的软弱外交，① 谴责韩国提出 "40 海里专属海域案" 是令人难以接受的行为。同年 7 月 19 日，釜山水产业者代表举行 "保护渔业资源，捍卫渔民〔利益〕大会"，采纳了 "反对 40 海里专属海域，守卫和平（李承晚）线" 为核心内容的决议。同年 7 月 22 日，民政、新政、民主、民友、正民 5 个在野党代表结成了 "韩日问题共同斗争委员会"，决定开展 "反对软弱外交，维持和平线的全国性的反对运动。"②

迫于国内舆论的压力，1963 年 7 月 9 日，总理金显哲出面称："40 海里专管海域只是渔业上的线，和平线作为国防上的线还会继续保留下来。"③结束日韩外相会谈回国的金溶植外长，于 1963 年 8 月 12 日到釜山与 200 多名水产业者代表举行对话，对韩国政府的立场进行了说明。8 月 17 日，金溶植在首尔与各政党、学会、舆论界、一般社会人士组成的 26 名代表举行座谈，对政府的对日政策进行了说明。但是未能消除在野党及社会各界的不满。

1963 年 10 月 15 日，韩国举行总统大选，民主共和党候选人朴正熙以微弱的优势取得胜利，当选为韩国第三共和国总统。接着在 11 月 26 日举行的国会议员总选举中，民主共和党凭借其政府背景在国会 175 个议席中取得 110 个议席，取得了压倒性的胜利。这为日韩会谈最终达成妥协奠定了韩国国内的政治基础。1963 年 12 月 17 日，韩国举行总统就职典礼，朴正熙正式就任 "民选总统"，并组织了以崔斗善为首班的新内阁。韩国以朴正熙 "脱军装换西服" 的方式实现了 "还政于民"。

1963 年 12 月 16 日，日本政府派特使自民党副总裁大野伴睦与日韩会谈首席代表杉道助前往韩国参加朴正熙的总统就职典礼，并同朴正熙进行会

① ［韩］《东亚日报》1963 年 7 月 8 日。
② 前引成滉镛著《日本的对韩政策（1800—1965）》，第 267 页。
③ 前引鹿岛和平研究所编，吉泽清次郎监修《日本外交史（28）· 媾和后的外交（Ⅰ）· 对列国关系（上）》，第 113 页。

谈，达成了"尽快使日韩会谈达成协议"的谅解。①

四、日韩尽快结束会谈的动向与韩国国内反对运动的高涨

进入 1964 年后，日韩双方准备使会谈尽快达成妥协的动向已经十分明显。1964 年 1 月 6 日，朴正熙在年初国情咨文中称："为使韩日会谈尽快达成妥协，推行超党派外交。在渔业问题上，为保护韩国沿海的渔业资源，为保护韩国渔民的权益及渔业技术的现代化而努力。"②

为尽快推进日韩会谈，1964 年 1 月下旬，韩国政府派崔圭夏大使到日本访问，寻求促进会谈的途径。2 月 13 日到 14 日，又派总统特使前总理金显哲到日本访问，与池田勇人首相、大平正芳外相举行会谈，转达了韩国方面的"希望尽快使韩日会谈达成妥协"的意向。2 月 22 日到 23 日，朴正熙政权又召开政府与民主共和党代表的联席会议，确立了"5 月份签署，6 月底为止批准〔条约〕"的会谈日程表。③ 之所以确定这样一个日程表，是因为考虑到同年 7 月份的日本自民党的总裁选举及随之而来的内阁改组，10 月份东京奥林匹克运动会等。韩国担心若不抢在这之前批准条约，会谈有可能还要拖延一段时间。

1964 年 2 月 14 日，日本执政的自民党召开总裁、干事长、总务会长、政调会长四位党的首脑会议，也确定了"在本次国会上批准邦交正常化〔条约〕"的方针。

1963 年 11 月 22 日，肯尼迪总统被暗杀以后，由副总统约翰逊（Lyndon B. Johnson）继任美国总统。约翰逊上台以后美国对外政策的"鹰派"色彩渐趋浓厚，其最典型的事例就是美国加紧了介入越南战争的步伐。随着介入越南战争的规模的不断扩大，美国迫切需要在亚洲确立包括日本在内的"自由主义阵营各国"同美国之间的支撑越南战争的战略合作体制。

为此，美国也更加迫切地感到了尽快使日韩会谈达成妥协的必要性。为参加 1963 年 11 月 24 日举行的肯尼迪总统的葬礼，日本的池田勇人首相及

---

① 〔日〕《朝日新闻》1963 年 12 月 20 日。

② 前引鹿岛和平研究所编，吉泽清次郎监修《日本外交史（28）·媾和后的外交（Ⅰ）·对列国关系（上）》，第 118 页。

③ 同上书，第 119 页。

韩国的朴正熙总统相继抵达美国。借此机会，1963 年 11 月 23 日，约翰逊总统同朴正熙总统举行了会谈。在会谈中，约翰逊"把短暂的会谈时间几乎全部用于"向朴正熙说明，"尽快使〔日韩〕会谈达成妥协的重要性"上。①同年 11 月 25 日举行的约翰逊和池田勇人的会谈中，约翰逊总统要求日本在对外援助方面"分担更大的责任"。在会谈中，腊斯克国务卿则更加明确地谈到日韩"渔业问题的解决方案"等，表示了"美国对日韩会谈的重大关心"②。

1964 年 1 月 18 日，美国派 R. F. 肯尼迪（Robert F. Kennedy）司法部长访问日韩两国，同年 1 月 29 日，为参加日美经济贸易委员会，腊斯克（Dean Rusk）国务卿也来到日本，日美经济贸易委员会会议结束以后腊斯克国务卿继续访问韩国，为使日韩会谈尽快达成妥协进行了斡旋。在朴正熙和腊斯克举行会谈以后发表的共同声明称："两人认为，尽快使日韩会谈达成妥协，不仅对日韩两国有利，而且也是对全体自由世界利益的贡献。"美国还保证"美国在对韩军事、经济援助上的基本政策，不受日韩邦交正常化的影响"③。

日韩双方确立积极推进日韩会谈的方针以后，为了加快会谈的进程，首先，双方都增强了渔业会谈的力度。1964 年 2 月，日韩双方都增加了"渔业委员会"的人手，在和田正明和金命年之外，日方增加了後宫虎郎外务省亚洲局局长和卜部敏男外务省参事官，韩方则增加了崔世璜律师和李圭星外务部参事官。到 1964 年 3 月 7 日为止，日韩从专业领域和政治双重角度积极推进渔业会谈，双方共举行了 10 次有关渔业问题的会谈。

1964 年 2 月 28 日，韩国政府再一次派崔圭夏大使到日本，与大平正芳外相举行会谈，要求日韩尽快举行高级别的渔业会谈，同时还要求尽快把"预备会谈"转化为正式会谈，并要求就其他一些悬案问题也进行相应的会谈。

为使日韩在渔业问题上尽快达成妥协，1964 年 3 月 10 日开始，日本农林水产大臣赤城宗德与韩国农林水产部长官元容奭举行了"第一次日韩农相会谈"。同时，3 月 12 日开始，日韩又恢复了"第六次日韩会谈"。1964 年

---

① 前引李钟元《韩日邦交正常化与美国——1960—1965》。

② 同上。

③ 前引石丸和人、松本博一、山本刚士著《战后日本外交史—开始起步的日本外交》，第 335 页。《朴正熙—腊斯克共同声明》（1964 年 1 月 29 日）。

3月19日，大平正芳外相在国会众参两院进行了有关日韩会谈的经过及目前进展情况的报告。同年3月24日，韩国崔斗善总理也在国会进行了有关韩日会谈的中间报告。

从1964年3月10日到4月6日，赤诚宗德与元容奭之间的"第一次日韩农相会谈"共举行了12次。这时期为了协助日韩农相会谈，日韩双方还举行了10次和田正明和金命年之间的事务级别的会谈，以及2次有关"渔业合作专家会议"。在第一次"日韩农相会谈"中，着重解决了测量12海里专属海域基线的方法。另外，在确定济州岛附近的专属海域时，如何测算基线；在共同管制海域，不同渔业季节出渔的船只数量；渔业合作的性质等问题上也取得了一定进展。为了加快日韩会谈，1964年3月20日，执政的民主共和党议长金钟泌访日，3月24日同大平正芳外相、赤诚宗德农相，3月24日同池田勇人首相相继举行了会谈。日韩会谈开始向最后阶段迈进。

但是，随着日韩会谈的进展，韩国国内反对日韩会谈的呼声也日趋高涨。在韩国第40届临时国会（1964年1月23日到2月21日）上，韩国在野党要求取消"大平正芳—金钟泌备忘录"，要求坚守"和平（李承晚）线"，并对韩日邦交正常化以后韩国有可能变成日本市场等问题进行了国会咨询。

另外，在民间，1964年1月22日，韩国渔民聚集在釜山，高呼"死守和平（李承晚）线！"的口号举行了示威游行。[1] 3月9日，韩国政界反对韩日会谈的一派，组织成立"反对对日屈辱外交全国斗争委员会"，开始了反对政府进行的韩日会谈的抗议运动。同年3月21日，该会在首尔举行了4万人参加的"反对韩日会谈演讲会"。这个演讲会成了韩国政局出现大动荡的导火线，3月24日，3500余名首尔大学生，举行"火烧帝国主义者及民族叛徒"仪式后进行了反对韩日会谈的示威游行。以此为契机，从3月25日开始，示威游行从首都首尔迅速波及到地方，形成了在地方约5000人、首尔约40000人参加的大规模的示威游行，[2] 到3月26日、27日，其规模发展到60000余人。[3] 一些韩国有名的报刊、杂志也纷纷发表文章批评了政府在韩日会谈中所采取的态度和立场。

在韩国第41届国会（1964年3月23日—4月21日）上，鉴于"反对

---

[1]　前引郑一亨著《一心一意，专心致志》，第232页。

[2]　[日]《朝日新闻》1964年3月26日。

[3]　前引高崎宗司《检证·日韩会谈》，第151页。

对日屈辱外交斗争委员会”的抗议活动及学生示威游行运动的高涨，韩国在野党议员也组织“国会内斗争委员会”，展开了“如果继续进行屈辱的日韩会谈，就辞去议员职务”的签名运动。

　　同时，1964 年 3 月 27 日，韩国国会表决通过了国会“外务委员会”提出的“①确认日本强迫大韩帝国缔结的所有条约无效；②在请求权问题上日本应该反省〔过去的〕侵略行为，并在保卫自由〔阵营〕方面表示诚意，由韩国主导使用请求权〔资金〕，最大限度地缩短支付〔请求权资金的〕期限；③日本应取消对韩进口的不正当限制及歧视性贸易；④政府应为请求权问题及渔业合作设置超党派的计划管理机构；⑤在持续〔对韩〕不友好的氛围情况下，暂时中断韩日会谈；⑥彻底强化对‘和平（李承晚）线’的警备；⑦确保赋予在日同胞以永住权，确实保障在日同胞合理的经济、社会地位”等为主要内容的《有关韩日会谈的建议案》。①

　　1964 年 3 月 31 日，韩国国会还通过了国会“内务委员会”提出的，建议政府“为彻底防止外国渔船及其他武装船舶侵犯‘和平（李承晚）线’，对有关国家采取必要的外交措施，同时加紧整顿和强化海洋警察队的装备，并确立其他必要的非常措施，以实力封锁外国船舶对‘和平（李承晚）线’的侵犯”为主要内容的《加强海洋警备案》②。

　　迫于国内的压力，1964 年 3 月 26 日朴正熙发表特别谈话称：“我对学生诸君的爱国热情深有同感。……我已向在东京的韩国代表团发出了在今后的对日交涉中希望充分反映学生诸君要求的指示。”③ 3 月 30 日，朴正熙会见反对韩日会谈的学生代表，继续对学生进行了说服工作，但是未能阻止学生的反对运动。

　　在国内的一片反对声中，为尽快使会谈达成妥协，1964 年 4 月初，韩国再度派外务部长官丁一权访日。4 月 4 日，丁一权外长同大平正芳外相、4 月 5 日同池田勇人首相相继举行了会谈，但是会谈并没有取得韩国方面所期待的成果。迫于国内的压力，韩国政府被迫召回了为推进日韩会谈在东京活动的民主共和党议长金钟泌，1964 年 4 月 6 日，“日韩农相会谈”也宣布休会，同日重开的“第六次日韩会谈”也被迫休会。

　　①　前引成滉镛著《日本的对韩政策（1800—1965）》，第 269 页。
　　②　前引鹿岛和平研究所编，吉泽清次郎监修《日本外交史（28）·媾和后的外交（Ⅰ）·对列国关系（上）》，第 121 页。
　　③　[日]《朝日新闻》1964 年 4 月 26 日。

　　截至 1964 年 4 月 6 日，"第六次日韩会谈"进入休会为止，除上述配合"日韩农相会谈"举行的有关渔业问题的会谈之外，日韩重开"第六次日韩会谈"以后，还举行了 1 轮正式会议上的会谈，2 轮日韩"基本关系委员会"上的会谈，3 轮"在日韩国〔朝鲜〕人法律地位委员会"上的会谈及 1 轮"文物委员会"上的会谈。

　　日韩会谈进入休会以后，日韩仅保留了日方首席代表与韩方首席代表之间的"非正式会谈"。截止到 1964 年 11 月 5 日，日方首席代表杉道助与韩方首席代表裴义焕（从 10 月 29 日第 2 次首席代表之间的非正式会谈开始，由后任金东祚接替裴义焕参加）之间共举行了 21 次"非正式会谈。"①

　　日韩会谈被迫进入休会以后，韩国政府和执政党加强了对韩日会谈的宣传攻势，同时开始对韩日会谈的反对运动采取了强硬的态度。1964 年 4 月 7 日，民主共和党以韩国大学生社会问题研究会的名义召开了金钟泌等人的演讲会，散发了宣传小册子《韩日问题讲演集》。等到韩日会谈反对运动的气势有所减弱之后，1964 年 5 月 2 日，朴正熙又重新召集有关人士举行会议，确定了重开韩日会谈的方针，并于 5 月 7 日开始了韩日之间的"非正式会谈"。5 月 9 日，朴正熙接受金钟泌的建议，让崔斗善内阁"引咎"总辞职的同时，任命原外务部长官丁一权组织了韩日会谈的"突击内阁。"②

　　但是，韩国政府上述举动很快又引发新一轮的抗议高潮。一度势头有所减弱的抗议浪潮，以"4·19 学生革命"③纪念日为契机重新活跃起来。

　　1964 年 5 月 20 日，约 3000 名学生、市民举行集会，反对韩日会谈、要求驱逐不法日本商社、指责军事政权，并要求军事政权"自认历史性的犯罪，接受国民的审判。"④同一天，首尔市内 32 所大学组织成立了"反对对日屈辱外交学生总联合会"，并从同年 5 月 25 日开始了绝食斗争，"要求朴正熙下野"。同年 5 月 29 日，在野的民政党亦召开议员总会，要求朴正熙下野。

　　1964 年 6 月 3 日，又有约 20000 名学生与 10000 名市民联合举行了游

　　①　前引鹿岛和平研究所编，吉泽清次郎监修《日本外交史（28）·媾和后的外交（Ⅰ）·对列国关系（上）》，第 121 页。

　　②　前引高崎宗司《检证·日韩会谈》，第 152 页。

　　③　即 1960 年 4 月 19 日，韩国学生举行反对李承晚独裁统治的示威游行，并迫使李承晚下台的纪念日，韩国政治史上称"4·19 学生革命"。

　　④　〔韩〕汉城大学编《大学新闻》1964 年 5 月 21 日。

行示威。反对韩日会谈运动逐渐演变成了反政府运动。① 对此，朴正熙政权采取了强硬的态度，6 月 3 日夜 10 时，朴正熙政权发布特别戒严令的同时，下令所有的大学无限期放假。这次特别戒严令一直到 7 月 29 日才予以解除。在这种形式下，韩国政府"5 月签署条约，7 月批准条约"的计划成了泡影。

等韩国政局稍有好转，1964 年 7 月，日本又进入了两年一度的自民党总裁选举，接着，又忙于同年 10 月在东京举行的奥林匹克运动会的筹备工作。奥运会开幕以后，又由于池田勇人首相因喉癌宣布引退，执政的自民党重新面临后继总裁及首相选举问题等，致使已处于瓜熟蒂落状态的日韩会谈终未能在池田勇人内阁任内得到最终解决。

池田勇人内阁与朴正熙军事政权的第六次日韩会谈，因受日韩两国政局的动荡及变化等因素的影响，未能最终实现日韩邦交正常化。但是，恰恰是在第六次日韩会谈中，日韩分别在双方最为关心的"韩国对日请求权问题"及"渔业及'李承晚（和平）线'问题"上达成了原则性协议。而且，在其他悬案问题上的会谈也有了相当的深入。这些为佐藤荣作上台以后迅速实现日韩邦交正常化奠定了基础。

---

① ［日］《朝日新闻》1964 年 6 月 3 日。

第九章　佐藤荣作内阁与朴正熙政权的第七次
日韩会谈及日韩条约的签订

第一节　20世纪60年代中期东亚形势与
佐藤荣作内阁的对韩政策

一、20世纪60年代中期东亚形势的变化

20世纪60年代中期，东亚地区国际形势发生了重大变化。首先，1964年8月2日，北部湾事件①之后，美国正式介入越南内战，投入了大量的人力和物力，致使越南战争不断升级和扩大。越南战争的扩大又进一步恶化了中美关系，中美在亚洲的对抗加剧。

其次，20世纪60年代中期，新中国的国际地位有了进一步的提高。1964年1月27日，中国与法国建立了外交关系；同年10月16日，中国又成功地试爆了第一颗原子弹。这两件事对当时的国际关系都产生了深刻的影响。

越南战争的升级和扩大、中美关系的进一步恶化、新中国国际影响力的增强，使美国深感不安。为加强美国的环太平洋战略链条，此时美国更加迫切希望日韩尽快实现邦交正常化。美国希望经济实力进一步膨胀的日本，承担一部分以前美国在东亚地区承担的"义务"和"责任"，"援助"东亚各国，以"确保亚洲自由阵营的安全，建立经济合作基础上的〔反

---

① 北部湾事件：1964年8月2日，美国驱逐舰麦道克斯号（Maddox [DD731]）闯入北部湾，遭到越南民主共和国舰艇的炮击。美国以此为借口，8月5日出动飞机轰炸北部湾的越南民主共和国的海军基地和石油储藏库。该事件成为美国卷入越南战争的导火线。

共〕'软屏障'。"①

　　1964 年 8 月 17 日，刚刚到任不久的驻韩美国大使布朗（Winthrop G. Brown），在会见韩国外务部长官李东元时表示"美国将尽可能支持日韩两国早日解决两国之间存在的悬案"；"实现日韩邦交正常化以后美国将继续加强对韩国的紧急军事援助，"② 布朗希望尽快使日韩会谈达成妥协，"为自由世界做出贡献。"③

　　同年 8 月 29 日，美国又派担任远东问题的助理国务卿班迪（William P. Bundy）到日本，催促日本当局尽快实现日韩邦交正常化。班迪在东京进行的题为"东亚的进步与课题——美国的见解"的讲演中称："我们相信韩国的安全对日本的安全来说也是绝对必要的条件。……我们把加快韩国的经济开发，提高其福利，作为不只是为了确保韩国，而且也是为了确保日本及美国安全的安全保障政策的一环来继续加以重视。其他国家的安全对我们各自的安全产生重大的影响，这一点在日本与韩国的关系中表现得特别明显。作为大国的日本负有解决与背负沉重负担而正难于喘息的、弱小邻国之间悬案的特殊责任。韩国是防御威胁远东和平的侵略势力的要塞，日本的态度与韩国国民能否维持独立、能否实现经济繁荣密切相关。这两个伟大的国家实现邦交正常化，将会是对亚洲和平这一大局的重大贡献。"④

　　1964 年 10 月 1 日，班迪又顺路访问韩国，与李东元外长举行会谈，并于 3 日发表了共同声明，称"韩日两国邦交正常化，将对亚洲的和平做出重大的贡献"，班迪还"希望韩国的舆论能够站在超党派的立场上认识到在这个问题上的国家利益"，"在尽快的时日内重开邦交正常化的交涉"，并再一次表示"为使韩日之间的悬案问题成功达成妥协，美国有意以适当的方式加以支持"。⑤ 韩美还"达成了以明年春季达成妥协为目标，尽早恢复日韩会

---

　　①　［日］山本刚士著《战后日本外交史（Ⅵ）——南北问题与日本》，三省堂 1984 年版，第 36 页。

　　②　［日］鹿岛和平研究所编，吉泽清次郎监修《日本外交史（28）·媾和后的外交（Ⅰ）·对列国关系（上）》，鹿岛研究所出版会 1973 年版，第 123 页。

　　③　［日］《朝日新闻》1964 年 8 月 18 日。

　　④　［日］石丸和人、松本博一、山本刚士著《战后日本外交史（Ⅱ）——开始起步的日本外交》，三省堂 1983 年版，第 335—336 页。

　　⑤　前引鹿岛和平研究所编，吉泽清次郎监修《日本外交史（28）·媾和后的外交（Ⅰ）·对列国关系（上）》，第 123 页。

谈的一致意见。"①

　　对 20 世纪 60 年代中期中国国际影响力的增强，韩国同美国一样表示了深深的不安。因为，韩国估计到，随着中国国际影响力的增强，就会出现"北朝鲜的国际地位和国际影响力也会相应地得到提高的倾向。"② 因此，韩国也极希望尽快实现韩日邦交正常化，借此解决经济开发急需的"资金难"问题的同时，提高韩国的国际地位与影响力。

二、佐藤荣作内阁（1964.11.9—1972.7.6）的积极对韩政策

　　池田勇人内阁时期的第一次经济高速增长之后，20 世纪 60 年代中期，日本出现了经济波动。从 1964 年到 1965 年 10 月，日本经济出现了"宏观景气，微观萧条"的局面，大批企业因经营困难而倒闭。据 1964 年 12 月 29 日东京商工兴信所发表的资料，1964 年，资金 1000 万日元以上的企业破产达 4212 家，出现空头支票 111730 张，创造了自第二次世界大战以来的最高纪录。③ 进入 1965 年以后危机进一步发展。3 月，山阳特种钢会社因负债 500 亿日元而宣告倒闭，接着日本特殊钢会社也倒闭。不仅如此，自日本经济开始恢复以来一直看好的证券市场也出现了动荡。5 月，日本四大证券公司之一的山一证券，也因负债 100 亿日元面临经营危机。面对进一步低迷的经济状况，日本垄断资本迫切希望尽快摆脱危机，财界对政府施加了巨大的压力。④ 财界的这种压力，对日本垄断资本所关注的日韩会谈的进展也产生了积极影响。

　　另外，已实现经济高速增长的日本，也开始从安全保障战略及商品、资本市场的角度看待日韩邦交正常化问题，并积极寻求尽快解决日韩悬案的途径。

　　1964 年 11 月 9 日，继池田勇人之后佐藤荣作上台执政，成为第二次世界大战后日本的第 10 任首相。佐藤荣作是在自民党内及日本政界对日韩会

　　① ［日］高崎宗司著《检证·日韩会谈》，岩波书店 1996 年版，第 158 页。
　　② ［日］T.N.：《关于日韩交涉的经纬》，《调查月报》1965 年 7 月号。
　　③ ［日］户川猪佐武著《昭和宰相·第 6 卷·佐藤荣作与高速增长》，讲谈社 1982 年版，第 140 页。
　　④ ［日］《朝日新闻》1965 年 8 月 18 日。

谈持积极态度的实力人物岸信介的胞弟，对日韩会谈，同岸信介一样抱有积极的态度。

佐藤荣作上台以后继承前内阁的积极的对韩政策，对日韩会谈也表现出了相当积极的姿态。佐藤荣作上台以后，在第 2 天（11 月 10 日）举行的记者招待会上就称："日韩交涉已达十年之久，〔人们〕都在问做些什么？其实是在不断缩小双方主张的差距，我想现在正是做最后工作的时候。"① "别的事情办得再好，如果不解决日韩问题……，仍然会受到批评。"② 接着，佐藤荣作在国会的施政演说中再一次强调称，"尽快使日韩会谈达成妥协是当前〔内阁〕面临的首要使命"，③ 表现出了尽快使日韩会谈达成协议的决心。

为使日韩会谈尽快达成妥协，佐藤荣作上台后基本上沿用了第三次池田勇人内阁的原班人马。此举虽有"延续池田路线"的意味，但更为重要的是，因为，此班人马是池田勇人为完成日韩会谈而精心准备的人选。第一次佐藤荣作内阁外相继续由主张"经济外交"、"善邻外交"，并对日韩会谈持积极态度的岸信介的好友椎名悦三郎留任，也同样对日韩会谈持积极态度的田中角荣留任藏相。待佐藤荣作内阁的人事安排已定，日韩双方就开始为重开会谈采取了积极行动。首先，韩国新任外长李东元以友好访问的名义向椎名悦三郎外相发出了访韩邀请。对此，1964 年 11 月 13 日，佐藤荣作内阁外相椎名悦三郎表示："希望明年尽快对韩国进行友好访问。首相也已对此表示了赞同。""自小坂善太郎外相访韩以来，日方表现出如此强烈的欲望"，这"还是第一次"。④ 但其真正用意在于政治解决日韩会谈中的悬案问题。

在此之前，韩国政府总理丁一权还拜托访韩的大野伴睦派众议员中川一郎，请求自民党内的非主流派河野一郎建设相，代替已故大野伴睦副总裁，作"对日韩会谈持消极态度的〔自民〕党内人士"的工作。河野一郎与首相佐藤荣作协商后，决定由河野一郎承担日韩会谈"舞台背后"协调

---

① 前引石丸和人、松本博一、山本刚士著《战后日本外交史（Ⅱ）——开始起步的日本外交》，第 358 页。

② 〔日〕朝日新闻社编《资料·日本与中国 45—71》，朝日新闻社出版 1972 年版，第 66 页。

③ 〔日〕入江通雅著《战后日本外交史（增补版）》，嵯峨野书院 1983 年版，第 104 页。

④ 〔日〕《重开日韩会谈的背景》，《世界》1965 年 2 月号。

的工作。①

三、朴正熙军事政权积极准备重开日韩会谈

1964 年 6 月 3 日，朴正熙政权以宣布特别戒严令的方式镇压了国内反对韩日会谈、反对军事独裁政权的政治运动。这次特别戒严令一直到 7 月 29 日才予以解除。解除特别戒严令以后，韩国政府为重开韩日会谈极力谋求国民的理解和合作。

1964 年 6 月 26 日，朴正熙总统在国会发表的收拾时局的国情咨文中表示："在韩日问题上希望执政党和在野党成为一体推进超党派〔外交〕。"②为了推进超党派外交，韩国政府进行了人事调整。1964 年 7 月 25 日，原"国家重建最高会议"议长秘书室秘书长李东元被任命为外务部长官。朴正熙对李东元说："今后如果把外交搞好了，资本、技术、国际信誉等就都可以得到。"③ 李东元上任以后，9 月 9 日，首先恢复了自"5·16 军事政变"以来一直处于停止运行状态的"外交咨询委员会"的活动，9 月 24 日，委托高丽大学总长（即校长——笔者）俞镇午、首尔大学总长申泰焕、梨花女子大学理事长金活兰、前大法官金甲洙、国际形势研究所所长严尧燮、韩国新闻研究所所长洪钟仁、韩国经济人协会会长金容完等社会名流召开了第一次"外交咨询委员会"的会议。接着，担任三年韩国驻日代表部大使和韩日会谈首席代表的裴义焕被调离，改任韩国驻阿根廷大使，由原韩国外务部次官、时任贸易振兴公社社长的金东祚接替裴义焕担任了韩国驻日代表部大使。金东祚是从一开始就参与韩日会谈的、韩国老牌的职业外交官。重新起用金东祚，在某种程度上也反映了韩国朴正熙政权要使韩日会谈达成最终妥协的强烈的欲望。

进入 1964 年秋季以后韩国政坛也发生了微妙变化，在野党实现了力量重组。9 月 17 日，"民主党"和"国民党"合并成立了民主党，11 月 25 日，"民政党"和"自由民主"合并成立了民政党。韩国政坛的反对势力在

---

① 〔日〕岛元谦郎《日韩交涉秘话（上）》，《读卖新闻》1992 年 1 月 14 日夕刊登载。

② 前引鹿岛和平研究所编，吉泽清次郎监修《日本外交史（28）·媾和后的外交（Ⅰ）·对列国关系（上）》，第 122 页。

③ 〔韩〕《中央日报》1985 年 6 月 18 日，《采访李东元》。

集结。

为了争取在野党的合作，1964 年 10 月末，民主共和党议长李孝祥在韩国国会内部尽量网络各界人士，试图围绕韩日问题、南北朝鲜统一问题、经济外交问题等建立朝野一体的协商体制。同年 11 月中旬，外务部长官李东元和韩国驻日大使金东祚相继拜会韩国民政党代表最高委员尹潽善、民主党总裁朴顺天、自民党代表最高委员金度演等，呼吁在韩日邦交正常化问题上进行超党派合作，但是在野党方面不愿意同执政党一起为朴正熙政权的韩日妥协案承担责任，因而，拒绝了执政党方面的朝野一体推进韩日邦交正常化的呼吁。

不仅如此，韩国国内要求继续加强对侵犯"和平（李承晚）线"的日本渔船进行缉拿的呼声也此起彼伏。在 1964 年 9 月份举行的"外务委员会"国政审查中，就有人指出：1 至 9 月份"尽管侵犯'和平（李承晚）线'的日本渔船达 2853 艘，但是被缉拿的仅有 8 艘，而且还释放了其中的 4 艘"。因此，"外务委员会"要求政府采取适当的措施。迫于国内的上述压力，1964 年 9 月 18 日，韩国内务部长官杨灿宇宣布："缉拿所有侵犯'和平（李承晚）线'的日本渔船。"[①] 但是，这时韩国济州岛东部海域附近渔场上的日本渔船秋季围网捕鱼作业已接近尾声。因此，该缉拿令的实际作用已大打折扣。

1964 年 10 月以后，韩国方面采取措施为重开日韩会谈作准备。同年 11 月 9 日，日本成立了佐藤荣作内阁。韩国方面通过新任外长李东元不失时机地，向佐藤荣作内阁的外相椎名悦三郎发出了以友好访问的名义访问韩国的邀请。对此，1964 年 11 月 13 日，椎名悦三郎表示："希望明年尽快对韩国进行友好访问。首相也已对此表示了赞同。"[②] 虽说是"友好访问"，但其真正用意在于政治解决日韩会谈中的悬案问题。另外，韩国新外相之所以一反过去不去访日，反而邀请日本外相访韩，是因为考虑到有必要克服韩国国民"对日本的劣等意识和被害意识"。[③] 对此，日方则好像事先早已预料到了似的欣然接受了访韩邀请。

---

① 前引鹿岛和平研究所编，吉泽清次郎监修《日本外交史（28）·媾和后的外交（Ⅰ）·对列国关系（上）》，第 122 页。

② 前引石丸和人、松本博一、山本刚士著《战后日本外交史（Ⅱ）—开始起步的日本外交》，第 358 页。

③ ［韩］李东元著《思念总统》，高丽苑 1992 年版，第 188 页。

　　与之同时，为重开日韩会谈创造良好的氛围，1964 年 11 月 21 日，韩国外长李东元表示，正在考虑释放被扣留的日本渔船及渔民。11 月 25 日，日方则决定批准向韩国出口渔船。同一天，驻日代表部新任大使金东祚与椎名悦三郎外相举行会谈，决定同年 12 月 3 日重开日韩会谈。

第二节　第七次日韩会谈与两国之间各项悬案问题的相继解决

一、第七次日韩会谈（1964.12.3—1965.6.22）

　　1964 年 12 月 3 日，第七次日韩会谈如期在东京举行。日方首席代表依然是第六次日韩会谈时期的首席代表杉道助。但是杉道助因感冒缺席会谈，不久 12 月 14 日病逝。因此，外务审议官牛场信彦暂时代理了首席代表的职权。1965 年 1 月 7 日，日本政府重新任命三菱电机咨询员、三菱经济研究所理事长、“经团联”经济合作委员长高杉晋一为日韩会谈首席代表。

　　高杉晋一是主张“日本人应该以东洋芬芳的精神文化纠正美国周边的惟物质主义”，[①]　“非常同情与北朝鲜的共产主义相抗衡的韩国”的人物，是“屈指可数的日韩尽快妥协论者”。他公开批评池田勇人首相称：“好像连日韩问题都没有解决，那就没有资格谈论亚洲外交。”[②]　佐藤荣作之所以任命高杉晋一为日韩会谈首席代表是因为有岸信介的“强有力的推举”[③]　和号称“财界亲韩派的巨头”的植村甲午郎极力推荐[④]的缘故。

　　此外，参加第七次日韩会谈的日方代表还有，副席代表外务审议官牛场信彦和代表，法务省民事局局长平贺健太、法务省入管局局长八木正南、外务省亚洲局局长后宫虎郎、外务省经济合作局局长西山昭、外务省条约局局长藤崎万里、外务省文化事业部部长针谷正之、外务参事官广濑达夫、大藏省理财局局长吉冈英一、文物保护委员会事务局局长宫地茂、农林省水产厅

---

　　①　［日］高杉晋一、中谷武世《谈 EEC、OAEC 及其禅——共同体哲学、五轮思想、光明自我们开始》，《民族与政治》1961 年 4 月号。

　　②　［日］《朝日新闻》1965 年 1 月 7 日。

　　③　［日］Y《难以达成妥协的日韩会谈——朴正熙政权的“稳定性”存在问题》，《经济学家（Economist）》1965 年 2 月 2 日号。

　　④　［日］关忠果《高杉晋一论》，《人物评论》1970 年 6 月号。

次长和田正明等。

参加第七次日韩会谈的韩方首席代表是驻日代表部代表金东祚。此外参加会谈的代表还有，驻日代表部公使方熙、外务部企划管理室室长文哲淳、外务部亚洲局局长延河龟、驻日代表部参事官李圭星、法务部法务局局长李垌镐、农林部水产局局长李凤来、农林水产局国立水产振兴院院长金命年等。①

会谈开始时，由于日方首席代表杉道助因病缺席，所以由牛场信彦副席与後宫虎郎代表日方，同韩方首席代表金东祚举行会谈，双方达成了"首先解决基本关系问题、在日韩国［朝鲜］人法律地位问题和渔业问题 3 个问题"的谅解。② 日韩会谈进入了分别签署条约和协定，解决各项悬案的最后阶段。③

1964 年 12 月 7 日开始，日韩举行了"渔业及'李承晚（和平）线'问题委员会"和"在日韩国［朝鲜］人法律地位问题委员会"的会谈，8 日，"日韩基本关系委员会"上的会谈也得以开始。从 12 月 7 日到 17 日，"渔业及'李承晚（和平）线'问题委员会"中的会谈，虽然举行了 5 轮，但未见明显的进展。

在在日韩国［朝鲜］人"法律地位问题委员会"的会谈中，双方的争论主要集中在，在日韩国［朝鲜］人回国时，所携带的财产是否应加以限制的问题上。

1964 年 12 月 8 日，开始日韩举行了首轮日韩"基本关系委员会"上的会谈。在日韩"基本关系委员会"上的会谈中，特别强调首先清算过去的韩方，坚决要求把有关韩日之间的旧条约无效的条款写进规定两国之间基本关系的文件中。在韩方的坚持下，日方同意把有关日韩之间的旧条约无效的条款写进文件，但在条约何时失效的问题上双方产生了意见分歧。另外，在韩国政府是否能够代表 38 度线以北地区的问题上双方也出现了意见的对立。

1964 年 12 月 21 日举行的日韩第 2 轮正式会议上的会谈中，双方决定休会，今年内不再举行会谈。

---

① ［日］鹿岛和平研究所编，吉泽清次郎监修《日本外交史（28）·媾和后的外交（Ⅰ）·对列国关系（上）》，第 124 页；［韩］大韩民国政府编《韩日会谈白书（非卖品）》，1965 年，第 153—164 页。

② ［韩］亚细亚问题研究所日本研究室编《亚细亚问题研究所日本研究丛书①·韩日关系资料集》（第一辑），高丽大学出版部 1976 年版，第 149 页。

③ ［韩］《世界日报》1985 年 6 月 21 日。

进入 1965 年以后，日韩首脑纷纷表示尽快使日韩会谈达成妥协。1965 年 1 月 12 日，日本首相佐藤荣作访美，同美国总统约翰逊（Lyndon B. Johnson）进行会谈，表示尽快使日韩会谈达成妥协。佐藤荣作的上述积极表态的背后也潜藏着通过分担美国在"自由世界的责任和义务"，接替美国向韩国提供援助来博取美国在冲绳归还问题上的让步的打算。① 1965 年 1 月 16 日，韩国朴正熙总统在年初的国情咨文中表示："从韩日两国的繁荣与安全保障的大局出发……在今年内〔使韩日会谈〕达成妥协。"② 1 月 25 日，日本佐藤荣作首相也在其施政方针演说中称："决心从大局出发，为使持续多年的日韩会谈尽快达成妥协，倾注最大的努力。"③

1965 年 1 月，在伦敦和巴黎，丁一权总理在访欧途中与正在欧洲访问的日本前首相岸信介就韩日关系问题举行了会谈。丁一权吁请岸信介为使韩日会谈尽快达成妥协给予积极的协助。之后 2 月 6 日，韩国丁一权总理又访日与佐藤荣作首相举行会谈，双方在尽快使日韩会谈达成妥协方面达成了一致的意见。

1965 年 1 月 18 日，第七次日韩会谈经年末的短暂休会之后又复会。在 1 月 18 日召开的第 3 轮正式会议上的会谈席上，韩国首席代表金东祚开头就称："决心不拘泥于对过去的感情……在平等互惠的基础上建立新的〔两国〕关系，使不幸的乙巳年变成光荣的乙巳年。"④

由于第六次日韩会谈时，双方已在最大的悬案——请求权问题与渔业及"和平（李承晚）线"问题上达成了原则性的协议，加上日韩双方都希望尽快使会谈达成妥协，因此，第七次日韩会谈时两国间的意见调整也变得相对容易一些了。这样，第七次日韩会谈实际上成了，以迄今为止在历届会谈中达成的协议及讨论过的有关事项为基础，为多年的日韩会谈最终画上圆满句号的会谈。

进入 1965 年后日韩会谈采取了在正式会议上的会谈中尽量调整双方意

① 前引高崎宗司著《检证·日韩会谈》，第 163 页。

② 〔韩〕《东亚日报》1965 年 1 月 16 日。

③ 〔日〕《朝日新闻》1965 年 1 月 25 日。

④ 〔日〕《朝日新闻》1965 年 1 月 18 日。关于"乙巳年"：1905 年 11 月 7 日，日本迫使大韩帝国（朝鲜）签订《乙巳保护条约》，在朝鲜设立统监府，朝鲜沦为事实上的日本殖民地。因此，很多韩国人认为"乙巳年"是一个不祥之年，故韩国人把不好的天气喻为"像乙巳年的天气"等。1965 年又是一个乙巳年，故有"不幸乙巳"与"光荣乙巳"之说。

见，在正式会议上的会谈中难以解决的问题，再拿到高层会谈中加以政治解决；然后，以此为基础又在正式会议上的会谈中重新进行各自的意见调整的会谈方式。日韩会谈开始进入了快车道。

正当日韩会谈按预期的设想顺利向前推进的时候，1965 年 1 月 10 日，日本共产党的机关报——《赤旗》报披露了被韩方首席代表金东祚喻为"百万吨级的妄言"① 的"高杉晋一的发言"问题。据《赤旗》报的披露，日韩会谈复会前夕的 1965 年 1 月 7 日，已指定为日韩会谈首席代表的高杉晋一，在日本外务省记者俱乐部（霞关俱乐部）会见记者时性情所致口出妄言，称："日韩问题已到了最后关头，（中略）……。有人说日本应该为过去对朝鲜的［殖民］统治表示道歉，但是日本也不是无话可说。日本确实统治了朝鲜，但是我国是想做好事。据说现在韩国的山上一棵树也没有，这是因为朝鲜脱离日本的结果。……如果再跟日本打交道 20 年，就不会变成现在这个样子吧。""要求日本道歉之说，并不妥当。日本是在朝鲜留下工厂、房屋、山林回来的。创氏改名也是出于好意。是为同化朝鲜人，使其受到同日本人一样的处置和待遇，不存在能够称之为剥削或压迫的实事。"② 高杉晋一的上述发言，立刻引起日本外务省的注意，被列为禁止报道（off the record）的对象，但是被日本共产党的机关报所揭穿。韩方首席代表金东祚获悉这个消息以后立刻感到事态的严重性，认为如果这个消息传到韩国，"必然招致韩日会谈再往后推迟数年"。因此，急忙授意日方副席代表牛场信彦，让高杉晋一"矢口否认曾经做过那样的发言。"③ 金东祚后来在其回忆录中称：之所以私自做出了这样的决定是因为，当时金东祚判断"尽快实现韩日邦交正常化更符合我们的国家利益。"④ 急于使会谈达成妥协的日韩双方，一方面联手尽量封杀各自的媒体舆论，防止"妄言"的影响进一步扩大的同时，在另一方面，又通过污蔑上述报道是"共产党的阴谋，是捏造的内容"⑤ 来逃避社会舆论和反对派的追究，高杉晋一本人也在各种场合极力否认存在上述事实，结果"高杉晋一的发言"问题并未对此后的日韩会谈产生致命的

---

① ［韩］金东祚著《回想三十年——韩日会谈》，中央日报社 1986 年版，第 270 页。

② 《高杉晋一的发言》，［日］《赤旗》1965 年 1 月 21 日，另见，前引金东祚著《回想三十年——韩日会谈》，第 269—270 页。

③ 前引金东祚著《回想三十年——韩日会谈》，第 279—281 页。

④ 同上书，第 271 页。

⑤ 前引高崎宗司著《检证·日韩会谈》，第 162 页。

影响。

二、日韩草签"基本关系条约"

在日韩之间的各项悬案问题中，第一个达成妥协、草签协议的是基本关系问题。基本关系问题是在日本历届谈判中双方交换意见相对比较充分的问题，而且日韩双方都一致认为两国应当建立正常的外交关系。

1964 年 12 月 7 日，第七次日韩会谈一开始日韩双方就达成了"首先解决基本关系问题、在日韩国〔朝鲜〕人法律地位问题和渔业问题"的谅解，并于 12 月 8 日举行了"基本关系委员会"的会谈。经年末的短暂休会之后，随着 1965 年 1 月 18 日，第七次日韩会谈的重新复会，从 1 月 26 日开始"基本关系委员会"的会谈也得以继续举行。在 1 月 26 日的会谈中，双方各自提出了有关基本关系问题的"具体方案"。在 2 月 5 日举行的会谈中，日韩双方主要针对双方方案中的表述问题进行了质疑和提问。2 月 8 日举行的会谈中，双方在综合上述质疑和提问的基础上提出了各自的"综合方案"。

在上述基本关系问题的会谈中，日韩双方意见的主要对立集中在三点，一是，日韩之间的旧条约的失效问题；二是，韩国政府的"唯一合法"性和管辖范围问题；三是，基本关系问题的最终文件形式问题。在日韩之间的旧条约的失效问题上，韩国主张，"日韩合并条约"等旧条约是违反当时韩国国民意志的，是日本用武力胁迫签订的。因此，认为一开始就无效。而日本并不这样认为。日本认为旧条约原来是合法的、有效的，只因二战后韩国脱离日本独立，才失去了拘束力和实际意义。因此，主张"自旧金山对日媾和条约生效以后开始无效"。在韩国政府的"唯一合法性"问题上，韩方认为韩国是"韩半岛（'韩半岛'即指朝鲜半岛——笔者）"上的唯一合法政权，因此，认为日韩之间签署的有关规范两国之间基本关系的文件，也应适用于整个"韩半岛"。考虑到朝鲜半岛北部事实上存在的朝鲜民主主义人民共和国政权和未来日朝关系问题的日本，对韩方的主张采取了有所保留的态度。日本只想承认韩国政府是在北纬 38 度以南地区行使有效管辖权的政权。关于基本关系问题的最终文件形式，韩方主张采取"条约的形式"。日方则以批准上的困难等为理由，主张采取"共同宣言的形式"，但其本意是，考虑到今后同朝鲜的关系，试图为今后日本的朝鲜半岛政策留下更大的回旋余地。

2 月 12 日举行的会谈中，日方提出了"最终方案"。在"最终方案"

中，日方改变以往主张的基本关系问题的最终文件采取"共同宣言形式"的主张，接受了主张采取"条约形式"的韩方的意见。剩下的日韩之间的旧条约的失效问题与韩国政府的"唯一合法性"及管辖范围问题，由于在"基本关系委员会"上无法达成妥协，经双方协商同意把这些问题上交到即将举行的椎名悦三郎—李东元两外相会谈中最终加以解决。日韩"基本关系委员会"上的会谈就此全部结束。

1965 年 2 月 17 日，椎名悦三郎外相访韩。椎名悦三郎是一个认为日本的侵略战争是"圣战"，"自明治维新以来，日本为了在强大的西欧帝国主义虎口中保卫亚洲、保卫日本的独立，经营了台湾、合并了朝鲜，并在满洲寄托了五族共和理想，如果说这就是日本帝国主义，那么它是光荣的帝国主义"的人。① 但是，就是这样一个椎名悦三郎，在日韩关系史上第一次对朝鲜的殖民统治表示了"遗憾"和"深刻的反省"。1965 年 2 月 17 日，椎名悦三郎到达韩国金浦机场后，面对在机场迎候他的人群发表声明称："在两国之间的长期交往历史中，曾经有过不幸的时期，这是件非常遗憾的事情，对此表示深刻的反省。"② 日本外相对日本过去对朝鲜的殖民统治明确表示反省，这在战后日韩关系史上还是第一次。对椎名悦三郎外相的这次"反省"，后来前田利一回忆到：考虑到现场紧张空气，椎名悦三郎外相在"宣读声明时，改读声明内容，并当场自己拿笔把'……存在过不幸的时期，对此感到非常遗憾，并就对此表示深刻的反省'的词句加进了声明"③。尽管如此，椎名悦三郎的"反省"，"对平复韩国国民的反日感情方面发挥了很大的作用"④。

椎名悦三郎外相访韩期间，拜会朴正熙总统，然后与李东元外长举行会谈，着重解决基本关系会谈中遗留下来的难题。1965 年 2 月 18 日下午和 19日，日韩举行了两次外相会谈。在第一次外相会谈中双方争论的焦点集中在韩国政府的"唯一合法性"及有效管辖范围问题和日韩之间旧条约的失效时间问题上。在日韩之间旧条约的失效问题上，韩方主张韩日之间的旧条约从一开始就无效的，而日方主张"自旧金山对日媾和条约生效以后才开始失

---

① ［日］椎名悦三郎著《童话与政治》，东洋政治经济研究所 1963 年版，第 58 页。

② 前引高崎宗司著《检证·日韩会谈》，第 165 页。

③ 《座谈会：曾经是险恶的韩国的对日态度——日韩恢复邦交前后》，［日］《现代高丽（Korea）》1985 年 5 月号。

④ ［日］《朝日新闻》1965 年 2 月 21 日。

效"。双方争论的结果，由韩方提议在条文中插入"业已［もはや］（alread-y）"的字句，从而使条约的行文变成旧条约"业已失去效力"来达成了妥协。

在韩国政权的"唯一合法性"及有效管辖范围问题上，日方只承认韩国政府对北纬38度线以南地区的有效管辖权，而韩方则主张韩国政府是"韩半岛的唯一合法政权"，要求取消日本"最终方案"中"联合国云云"的词句。在该问题上双方互不相让，争论激烈，双方的折中一直持续到了19日深夜。大概20日凌晨1点左右，由韩国外长李东元提议插入"联合国大会决议第195号3条所示之在朝鲜的唯一合法政府"而最终达成了妥协。①1965年2月20日下午2时，椎名悦三郎外相回国前夕，日韩终于草签了《日韩基本关系条约案》。在双方妥协的基础上草签的《日韩基本关系条约案》，在其第2条中规定："业已［もはや］（already）确认1910年8月22日以前缔结的旧条约无效"。日韩通过在条约行文中加入"业已［もはや］（already）"这样一个副词，从而回避了日韩之间的旧条约到底从何时开始失效的问题。《日韩基本关系条约案》在其第3条则又规定："确认韩国政府是联合国大会决议195号第3条所示之在朝鲜的唯一合法政府"。日韩通过条约行文中加入"联合国大会决议195号第3条"的规定，回避了韩国政府是否对整个朝鲜半岛拥有管辖权的问题。② 这些暧昧词句的插入，为日后日韩各自根据自己的需要解释条约埋下了伏笔。尽管如此，应当说日韩会谈还是向结束谈判的最终目标艰难地迈出了第一步。

1965年2月20日，日韩草签《日韩基本关系条约案》的同时，两国外相还发表了"共同声明"。"共同声明"称："李东元外务部长官对因过去两国之间存在的不幸关系而导致的韩国国民的对日感情进行了说明。椎名悦三郎外务大臣留意到李东元外务部长官的发言，并对过去的那种关系表达遗憾的同时，表示正在深刻反省。"在"共同声明"中两国外长还宣布：日韩两国将举行解决两国之间渔业问题的农相会谈和有关日韩贸易问题的会谈。③

---

① ［日］外务省亚洲局东北亚课《椎名外务大臣访韩与草签日韩基本关系条约》，［日］《国际周报》1965年3月2日号。

② ［日］外务省亚洲局东北亚课《椎名外务大臣访问韩国与日韩基本关系条约的草签》，《国际周报》1965年3月2日号。

③ ［韩］池铁根著《和平线》，汎友社1979年版，第457—458页。

三、第二次日韩农相会谈与日韩草签有关渔业问题的协议事项

根据 1965 年 2 月 20 日的日韩外相共同声明，3 月 3 日开始，在日本东京举行了日本农林水产相赤城宗德与韩国农林部长官车均禧之间的日韩渔业问题的会谈。这次会谈被称之为"第二次日韩农相会谈"。该会谈一直持续到 4 月 3 日整整一个月，共举行了 10 次正式会谈和数次非正式会谈。[①] 在第二次日韩农相会谈期间，第七次日韩会谈"渔业及'李承晚（和平）线'问题委员会"上的会谈主要围绕日韩农相会谈中正在进行协商的问题和日韩农相会谈中委托的事项进行了交涉。日韩渔业问题的会谈如同"一场场白刃战"，"每一次会谈往往都超过 10 个小时以上，双方都各执己见互不相让"。日韩渔业问题的会谈成了"在整个日韩交涉过程中感情对立最严重"的一场艰难谈判。[②]

1965 年 3 月 3 日，日韩农相会谈中，韩国农林部长官车均禧开头就称："为人类的共同利益对渔业资源进行保护是最近的国际惯例和发展趋势。希望在会谈中能够充分考虑到上述国际惯例和发展趋势，并在此基础上对渔业活动进行管制，希望本次会谈能够成为两国渔民相互合作走向繁荣的会谈。"对此，日本农林水产大臣赤城宗德却回应称："痛感两国关系的改善取决于渔业问题的解决，为此深感责任重大。日本方面以确实保障符合日本渔业实情的捕捞作业为前提，并且充分考虑韩国渔业的实际情况，为此，不惜为韩国渔业发展提供合作。"[③] 不难看出，在会谈中韩国方面把重点放在了"鱼类保护"和"渔业活动的管制"方面，而日方则把重点放在了日本"渔船的安全作业"和"作业范围的扩大"方面。第二次日韩农相会谈开始以后，日方率先提出了在农相会谈中需要加以解决的四大问题，即"①有关沿岸基线的划分问题；②为保护渔业资源采取共同管制措施相关的问题；③有关渔业合作的问题；④其他相关问题"。[④] 对此，韩方也同意就上述日方提出的四个问题进行会谈。

会谈一开始，韩方就指出："在一些日本人中似乎'存在草签日韩基本

---

① 前引金东祚著《回想三十年——韩日会谈》，第 281 页。
② 同上。
③ 前引池铁根著《和平线》，第 459 页。
④ 同上书，第 460 页。

条约时既然日本做出了让步，那么在渔业问题上该韩国做出一些让步'的想法，但是在渔业问题上与其说韩国是加害者，还莫如说韩国是受害者。"韩方还"对日本殖民统治时期日本人霸占朝鲜近代化渔业行径和现如今又在日本海上保安厅的保护下越过渔业禁止水域进行捕捞作业的行为进行了谴责"。韩方还称："不仅如此，日方还以韩国方面为保护渔业资源而设置的'和平（李承晚）线'属于非法为由，禁止用现金购买的日本制造的渔船出口韩国，禁止进口韩国生产的海苔等做法是一种'实力外交'的行为，难免也要受到谴责。"韩方希望"日方放弃上述做法，基于平等互惠的精神在相互合作和协商的基础上使会谈达成妥协"。①

在会谈中，对"沿岸基线的划分问题"：韩方认为"如何划基线的问题，归根结底是属于沿岸国家主权范围的问题"，"韩方并不想为了〔同日本〕缔结协定，就这一问题提出正式议案同日本进行协商"。对此，日方认为"有关济州岛东西部的基线问题，虽然属于主权国家的权利，但是在〔两国的〕相关水域，双方进行协商是国际通例"，希望对此继续进行讨论和折中。

对"为保护渔业资源采取共同管制措施的问题"：日方主张"渔业捕捞量的管制应以出渔的船舶数量为基准"，韩方则主张"渔业捕捞量的管制归根结底应以吨数为基准"，主张把日本渔船在共同管制海域的年捕捞量限制在 14 万吨。需要说明的是，据当时日本《朝日新闻》报道，日本在共同管制海域的年捕捞量达 25 万吨。② 韩方称："如果按照日方的主张，以出渔的船舶数量为基准进行管制的话，那么很难掌握具体捕捞的数量。不仅如此，鉴于日本渔船优良性能，至少直到韩国渔船的性能达到和日本渔船相同的水准为止，要以吨数为基准〔管制捕捞量〕。"对此，日方称："日本方面已经批准了相应数量的渔船，因此，不能以吨数为基准进行管制。"

对"渔业合作问题"，韩方要求日方提供"至少 1 亿美元以上的渔业合作资金，并满足韩国希望的条件和配件供应"，否则认为会谈难以达成妥协。韩国方面还要求日方提供的渔业"合作资金，要比提供给其他外国的贷款优惠"。在"渔业合作问题"上，日方"并没有明确提示合作资金数量，只是暗示大概是 7000 万美元左右"。③

由于日韩双方的分歧较大，在会谈中双方为了进一步明确自己的主张，

---

① 前引池铁根著《和平线》，第 460 页。
② ［日］《朝日新闻》1964 年 3 月 2 日。
③ 前引池铁根著《和平线》，第 460—461 页。

日方提出了"关于渔业捕捞量的日方考察",再一次明确了要以出渔船舶数量为基准,管制渔业捕捞量的基本立场;韩方则提出了"关于渔业合作的提案",再一次重申了"至少提供 1 亿美元以上的渔业合作资金,所提供的合作资金,要比提供给其他外国的贷款优惠"的基本立场。①

为了缓和双方会谈的紧张气氛,第七次日韩会谈韩方首席代表、韩国驻日代表部大使金东祚拜托日本政界的幕后人物矢次一夫,由他出面在东京赤坂的某饭馆招待日本众议院议长船田中、农相赤城宗德与韩国农林部长官车均禧、韩方首席代表金东祚,进行了幕后的斡旋。金东祚还通过其他途径同河野一郎、中曾根康弘等日本政界的实力人物进行接触,为使日韩渔业会谈最终达成妥协倾注了全力。②

通过日韩两国农相的积极会谈,通过第七次日韩会谈"渔业及'李承晚(和平)线'委员会"上日韩双方高级业务人员之间的积极折中和侧面协助,特别是通过 1965 年 3 月 23 日韩国李东元外长到达日本以后同日本椎名悦三郎外相的多次会谈和幕后折中,包括日韩渔业问题的交涉在内的整个日韩会谈出现了突破性进展。③ 截止到 3 月底,在"渔业合作资金问题"、"沿岸基线划分问题"、"专管海域问题"、"共同管制海域的设置问题"、"渔业捕捞量的限制问题"、"对渔船的司法管辖问题"上渐次达成了妥协。

在"渔业基线问题"上日韩双方达成的妥协是:除了济州岛东西部附近的海域以外,其他地方从沿海海岸的基线算起,12 海里以内的海域为韩国渔业专管海域。在如何管制渔业捕捞量问题上则达成了"不显著增加年捕捞量,捕捞量限制在目前水平上,并加以行政调解的方式解决"的妥协。

另外,双方还同意在韩国渔业专管海域以外设置共同管制海域,并同意制定临时措施,对出渔该海域的渔船数量的极限、渔船的规模、网眼的大小及所使用的聚鱼灯的亮度等进行管制。至于在共同管制海域中的最大限度的渔业捕捞量问题,双方则规定年总捕捞量为 15 万吨(可以上下浮动 10%)。对渔业专管海域以外的海面上对渔船进行管理和司法管辖的问题上,双方同意按"旗国主义原则"由船舶所悬挂之国旗国行使管理权和司法管辖权。④ 在渔业合作问题上,对韩方提出的 1 亿美元渔业合作资金要求,日方最终同

---

① 前引池铁根著《和平线》,第 462—463 页。
② 前引金东祚著《回想三十年——韩日会谈》,第 282—283 页。
③ 前引池铁根著《和平线》,第 464 页。
④ [日]《朝日新闻》1965 年 4 月 3 日,《赤城—车均禧两位农相共同声明》。

意提供 9000 万美元的渔业合作资金而达成了妥协。

在日韩农相会谈中，虽然达成了在渔业专管海域以外按"旗国主义原则"对渔船进行管理和管辖的原则性协议，但是此后韩方提出，对那些违反管制的渔船，为了保全它们违反管制的证据，在共同管制海域里相关国家至少要有对那些违反管制的渔船下达命令要求其停船接受检查的权利。对此，日方表示了坚决反对的态度。这个问题的争论一直持续到 4 月 2 日上午，最终以"对违反渔业管制的渔船，双方相互进行通报，由各自的监视船加以管制和处理"而达成了妥协。①

1965 年 4 月 3 日，日本农林渔业大臣赤城宗德与韩国农林部长官车均禧草签了有关渔业问题的协议事项，并发表了"共同宣言"。

四、日韩草签"请求权及经济合作协定"

1965 年 3 月 23 日韩国外长李东元到达日本时，在各项悬案问题上日韩之间的意见都有了相当的接近。② 李东元到达东京以后，从 3 月 24 日至 27 日，围绕日韩之间的在日韩国［朝鲜］人的法律地位问题、对日请求权与经济合作问题、贸易问题等各项悬案，每天一次同日本外相椎名悦三郎举行了外相会谈。韩国方面以外长李东元访日期间解决所有悬案为目标，推进了日韩会谈。③

由于在此前的大平正芳和金钟泌会谈中，日韩已经就请求权与经济合作的原则性问题达成了妥协，所以，进入 1965 年以后的"请求权委员会"上的会谈焦点集中到了民间经济合作资金的追加问题及在相关协定的有关条款中如何表述"请求权问题的解决（或放弃）"上。

在对日请求权和经济合作问题上原本确立要求日方提供"无偿 3 亿美元，有偿（海外经济合作基金）3 亿美元，民间借款 3 亿美元"④ 的原则立场的韩国，对金钟泌和大平正芳的会谈中达成的无偿 3 亿美元、有偿 2 亿美元、民间商业贷款 1 亿美元的会谈结果，心存不满。因此，要求日本增加民间经济合作资金，同时要求进一步降低有偿经济合作资金的利率。

① 前引金东祚著《回想三十年——韩日会谈》，第 290 页。
② 同上书，第 287 页。
③ 同上书，第 287—288 页。
④ 同上书，第 231 页。

　　为了让日方进一步增加向韩国提供的民间贷款的数额和降低有偿经济合作资金利率，即政府提供的长期低息贷款的利率，日韩会谈韩方首席代表金东祚多次直接与日本大藏大臣田中角荣进行交涉。韩方要求降低政府贷款利率，并把民间商业贷款增加到5亿美元。对此，虽然当时的日本大藏大臣田中角荣对韩方的要求表示了相当程度上的理解，但是韩方的要求遭到了日本大藏省事务级官僚的坚决反对。起初大藏省的事务级官僚们表示，韩方的要求一个都不能接受，但后来又退一步要求韩国方面要么选择降低利息，要么选择增加民间贷款额度，二者只能择其一。对此，田中角荣大藏大臣劝告韩方不要纠缠没多少钱的利息，多增加民间贷款。并且很随随便便地说，"借很多商业贷款以后，假如发生最坏的情况，你们失败了，不还贷款那我们不也没有办法嘛？要是我就选择多拿商业贷款"。①

　　事已至此，韩方请求权委员会的代表多数倾向于降低2亿美元政府贷款的利息，韩国政府也征求国内政府各经济部门的意见之后，训令韩日会谈代表团，以改善日本政府贷款利息为目标，同日方进一步进行交涉。

　　3月27日，椎名悦三郎外相和李东元外长举行的会谈中，韩方要求把大平正芳和金钟泌会谈中达成的日方民间贷款由1亿美元增加到5亿美元。对此，双方进行协商的结果，采取1亿美元加5亿美元再除以2的方法，以3亿美元达成了妥协。② 这样，在请求权和经济合作问题上，日韩双方最终达成了如下妥协。即，日方向韩方无偿提供3亿美元资金，分10年，每年以同等数额提供；日方以政府长期低息贷款的形式向韩方提供资金2亿美元，分10年，每年以同等数额提供，年利3.5％，包括7年的延期偿还期限在内20年内偿还；包括为渔业合作而提供的9000万美元民间商业贷款和为日本渔船的对韩出口而提供的3000万美元民间商业贷款在内，日方以一般民间商业贷款的形式向韩方提供3亿美元以上资金。

　　韩国在日本银行日韩贸易结算账户上的总额为4573万美元的对日贸易债务问题，经日韩双方协商达成了如下妥协。即韩国分10年，逐年均等偿还其贸易债务，日本直接从无偿提供给韩国的3亿美元资金中逐年直接扣除韩方的贸易债务。③

---

① 前引金东祚著《回想三十年——韩日会谈》，第289—290页。

② ［日］藤田义郎主编《记录·椎名悦三郎（下）》，椎名悦三郎追悼录刊行会1982年版，第84—85页。

③ ［日］《朝日新闻》1965年4月3日，《椎名悦三郎—李东元共同声明》。

对日方提出的"有关放弃请求权"的条款问题，一直到草签协定的 4 月3 日早晨，韩方"也没有做出任何表态"，以至于日本外相椎名悦三郎都做出了"事已至此，即使是取消草签也没有办法"的判断。当日方把外相椎名悦三郎的决定转告韩国时，韩国"这才同意"在相关协定中插入有关放弃财产请求权的条款。① 韩国同意在"请求权及经济合作纲要案"第 5 条中插入"有关协定签署时日韩两国及两国国民之间存在的财产以及两国及两国国民之间的有关请求权的问题，包括旧金山和约第 4 条规定的事项在内的〔所有与财产及请求权有关的问题〕，认为完全且最终获得了解决"② 的条文，从而日韩双方在最后时刻终于达成了妥协。4 月 3 日，日韩双方草签了"请求权问题的协定"。

五、日韩草签"在日韩国人法律地位的协定"和处理其他悬案问题

有关在日韩国〔朝鲜〕人的法律地位问题的会谈中，赋予永住权的在日韩国〔朝鲜〕人的范围成了双方交涉焦点。在赋予永住权的问题上，日方一开始主张"只对从第二次世界大战结束之前开始连续居住在日本的韩国〔朝鲜〕人及其子孙赋予永住权"。由于韩国方面的强烈反对，日方又把其范围进一步扩大到了"本协定生效后 5 年之内在日本出生的在日韩国〔朝鲜〕人"。对此韩方认为，在日韩国〔朝鲜〕人的后代由于从小生活在日本，他们的生活基础全部建立在日本社会，所以，更需要赋予他们永住权，在这种情况下反而弱化其子孙的法律地位的做法是违反常理的行为。因此，韩方主张对在日韩国〔朝鲜〕人"子子孙孙赋予永住权"。会谈结果，日方再次做出让步，最终同意在 25 年之内同韩国重新协商解决对有关协定生效 5 年以后出生的在日韩国〔朝鲜〕人子孙的永住权问题。③ 1991 年正是"在日韩国人法律地位协定"生效后的第 25 年，1990 年日韩两国举行会谈对相关协定生效 5 年以后出生的在日韩国〔朝鲜〕人后裔也赋予了永住权，从而解决了日韩之间的"1991 年问题"。

---

① ［日］後官虎郎："在日韩交涉中发挥出色决断力和领导力——追思外交家椎名悦三郎"，《世界周报》1979 年 11 月 6 日号。

② ［日］《朝日新闻》1965 年 4 月 3 日夕刊。

③ ［日］《朝日新闻》1965 年 4 月 3 日，《椎名悦三郎—李东元共同声明》。

　　另外，对在日韩国［朝鲜］人适用《出入国管理令》中强制遣送条款的问题上日韩双方也达成了妥协。韩方同意日方对"犯有涉及内乱、外患方面罪行的人"；"犯有涉及外交、邦交方面罪行的人"；"被判处 7 年以上徒刑或无期徒刑的人"；"犯有贩卖毒品罪的人及有习惯性犯罪的惯犯"适用强制遣送条款。① 就有关在日韩国［朝鲜］人的生活保障问题和教育问题，双方则达成了"给予和日本人同等的地位"的妥协。至于韩国方面提出的，允许在日韩国［朝鲜］人加入"国民健康保险"、"国民年金"，赋予民族学校的毕业生以升入日本学校的资格等问题，双方同意以后继续进行协商。② 这样，在在日韩国［朝鲜］人待遇和法律地位问题上，日韩也大体达成了妥协。对于日韩之间达成的上述妥协，日本主流媒体发表评论称："不仅连子子孙孙的永住权也得到了保障，而且还确保了那样广泛的内国民待遇，这样会不会将来在这个狭小的国土上孕育出离奇而难以解决的少数民族问题呢?!"③ 这反映了当时日本国内媒体和国民对在日韩国［朝鲜］人问题的普遍认识水平，反映了日本作为一个单一民族的岛屿国家的民族狭隘性。

　　4 月 3 日，日韩双方草签了"在日韩国人法律地位问题的协定"。

　　这样日韩双方在号称两国之间"三大悬案问题"的"财产及请求权"、"渔业及李承晚（和平）线"、"在日韩国［朝鲜］人法律地位"问题上均初步达成了妥协。

　　日韩之间的"三大悬案问题"得到解决以后，剩下的问题就是船舶问题和文物归还问题。自第一次日韩会谈中设置"船舶问题委员会"讨论船舶归还问题以来，韩国方面"累计向日方提出了 668 艘，总吨数达 82965 吨的船舶归还要求"。对此，日方进行调查的结果"只确认了 31 艘，总吨数达 7000 吨船舶"，至于剩下的部分，日方表示"虽然估计是朝鲜籍船舶，但是［二战结束］已过去 20 年的今天，这些船舶业已沉没、自然散架、报废或行踪不明，无法归还，也无法查明。"④ 在第七次日韩会谈中，在"财产与请求权问题"上日韩达成妥协，形成"大平正芳—金钟泌备忘录"以后，在旧朝鲜籍船舶的归还问题上日方主张，旧朝鲜籍船舶的归还

① ［韩］大韩民国政府编《韩日会谈白书》（非卖品），1965 年版，第 31 页。
② 前引高崎宗司著《检证·日韩会谈》，第 169 页。
③ ［日］《朝日新闻》1965 年 3 月 31 日。
④ ［韩］大韩民国政府编《韩日会谈白书》（非卖品），1965 年版，第 73 页。

问题，作为韩国对日本主张的"财产及请求权"的组成部分，在"大平正芳—金钟泌备忘录"中已获得解决。日方反过来向韩国方面提出了归还因侵犯"李承晚（和平）线"而被缉拿、没收的日本渔船的要求。① 在船舶归还问题是否包含在"大平正芳—金钟泌备忘录"中的问题上，日韩意见相左，难以达成妥协。于是将这个问题上交到了日韩高层会谈。1965 年 3 月 24 日举行的佐藤荣作首相与李东元外长会谈中，双方决定把船舶归还问题与请求权问题区别开来加以解决。② 此后，在 3 月 31 日举行的椎名悦三郎—李东元外相会谈中，双方同意，把韩国方面提出的旧朝鲜籍船舶的归还要求与日本方面提出的因侵犯"李承晚（和平）线"而被韩国缉拿、没收的日本渔船的归还要求相互加以抵消。至此，日韩之间的船舶归还问题也最终获得解决。③

在有关归还韩国［朝鲜］文物问题的会谈中，日方也认为，文物问题已包含在"大平正芳—金钟泌备忘录"中，并已获得解决。对此，韩方则坚决认为，请求权问题与文物归还问题并不是一回事儿，强烈要求日本归还韩国［朝鲜］文物。④ "大平正芳—金钟泌备忘录"的当事人金钟泌也表示"备忘录"中并不包括有关文物归还问题。由于双方意见相左，所以文物归还问题作为悬案遗留到最后。1965 年 3 月 24 日举行的佐藤荣作首相与李东元外长会谈中，决定把该问题与请求权问题区分开来解决。而后，4 月 3 日，日本椎名悦三郎外相和韩国李东元外长举行会谈，就有关文物归还问题双方达成了"就解决日韩之间文物问题及增进文化合作问题，继续进行协商。就有关〔文物〕品目及其他方面进行协商，由日本国向韩国引渡文物"的妥协。⑤ 至此，有关日本归还韩国文物的问题，也以日本向韩国"引渡"文物的方式获得了解决。在文物归还问题上，日本刻意避开其归还韩国文物的"法律责任"，以"引渡"的方式解决了归还韩国文物的问题。

---

① 前引金东祚著《回想三十年——韩日会谈》，第 291 页。

② ［韩］李度晟著《实录·朴正熙与韩日会谈——"5·16"到签订条约》，寒松社 1995 年版，第 355—356 页。

③ 同上书，第 361—362 页。

④ 前引金东祚著《回想三十年——韩日会谈》，第 291 页。

⑤ 前引李度晟著《实录·朴正熙与韩日会谈——"5·16"到签订条约》，第 363 页。

六、日韩为正式签署各项条约、协定作最后的冲刺

1965 年 4 月 3 日，日韩草签渔业、请求权、在日韩国人法律地位 3 大悬案问题的协定，并在船舶、文物归还等问题上达成最终妥协之后，双方又为签订正式条约和协定作了最后的冲刺。考虑到 5 月中旬左右的韩国总统朴正熙访美和日本外相出席预计 6 月 24 日在阿尔及尔举行的第二次亚非会议等因素，第七次日韩会谈韩方首席代表金东祚与日方首席代表高杉晋一、副席代表牛场信彦等进行协商的结果，双方决定以 5 月 20 日左右正式签订各项条约和协定为目标急速向前推进会谈。① 日韩双方都对双方最终达成妥协表现出了极为乐观的态度。但是这种乐观的情绪很快被韩国国内的反对运动和艰难的正式文件的细节交涉所打破，5 月 20 日左右签订正式文件的目标也很快成了泡影。

1965 年 4 月 13 日，日韩举行了第七次日韩会谈双方首席代表会谈，讨论了与请求权相关的法律问题。提出与请求权相关的法律问题的原因在于，日方"为防止缔结协定之后，有关请求权的法律问题再一次被提出来，抑或引起法庭审判之类的问题"，"希望把问题事先弄清楚"② 的缘故。

1965 年 4 月 20 日到 5 月底，日韩举行 7 轮"请求权及经济合作委员会"上的会谈，讨论了储蓄、债权、简易保险、金融机构等诸多与请求权相关的细节问题。6 月 2 日，课长级专家会谈中，日方提出把"有关请求权问题的协定"正式定名为"基本协定与无偿协定"。对此，韩方则提出定名为"请求权的解决及经济合作协定"。日方稍作修改之后又提出定名为"基本协定与关于实施无偿经济合作的协定"，力图回避使用"请求权"的字样。但在韩国的坚持下最终定名为"请求权及经济合作协定"。另外，直到同年 6 月 21 日，双方才最终确认，随着日韩"请求权及经济合作协定"的签订，韩方提出的包括个人请求权在内的 8 个项目的请求权问题最终获得解决。③

---

①　前引金东祚著《回想三十年——韩日会谈》，第 292 页。

②　前引李度晟著《实录·朴正熙与韩日会谈——"5·16"到签订条约》，第 365 页。

③　同上书，第 331—333、385 页。

有关"渔业问题委员会"的会谈一直持续到 1965 年 5 月底，在这期间进行了 6 轮该委员会上的会谈和 4 次有关渔业问题的专家会谈。1965 年 5 月 12 日，韩国方面对 4 月 3 日达成的共同管制海域内的渔船管辖及司法审判，实行"旗国主义原则"的协议案，提出了修改要求，但被日方所拒绝。① 1965 年 6 月 2 日，日本椎名悦三郎外相向李东元外务部长官传递书信，要求以草签的协议为基础加快正式文件的起草工作。此后，1965 年 6 月 5 日到 8 日，日韩两国代表同时进驻日本箱根的旅游宾馆，彻夜进行了协定案的起草工作。

1965 年 6 月 18 日到 19 日凌晨，日韩双方就"有关在日韩国人的法律地位的协定"中的相关的问题举行了会谈。结果，对在日韩国［朝鲜］人适用国民健康保险方面达成了新的妥协。②

在有关文物"引渡"方面的会谈中，日本方面提出了"准备引渡的〔文物〕品目案"，该案把 363 件美术品和 852 种典籍列入了准备引渡韩国的文物名单中。在会谈中，日方还提出了"有关日韩文化方面合作的协定案"，韩方则提出了"韩日间解决文物问题及有关文化合作的议定书纲要案"。③在会谈中，日方力图避免使用"文物"字样，经协商最后定名为"文物及文化合作协定"，并应韩方要求，日方在移交的文物中又增加了 72 个品目的文物。④

对日韩之间存在的唯一的领土争端——"竹岛［独岛］"问题（韩国称"独岛"并实际控制该岛——笔者），1965 年 6 月 16 日，双方决定搁置该问题，待邦交正常化之后继续进行协商。⑤

1965 年 6 月 20 日，为解决遗留下来的最后几个问题，韩国外务部长官李东元访日。21 日上午和 22 日上午分两次与椎名悦三郎外相举行会谈，解决了"在日韩国人的不动产办理"、渔业协定的期限、沿岸渔业等问题。另外，涉及"竹岛［独岛］"领土争端问题的《关于解决纷争的交还公文》，直到正式签署条约前的 6 月 22 日下午，在佐藤荣作首相与李东元外务部长官

---

①　前引高崎宗司著《检证·日韩会谈》，第 171 页。

②　同上。

③　前引鹿岛和平研究所编，吉泽清次郎监修《日本外交史（28）·媾和后的外交（Ⅰ）·对列国关系（上）》，第 136 页。

④　前引高崎宗司著《检证·日韩会谈》，第 172 页。

⑤　前引鹿岛和平研究所编，吉泽清次郎监修《日本外交史（28）·媾和后的外交（Ⅰ）·对列国关系（上）》，第 136 页。

的会谈中，才最终达成了妥协。①

　　1965 年 6 月 22 日下午 5 时，"日韩条约"签字仪式在日本首相官邸举行。日本首相佐藤荣作也参加了签字仪式。签字仪式是在日方全权代表椎名悦三郎外相、高杉晋一日韩会谈首席代表与韩方全权代表李东元外务部长官、金东祚韩日会谈首席代表之间进行的。另外，其他协议、协定、交还公文的签署及议事录的签字等也在双方各有关负责人之间进行。

　　所谓"日韩条约"，是由一个条约、四个协定、二个议定书、五个协议议事录、九个交换公文、二个往返书简、二个会谈记录组成的一个系列文件，这些文件一般统称（抑或俗称）"日韩条约"。其中最主要文件是《日本国与大韩民国之间的关于基本关系的条约》、《日本国与大韩民国之间的关于渔业的协定》、《日本国与大韩民国之间的关于请求权问题的解决暨关于经济合作的协定》、《日本国与大韩民国之间的关于居住在日本国的大韩民国国民的法律地位及待遇的协定》、《日本国与大韩民国之间的关于文物及文化合作的协定》、《关于解决纷争的交换公文》6 个文件。②

　　1965 年 6 月 22 日"日韩条约"的正式签字，意味着战后历经 14 年之久，历经七次正式会谈和 1500 多次分委员会会谈、首席代表会谈、"预备会谈"、要人会谈及其他非正式会谈的、艰难的日韩会谈终于落下了帷幕。③"日韩条约"从内容上看，具有媾和条约的性质。它的签订，基本上解决了日韩之间许多悬而未决的问题，实现了日韩邦交正常化。

　　与此同时，从东亚国际战略的角度看，"日韩条约"的签订，把东亚两个反共亲美的国家连接在一起，实现了日美在对韩"援助"问题上的战略"换肩"，加强了美日韩在东北亚的战略合作关系。从日韩双边关系的角度看，"日韩条约"的正式签署也为日本商品和资本大举进军韩国市场开辟了道路。

---

　　①　前引鹿岛和平研究所编，吉泽清次郎监修《日本外交史（28）·媾和后的外交（Ⅰ）·对列国关系（上）》，第 137 页。

　　②　同上书，第 138 页。

　　③　前引成滉镛著《日本的对韩政策（1800—1965）》，第 275 页；前引鹿岛和平研究所编，吉泽清次郎监修《日本外交史（28）·媾和后的外交（Ⅰ）·对列国关系（上）》，第 148 页。从 1951 年 10 月 20 日到 1965 年 6 月 22 日，日韩举行了 14 年 2 个月的谈判，正式会谈、分会会谈及其他小规模会谈举行了 960 次，两国要人访日访韩会谈及会谈中断期间的非正式会谈举行了 560 次。

第三节　"日韩条约"签订后国际社会及
日韩国内对条约的反应

一、"日韩条约"签订后国际社会的反应

"日韩条约"的签订，在国际社会也引起了一定反响。

战后一直或在明里或在暗里对日韩会谈施加影响的美国，毋庸赘言对日韩会谈的进展和"日韩条约"的签订表示了欢迎的态度。1965 年 4 月 3 日，日韩之间草签有关渔业、请求权、在日韩国人法律地位三大协定之后，美国国务院负责远东问题的官员，便对此发表评论说"由此〔日韩之间〕终于结束了战后"。①

但与"日韩条约"有直接关系的朝鲜民主主义人民共和国及在战略上同"日韩条约"处于对立状态的中国，对"日韩条约"的签订采取了批判、否定的态度。

"日韩条约"签订的翌日，朝鲜民主主义人民共和国政府就日韩缔结"韩日条约"一事发表声明称："1965 年 6 月 22 日，日本政府与朴正熙集团，不顾朝鲜民主主义人民共和国政府的多次警告与朝日两国人民及全世界爱好和平的人民的强烈反对，继续进行犯罪性的'韩日会谈'，终于签订了以'韩日基本条约'为核心的具有侵略性和卖国性的一系列文件。这次，朴正熙集团与日本政府间缔结的'条约'和'协定'，是由美帝国主义策动的、企图纠合'东南亚军事同盟'，阻碍朝鲜的自主和平统一，使朝鲜的分裂永久化，使南朝鲜继续处于殖民地隶属状态的阴谋的一环。""'韩日会谈'的直接操纵者是美帝国主义。""朝鲜民主主义人民共和国政府庄严宣布，这次'韩日会谈'中朴正熙集团与日本政府之间缔结的'条约'和'协定'是无效的。"并要求"日本政府必须立刻放弃，在'韩日会谈'中缔结的违背朝日两国全体人民的根本利益、威胁远东及亚洲和平的'条约'与'协定'。朝鲜民主主义人民共和国政府、不仅不会承认日本政府与朴正熙集团之间缔结任何的'条约'和'协定'，而且也坚决加

---

① 〔日〕《朝日新闻》1965 年 4 月 3 日。

以反对"。①

　　稍后，1965 年 6 月 25 日，中国政府也发表"中国政府断然否认'日韩基本条约'"的声明，称："在美帝国主义导演的'日韩会谈'木偶剧中，日本的佐藤［荣作］政府与南朝鲜朴正熙一伙儿傀儡们长期进行讨价还价的结果，最近终于匆匆露出了原形。6 月 22 日，佐藤［荣作］政府与朴正熙一伙儿，不顾朝鲜、日本两国人民的激烈反对，无视世界人民的谴责，胆敢签署了《日韩基本条约》和其他一系列'协定'。这是美帝国主义永久分裂朝鲜，非法占领南朝鲜，并企图使日本和朴正熙政权为其侵略和战争政策服务的重要证据。""中国政府决不承认日本政府与朴正熙一伙儿签订的所谓《日韩基本条约》。"② 在东西冷战中，在战略利益上同日韩处于对立状态的中国，坚定地支持了在战略上具有共同利益的朝鲜民主主义人民共和国的立场。

二、"日韩条约"签订以后日本国内的反应

　　日韩条约签订以后，围绕条约的批准问题，日本于 1965 年 10 月 5 日，召开了第 50 届临时国会。在国会的信心表明演说中，佐藤荣作首相针对在野党的反对意见，称：这次签署"日韩条约"是"为了实现和平与友好"。因此，"根本不存在发展成为军事同盟的可能性"。并强调说"日韩条约"解决了日本"渔民们长期苦恼的渔业问题"。③ 对此，日本社会党则以日韩双方在韩国的管辖权范围上存在不同的解释等为理由，认为"日韩条约不具备条约的形态，反对提呈本次国会进行审议"。④

　　1965 年 10 月 19 日，执政党和在野党进行折中的结果成立了审议"日韩条约"的国会特别委员会——"关于日本国与大韩民国之间的条约及协定等的特别委员会"（简称"众议院日韩特别委员会"）。10 月 26 日，日本国会召开了众议院"日韩特别委员会"的会议。在"日韩条约"的审议中，日本社会党的石桥正嗣就"日韩条约"中的有关旧条约效力问题提出咨询，

　　① ［日］神谷不二等编《朝鲜问题资料（第 3 卷）（1961—1965）》，日本国际问题研究所 1980 年版，第 521—524 页。
　　② ［日］鹿岛和平研究所编《日本外交主要文书·年表（2）（1961—1970）》，原书房 1984 年版，第 611—612 页。
　　③ ［日］《朝日新闻》1965 年 10 月 13 日。
　　④ ［日］《朝日新闻》1965 年 10 月 15 日夕刊。

称："'日韩合作条约'是在对等的立场上签订的吗？"对此，佐藤荣作首相答称："该条约是在对等的立场上，而且是在自由意志下签订的。我是这样想的。"① 对民社党的春日一幸提出的有关日本政府对"北朝鲜"（指朝鲜民主主义人民共和国——笔者）的态度问题，佐藤荣作首相则回答称：是"一张白纸"。② 自民党的宇野宗佑对有偿、无偿加在一起提供 5 亿美元资金的性质问题提出咨询，称："不是赔偿，何况更不是请求权的替代，那我想肯定是经济合作了？"对此，椎名悦三郎外相答称"正如您所指出的那样"。③

　　1965 年 11 月 6 日，在众议院"日韩特别委员会"上，执政的自民党宣布开会的同时，不顾社会党等在野党的反对，强行表决通过了"日韩条约"。11 月 8 日，自民党利用议长职权召开了众议院全体会议，从 11 月 9 日开始，自民党利用国会多数席位，连续否决在野党不断提出的对现任大臣的不信任案，12 日早晨，以议长提议这种史无前例的方式，强行表决通过了"日韩条约"。

　　在参议院的审议中，自民党和民社党不顾社会党、公明党、共产党的反对和缺席，1965 年 11 月 13 日决定设立参议院"日韩特别委员会"，并于 11 月 20 日正式设立了该会。11 月 22 日，自民党又利用议长职权强行召开该会对"日韩条约"进行审议。在参议院"日韩特别委员会"的审议中，公明党的黑柳明议员提出了同韩国缔结的保护条约是"伊藤博文胁迫〔韩国〕皇帝"缔结的条约，"胁迫个人签订的条约是无效的"问题。在此需要指出的是，《维也纳条约法公约》第 51 条明文规定"国家所表示的，同意接受条约拘束的意志表明，若是基于对该国代表者的不当举动或胁迫，那么该条约没有任何法律效力"。但对黑柳明议员的咨询，日本外务省条约局长藤崎万里却狡辩称"那是……进行了说服……以国力为背景，进行强有力的说服，那样做对条约的效力并不产生影响"。④ 日本继续贯彻了认为"日韩之间的旧条约自始至终都是有效"的一贯坚持的立场。

　　对经济合作问题，11 月 29 日在福冈召开的参议院"日韩特别委员会"的听证会上，自民党推荐的福冈县日韩贸易促进协议会专务理事盐泽丰称：

---

① 〔日〕外务省条约局条约课编《日韩条约国会审议要旨》，1966 年版，第 95 页。

② 同上书，第 79 页。

③ 同上书，第 226 页。

④ 同上书，第 94—95 页。

"访问韩国的福冈财界人士曾说，韩国这只鸡现在很瘦，为能顺利吃上鸡蛋，有必要先喂点饲料，这的确是名言。"① 这句话也可以说是对自民党内及财界部分主张积极推进日韩经济合作和实现日韩邦交正常化者真心的极好注脚。

1965 年 12 月 4 日，在参议院"日韩特别委员会"上，执政的自民党强行表决通过了"日韩条约"。此后，在 12 月 11 日举行的参议院大会上在社会党、公明党、共产党及二院俱乐部的议员退出会场的情况下，参议院再一次强行表决通过了"日韩基本条约"及相关诸协定和与日韩条约相关的三个国内法案。

"日韩条约"签订以后，1965 年 7 月 27 日，在日本社会党、共产党等的主持下召开了"国民共同反对越南战争、阻止批准日韩条约的中央集会"，但该集会只停留在"一日共斗"的水平上。而且，由于集会的核心目的是反对越南战争，所以反对"日韩条约"也就成了陪衬。

1965 年 7 月 23 日，日本社会党设立"反对侵略越南，阻止批准日韩条约、摆脱经济危机的斗争推进总部"，8 月 30 日，又成立了"反对越南战争、阻止批准日韩条约青年委员会"（简称"反战青年委员会"——笔者）。9 月 21 日和 10 月 12 日，社会党举行了反对越南战争和阻止批准日韩条约的两次统一行动。但这些反对运动未能充分调动起广大民众的参与斗争的激情，行动"丝毫未能摆脱，组织动员起来，照日程表进行斗争的框框"。②

1965 年 9 月 12 日，日本共产党也在东京举行"10 万人集会"，打出了"阻止批准日韩条约、反对侵略越南、废除安保条约"的旗号。但是，反对"日韩条约"的运动始终未能形成像"安保斗争"时期那样的强大的群众性的反对声势。

对签订"日韩条约"，日本国内"媒体和社会舆论大体上采取了中立、或者略带好意"的态度，③ 一般综合性杂志上的"批评及反对的论调也比较少"，这也与安保斗争时期形成了鲜明的对照。

反对"日韩条约"的运动开始形成一定规模，是在 11 月 6 日众议院

①　［日］《朝日新闻》1965 年 11 月 30 日。

②　［日］岩重寿熹男《以阻止批准日韩条约为中心的其他各项斗争的中期总结》，《月刊社会党》1966 年 2 月号。

③　［日］内阁官房内阁调查室编《围绕缔结日韩条约的内外动向》，1966 年版，第 17 页。

"日韩特别委员会"上执政党强行表决通过"日韩条约"之后。11月9日，社会党和共产党联手组织的反对"日韩条约"集会，白天约2.8万人（据警视厅调查改为1万人），夜里约15万人（据警视厅调查约为6万人）参加了集会。这是日韩条约反对运动史上规模最大的一次行动，并约18万人在反对日韩条约的请愿书上签了字。但这与安保斗争时期约633万人在反对安保条约请愿书①上签字相比，显然存在很大的差距。

在日本经济持续高速增长的大背景下，日本的社会意识发生了重大变化。日本国内政治上倾向保守的"中产阶级"队伍迅速壮大，受其影响日本国民对政治的关注和热情日趋淡化和冷却，日本国民的政治倾向也日趋保守。总体上追求社会的稳定和个人安逸的生活逐渐成了日本社会的主流意识。在这样的日本社会价值取向中，鼓动激进的政治斗争，已经很难在日本国民中产生共鸣了。

三、"日韩条约"签订后韩国国内的反应

为了批准"韩日条约"，1965年7月12日，韩国召开了第51届临时国会。但是刚刚召开的国会，由于在野党的反对，国会会场内出现了一片混乱的局面。为了避免发生持续的混乱，执政的民主共和党由朴正熙出面与在野的民众党最高委员朴天顺举行会谈，达成了关闭本次国会，同时民众党同意在下次国会中与执政党进行合作，参与对"韩日条约"的审议的妥协。在野党的态度软化的原因在于，韩国国民中存在"中国接连两次举行了核试验，越南战争爆发等紧张的远东局势下，韩国被孤立起来的担忧"。②

根据朴正熙和朴天顺会谈达成的协议，1965年7月21日，第51届临时国会闭会。7月29日，又召开了第52届临时国会。8月3日，召开了"同意批准韩日条约及诸协定特别审查委员会"。在该特别审查委员会上，李东元外长在其提案说明中称：因签订《韩日基本关系条约》，从而"确认了耻辱的旧条约的无效性，清算了不幸的历史。而且使日本承认了大韩民国政府是'韩半岛上唯一合法政府'"。条约的签订使"我国的国际地位得到了进一步提高，而且排除了日本在外交上推行两个国家政策（即两个朝鲜政

---

① ［日］《朝日新闻》1965年11月11日。
② ［日］《朝日新闻》1965年7月23日。

策——笔者）的可能性"。① 此后，虽然在野党提出了"撤销同意批准案的决议案"，但被以执政党为首的多数派所否决。

为阻止"同意批准韩日条约及诸协定特别审查委员会"进行审议，在野党委员拒绝出席会议。1965 年 8 月 5 日，在在野党委员缺席的情况下进行的特别审查委员会的审议中，有关各部委长官在回答各位特别审查委员们的咨询和提问时称：在《韩日基本关系条约》中确认了"旧条约，即 1910 年 8 月 22 日以前大韩帝国与日本缔结的所有条约从一开始就是无效"的事实。在《韩日请求权及经济合作协定》中的日方"无偿提供的 3 亿美元资金不仅具有请求权的意义，更进一步还具有赔偿的性质"。《韩日渔业协定》的签署，使韩国可在"12 海里内可以全面排除日本渔船，这是远远超出目前国际法上能够确定的渔业海域的范围。这次签订了对我们有利的协定"。有关《在日韩国人的法律地位及待遇问题的协定》中"几乎全部贯彻了我们的主张"。在《韩日文物及文化合作协定》中"使对方确认了不法搬运出境及盗掘文物的事实"。在独岛问题上"作为我们的领土，日本表示了谅解"，等等。② 韩国政府方面对"韩日条约"作了对己有利的说明。

1965 年 8 月 8 日，在野党议员也参加了"特别审查委员会"的审议。在审议中，金星镛议员认为《韩日基本关系条约》第二条"旧条约无效"条款的暧昧行文，使韩国不得不完全放弃对日赔偿要求或对日请求补偿权利，因此表示拒绝接受第二条。③ 金大中议员也对"基本关系条约"第二条中存在的"旧条约无效的时点"问题及双方处理上的暧昧点进行了揭露。

但是，1965 年 8 月 11 日，在特别委员会上执政党抛开异议进行表决，一举通过了"同意批准案"。在野党的议员以提出辞职进行抗议。但是 8 月 14 日，执政党在国会上仍一意孤行进行单独审议，并通过了"同意批准案"。

1965 年 6 月 22 日，"韩日条约"签订后，韩国政府下令 11 所大学提前放暑假，企图以此压制学生的反对运动。这一措施虽然一时阻止了在城市里的大学生的抗议运动，但是未能从根本上阻止大学生们的抗议活动。7 月 1 日，以延世大学学生发起的抵制日货运动为开端，首尔大学学生等深入农村

---

① ［韩］《韩国日报》1965 年 8 月 4 日。

② 前引亚细亚问题研究所日本研究室编《亚细亚问题研究所日本研究丛书①·韩日关系资料集（第一辑）》，第 234、235、240、242、249、252 页。

③ 同上书，第 269 页。

展开反对"韩日条约"的宣传活动。7月13日，组织成立了反对批准"韩日条约"的大学联合组织。祥明女子高中等高中学生也在各地举行了反对示威。

大多数韩国的新闻媒体也对"韩日条约"的签订和批准持批评的态度。如这一时期《东亚日报》连载有关"韩日条约"的文章，警告"韩国有可能沦为日本的市场"，并且对有可能"日本再次统治韩国"表示了忧虑。[①] 有影响的综合性月刊也大都对"韩日条约"的签订及批准持同样的批评态度。《思想界》月刊1965年7月份发行临时增刊，对"韩日条约"进行了分析，对"韩日会谈"进行了批评。

1965年7月份以后，韩国国内反对"韩日条约"的运动逐渐向社会各阶层扩散，基督教牧师、在野党、作家、大学教授甚至预备役将军也卷入了反对运动。7月29日，准备批准"韩日条约"的国会开幕之际，各反对势力便联合组成"保卫祖国国民协议会"，并举行了反对批准条约的大会。

1965年8月14日，执政党单独进行审议并通过了"韩日条约"。8月20日和21日，随着大学暑假的结束，陆续返校的学生们又高呼"批准无效"的口号再次进行了反对批准"韩日条约"的示威。其规模连日来都达到了1万人以上。8月24日，韩国政府被迫宣布非常戒严令，但是，8月26日，参加反对示威的人数反而增加到4万余人。韩国总统朴正熙不得不通过下达总统的"卫戍令"，动用陆军进驻首尔警备，并以控制部分重要地区的手段，直接镇压了反对运动。同时，韩国政府又下令一些大学无限期放假，以此瓦解了反对运动。

四、"日韩条约"的批准生效

1965年12月8日，"日韩条约"批准文书的交换仪式在首尔举行。在日韩双方代表列席的会议上，椎名悦三郎外相与李东元外务部长官交换了"日韩条约"的批准书，除"在日韩国人的法律地位协定"以外的"日韩条约"正式宣布生效。"在日韩国人的法律地位协定"规定，该协定交换批准书以后，再过30日方能生效。同日，日韩各自在首尔和东京开设了大使馆。同日，日本在韩国釜山开设了总领事馆，韩国在日本大阪、福冈、札幌开设总领事馆，在仙台、横滨、名古屋、神户、下关开设了领事馆。

---

① ［韩］《东亚日报》1965年6月25日、7月6日、7月28日、8月5日。

　　1966年1月7日，日本任命木村四郎七为驻韩大使，韩国任命金东祚为韩国驻日大使。1月14日，金东祚大使向日本天皇递交国书，正式就任大使；3月16日，木村四郎七向朴正熙总统递交国书，正式就任大使。"日韩条约"的生效"宣告了日韩两国之间不自然的时代的结束"，"迎来了日韩两国新的时代"。①

　　1966年1月17日，"在日韩国人的法律地位协定"也开始生效，日本法务省开始受理在日韩国人的永住权申请。为商讨有关在日韩国［朝鲜］人的法律地位及教育方面的细节问题，1968年11月，在日本东京召开了有关问题的日韩两国的事务级会议。1969年8月，又在东京举行了日韩两国法务大臣会谈。1971年4月、10月又在东京召开了有关问题的事务级会议。其结果是，规定在日韩国［朝鲜］人允许申请永住权的时间为5年，从1966年1月17日开始到1971年1月16日停止受理永住权申请为止，共有351955名在日韩国［朝鲜］人申请了永住权，其中到1971年年底，有271392人的申请获得了批准，审查工作当时尚未结束。②

　　基于《日韩文物及文化合作协定》和相关附属文件，准备"移交"韩国的1324件文物，于1966年5月27日空运到首尔。5月28日，在首尔国立博物馆举行接交仪式之后"移交"给了韩国。同时"移交"给韩国的还有日本宫内厅书陵部及内阁文库所藏韩国典籍249部2319册的缩微胶卷。这是根据《日韩文物及文化合作协定》签订之后韩国驻日代表部方熙公使与日本针谷正之文化事业部长之间的"往返书简"，以"赠与"的形式移交给韩国的。

　　基于《日韩文化合作协定》，日本接受韩国留学生的工作也开始启动，1965年批准了5人，1966年开始每年接受25人，1971年开始每年接受30人。到1971年11月，取得日本政府认可的留学生资格的韩国留学生达432人。③

　　至此，当代日韩关系全面进入了新的历史发展阶段。

---

　　① 前引［日］鹿岛和平研究所编，吉泽清次郎监修《日本外交史（28）·媾和后的外交（Ⅰ）·对列国关系（上）》，第147页。
　　② 同上书，第148页。
　　③ 同上书，第148—149页。

第十章 日本的朝鲜半岛政策与
日韩邦交正常化

第一节 东亚"自由阵营"的安全保障
问题与日韩邦交正常化

一、20世纪50年代美国的东亚安全保障政策与日韩邦交正常化问题

把握日本的对韩政策，笔者认为应从以下三个层次考虑。其一是，从东亚冷战格局的角度理解和把握日本的对韩政策。其二是，日本的对韩政策应从美、日、韩三国关系的角度考虑，应从冷战格局中的西方阵营内部多边关系的角度考虑和把握。在美、日、韩三国关系中，日本的对韩政策，与美国的亚太战略、若再缩小一点范围讲，与美国的东亚安全战略，抑或与美国的东北亚防卫政策有密切的关系。其三是，日本的对韩政策，又深受日韩双方当事国直接利害关系的制约。也就是说，日韩两国在改善和促进两国关系中所获得的利益的大小深刻影响着日本的对韩政策。日本的对韩政策是在上述三个方面因素的相互影响和作用下制定出来的。

从二战结束到20世纪60年代初，更确切地说是在整个20世纪50年代（因为，二战结束到1952年对日和平条约生效为止的盟军占领时期日本被停止外交权，不具有外交上的自主权），虽然美国与日韩分别签订了安全保障条约和防卫条约，但由于日韩等"自由阵营"尚不具备能够分担美国东亚安全战略抑或东北亚防卫政策上的部分责任与义务的实力，加上美国在全球战略上热衷于追求少数几个大国之间的势力均衡，并以此来维持地区均衡，所以这个时期美国在其东亚安全战略和东北亚防卫政策上基本采取了凭借其在

二战中膨胀起来的经济、军事实力和国际影响力直接介入东亚事务，大包大揽东北亚"自由阵营"防务的政策。

由于美国负责对日本和韩国提供安全保障，所以，此时对日本来说朝鲜半岛在日本安全保障上的重要性并不显得特别突出，日韩在安全保障方面的共同利益随之淡化，两国之间直接的利害冲突关系反而凸显出来。因此，这个时期两国在请求权问题、渔业问题、船舶问题、殖民统治的认识问题等方面的利益冲突与对立，最终导致了日韩会谈的破裂。

二、20世纪60年代美国东亚安全保障政策的调整与日韩邦交正常化问题

进入20世纪60年代以后，美国鉴于日本经济实力的显著增强和美国自身经济实力的下滑以及"自由阵营"内部反美、离美倾向的抬头等，开始调整其东亚安全保障战略和东北亚防卫政策，要求经济实力显著增强、军事实力有所加强的日本，分担美国在东亚安全保障战略上的部分经济、军事责任。另外，为减轻因卷入越南战争而造成的越来越沉重的经济、军事负担，美国准备削减对韩国、台湾地区等的军事援助。[①] 这样，一向认为"朝鲜半岛的安全与日本的安全密不可分"，朝鲜半岛"与日本的生死直接攸关"[②] 的日本，不得不重新考虑日韩关系与日本的安全保障政策问题。

同样，面对美国军事援助和驻韩美军部队逐渐被削减的趋势，韩国也不得不重新审视其安全保障政策。当时韩国有识之士普遍认为，从朝鲜战争的经验看，日本是"联合国军"的重要后方基地，如果当时没有日本这样一个后方基地，韩国的命运是难以想象的。因此，美国军事援助和驻韩美军正在不断削减的今天，韩国当政者也认为，改善韩日关系，同日本建立更加紧密的政治、经济、安全保障等方面的相互依存关系对韩国来说也是至关重要的。

另外，韩国为政者也逐渐意识到，对韩国来说最好的安全保障就是在最

---

① ［日］村上薰《美国战略的变化与日本的防卫计划》，《中央公论》，1964年2月号。

② ［韩］成滉镛著《日本的对韩政策（1800—1965）》，首尔明知社1981年版，第292页。

短的时间内实现经济上的自立和发展。20 世纪 60 年代的韩国，不仅在朝鲜半岛南北两个政权的对峙和竞争中处于严重劣势，而且还深深地陷入到了严重的国内社会、经济、政治危机中。韩国的安全受到了来自内外两方面的挑战。为了摆脱日益严重的国内危机和来自北部的安全压力，韩国从 20 世纪 60 年代初就开始致力于经济开发。但是，经济开发需要大量资金，缺乏国内原始资本积累的韩国，不得不通过"引进外资"来解决经济开发所需资金。为了筹措经济开发所需要的资金和解决国内"资金难"问题，韩国曾经向欧美寻求过解决问题的突破口。但是，韩国面对的现实却是欧洲各国的苛刻的信贷条件和美国日益削减的对韩援助。在这种形势下，韩国重新把寻求经济开发所需资金的目光投向了日本。解决日韩之间的各项悬案，从日本获取财产请求权资金和商业贷款，成了当时韩国政府解决"资金难"问题的最现实可行的途径。而已进入第二次经济高速增长阶段的日本，也开始寻求新的商品市场、资本市场。同时日本也配合美国的东亚安全保障战略和东北亚防务政策的调整，考虑改善日韩关系问题。

日韩在安全保障问题上的共同利益、经济利益上的相互需要及 20 世纪 60 年代国际形势的新变化等，使 20 世纪 60 年代初的日韩会谈先是有了重大的突破，及至 1965 年佐藤荣作内阁时期，终于签订"日韩条约"实现了日韩邦交正常化。

第二节　二战后日本的朝鲜半岛政策与日韩邦交正常化问题

一、二战后日本的朝鲜半岛政策

二战后，日本的朝鲜半岛政策若一言以蔽之，就是"两个朝鲜"政策，抑或也可称之为"一个朝鲜两个政府"的政策。"两个朝鲜"政策是日本自民党保守主流政权的一贯政策。日本的"两个朝鲜"政策，实际上由来已久。早在 1951 年，吉田茂政府就称：朝鲜半岛上存在两个政府，"这两个政府中选择哪一个为正统政府（意即'合法政府'——笔者），这最好是日本成为自主与独立的国家时做出决定的问题。当然，毫无疑问日本准备采取承认被联合国大会及相关机构认定为正统政府的韩国政府为正统政府的方针。"①

此后，1960 年 12 月，第 37 届特别国会上，当时的池田勇人政府也称："韩国虽然是联合国决议上的合法政府，但另一方面，事实上存在实际管辖三八线以北的当局"；"联合国的各种报告中，虽然避免把北朝鲜（朝鲜民主主义人民共和国——笔者）称之为'政府'，但是把它称之为'当局'"，日本政府尊重联合国的这一决定。但是在联合国的决议中也并没有把"北朝鲜当局"认定为"非法"。因此，日本政府虽然承认韩国政府是"联合国决议规定的合法政府"，但不同意韩国政府是"代表朝鲜半岛全体居民的正统政府的主张。"②

在第七次日韩会谈中，日本佐藤荣作内阁也在韩国是不是朝鲜半岛上的"唯一合法政府"的问题上采取了有保留的态度，并主张以"共同宣言"的形式实现日韩关系正常化。

虽然在建立日韩基本关系问题上，日本佐藤荣作内阁迫于韩国方面强硬立场，最终还是以签订《日韩基本条约》的形式实现了两国关系的正常化，但是日方在条约第 3 条中插入"确认大韩民国政府是联合国大会决议第 195 号 3 条所示之在朝鲜的唯一合法政府"③ 的文字，从而事实上把韩国政府的"唯一合法"性及韩国政府有效控制和实施管辖权的范围限制在了北纬 38 度线以南。

对此，1965 年 9 月 26 日，在金泽召开的"有关日韩条约的'一日内阁'会议"上，佐藤荣作首相称："维持国际和平的机构联合国"也把"大韩民国作为代表朝鲜半岛的正式政府。……我们……尊重联合国的以往决议，并与大韩民国签订了条约和协定。"④ 这与以往自民党保守主流政权的朝鲜半岛政策也是一脉相承的。

日本之所以推行上述"两个朝鲜"政策，其原因，从近期看，是为了缩

---

① ［日］缩微胶卷《众议院委员会议录（Reel 27）》第 2 类，第 1 号，临川书店 1991 年 12 月 25 日，《第 12 届国会和平条约及日美安全条约特别委员会议录》第 5 号，1951 年 10 月 20 日，第 24 页。

② ［日］《朝日新闻》，1960 年 12 月 20 日、22 日、24 日。池田勇人首相、小坂善太郎外相的答辩。

③ ［日］鹿岛和平研究所编《日本外交主要文书·年表（2）（1961—1970）》，原书房 1984 年版，第 569—571 页。

④ 前引鹿岛和平研究所编《日本外交主要文书·年表（2）（1961—1970）》，第 620 页。

小韩国对日本财产请求权的适用范围，并在处理在日朝鲜人的问题上对韩国施加压力。从长远看，是为了日后改善同"北朝鲜"的经济、文化交流关系，或更进一步为改善同"北朝鲜"政治关系留下外交上回旋的余地。这种"留一手"的外交，在第二次世界大战后的日本与分裂国家的外交中并不罕见。此前的所谓"日台条约"就是其典型的先例之一。

另外，日本的"两个朝鲜"政策的背后，亦可能存在更深层次的国家战略利益上的考虑。一些日本学者认为，"若在日本人当中做'你认为朝鲜半岛统一的好还是分裂的好'的问卷调查的话，很可能认为分裂为好的人会占多数。这并不意味着日本为使朝鲜半岛的分裂趋向固定而努力。这只是出于认为朝鲜半岛不能出现大的动荡的一种感觉，是基于'是不是维持朝鲜半岛的现状更为合适一些呢？'的一种漠然的感觉出发，做出的选择"。"〔朝鲜半岛〕在日本和中国之间，但南北朝鲜实现统一以后，其统一的朝鲜政府可能推行等距离外交，或推行非中立的倾向于中国或日本的对外政策。假如统一后的朝鲜若倾向于日本，则对日本是有利的，但对中国不利。否则正好与之相反。"[1] "这和法国人认为处于分裂状态的德国，对法国是有利的想法有共同之处。作为邻国的韩国，不管是否对日本抱有敌意，处于分裂的、较为软弱的状态，对日本是有利的。"[2] 这种想法很可能并非只是一些学者的看法。在南北朝鲜问题上，日本政府也很可能持有相同或类似的看法。

二、二战后日本的战争善后处理外交与日韩邦交正常化问题

那么，为什么日本选择韩国作为谈判对象而不选择朝鲜民主主义人民共和国呢？其原因首先在于，选择韩国是占领时期日本"外交"的继续。第二次世界大战以后，处于以美军为首的"盟军"占领之下的日本和韩国，在韩国政府尚未成立，日本尚未摆脱占领状态时，就已经围绕着日韩之间的战后处理问题，通过"盟国日本占领当局"（SCAP/GHQ）展开了交涉。日本恢复独立之前，韩国政府（1948 年 8 月 15 日成立）业已于

①　前引成滉镛著《日本的对韩政策（1800—1965）》，日本学者神谷不二发言，第 305 页。

②　同上。

1949 年 1 月，在日本设立了韩国驻日代表部，并通过"盟国日本占领当局"（SCAP/GHQ）与日本政府进行了旧朝鲜籍船舶的归还及在日朝鲜人的回国等问题的交涉。

旧金山《对日和平条约》签订以后，开始举行的日韩会谈事实上是上述二战后战争善后处理外交的延续和重要一环。在东西冷战形势下，同以美国为首的西方盟国签订旧金山《对日和平条约》实现所谓"多数媾和"的日本，虽然签订媾和条约恢复了主权，但是遗留下了日苏邦交正常化问题、中日邦交正常化问题、对东南亚各国的赔偿及关系正常化问题等诸多战争的善后处理问题。处理日韩之间的各项"悬案"，重新建立两国之间的新型外交关系也是上述日本战争善后处理外交的重要组成部分。二战以后，日本首先选择最弱小的韩国为突破口，打算"从韩国开始着手进行战后〔日本〕对亚洲各国的睦邻友好外交"①，其目的就是企图通过同最弱小国家韩国的交涉，为二战后日本的战争善后处理外交树立有利于日本的"亚洲睦邻友好外交"的"样板"。但是韩国人强硬的对日态度，使日本未能达到预期的目的。

其次，选择韩国为谈判对象也是美国东亚安全战略和东北亚防务政策的需要。随着美苏冷战及中华人民共和国的成立，美国为遏制"共产主义势力"，积极构筑所谓"环太平洋反共防波堤"，日韩就是其中的重要一环。为了连接日韩这一环，美国一直在积极斡旋日韩会谈。日本政府也是从积极配合美国的东亚安全战略和东北亚防务政策的角度，进行日韩会谈的。佐藤荣作也曾表示："亚洲集中了世界上的紧张局势，因此，不要单纯地把亚洲看成贸易市场，而是应以日本的安全与世界和平的高度做出积极的政治发言。"② "日韩条约"的签订可以说就是这种"政治发言"的结果。

最后，从地缘战略的角度上看，韩国〔朝鲜半岛〕既是日本登上欧亚大陆的一个重要踏板，同时也是日本安全上的一道重要屏障。二战后在东西两大阵营冷战，朝鲜半岛南北分裂，不同的政治制度和意识形态严重对立和冲突的严峻形势下，日本从自身安全保障上的利益出发，也认为与韩

---

① 前引鹿岛和平研究所编，吉泽清次郎监修《日本外交史·28·媾和后的外交（Ⅰ）·对列国关系（上）》，第 40 页。

② 〔日〕吉泽清次郎主编《战后日美关系史》，上海人民出版社中译本 1977 年版，第 68 页。

国改善关系并实现邦交正常化更符合日本的战略利益。"若在朝鲜盘踞与
日本对抗的势力，那就会对日本的安全构成威胁，这是自神功皇后以来的
不变的原则"① 的认识，自"征韩论"以来，已深深扎根于日本人的战略意
识中。这种意识在 1969 年 11 月 21 日的"佐藤荣作—尼克松共同声明"中
也有体现。在该声明中，日本首相佐藤荣作在谈到"朝鲜半岛的紧张局势"
及"维持朝鲜半岛的和平"问题时称："韩国的安全对日本的安全是至关重
要的。"② 在朝鲜半岛分裂为南北朝鲜，在北方存在日本并不乐意接受的
"共产主义"政权、在南方存在与日本同样的"自由主义"政权的现实条件
下，日本自然选择了在地缘上、意识形态与价值观念上与日本接近的韩国。
这种选择也是地缘政治上的安全利益与国际冷战体制下的东北亚国际关系发
展的必然归宿。

三、日韩渔业纷争问题与日韩邦交正常化问题

　　日韩渔业纷争实际上反映的是海洋大国与海洋小国在海洋利益上的矛盾
和斗争。造成日韩渔业纷争最根本的原因就在于两国渔业实力上的巨大差
距。二战后刚刚摆脱日本之殖民统治恢复独立的弱小韩国，从保护自身渔业
利益的角度出发，在公海设置了保护渔业及海洋资源的所谓"和平（李承
晚）线"，禁止日本渔船在其保护海域进行渔业捕捞作业，从而引发了日韩
之间的渔业纷争。日韩渔业纷争，发端于二战后盟国对日占领时期。为制裁
二战前日本的掠夺性渔业活动，二战后盟国日本占领当局（SCAP/GHQ）
在日本近海设置了限制日本渔业的"麦克阿瑟线"。二战后，很多韩国人是
把制裁日本渔业的"麦克阿瑟线"当做日韩之间的渔业分界线来接受的。但
是，随着旧金山《对日和平条约》签署，尽管在渔业方面处于绝对劣势的韩
国非常希望继续保留"麦克阿瑟线"，可是该线还是面临了被彻底废除的局
面。在这种情况下，旧金山《对日和平条约》生效前举行的"日韩预备会
谈"中，韩国政府曾向日方提出过举行日韩渔业谈判，签订两国渔业协定的

　　① ［日］神川彦松《对日本外交的专家进言——我的对外政策分析、批判及构
想》，日本国际政治学会编《国际政治·日本外交的分析》，1957 年夏季号，有斐阁，
1957 年 8 月。
　　② ［日］斋藤真、永井阳之助、山本满编《资料战后·日美关系》，日本评论社
1970 年版，第 458 页。

问题，但是遭到了日方的拒绝。结果，一心想保护本国渔业利益的韩国人想出了设置取代"麦克阿瑟线"的"和平（李承晚）线"来保护韩国利益的方案。而二战以后从美国开始，后席卷全球的尊重沿岸国家的权益，保护海洋资源，分割海洋的浪潮，恰恰又为韩国单方面宣布"和平（李承晚）线"提供了国际上的诸多先例。但是，应该指出的是，无视其他沿岸国家权益，单方面在公海画线的做法也损害了其他周边国家的利益。但是，进入 20 世纪60 年代以后随着国际形势和日韩两国国内情况的变化"李承晚（和平）线"也面临了新的问题。

20 世纪 60 年代，在渔业及"李承晚（和平）线"问题上日韩两国也都遇到了现实的问题。从韩国方面来说，随着日本渔业的现代化，"李承晚（和平）线"越来越丧失了原来所具有的限制日本渔民捕捞的作用。因为，20 世纪 60 年代以后日本渔船中动力渔船的数量占据了绝对优势，渔船向大型化方向发展，渔船的速度有了很大的提高。加上日本派遣海上警备艇跟随渔船出海加强警戒，所以装备相对落后的韩国海上警备队的舰艇越来越难以缉拿越过"和平（李承晚）线"的日本渔船，局面越来越难以控制。因此，对韩国来说，放弃"和平（李承晚）线"签订"渔业协定"成为刻不容缓的事情。

20 世纪 60 年代日本也面临着不得不考虑尽快签订"日韩渔业协定"的国际形势。1958 年在日内瓦举行的第一届国际海洋法大会上通过了《公海法》、《领海及毗连海域法》、《渔业及公海生物资源保护法》等四项国际海洋法，并规定上述法律在 22 个国家获得批准后即可生效。上述国际法虽然在领海、毗连海域的范围等问题上尚未达成一致意见，但一致肯定了沿岸国家对领海及毗连海域海洋资源保护方面的优先权。1960 年联合国召开了第二次国际海洋法大会。美国、加拿大等国在这次大会上提出了 12 海里专属海域案，对此世界海洋大国大都表示了赞同的态度。此后，1962 年《公海法》生效，1964 年《领海及毗连海域法》生效，1966 年《渔业及公海生物资源保护法》也正式生效。从而确立了目前国际上通行的从基线测量起领海为3—12 海里、领海加毗连海域 24 海里、专属经济区 200 海里的国际海洋法准则。日本正是迫于上述有关海洋问题的国际形势，也迫切感到了尽快缔结日韩之间"渔业协定"，使渔业权问题以对日方有利的形式获得解决的必要性。于是日韩在签订"渔业协定"解决"渔业及'李承晚（和平）线'问题"上的看法也日趋接近。这是 20 世纪 60 年代中期日韩会谈能够达成协议、实现邦交正常化的根本原因所在。

四、日本对朝鲜半岛殖民统治的认识问题与日韩邦交正常化问题

在二战后的日韩会谈中，很重要的一个问题就是日本对朝鲜殖民统治的认识问题。否认侵略战争，美化日本的殖民统治是二战后的日本社会和自民党保守政权内部的主流意识。虽然迫于日本国内进步势力和国际舆论的压力，日本政客也曾多次表态，对日本的"侵略战争"和"殖民统治"表示"深刻的反省"，并对日本与东亚各国之间曾经有过的那段不幸历史表示了"遗憾"，但是日本从来就没有明确过，到底"反省"什么，到底"遗憾"什么?! 与之相反，"否认侵略"、"美化殖民统治"的发言，却从来都不绝于耳。

从占领时期日本大藏省、外务省等机构为应对盟国的对日占领和战争善后处理而起草的《有关日本人海外活动的历史调查》，《关于割让地区的经济、财政相关事项的陈述》等文件到第三次日韩会谈中日方首席代表久保田贯一郎在日韩会谈席上的"妄言"，再到第七次日韩会谈日方首席代表高杉晋一在 1965 年 1 月 7 日，日本外务省"霞关记者俱乐部"所作的"百万吨级妄言"，日本社会和自民党内部的这种"否认侵略"、"美化殖民统治"的态度和立场是一脉相承、一以贯之的。

这种"否认侵略"、"美化殖民统治"的态度和立场曾经对日韩会谈产生过不良影响。尽管如此，在实现日韩关系正常化的过程中，日韩双方在现实国家利益的诱惑下，搁置日韩在日本殖民统治认识问题上的争议的情况下实现了邦交正常化。在日韩会谈中日韩两国未能缩短对过去历史问题的认识上的巨大差距，更未能彻底解决两国之间存在的历史认识问题。日韩两国最终签署的《日韩基本关系条约》，事实上是在现实的经济利益与安全保障上的相互利益的吸引之下，在搁置历史问题的争议的情况下达成妥协的。这为日后的日韩关系发展埋下了两国之间"民族感情"摩擦和冲突的火种。遗留下了类似"抢掠劳工问题"、"慰安妇问题"那样的"战后补偿问题"和"教科书问题"、"靖国神社问题"那样的历史认识上的对立问题和民族感情冲突问题。

第三节　"经济合作"与日韩邦交正常化问题

一、二战后美国的对韩援助与韩国的政治经济发展

　　第二次世界大战以后的很长一段时期，韩国的稳定和发展主要依靠美国对韩国的援助。美国不仅在韩国驻扎有相当数量的军队，而且对韩国提供了数量可观的各种援助。

　　从 1945 年到 1949 年，美国向韩国提供占领地区紧急援助（GAR-IOA，Government and Relief in Occupied Area）达 5 亿美元。1948 年到 1953 年通过 ECA（区域经济委员会〔Economic Cooperation Administration〕）与 SEC（经济合作委员会〔Supplies Economic Cooperation〕）向韩国提供援助 1 亿美元。1954 年到 1961 年提供基于相互安全保障法的军事性的 AID（美国国际开发署）援助 17.4 亿美元，提供基于 PL480 的剩余农产品援助达 3 亿美元。1945 年到 1961 年美国共向韩国提供了大约 24.2 亿美元的援助（详见表［10—1］）。从某种意义上可以说，截止到 20 世纪 60 年代初，韩国的生存在政治上依靠美国的支持，经济上依靠美国的援助，军事上依靠美军的支撑，假如没有美国的支持很难想象现在是否还有韩国这个国家。

　　但是进入 20 世纪 60 年代中期以后，美国的对韩援助，无论是在数量上还是在质量上都发生了显著的变化。一直是美国对韩援助的核心的 AID 援助急速下降，从 1957 年的最高点 32330 万美元，下降到 1960 年的 22520 万美元，1961 年进一步下降到 15430 万美元。1964 年下降到了 8830 万美元。援助的性质也以 1961 年开始通过 FAA（Foreign Assistance Act）进行援助为契机，从无偿援助转向了有偿援助。也就是说，一直到 1961 年，AID 援助的 99％ 是支援性和开发赠与形式的无偿援助，只有 1％ 是开发借款（DLF）。但是，从 1962 年开始无偿援助逐渐减少，到 1970 年 AID 援助中无偿援助部分下降到 58.6％，有偿援助上升到 41.4％。①

---

　　① ［韩］金宗炫《关于韩日经济合作与援助》，高丽大学亚细亚问题研究所编《亚细亚研究》，1972 年 9 月号。

[表 10—1]　　　　　　　　美国对韩援助的变迁　　　　单位：百万美元

年度	GARIOA	ECA & SEC	PL 480 [1]	AID [2]	合计	联合国（UN）		
						CRIK	UN KRA	合计
1945	4.9	—	—	—	4.9	—	—	—
1946	49.5	—	—	—	49.5	—	—	—
1947	175.4	—	—	—	175.4	—	—	—
1948	179.6	—	—	—	179.6	—	—	—
1949	92.7	23.8	—	—	116.5	—	—	—
1950	—	49.3	—	—	49.3	9.4	—	9.4
1951	—	32.0	—	—	32.0	74.4	0.1	74.5
1952	—	3.8	—	—	3.8	155.5	2.0	157.5
1953	—	0.2	—	—	0.2	158.8	29.6	188.4
1954	—	—	—	88.0	88.0	50.2	21.3	71.5
1955	—	—	—	205.8	205.8	8.7	22.2	30.9
1956	—	—	53.0	271.0	324.0	0.3	22.4	22.7
1957	—	—	64.6	323.3	387.9	—	14.1	14.1
1958	—	—	63.5	265.9	329.1	—	7.7	7.7
1959	—	—	23.2	208.3	230.6	—	2.5	2.5
1960	—	—	29.4	225.2	254.6	—	0.2	0.2
1961	—	—	63.9	154.3	218.2	—	—	—
1962	—	—	74.4	165.0	239.4	—	—	—
1963	—	—	104.8	119.7	224.5	—	—	—
1964	—	—	84.1	88.3	172.4	—	—	—
1965	—	—	80.0	71.9	151.9	—	—	—
1966	—	—	78.8	65.3	144.1	—	—	—
1967	—	—	52.6	52.5	105.2	—	—	—
1968	—	—	85.8	50.0	135.8	—	—	—
1969	—	—	95.4	32.4	127.8	—	—	—
1970	—	—	52.7	10.2	62.9	—	—	—
合计	502.1 (12.2)	109.1 (2.7)	1006.2 (26.7)	2396.9 (58.4)	4014.3 (100)	457.3	122.1	579.4

　　资料来源：韩国产业银行，［韩］金宗炫《有关韩国经济合作的研究》，高丽大学亚细亚问题研究所编《亚细亚研究》，1972 年 9 月号。（注）（1）据剩余农产品援助法第一款到第三款；（2）美国国际开发局的援助与开发赠与；（3）括号内数字为百分比构成。

　　美国之所以转变其对外援助政策，主要是因为 20 世纪 60 年代美国经济实力的相对衰弱及维持其全球战略的军费支出与对外援助支出的负担日益沉重所致。因此，进入 20 世纪 60 年代以后，美国积极要求在其援助之下羽毛日益丰满的西欧各国及东亚的日本，承担美国在全球战略上的政治、军事、经济等方面的部分责任，要求这些国家，对"自由世界"的发展中国家提供经济援助，[①] 构筑一道反共经济"软屏障"。

二、韩国的"经济开发计划"与日韩邦交正常化问题

　　美国大幅度削减对韩国的经济援助，使一向严重依赖美国援助的韩国经济面临了前所未有的困境。为了摆脱这种困境，从 1960 年 8 月 23 日成立的张勉内阁开始，韩国政府即着手制订经济开发计划。1961 年 5 月，通过军事政变上台的朴正熙政权为"尽快排除成为间接侵略温床的贫困和社会不安，并创造出国民所希望的就业机会"，于 1961 年 7 月 22 日，在韩国政府内设立了以"制定、实施、监督并综合调整经济政策"为目标的经济企划院。[②]

　　1961 年 8 月 22 日，朴正熙政权发表了几乎原封不动地继承前民主党张勉政权"经济开发计划案"[③] 的《经济开发五年计划试行案》。根据该计划案，韩国预计到 1966 年①把出口增加 3 倍，达到 31800 万美元；②粮食生产增加 33%，达到 500 万吨；③水产品增加 68%，达到 60 万吨；④钢铁达到 20 万吨；⑤煤炭增加 2 倍，达到 1100 万吨；⑥建设 4 个水泥厂，其生产能力为 65 万吨；⑦建设 4 个化肥厂，其生产能力为 27.5 万吨；⑧电力增加 3 倍，达到 85.8 万千瓦；⑨失业人口减少到现在的一半，控制在 139 万人左右，即占全部劳动力的 11.4%。

　　为此，韩国准备投入 25 亿美元的资金。这些资金，计划从美国的援助中获得 14 亿美元，吸引美国民间投资 23250 万美元，从西德引进资金 6710万美元，从意大利引进资金 4950 万美元，从美国国际开发署引进 1400 万美

---

① 前引金宗炫《关于韩日经济合作与援助》。
② ［日］中保与作著《韩国读本（续）》，时事通讯社 1961 年版，第 131 页。
③ ［韩］金宗炫、沈东旭《韩国长期开发计划的内幕》，《新东亚》，1966 年 9 月号。

元，其余不足资金从其他地区筹措。① 不难看出，在该项计划中，占据最大比重的是美国的无偿援助资金，其期望额高达 14 亿美元，占整个所需开发资金的 56.4％。但摆在韩国人面前的现实却是美国对韩援助的日趋减少，而且美国无意满足韩国如此庞大的援助要求。

为继续争取美国对韩国军事政权的支持，也为了争取美国对韩国经济开发所需资金的援助，1961 年，重建国家最高会议议长朴正熙访美，与美国总统肯尼迪（John F. Kennedy）、国防部长麦克纳马拉（Robert McNamara）、商务部长霍奇斯（Luther H. Hodges）等政府要人举行会谈，寻求美方的支持。但美国对韩国的经济援助要求表现出了相当冷淡的态度。

吸引美国民间投资的工作也遇到了诸多难题。1962 年 5 月，美国民间经济访韩团到韩国访问，草签了总额为 14850 万美元的投资建设蔚山钢铁厂、蔚山化肥厂、三陟 PVC 塑料厂、里里草纸浆厂，四个工厂的协定，但这并不是"最终协定，不过是调查资金、位置、技术等妥当性与否以后达成的协议"，② 其资金也原则上以 AID 借款为前提。

同样，寻求与西德、意大利等西欧国家的经济合作的工作，进展也并不理想。从西欧引进的合作资金不仅数量少，而且往往附带有苛刻的条件。1961 年，韩国同西德达成韩国从西德举借 1850 万美元政府借款和1850 万美元的出口担保形式的民间长期借款的协议，并签订了《有关经济和技术合作议定书》。但其数量不过是韩国经济开发所需资金的1.5％。③ 1962 年 2 月，韩国递信部长官裴德镇为落实递信部（"递信部"即"邮电部"——笔者）的 875 万美元借款，访问西德时，西德方面要求同韩国缔结"投资保护协定"，对包括民间资本在内的西德资本"因战争丧失资本时，韩国给予西德以最惠国待遇。"④ 与意大利，虽然也签订了"韩意经济合作谅解备忘录"，但这也不过是确认了经济合作对两国皆有益的原则而已。

准备进行经济开发的韩国，由于缺乏足够的国内的资本积累，所以其所需资金几乎都要通过引进外资来解决。在这种情况下，设想中的最大的资金供给国美国的冷淡态度及从西欧引进资金的种种麻烦与困难的现实，

① 前引中保与作著《韩国读本（续）》，第 132—134 页。
② ［日］中保与作著《韩国读本（3）》，时事通讯社 1962 年版，第 123 页。
③ ［韩］孙世一《什么东西在阻止交涉?》，《时事》，1962 年 10 月号。
④ 前引中保与作著《韩国读本（3）》，第 81 页。

使韩国政府迫切地感到了实现韩日邦交正常化的必要性。因为，通过韩日邦交正常化，韩国不仅可能获得相当数额的财产请求权资金，从而解决经济开发所需要的相当数额的投资资金，而且也不难想象到日韩邦交正常化以后会接踵而至的两国间的贸易、借款、投资、技术合作等经济活动。这一点，在日韩邦交正常化之前不久，韩国政府发表的《韩日会谈白书》中，也有明确的反映。在《韩日会谈白书》中，韩国政府强调韩日邦交正常化的必要性时认为：（1）为扩大出口"有必要开拓占韩国对外出口总额50％"的日本市场。（2）"为完成经济开发计划，即为确立自立的经济体制，需要很多外汇"。因此，有必要同日本建立平等互惠的通商关系，乃至经济合作关系。（3）随着重化工业的发展以及工资上升等原因，劳动密集型的轻工业，在日本已成为夕阳产业。与之相反，在地理上接近于日本的韩国，工资低，所以实现邦交正常化以后，日本的夕阳产业和其原来的出口市场自然会转移到韩国，韩国可以借此解决对外收支平衡问题及失业问题。（4）美国已从很早以前就开始改变对外援助政策，由无偿援助转向了有偿援助。在肯尼迪政权下，这种政策倾向正在进一步加强。① 20 世纪60 年代初，日韩会谈出现突破性的进展的背后，潜在着上述韩国方面寻求"经济合作"的背景。

1965 年 6 月 22 日签订"日韩条约"以后，24 日，朴正熙向韩国国民发表讲话称："一个民族、一个国家，要想开拓自己的命运向前发展，必须做出适应国际形势与世界潮流的判断。……今天的国际形势，比过去任何时候都迫切要求我们实现日韩邦交正常化。现在与我们对峙的是国际共产主义势力。为了保卫自由与独立，为了建设祖国灿烂的明天，只要所做的事情对此有益，虽然事情做起来很困难，但我们也一定要忍耐并拂去过去的感情，这才是真正热爱祖国的选择。这是我们坚定不移的信念。"②

三、日本国内的"安全保障"逻辑与"日韩经济合作"

在日韩邦交正常化问题上，"日韩经济合作"这一因素起了重要作用。

---

① ［韩］大韩民国政府编《韩日会谈白书》（非卖品），1965 年版，第 3—9、130—131 页。

② ［韩］《朴正熙总统选集》（第一卷），亚洲政经研究所 1969 年版，第 245 页。

因为"日韩经济合作"不仅直接涉及日韩之间的现实的经济利益，而且也与日韩两国的安全保障问题有着直接的联系。出于"不能眼看着朝鲜半岛落入敌对势力手中而坐视不管"的安全保障上的利害关系，也出于现实的扩大资本、商品市场的需要，日本认为，为了确保作为"自由主义阵营"防卫前哨的韩国经济、社会的稳定，为使韩国保持对"北朝鲜"（指朝鲜民主主义人民共和国——笔者）的各方面的优势地位，"日韩经济合作"是必不可少的。

20 世纪 60 年代时事通讯社出版的《韩国读本》认为：如果"韩国在经济建设方面遭受失败，国民生活得不到安定，重新出现政治上的混乱，从而导致共产主义势力的侵略"，最终在朝鲜半岛确立共产主义政权的话，日本将处于外来势力的直接威胁之下。这样会导致日本社会的动摇，日本将为自身的防卫背上比现在重好几倍的沉重包袱。① 1962 年，日本前首相岸信介也认为："如果不幸（韩国）不能支撑 38 度线，共产主义势力渗透到釜山的话，将对日本的安全构成严重的威胁。"② 也就是说，从 20 世纪 60 年代初开始日本也是把日韩"经济合作"作为其东亚安全保障政策的重要一环来推进的。

20 世纪 60 年代，无论是从传统的地缘战略的角度上看，还是从现实的安全保障及经济利益的角度上看，日韩邦交正常化问题对日本来说已成了势在必行的重要外交课题。

20 世纪 60 年代，日本一些带有官方色彩的舆论认为，韩国的当前事态，正潜藏着威胁东亚稳定的因素。首先，韩国和"北朝鲜"（指朝鲜民主主义人民共和国——笔者）之间存在着现实的经济差距。特别是"中共"（指中华人民共和国——笔者）核试验成功以及其国际地位的上升所带来的发言力的增强等，继而又有可能导致"北朝鲜"国际地位的上升。这会进一步增强韩国的孤立感和威胁感。其次，由于经济处于停止状态，因而韩国潜藏着深刻的社会、经济危机。③ 再次，一直支撑着韩国经济的美国的援助正在被削减，致使韩国的经济危机进一步加重，为克服这种危机而推行的经济开发计划也未能取得预期的成果。④ 因此，这些舆论主张，对正在经受苦难的邻国韩国进行"经济援助"。而且认为，这是日本作为一个同样的"自由

---

① 前引中保与作著《韩国读本（续）》，第 14 页。
② ［韩］《战后日本的对韩政策》，《新东亚》1965 年 10 月号。
③ ［日］《日韩条约草签仪式采访记》，《国际问题》1965 年 5 月号。
④ ［日］仁尾一郎《日韩经济合作及其存在的问题》，《国际问题》1965 年 5 月号。

阵营"国家，对韩国应尽的道义上的责任与义务。对此，韩国学者成滉镛评价说，"为韩国的稳定提供经济合作，这对日本来说是最廉价的安全保障手段，而且也是继续维持其内政中心主义及经济第一主义政策的手段。"① 更何况日本还可以通过日韩"经济合作"取得明显的现实利益！

首先，通过日韩邦交正常化和日韩"经济合作"，可以在一定程度上满足一直在敦促日本增强和扩大防卫方面的责任，为东亚地区的安全保障做出贡献的美国的要求。第二次世界大战以后，美国为完善其环太平洋战略链条和充实东北亚防卫体制，一直在积极敦促和斡旋日韩会谈，要求日韩通过邦交正常化来实现"日韩经济合作"。因为，日韩邦交正常化及"日韩经济合作"体制的形成，等于完善了美国的环太平洋反共战略链条，间接地充实了东北亚防卫体制，具有建立美国所希望的基于经济合作基础上的反共"软屏障"的效果。同时，通过日韩邦交正常化日美也可以在对韩国援助问题上顺利实现战略"换肩"的目的。

其次，韩国不仅在地理上与日本接近，而且又"大体上属于日本文化圈。"② 因此，日本通过日韩邦交正常化及"日韩经济合作"，可以确保对韩国市场的垄断。正如日本某刊物的论文所指出的那样，"拥有 2000 万人口的（韩国）市场，对日本经济来说也是一个不可忽视"③ 的存在。也就是说，在"语言、文化、风俗、产业结构等方面存在许多与日本类似之处的韩国，具备可成为日本垄断市场的诸般条件"。早在韩国还在管制对日进口年代，日本已从对韩贸易中积累了不少贸易黑字。因此，日本舆论认为，一旦"实现邦交正常化，贸易关系步入正常的轨道，日本就有望获得 1 亿美元以上的出口顺差。"④

再次，韩国具备了日本通过投入过剩设备和资本，能够获利的劳动力市场和资本市场。进入 20 世纪 60 年代以后，因日本国内逐渐缺乏优秀的、廉价的劳动力，工资急剧上升。以设备投资为主导，带动经济增长的日本经济结构所带来的供给与需求的不平衡加剧，⑤ 推动日本经济高速增长的国内基础发生了动摇。

---

① 前引成滉镛著《日本的对韩政策（1800—1965）》，第 315 页。
② ［日］大平善梧著《亚洲外交与日韩关系——剖析对韩议论》，有信堂 1965 年版，第 32 页。
③ ［日］《最后阶段的日韩交涉与政府的考虑》，《世界》1962 年 12 月号。
④ ［韩］《战后日本的对韩政策》，《新东亚》1965 年 10 月号。
⑤ ［韩］崔虎镇《坚决反对请求权》，《东亚日报》1965 年 6 月 10 日。

　　因此，日本试图通过日韩邦交正常化来寻找日本经济增长的新的突破口。因为，韩国不仅在地理上与日本接近，而且也具备了对日本有利的投资环境。"比起存在 70％到 80％的文盲的东南亚各国，韩国 1962 年的儿童就学率已达 88％，文盲率只有 8.7％，劳动力受教育的水平较高，"① 而且拥有接受较高水平教育的"廉价而丰富的劳动力"。当时韩国国内的工资水平只相当于日本的三分之一到四分之一，且少有工人运动，② 是发展需要进行长时间劳动和大量劳动力的劳动密集型产业的理想场所。

　　基于上述的理由，以财界为核心的日本民间团体，形成要求实现日韩邦交正常化的压力团体，积极要求政府改善日韩关系，提出了"不要错过〔能够赚取〕8 亿美元的韩国这一班公共汽车"的口号。③

　　另外，当时日本的民间团体，对日韩邦交正常化表现出极大的热情的背后也潜藏着，如果日韩邦交正常化再被推迟，就会对日本企业进军韩国产生不利影响的担心。当时韩国为筹措实施"经济开发计划"所需资金，正向美国、西欧等国家和地区积极寻求经济合作的途径。这种动向增强了日本垄断资本唯恐失去韩国市场的危机感。当时日本企业界人士提出"抑制西欧〔对韩国市场的〕进军"④ 的主张，并认为"如果日本不去做〔对韩经济合作〕，那么就必然有其他国家去做。果真如此，日韩邦交正常化将成为一个死文化"⑤。这些，都清楚地反映了日本垄断资本的上述危机意识。

　　进入 20 世纪 60 年代以后日本政府之所以对日韩会谈表现出很大的热心，并在日韩会谈中的最关键性的问题——财产请求权问题上很快同韩国签订"大平正芳—金钟泌备忘录"从而达成妥协的背后，就存在上述各种因素的综合作用。因此，可以这样说，20 世纪 60 年代中期，在实现日韩邦交正常化，进行"日韩经济合作"与日本所追求的国家战略上的利益（安全保障和对美合作）、现实的经济利益（追求投资、贸易及商品销售上的利益）之间形成了利益的统一。同样，实现韩日邦交正常化，进行"韩日经济合作"同韩国所追求的国家战略利益（安全保障、对美合作）、现实的经济利益

① ［日］外务省亚洲局编《朝鲜便览》，日本国际问题研究所 1964 年版，第 81 页。
② 前引成滉镛著《日本的对韩政策（1800—1965）》，第 317 页。
③ ［韩］《东亚日报》1965 年 8 月 4 日。
④ ［韩］大韩民国政府广报部编《对韩日关系的海外舆论的综合评价》，1962 年版，第 9 页。
⑤ ［韩］《东亚日报》1965 年 8 月 4 日。

（解决经济开发所需资金）之间也形成了利益的统一。这是 20 世纪 60 年代中期，日韩能够实现邦交正常化的根本原因所在。

在有关日韩经济合作的交涉过程中，日本明显地表现出了试图确立对韩国经济的某种支配地位，以确保日本在韩国的持续的经济利益的倾向。因此，在有关日韩经济合作的交涉中，日本对经济合作的方式给予了很大的关心。1962 年 4 月 12 日举行的第六次日韩会谈中，日方首席代表杉道助向韩方首席代表裴义焕提议建立类似"USOM 或美韩经济混合会议"性质的机构，"对经济合作进行日韩两国共同管理"的方案。对此，韩国以在韩日经济合作中"无法接受同美国援助相同的方式"① 为由，拒绝了日方的提议。在此后的日韩会谈中，日方虽然碍于韩国人的强烈的民族感情，不再公开主张"共同管理形式"的日韩经济合作，但一直努力摸索某种形式上能够起到共同管理效果的日韩经济合作模式。

日本外务省在日韩经济合作问题上始终坚持主张"今后的对韩经济合作，要以无偿援助与长期低息贷款为核心，优先扩充港湾、电力、道路等。同时为培养〔韩国〕国内的购买力，对农业和中小企业进行周密的援助。"② 作为其理由，日方认为"如果日本的经济援助以韩国现有的经济结构为前提，单纯地作为替代被削减的美国援助的形式来进行的话，会导致与以往美国对韩国的援助相同的结果。即会导致〔经济合作〕虽然在某些方面取得了成功，但在整体上不能稳定韩国经济的结果。"③ 日本的主张，虽然有一定的道理，但仍然很难相信在背后不存在日本想主导韩国经济的意图。

一般来说，经济合作的目的可分为三种。其一是，基于普遍的国际道义而提供的合作。即，基于人道主义的立场或为世界的稳定做出贡献的立场而进行的经济合作，就是属于这一类型。其二是，为政治目的而提供的合作。即，为了维持提供国对受援国的影响力或为使国际上的力量关系或区域力量关系向有利于自己的方向转化而提供的合作，就是属于第二种类型。其三是，为获取经济上的利益而提供的合作。即，经济合作对合作双方能够带来直接的利益的经济合作，④ 就是属于第三种类型。按照这种分类方法，日本

① 前引中保与作著《韩国读本（3）》，第 101 页。
② ［日］《最后阶段的日韩交涉与政府的考虑》，《世界》1962 年 12 月号。
③ 前引大平善梧著《亚洲外交与日韩关系——剖析对韩议论》，第 84 页。
④ ［日］大木浩著《亚洲与日本》，日本国际问题研究所 1965 年版，第 5—6 页。

的对韩经济合作，可以说是第二和第三种类型的经济合作的混合物。

　　总之，日韩在安全保障方面的共同利益与"经济合作"方面的共同利益成了 20 世纪 60 年代中期推动日韩关系向前发展，最终促使两国实现日韩邦交正常化的最大的动力。

附　录

附录一　日韩关系大事年表

大　事　记

1943

1.2　在新几内亚的布纳日军全军覆没

1.14　美英法在摩洛哥的卡萨布兰卡举行战略会议（→24）讨论未来作战计划等问题

1.20　日本内阁会议通过《增加生产勤劳紧急对策纲要》

2.1　日军开始从瓜达卡纳尔岛撤军，美军开始掌握战略主动权

2.2　斯大林格勒的德军投降，苏军开始掌握苏德战争的战略主动权

3.2　公布《兵役法（修订）》，从 8 月 1 日开始在朝鲜实施征兵制

3.18　日本颁布《战时行政特例法》、《战时行政职权特例》等，强化首相权力和行政权力

3.20　公布修订的府县制、市制、町村制（→6.1 实施），缩小地方议会权限

4.16　为了增加生产日本通过《紧急物价对策纲要》

4.18　日本联合舰队司令官山本五十六的座机在所罗门群岛上空被美军击落

4.20　日本东条英机改造内阁成立

5.31　日本"御前会议"通过《大东亚政略指导大纲》，吞并马来西亚和荷属印度尼西亚

6.1　日本内阁会议通过《增强战力企业整备纲要》

6.16　日本公布《工厂法战时特例》，取消工厂劳动时间限制

6.25　日本内阁会议通过《确立学生战时动员体制纲要》

7.10　美英军队登陆西西里岛

7.21　日本公布修订的《国民征用令》，规定基于国家目的的征用权限

7.25　意大利墨索里尼法西斯政权倒台

8.11　美英首脑举行魁北克会议（→24），讨论开辟欧洲第二战场问题

9.3　意大利与盟军签订《停战协定》（→9.8公布）

9.15　发表《日德共同声明》，再次确认三国同盟

10.2　日本公布学生《在学延期临时特例》，取消对文科大、中学生的暂缓征兵

10.18　日本公布《会社统制令》，加强对企业的控制

10.19　美英苏三国外长在莫斯科举行会议（→30）

11.1　日本设立军需省、运输通讯省、农商省，废除商工、农林、递信、铁道省和企画院，进一步加强战时经济体制

11.22　中美英三国首脑举行开罗会议（→26），签署《开罗宣言》宣布战后使朝鲜自由独立

11.28　苏美英三国首脑举行德黑兰会议（→12.1）

12.1　争得苏联同意，中美英三国公布《开罗宣言》

12.21　日本通过《都市疏散实施纲要》

12.24　日本降低征兵年龄一周岁

1944

1.7　日本大本营批准英帕尔作战计划（→3.8开始实施该计划）

1.18　日本第一次指定150家军需会社，日本内阁会议通过《紧急国民勤劳动员方策案》，截止到12月29日共指定三次，合计681家会社▶通过《紧急学生勤劳动员方策纲要》

1.24　日本大本营下达《打通大陆作战令》

2.1　美军登陆马绍尔群岛的凯瑟琳、罗特岛，该岛日本守军全军覆没（→6）

2.4　日本在大学和高等专科学校全面加强军事教育

2.25　日本内阁会议通过《决战非常措施纲要》

4.8　日本向苏联提出斡旋苏德媾和遭到拒绝（→12）

6.4　盟军解放罗马

6.6　美英军队在法国诺曼底登陆，开辟欧洲第二战场

6.15　美军在马里亚纳群岛的塞班岛登陆，（7.7）日本守军全军覆没

6.19　马里亚纳海战，美军完全掌握太平洋战争的战略主动权

7.4　日本大本营承认英帕尔作战计划失利，停止该计划的实施

7.21　美军在关岛登陆，（8.10）日本守军全军覆没

7.18　日本东条英机内阁总辞职

7.22　日本小矶国昭内阁成立（→1945.4.5）

8.4　日本决定实施全民武装，开始竹枪训练

8.5　日本"大本营政府联络会议"改称"最高战争指导会议"

8.19　日本"最高战争指导会议"通过"今后应采取的战争指导大纲"

8.23　日本分别公布《女子挺身勤劳令》，《学徒勤劳令》

9.5　日本"最高战争指导会议"通过对重庆实施政治工作等决定

9.30　大日本战时宗教报国会成立

10.10　美军飞机开始轰炸冲绳

10.18　日本陆军省把年满17岁以上的人编入兵役（11.1开始实施）

10.20　美军在菲律宾吕宋岛登陆

10.24　日本海军在吕宋岛附近海战中彻底丧失联合舰队主力

10.25　日本海军"神风特工队"在吕宋岛海面首次攻击美国军舰

11.7　日本对"红色间谍"佐尔格、尾崎秀实执行死刑

11.24　马里亚那基地的美军B29轰炸机第一次空袭东京

12.19　日本大本营放弃吕宋岛决战方针

1945

1.25　日本"最高战争指导会议"通过《决战非常措施纲要》，增加军需生产等

2.4　苏美英召开雅尔塔会议（→11），苏联同意对德战争结束后3个月之内参加对日作战

2.16　日本公布《军需金融特别措置法》（→3.23实施）

2.19　美军在硫磺岛登陆，（→3.22）日本守军全军覆没

3.6　日本公布《国民勤劳动员令》（同时废除国民征用令等五项敕令→4.10实施）

3.9　美军B29轰炸机对日本东京进行大空袭

4.1　美军登陆冲绳本岛，（→6.23）日本守军全军覆没

4.7　日本铃木贯太郎内阁成立（→8.15）

5.14　日本"最高战争指导会议"成员通过对苏交涉方针，开始结束战

争的准备

6.8　天皇出席的"最高战争指导会议"上，日本为本土决战通过《今后应采取的战争指导基本大纲》

6.22　日本公布《战时紧急措置法》

7.26　中美英发表《波茨坦公告》，敦促日本无条件投降

8.6　美军向广岛投放原子弹

8.8　苏联对日宣战，出兵中国东北和朝鲜半岛北部

8.9　美军在长崎投下原子弹

8.13　苏军登陆朝鲜清津（→8.16控制清津市）

8.15　日本接受《波茨坦公告》宣布无条件投降，美国发表"一般命令第一号"

8.17　日本东久迩宫稔彦内阁成立（→10.5）

8.18　苏军进入朝鲜元山港

8.20　苏军占领朝鲜半岛北部中心城市平壤

8.23　苏军抵达38线以南开城，切断京义线铁路

8.25　苏军进驻黄海道海州市

8.27　日本朝鲜总督府设立"终战事务处理本部"

8.28　美军先遣部队到达东京厚木机场

8.30　盟国最高司令官麦克阿瑟元帅到达厚木

9.2　在日本东京设立盟军总司令部（GHQ），日本在美国密苏里号军舰上正式签署投降书

9.7　麦克阿瑟颁布《太平洋美国陆军总司令部布告第一号》宣布在南朝鲜实施军政▶美军开始登陆仁川

9.8　美军进驻首尔

9.12　美军阿诺尔德少将被任命为"在朝鲜美国陆军司令部军政厅"长官

9.20　"在朝鲜美国陆军司令部军政厅"成立

9.23　南朝鲜美军军政厅接管在南朝鲜日本人的遣返

9.25　南朝鲜美军军政厅公布《在朝鲜美军军政厅法令第二号》，禁止日本国有财产变动

9.27　美军在日本列岛周围设置"麦克阿瑟线"

9.28　南朝鲜美军军政厅公布《在朝鲜美军军政厅法令第四号》禁止日本陆海军财产的变动

10.8　召开北朝鲜五道人民委员会代表大会

10.9　日本币原喜重郎内阁成立（→1946.4.22）

10.10　金日成同苏军一起抵达平壤，日共干部朝鲜人金天海被释放出狱

10.15　在东京成立"在日朝鲜人联盟"（朝联）（→16）

10.24　南朝鲜美国军政厅发布日本人撤离的命令

11.1　美参谋长联席会议向 SCAP 发出"投降后初期基本指令"

11.13　美国鲍利使团访日，调查日本战后赔偿问题

11.16　在日朝鲜人建国青年同盟（建青）成立

11.19　北朝鲜成立"北朝鲜行政局"（负责人/曹晚植）

11.21　日本币原币内阁设立和平条约问题研究干事会

11.28　在平壤成立北朝鲜五道行政局

12.6　南朝鲜美国军政厅公布《军政厅法令第 33 号》，没收在南朝鲜的日本及日本人的全部财产

12.16　苏美英三国外长会议（→26）宣布对朝鲜实施委任统治，决定成立美苏军代表组成的共同委员会等

12.27　"大逆事件"中被起诉的朝鲜民族运动巨头朴烈被释放出狱

1946

1.1　日本天皇发表《人格宣言》

1.4　金九就朝鲜成立统一政府问题发表声明

1.10　在伦敦举行第一届联合国大会（→2.14）

1.15　南朝鲜成立国防警备队

1.19　麦克阿瑟下令设立远东国际军事法庭

1.20　从"朝联"分裂出来的一部分人结成"新朝鲜建设同盟"（简称"建同"）

2.8　北朝鲜临时人民委员会成立（委员长/金日成）

2.9　北朝鲜成立保安部

2.13　南朝鲜成立海岸警备队

2.14　作为美军军政厅咨询机构，设立南朝鲜民主议院（议长/李承晚）

2.15　朝鲜共产党等五个政党和社会团体组织成立南朝鲜民主主义民族战线

2.17　SCAP/GHQ 向日本政府发出"有关朝鲜人、中国人、琉球人及台湾人登录的盟军总司令部备忘录"

2.24　新朝鲜建设同盟（建同）成立

2.27　"朝联"临时大会围绕托管问题发生冲突事件（分裂的表面化）

3.5　北朝鲜人民委员会发表《土地改革令》▶英国前首相丘吉尔在富尔顿发表"铁幕演说"

3.13　日本公布施行对朝鲜人等的登录令（登录日期到 3 月 18 日）

3.20　朝鲜问题第一次苏美共同委员会在首尔举行（→5.6）

4.2　SCAP/GHQ 向日本政府发出"有关在日非日本人的入境及登录"的备忘录

4.5　盟国对日理事会第一次会议在东京举行

4.12　日本渔船越过"麦克阿瑟线"，进入韩国海域渔场

4.19　日本政府以取缔非法入境者为名，把 26000 余名朝鲜人分别收容在 10 余个收容所

5.3　东京远东军事法庭正式开庭

5.6　苏美朝鲜问题共同委员会进入无限期休会

5.14　吉田茂就任日本自由党总裁

5.22　日本第一次吉田茂内阁成立（→1947.5.20）

5.23　南朝鲜美军军政厅禁止未经许可的民间人士越过三八线

6.24　北朝鲜临时人民委员会颁布《劳动法令》

7.2　盟国远东委员会通过新日本宪法的基本原则

7.17　南朝鲜美军军政厅全面禁止前往北朝鲜

7.22　北朝鲜民主主义民族统一阵线成立

7.30　北朝鲜人民委员会颁布《男女平等权利法令》

8.10　北朝鲜颁布《重要产业国有化法令》

8.28　北朝鲜劳动党成立（委员长/金枓奉）（→30）

9.24　南朝鲜 4 万铁路工人开始"九月总罢工"▶日本众议院通过修改宪法案的修正案

9.28　日本大藏省内设立"在外财产调查会"

10.1　在南朝鲜全境爆发 30 多万人参加的反美"十月人民抗争"

10.3　朴烈等组建在日朝鲜居留民团▶南朝鲜美军军政厅组织成立南朝鲜立法议会

10.6　日本贵族院特别委员会通过修改宪法修正案

11.3　日本公布《日本国宪法》

11.20　日本商工会议所成立（会长/高桥龙太郎）

11.23　朝鲜共产党，人民党，南朝鲜新民党合并成立南朝鲜劳动党（委员长/许宪）

12.2　李承晚访美，主张在南朝鲜成立"单独政府"

12.12　成立南朝鲜过渡立法议院（议长/金奎植 48.5.29）

12.17　日本举行确保生活权利、打倒吉田内阁国民大会

12.19　美苏签订"苏军占领区日本人遣返协定"

12.27　日本内阁会议决定推行"倾斜生产方式"

1947

1.4　修改《开除公职令》，其范围扩大到财界、舆论界和地方公职人员

1.28　美国斯特瑞克特别调查团到日本调查战后赔偿问题

1.31　麦克阿瑟发表阻止"2.1 大罢工"的声明

1.29　在南朝鲜，曹奉岩等召开成立民族统一战线准备委员会

2.7　麦克阿瑟向日本吉田茂首相发出要求举行大选的书简

2.18　美国斯特瑞克特别调查团，向 GHQ 提出调查报告

2.22　北朝鲜人民委员会成立（委员长/金日成）

2.24　日本公布"参议院议员选举法"

3.3　日本公布《教育基本法》、《学校教育法》等

3.8　日本国民协同党成立（书记长/三木武夫）

3.12　美国总统杜鲁门发表遏制共产主义的"杜鲁门主义"，"冷战"开始

3.22　南朝鲜 24 小时大罢工

3.31　日本民主党成立（→5.18 总裁/芦田均）▶日本公布新修订的"众议院议员选举法"，实施中选区、单记制

4.1　日本实行"6·3 制"新教育体制

4.7　日本公布"劳动基准法"

4.12　文部省发出"关于在日朝鲜人儿童的入学义务的通告"

4.20　日本战后第一届参议院选举

5.2　日本政府公布敕令第 207 号施行《外国人登录令》▶日本组织成立"日韩贸易会"

5.3　《日本国宪法》开始实施

5.19　日本成立经营者团体联合会（代表/井贯一），（48.4.12 改称日本经营者团体联盟）

5.21　美苏朝鲜问题共同委员会在首尔重开

5.24　日本片山哲内阁成立（→1948.2.10）

6.3　南朝鲜美军军政厅民政部门改称"南朝鲜过渡政府"

6.5　美国国务卿马歇尔发表"欧洲复兴计划（"马歇尔计划"）"

6.15　南朝鲜国防司令部改称"统卫部"（部长/柳东悦）

7.1　日本成立公平交易委员会

7.3　GHQ下令解散三井物产和三菱商事

7.4　日本发表二战后的第一部经济白皮书

7.19　南朝鲜民主主义民族阵线议长吕运亨被暗杀

8.4　日本成立最高法院（最高裁判所）

8.12　南朝鲜美军军政厅一举起诉1300名民主主义民族阵线成员

8.13　南朝鲜过渡政府成立"对日索赔问题对策委员会"

8.15　GHQ批准有条件的日本民间贸易

8.29　南朝鲜过渡立法议院，向四大国政府首脑提出参加对日媾和会议的要求

9.24　在美苏共同委员会上苏联提议1948年初美苏军队同时撤出朝鲜半岛，美国予以拒绝（→10.18）

10.20　有关朝鲜半岛问题的美苏共同委员会上双方最后决裂

10.21　日本公布"国家公务员法"

10.26　日本颁布修订后的"刑法"

11.14　第二届联合国大会上通过美国提出的"朝鲜举行总选举案"和设立"联合国朝鲜临时委员会案"，否决美苏同时从朝鲜半岛撤军案

11.19　日本公布《农业协同组合法》

12.17　日本公布《警察法》

12.18　日本公布《经济力量过度集中排除法》

12.22　日本公布修改后的"民法"

12.31　日本内务省解散

1948

1.6　美国陆军部长罗亚尔发表"日本是反共屏障"演说

1.8　联合国朝鲜问题临时委员会委员团访问韩国

1.24　日本文部省学校教育局局长发出"关于处置朝鲜人设立的学校"的通告

2.4　GHQ向日本政府发出《严格实行农地改革的备忘录》

2.7　南朝鲜爆发反对美国分裂朝鲜民族的政策、反对南朝鲜地区单独

选举的大罢工

2.8　朝鲜人民军成立

2.14　盟国远东委员会通过日本非武装化指令

3.7　日本实行新的警察制度

3.10　日本芦田均内阁成立（→10.7）

3.12　联合国大会朝鲜问题委员会，决定在南朝鲜地区举行单独选举

3.15　日本成立"民主自由党"（总裁/吉田茂）

3.20　德雷伯调查团到日本→5.18发表调查报告主张再削减日本的赔偿，并停止中间赔偿

3.24　文部省通知各都道府县关闭不执行"1.24"通告的朝鲜人学校

3.31　山口县下达关闭朝鲜人学校的通告，关闭朝鲜人学校

4.3　济州岛爆发反对南朝鲜地区单独选举的武装斗争（→11.3）

4.8　冈山县下达关闭朝鲜人学校的通告，关闭朝鲜人学校

4.10　兵库县下达关闭朝鲜人学校的通告，关闭朝鲜人学校

4.12　大阪府下达关闭朝鲜人学校的通告，关闭朝鲜人学校

4.15　东京都下达关闭朝鲜人学校的通告，关闭朝鲜人学校

4.19　在平壤举行南北政党、社会团体代表联席会议

4.25　兵库县军政部因神户朝鲜人学校事件（4.23－24）发布非常事态宣言

4.27　日本公布海上保安厅设置法（5.1实施）

5.5　文部省与朝鲜人教育对策长签订备忘录

5.10　南朝鲜单独举行制宪国会议员选举

7.17　南朝鲜公布《大韩民国宪法》

7.20　日本政府公布GHQ的"稳定经济九原则"

8.5　韩美签订"韩美临时军事协定"

8.15　大韩民国政府成立（总统/李承晚），结束美军军政

8.25　北朝鲜举行最高人民会议代表选举

9.2　朝鲜最高人民会议第一次会议通过《朝鲜民主主义人民共和国宪法》

9.5　韩国改编国防警备队为陆军，改编海岸警备队为海军

9.9　朝鲜民主主义人民共和国成立（首相/金日成）

9.11　美韩签署"美韩财政及财产协定"，美国移交在韩国的日本及日本人财产

10.19　日本第二次吉田茂内阁成立（→1949.2.11）▶李承晚总统访问日本

10.20　韩国发生丽水、顺天军队叛乱

10.29　苏联军队开始从朝鲜撤军（→12.26完成撤军）

10.30　1500余名日本警察闯入在东京举行的朝鲜联盟第五次全国大会会场，禁止悬挂朝鲜国旗

11.2　杜鲁门当选美国总统

11.10　美韩举行有关美国对韩经济援助的会议

11.20　韩国国会表决通过《国家保安法》

11.30　韩国公布"国军组织法"

12.10　美韩签订"美韩经济援助协定"（12.13批准）

12.12　联合国大会，承认韩国政府是"朝鲜的唯一合法政府"

12.18　日本占领当局发表"稳定经济九原则"

12.26　苏军从北朝鲜撤退

1949

1.1　美国正式承认韩国▶麦克阿瑟允许日本自由使用日章旗

1.4　韩国政府在日本东京设立驻日代表部

1.8　韩国政府发表声明要求归还对马岛

1.28　朝鲜最高人民会议第二次会议通过1949—1950年人民经济两年计划相关的法律

2.16　日本第三次吉田茂内阁成立（→1952.10.24）

2.20　美国驻韩公使馆升格为大使馆

2.22　金日成首相为团长的朝鲜政府代表团访问苏联▶韩国设立"对日索赔请求委员会"

3.7　美国道奇公使提出"超均衡财政政策"

3.10　在东京举行日韩通商预备会谈

3.15　韩国政府"对日索赔请求委员会"整理出《对日索赔要求调查书[上卷]》

3.17　朝鲜与苏联签署"经济文化合作协定"

3.26　日韩举行通商会谈（→10.25）▶李承晚政权首次向盟军总司令麦克阿瑟书面提出对日现物索赔要求

4.4　日本公布和实施《团体等规正令》▶美国和西欧国家签订《北大西洋公约（NATO)》

4.10　联合国安理会否决韩国加入联合国的要求

4.18　韩国成立海军陆战队

4.23　日韩签订通商协定（12.17批准，12.21生效）▶GHQ设定1美元等于360日元的单一汇率

5.10　美国夏普税制代表团访日

5.12　美国政府向麦克阿瑟发出指令，停止《中间赔偿计划》的执行

5.20　李承晚总统发表声明，称坚持对日的索赔要求

5.28　美国国防部宣布撤走除美国军事顾问团以外的在韩美军

6.10　美国国务院公布在韩国设立美国军事顾问团

6.25　朝鲜半岛南北71个政党团体在平壤成立"祖国统一民主战线"，提议在1949年9月成立立法机构，在半岛南北举行统一选举，遭到李承晚政权的拒绝（→7.9）

6.26　韩国独立党党首金九被暗杀

6.30　朝鲜半岛南北劳动党合并成立朝鲜劳动党（委员长/金日成）

7.15　朝鲜成立"保卫祖国后援会"

8.6　韩国公布"兵役法"

8.7　台湾的蒋介石访问韩国（→8.8发表共同声明）

8.26　夏普税制代表团发表税制改革劝告案

9.8　日本政府根据《团体等规正令》，强制解散在日朝鲜人联盟、在日朝鲜民主青年同盟，接受其财产

9.23　苏联宣布拥有核武器

10.1　中华人民共和国成立▶联合国大会决定邀请韩国

10.12　韩国建立空军

10.19　日本政府下令关闭93所在日朝鲜人学校，要求改组24所学校▶韩国政府宣布共产主义团体为非法

10.24　韩国加入ECAFE

11.1　美国国务院发表称正在研究对日媾和条约案，有关对日媾和问题的争论白热化

11.11　吉田茂首相在参议院表示准备单独媾和

11.22　韩国国会通过"戒严法"，通过"归属财产法"

11.27　韩国智异山的游击队活动频繁，袭击晋州

12.6　韩国实施第一次征兵体检

12.4　日本社会党通过"全面媾和、坚持中立、反对军事基地"的"和

平三原则"

12.15　日本颁布私立学校法

12.16　中华人民共和国国家主席毛泽东访问莫斯科

12.25　麦克阿瑟下达"日本战犯减刑"令

1950

1.1　麦克阿瑟发表声明称"日本国宪法并不否定自卫权"

1.7　日本政府要求在日朝鲜人进行外国人登录

1.16　日本施行新修订的"外国人登录令"（→1.30更新登录证，开始以大韩民国登录）

1.26　美韩两国签订"美韩相互防卫援助协定"

1.31　美国参谋长联席会议主席布莱德雷、陆海空三军首脑访日

2.10　日韩开通无线电话

2.14　中苏签订《中苏友好互助同盟条约》

2.16　李承晚总统应麦克阿瑟元帅的邀请访问日本（→2.18）

2.17　李承晚同麦克阿瑟举行会谈

2.23　日本政府内阁会议决定使用大韩民国国名

3.1　日本成立自由党（总裁/吉田茂）

4.7　艾奇逊国务卿发表对韩备忘录，要求韩国抑制通货膨胀，实行5月选举

5.3　麦克阿瑟暗示日本共产党为非法▶吉田茂首相提出"以美军驻扎日本为前提的尽早媾和方案"

5.18　美国总统杜鲁门要求尽快实现对日媾和

5.30　韩国举行第三次国会议员选举，执政的大韩国民党惨败

6.2　签订日韩通商特别协定

6.5　韩国祖国统一民主阵线，通过和平统一基本方针决议

6.6　麦克阿瑟下令开除24名日本共产党中央委员

6.17　美国国务院顾问杜勒斯分别访问日本和韩国（→6.22）

6.18　美国国防部长约翰逊，参谋长联席会议主席布莱德雷访日，研究远东形势

6.23　缔结日韩临时海运协定

6.25　朝鲜战争爆发▶联合国安理会通过美国提出的"北朝鲜为侵略者决议案"

6.27　韩国政府因战乱迁至大田（7.16大邱、8.18又迁至釜山）

6.28　朝鲜民主主义人民共和国军队占领首尔

7.1　美国为首的"联合国军"地面部队登陆釜山

7.4　日本吉田茂政府在内阁会议上决定对美国在朝鲜半岛的军事行动给予合作

7.7　联合国安理会在苏联缺席的情况下决定向朝鲜派遣"联合国军"▶日本的朝鲜战争特需景气开始▶美国筹建以麦克阿瑟为首的"联合国军"

7.8　麦克阿瑟下令日本政府成立 75000 名的警察预备队，把海上保安厅人员扩充到 8000 人

7.11　日本劳动组合总评议会（简称"总评"）成立

7.15　美韩缔结把韩国军队统帅权转让给美军的"大田协定"

7.25　朝鲜民主主义人民共和国在三八线以南占领区举行人民委员会选举

8.10　日本公布警察预备队令

8.19　日本外务省发表《朝鲜动乱和我们的立场》

8.30　麦克阿瑟下令解散"全劳联"▶"全学联"发表"反对红色整肃宣言"

9.1　日本内阁会议决定进行"红色整肃［red purge］"

9.14　杜鲁门下令开始有关对日媾和问题的交涉

10.1　日本中国友好协会成立▶美韩军队越过三八线北进

10.7　第五届联合国大会通过"八国提案"允许突破三八线并成立"联合国韩国统一复兴委员团"

10.22　东京—首尔间民航飞机开始通航

10.25　中国人民志愿军入朝参战

11.1　朝鲜战争中第一次出动苏制米格战斗机

11.6　韩国申性模国防部长官访日

11.19　朝鲜政府迁往新义州

12.5　中朝军队夺回平壤

12.13　日本颁布"地方公务员法"

12.14　联合国大会通过朝鲜停战决议案

1951

1.1　中朝军队越过三八线▶麦克阿瑟强调集体安全保障和对日媾和问题

1.4　中朝军队再次占领首尔

1.6　李承晚表示希望实现韩日邦交正常化，建立韩日友好关系

1.9　在日朝鲜人统一民主战线（简称"民战"）成立

1.15　日本成立"全面媾和爱国运动全国协议会"

1.22　麦克阿瑟到达首尔

1.25　美国国务院顾问杜勒斯访日

2.1　在美国的操纵下联合国大会通过指责中国为侵略者的决议▶日本输出银行开业

2.2　美国特使杜勒斯发表集体安全保障，美军继续驻留日本的对日媾和方针

2.10　日本成立社会民主党（委员长/平野力三）

2.11　发生韩国军队集体屠杀居民的"居昌事件"

2.21　世界和平大会召开（→26）

2.24　日本成立"基督者和平会"

2.28　日本警察镇压东京都立在日朝鲜人初、高中学校（→3.7同武装警察大队发生冲突）▶《日美行政协定》签订

3.14　美国为首的"联合国军"夺回首尔

3.18　韩国商工部长官李教善，为韩日通商协议问题访日

4.8　李承晚政权加强对越过麦克阿瑟线的日本渔船的缉拿，20天内缉拿33艘

4.11　麦克阿瑟被解除"联合国军最高司令官"职务，李奇维中将接替麦克阿瑟

4.18　杜勒斯、李奇维和吉田茂首相举行会谈，讨论美军驻扎日本问题

4.23　日韩缔结"日韩通商协定"（→24生效）

6.16　韩国召回驻日公使金溶植

6.23　苏联驻联合国代表马立克提议进行朝鲜停战谈判

7.8　朝鲜停战预备会谈在开城举行

7.10　在开城正式举行朝鲜停战谈判，后迁至板门店举行

7.28　为韩日邦交正常化收集资料，俞镇午、林松本等来到日本

7.30　韩国举行反对实现韩日关系正常化的国民大会

8.15　中国政府发表声明抗议美国策划单独媾和▶"民战"在日本组建"祖国防卫队"

9.1　美国同澳大利亚、新西兰签订太平洋安全保障条约

9.8　旧金山对日媾和会议，签署《对日和平条约》和《日美安全保障

条约》

　10.1　韩国外务部长官卞荣泰向日本提出现物赔偿要求

　10.4　日本公布新出入国管理令（→11.1施行）

　10.8　韩美签署《韩美财政协定》

　10.20　在 GHQ 的斡旋下，日韩举行预备会谈（→12.22，东京）

　10.26　日本众议院批准《对日和平条约》和《日美安全保障条约》

　10.27　板门店的朝鲜停战谈判签订设置南北军事分界线和非武装地带的协定

　11.7　日韩之间贸易清算协定生效

　11.18　日本参议院批准《对日和平条约》和《日美安全保障条约》

　11.19　日本国会批准《对日和平条约》和《日美安全保障条约》

　11.30　韩国政府提出宪法修正案

　12.1　除釜山、大邱以外的韩国全境实施非常戒严令

　12.4　韩国驻日代表部大使申性模辞职

　12.7　中国开始三反运动

　12.10　美国国务院顾问杜勒斯访日，同吉田茂首相举行会谈

　12.15　美国国务院顾问杜勒斯访问韩国

　12.22　韩国成立支持总统的执政党——自由党

　12.24　吉田茂首相在给杜勒斯书简中保证，准备同台湾媾和

1952

　1.2　在朝鲜停战谈判中就交换全部俘虏达成协议

　1.18　韩国政府宣布《海洋主权宣言》，从而确定"和平线"，即"李承晚线"

　1.28　日本政府向韩国政府通告送还 2033 具韩国出身的二战死亡者的遗骸

　1.31　吉田茂发表把警察预备队改编为防卫队的构想

　2.8　日本成立改进党（干事长/三木武夫）

　2.15　第一次日韩会谈在东京举行（→4.26），韩国拒绝日本提出的对韩财产请求权

　2.22　朝鲜外交部谴责美军使用细菌武器

　2.28　签订《日美行政协定》

　4.3　在莫斯科举行世界经济会议（→4.12）

　4.20　韩国张勉总理辞职，指定张泽相为后任

4.23　韩国各地爆发反对修改宪法的游行示威

4.25　第一次日韩会谈破裂

4.28　日本政府公布施行外国人登录令，公布施行法律第 126 号 ▶ 签订日韩通商、财政、海运协定 ▶ 盟军总司令部（GHQ）解散 ▶《对日和平条约》、《日美安保条约》生效 ▶ 签订《日台条约》▶ 朝鲜停战谈判中就设立由中立国组成的停战监视团达成协议

5.7　在济州岛志愿军俘虏收容所，不堪非人待遇的志愿军俘虏发动暴动（5.20 → 再一次发动暴动，6.10 激化）

5.8　美国国务院发表日本对韩国财产请求权为无效的备忘录

5.9　日美加签订《日美加渔业协定》

5.12　日本强制遣送关押在长崎收容所的 410 名朝鲜人到韩国

5.25　李承晚政权在釜山实施戒严，并逮捕反对修改宪法的国会议员

5.24　缔结《韩美经济调整协定》，设置韩美混合经济委员会

6.20　韩国暴力团伙袭击在野领导人举行的反独裁维护宪法救国集会

6.23　"联合国空军"轰炸水丰大坝

7.4　在宣布戒严令的状态下，韩国政府的修宪案在国会获得通过

7.21　日本公布实施"放破法"、"公安调查厅设置法"

8.1　日本警察预备队与海上警备队合并新成立"保安厅"▶ 设立大村外国人收容所

8.5　总统选举中李承晚第二次当选为韩国总统

8.13　日本加入 IMF 和世界银行

9.16　李承晚政权就日本渔船侵犯韩国领海问题提出抗议

9.19　韩国海军总参谋长孙元一，对日本侵犯韩国海洋主权线的行为发出警告

9.27　韩国举行谴责日本渔船侵犯"和平线"的国民大会

10.1　日本举行第 25 次众议院大选

10.8　在朝鲜停战谈判中，因在俘虏自由送还问题上发生对立，谈判进入无限期休会

10.10　韩国驱逐未经批准进入首尔的四名日本记者

10.13　韩国司法当局审判侵犯韩国领海的日本渔船上的四名渔民

10.15　日本警察预备队改组为保安队

10.30　日本第四次吉田茂内阁成立（→1953.5.18）

11.4　美国总统选举中艾森豪威尔当选美国总统

12.1　日本设立长期信用银行

12.2　美国艾森豪威尔总统访问韩国

12.14　韩美签署《韩美经济协定》

1953

1.5　李承晚总统访问日本（→1.7）6 日与吉田茂会谈，表明恢复韩日邦交的意愿

1.9　冈崎胜男外相就日本在韩财产请求权的让步问题明确表态

1.20　艾森豪威尔就任美国总统

2.1　在首尔就日韩渔业问题进行协商

2.2　艾森豪威尔总统在例行咨文中宣布取消台湾中立化政策

2.4　韩国警备艇缉拿越过"李承晚线"捕鱼的日本渔船、射杀渔船船长

2.27　韩国李承晚政权发表领有独岛（日方称"竹岛"）主权的声明

3.5　苏联斯大林去世

4.2　日美签署"日美通商航海条约"

4.15　第二次日韩会谈开始（首席代表/金溶植）

4.21　韩国任命白斗镇为国务总理

4.24　第三次日本参议院选举

5.13　开始日韩会谈国籍及待遇问题委员会会谈

5.21　日本第五次吉田茂内阁成立（→54.12.7）

6.18　韩国李承晚总统释放表示反共的 2.4 万战俘

6.26　有日本人登上独岛（竹岛）

7.23　第二次日韩会谈因对日财产请求权问题，渔业问题上的对立而中断

7.27　《朝鲜停战协定》在板门店签署，朝鲜半岛实现停火

8.3　在板门店设置军事停战委员会总部

8.5　美国杜勒斯国务卿访问韩国▶朝鲜劳动党第六次大会通过"战后经济建设基本路线"

8.8　韩美草签《韩美相互防御条约》（→10.1 正式签署→1954.1.13 生效）▶李承晚与杜勒斯国务卿会谈

8.15　韩国政府宣布重返首尔

8.28　联合国大会通过决议准备召开有关朝鲜问题的政治会议

9.1　以金日成首相为团长的朝鲜民主主义人民共和国代表团访问苏联

9.13　平壤广播电台广播称委托日本共产党领导在日朝鲜人

9.19　朝苏就经济援助，延期支付借款等发表共同声明

9.24　日本政府要求重开日韩会谈

10.2　池田—罗伯特逊开始举行会谈（→10.30 就日本防卫力量渐增发表共同宣言）

10.6　第三次日韩会谈开始（→10.21）

10.12　韩国组建沿岸警备队

10.21　因有关日本对朝鲜殖民统治问题的"久保田发言"，日韩会谈破裂

10.23　日本要求在韩国设立驻日代表部

10.26　朝鲜政治会议预备会谈在板门店举行，12 月 12 日停止会谈

11.5　日本的大山郁夫、淡得三郎、龟田东伍等，二战后第一次访问朝鲜

11.10　以金日成首相为团长的朝鲜民主主义人民共和国代表团访问中国

11.12　美国尼克松副总统访问韩国（→11.15）▶在韩国国会上就 10 月 15 日在日韩会谈中日方首席代表"久保田妄言"问题进行提问

11.15　美国尼克松副总统访问日本

11.22　中国政府宣布朝鲜战争中的援助为无偿赠与

11.27　李承晚总统访问台湾（→11.28 发表反共统一战线共同声明）

12.14　韩美签订《韩美混合委员会协定》谋求韩国经济重建和财政稳定

12.21　罗伯特逊助理国务卿访日（→12.23）同吉田茂首相讨论防卫问题等

12.24　日美签订《奄美群岛归还协定》

1954

1.7　艾森豪威尔总统在例行国情咨文中表示无限期拥有冲绳基地

1.12　杜勒斯国务卿发表大规模报复战略的演说

1.15　日本成立"拥护宪法国民联合"（议长/片山哲）

1.18　韩国海洋警备队在独岛（竹岛）设置韩国领土标志

1.25　美英法苏外长会议（→2.18）决定召开日内瓦会议

2.1　重开日韩政治会谈前的预备会谈

3.8　日美签订《日美相互防御援助协定（MSA）》（→5.1 生效）

3.12　《日韩海运协定》延长一年▶日本自民党宪法调查会成立（会长/岸信介）

4.20　朝鲜最高人民会议通过"战后复兴人民经济三年计划"

4.26　召开日内瓦会议讨论朝鲜半岛、印度支那问题，美国单方面破坏朝鲜问题会谈（→7.21签订"印度支那停战协定"）▶朝鲜提议外国军队全部撤出朝鲜半岛，在全朝鲜范围内举行大选

5.14　美日签订舰艇出租协定

5.20　韩国第三次民议院议员选举，执政党获胜

6.15　在日内瓦会议上朝鲜半岛问题会谈破裂

6.16　韩国当局以特赦的形式全员释放被扣留的日本船员

6.24　日本正式加入远东经济委员会（ECAFE）

6.28　周恩来与尼赫鲁发表"和平共处五项原则"的声明

7.1　日本设立防卫厅和警察厅，成立自卫队

7.12　韩国外务部公报室室长葛洪基要求日本政府释放被关押的在日朝鲜人

7.21　日内瓦会谈结束，签署印度支那停战协定

7.25　韩国李承晚总统访美

7.31　发表李承晚—艾森豪威尔共同声明，主张"联合国监督下的统一"

8.15　韩国政府发表《对日索赔要求调查书（全一卷）》

8.30　朝鲜外长南日发表声明要求日本政府保障在日朝鲜人的权利（否定日本共产党的领导）

9.3　中国军队炮击金门、马祖的国民党守军阵地

9.8　东南亚条约组织（SEATO）成立

9.25　日本政府提议把有关竹岛（独岛）领土主权问题的争论提交国际法院裁决

10.3　9万中国人民志愿军从朝鲜撤军

10.11　日本政府提出新的"日韩会谈"妥协方案

10.28　韩国政府拒决日方提出的有关将独岛（竹岛）问题提交国际法院裁决的提案▶朝鲜最高人民会议第八次会议，提议举行南北各政党、社会团体代表联席会议或南北议会混合会议

11.17　韩美签署《韩美关于军事经济援助的协定》

11.24　日本民主党成立（总裁/鸠山一郎）

11.28　韩国李承晚政权采取四舍五入方式强行宣布被国会否决的李承晚为终身总统的宪法修正案

12.7　签订"美台相互防御条约"▶吉田内阁总辞职

12.10　日本第一次鸠山一郎内阁成立（→1955.3.18）

12.14　朝鲜向韩国提议南北通邮

12.22　日本政府发表对宪法第九条的解释，声称日本保有自卫权，自卫队符合宪法

1955

1.1　日本共产党发表"关于在日朝鲜人运动"，放弃对在日朝鲜人的领导

1.17　韩美签订《韩美军事援助协定》

1.19　日本社会党大会通过"和平三原则"和反对重整军备的决议

1.25　杜勒斯对日媾和特使访日，同吉田茂首相会谈

1.27　瑞士朝鲜停战监督委员会要求解散（3.4美英同意）

2.2　杜勒斯发表"集体安全保障、美军驻扎日本"媾和方针

2.25　朝鲜外相南日发表特别声明呼吁日朝邦交正常化，进行经济、文化交流

3.9　朝鲜最高人民会议第九次会议作为和平统一的方案，提议外国军队撤出朝鲜半岛，南北双方裁减军队，人员相互往来，促进经济文化交流

3.10　在日朝鲜人"民战"发表不干涉日本内政的路线

3.19　日本第二次鸠山一郎内阁成立（→1956.11.21）

4.8　在印尼万隆召开亚非会议（→4.18）通过和平十原则

4.9　公报室室长葛弘基代表李承晚政权对美国的对日政策发出警告

4.18　朝鲜平壤广播电台开始针对在日朝鲜人的广播

5.14　苏联与东欧七国签订"华沙条约"，华约组织成立

5.22　美国设立驻韩美军军事援助顾问团

5.26　在日朝鲜人总联合会成立

5.31　韩美签署《韩美剩余农产品援助协定》▶日美签署《日美剩余农产品协定》

6.10　韩国向日本出口11万吨大米

7.15　日本共产党民族对策部全国代表大会，决定让全体朝鲜人党员退党

7.18　日内瓦美英法苏四大国首脑会谈（→7.23）

7.25　美国远东地面军司令部和第 8 军司令部迁移到首尔

7.27　日本共产党第六次全国协议会召开

8.13　李承晚总统发表声明称立即废弃朝鲜停战协定

8.14　朝鲜金日成首相在 8.15 解放十周年庆祝大会的报告中再一次阐明和平统一原则、立场、途径

8.17　韩国全面禁止对日贸易和人员往来（→56.1.18）

8.25　韩国俞镇午复兴部长官，明确表示不批准一切对日进口

8.26　韩国加入国际货币基金（IMF）和国际复兴开发银行（IBRD）

10.13　日本社会党统一大会召开▶韩国闻庆水泥厂动工

10.14　重新开始韩日贸易

10.15　在北京，朝鲜国家贸易会社同日本的东京物产缔结战后第一个贸易合同

10.20　访朝中的日本议员代表团就日朝邦交正常化、设立贸易代表部等问题发表共同声明（团长/古屋真雄）

10.21　韩国政府公报室室长葛洪基谴责日本同共产党国家通商

10.31　朝鲜外相要求派代表参加第十四届联合国大会的朝鲜问题讨论

11.1　召开日朝协会成立大会（→11.2）

11.8　朝鲜提出为了挽救南朝鲜的民族产业和人民生活，可以向南朝鲜输送电力

11.15　日本自由民主党成立（简称"自民党"）

11.17　韩国军队首脑表示不惜开枪、开炮击沉侵犯"和平（李承晚）线"的日本渔船

11.22　日本第三次鸠山一郎内阁成立（→1956.12.20）

12.1　西德正式承认韩国

12.7　美国国务院同韩国驻美大使梁裕灿协商韩日关系问题

12.13　贺川丰彦向李承晚发出妥善处理日韩问题的书简

12.24　韩国驻日代表部公使金溶植抗议日朝协会代表访问朝鲜

1956

1.17　开始日苏邦交正常化谈判（3.20 因在领土问题上触礁，进入休会）

1.18　韩国政府发表对日贸易程序，受理对日贸易申请

1.23　韩国驻日代表部宣布重开对日贸易

2.3　美韩签署原子能协定

2.10　韩国驻日代表部公使金溶植抗议日本政府推进在日朝鲜人返回朝鲜的工作

2.14　苏联召开苏共二十大（→2.25）批判斯大林独裁和个人崇拜

2.26　日本商社在平壤缔结商社之间的贸易合同

2.27　日朝红十字会谈，对滞留在朝鲜的日本人的回国问题达成协议 ▶韩国李承晚政权停止部分特殊商品的对日出口

2.28　日本的贸易商成立日朝贸易业务联络会议（→3.6 设立日朝贸易会）

3.14　韩美签订剩余农产品购买协定

3.17　美国国务卿杜勒斯访韩与李承晚总统会谈（→19）

3.25　韩国驻日代表部公使金溶植提议举行"韩日预备会谈"

4.2　日韩就相互释放被扣留者达成协议

4.3　朝鲜成立对外文化联络协会

4.5　鸠山一郎当选为日本自民党第一任总裁

4.20　日韩交涉再开"第四次日韩会谈"问题

4.23　朝鲜劳动党第三次大会（→4.29）通过五年计划基本方针

5.15　第三届韩国总统选举（→5.21 李承晚第三次当选总统）

5.31　朝鲜宣布削减人民军兵力 8 万人

6.1　以金日成首相为团长的朝鲜政府代表团出访苏联、东欧各国

6.2　朝鲜外务省发表声明呼吁为协商从朝鲜半岛撤出外国军队、和平统一朝鲜等问题，相关国家举行会议

6.5　李承晚同美国国务卿代理助理西博尔德协商对共产主义国家和对日的问题

6.21　在江原道·东华逮捕日本共产党党员 19 人

7.2　在平壤成立促进南北和平统一协议会

7.9　李承晚政权要求美国调解日韩关系问题

8.30　朝鲜劳动党中央委员会（→8.31）上，金科奉最高人民会议常任委员长等反金日成派败北

9.15　韩国驻日代表部公使金溶植、参事官柳泰夏回国

9.30　李承晚提出解决韩日问题的三个条件

10.1　韩国驻日代表部公使金溶植向日方提议重开日韩会谈并进行非正式交涉

10.19　日苏签署"共同宣言"实现邦交正常化

11.7 朝鲜最高人民会议致函韩国民议院和各界人士，提议为裁减南北军备举行裁减军备小委员会会议

11.8 韩国政府抗议日本经济代表团访问朝鲜

11.10 韩国成立进步党（委员长/曹奉岩）

11.17 韩国政府下令驱逐日本人记者（共同、朝日、每日）

11.29 韩美签订《韩美友好通商条约》

12.1 朝鲜开始"千里马运动"

12.12 日韩两国政府就被扣留者问题和重开日韩全面会谈问题签署"谅解备忘录"和"关于重开全面会谈的备忘录"

12.14 石桥湛山当选日本自民党总裁▶韩国文教部要求日本归还 60 件文物

12.18 日本加入联合国▶石桥湛山声明准备全员释放被扣押的在日朝鲜人

12.20 日本鸠山内阁宣布总辞职

12.21 在联合国大会上，韩国代表再一次要求加入联合国

12.23 日本石桥湛山内阁成立（→1957.2.23）

1957

1.1 被收容在釜山收容所的 17 名日本渔夫逃跑

1.11 联合国政治委员会通过在联合国的监督下南北朝鲜举行总选举的方案

1.12 朝鲜外务省就联合国政治委员会通过美国提出的"在联合国的监督下南北朝鲜举行总选举的方案"一事发表声明表示，断然拒绝该方案

1.31 朝鲜红十字会委员长发表致大韩红十字会总裁的公开信，提议南北红十字会代表定期交换信件▶石桥湛山首相病倒，外相岸信介代行首相职务

2.1 韩美签订"韩美剩余农产品协定"

2.3 韩国政府制订《经济复兴五年计划》

2.13 韩国要求日方释放被扣留的日本人

2.21 日本外务省亚洲局局长中川融同韩国驻日代表部代表会谈，以尽快举行日韩会谈为前提，交涉相互释放被扣留者的问题

2.25 日本成立第一次岸信介内阁（→1958.6.10）

3.21 岸信介当选为日本自民党总裁

3.22 美国陆军总参谋长特拉访问韩国

3.28　日本政府宣布放弃对韩财产请求权等

4.12　为举行第四次日韩会谈进行预备会谈

4.24　韩美签署《韩美航空协定》▶李承晚表示如果日本政府释放被扣留朝鲜人，愿意举行日韩会谈

4.28　日本政府同意签署放弃对韩财产请求权为核心内容的"日韩议定书"

5.1　金裕泽韩国驻日代表部经济顾问到日本

5.8　韩国李承晚总统赞同在韩国境内建立导弹基地

5.14　台湾军事代表团访问韩国

5.15　韩国第二次记者大会准备委员会发表邀请朝鲜记者的公开信

5.16　韩国任命金裕泽为驻日代表部大使

5.20　岸信介—金裕泽举行会谈

6.8　岸信介—金裕泽会谈就重开日韩正式会谈达成原则性协议

6.14　金裕泽—岸信介会谈结束

6.16　日本岸信介首相访美→6.21日美首脑会谈后发表共同声明

6.27　美国会计院院长坎贝尔向国会报告政府乱用对韩经济援助

7.1　在日本东京的"联合国军司令部"迁往韩国

7.7　北越胡志明主席访问朝鲜（→7.12）

7.15　美国宣布驻韩美军着手进行核武装，朝鲜立即表示抗议

7.27　成立恢复日中邦交国民会议

7.31　为重开日韩正式会谈举行日韩预备会谈

8.1　美军宣布撤退在日本本土的地面部队

9.6　日本经济代表团同朝鲜国际贸易促进会发表共同声明

9.16　美国哈特副国务卿访问韩国

9.18　南越吴庭艳总统访问韩国（→9.22）

9.27　日朝贸易协会、日本国际贸易促进会、日朝协会在平壤同朝鲜国际贸易促进会缔结"日朝贸易协定"

10.4　日本拒绝韩方要求修改财产请求权问题的表述的要求

11.3　以金日成首相为团长的朝鲜政府代表团访问苏联

11.20　金裕泽—藤山爱一郎会谈，以恢复日韩会谈为前提，就相互释放被扣留者达成妥协

12.12　藤山爱一郎同金裕泽会谈就相互释放和财产请求权问题达成妥协

12.19　北约（NATO）首脑会议发表"巴黎宪章"

12.31　日韩签署"日韩相互释放被扣留人员协议"

1958

1.2　岸信介表示愿意直接访问李承晚总统

1.7　日韩就引渡韩国文物及韩国的财产请求权问题签署秘密协议

1.8　日韩决定每天各自释放 90 名被扣留人员

1.13　韩国进步党委员长曹奉岩以特务罪被逮捕

1.18　日韩两国代表就引渡部分韩国文物达成一致

1.19　日本开始释放扣押在大村收容所的朝鲜人

1.27　日韩重开实际业务人员会谈，交换各自准备释放的被扣留者名单

1.29　驻韩美军正式承认装备核武器的事实（2.3 公开）

1.30　韩国开始释放拘留在釜山的日本渔民→31 遣返 300 人

2.5　朝鲜政府发表声明要求外国军队撤出朝鲜半岛，并在适当时机在全朝鲜实行自由选举

2.7　中国政府提议外国军队撤出朝鲜半岛

2.8　日本水产会要求政府缔结《日韩渔业协定》

2.14　中国周恩来总理访问朝鲜，发表联合声明宣布中国人民志愿军撤出朝鲜

2.19　美国国务院发表声明称美军不会撤出韩国

2.21　第一批被遣返的 249 名在日朝鲜人到釜山港

2.27　韩国政府抗议日本政府泄漏美国国务院关于日韩财产请求权问题的说明文件

3.3　朝鲜劳动党代表大会，通过第一个五年计划

3.31　美韩就削减六万韩国军队达成协议

4.15　第四次日韩会谈开始（12 月因"北送问题"中断）

4.26　日本公布日本贸易振兴会法

5.2　韩国第四届民选议员选举▶长崎发生日本右翼分子侮辱中国国旗事件

5.19　矢次一夫作为岸信介首相的个人特使访问韩国

6.8　日本宪法问题研究会举行第一次大会，20 日开始 1000 公里和平大行进

6.9　朝鲜通过第一个五年计划

6.12　日本第二次岸信介内阁成立（→1960.7.15）

7.8　朝鲜抗议日本将大村收容所的在日朝鲜人强制遣送韩国

7.25　日本贸易振兴会成立

8.2　朝鲜宣布完成农业合作化

8.11　川崎市在日朝鲜人向金日成首相表示希望返回祖国，在日朝鲜人返回朝鲜运动的开端▶前首相吉田茂认为不管是经济援助还是经济合作或赔偿在我们看来都是投资

8.24　中国军队炮击金门岛国民党守军

9.1　林炳稷—泽田廉三就双方扣留人员问题进行会谈

9.8　金日成首相发表演说"欢迎在日朝鲜人回国"

9.20　韩国政府任命驻日代表部代表柳泰夏为公使部，令金裕泽原地待命▶朝鲜外相致函第十三届联合国大会秘书长要求派代表参加联合国有关朝鲜半岛问题的讨论

9.22　日韩达成协议同意继续举行因"北送问题"陷于混乱的日韩会谈

9.27　日韩会谈"在日朝鲜人国籍及待遇委员会"讨论在日朝鲜人待遇问题

10.4　日美开始举行修改日美安保条约的谈判

10.26　中国人民志愿军全部撤离朝鲜

10.28　朝鲜就中国人民志愿军全部撤出朝鲜发表声明

11.3　日韩会谈"渔业及李承晚线（和平线）"委员会应日方要求延期举行

11.5　李承晚总统访问南越（→11.9）

11.21　朝鲜民主主义人民共和国金日成首相启程访问中国和越南

11.28　日韩会谈中日方提议共同管理"李承晚（和平）线"海域的渔业权

12.4　韩国柳泰夏驻日公使在韩国国会外务委员会上提议举行"日韩首脑会谈"

12.20　第四次日韩会谈因"泽田廉三发言"进入休会阶段

12.27　日本政府正式拒绝进口 21000 吨韩国产大米

1959

1.5　韩国各地暴发反对新"国家保安法"的示威▶韩国农林部长官明确表示重开对日大米出口谈判

1.7　美韩签署《开发基金借款协定》

1.15　韩国新"国家保安法"生效

1.20　李承晚政权决定无限延期第四次日韩会谈

1.26　藤山爱一郎外相拒绝李承晚提出的有修改"和平线"意向的提议

2.11　韩国柳泰夏驻日公使警告日本，如实施"北送"将公开两国之间的秘密协议

2.12　日本向韩国驻日代表部通告"北送决定"，韩称，不惜因在日朝鲜人"北送问题"同日本断绝一切外交关系

2.13　日本政府内阁会议决定把在日朝鲜人送回朝鲜▶柳泰夏公使通告日本政府第四次韩日会谈破裂▶韩国主管经济的四部长官协商停止对日进口事宜

2.14　日本藤山爱一郎外相否认日韩会谈破裂

2.19　韩国国会通过"反对北送在日韩国人决议案"

2.28　柳泰夏公使拒绝重开日韩会谈

3.4　日本外相藤山爱一郎召见柳泰夏公使，转交岸信介首相致李承晚总统的亲笔信

3.19　韩国政府任命柳泰夏公使为韩国驻日代表部大使

6.15　韩国抗议日本政府的决定，声明断绝对日贸易

6.24　日朝红十字会代表草签送回在日朝鲜人协定▶李承晚强调武力北进

7.15　朝鲜宣布提前两年于 1959 年 6 月完成第一个五年计划

7.30　李承晚政权向日本提议无条件重开"韩日会谈"，由柳泰夏驻日大使转告日本外相（→31 日方接受）

8.10　韩国任命许政为日韩会谈首席代表

8.11　韩国政府主管经济的四部长官讨论重开对日通商问题

8.12　第四次日韩会谈以在日朝鲜人法律地位问题为议题重新开始

8.13　朝鲜民主主义人民共和国红十字会和日本红十字会在加尔科达正式签署在日朝鲜人回国协定

8.14　美国驻韩大使道林访问金溶植外务次官，协商当前日韩关系问题

8.15　韩国外务部表示希望签订"韩日基本条约"、"渔业协定"、"财产补偿协定"等

8.18　举行第四次日韩会谈第一次实际业务人员会议

8.20　日韩实际业务人员会议就相互交换被扣留者问题进行协商

8.27　韩国外务部长官曹正焕等七个部长官召开韩日问题紧急会议

9.2　日本外务省把 980 名被扣留的朝鲜人名单转交给韩国驻日代表部

9.5　韩国驻日代表部把 122 名扣留在釜山的日本渔夫名单转交给日本外务省

9.28　美国国务卿麦克洛伊访问韩国

10.12　驻日大使柳泰夏与日外务省亚洲局局长伊关佑二郎就重开日韩通商问题进行协商

10.26　朝鲜最高人民会议第二届六次会议表决通过有关朝鲜半岛和平统一的四项议案，朝鲜外相致函第十四届联合国大会要求派代表参加有关朝鲜半岛问题的讨论

10.29　李承晚政权在执政党联席会议上就继续举行日韩会谈达成原则协议

11.6　李承晚政权在执政党联席会议上决定无条件恢复无烟煤的对日出口

11.11　李承晚在回答 AP 记者树民提问时强调为使韩国成为导弹基地，有必要建立亚洲同盟

11.20　第十四届联合国大会政治委员会决定从 11 月 23 日开始讨论朝鲜半岛问题

11.27　韩国民主党全体会议选举张勉为民主党代表最高委员

11.29　朝鲜外相发表声明称第十四届联大政治委员会的有关朝鲜半岛问题的决定完全无效

12.12　韩国政府提议，把在日朝鲜人送回朝鲜问题诉诸国际法院裁决

12.14　"北送"的第一艘船从新泻出发（→2.16 到达清津港）

12.19　按第 87 次遣送计划，韩国外务部遣送 9 名日本渔民

12.30　第四次日韩会谈因"北送问题"再次中断

1960

1.16　岸信介首相出发访美▶韩国商工部"6.15"断绝对日通商以后的例外措施，批准向日本出口铁矿石等三品种

1.19　日美在华盛顿签署《日美新安保条约》与《行政协定》

1.22　韩国商工部宣布对日通商恢复到"6.15"以前

1.30　第四次日韩会谈在东京继续进行

2.18　日韩两国就相互释放扣留者，韩国出口三万吨大米达成协议

3.10　韩国驻日大使柳泰夏与日本外务省亚洲局局长就 3 月中旬相互释放被扣留者达成协议

3.15　韩国第四次总统选举李承晚当选总统▶马山爆发市民、学生谴责

不正当选举的示威

3.22　日本政府决定进口三万吨韩国大米

3.25　韩国李承晚政权最终决定对日出口三万吨大米

3.28　根据日韩"相互送还协定",大村收容所的 344 名朝鲜人强制遣送韩国

4.4　韩国全面重开对日贸易,商工部商易局局长金松焕等四人为协商韩日通商问题访日

4.5　韩国商工部、韩国银行受理对日进出口业务

4.8　日本第三批强制遣送 309 名在日朝鲜人到韩国

4.15　第四次日韩会谈重新开始(因韩国国内政局混乱而又被迫中止)

4.19　韩国首尔学生示威激化,与警察发生冲突,死 100 余人,迅速波及全国(4.19 革命)

4.21　朝鲜劳动党中央委员会发表支持韩国人民斗争的"告南朝鲜人民书"

4.27　韩国李承晚总统正式辞职,由许政代行总统职权

5.2　韩国成立许政过渡内阁

5.4　日本政府向韩国驻日代表部提议要求在韩国设立日本代表部▶韩国政府允许日本记者无条件入境(1715 人访韩)

5.17　15 名日本记者到达首尔

5.19　日本国会强行表决通过《新安保条约》

5.29　李承晚流亡美国夏威夷

6.15　韩国修改宪法实行责任内阁制(第二共和国开始)

6.19　美国艾森豪威尔总统访韩(→6.20)▶反对日本国会批准新安保条约的斗争达到高潮

7.19　日本岸信介内阁辞职,第一次池田勇人内阁成立(→1960.12.5)

7.22　韩国银行决定在日本银行开设韩国银行本店账户

8.11　为参加韩国基督教联合会举办的劳动奉献活动,3 名日本民间代表首次访问首尔

8.12　韩国选举尹潽善为总统

8.15　朝鲜金日成首相参加解放 15 周年庆祝大会,发表演说提议南北朝鲜实行联邦制

8.23　韩国张勉内阁成立

8.25　张勉内阁向日本通告邀请小坂善太郎访韩的决定

9.6　小坂善太郎外相访问韩国，日韩发表郑一亨—小坂善太郎共同声明

9.10　金钟泌等韩国陆士 8 期毕业生向国防部长官建议整顿军队

9.15　韩国张勉政权任命严尧燮为韩国驻日代表部公使

9.16　日本经济代表团（团长·日韩贸易会长团伊能）访问韩国

10.4　韩国外务部宣布就 10 月 25 日在日本东京继续举行韩日会谈问题同日本达成协议

10.6　日韩经济协会成立（会长/植村甲午郎）

10.25　日韩以"预备会谈"的形式开始第五次日韩会谈

10.27　日朝红十字代表就延长"北送协定"达成协议

11.1　首尔大学民族统一联盟发起大会，提议举行南北大学生会议

11.8　美国总统选举中民主党候选人肯尼迪当选美国总统

11.24　韩国成立社会大众党（委员长/金达镐）

12.1　二战后日韩之间的定期海上航线釜山——博多之间的旅客船舶开通

12.8　日本成立第二次池田勇人内阁（→1963.12.4）▶南越民族解放阵线成立

12.27　日本内阁会议通过"国民收入倍增计划"

12.30　尹潽善总统发表谈话把总统官邸"景武台"改称"青瓦台"

1961

1.3　韩国张勉政权宣布"可以实现韩日邦交正常化"

1.5　张勉政权的外交高官表示"解决日韩问题出现了新局面"

1.6　韩国总理张勉表示韩日邦交正常化之前也可以考虑通过民间企业引进日本资金

1.9　韩国成立祖国统一民族阵线

1.13　韩国祖国统一民族阵线倡议南北进行经济、文化和书信交流，成立南北各界代表组成的祖国统一推进委员会

1.14　张勉在韩国国会表示"对解决日韩之间的悬案持乐观态度"

1.23　日本民间经济考察团，以国民感情恶化为理由，无限期延期访韩

2.2　韩国废除对日贸易的限制▶韩国国会通过先恢复邦交后经济合作，严守"和平线"等为主要内容的"对日复交的四原则"决议

2.15　韩国成立民族自主统一中央协议会（简称"民自统"），发表"统一宣言"，通过促进南北交流的决议

3.8　日本政府发表"日韩达成妥协议事录"

3.20　朝鲜政府通过"救济南朝鲜断粮农民的内阁决议"第 42 号

3.22　首尔两万多市民举行"要求美军撤退","打倒李承晚政权的再版——张勉政权"示威

4.11　日本自卫队幕僚长杉田一次在"有关韩国问题的特别会议"上称:"朝鲜的南北统一运动直接或间接增加侵略日本的威胁"

4.22　日韩签订《日韩通商协定》,进行现金结算

5.3　在韩国决定成立民族统一学生联盟,决定 5 月中旬在板门店举行南北学生会谈

5.6　日本首次议员访韩团访问首尔(团长/野田卯一→5.12)

5.9　外务省亚洲局局长伊关佑二郎在首尔同金溶植外务次官会谈就举行正式会谈达成一致

5.16　韩国爆发朴正熙为核心的军事政变,成立军事革命委员会(议长/张都暎中将)

5.17　日本政府决定举行第五次日韩正式会谈

5.20　日本外务省发表声明希望日韩继续接触

5.27　韩国军事政权解除"非常戒严令",宣布实行"警备戒严"

6.3　美国总统肯尼迪与苏联部长会议主席赫鲁晓夫在维也纳举行会谈

6.17　韩国军事政权外务部长官金弘一在记者招待会上声称使日韩会谈年内达成妥协

6.19　三星财团李秉喆在东京致函韩国军事政权国家重建最高会议,愿意捐献全部财产

6.21　日本首相池田勇人与美国总统肯尼迪举行会谈

6.24　韩国外务部长官金弘一在记者招待会上称欢迎日本的对韩经济援助

7.3　朴正熙就任国家重建最高会议议长

7.4　韩国友好使团访日(团长/崔德新)▶韩国颁布"反共法"

7.5　韩国军事政权任命李东焕为驻日公使

7.6　朝苏签订《朝苏友好合作及相互援助条约》

7.11　中朝签订《中朝友好合作及相互援助条约》

7.21　日本政府把要求设立驻韩代表部的备忘录递交给韩国驻日代表部

7.22　韩国军事政权改组政府机构为一院十一部一处,新设经济企划院

7.24　韩国军事政权正式设立经济企划院

8.7　外务省东北亚科长前田利一为交涉重开日韩会谈访韩，同韩国军事政权进行协商

8.12　日本外务省对朴正熙的"民政移管"表示欢迎

8.30　韩国经济企划院长官金裕泽为促成日韩会谈访日

9.8　韩国经济企划院试图通过在日韩国人企业家引进技术

9.11　朝鲜劳动党第四次大会通过"七年计划"

9.15　日本工营调查班，应韩国电力株式会社邀请为全面调查韩国电力资源出发到韩国

9.23　日本化肥产业会代表团访韩

9.24　"韩国生产性工业经营考察团"一行 10 人，应日本生产性本部邀请访日（→10.7）

9.25　韩国军事政权外务部表示愿意继承"日韩预备会谈"议题，继续进行第六次日韩会谈

9.28　韩国电力株式会社与日立制作所签订三陟火力发电厂二号机组施工合同

9.30　日本外务省参事官卜部敏男等 6 人访韩，主要调查对韩国军事政权的经济开发五年计划，日本如何提供经济合作的问题

10.2　韩国军事政权公布新修订的"引进外资促进法施行令"

10.5　日本政府内定日本贸易振兴会理事长杉道助为第六次日韩会谈首席代表

10.16　日本政府任命杉道助为日韩会谈首席代表

10.17　日韩当局公布第六次日韩会谈代表团名单，韩方首席代表为前韩国银行总裁裴义焕

10.18　日本印刷工业代表团访韩，为期十天考察韩国政府和军队的印刷厂▶朴正熙在国内外记者招待会上宣布访美的主要目的就是要求美国"为了东北亚的反共安全保障，继续确保和增强韩国的军事实力"；并表示韩国政府"为实现日韩邦交正常化倾注全力"

10.20　日韩第六次日韩会谈在东京举行

10.21　"日韩贸易协会"以汤川康平（东洋化工建设社长）为团长的出口"韩国成套设备调查团"对韩国进行为期两周的调查访问

10.24　金钟泌中央情报部长访日

10.26　金钟泌同池田勇人首相、小坂善太郎外相、伊关佑二郎外务省亚洲局局长等举行会谈

11.1   东洋化工社长汤川康平与韩国签订 4200 万美元的矿山机械、水泥、汽车、农药、塑料工厂等的建设协定

11.2   日本首相池田勇人—美国国务卿腊斯克会谈

11.3   访韩中的杉道助同朴正熙、宋尧讚举行会谈，向朴正熙转交池田勇人邀请朴正熙访日的亲笔信

11.11   访美途中朴正熙访日与池田勇人首相举行第一次会谈

11.12   朴正熙议长同池田勇人首相举行第二次会谈，在对日请求权问题上达成谅解，13 日离日继续访美（→25）

11.13   韩国军事政权的商工部举行第一次保税加工贸易促进委员会会议

11.14   朴正熙访美同美国总统肯尼迪会谈▶自民党"日韩问题恳谈会"听取伊关佑二郎亚洲局局长有关朴正熙—池田勇人会谈经过的报告，讨论今后对策▶日韩问题恳谈会内设立"促进日韩贸易小委员会"

12.2   韩国外务部发表声明称为使韩日会谈尽快达成妥协应该举行高级别的政治会谈

12.3   日本野村贸易与丰国实业草签出口年产 15 万吨化肥的成套设备的协定▶三井物产提出硫安与海苔、鲜鱼的交换贸易申请，韩国海苔出口组合与鲜鱼出口组合决定推动相关贸易

12.6   日本东洋人造丝准备对韩进行技术合作

12.15   联合国大会指定中国代表权问题为须联大 2/3 多数表决通过的"重要事项"

12.22   韩国任命裴义焕为驻日代表部大使

12.26   日本外务省把主张竹岛（韩方称"独岛"）领有权的公文转交韩国▶日韩会谈中决定设立"财产请求权委员会"、"基本关系委员会"、"渔业及和平（李承晚）线委员会"、"在日韩国〔朝鲜〕人法律地位委员会"等四个委员会

1962

1.8   "日韩经济协会"参与镰田铨一（旧日军中将）应驻韩美军司令邀请访韩

1.10   自民党"日韩问题恳谈会"会长石井光次郎在台北表示"为了亚洲反共国家的团结，抑制所有反对意见，全方位支持韩国军事政权"

1.12   日本社会党大会通过要求中止"日韩会谈"的决议

1.13   韩国政府发表并开始实施"第一次经济开发五年计划"

1.16　第六次日韩会谈在东京继续进行

1.20　日本三井物产与韩国签订用 8 万吨化肥交换韩国鲜鱼、海苔等的物物交换协定

1.25　日韩会谈首席代表之间的非正式会谈中就尽快举行政治会谈达成了一致意见▶自民党"日韩问题恳谈会"要求池田首相"日韩邦交正常化之前先期对韩进行经济合作"

1.26　池田首相向自民党内亲韩派表示，为进行日韩经济合作同意向韩国派遣财界调查团

1.28　朴正熙政权表示欢迎日本财界经济调查团访问韩国

2.1　韩国发表蔚山工业中心计划表（→2.3 开始动工）▶访日中的大韩矿业会副会长呼吁日本财界对五台山地区综合开发项目提供合作

2.2　自民党"日韩问题恳谈会"贸易小委员会（委员长/大石武一）邀请通产省、大藏省、外务省官僚，讨论对民间经济合作的前景和今后的态度等

2.3　韩国总统特使金钟泌历访东南亚和日本▶朴正熙在记者招待会上表示即便是在韩日邦交正常化之前也要推进"民间对民间的经济合作"，引进日本资本

2.6　汤川康平携池田勇人亲笔信访韩

2.8　美国设立南越军事援助司令部

2.12　日产汽车与韩国新国家汽车进行技术合作

2.17　朴正熙在光州表示"也已做好了在民间层次上接受日本投资的准备"

2.19　韩国中央情报部长官金钟泌特使访日

2.20　以汤川康平为团长的日本的"韩国矿工业保税加工调查团"访问韩国

2.22　访日中的金钟泌与小坂善太郎外相、池田勇人首相会谈，就 3 月中旬举行高级别政治会谈达成协议

2.27　韩国总理宋尧讚在首尔外国记者俱乐部发表演讲称"为保护外国人的投资安全采取合理措施"

3.2　韩国首席代表裴义焕与外务省亚洲局局长伊关佑二郎会谈就"日韩外相会谈"时间、方式、地点等进行协商

3.6　日本外务省宣布 3.12 举行"日韩外相会谈"▶朴正熙政权同三井、三菱等大商社进行电力开发长期借款谈判

3.8 朴正熙政权任命韩国驻日代表部顾问陆军中将金在铉为新的驻日代表部公使

3.9 外务部长官崔德新为首的"日韩外相会谈"代表团抵日,成员包括:外长崔德新、外务部政务局局长文泽淳、外务部政务局亚洲课长严永达、农林部水产局长金命年、外务部长官顾问闵炳岐、外务部长官秘书李起周、驻日代表部大使兼韩日会谈首席代表裴义焕、驻日代表部参事官崔英泽。

3.12 小坂善太郎外相同崔德新外务部长官举行第一次政治会谈讨论韩国对日请求权问题等(→3.17 结束)

3.13 崔德新外长会晤池田勇人首相,转达朴正熙的口信

3.16 崔德新外长会晤大野伴睦自民党副总裁,大野介绍有关日韩会谈方面的日本国内形势,崔德新提议下次在首尔举行政治会谈▶藤原义江为团长的日本文化代表团访韩▶韩国公布实施"政治活动净化法"

3.22 尹潽善因反对"政治活动净化法"而辞去总统职务▶小坂善太郎在参议院预算委员会上被社会党议员追问韩国军事政权的合法性,不得不回答称"虽然不能称其为民主政权,但是有连续性的合法政权"

3.24 韩国朴正熙代行总统权力

4.3 池田勇人同意派日本商工会议所会长足立正参加韩国军事政变一周年庆典

4.8 日本外相明确表态不可能在没有日本代表部的首尔举行日韩外相会谈

4.12 日韩会谈首席代表杉道助和裴义焕继续在东京交涉

4.23 成立社团法人"韩国保税加工品出口协会"

4.25 外务省经济局局长中山为团长的"韩国经济调查团"一行四人访韩

4.30 日本大泽粮食厅长官与韩国驻日代表部大使裴义焕签订进口韩国米 4 万吨的备忘录

5.8 小坂善太郎外相恳请日本商工会议所会长足立正担任"日韩友好访韩团"团长职务

5.9 日本新闻界代表团一行 9 人访问韩国

5.14 日本外务省亚洲局局长伊关佑二郎与韩国驻日代表部大使裴义焕进行协商

5.18 福冈市派遣一行 20 人的"韩国贸易产业考察团"

5.19　日本政府向韩国朴正熙政权打探派外务省参事官卜部敏男长期（两个月）驻扎韩国的可能性

5.24　日本东洋人造丝技术人员应"韩国产业振兴会"邀请访韩

6.1　应"韩国青年商工会议所"的邀请，日本青年商工会议所会长古市实等四人访问韩国

6.6　朴正熙政权向日本提议8月在首尔举行"日韩高级政治会谈"，就此日韩首席代表杉道助与裴义焕进行协商

6.10　受肯尼迪总统之托，日本前首相吉田茂向池田勇人进言尽快实现"日韩邦交正常化"▶韩国政府公布"紧急通货措置法"进行通货改革

6.19　大韩航空公司成立

7.2　韩国驻日代表部参事官崔英泽与外务省亚洲局局长伊关佑二郎会谈就8月中旬举行日韩高级政治会谈达成妥协

7.26　日韩首席代表会谈决定重开日韩会谈

8.20　池田勇人首相批准第六次日韩会谈中的预备交涉中日方的原则立场（内容极秘未公开）

8.21　第六次日韩会谈举行第1轮"日韩预备会谈"

8.24　举行第2轮"日韩预备会谈"▶在韩国国会外务、国防委员会上金东河表示邦交正常化之前可以接受日本的技术合作

8.29　举行第3轮"日韩预备会谈"

9.3　举行第4轮"日韩预备会谈"

9.6　举行第5轮"日韩预备会谈"，就9月下旬开始并行举行渔业问题等各分科委员会谈达成妥协

9.7　自民党外交调查会会长船田中称"如果现在的日韩交涉失败，今后数年之内不可能实现两国邦交正常化，因此应尽快达成妥协"

9.13　举行第6轮"日韩预备会谈"

9.14　朴正熙表明"即便被国民谴责，也要打开日韩关系"

9.17　以植村甲午郎为团长的第一次日本"访韩经济考察团"访问韩国，成员包括八幡制铁副社长藤井丙午、三菱电机社长关义长、三井造船会长加藤五一、小野田水泥社长安藤丰禄、昭和电工社长安西正夫等（→9.22）

9.18　日本政府任命外务省审议官后宫虎郎为"日韩会谈代表"▶朴正熙与"访韩经济考察团"一行举行会谈

9.20　举行第7轮"日韩预备会谈"

9.24　日本政府任命水产厅次长橘为日韩会谈代表

9.25　自民党政调会长贺屋兴宣，在内外形势调查会上表示"为不让韩国共产化，必须使日韩会谈达成妥协"

9.26　举行第 8 轮"日韩预备会谈"

9.28　日韩会谈代表後宫虎郎等四人访韩

9.29　韩国第二次"韩国海外生产性考察团"访日

9.30　日本防卫厅决定，日韩邦交正常化以后向韩国派遣常驻的防卫官员

10.2　举行第 9 轮"日韩预备会谈"▶"渔业及和平（李承晚）线委员会"、"在日韩国［朝鲜］人法律地位委员会"代表之间碰头▶"韩国海外生产性考察团"与池田勇人进行会谈

10.3　在对马海峡举行为期三天的美、日、韩联合军事演习

10.5　"渔业及和平（李承晚）线委员会"、"在日韩国［朝鲜］人法律地位委员会"举行首轮会谈

10.10　中印边界发生两国军事冲突

10.11　"在日韩国［朝鲜］人法律地位委员会"举行第二轮会谈

10.12　"渔业及和平（李承晚）线委员会"举行第二轮会谈

10.18　举行第 11 轮"日韩预备会谈"▶大平正芳外相吁请大野伴睦自民党副总裁给予合作

10.19　大平正芳证实美国已表示愿为日韩会谈提供必要的协助

10.20　金钟泌中央情报部长抵日向池田首相转交朴正熙亲笔信▶大平正芳外相向杉道助日方首席代表发出快速推进日韩会谈的训令▶自民党总裁、干事长、政调会长、总务会长四巨头会谈，决定"促使日韩会谈达成妥协"

10.22　池田勇人—金钟泌会谈，在促使日韩会谈尽快达成妥协方面达成一致▶与大野伴睦、岸信介、石井光次郎等会谈，并邀请大野伴睦访韩，之后金钟泌继续访美（→11.9）▶美国针对苏联在古巴建设导弹基地问题，宣布对古巴实行海上封锁（"古巴导弹危机"）

10.23　自民党干部设立"日韩会谈 PR 委员会"（委员长/北泽直吉）

10.25　举行第 12 轮"日韩预备会谈"

10.31　举行第 13 轮"日韩预备会谈"▶自民党"日韩会谈 PR 委员会"举行首次会议▶决定派日韩会谈代表外务省条约局局长中川融及稻益、小川、橘等访韩

11.1　三菱财阀的千代田化工建设决定同美商合作向韩国提供石油成套设备

11.7　外务省条约局局长中川融等一行 7 人访韩

11.10　金钟泌中央情报部长抵日

11.11　金钟泌与日方日韩会谈首席代表杉道助举行会谈

11.12　大平正芳外相同金钟泌部长会谈，日韩就请求权资金问题达成原则协议，签署"大平·金备忘录"

11.16　举行第 15 轮"日韩预备会谈"

11.20　以安田产业代表董事安田英一为团长的日本亚洲贸易协会"对韩通商考察团"一行 9 人访韩

11.22　举行第 16 轮"日韩预备会谈"

11.24　"韩国工业振兴株式会社"在东京举行成立大会（社长/汤川康平，会长/团伊能）

11.26　朴正熙希望 1963 年实现日韩邦交正常化

11.27　"渔业及和平（李承晚）线委员会"举行第三轮会谈

11.28　自民党"日韩会谈 PR 委员会"举行第二次会议

12.4　举行第 18 轮"日韩预备会谈"

12.5　以日本小野田水泥会社社长安藤丰禄为团长的日本"第二次访韩经济考察团"一行 40 人访韩▶"韩日预备会谈"举行渔业分科会议

12.10　大野伴睦日本自民党副总裁、儿玉誉士夫、町井久之等一行 40 人访韩，11 日向朴正熙转交池田首相亲笔信▶朝鲜劳动党中央委员会第四届五次会议（→12.14）确定全民武装，国土要塞化方针

12.12　日本政府内部就经济合作的形式解决韩国对日请求权问题达成一致意见

12.17　池田勇人首相批准"大平正芳—金钟泌备忘录"▶在日本召开反对日韩会谈的全国代表大会，通过斗争方针和宣言▶韩国就修改宪法问题进行国民投票，赞成者 79%

12.18　日本"第二次访韩经济考察团"团长安田丰禄，向池田首相汇报访韩成果▶举行第 19 轮"日韩预备会谈"

12.21　举行第 20 轮"日韩预备会谈"

12.26　举行第 21 轮"日韩预备会谈"▶韩国公布修改后的宪法

12.27　朴正熙在记者招待会明确表态同意日方提出的解决请求权问题的无偿三亿美元，有偿两亿美元，民间借款一亿美元的方案

1963

1.9　韩国决定派遣日本区域保税加工调查团一行 18 人（团长/吕相源）

1.11　外务省东北亚课课长前田利一，经济合作课课长泽木正男访韩▶举行第 22 轮"日韩预备会谈"

1.12　韩国各渔业团体代表发表声明要求在"韩日会谈"中保留"和平（李承晚）线"，并把相关建议提交到国家重建最高会议、外务部、农林部等

1.13　日本自民党外交调查会议开始研究有关竹岛（独岛）主权问题

2.14　参加速滑世界锦标赛的朝鲜代表团来日，日本首次正式向朝鲜公民发放签证

1.21　作为"韩日预备会谈"代表团成员崔圭夏、李相德、金命年、李弘植等一行 9 人抵日

1.23　石井光次郎拜会池田首相，建议与日韩会谈并行推进两国之间的经贸合作▶举行第 23 轮"日韩预备会谈"

1.24　池田勇任首相与大平正芳外相、黑金泰美官方长官就金钟泌辞职问题协商对策

1.25　池田勇人首相与河野一郎建设相指示"按既定方针推进日韩会谈"

1.26　韩国国务总理金显哲强辩："金钟泌的进退与日韩会谈没有关系"

1.28　举行第 24 轮"日韩预备会谈"

1.29　大平正芳外相公布"大平—金钟泌备忘录"，并称如果竹岛（独岛）、渔业问题等不能得到一揽子解决，有关请求权问题上达成的协议也将变成一纸空文

2.1　举行第 25 轮"日韩预备会谈"▶朴正熙政权同意日本外交官短期滞留韩国

2.6　日韩"预备会谈"举行在日韩国［朝鲜］人"法律地位委员会"和"渔业及和平（李承晚）线专门委员会"会谈▶朴正熙政权追加原国防部次长崔世璜为韩日会谈代表

2.8　举行第 26 轮"日韩预备会谈"

2.11　金钟泌称："即便被斥责为卖国贼，也为了促使韩日会谈在和平（渔业）线问题上进行必要的让步"

2.13　"日韩预备会谈"举行在日韩国［朝鲜］人法律地位、经济合作、文物委员会会谈

2.14　举行第 27 轮"日韩预备会谈"

2.18　朴正熙宣布不参加民政，并发表收拾时局的九提案

2.20　金钟泌宣布辞去一切公职▶东京实业联合会派 19 名中小企业代表访韩

2.21　举行第 28 轮"日韩预备会谈"

2.22　日韩"预备会谈"举行在日韩国〔朝鲜〕人法律地位、渔业、文物委员会会谈

2.23　大野伴睦自民党副总裁称："没有感觉到停止日韩会谈的任何必要性"

2.25　金钟泌无任所大使访问日本▶自民党决定截止到 4 月上旬之前设立"日韩经济协调委员会"▶金钟泌作为朴正熙的特命全权大使访问日本

2.27　大野伴睦、河野一郎、岸信介、石井光次郎、外务省亚洲局局长後宫虎郎同金钟泌分别举行会谈

2.28　大平正芳外相称"正在研究向韩国提供消费品的问题"

3.5　大平正芳外相称，韩国的对日财产请求权问题，由于日本向韩国提供经济合作而相互抵消

3.7　举行第 29 轮"日韩预备会谈"

3.8　日本外务省东北亚课课长前田利一、同课书记官三谷静男、经济合作局政策课事务官栗山学为考察南朝鲜政情访韩

3.13　朝鲜政府宣布发表声明称，朝鲜也应参加正在进行中的日韩交涉

3.14　举行第 30 轮"日韩预备会谈"▶举行"日韩预备会谈"第 16 轮渔业问题专门委员会

3.17　日本自民党副总裁大野伴睦称"韩国延长四年军政对日本非常有利，为使日韩会谈取得成功也需要军政"

3.21　韩国第一产业经济考察团一行 19 人访日（团长/郑海永）

3.22　举行第 31 轮"日韩预备会谈"

3.23　韩国日本及香港地区保税加工贸易调查团（团长/吕相源）与日本签订 1400 万美元保税加工贸易合同

3.25　韩国外务部长官金溶植同池田首相及大平正芳、大野伴睦、石井光次郎、船田中等日本政要分别举行会晤

3.27　韩国外务部长官金溶植同日本外务省条约局局长中川融、亚洲局局长後宫虎郎等举行会谈，并同船田中、北泽直吉、木村笃太郎等亲韩派和美国赖肖尔驻日大使进行会谈

3.28　韩国任命李圭星为驻日代表部参事官崔英泽的后任▶举行第 32

轮"日韩预备会谈"

3.29　举行"日韩预备会谈"第 18 轮渔业问题专门委员会会谈

4.4　举行第 33 轮"日韩预备会谈"

4.5　池田勇人首相表示可以考虑以延期付款的形式对韩出口

4.11　举行第 34 轮"日韩预备会谈",韩国首席代表裴义焕强调 9 月底之前使日韩会谈达成妥协

4.12　举行"日韩预备会谈"第 20 轮渔业专门委员会,韩方提出"共同调查渔业资源案",日方提出"渔业合作案"

4.13　韩国朴正熙政权确定 9 月底之前使韩日之间的悬案问题达成妥协的方针

4.17　"韩国经济人协会"之下新成立的"出口促进委员会"派遣由该协会会长李庭林、事务局长金立三、委员长李源万等组成的"出口产业调查团"访日▶大韩商工会议所派遣会长宋大淳等四人赴日参加 19 日在东京举行的亚洲商工会议所第一次会议

4.18　举行第 35 轮"日韩预备会谈",在会谈中韩国要求日方增加延期付款形式的对韩出口

5.1　在日朝鲜人总联合会召开的在日朝鲜人中央大会作出决议"实现同祖国的自由来往"

5.3　日本"日韩经济协会"举行"韩国中小企业考察团"欢迎会,并陪同考察各地

5.6　日本外务省亚洲局参事官卜部敏男访问首尔

5.7　日本政府任命水产厅渔政部长和田正明为日韩会谈渔业问题专门委员会代表

5.9　举行第 37 轮"日韩预备会谈"

5.15　韩日渔业委员会代表崔世璜、金命年携"第二次产业协定"赴东京

5.17　举行第 38 轮"日韩预备会谈"

5.20　举行"日韩渔业专家会议"之前日本外务省亚洲局局长後宫虎郎召见裴义焕进一步强调日方的主张

5.21　韩方渔业委员会代表金命年、崔世璜同日方代表外务省亚洲局参事官卜部敏男、水产厅渔政部长和田正明举行非正式会晤,商讨渔业问题专门委员会的日程、会谈的推进方式等

5.23　第 22 轮"日韩渔业专门委员会"时隔月余时间重开,在专管水

域问题上双方意见发生对立▶举行第 39 轮"日韩预备会谈"

6.30　举行第 40 轮"日韩预备会谈"▶举行第 23 轮渔业问题专门委员会

6.3　韩国驻日代表部公使方熙到任

6.7　朴正熙对日本记者表示"希望韩日会谈在年内达成妥协"▶举行第 41 轮"日韩预备会谈"▶举行第 24 轮渔业问题专门委员会

6.8　"韩国保税加工贸易考察团"（团长/吕相源）访日

6.12　朴正熙政权设立"韩日协会"，会长为亚洲反共联盟理事长朴宽洙

6.13　举行第 42 轮"日韩预备会谈"▶日方正式表明邦交正常化之前可以向韩提供 1 亿美元民间商业贷款

6.17　日本外务省亚洲局调查官三谷静夫访问韩国▶举行"日韩经济协会"1963 年度大会

6.18　日本政府任命大藏省理财局局长吉冈英一为日韩会谈代表▶举行第 26 轮渔业问题专门委员会

6.20　举行第 43 轮"日韩预备会谈"▶日本外务省文化担当参事官访问韩国

6.26　为推动韩日渔业会谈韩国派遣朴正熙议长的外交顾问崔圭夏，以特使身份访日

6.27　举行第 27 轮渔业问题专门委员会▶崔圭夏与大平正芳外相、宫岛外务次官举行会谈

6.29　裴义焕大使造访宫岛外务次官和自民党政调会长贺屋兴宣，请求给予粮食援助

7.1　崔圭夏与後宫虎郎举行会谈▶为邦交正常化之前，为进行民间层次经济合作举行第 1 次"经济实务者会议"，韩方代表中央情报部部长金在春、经济企划院派遣官禹润熙、驻日代表部经济课长徐明锡；日方代表为：甲斐外务省经济合作局局长、冈田经济合作课课长

7.2　日本政府决定向韩国赠与大米和小麦各两万吨，韩国政府立即表示愿意接受援助

7.5　举行第 28 轮渔业问题专门委员会▶日本自民党石井光次郎向池田勇人首相进言"使日韩会谈年内达成妥协"

7.8　朴正熙致函池田勇人希望"尽快实现邦交正常化"▶韩日会谈首席代表裴义焕大使与大平正芳外相举行会谈▶崔圭夏与佐藤荣作举行会谈

7.9　举行第 44 轮"日韩预备会谈"

7.13　前首相吉田茂向大野伴睦表示"从对美政策的角度考虑，使日韩交涉尽快达成妥协也是当务之急，为实现日韩关系正常化应派遣岸信介到韩国"

7.14　日本政府派遣大谷农林次官访韩

7.18　举行第 45 轮"日韩预备会谈"

7.24　"韩国渔业考察团"访日（团长/宋大淳）

7.25　韩国金溶植外务部长官访日（→31）▶大韩商工会议所会长宋大淳与日本商工会议所会长足立正签订"日韩商工会议所合作备忘录"▶举行第 46 轮"日韩预备会谈"

7.26　在东京举行金溶植外务部长官与大平正芳外相的第一轮会谈▶韩国外务部次官崔文卿携朴正熙的"尽快使韩日会谈达成妥协"训令访日

7.30　韩国金溶植外务部长官拜会池田勇人首相

8.5　美、英、苏签署"部分禁止核武器条约"

8.14　池田勇人首相听取外务省的有关"日韩会谈"情况的报告▶韩方代表金命年与日方代表和田正明举行会谈

8.23　韩国首席代表裴义焕同大平外相会谈▶日方正式提出临时渔业协定案

9.3　预计举行的"日韩预备会谈"紧急延期▶原韩国中央情报部长金钟泌秘密访日，同大野伴睦、儿玉誉士夫等举行会谈

9.5　举行"日韩预备会谈"非正式会议

9.19　举行第 49 轮"日韩预备会谈"▶日本社会党访朝团发表阻止日韩条约共同声明

9.23　日本"日韩农林水产技术协会"会长野田卯一等一行 16 人访韩

9.26　举行第 50 轮"日韩预备会谈"

9.27　第五届亚洲广播协会在首尔召开

10.14　韩国总统选举之后的举行第 51 轮"日韩预备会谈"▶朴正熙政权强调在年内达成妥协

10.15　朴正熙在韩国总统选举中正式当选总统

10.25　举行第 52 轮"日韩预备会谈"

10.29　朴正熙在会见日本记者团时强调反共、亲美、亲日的方针，并宣称"即便是在邦交正常化之前，也有意接受日本提供的经济合作"

10.31　举行第 54 轮"日韩预备会谈"▶就继续举行正在休会中的在日

韩国［朝鲜］人"法律地位委员会"上的会谈达成协议

11.1　韩国总理金贤哲在记者招待会上表示"正在研究加强韩日经济合作的根本对策"▶南越发生政变，武庭艳政权倒台

11.5　"日韩预备会谈"中举行非正式的渔业专门委员会会谈▶韩方接受日方和田正明渔政部长的访韩要求

11.7　举行第 55 轮"日韩预备会谈"

11.14　日本外务省东北亚课课长前田利一访问首尔▶举行第 57 轮"日韩预备会谈"

11.22　肯尼迪总统被暗杀

11.26　朴正熙议长访美与约翰逊总统举行会谈▶韩国国会议员选举，共和党以绝对优势获胜

11.28　举行第 58 轮"日韩预备会谈"

11.29　日本政府决定派遣大野伴睦访问韩国

12.4　金钟泌指定为民主共和党议长，重返政界

12.9　日本第三次池田勇人内阁成立（→1964.11.9）

12.12　韩国成立崔斗善内阁，实施民政移管

12.13　日本政府派大野伴睦自民党副总裁等参加朴正熙总统就职典礼

12.17　韩国新宪法生效，第三共和国开始

12.18　朴正熙与到访的大野伴睦自民党副总裁会谈

12.23　日本成立"日韩问题协议会"（会长/岸信介）

12.26　举行"日韩预备会谈"第 41 轮"渔业专门委员会"上的会谈

1964

1.9　举行第 60 轮"日韩预备会谈"

1.10　举行"日韩预备会谈"第 42 轮"渔业专门委员会"上的会谈

1.16　举行第 61 轮"日韩预备会谈"

1.17　韩国金钟泌表示 4 月份左右"使韩日会谈达成妥协"

1.23　举行第 63 轮"日韩预备会谈"▶大野伴睦邀请 11 名韩国国会议员访日

1.24　"日韩合作委员会"成立大会在东京商工会议所大楼举行（会长/岸信介）

1.27　自民党成立"欢迎日韩友好访日韩国议员团准备委员会"决定正式招待 11 名执政党和在野党的韩国国会议员▶法国正式承认新中国

1.29　美国国务卿腊斯克参加完日美经贸委员会后访韩

1.30 举行"日韩预备会谈",韩方提出渔业问题妥协案,韩方要求加快日韩会谈进程

2.3 日韩举行"高级别渔业会谈"

2.5 "日韩预备会谈"在日韩国〔朝鲜〕人"法律地位委员会"上谈判进入起草草案阶段

2.7 第二次高级别渔业会谈就举行阁僚级政治会谈解决渔业会谈中存在的问题达成协议

2.12 韩国前国务总理金显哲访日与大野伴睦举行会谈,希望在本次日本国会会期内使日韩会谈达成妥协

2.14 韩国前国务总理金显哲与池田勇人首相举行会谈

2.19 自民党河野一郎、藤山爱一郎、川岛正次郎等吁请池田勇人首相下决心"批准日韩会谈"

2.28 韩国朴正熙政权批准"日韩航空协定"

3.1 朴正熙表示"为在不远的将来实现同日本的邦交正常化,愿意构建友好的亚洲反共友邦关系"

3.2 日本同意为打开日韩渔业会谈的僵局举行阁僚级政治会谈

3.3 在日本参议院预算委员会的答辩中大平正芳外相称"也有可能搁置竹岛〔独岛〕问题"

3.6 金钟泌表示"即便在野党反对也准备推进韩日会谈"

3.9 日本自民党举行的正副政调会长、政策审议委员、水产部会长等参加的联席会议上大平正芳外相、赤诚宗德农相表示,在日韩"渔业会谈中贯彻日本的主张"▶韩国在野党·各界代表成立"反对对日屈辱外交的泛国民斗争委员会"

3.10 举行第1轮"日韩农相会谈",日韩农相会谈开始

3.11 举行第2轮日韩农相会谈▶韩国民主共和党议长金钟泌开始出访日本、台湾、南越

3.12 重新开始第六次日韩会谈,日方首席代表杉道助,成员包括外务省条约局局长中川融、法务省民事局局长平贺健太郎、法务省入国管理局局长小川清四郎、外务省亚洲局局长後宫虎郎、外务省赔偿局局长卜部敏男、外务省亚洲局参事官广濑达夫、外务省情报文化局参事官针谷政之、大藏省理财局局长吉冈英一、水产厅渔政部长和田正明;韩方首席代表裴义焕,代表包括律师崔世璜、原财务部次官金正濂、文物保护委员李弘植、外务部亚洲局局长黄镐乙、驻日代表部参事官李圭星、法务局局长

李坰镐、韩国银行理事李相德、农林部技监金命年、文物保护委员黄寿永、律师文仁龟

3.13　举行第 3 轮"日韩农相会谈",就设立"共同研究渔业规制委员会(暂称)"达成协议

3.14　日本自民党设立"日韩邦交正常化推进本部"

3.16　举行第 4 轮"日韩农相会谈"▶以民主共和党总裁郑求瑛为团长的韩国执政党代表团一行 13 人访日

3.17　大韩航空公司开通首尔到大阪的航线

3.20　韩国民主共和党议长金钟泌访日,同池田勇人首相、大野伴睦自民党副总裁、大平正芳外相、佐藤荣作国务相、赤诚宗德农相等要人广泛举行会谈(→27 日)▶韩国国务总理崔斗善称:对日请求权不是赔偿是债权的清算

3.21　第六次日韩会谈"对日财产请求权委员会"、"文物委员会"经一年休会之后复会▶金钟泌与大野伴睦举行会谈

3.23　金钟泌与日本自民党及政府要员大平正芳外相、赤诚宗德农相、前尾繁三郎干事长、藤山爱一郎总务会长、三木武夫政调会长、佐藤荣作国务相、船田中众议院议长等举行个别会谈▶金钟泌—大平正芳会谈中就 3 月份达成妥协,5 月份签署条约达成原则协议

3.24　第六次日韩会谈请求权委员会第 1 轮会谈开始,在首尔反对日韩会谈的学生示威高涨

3.26　举行第 8 轮"日韩农相会谈"▶以"日韩全面会谈运营委员会"第 1 轮会谈的名义杉道助与裴义焕两个首席代表举行秘密会谈,韩方原财政部次长金正濂、日方中川融特命大使和外务省亚洲局局长後宫虎郎列席会谈▶金钟泌、元容奭同日本自民党干事长前尾繁三郎、总务会长藤山爱一郎、政调会长三木武夫等举行会谈,称"有关韩日会谈的决心没有变"

3.27　金钟泌与裴义焕同岸信介、石井光次郎举行会谈▶朴正熙令访日中的金钟泌 28 日回国

3.28　结束访韩回国的植村甲午郎同池田勇人首相会谈,称"韩国财界中要求实现日韩邦交正常化的呼声也很高,因此在不久的将来日韩交涉有望达成妥协"

3.31　韩国外务部向首尔 32 所大学代表介绍日韩会谈经过,并公布"金钟泌—大平正芳备忘录"

4.1　在韩国国会"金钟泌—大平正芳备忘录"引起物议▶大平正芳外

相在日本众议院宣称"大平正芳—金钟泌备忘录"并不是具有拘束力的正式文件

4.4　丁一权访日和大平正芳外相举行会谈，就日韩会谈尽快达成妥协取得一致意见，日方参加会谈的还有外务省官僚中川融、後宫虎郎，韩方参加会谈的还有裴义焕和李圭星

4.6　丁一权与池田勇人首相举行会谈，就尽快实现两国邦交正常化达成一致意见，日方参加会谈的有黑金泰美官方长官、後宫虎郎亚洲局局长，韩方由裴义焕陪同出席会谈▶举行第 12 轮日韩农相会谈▶日本外务省亚洲调查官三谷静夫受命访韩

4.8　三民会金俊渊议员以"卖国罪"起诉朴正熙与金钟泌

4.9　日韩首次举行非正式的"日韩会谈"，参加会谈的日方代表有杉道助、中川融和後宫虎郎、韩方代表有裴义焕、李圭星、金命年▶丁一权在韩国国会外务委员会上称"大平正芳—金钟泌备忘录"具有拘束力，不能更改

4.14　举行"日韩渔业专门委员会"上的会谈，日方出席和田正明等五人，韩方出席金命年等四人

4.15　日本航空与大韩航空共同通航的方式开通首尔和东京之间的航线

4.16　日韩再次举行非正式的"日韩会谈"，参加会谈的日方代表有杉道助、中川融和後宫虎郎、韩方代表有裴义焕、李圭星

4.18　日本农相赤诚宗德等一行 40 人视察对马岛周边沿岸渔业的实际情况

4.22　日本外务省向日本国会提出"有关竹岛（独岛）问题的资料"

4.23　"日韩会谈"举行第 1 轮"基本关系委员会"上的会谈，日方广濑达夫外务省亚洲局参事官，韩方李玟容驻日代表部一秘出席会谈▶自民党中曾根康弘访韩

4.27　以林中吉为团长的大韩商工会议所派遣的"大阪国际博览会产业调查团"访日，同"日韩经济协会"进行座谈

4.29　韩国殉国遗族会寄送要求日本政府在"韩日会谈"中对过去进行反省的决议案

5.7　日韩举行非正式的"日韩会谈"，日方杉道助、中川融和後宫虎郎，韩方裴义焕、李圭星出席会谈

5.8　"日韩会谈"举行第 2 轮"基本关系委员会"上的会谈，日方广濑达夫，韩方李玟容出席会谈

5.9　韩国崔斗善内阁总辞职

5.10　韩国成立丁一权内阁

5.14　日方首席代表杉道助与韩方首席代表裴义焕举行第 5 轮非正式的"日韩会谈"

5.16　朴正熙发表特别声明，表示尽快使韩日会谈达成妥协

5.20　日本外务省东北亚课课长前田利一到达首尔

5.29　日本外务省东北亚课课长前田利一回国

6.3　韩国反对韩日会谈的示威者包围总统官邸，首尔宣布"非常戒严令"（→7.29）

6.5　金钟泌宣布辞去共和党议长职务，到国外游历

6.11　朴正熙政权对驻韩日本记者乱发脾气

6.12　日本外务省亚洲局局长後宫虎郎对韩国驻日代表部参事官李圭星称"对日本言论机构的干涉也有可能对日韩会谈产生影响，所以希望尽量避免"

6.14　韩国国会国防分科委员会委会员长金钟甲，为考察日本防卫厅和与相关人士举行会谈访日

6.18　举行非正式的"日韩会谈"第 9 轮运营委员会会谈

6.24　举行第 10 轮非正式的"日韩会谈"

6.25　第 1 轮"日韩贸易专门委员会"上韩方向日方说明有关经济合作的要求▶朴正熙发表特别国情咨文邀请超党派来推进"日韩邦交正常化"▶日本政府任命外务审议官牛场信彦接替中川融协助日韩会谈

6.27　韩国前国务总理金贤哲同裴义焕一同拜会大平正芳外相和吉田茂

7.4　访日中金钟甲参加在日本举行的美国第七舰队司令官的离任仪式

7.9　举行非正式的"日韩会谈"，日方杉道助、牛场信彦和後宫虎郎，韩方裴义焕、李圭星出席会谈

7.11　朴正熙接见在日韩国人实业家徐甲虎等九人，协商"韩日经济合作"问题，经济企划厅长官张基荣列席会谈

7.13　日本"日韩经济协会"专务理事山口英治访问戒严令下的首尔同韩国各界人士会谈

7.18　日本新任外相椎名悦三郎在首次记者招待会上称"尽快具体推进对韩经济援助"

7.21　韩国外务部宣布接受日本提供的 2000 万美元的经济合作

7.22　椎名悦三郎外相同池田勇人首相协商 2000 万美元的"对韩商品援助"问题，日本外务省相关官僚列席

7.24　裴义焕、李圭星与赤诚宗德农相就"日韩渔业会谈"问题举行会谈，向田中角荣藏相提出尽快落实"对韩紧急援助"的要求

7.25　朴正熙政权任命李东元为外务部长官▶裴义焕、李圭星与日本商工会议所会长足立正、日本经团联副会长植村甲午郎举行会谈

8.12　韩国前总理崔斗善到达东京

8.13　"韩日会谈"运营委员会举行第14轮会谈，裴义焕要求尽快落实"对韩经济合作"

8.17　韩国国会议员"访日产业经济考察团"访日（团长/李活民），与"日韩经济协会"发表共同声明

8.18　日本池田勇人首相、椎名悦三郎外相和田中角荣藏相协商决定提供2000万美元"对韩紧急援助"的条件，遭到韩国政府拒绝

8.28　在李东元外长的主持下韩国举行历代韩日会谈代表恳谈会

9.1　池田勇人首相下令重新研究"对韩紧急援助"的条件

9.2　裴义焕、李圭星访问日本外务省要求邦交正常化之前提供必要的经济援助

9.8　日本椎名悦三郎外相称这次准备由内阁会议或内阁成员讨论决定"对韩紧急援助"问题▶韩国外务部长官李东元称有意接受日方的"对韩紧急援助"

9.12　韩国总理丁一权致函慰问池田勇人首相的病情

9.18　日本政府决定对韩进行2000万美元的紧急援助

9.25　"韩日会谈"运营委员会举行第19轮会谈

10.4　日本政府决定进口14000吨韩国大米

10.6　朴正熙政权任命金东祚为韩国驻日代表部大使

10.7　韩国执政的民主共和党事务次长尹胄荣、宣传部次长金圣斗访问台湾及日本自民党

10.9　椎名悦三郎外相在日本国会答辩称："即便是在日韩邦交正常化之前也有必要在韩设立代表部或总领事馆"

10.10　日本自民党联席会议决定向"李承晚（和平）线"出动自卫队舰艇，并向政府提出建议

10.13　韩国朴正熙政权在政府·执政党首脑联席会议上研究日本海上自卫队出动"和平（李承晚）线"问题

10.15　苏联赫鲁晓夫下台

10.16　中国第一颗原子弹试爆成功

10.20　韩国驻日代表部大使金东祚到东京赴任▶日本自民党议员元防卫厅长官滕枝泉介与朴正熙举行会谈

10.21　滕枝泉介与韩国外务部长官李东元举行会谈

10.22　韩国新任驻日代表部大使金东祚访问椎名悦三郎外相并举行会谈，就尽早举行日韩全面会谈达成一致意见，并转交金东祚、丁一权总理致池田勇人首相的亲笔信

10.28　"日韩经济协会"的以安西正夫为团长的第二次经济考察团访问韩国

10.31　韩国驻日代表部正式通告日本外务省接受日本的"对韩紧急援助"

11.2　日韩进行 2000 万美元"对韩紧急援助"的细节交涉

11.3　韩国示威学生成立"6.12 同志会"

11.9　日本第一次佐藤荣作内阁成立（→1967.2.15）▶韩国政府欢迎佐藤政权的诞生▶日本政府任命八木正男为"日韩会谈"代表

11.10　日本前首相吉田茂访问韩国驻日代表部大使金东祚

11.11　应"日韩经济协会"植村甲午郎会长的邀请，韩国总统直属机构"经济科学审议委员会"委员崔奎南、朱耀翰、宋大淳、事务局长金贞武一行四人访日

11.12　金东祚访问椎名悦三郎外相，举行近一个小时会谈，椎名悦三郎希望明年 1 月份访问韩国

11.17　自民党中川一郎议员访问首尔

11.23　金东祚提出"韩日设置共同管理渔场案"，金东祚回国

11.24　中川一郎议员向椎名悦三郎外相和船田中众议院议长汇报访韩经过

11.27　自民党议员宇野宗佑、海部俊树到达首尔，访问韩国执政的民主共和党议长郑求瑛▶日本政府复活岸信介内阁时期的外交问题阁僚恳谈会

11.28　椎名悦三郎外相称：2000 万美元的"对韩紧急援助"属于财产请求权的一部分

11.30　韩国新闻界"访日考察团"（团长/高在旭）一行 14 人访日→12.13）

12.1　第七次日韩会谈韩方代表团一行到达日本

12.3　第七次日韩会谈第 1 轮正式会议上的会谈在东京举行（→1965.6.22）▶佐藤荣作首相接见韩国新闻界人士

12.7 "日韩会谈"举行渔业及"和平（李承晚）线"委员会和在日韩国［朝鲜］人法律地位委员会上的会谈

12.9 举行渔业及"和平（李承晚）线"委员会第 2 轮会谈▶韩国"经济科学审议委员会"访日考察团（团长/朱耀翰）一行四人与佐藤荣作首相举行会谈

12.11 日韩草签 2000 万美元"对韩紧急援助协定"▶"日韩会谈"代表牛场信彦等一行 4 人出访韩国▶在日韩国［朝鲜］人法律地位委员会举行第 3 轮会谈，渔业及"和平（李承晚）线"委员会第 3 轮会谈

12.17 佐藤荣作首相在日本国会表示"日韩协定"仅适用于 38 度线以南

12.18 金东祚与椎名悦三郎外相举行会谈▶金东祚对第七次日韩会谈的进展表示满意

12.20 日本佐藤内阁官房长官桥本登美三郎表示："在佐藤内阁初期解决日韩问题"

12.21 第七次日韩会谈第 2 轮正式会议上的会谈中整理并确认日韩基本关系委员会、在日韩国［朝鲜］人法律地位委员会、渔业及"和平（李承晚）线"委员会上的会谈成果

12.25 日本通产省批准两件 830 万美元的对韩延期付款形式的出口协定

12.29 日本政府就任命高杉晋一为日韩会谈首席代表达成一致意见

12.31 金钟泌从日本回国

1965

1.4 尹潽善称："日韩会谈恐成为第二个乙巳互保条约"，"企图把对韩国的责任转交给日本的美国的政策是错误的"

1.7 日本政府任命三菱电机顾问、"经团联"经济合作委员长高杉晋一为日韩会谈首席代表▶"高杉晋一发言"美化日本对朝鲜殖民统治▶韩国朴正熙政权发表 3 月份达成妥协、4 月份签署条约，5 月份批准的条约的"日韩会谈"时间表

1.8 在日本外务省金东祚与日方日韩会谈首席代表高杉晋一首次会面▶赤诚宗德农相向佐藤荣作首相报告日韩渔业会谈的经过▶韩国朴正熙政权向越南派出 2000 名士兵

1.9 朴正熙在国内外记者招待会上称：日韩会谈是"今年要办的最大事项，一定要达成妥协，了结此事"

1.10　日本佐藤荣作首相访美（→12日同约翰逊会谈→13日发表"共同声明"）

1.15　韩国外务部任命第七次韩日会谈各分科委员会首席代表，渔业分科委员会首席代表为李圭星；法律地位分科委员会和文物分科委员会首席代表为方熙；船舶分科委员会首席代表为李圭星；基本关系分科委员会首席代表为文哲淳，只有请求权分科委员会未任命首席代表

1.16　朴正熙年初强调年内使日韩会谈达成妥协▶韩国外务部长官李东元呼吁在野党对韩日会谈提供合作

1.18　第七次日韩会谈复会

1.20　举行第七次日韩会谈正式会议上的会谈中决定的金东祚—高杉晋一两个首席代表之间的会谈

1.21　分别举行第七次日韩会谈渔业分科委员会和法律地位分科委员会的第6轮会谈▶韩国任命"韩日会谈韩方代表辅佐"外务部亚洲局局长延河龟出发到日本

1.23　日本政府请求韩国当局妥善处理"对日本商社的课税问题"

1.25　佐藤荣作在施政方针中强调使日韩会谈尽快达成妥协

1.28　第七次日韩会谈基本关系分科委员会和法律地位分科委员会分别举行第8轮会谈▶日本外务省前田利一外务调查官访问首尔

1.30　韩国国会议员团一行19人访日（团长/金成昆国会财政经济委员长）

1.31　丁一权在伦敦、巴黎同岸信介前首相举行会谈

2.1　应日本亚洲问题协议会（会长/谷川和穗）邀请，18名韩国大学生访日

2.3　前总理岸信介向佐藤荣作首相报告在伦敦和巴黎同丁一权会谈的经过▶自民党议员千叶三郎、滨田幸雄访韩▶日本外务省派遣事务官三谷静夫接替长期驻在首尔的森田事务官

2.4　李秉喆宣布以10亿韩元的基金设立三星文化财团▶在首尔举行"日韩请求权实际业务人员会议"

2.6　韩国总理丁一权访日与首相佐藤荣作会谈▶从日本回国的丁一权同朴正熙、李东元、金圣恩、金炯旭等会谈

2.7　反对对日屈辱外交的泛国民斗争委员会主持召开首尔市反对"韩日会谈"大会，韩国发布"非常戒严令"▶美国开始轰炸北越

2.8　"日韩经济协会"邀请以韩国国会财政经济委员会委员长金成坤

为团长的韩国国会议员访问团同经团联、日本商工会议所共同举行鸡尾酒会并举行会谈▶佐藤首相会见韩国国会议员访问团并举行会谈

2.9　佐藤荣作首相表示："日韩会谈达成妥协的可能性已经大大增强"▶举行"日韩会谈"在日韩国〔朝鲜〕人法律地委员会的第 10 轮会谈

2.10　韩国朴正熙政权确立在韩日会谈中各分科委员会分别草签协议的方针▶日本社会党冈田春夫议员在国会众议院预算委员会上揭露"三矢作战计划（昭和 38 年度综合防卫图上研究）"

2.11　苏联柯西金总理访问朝鲜民主主义共和国

2.12　日本政府任命大藏省理财局局长佐伯浩为日韩会谈代表▶韩国国会通过有关对日请求权资金的使用、管理方面的法案

2.15　佐藤荣作首相表示"即使认为无视少数的反对意见也要加快日韩会谈达成妥协的步伐"

2.16　日本椎名悦三郎外相访韩之际尹潽善向韩国政府提出废弃"金钟泌—大平正芳备忘录"、废弃"元容奭—赤诚宗德达成的协议"、"实现贸易收支平衡"要求

2.17　日本椎名悦三郎外相在韩国国内的一片反对声中访问韩国，迫于现场压力表示"对过去两国之间的不幸历史表示深刻反省"▶韩国政要李东元、丁一权、张基荣等依次同椎名悦三郎举行会谈

2.18　朴正熙同椎名悦三郎举行会谈▶开始第 1 轮李东元—椎名悦三郎会谈▶100 余名日韩经济界人士在东京共同举行会谈▶椎名悦三郎访问韩国国会

2.19　日本佐藤荣作首相与牛场信彦外务审议官、藤崎外务省条约局局长协商以后向首尔的椎名悦三郎外相发出具体谈判训令▶举行李东元—椎名悦三郎外相会谈

2.20　丁一权与椎名悦三郎举行会谈▶举行李东元—椎名悦三郎外相会谈▶日韩草签"日韩基本条约"，并发表共同声明

2.23　韩国法务部次官权五柄，为讨论在日韩国〔朝鲜〕人法律地位问题访日▶日韩举行第 13 轮在日韩国〔朝鲜〕人法律地位问题委员会在促进会谈进程方面达成协议▶"日韩经济协会"会长植村甲午郎与"韩国经济人协会"会长金容完举行会谈，就"为促进日韩经济合作制订共同调查研究计划"达成协议

2.25　朝鲜政府发表声明宣布韩国朴正熙政权与日本达成的任何协议都为无效▶金东祚向佐藤荣作首相转交丁一权总理的亲笔信▶朴正熙政权确定

"对日请求权资金第一年度使用方案"并提交国会审议

2.26　三名韩国议员出席在东京举行的自由亚洲议员联盟会议

2.27　韩国民政党议员姜文奉揭露美·日之间达成的"日韩军事合作案"

3.1　韩国在野党发表声明谴责朴正熙政权的对日屈辱外交是对先烈的褒渎▶韩国海军总参谋长咸明洙为参加在日本横须贺举行的美军第七舰队司令官的就职仪式出发到日本

3.2　日本文部省宣布从1965年开始接受5名日本政府提供奖学金的韩国"国费"留学生

3.3　日韩举行第二次日韩农相会谈，元容奭宣称"可以对'和平（李承晚）线'进行更改"

3.4　日韩举行第二轮第二次日韩农相会谈▶韩国朴正熙政权向日本政府非正式提出希望把"金钟泌—大平正芳备忘录"中的民间借款"1亿美元以上"修改为3亿至3亿5千万美元，外加渔业合作资金1亿美元，使日本对"韩国"经济合作总额达到近10亿美元的要求

3.5　亚洲问题协议会（会长/谷川和穗）宣布，决定3月9日派遣由东京大学、早稻田大学、京都大学等9所大学的20名学生组成的学生代表团访问韩国▶韩国国会通过政府"对日请求权资金第一年度使用计划方案"（9593万3千美元），在野党全部退场

3.11　韩国外长李东元访日，向佐藤荣作首相转交朴正熙的亲笔信，并同椎名悦三郎外相会谈▶在东京举行第一次日韩"贸易会谈"

3.17　自民党石井光次郎称："蒋介石也希望日韩会谈尽早达成妥协"

3.19　韩国朴正熙政权发表《韩日会谈白书》

3.22　金东祚与高杉晋一举行会谈▶日本佐藤荣作首相、椎名悦三郎外相、赤诚宗德农相、田中角荣藏相举行有关"日韩渔业农相会谈"问题的四方会谈决定"对韩渔业合作与禁渔线问题的大纲"▶日韩进行对日请求权问题的预备折中▶日韩签署《日韩贸易协定》

3.24　韩国外长李东元同日本外相椎名悦三郎在东京举行第1轮外相会谈，商讨渔业问题会谈中的难题▶佐藤荣作首相邀请朴正熙总统访日

3.25　韩国外长李东元同日本外相椎名悦三郎在东京举行第2轮外相会谈

3.28　前往南越访问的金圣恩一行途经日本时发表谈话称"韩日会谈达成妥协后，韩国军队将同日本自卫队建立合作关系"▶佐藤荣作首相、椎名

悦三郎外相、田中角荣藏相协商有关请求权问题

3.30 尹潽善在闲山岛发表声明,要求朴正熙亲自就对日外交的始末进行解释

4.1 日韩农相赤城宗德与车均禧、李圭星举行非正式会谈▶韩国韩日会谈首席代表金东祚、水产振兴院院长金命年与日本外务审议官牛场信彦、水产厅次长和田正明就日韩渔业问题进行事务性折中▶日方主张明文表述废除"和平(李承晚)线"▶佐藤荣作首相在自民党大会上呼吁各方为"日韩达成妥协"给予合作▶韩国经济界成立综合经济中心,起草"韩日经济合作试案"

4.3 日韩开始起草条约案最终文本的工作,并草签日韩关系三大悬案"请求权问题"、"渔业问题"、在日韩国[朝鲜人]法律地位问题上的"协议事项",发表"日韩共同声明"▶赤诚宗德农相在记者招待会上宣布:"和平(李承晚)线"事实上被废除

4.7 日本外相椎名悦三郎在国会众议院外务委员会上作"日韩会谈"的中间报告

4.8 "日韩会谈"的日方首席代表高杉晋一向佐藤荣作首相提议,"竹岛(独岛)问题"通过朴正熙与佐藤荣作首相之间政治折中加以解决▶举行日韩"对日请求权问题"混合委员会

4.10 日本政府任命外务省条约参事佐藤正二为日韩会谈代表

4.13 第七次日韩会谈首席代表金东祚与高杉晋一举行会谈确定起草"日韩协定"条文的时间表

4.14 日本第三次访韩经济考察团(团长/石川岛播磨重工会长土光敏夫)一行42人访问首尔

4.15 "日韩协定"正式进入起草具体条文阶段

4.16 日本政府任命外务省条约参事官大和田涉为日韩会谈代表

4.18 韩国政府在内阁会议指定"反对对日屈辱外交泛国民斗争委员会"为非法团体

4.19 日本政府任命经济企划厅调整局局长高岛节男、大藏省国际金融局局长渡边诚、通产省贸易振兴局局长渡边弥荣为日韩会谈代表

4.20 第七次日韩会谈"关于请求权及经济合作委员会"的首轮会谈开始,就5月中旬正式签署协定为目标起草协定案达成一致意见

4.21 韩国朴正熙政权与日本第三次访韩经济考察团举行"韩日经济恳谈会"

4.22　日本政府任命文部省初等中等教育局局长福田繁和厚生省社会局局长牛丸义留为日韩会谈代表

4.23　日本第三次访韩经济考察团团长土光敏夫宣称："日本资本出击韩国最好是以设立日韩合资会社的形式进行投资"▶对日请求权日韩混合委员会上确定第一年度请求权资金实施计划，无偿提供 4778 万 7000 美元、提供财政贷款 4580 万 8000 美元

4.27　日本政府向韩国驻日代表部递交"关于妥善处理日韩之间出入境、滞留及贸易等事项的交换公文案"

5.6　韩国外务部次官文德周称在日韩国人法律地位协定也适用于在日朝鲜公民

5.7　韩国国会建设委员长金泽寿等一行 8 人访日，同佐藤荣作首相举行会谈

5.16　朴正熙访美（→5.27）▶韩国副总理张基荣访日，与首相佐藤荣作会谈，就日本援助韩国第二个五年计划及每年举行一次"日韩经济阁僚会议"达成协议

5.21　韩国驻日大使金东祚与爱知揆一文相举行会谈

5.24　日本政府任命大藏省国际金融局局长铃木秀雄为日韩会谈代表

5.27　两个日韩会谈首席代表高杉晋一与金东祚举行会谈，就不改动达成协议的事项和促进各项协定的文案起草工作达成一致意见

5.30　朴正熙就访美成果问题称：美方已保证确保驻韩美军的现有水准，从韩国撤走美军时同韩方进行协商

6.1　日本自民党学生部长一行（学生部长/桥本龙太郎）8 人访问韩国"民族共和党"

6.2　在"日韩渔业会谈"中椎名悦三郎外相亲手交给金东祚致李东元外长的信，并提议举行"箱根会谈"▶韩国总理丁一权、外长李东元及文德周研究日本椎名悦三郎的信

6.3　佐藤荣作新内阁成立，椎名悦三郎留任外相，石井光次郎出任法相，福田赳夫出任藏相，内阁亲韩派的力量大大增加

6.4　日本政府任命日本水产厅次长石田朗为日韩会谈代表

6.5　日韩开始"箱根会谈"▶韩方金东祚、李圭星、金命年与日方牛场新彦、后宫虎郎、广濑达夫、石田朗参加会谈。

6.8　驻日大使金东祚表示截止到 6 月 12 日完成"日韩渔业协定案"的起草工作

6.9　韩国外务部长官李东元决定访日

6.10　日本政府任命厚生省社会局局长今村让为日韩会谈代表

6.17　为了协调在日韩会谈中尚未达成妥协的个别问题上的日方主张，日本举行椎名悦三郎外相、坂田英一农相、铃木善幸厚生相、中村梅吉文相参加的会议进行协调▶金东祚与牛场信彦的非正式折中中就搁置独岛（竹岛）争议，今后"继续进行协商"达成协议

6.19　椎名悦三郎外相与金东祚举行会谈，就独岛问题、请求权问题的解决、渔业协定的有效期限等问题进行协商并确定 22 日签署条约的必要措施

6.20　日本政府决定签署《日韩条约》之后立即在首尔设置"驻韩日本代表部"

6.21　韩国李东元外长为解决日韩会谈中的最后难题访日，与椎名悦三郎外相会谈▶韩国爆发反对"韩日条约"的示威，韩国全国实施非常戒严令，各大学和高中放暑假▶韩国外务部邦交局局长李攻容、侨民课课长金正克到达日本

6.22　在东京举行"日韩条约"签字仪式（→12.18 交换批准文书）参加签署的有外相椎名悦三郎、会谈首席代表高山晋一等 14 人；韩方有外务部长官李东元、会谈首席代表金东祚等 6 人▶日本政府立即在首尔设立外事事务所，任命外务省大臣官方调查官前田利一为所长，任命外务省亚洲局调查官三谷静夫为参事官

6.23　李东元外务部长官与佐藤荣作首相举行会谈▶日本决定引渡1321 件文物▶朝鲜民主主义共和国政府声明"不承认卖国的'韩日条约'"

6.24　李东元与椎名悦三郎发表共同声明后返回韩国▶回国后李东元发表谈话称"韩日协定不是秘密协定"、"同佐藤荣作首相就亚洲集体安全保障进行了会谈"

6.25　中国政府发表声明断然否认"日韩条约"

7.2　外务省经济合作局局长西山昭等一行四人访问首尔

7.3　正在访问首尔的外务省经济合作局局长西山昭同韩国经济企划院院长张基荣举行会谈

7.6　韩国驻日代表部公使李圭星同日本水产厅长官丹羽会谈

7.7　金东祚要求日本政府"停止允许在日朝鲜人返回朝鲜"措施

7.12　韩国召开第五十一回国会（～8.21）▶朴正熙政权向国会提出"韩日条约批准案"和向南越派兵的议案

7.15　朴正熙政权往亲日方向着手修改学校教科书中有关日韩关系的论述

7.20　大韩律师协会发表"韩日协定"有损"国家权益"的反对声明

7.21　韩国秋风会干部为了反对"韩日协定",企图在国会前自焚▶韩国六所综合性大学的学生会会长联名将要求阻止批准"韩日协定"的公开信送交国会议员

7.27　金东祚同坂田英一农相举行会谈

7.28　日本工商会议所会长足立正、经营者团体联合会副会长植村甲午郎、"第三次访韩经济考察团团长"土光敏夫等三人同金东祚会谈后,联名发表了"消除了对韩经济侵略的怀疑"的声明

7.29　韩国召开第五十二届临时国会,决定设立特别委员会审议"同意批准韩日协定案"

7.30　日本政府通告韩国驻日代表部解除对韩国出口渔船的禁令

8.2　金东祚与椎名悦三郎举行会谈

8.5　韩国国防部长官金圣恩发言称"虽然现在南越的美军特需仅从日本进口,但正在交涉今后也要从韩国进口"▶椎名悦三郎外相在国会答辩称"日韩条约是不可以随便解释的"

8.10　日本外务省发表有关韩国朴正熙政权对"日韩条约"的解释资料

8.11　韩国国会特别委员会仅有执政党议员在席的情况下强行表决通过"韩日条约及诸协定"

8.14　韩国朴正熙政权在国会上由执政党议员单独表决通过的方式强行通过"同意批准韩日协定案"

8.24　椎名悦三郎外相对外国记者表示"不实现日韩邦交正常化就没有资格谈论和平"

8.28　韩国朴正熙政权发表对日请求权资金管理委员会规定,据此对日请求权资金管理委员会总理任委员长,由十五名委员组成,其中有阁僚(部长)级委员 5 人,有国会执政党和在野党议员 5 人,有民间人士 5 人,由朴正熙任命

8.31　韩国免关税从日本进口八成新的旧渔船 7 艘,与此同时经济企划院削减商工部制订的 10000 吨造船计划,只批准 5000 吨。

9.3　日本自民党国会议员长谷川仁等应"亚洲反共联盟韩国支部"的邀请访韩

9.6　日本作家今日出海访问韩国

9.8　日本自民党访韩议员团一行到达首尔

9.15　日本外务省国际资料部资料课课长野田英三郎访韩

9.16　日本六大钢铁会社10名代表组成的日本技术调查团访韩

9.20　韩国农林部长官车均禧到达日本东京

9.21　韩国农林部长官车均禧与日本农相坂田英一举行会谈（→10.6）

9.22　日韩经济协会派遣第一次促进产品购买调查团访韩（团长/山口英之日韩经济协会专务理事）

9.24　日本内阁调查室室长本多武雄访韩

9.30　以平塚泰藏为团长的"熊本县日韩经济考察团"一行21人访韩

10.1　日本经济调查协议会与韩国生产性本部发表联合报告"日韩经济合作的方向及其背景"

10.3　日本民社党为了调查"日韩条约审议批准"资料派遣"访韩调查团"

10.8　日本三木武夫通产相与韩国驻日代表部大使金东祚举行会谈

10.13　访日中的李哲承、外务部通商局局长金祥振、驻日代表部公使李圭星等分别同自民党副总裁川岛正次郎、赤诚宗德政调会长及坂田英一农相举行会谈

10.17　汤川康平"日韩贸易协会"专务访问韩国

11.6　日本众议院"日韩特别委员会"上自民党强行通过"日韩条约"批准案

11.12　日本众议院通过"日韩条约"批准案▶美国政府欢迎日本批准"日韩条约"

11.17　前首相岸信介表示"希望作为友好访问团的一员访问韩国"

11.28　为参加在东京举行的亚洲国会议员联合总会申洄植、金钟浩、方一弘议员出发去日本

12.6　缔结"日韩民间渔业协定"的谈判在首尔举行

12.11　日本参议院大会上强行通过"日韩条约批准案"

12.12　韩国外务部长官李东元参加联合国大会之后在回国途中抵达日本东京

12.13　李东元与佐藤荣作首相、椎名悦三郎外相举行会谈，讨论"美日韩三国会谈构想"

12.17　朴正熙签署"日韩条约"批准书

12.18　日韩两国"韩日条约"批准书交换仪式在首尔举行

12.19　日韩两国外相椎名悦三郎与李东元签署"关于日韩两国设置领事馆的交换公文"▶农林部长官车均禧与日本农相坂田英一发表"日韩之间农林畜水产业技术合作"的共同声明

12.23　韩国任命金东祚为第一任驻日大使，并争取日方意见

12.26　日本在韩国首尔正式设立驻韩大使馆

1966

1.1　日本政府和韩国政府相互同意双方的大使任命

1.5　长崎县贸易公社发表对韩出口50艘渔船及渔网、渔具等总价值31亿日元的贸易协定

1.7　日本任命木村四郎七为驻韩大使，韩国任命金东祚为驻日大使

1.12　韩国金东祚驻日大使抵达日本

1.14　金东祚大使到任向日本天皇递交国书

1.17　"在日韩国〔朝鲜〕人法律地位协定"开始生效▶在釜山设立日本总领事馆

1.19　日本海外经济合作基金总裁柳田诚二郎到达首尔

1.20　韩国政府递信部事务人员，为解决日韩之间的海底电缆的分割问题抵达日本

1.22　韩国任命农林水产局局长金命年、外务部亚洲局局长延河龟及池铁根为"韩日渔业混合委员会"委员

1.24　滋贺县成立"日韩亲善（友好）协会"

1.26　日本海外经济协力基金总裁柳田诚二郎和韩国经济企划院次官助理金荣俊签署在执行"日韩请求权协定"规定的二亿美元日本政府贷款过程中解决双方产生之分歧的仲裁规则

1.28　日本中小型船舶工业协会会员一行15人访问韩国

2.2　美国约翰逊总统致函朴正熙要求向南越增派韩国军队

2.3　为落实"请求权协定"第一次年度实施计划，韩日在首尔举行第二次事务级会谈

2.7　朴正熙历访东南亚（马来西亚、泰国、台湾→2.18）

2.9　日本自民党参众两院议员访问韩国执政的民主共和党

2.12　韩国国会通过"有关对日请求权资金的使用及管理的法案"

2.16　应"日韩经济协会"会长植村甲午郎邀请，由韩国"大韩商工会议所"、"韩国经济人协会"、"韩国贸易协会"成员组成的代表团访日（团长/金容完）

2.18　第一次日韩混合经济恳谈会在东京·大阪召开（→2.23）▶日本全国渔业联合会会长为团长的日本水产业界代表一行 100 余人访问韩国▶韩国"对日请求权资金管理委员会"举行第一次会议

2.22　美国副总统汉弗莱、巡回大使哈里曼一行访问首尔（→2.23）同朴正熙举行会谈讨论向南越增派韩国军队的问题

2.23　韩国"对日请求权资金管理委员会"编制"对日请求权资金第一次年度使用计划方案"

2.25　日韩举行"日韩渔业混合委员会"第一轮正式会议上的会谈

2.28　日本自民党干部一行访问韩国，并拜访执政的韩国民主共和党

3.1　日本共产党委员长宫本显治等访问朝鲜（→3.21 共同声明）

3.4　美韩互换备忘录，美国作为韩国出兵越南的报答提供军事援助

3.5　在韩国党国会执政单独审议通过"对日请求权资金第一次年度使用计划方案"

3.9　日本驻韩大使木村四郎七赴任

3.16　日本驻韩大使木村四郎七正式向朴正熙总统递交国书

3.23　日本"自民党议员友好访韩团"到达首尔（团长/船田中）

3.24　日韩签订《日韩贸易协定》并同时生效

3.26　朴正熙与"自民党议员友好访韩团"团长船田中举行会谈

3.30　韩国传媒人士抵达日本东京

4.1　日本水产厅内设立"日韩渔业班"

4.6　日本"民间友好访问团"访问韩国

4.7　日本"日韩经济协会"专务理事山口英治访问韩国

4.8　举行"韩日请求权混合委员会"，（→20 日）确定第一次年度实施计划

4.14　韩国朴忠勳一行为参加 AOP 理事会的"日韩贸易会谈"赴日本东京

4.15　应韩国"新闻编集人协会"邀请，日本舆论界代表团抵达首尔访问

4.21　日韩在东京举行第三次日韩贸易会议

4.22　韩国朴正熙政权任命闵忠植为"驻日经济合作代表团"团长，任命计划部长郑载德、购买部长禹容海、总务科长徐仁寿为团员

4.26　第三次日韩贸易会谈结束，韩国向日本出口 370 万束海苔

5.4　日本政府任命外务省官房审议官下田吉人为"日韩渔业共同委员

会"年会代表（→5.10举行）

5.6　朴正熙政权在日本设立韩国"驻日经济代表团"（首任团长/闵忠植）

5.10　日本自民党山手广报委员长，应韩国民主共和党宣传部长的邀请抵达首尔

5.15　在伦敦参加成立"国际对韩经济协商机构"预备会谈的韩国副总理张基荣中途访日

5.16　访日中的韩国副总理张基荣同首相佐藤荣作举行会谈，邀请日本对韩国第二次经济开发五年计划提供援助，并就每年举行一次日韩经济阁僚会议达成协议

5.19　世界银行主持的成立"国际对韩经济协商机构"（IECOK）预备会谈达成协议（世界银行、美国、法国、加拿大、意大利、澳大利亚、日本、西德、比利时参加）

5.20　"日韩渔业共同委员会"上的交涉围绕资金、调查海域问题对立

5.26　韩国总理丁一权访日，同首相佐藤荣作举行会谈

5.28　日本空运"移交"韩国1324件文物

6.6　三井物产社社长水上达三、东芝社社长土光敏夫、石川岛播磨重工业社社长田口连三访问首尔

6.13　应日本自民党的邀请，韩国民主共和党宣传部长等一行四人访问日本一周

6.14　在首尔举行美国、日本、泰国、菲律宾、南越、台湾、韩国等参加的太平洋地区阁僚会议（ASPAC）（→16日）

6.17　韩国朴正熙政权签署"对日借款第二次实业计划"总额3亿6000万日元

6.22　美韩国防部长签署韩国军队装备现代化协议

6.24　朴正熙政权在日本仙台开设领事馆

6.28　韩国朴正熙政权把有关引进外资的三项法律加以合并的、有利于外国人投资的单一"外资引进法"提交国会

6.29　"第一次日韩交易协议会"在首尔举行，日本派遣以山口英治日韩经济协会专务理事为团长的24人组成的代表参加，韩国任命以韩国贸易协会专务理事吴学跟为团长的31人代表团参加

7.2　日本政府决定派遣下田吉人、片柳真吉等出席从8日开始在首尔举行的"日韩渔业混合委员会"第一次年会的后期会议

7.5　日本中小企业团体中央会拒绝韩国方面提出的派遣 3000 名技术研修生的提议

7.9　腊斯克国务卿访问韩国，签署《美韩行政协定（大田协定）》

7.11　韩国国会通过韩国外汇银行法案

7.19　日本驻韩大使木村四郎七向韩国总理丁一权转交佐藤荣作首相亲笔信▶访日中的韩国外务部长官顾问黄钟律向佐藤荣作首相转交丁一权总理的亲笔信

7.20　韩国驻日大使金东祚返回日本，同椎名悦三郎外相举行会谈，并转交李东元外务部长官的亲笔信▶李东元外长与日本驻韩大使木村四郎七举行会谈

7.21　朝鲜政府发表有关朝鲜统一问题的备忘录

7.27　日本驻韩大使木村四郎七向韩国总理丁一权转交佐藤荣作首相的第二封亲笔信

7.29　日本驻韩大使木村四郎七与李东元外务部长官举行会谈转交椎名悦三郎外相的书简▶韩国内阁会议通过《第二次经济开发五年计划（1967——1971 年）》

8.3　驻日大使金东祚与佐藤荣作首相、爱知揆一官房长官会谈，同日本石井光次郎法相也举行会谈▶驻韩大使木村四郎七紧急回国向椎名悦三郎外相和下田武三外务次官报告韩国情况

8.5　韩国总理丁一权、副总理张基荣、驻日大使金东祚出席韩国国会外务、司法、财经三个委员会联席会议，称作相应工作迫使日本放弃接纳朝鲜技术人员决定▶日本奈良成立"日韩亲善（友好）协会"

8.6　丁一权在韩国国会外务、司法、财经三个委员会联席会议上答辩称："日本政府在佐藤、椎名书简中已明确保证不承认北韩（朝鲜）"

8.9　韩国国会外务、司法、财经三个委员会联席会议举行非正式会议讨论朝鲜向日本派遣技术人员问题▶返回韩国的木村四郎七大使到外务部拜会李东元外长之际，李东元外长继续要求日本取消批准允许朝鲜技术人员进入日本的决定

8.10　日本政府宣布 9 月 8—9 日在首尔举行第一次"日韩经济阁僚会谈"▶韩国《修订贸易法施行令》正式生效，韩国政府正式承认日本商社在韩国的地位和活动

8.13　尼克松访韩（→14 日），同朴正熙、丁一权、李东元等举行会谈

8.14　韩国国会议长李孝祥等一行抵达日本

8.16　作为韩国向北太平洋出渔的对抗措施，日本宣布拒绝韩国渔船停泊函馆港

8.19　日本拒绝出渔北太平洋的韩国渔业船队的上岸请求▶日本政府决定向第一次"日韩经济阁僚会谈"派遣以经济企划厅长官藤山爱一郎为团长，以福田赳夫、松野赖三、三木武夫、荒川清十郎等各大臣组成的代表团

8.22　在首尔举行"日韩航空协定预备交涉"（→8.31）

9.1　亚洲议员联盟会议期间朴正熙总统与岸信介举行会谈

9.3　朝鲜与北越签订朝鲜向越南《提供无偿援助协定》

9.5　在亚洲议员联盟会议进入分组会议▶各国议员代表同朴正熙举行会谈▶韩国驻日大使金东祚在韩国大使馆举行欢送宴会，欢送日方"日韩经济阁僚会议"代表赴韩

9.8　在首尔举行"韩日经济阁僚会议"（→9.10）▶日韩就提高请求权资金的使用效果和双方经济合作的效率等问题进行协商

9.10　朴正熙举行晚宴招待藤山爱一郎、福田赳夫、三木武夫、荒川清十郎四大臣

9.11　参加完"日韩经济阁僚会议"回国的三木武夫通产相表示10月份让在韩国的日本商社的商业活动正常化

9.16　前首相岸信介建议佐藤荣作首相访问韩国

9.22　韩国在驻日大使馆设立武官部

9.27　"日韩民间海运会谈"在东京举行

10.3　日本商工会议所会长足立正为团长，三菱商事副社长寺尾一郎、东京商工会议所副会长永野重雄等为团员的"访韩经济代表团"一行20人赴韩

10.4　朴正熙与"访韩经济代表团"举行会谈▶首尔举行日韩两国商工会议所为核心的"韩日经济恳谈会"，为推动两国技术合作和促进保税加工贸易等，设立常设机构达成协议

10.5　举行朝鲜劳动党代表大会，确立经济建设和国防建设并进的国家建设路线，国防开支开始达到国家预算的30％

10.10　日本检事总长马场义续对韩进行为期十天的访问

10.14　韩国朴正熙政权商工部明确宣布，把借款对象国从日本进一步扩大到欧洲，把那些依靠借款负债经营企业从满足内需型企业转变成出口主导型企业

10.18　首尔举行第二次"日韩民间渔业会谈"，日本中不谦吉等7人参

加，韩国卢明宇等 17 人参加 ▶ 日韩在首尔互换"有关日韩监视船的书简"

10.21 韩国海军动员 10 艘舰艇在釜山和对马岛之间进行军事演习

10.24 参加越南战争的七国在菲律宾首都马尼拉开会，朴正熙总统与会

10.27 在首尔朴正熙与岸信介举行会谈

10.28 "韩日保税加工民间混合会议"在首尔举行，日方派神户商工会议所副会长冲丰治为团长的一行 18 人的代表谈参加会议

10.31 美国约翰逊总统访问韩国

11.2 约翰逊总统与朴正熙总统会谈，发表共同声明

11.3 举行亚洲反共联盟第二次大会

11.9 韩国《东亚日报》主笔千宽宇等一行 9 人访问日本《每日新闻》社

11.12 日本青森县成立"日韩亲善（友好）协会"

11.24 在日本东京举行设立亚洲开发银行大会

12.5 同韩国发表《第二次经济开发五年计划》相关联，日本经团联和"日韩经济协会"为促进日韩经济界之间的交流派，遭日本机械工业联合会副会长橘弘作为团长的"访韩经济考察团"一行 44 人访问首尔

12.8 张基荣副总理赴巴黎参加"国际对韩经济协商机构（IECOK）"会议途中访日，与佐藤荣作首相、三木武夫外相举行会谈，讨论渔业借款和航空海运协定问题

12.10 韩国政要李厚络飞往巴黎途中逗留日本

12.12 在巴黎举行"国际对韩经济协商机构"（IECOK）成立大会，澳大利亚、加拿大、法国、西德、日本、台湾、美国、国际复兴开发银行、国际货币基金组织（IMF）代表参加，韩国副总理张基荣呼吁各国对韩国的"第二次经济开发五年计划"提供合作

12.16 在日本举行"日韩农业开发会议"

12.18 日韩邦交正常化一周年之际韩国总理丁一权和日本佐藤荣作首相互致贺词

12.19 亚洲开发银行正式开业

12.22 韩国加入关贸总协定（GATT）

附录二　日韩会谈一览表

会谈次数	会谈时间	日方代表	韩方代表	会谈的议题	会谈概要
预备会谈	1951年10月20日—1951年12月22日	首席：井口贞夫（外务事务次官） 交替首席：千叶皓（外务事务官） 代表及随员： 田中三男（入国管理厅执行部部长） 平贺健太（法务府民事局主管） 后宫虎郎（外务省管理局总务课课长） 西村熊雄（外务省条约局局长） 倭岛英二（外务省亚洲局局长） 大野胜巳（外务省参事官） 舟山正吉（大藏事务次官） 盐见友之助（农林水产厅长官） 牛岛辰弥（运输事务次官） 佐藤日史（外务省条约局法规课课长） 川崎一郎（外务事务官兼赔偿厅次长） 国安诚一（运输省海运调整部部长） 永野正一 石田正	首席：梁裕灿（驻美大使） 交替首席：申性模（驻日代表部公使） 代表及随员： 俞镇午（高丽大学总长［校长］） 林松本（殖产银行总经理） 洪璡基（法务部法务局局长） 金东祚（外务部政务局局长） 黄富吉（海运局局长） 文德周（海运局监理课课长） 池铁根[1]（水产渔捞课课长） 葛弘基（驻日代表部参事官）	会谈议题 ①在日韩国［朝鲜］人的国籍及待遇问题。 ②船舶问题。	会谈内容 ①日方以"准备不足"为由没有响应韩方要求进行渔业会谈的建议。 ②确定了在正式会谈中准备讨论的议题。

续表

会谈次数	会谈时间	日方代表	韩方代表	会谈的议题	会谈概要
第一次会谈	1952年2月15日—1952年4月25日	首席：松本俊一（外务省顾问） 代表及随员： 井口贞夫（外务事务次官） 西村熊雄（外务省条约局局长） 倭岛英二（外务省亚洲局局长） 大野胜巳（外务省参事官） 村上朝一（法务府民事局局长） 舟山正吉（大藏事务次官） 盐见友之助（农林水产厅长官） 牛岛辰弥（运输事务次官） 平贺健太（法务府民事局主管） 川崎一郎（外务事务官兼赔偿厅次长） 田中三男（入国管理厅执行部部长） 千叶皓（外务事务官） 国安诚一（运输省海运调整部部长） 後宫虎郎（外务省管理局总务课长） 石田正；永野正一；藤崎万里；光滕俊雄；重光晶；上田克郎；川上健二；桀田正二；龟山信郎；川毛一郎；小山健一；横山正臣；牧野诚一	首席：梁裕灿（驻美大使） 交替首席：金溶植（驻日代表部公使） 代表及随员： 任哲镐（外交委员） 俞镇午（高丽大学总长［校长］） 林松本（殖产银行总经理） 洪琎基（法务部法务局局长） 金东祚（外务部政务局局长） 池铁根（水产渔捞课课长） 柳泰夏；金泰东；崔圭夏；李相德；郑文基；黄富基；文德周；张润杰；尹锡均；韩奎永；李一雨；黄镐乙；金永周；陈弼植	会谈议题 ①在日韩国［朝鲜］人的法律地位问题。 ②船舶问题。 ③两国基本关系问题。 ④财产请求权问题。 ⑤渔业问题。	会谈内容 ①由于日方主张对韩财产请求权，致使会谈破裂。 ②其他悬案问题没有进展。

会谈次数	会谈时间	日方代表	韩方代表	会谈的议题	会谈概要
第二次会谈	1953 年 4 月 15 日— 1953 年 7 月 23 日	首席：久保田贯一郎（外务省参与）代表及随员：铃木政胜（外务省参事官）鹤冈千仞（法务省入国管理局次长）石田正（大藏省理财局局长）冈井正男（水产厅次长）国安诚一（运输省海运调整部部长）高桥觉；重光晶；广田稹；武野义治；池川正良；吉田信邦；上田克郎；岗井正男；大户正长；增田正一；高林康一；小岗靖；牧野诚一；西山昭	首席：金溶植（驻日代表部公使）代表及随员：林松本（外交委员会委员，殖产银行总裁）张基荣（外交委员会委员，韩国银行总裁）张暻根（外交委员会委员，国会议员）洪璀基（法务部法务局局长）池铁根（商工部水产局局长）李相德；柳泰夏；崔圭夏；高鸿基；辛徹山；韩奎永；李壬道；张润杰；张师弘	会谈议题①在日韩国〔朝鲜〕人的法律地位问题。②朝鲜籍船舶归还问题。③日韩基本关系问题。④渔业问题。⑤财产请求权问题。	会谈内容 * 由于日方要求自由地交换双方的意见，日方实际并没赋予首席代表、代表等头衔。因此，所谓首席是会谈中实际起的作用来确定的。① 在在日韩国〔朝鲜〕人法律地位问题的会谈中，在确认国籍的问题上有所进展。②在渔业问题的会谈中主要讨论资源保护问题。③朝鲜实现停战并召开日内瓦会议以后，日方提出休会。
第三次会谈	1953 年 10 月 6 日— 1953 年 10 月 21 日	首席：久保田贯一郎（外务省参与）代表及随员：下田武三（外务省条约局局长）铃木政胜（外务省参事官）鹤冈千仞（法务省入国管理局次长）阪田泰二（大藏省理财局局长）清井正（水产厅长官）	首席：梁裕灿（驻美大使）交替首席：金溶植（驻日代表部公使）代表及随员：柳泰夏（驻日代表部参事官）张暻根（外交委员会委员，国会议员）洪璀基（法务部法务局局长）	会谈议题①渔业问题。②财产请求权问题。③日韩基本关系问题。④在日韩国〔朝鲜〕人的法律地位问题。	会谈内容①围绕"和平（李承晚）线"的合法性问题进行了讨论。②日方继续主张对韩请求权。③因久保田首席代表的"久保田妄言"问题会谈决裂。

续表

会谈次数	会谈时间	日方代表	韩方代表	会谈的议题	会谈概要
第三次会谈	1953年10月6日—1953年10月21日	永野正二（水产厅生产部部长） 国安诚一（运输省海运调整部部长） 伊东猪六（大日本水产会副会长） 七田末吉（日本远洋拖网渔业协会副会长） 天野郡治（西日本围网渔业联合组合长） 小岛太作；高桥觉；大田哲郎；竹内春海；木本三郎；大户元长	李相德（韩国银行外国部部长） 崔圭夏（驻日代表部总领事） 李壬道（商工部水产局渔捞课课长） 张师弘；张润杰；韩麟凤		
第四次会谈	1957年7月31日—1957年12月31日（预备会谈）	（一）预备会谈 首席：泽田廉三（前外务省顾问，前日本国驻联合国大使） 特命全权大使：井上孝治郎 代表： 伊关佑二郎（外务省移住局局长） 平贺健太（法务省民事局局长） 大隈涉（外务审议官） 板垣修（外务省亚洲局局长） 高野藤吉（外务参事官） 正示启次郎（大藏省理财局局长） 西村健次郎（农林水产厅次长） 粟泽一男（运输省海运局局长）	（一）预备会谈 首席：林炳稷（驻联合国大使） 代表： 金裕泽（驻日代表部大使） 柳泰夏（驻日代表部公使） 崔圭夏（驻日代表部参事官） 张暻根（国会议员） 李澔（前法务部长官）	会谈议题 ①日本撤销对韩财产请求权问题。 ②撤回"久保田妄言"问题。	会谈内容 ①日方撤销对韩财产请求权要求。 ②撤回"久保田妄言"。 ③决定归还部分文物并相互释放被扣留的日本渔民及韩国偷渡者。

会谈次数	会谈时间	日方代表	韩方代表	会谈的议题	会谈概要
第四次会谈	1958年4月15日—1960年4月25日（正式会谈）	（二）正式会谈 首席：泽田廉三（前外务省顾问，前日本驻联合国大使） 代表： 平贺健太（法务省民事局局长） 高濑侍郎（法务省入国管理局局长） 伊关佑二郎（外务省移住局局长） 大隈涉（外务审议官） 三宅喜二郎（外务审议官） 西原直廉（大藏省理财局局长） 高桥泰彦（农林水产厅次长） 朝田静夫（运输省海运局局长）	（二）正式会谈 首席：许政（前国务总理署理） 次席：柳泰夏（驻日代表部大使） 代表： 俞镇午（高丽大学总长[校长]） 张暻根（国会议员） 李澔（前法务部长官） 李载沆（驻日代表部参事官） 陈弼植（驻日代表部参事官） 池铁根（商工部水产局局长） 李相德（韩国银行业务部部长） 俞昌顺（韩国银行外国部部长） 黄寿永（文教部嘱托）	会谈议题 ①在日韩国[朝鲜]人的法律地位问题。 ②船舶问题。 ③财产请求权问题。 ④基本关系问题。 ⑤渔业问题。 ⑥文物问题。	会谈内容 ①讨论韩国对日财产请求权的法律依据。 ②争论"和平（李承晚）线"的合法性。 ③因"4·19学生革命"，会谈被迫中断。
第五次会谈	1960年10月25日—1961年5月15日	首席：泽田廉三（前外务省顾问，前日本驻联合国大使） 代表： 平贺健太郎（法务省民事局局长） 高濑侍郎（法务省入国管理局局长） 伊关佑二郎（外务省亚洲局局长） 中川融（外务省条约局局长） 宇山厚（外务参事官）	首席：俞镇午（高丽大学总长[校长]） 次席代表：严尧燮（驻日代表部公使） 代表： 刘彰顺（韩国银行副总裁） 金润根（律师） 尹锡宪（外务部政务局局长） 陈弼植（外务部通商局局长）	会谈议题 ①在日韩国[朝鲜]人的法律地位。 ②财产请求权问题。 ③船舶问题。 ④渔业问题。 ⑤文物问题。	会谈内容 ①逐条商讨韩方提出的8项财产请求权要求。 ②商讨渔业资源保护问题。 ③因"5·16"朴正熙等军事政变而中断。

会谈次数	会谈时间	日方代表	韩方代表	会谈的议题	会谈概要
第五次会谈	1960 年 10 月 25 日— 1961 年 5 月 15 日	卜部敏男（外务参事官） 西原直廉（大藏省理财局局长） 高桥泰彦（农林水产厅次长） 朝田静夫（运输省海运局局长）	文哲淳（驻日代表部参事官） 李相德（韩国银行国库部部长） 池铁根（前海务厅水产局局长）		
第六次会谈	1961 年 10 月 20 日— 1964 年 4 月 6 日。 1962 年 3 月 18 日— 1962 年 8 月 20 日休会 1962 年 8 月 21 日— 1964 年 4 月 6 日（重开会谈）	首席：杉道助（日本贸易振兴会理事长） 代表： 平贺健太（法务省民事局局长） 高濑侍郎（法务省入国管理局局长） 伊关佑二郎（外务省亚洲局局长） 中川融（外务省条约局局长） 宇山厚（外务参事官） 卜部敏男（外务参事官） 宫川新一郎（大藏省理财局局长） 村田丰三（农林水产厅次长） 辻章男（运输省海运局局长） 后期加入者： 後宫虎郎（外务省亚洲局局长） 小川青四郎（法务省入国管理局局长）	首席：裴义焕（前韩国银行总裁） 次席代表：李东焕（驻日公使） 顾问：李汉基（国家重建最高委员会议长顾问） 代表： 金载元（国立博物馆馆长） 李弘植（文教部文物保护委员会委员，高丽大学教授） 黄寿永（文教部文物保存委员会委员，东国大学教授） 池铁根（大韩水产中央会顾问） 高范俊（韩国银行副总裁） 李相德（韩国银行理事） 洪升熹（产业银行理事） 金正濂（原财务部次官）	会谈议题 ①在日韩国〔朝鲜〕人的法律地位。 ②财产请求权问题。 ③渔业问题。 ④船舶问题。 ⑤文物问题。	会谈内容 ①继续逐条讨论韩国方面提出的财产请求权要求，最终在金钟泌——大平正芳会谈中在请求权总额问题上达成妥协。 ②渔业问题的会谈集中在专管水域方面，日方主张 12 海里，而韩方主张 40 海里专管水域。 ③提出七项文物归还要求。

会谈次数	会谈时间	日方代表	韩方代表	会谈的议题	会谈概要
第六次会谈	1961 年 10 月 20 日—1964 年 4 月 6 日。1962 年 3 月 18 日—1962 年 8 月 20 日休会 1962 年 8 月 21 日—1964 年 4 月 6 日（重开会谈）	广濑达夫（外务省亚洲局参事官）针谷正之（外务省情报文化局参事官）吉冈英一（大藏省理财局局长）和田正明（水产厅渔政部部长）牛场信彦（外务省外务审议官）八木正男；吉冈英一；龟山信郎；臼田彦太郎	金润根（律师）李天祥（律师）郑泰燮（律师）郑一永（外务部长官咨询委员）全祥振（外务部政务局局长）李圭星（驻日代表部参事官）崔英泽（驻日代表部参事官）文哲淳（驻日代表部参事官）朴东燮（财务部理财局局长）金命年（农林部水产局局长）尹基善（交通部海运局局长）崔圭夏（前外务部次官，朴正熙外交顾问）文仁龟（首尔地方检察厅部长检事）后期加入者：崔世璜（国防部次官）黄镐乙（外务部亚洲局局长）李坰镐（法务部法务局局长）金东祚（驻日代表部大使）李玟容（驻日代表部一秘）		

会谈次数	会谈时间	日方代表	韩方代表	会谈的议题	会谈概要
第七次会谈	1964 年 12 月 3 日—1965 年 6 月 22 日，东京	前期首席：杉道助（日本贸易振兴会理事长） 后期首席：高杉晋一（三菱电机顾问） 次席：牛场信彦（外务审议官） 代表： 平贺健太（法务省民事局局长） 八木正男（法务部入国管理局局长） 後宫虎郎（外务省亚洲局局长） 西山昭（外务省经济合作局局长） 藤崎万里（外务省条约局局长） 针谷正之（外务省文化事业部部长） 广濑达夫（外务参事官） 吉冈英一（大藏省理财局局长） 宫地茂（文物保护委员会事务局局长） 和田正明（农林省水产厅次长） 中途任命者： 佐伯浩（大藏省理财局局长） 佐藤正二（外务省条约参事官） 大和田涉（外务省条约参事官） 高岛节男（经济企划厅调整局局长） 渡边诚（大藏省国际金融局局长） 渡边弥荣司（通产省贸易振兴局局长）	首席：金东祚（驻日代表部大使） 代表： 方熙（驻日代表部公使，"法律地位委员会"、"文物委员会"首席代表） 文哲淳（外务部企划管理室室长，"基本关系委员会"首席代表） 延河龟（外务部亚洲局局长） 李圭星（驻日代表部参事官，"渔业委员会"、"船舶委员会"首席代表） 李坰镐（法务部法务局局长） 李凤来（农林部水产局局长） 金命年（农林部国立水产振兴院院长） 中途任命者： 权五柄（法务部次官）	会谈议题 ①日韩基本关系问题。 ②在日韩国［朝鲜］人的法律地位问题。 ③财产及请求权与经济合作的细节问题。 ④渔业问题。 ⑤文物归还问题。 ⑥船舶问题。	会谈内容 ①在基本关系，渔业问题，请求权及经济合作问题，在日韩国［朝鲜］人的法律地位问题，文物归还问题，船舶问题上达成初步协议。 ②2 月份草签基本关系条约。 ③4 月份草签在日韩国［朝鲜］人的法律地位问题、渔业问题及请求权与经济合作问题的合意事项。 ④6 月在东京签署日韩基本条约及四项协定。

续表

会谈次数	会谈时间	日方代表	韩方代表	会谈的议题	会谈概要
第七次会谈	1964 年 12 月 3 日—1965 年 6 月 22 日, 东京	福田繁（文部省初等中等教育局局长）牛丸义留（厚生省社会局局长）铃木秀雄（大藏省国际金融局局长）石田郎（水产厅次长）今村让（厚生省社会局局长）			

资料来源：根据①大韩民国政府编发《韩日会谈白书（非卖品）》，1965 年 2 月，第 153—164 页。②外交问题丛书第九号，外务部政务局编《韩日会谈略记（极密）》1955 年等韩国外交档案。③其他相关资料整理而成。整理时对《韩日会谈白书（非卖品）》中的明显的错误进行了纠正，对尚难判断的错误保留了原文的同时用括弧标出了相关文字并用问号标出。第 2、3 次日韩会谈中，日方对参加会谈的人员没有正式授予"全权代表"、"代表"、"随员"等头衔，故此表中的第 2、3 次会谈中的"首席代表"是根据会谈中实际起的作用来确定的，"代表"中也包括了"随员"。

[1]《韩日会谈白书（非卖品）》中的李天祥、吉恒镇代表并未参加会谈，实际参加的是池铁根。

附录三　韩国历代政要一览表

1. 韩国历届总统一览表

顺序	姓　名		支持的政党	在任时间	备　考
	中文姓名	韩文姓名			
1	李承晚	이승만	韩国民主党 ↓ 自由党	1948.7.24—1952.8.4	由国会议员间接选举产生
				1952.8.5—1956.5.14	直接选举产生
				1956.5.15—1960.3.14	因 4.19 革命下台
临时代理	许政	허정		1960.4.27.—1960.8.12	4.19 革命后代行总统职权
2	尹潽善	윤보선	韩国民主党 ↓ 新民党	1960.8.13—1962.3.22	由国会议员间接选举产生，因 5.16 军事政变下台

续表

顺序	姓　名		支持的政党	在任时间	备　考
	中文姓名	韩文姓名			
议长	张都暎	장도영	实行军政	1961.5.19—1961.7.3	就任相当于国家最高首脑的国家重建最高会议议长
议长	朴正熙	박정희	实行军政	1961.7.3—1963.10.14	就任相当于国家最高首脑的国家重建最高会议议长
3	朴正熙	박정희	民主共和党	1963.10.15—1967.5.2	直接选举产生
				1967.5.3—1971.4.26	
				1971.4.27—1972.12.22	1972.10.17 非常戒严令（十月维新）
				1972.12.23—1978.7.5	由统一主体国民会议间接选举产生
				1978.7.6—1979.10.26	在任期间被暗杀
临时代理	崔圭夏	최규하		1979.10.26—1979.12.5	朴正熙被暗杀以后代行总统职权
4	崔圭夏	최규하	无所属	1979.12.6—1980.8.16	因肃军政变下台
5	全斗焕	전두환	民主正义党	1980.8.27—1981.2.24	通过肃军政变上台
				1981.2.25—1988.2.24	制定新宪法由国会议员间接选举产生
6	卢泰愚	노태우	民主正义党 ↓ 民主自由党	1988.2.25—1993.2.24	直接选举产生
7	金泳三	김영삼	新韩国党	1993.2.25—1998.2.24	直接选举产生
8	金大中	김대중	新政治国民议会 ↓ 新千年民主党	1998.2.25—2003.2.24	直接选举产生
9	卢武铉	노무현	新千年民主党 ↓ 开放国民党	2003.2.25—2008.2.24	直接选举产生 在任期间 2004.3.12—5.14 遭到国会弹劾，被停职履行总统权力，由国务总理高建代行总统职责
10	李明博	이명박	大国家党	2008.2.25—2013.2.24 任期将满	直接选举产生

2. 韩国历届总理一览表

顺序	中文姓名	韩文姓名	任　期	出身/原籍	备　考
第一共和国李承晚政权（제1공화국 이승만 정부）					
1	李范奭	이범석	1948. 7. 31—1950. 4. 20	首尔市	
代理	申性模	신성모	1950. 4. 21—1950. 11. 22	庆尚南道	第一个代理总理
2	张勉	장 면	1950. 11. 23—1952. 4. 23	首尔市	
代理	许政	허 정	1951. 11. 6—1952. 4. 9	N/A	
代理	李允荣	이윤영	1952. 4. 24—1952. 5. 5	平安道	
3	张泽相	장택상	1952. 5. 6—1952. 10. 5	庆尚北道	
代理	白斗镇	백두진	1952. 10. 9—1953. 4. 23	黄海道	
4	白斗镇	백두진	1953. 4. 24—1954. 6. 17	黄海道	
5	卞荣泰	변영태	1954. 6. 27—1954. 11. 28	N/A	
临时代理	白汉成	백한성	1954. 11. 18	N/A	修改宪法废除总理职务
第二共和国（제2공화국 정부）					
6	许政	허 정	1960. 6. 15—1960. 8. 18	N/A	过渡内阁总理 制定宪法恢复总理职位
7	张勉	장 면	1960. 8. 19—1961. 5. 17	首尔市	第二次内阁；发生军事政变，强行停止宪法效力
国家重建最高会议军事政权（국가재건최고회의 군정부）					
首班	张都暎	장도영	1961. 5. 20—1961. 7. 2	N/A	
首班	宋尧赞	송요찬	1961. 7. 3—1962. 6. 15	N/A	
首班	朴正熙	박정희	1962. 6. 18—1962. 7. 9	庆尚北道	
首班	金显哲	김현철	1962. 7. 10—1963. 12. 16	N/A	
第三共和国（제3공화국 박정희 정부）					
8	崔斗善	최두선	1963. 12. 17—1964. 5. 9	N/A	期间制定第三共和国宪法，恢复宪法效力
9	丁一权	정일권	1964. 5. 10—1970. 12. 20	咸镜北道	
10	白斗镇	백두진	1970. 12. 21—1971. 6. 3	黄海道	第二次组阁
11	金钟泌	김종필	1971. 6. 4—1975. 12. 18	忠青南道	期间制定第四共和国新宪法
第四共和国维新体制（제4공화국 유신체제 정부）					
代理	崔圭夏	최규하	1975. 12. 19—1976. 3. 12	江原道	

顺序	中文姓名	韩文姓名	任 期	出身/原籍	备 考
12	崔圭夏	최규하	1976.3.13—1979.12.5	江 原 道	总统被暗杀，就任临时总统，辞职以后暂无国务总理
13	申铉确	신현확	1979.12.13—1980.5.21	庆尚北道	就任前一天发生肃军军事政变
代理	朴忠勋	박충훈	1980.5.22—1980.9.1	济州岛	
代理	南德祐	남덕우	1980.9.2—1980.9.21	N/A	
14	南德祐	남덕우	1980.9.22—1982.1.3	N/A	期间制定第五共和国宪法
第五共和国全斗焕政权（제5공화국 전두환 정부）					
代理	刘彰顺	유창순	1982.1.4—1982.1.22	N/A	
15	刘彰顺	유창순	1982.1.23—1982.6.24	N/A	
代理	金相浃	김상협	1982.6.25—1982.9.20	全罗北道	
16	金相浃	김상협	1982.9.21—1983.10.14	全罗北道	
代理	陈懿钟	진의종	1983.10.15—1983.10.16	全罗北道	
17	陈懿钟	진의종	1983.10.17—1985.2.18	全罗北道	
代行	申秉铉	신병현	1984.11.7—1985.2.18	黄 海 道	第一个代行总理权限者
代理	卢信永	노신영	1985.2.19—1985.5.15	N/A	
18	卢信永	노신영	1985.5.16—1987.5.25	N/A	
代理	李汉基	이한기	1987.5.26—1987.7.13	全罗南道	
代理	金贞烈	김정렬	1987.7.14—1987.8.6	N/A	
19	金贞烈	김정렬	1987.8.7—1988.2.24	N/A	期间制定第六共和国宪法
第六共和国卢泰愚政权（제6공화국 노태우 정부）					
代理	李贤宰	이현재	1988.2.25—1988.3.1	N/A	
20	李贤宰	이현재	1988.3.2—1988.12.4	N/A	
代理	姜英勋	강영훈	1988.12.5—1988.12.15	平安北道	
21	姜英勋	강영훈	1988.12.16—1990.12.26	平安北道	
代理	卢在凤	노재봉	1990.12.27—1991.1.22	庆尚南道	
22	卢在凤	노재봉	1991.1.23—1991.5.23	庆尚南道	
代理	郑元植	정원식	1991.5.24—1991.7.7	N/A	
23	郑元植	정원식	1991.7.8—1992.10.7	N/A	
24	玄胜钟	현승종	1992.10.8—1993.2.24	平安南道	

续表

顺序	中文姓名	韩文姓名	任　期	出身/原籍	备　考
金泳三文民政权（김영삼 문민 정부）					
25	黄寅性	황인성	1993.2.25—1993.12.16	全罗北道	
26	李会昌	이회창	1993.12.17—1994.4.21	忠清南道	
27	李荣德	이영덕	1994.4.30—1994.12.16	平安南道	
28	李洪九	이홍구	1994.12.17—1995.12.17	首尔市	
29	李寿成	이수성	1995.12.18—1997.3.4	咸镜南道	
30	高建	고 건	1997.3.5—1998.3.2	首尔市	
金大中国民政权（김대중 국민의 정부）					
代理	金钟泌	김종필	1998.3.3—1998.8.17	忠清南道	
31	金钟泌	김종필	1998.8.18—2000.1.12	忠清南道	第二次组织内阁
32	朴泰俊	박태준	2000.1.13—2000.5.18	庆尚南道	
代理	李汉东	이한동	2000.5.23—2000.6.28	京畿道	
33	李汉东	이한동	2000.6.28—2002.7.10	京畿道	
代理	张裳	장 상	2002.7.11—2002.7.31	N/A	
代理	张大焕	장대환	2002.8.9—2002.8.28	N/A	
代理	金硕洙	김석수	2002.9.10—2002.10.4	庆尚南道	
34	金硕洙	김석수	2002.10.5—2003.2.26	庆尚南道	
卢武铉参与政权（노무현 참여 정부）					
35	高建	고 건	2003.2.27—2004.5.24	首尔市	第二次组织内阁；卢武铉被弹劾停职期间代行总统权力
36	李海瓒	이해찬	2004.6.30—2006.3.15	忠清南道	
代理	韩德洙	한덕수	2006.3.16—2006.4.19	全罗北道	
37	韩明淑	한명숙	2006.4.20—2007.3.7	平安南道 平壤市	第一个女总理
代理	权五奎	권오규	2007.3.7—2007.3.9	N/A	主管经济的副总理
38	韩德洙	한덕수	2007.3.9—2008.2.28	全罗北道	
李明博政权（이명박 정부）					
39	韩升洙	한승수	2008.2.29—现在	江原道 春川市	

注释：N/A＝Not available。

3. 韩国历届外务通商部长官一览表

顺序	姓 名		在任时间
	中文姓名	韩文姓名	
1	张泽相	장택상	1948 年 8 月 15 日—1948 年 12 月 24 日
2	林炳稷	임병직	1948 年 12 月 25 日—1951 年 4 月 15 日
3	卞荣泰	변영태	1951 年 4 月 16 日—1955 年 7 月 28 日
4	曹正焕	조정환	1955 年 7 月 29 日—1959 年 12 月 21 日
职务代理	崔圭夏	최규하	1959 年 12 月 22 日—1960 年 4 月 24 日
5	许 政	허 정	1960 年 4 月 25 日—1960 年 8 月 19 日
6	郑一亨	정일형	1960 年 8 月 23 日—1961 年 5 月 20 日
7	金弘一	김홍일	1961 年 5 月 21 日—1961 年 7 月 21 日
8	宋尧赞	송요찬	1961 年 7 月 22 日—1961 年 10 月 10 日
9	崔德新	최덕신	1961 年 10 月 11 日—1963 年 3 月 15 日
10	金溶植	김용식	1963 年 3 月 16 日—1963 年 12 月 16 日
11	丁一权	정일권	1963 年 12 月 17 日—1964 年 7 月 24 日
12	李东元	이동원	1964 年 7 月 25 日—1966 年 12 月
13	丁一权	정일권	1966 年 12 月—1967 年 6 月 29 日
14	崔圭夏	최규하	1967 年 6 月 30 日—1971 年 6 月 3 日
15	金溶植	김용식	1971 年 6 月 4 日—1973 年 12 月 2 日
16	金东祚	김동조	1973 年 12 月 3 日—1975 年 12 月 18 日
17	朴东镇	박동진	1975 年 12 月 19 日—1980 年 9 月 1 日
18	卢信永	노신영	1980 年 9 月 2 日—1982 年 6 月 1 日
19	李范锡	이범석	1982 年 6 月 2 日—1983 年 10 月 9 日
20	李源京	이원경	1983 年 10 月 15 日—1986 年 8 月 26 日
21	崔侊洙	최광수	1986 年 8 月 26 日—1988 年 12 月 5 日
22	崔浩中	최호중	1988 年 12 月 5 日—1990 年 12 月 27 日
23	李相玉	이상옥	1990 年 12 月 27 日—1993 年 2 月 26 日
24	韩升洙	한승주	1993 年 2 月 26 日—1994 年 12 月 24 日
25	孔鲁明	공로명	1994 年 12 月 24 日—1996 年 11 月 7 日
26	柳宗夏	유종하	1996 年 11 月 7 日—1998 年 3 月 3 日
27	朴定洙	박정수	1998 年 3 月 3 日—1998 年 8 月 4 日
28	洪淳瑛	홍순영	1998 年 8 月 4 日—2000 年 1 月 14 日

续表

顺序	姓　名		在任时间
	中文姓名	韩文姓名	
29	李廷彬	이정빈	2000 年 1 月 14 日—2001 年 3 月 26 日
30	韩升洙	한승수	2001 年 3 月 26 日—2002 年 2 月 4 日
31	崔成泓	최성홍	2002 年 2 月 4 日—2003 年 2 月 27 日
32	尹永宽	윤영관	2003 年 2 月 27 日—2004 年 1 月 17 日
33	潘基文	반기문	2004 年 1 月 17 日—2006 年 11 月 10 日
34	宋旻淳	송민순	2006 年 11 月 10 日—2008 年 2 月 29 日
35	柳明桓	유명환	2008 年 2 月 29 日—

附录四　韩国对日贸易的变迁

单位：百万美元，%

年度	对日出口(A)	对日增加率	对日出口在全部贸易中所占比重	对日进口(B)	对日增加率	对日进口在全部贸易中所占比重	A∶B	对日贸易收支逆差 A-B=C	C/GNP	韩元/百日元兑换率
1965	44.0	15.2	25.1	166.6	36.0	36.0	1∶3.79	-122.6		75.49
1966	64.9	47.5	25.9	293.8	76.4	41.0	1∶4.53	-228.9	6.19	75.33
1967	84.7	30.5	26.5	443.0	50.8	44.5	1∶5.23	-358.3	8.33	76.25
1968	99.7	17.7	21.9	623.2	40.7	42.4	1∶6.25	-523.5	10.07	78.19
1969	113.3	13.6	18.2	753.8	21.0	41.3	1∶6.65	-640.5	9.70	84.57
1970	234.3	106.8	28.1	809.3	7.4	40.8	1∶3.45	-575.0	7.10	87.96
1971	261.9	11.8	24.5	953.6	17.8	39.8	1∶3.64	-691.7	7.28	118.58
1972	409.6	56.4	25.5	1031.2	8.1	40.9	1∶2.52	-621.6	5.81	132.09
1973	1169.4	185.5	36.3	1726.8	67.5	40.7	1∶1.48	-557.4	4.13	141.96
1974	1379.6	18.0	30.9	2620.5	51.8	38.2	1∶1.90	-1240.3	6.60	160.82
1975	1292.9	-6.3	25.4	2433.6	-7.1	33.5	1∶1.88	-1140.7	5.46	158.61
1976	1801.6	39.3	23.4	3099.0	27.3	35.3	1∶1.72	-1297.4	4.52	165.30
1977	2148.3	19.2	21.4	3926.6	26.7	36.3	1∶1.83	-1778.3	4.83	201.65

续表

年度	对日出口 (A)	对日增加率	对日出口在全部贸易中所占比重	对日进口 (B)	对日增加率	对日进口在全部贸易中所占比重	A：B	对日贸易收支逆差 A－B＝C	C/GNP	韩元/百日元兑换率
1978	2627.3	22.3	20.7	5981.5	52.3	40.0	1：2.28	-3354.2	6.51	248.14
1979	3353.0	27.6	22.3	6656.7	11.3	32.7	1：1.99	-3303.7	5.37	202.10
1980	3039.4	-9.4	17.4	5857.8	-12.0	26.3	1：1.93	-2818.4	4.66	325.30
1981	3502.8	15.2	16.5	6373.6	8.8	24.4	1：1.82	-2870.8	4.30	319.00
1982	3388.1	-3.3	15.5	5305.3	-16.8	21.9	1：1.57	-1917.2	2.69	320.20
1983	3403.6	0.5	13.9	6238.4	17.6	23.8	1：1.83	-2834.8	3.57	343.60
1984	4602.2	35.2	15.7	7640.1	22.5	24.9	1：1.66	-3037.9	3.49	330.60
1985	4543.4	-1.3	15.0	7560.4	-1.0	24.3	1：1.66	-3017.0	3.36	443.70
1986	5425.7	19.4	15.6	10869.3	43.8	34.4	1：2.00	-5443.6	5.30	538.40
1987	8436.8	55.5	17.8	13656.6	25.6	33.3	1：1.62	-5219.8	4.07	642.32
1988	12004.1	42.3	19.8	15928.8	16.6	30.7	1：1.33	-3924.7	2.27	547.72
1989	13456.8	12.1	21.6	17448.6	9.5	28.4	1：1.30	-3991.8	1.90	472.06
1990	12637.9	-6.1	19.4	18573.9	6.4	26.6	1：1.47	-5936.0	2.45	532.44

资料来源：（日）亚洲研究所·研究项目报告书 No. 11《日本与亚洲——超越冷战（1）》，平成 4—5 年度研究项目《日本与亚洲》，亚细亚大学亚洲研究所，1995 年 3 月，第 31 页。

附录五　韩国贸易中日本所占比重

单位：千美元

年度	出口			总额	进口		对日进出口比率	韩国贸易收支（A）	对日贸易收支（B）	B／A%
	总额	日本	日本比率%		日本	日本比率%				
1962	54813	24483	44.7	421782	109171	25.9	1：4.46	−366969	−84688	23.1
1963	86802	24841	28.6	560273	159345	28.4	1：6.45	−473471	−134503	28.4
1964	119058	38158	32.0	404351	110117	27.2	1：2.89	−285293	−71959	25.2
1965	175083	43974	25.1	463442	166628	36.0	1：3.79	−288359	−122654	42.5
1966	250334	66293	26.5	716441	293794	41.0	1：4.43	−466107	−227501	48.8
1967	320229	84726	26.5	996246	443051	44.5	1：5.23	−676017	−358325	53.0
1968	455401	99744	21.9	1462873	623998	42.5	1：6.26	−1007472	−524254	52.0
1969	622516	133326	21.4	1823612	753817	41.3	1：5.65	−1201096	−620491	51.7
1970	835185	234329	28.0	1983973	809283	40.8	1：3.45	−1148788	−574954	50.0
1971	1067607	261988	24.5	2344320	953778	39.8	1：3.64	−1276713	−691790	54.2
1972	1624088	407876	25.1	2522002	1031085	40.9	1：2.53	−897914	−623309	69.4
1973	3220614	1239701	38.5	4218531	1723723	40.9	1：1.39	−997917	−484022	48.5

资料来源：日韩关系研究会编：《日韩关系的基础知识——数据和分析》，田畑书店，1975 年 11 月，第 31 页。

附录六　日本对朝鲜民主主义人民共和国贸易

单位：千美元

年度	日本的出口（A）	日本的进口（B）	进出口合计（A＋B）	贸易收支（A－B）
1961	4938	3976	8914	962
1962	4781	4553	9334	228
1963	5347	9430	14777	－4083
1964	11284	20231	31515	－8947
1965	16505	14723	31228	1782
1966	5016	22692	27708	－17676
1967	6370	29606	35976	－23239
1968	20748	34032	54780	－13284
1969	24159	32186	56345	－8027
1970	23344	34414	57758	－11070
1971	28907	30059	58966	－1152
1972	93443	38311	131754	55132
1973	100160	72318	172478	27842
1974	251914	108824	360738	143090
1975	180630	64839	245469	115791
1976	96056	71627	167683	24429
1977	125097	66618	191715	58479
1978	183347	106862	290209	76485
1979	283848	152027	435875	131821
1980	374305	180046	554351	194259
1981	290995	139476	430471	151519
1982	313162	152026	465188	161136
1983	327077	126149	483226	200928

资料来源：JETRO，White Paper on International Trade（Tokyo，1961－1983）。

附录七　日韩基本条约及相关诸协定(英、日文)

一、日韩基本条约（英文）

（一）《日本国与大韩民国之间关于基本关系的条约》（英文）

★TREATY ON BASIC RELATIONS BETWEEN JAPAN AND THE REPUBLIC OF KOREA

Japan and the Republic of Korea,

Considering the historical background of relationship between their peoples and their mutual desire for good neighborliness and for the normalization of their relations on the basis of the principle of mutual respect for sovereignty;

Recognizing the importance of their close cooperation in conformity with the principles of the Charter of the United Nations to the promotion of their mutual welfare and common interests and to the maintenance of international peace and security; and

Recalling the relevant provisions of the Treaty of Peace with Japan signed at the city of San Francisco on September 8, 1951 and the Resolution 195 (III) adopted by the United Nations General Assembly on December 12, 1948;

Have resolved to conclude the present Treaty on Basic Relations and have accordingly appointed as their Plenipotentiaries,

Japan:

Etsusaburo Shiina,

Minister for Foreign Affairs of Japan

Shinichi Takasugi

The Republic of Korea:

Tong Won Lee,

Minister of Foreign Affairs of the Republic of Korea

Dong Jo Kim,

Ambassador Extraordinary and Plenipotentiary of the Republic of Korea

Who, having communicated to each other their full powers found to be in good and due form, have agreed upon the following articles:

Article I

Diplomatic and consular relations shall be established between the High Contracting Parties. The High Contracting Parties shall exchange diplomatic envoys with the Ambassadorial rank without delay. The High Contracting Parties will also establish consulates at locations to be agreed upon by the two Governments.

Article II

It is confirmed that all treaties or agreements concluded between the Empire of Japan and the Empire of Korea on or before August 22, 1910 are already null and void.

Article III

It is confirmed that the Government of the Republic of Korea is the only lawful Government in Korea as specified in the Resolution 195 (III) of the United Nations General Assembly.

Article IV

(a) The High Contracting Parties will be guided by the principles of the Charter of the United Nations in their mutual relations.

(b) The High Contracting Parties will cooperate in conformity with the principles of the Charter of the United Nations in promoting their mutual welfare and common interests.

Article V

The High Contracting Parties will enter into negotiations at the earliest practicable date for the conclusion of treaties or agreements to place their trading, maritime and other commercial relations on a stable and friendly basis.

Article VI

The High Contracting Parties will enter into negotiations at the earliest practicable date for the conclusion of an agreement relating to civil air transport.

Article VII

The present Treaty shall be ratified. The instruments of ratification shall be exchanged at Seoul as soon as possible. The present Treaty shall enter into force as from the date on which the instruments of ratification are exchanged.

IN WITNESS WHEREOF, the respective Plenipotentiaries have signed the present Treaty and have affixed thereto their seals.

DONE in duplicate at Tokyo, this twenty-second day of June of the year one thousand nine hundred and sixty-five in the Japanese, Korean, and English languages, each text being equally authentic. In case of any divergence of interpretation, the English text shall prevail.

FOR JAPAN:

Etsusaburo Shiina

Shinichi Takasugi

FOR THE REPUBLIC OF KOREA:

Tong Won Lee

Dong Jo Kim

(二)《日本国与大韩民国之间关于基本关系的条约》(日文)

★日本国と大韓民国との間の基本関係に関する条約

日本国及び大韓民国は、両国民間の関係の歴史的背景と、善隣関係及び主権の相互尊重の原則に基づく両国間の関係の正常化に対する相互の希望とを考慮し、

両国の相互の福祉及び共通の利益の増進のため並びに国際の平和及び安全の維持のために、両国が国際連合憲章の原則二適合して緊密に協力することが重要であることを認め、

千九百五十一年九月八日にサン・フランシスコ市で署名された日本国との平和条約の関係規定及び千九百四十八年十二月十二日に国際連合総会で採択された決議第百九十五号(III)を想起し、

この基本関係に関する条約を締結することを決定し、よって、その全権委員として次のとおり任命した。

日本国

日本国外務大臣　椎名悦三郎

高杉晋一

大韓民国

大韓民国外務部長官　李東元

大韓民国特命全権大使　金東祚

　これらの全権委員は、互いにその全権委任状を示し、それが良好妥当であると認められた後、次の諸条を協定した。

　　第一条

　両締約国間に外交及び領事関係が開設される。両締約国は、大使の資格を有する外交使節を遅滞なく交換するものとする。また、両締約国は、両国政府により合意される場所に領事館を設置する。

　　第二条

　千九百十年八月二十二日以前に大日本帝国と大韓帝国との間で締結されたすべての条約及び協定は、もはや無効であることが確認される。

　　第三条

　大韓民国政府は、国際連合総会決議第百九十五号（III）に明らかに示されているとおりの朝鮮にある唯一の合法的な政府であることが確認される。

　　第四条

　（a）両締約国は、相互の関係において、国際連合憲章の原則を指針とするものとする。

　（b）両締約国は、その相互の福祉及び共通の利益を増進するに当たって、国際連合憲章の原則に適合して協力するものとする。

　　第五条

　両締約国は、その貿易、海運その他の通商の関係を安定した、かつ、友好的な基礎の上に置くために，条約又は協定を締結するための交渉を実行可能な限りすみやかに開始するものとする。

　　第六条

　両締約国は、民間航空運送に関する協定を締結するための交渉を実行可能な限りすみやかに開始するものとする。

　　第七条

　この条約は、批准されなければならない。批准書は、できる限りすみやかにソウルで交換されるものとする。この条約は批准書の交換の日に効力を生ずる。

　以上の証拠として、それぞれの全権委員は、この条約に署名調印した。

　千九百六十五年六月二十二日に東京で、ひとしく正文である日本語、韓国語及び英語により本書二通を作成した。解釈に相違がある場合には、英語の本文による。

日本国のために

椎名悦三郎

高杉晋一

大韓民国のために

李東元

金東祚

（資料来源：鹿島平和研究所編『日本外交主要文書・年表［2］（1961—1970）』原書房，1984年版，569—572頁。）

二、日韩渔业协定（日文）

《日本国与大韩民国之间关于渔业的协定》

★日本国と大韓民国との間の漁業に関する協定

日本国及び大韓民国は、

両国が共通の関心を有する水域における漁業資源の最大の持続的生産性が維持されるべきことを希望し、前記の資源の保存及びその合理的開発と発展を図ることが両国の利益に役立つことを確信し、公海自由の原則がこの協定に特別の規定がある場合を除くほかは尊重されるべきことを確認し、両国の地理的近接性と両国の漁業の交錯から生ずることのある紛争の原因を除去することが望ましいことを認め、両国の漁業の発展のため相互に協力することを希望して、次のとおり協定した。

第一条

1. 両線国は、それぞれの締約国が自国の沿岸の基線から測定して十二海里までの水域を自国が漁業に関して排他的管轄権を行使する水域（以下「漁業に関する水域」という。）として設定する権利を有することを相互に認める。ただし、一方の締約国がこの漁業に関する水域の設定に際し直線基線を使用する場合には、その直線基線は、他方の締約国と協議の上決定するものとする。

2. 両締約国は、一方の締約国が自国の漁業に関する水域において他方の締約国の漁船が漁業に従事することを排除することについて、相互に異議を申し立てない。

3. 両締約国の漁業に関する水域が重複する部分については、その部分の最大の幅を示す直線を二等分する点とその重複する部分が終わる二点とをそれぞれ結ぶ直線により二分する。

第二条

両締約国は、次の各線により囲まれる水域（領海及び大韓民国の漁業に関する水域を除く。）を共同規制水域として設定する。

（a）北緯 37 度 30 分以北の東経 124 度の経線

（b）次の各点を順次に結ぶ線

（Ⅰ）北緯 37 度 30 と東経 124 度との交点

（Ⅱ）北緯 36 度 45 分と東経 124 度 30 分との交点

（Ⅲ）北緯 33 度 30 分と東経 124 度 30 分との交点

（Ⅳ）北緯 32 度 30 分と東経 126 度との交点

（Ⅴ）北緯 32 度 30 分と東経 127 度との交点

（Ⅵ）北緯 34 度 34 分 30 秒と東経 129 度 2 分 50 秒との交点

（Ⅶ）北緯 34 度 44 分 10 秒と東経 129 度 8 分との交点

（Ⅷ）北緯 34 度 50 分と東経 129 度 14 分との交点

（Ⅸ）北緯 35 度 30 分と東経 130 度との交点

（Ⅹ）北緯 37 度 30 分と東経 131 度 10 分との交点

（Ⅺ）牛岩嶺高頂

第三条

両締約国は、共同規制水域においては，漁業資源の最大の持続的生産性を確保するために必要とされる保存措置が十分な科学的調査に基づいて実施されるまでの間、底びき網漁業、まき網漁業及び六十トン以上の漁船によるさばったり漁業について、この協定の不可分の一部をなす附属書に掲げる暫定的漁業規則措置を実施する。（トンとは、総トン数によるものとし、船内居住区改善のための許容トン数を差し引いたトン数により表示する。）

第四条

1. 漁業に関する水域の外則における取締り（停船及び臨検を含む。）及び裁判管轄権は、漁船の属する締約国のみが行ない、及び行使する。

2. いずれの締約国も、その国民及び漁船が暫定的漁業規制措置を誠実に遵守することを確保するために適切な指導及び監督を行ない、違反に対する適切な罰則を含む国内措置を実施する。

第五条

共同規制水域の外則に共同資源調査水域が設定される。その水域の範囲及びのその水域内で行なわれる調査については、第六条に定める漁業共同委員会が行なうべき勧告に基づき、両締約国間の協議の上決定される。

第六条

1. 両締約国は、この協定の目的を達成するため、日韓漁業共同委員会（以下「委員会」という。）を設置し、及び維持する。

2. 委員会は、二の国別委員部で構成し、各国別委員部は、それぞれの締約国の政府が任命する三人の委員で構成する。

3. 委員会のすべての決議、勧告その他の決定は、国別委員部の間の合意によってのみ行なうものとする。

4. 委員会は、その会議の運営に関する規則を決定し、必要があるときは、これを修正することができる。

5. 委員会は、毎年少なくとも一回会合し、また、そのほかに一方の国別委員部の要請により会合することができる。第一回会議の期日及び場所は、両締約国の間の合意で決定する。

6. 委員会は、その第一回会議において、議長及び副議長を異なる国別委員部から選定する。議長及び副議長の任期は、一年とする。国別委員部からの議長及び副議長の選定は、各年においてそれぞれの締約国がそれらの地位に順番に代表されるように行なうものとする。

7. 委員会の下に、その事務を遂行するため常設の事務局が設置される。

8. 委員会の公用語は、日本語及び韓国語とする。提案及び資料は、いずれの公用語にとっても提出することができ、また、必要に応じ、英語によっても提出することができる。

9. 委員会がその共同の経費を必要と認めたときは、委員会が勧告し、かつ、両締約国が承認する形式及び割合において両締約国が負担する分担金により、委員会が支払うものとする。

10. 委員会は、その共同の経費のための資金の支出を委任することができる。

第七条

1. 委員会は、次の任務を遂行する。

(a) 両締約国が共通の関心を有する水域における漁業資源の研究のた

め行なう科学的調査について、並びにその調査及び研究の結果に基づき執られるべき共同規制水域内における規制措置について両締約国に勧告する。

（b）共同資源調査水域の範囲について両締約国に勧告する。

（c）必要に応じ、暫定的漁業規制措置に関する事項につき検討し、及びその結果に基づき執られるべき措置（当該規制措置の修正を含む。）について両締約国に勧告する。

（d）両締約国の漁船間の操業の安全及び秩序に関する必要な事項並びに海上における両締約国の漁船間の事故に対する一般的な取扱方針につき検討し、並びにその結果に基づき執られるべき措置について両締約国に勧告する。

（e）委員会の要請に基づいて両締約国が提供すべき資料、統計及び記録を編集し、及び研究する。

（f）この協定の違反に関する同等の刑の細目の制定について審議し、及び両締約国に勧告する。

（g）毎年委員会の事業報告を両締約国に提出する。

（h）そのほか、この協定の実施に伴う技術的な諸問題につき検討し、必要と認めるときは、執られるべき措置について両締約国に勧告する。

2. 委員会は、その任務を遂行するため、必要に応じ、専門家をもって構成される下部機構を設置することができる。

3. 両締約国政府は、1の規定に基づき行なわれた委員会の勧告をできる限り尊重するものとする。

第八条

1. 両締約国は、それぞれ自国の国民及び漁船に対し，航行に関する国際慣行を遵守させるため、両締約国の漁船間の操業の安全を図り、かつ、その正常な秩序を維持するため、及び海上における両締約国の漁船間の事故の円滑かつ迅速な解決を図るために適切と認める措置を執るものとする。

2. 1に掲げる目的のため、両締約国の関係当局は、できる限り相互に密接に連絡し、協力するものとする。

第九条

1. この協定の解釈及び実施に関する両締約国間の紛争は、まず、外交上の経路を通じて解決するものとする。

2. 1の規定により解決することができなかった紛争は、いずれか一方の締約国の政府が他方の締約国の政府から紛争の仲裁を要請する公文を受

領した日から三十日の期間内に各締約国政府が任命する各一人の仲裁委員
と、こうして選定された二人の仲裁委員が当該期間の後の三十日の期間内
に合意する第三の仲裁委員又は当該期間内にその二人の仲裁委員が合意す
る第三国の政府が指名する第三の仲裁委員との三人の仲裁委員からなる仲
裁委員会に決定のため付託するものとする。ただし、第三の仲裁委員は、
両締約国のうちいずれかの国民であってはならない。

　　3. いずれか一方の締約国の政府が当該期間内に仲裁委員を任命しなか
ったとき、又は第三の仲裁委員若しくは第三国について当該期間内に合意
されなかったときは、仲裁委員会は、両締約国政府のそれぞれが三十日の
期間内に選定する国の政府が指名する各一人の仲裁委員会とそれらの政府
が協議により決定する第三国の政府が指名する第三の仲裁委員をもって構
成されるものとする。

　　4. 両締約国政府は、この条の規定に基づく仲裁委員会の決定に服す
るものとする。

　　第十条

　　1. この協定は、批准されなければならない。批准書は、できる限りす
みやかにソウルで交換されるものとする。この協定は、批准書の交換の日
に効力を生ずる。

　　2. この協定は、五年間協力を存続し、その後は、いずれか一方の締約
国が他方の締約国にこの協定を終了させる意思を通告する日から一年間効
力を存続する。

　　以上の証拠として、下名は、各自の政府からこのために正当な委任を
受け、この協定に署名した。

　　千九百六十五年六月二十二日に東京で、ひとしく正文である日本語及
び韓国語により本書二通を作成した。

日本国のために

椎名悦三郎

高杉晋一

大韓民国のために

李東元

金東祚

　　（資料来源：鹿島平和研究所編『日本外交主要文書・年表［2］（1961—1970）』原書房，1984
年版，572—575頁。）

三、日韩解决请求权问题及经济合作协定

《日本国与大韩民国之间关于请求权问题的解决暨关于经济合作的协定》

★財産及び請求権に関する問題の解決並びに経済協力に関する日本国と大韓民国との間の協定

日本国及び大韓民国は、両国及びその国民の財産並びに両国及びその国民の間の請求権に関する問題を解決することを希望し、両国間の経済協力を増進することを希望して、次のとおり協定した。

第一条

1. 日本国は、大韓民国に対し、

（a）現在において千八十億円（108，000，000，000円）に換算される三億合衆国ドル（300，000，000ドル）に等しい円の価値を有する日本国の生産物及び日本人の役務を、この協定の効力発生の日から十年の期間にわたって無償で供与するものとする。各年における生産物及び役務の供与は、現在において百八億円（10，800，000，000円）に換算される三千万合衆国ドル（30，000，000ドル）に等しい円の額を限度とし、各年における供与がこの額に達しなかったときは、その残額は、次年以降の供与額に加算されるものとする。ただし、各年の供与の限度額は、両締約国政府の合意により増額されることができる。

（b）現在において七百二十億円（72，000，000，000円）に換算される二億合衆国ドル（200，000，000ドル）に等しい円の額に達するまでの長期低利の貸付けで、大韓民国政府が要請し、かつ、3の規定に基づいて締結される取極に従って決定される事業の実施に必要な日本国の生産物及び日本人の役務の大韓民国による調達に充てられるものをこの協定の効力発生の日から十年の期間にわたって行なうものとする。この貸付けは、日本国の海外経済協力基金により行なわれるものとし、日本国政府は、同基金がこの貸付けを各年において均等に行ないうるために必要とする資金を確保することができるように、必要な措置を執るものとする。

前記の供与及び貸付けは、大韓民国の経済の発展に役立つものでなければならない。

2. 両締約国政府は、この条の規定の実施に関する事項について勧告

を行なう権限を有する両政府間の協議機関として、両政府の代表者で構成される合同委員会を設置する。

　3. 両締約国政府は、この条の規定の実施のため、必要な取極を締結するものとする。

　第二条

　1. 両締約国は、両締約国及びその国民（法人を含む。）の財産、権利及び利益並びに両締約国及びその国民の間の請求権に関する問題が、千九百五十一年九月八日にサン・フランシスコ市で署名された日本国との平和条約第四条（a）に規定されたものを含めて、完全かつ最終的に解決されたこととなることを確認する。

　2. この条の規定は、次のもの（この協定の署名の日までにそれぞれの締約国が執った特別の措置の対象となったものを除く。）に影響を及ぼすものではない。

　（a）一方の締約国の国民で千九百四十七年八月十五日からこの協定の署名の日までの間に他方の締約国に居住したことがあるものの財産、権利及び利益

　（b）一方の締約国及びその国民の財産、権利及び利益であって千九百四十五年八月十五日以後における通常の接触の過程において取得され又は他方の締約国の管轄の下にはいったもの

　3. 2の規定に従うことを条件として、一方の締約国及びその国民の財産、権利及び利益であってこの協定の署名の日に他方の締約国の管轄の下にあるものに対する措置並びに一方の締約国及びその国民の他方の締約国及びその国民に対するすべての請求権であって同日以前に生じた事由に基づくものに関しては、いかなる主張もすることができないものとする。

　第三条

　1. この協定の解釈及び実施に関する両締約国間の紛争は、まず、外交上の経路を通じて解決するものとする。

　2. 1の規定により解決することができなかった紛争は、いずれか一方の締約国の政府が他方の締約国の政府から紛争の仲裁を要請する公文を受領した日から三十日の期間内に各締約国政府が任命する各一人の仲裁委員と、こうして選定された二人の仲裁委員が当該期間の後の三十日の期間内に合意する第三の仲裁委員又は当該期間内にその二人の仲裁委員が合意す

る第三国の政府が指名する第三の仲裁委員との三人の仲裁委員からなる仲
裁委員会に決定のため付託するものとする。ただし、第三の仲裁委員は、
両締約国のうちいずれかの国民であってはならない。

　　3. いずれか一方の締約国の政府が当該期間内に仲裁委員を任命しなか
ったとき、又は第三の仲裁委員若しくは第三国について当該期間内に合意
されなかったときは、仲裁委員会は、両締約国政府のそれぞれが三十日の
期間内に選定する国の政府が指名する各一人の仲裁委員とそれらの政府が
協議により決定する第三国の政府が指名する第三の仲裁委員をもって構成
されるものとする。

　　4. 両締約国政府は、この条の規定に基づく仲裁委員会の決定に服す
るものとする。

　　第四条

　　この協定は、批准されなければならない。批准書は、できる限りすみ
やかにソウルで交換されるものとする。この協定は、批准書の交換の日に
効力を生ずる。

　　以上の証拠として、下名は、各自の政府からこのために正当な委任を
受け、この協定に署名した。

　　千九百六十五年六月二十二日に東京で、ひとしく正文である日本語及
び韓国語により本書二通を作成した。

日本国のために

椎名悦三郎

高杉晋一

大韓民国のために

李東元

金東祚

　　（資料来源：鹿島平和研究所編『日本外交主要文書・年表［2］（1961—1970）』原書房，1984
年版，584—586 頁。）

四、在日韩国人法律地位及待遇协定

　　《日本国与大韩民国之间关于居住在日本国的大韩民国国民的法律地位
及待遇的协定》

★日本国に居住する大韓民国国民の法的地位及び待遇に関する日本国と大韓民国との間の協定

日本国及び大韓民国は、多年の間日本国に居住している大韓民国国民が日本国の社会と特別な関係を有するに至っていることを考慮し、これらの大韓民国国民が日本国の社会秩序の下で安定した生活を営むことができるようにすることが、両国間及び両国民間の友好関係の増進に寄与することを認めて、次のとおり協定した。

第一条

1. 日本国政府は、次のいずれかに該当する大韓民国国民が、この協定の実施のため日本国政府の定める手続に従い、この協定の効力発生の日から五年以内に永住許可の申請をしたときは、日本国で永住することを許可する。

（a）千九百四十五年八月十五日以前から申請の時まで引き続き日本国に居住している者

（b）（a）に該当する者の直系卑属として千九百四十五年八月十六日以後この協定の効力発生の日から五年以内に日本国で出生し、その後申請の時まで引き続き日本国に居住している者

2. 日本国政府は、1の規定に従い日本国で永住することを許可されている者の子としてこの協定の効力発生の日から五年を経過した後に日本国で出生した大韓民国国民が、この協定の実施のため日本国政府の定める手続に従い、その出生の日から六十日以内に永住許可の申請をしたときは、日本国で永住することを許可する。

3. 1（b）に該当する者でこの協定の効力発生の日から四年十箇月を経過した後に出生したものの永住許可の申請期限は、1の規定にかかわらず、その出生の日から六十日までとする。

4. 前記の申請及び許可については、手数料は、徴収されない。

第二条

1. 日本国政府は、第一条の規定に従い日本国で永住することを許可されている者の直系卑属として日本国で出生した大韓民国国民の日本国における居住については、大韓民国政府の要請があれば、この協定の効力発生の日から二十五年を経過するまでは協議を行なうことに同意する。

2. 1の協議に当たっては、この協定の基礎となっている精神及び目的

が尊重されるものとする。

第三条

第一条の規定に従い日本国で永住することを許可されている大韓民国国民は、この協定の効力発生の日以後の行為により次のいずれかに該当することとなった場合を除くほか、日本国からの退去を強制されない。

(a) 日本国において内乱に関する罪又は外患に関する罪により禁錮以上の刑に処せられた者（執行猶予の言渡しを受けた者及び内乱に附和随行したことにより刑に処せられた者を除く。）

(b) 日本国において国交に関する罪により禁錮以上の刑に処せられた者及び外国の元首、外交使節又はその公館に対する犯罪行為により禁錮以上の刑に処せられ、日本国の外交上の重大な利益を害した者

(c) 営利の目的をもって麻薬類の取締りに関する日本国の法令に違反して無期又は三年以上の懲役又は禁錮に処せられた者（執行猶予の言渡しを受けた者を除く。）及び麻薬類の取締りに関する日本国の法令に違反して三回（ただし、この協定の効力発生の日の前の行為により三回以上刑に処せられた者については二回）以上刑に処せられた者

(d) 日本国の法令に違反して無期又は七年をこえる懲役又は禁錮に処せられた者

第四条

日本国政府は、次に掲げる事項について、妥当な考慮を払うものとする。

(a) 第一条の規定に従い日本国で永住することを許可されている大韓民国国民に対する日本国における教育、生活保護及び国民健康保険に関する事項

(b) 第一条の規定に従い日本国で永住することを許可されている大韓民国国民（同条の規定に従い永住許可の申請をする資格を有している者を含む。）が日本国で永住する意思を放棄して大韓民国に帰国する場合における財産の携行及び資金の大韓民国への送金に関する事項

第五条

第一条の規定に従い日本国で永住することを許可されている大韓民国国民は、出入国及び居住を含むすべての事項に関し、この協定で特に定める場合を除くほか、すべての外国人に同様に適用される日本国の法令の適

用を受けることが確認される。

　　第六条

　　この協定は、批准されなければならない。批准書は、できる限りすみやかにソウルで交換されるものとする。この協定は、批准書の交換の日の後三十日で効力を生ずる。

　　以上の証拠として、下名は、各自の政府からこのために正当な委任を受け、この協定に署名した。

　　千九百六十五年六月二十二日に東京で、ひとしく正文である日本語及び韓国語により本書二通を作成した。

日本国のために

椎名悦三郎

高杉晋一

大韓民国のために

李東元

金東祚

（資料来源：鹿島平和研究所編『日本外交主要文書・年表 [2] (1961—1970)』原書房，1984年版，596—598頁。）

五、日韩文物及文化合作协定（日文）

《日本国与大韩民国之间关于文物及文化合作的协定》

★『文化財及び文化協力に関する日本国と大韓民国との間の協定』

日本国及び大韓民国は、両国の文化における歴史的な関係にかんがみ、両国の学術及び文化の発展並びに研究に寄与することを希望して、次のとおり協定した。

　　第一条

　　日本国政府及び大韓民国政府は、両国民間の文化関係を増進させるためできる限り協力を行なうものとする。

　　第二条

　　日本国政府は、附属書に揚げる文化財を両国政府間で合意する手続に従つてこの協定の効力発生後六箇月以内に大韓民国政府に対して引き渡すものとする。

第三条

日本国政府及び大韓民国政府は、それぞれ自国の美術館、博物館、図書館その他学術及び文化に関する施設が保有する文化財について他方の国の国民に研究する機会を与えるため、できる限り便宜を与えるものとする。

第四条

この協定は，批准されなければならない。批准書は、できる限りすみやかにソウルで交換されるものとする。この協定は、批准書の交換の日に効力を生ずる。

以上の証拠として、下名は、各自の政府からこのために正当な委任を受け、この協定に署名した。

千九百六十五年六月二十二日に東京で、ひとしく正文である日本語及び韓国語により本書二通を作成した。

日本国のために

椎名悦三郎

高杉晋一

大韓民国のために

李東元

金東祚

（資料来源：鹿島平和研究所編『日本外交主要文書・年表［2］（1961—1970）』原書房，1984年版，600−601頁。）

日本引渡的韩国文物、典籍一览表

★附属書：

一　陶磁器、考古資料及び石造美術品

第　1　类					
序号	品名	件数	序号	品名	件数
1	白磁托及盞	1组	3	青白磁盒子	
2	白磁小碗	1	4	白磁盒子	1

续表

第 1 类

序号	品名	件数	序号	品名	件数
5	青磁碗	1	29	青瓷镶嵌菊唐草纹钵	1
6	青磁碗	1	30	青瓷镶嵌唐草纹钵	1
7	青磁钵	1	31	青瓷镶嵌菊丸纹钵	1
8	青磁钵	1	32	青瓷镶嵌菊丸纹钵	1
9	青磁钵	1	33	青瓷镶嵌菊丸纹钵	1
10	青磁壶	1	34	青瓷镶嵌菊丸纹钵	1
11	青磁钵	1	35	青瓷镶嵌花鸟纹钵	1
12	青磁钵	1	36	青瓷镶嵌菊花纹皿	1
13	青磁钵	1	37	青瓷镶嵌云鹤纹瓶	1
14	青瓷画花凤凰纹钵	1	38	青瓷芦菊纹瓶	1
15	青瓷瓶	1	39	青瓷镶嵌花纹瓶	1
16	青瓷盒子	1	40	青瓷镶嵌花卉纹小瓶	1
17	青瓷画花莲纹钵	1	41	青瓷镶嵌花卉纹小瓶	1
18	青瓷画花草花纹钵	1	42	青瓷镶嵌菊纹小瓶	1
19	青瓷雕花莲瓣纹钵	1	43	青瓷镶嵌双鸟纹盒子	1
20	青瓷画花莲纹水注	1	44	青瓷镶嵌草花纹盒子	1
21	青瓷画花草花纹瓶	1	45	青瓷镶嵌花纹盒子	1
22	青瓷画花纹盒子	1	46	青瓷镶嵌唐草纹盒子	1
23	青瓷画花盒子盖	1	47	青瓷镶嵌菊花纹盒子	1
24	青瓷雕花唐草纹碗	1	48	青瓷镶嵌菊纹盒子	1
25	青瓷绣花唐草纹碗	1	49	青瓷皿	1
26	青瓷绣花唐草纹碗	1	50	青瓷皿	1
27	青瓷唐草纹碗	1	51	白瓷绣花龙纹壶	1
28	青瓷镶嵌菊唐草纹钵	1			

第　2　类

序号	品名	件数	序号	品名	件数
合计				97 件	

第　2　类

序号	品名	件数	序号	品名	件数
1	金制太环式耳饰	1 双	22	玛瑙小玉	3
2	金制颈饰	1 串	23	陶制碗	19
3	玉制颈饰	1 串	24	陶制壶	50
4	金制戒指	2	25	陶制横瓮	3
5	银制戒指	2	26	陶制埙	7
6	金制钏	1 对	27	陶制灶	1 括
7	银制钏	1 对	28	陶制盖	3
8	金制太环式耳饰	1 对	29	陶制台	5
9	玉制颈饰	1 串	30	陶制异形土器	8
10	金制太环式耳饰	1 对	31	陶制马残缺及马头部	3
11	金制颈饰	1 串	32	异形陶俑	1
12	金制耳饰	3	33	陶制骨壶	8
13	金环	3	34	环头大刀	5
14	太环	1	35	金铜制环	17
15	金铜制杏叶	2	36	金铜金具	3
16	银制带金具	4	37	铁制杏叶	4
17	金铜制柄头	1	38	陶制脚付钵	1
18	金铜制云珠残缺	2	39	金环	1
19	水晶算盘玉	1	40	铜环	1
20	琉璃小玉	7 串	41	水晶制勾玉	1
21	玛瑙切小玉	9	42	硬玉制勾玉	2

第 2 类

序号	品名	件数	序号	品名	件数
43	水晶制管玉	1	64	铜造释迦如来立像（善山出土）	1尊
44	碧玉制管玉	2	65	铜造镀金菩萨立像（新罗）	1尊
45	铜制马铎	1	66	银制簪	1
46	铜制铃	1	67	铁制簪	1
47	梵字铭文字瓦	1	68	带金具	8
48	施釉砖	5	69	金铜制铃	33
49	鬼瓦（石佛寺）	1	70	木造金箔阿弥陀如来像	1尊
50	土造佛坐像（庆州发掘）	1	71	石棺	3
51	青铜器残缺（在铭）	1括	72	木棺金具	1
52	铜制柄头	1	73	高丽镜	50
53	金铜制带金具	1套	74	舍利容器（金铜制）	2
54	铜制带金具	3	75	经箱（铜制）	2
55	银制垂饰具	1	76	唐草毛雕守人（银制）	2
56	铜制锥斗残片	3	77	经筒样器残缺（金铜制）	1
57	水晶勾玉	1	78	银手镯（金镶嵌）	1
58	硬玉勾玉	1	79	铜制水瓶	1
59	硬玉丸玉	1	80	乡铜制碗（在铭）	1
60	陶制片耳付大碗	1	81	铜制壶（三耳雷涡带纹）	1
61	陶制脚付盘	1	82	小刀鞘（银制）	1
62	绿釉骨壶	1	83	石塔舍利装置遗物（庆尚北道闻庆郡凤楼里所在）	1尊
63	绿釉托及盏	1组	84	扇坠（金铜制七宝文透雕）	1

第 3 类

序号	品名	件数	序号	品名	件数
1	石造多罗菩萨像	1尊	2	石造狮子	2

二　图　书

序号	书名	编著者	刊行年次	册数
1	愚伏先生文集	郑经世	道光 24 版	10
2	四溟堂大师集	释惟政	顺治 9 版补刻	1
3	白沙先生集	李恒福	雍正 4 版	15
4	枫皋集	金祖淳	咸丰 4 木活	8
5	农叟随闻录	李闻政	同治写	3
6	金忠壮公遗事	正祖命编	嘉庆元版	2
7	梁大司马实记	正祖命编	嘉庆 4 版	5
8	万机要览	李万运	道光写	11
9	月沙先生集	李廷龟	康熙 59 版	22
10	璿源系谱纪略	李太王熙命编	光绪 9 版	8
11	辛壬纪年提要	具骏远	同治写	5
12	畏齐存守录	宋吴猎	同治写	2
13	读书杂抄		光绪写	4
14	廿一种秘书（有欠）	清·汪士汉等	咸丰 6 写	8
15	精选古事黄眉	明·邓百拙	咸丰写	5
16	山堂肆考	明·彭大翼、张幼学编	同治写	50
17	四部书	许筠	咸丰写	4
18	注释白眉故事	明·许以忠	道光写	5
19	间情录	朴永世	光绪 9 写	3
20	锦溪笔谈	徐有英	同治 3 写	2
21	陶庵三官记	李绰	道光写	1
22	景德传灯录	宋·释道原	同治写	10
23	金刚经石注	清·石成金注	同治写	1
24	六祖大师法宝坛经	唐·法海	咸丰 10 写	1
25	宇衡	李绰	光绪写	10
26	易学启蒙要解	世祖命编	乾隆写	4
27	经筵问答	南溟学	嘉庆写	1
28	三书辑疑	权尚夏	同治写	2
29	四书正文（孟子欠）		康熙写	1
30	诗传正文	正祖命编	嘉庆写	3

序号	书名	编著者	刊行年次	册数
31	诗传正文另本	正祖命编	光绪写	1
32	周易	朴齐家注	同治写	2
33	中庸或问	宋·朱熹	道光写	1
34	精选东莱先生左氏博义句解	宋·吕祖谦	乾隆写	2
35	论语	宋·朱熹注	同治写	3
36	青江子	清·魏初晤	光绪写	7
37	南华经注解删补	朴世堂	嘉庆写	5
38	句解南华真经	宋·林希逸	道光写	5
39	学蔀通弁	明·陈健	嘉庆写	2
40	家礼要解	朴世采	乾隆写	1
41	检身录	李绰	道光写	1
42	困知记	明·罗钦顺	嘉庆写	2
43	青苗馆士小节	李德懋	咸丰写	2
44	朱子大全箚疑补		嘉庆写	3
45	朱书谷进	金寿增	嘉庆写	1
46	朱书类汇	姜浩传	道光写	2
47	常变通考	柳长源	嘉庆写	11
48	圣学辑要	李珥	道光写	4
49	薛文清公读书录要语	明·吴廷举编	道光写	1
50	两贤传心录	正祖命编	乾隆39写	4
51	札疑类辑	朴圣源	道光写	15
52	老州杂识	吴熙常	道光写	2
53	经史注解	郑顺朝	同治写	1
54	小华诗评	洪万宗	嘉庆写	1
55	才子汇书	清·金圣欢	道光写	8
56	东坡源流		道光写	1
57	王无功集	唐·王绩	道光写	1
58	霞谷集	郑齐斗	道光写	21
59	锦带诗文草	李家焕	嘉庆写	1
60	絅菴集	申琓撰·靖夏编	雍正元写	7
61	屐园集	李晚秀	同治写	3
62	三知菴集	朴某	咸丰写	10

续表

序号	书名	编著者	刊行年次	册数
63	诗赋	沈晟等	道光写	19
64	守默堂遗稿	尹行俨	道光写	3
65	双溪遗稿	李福源	道光写	5
66	太湖集	洪元燮	道光写	5
67	东海公遗稿	赵琮镇	咸丰写	11
68	欒城集	宋·苏辙	乾隆写	25
69	李太白文集辑注	清·王琦	道光写	8
70	韩客巾衍集	李德懋	光绪写	1
71	景陵挽章	赵寅永等	道光写	1
72	元诗别裁集	清·张景星等	咸丰写	3
73	香山律	唐·白居易	嘉庆写	3
74	古诗归	明·锺惺—谭元春编	咸丰写	4
75	宋诗别裁集	清·张景星等	咸丰写	3
76	贞蕤阁集	朴齐家	道光写	3
77	东诗简选	成侃等	乾隆写	1
78	东坡诗选（有欠）	明·谭元春	乾隆、嘉庆写	6
79	东坡律	宋·苏轼	嘉庆写	2
80	坡诗英选	宋·苏轼	嘉庆写	3
81	李义山诗集	唐·李商隐	咸丰写	1
82	陆律分韵	正祖命编	咸丰写	13
83	陆律分韵	郑期远	道光写	2
84	鲒绮亭集抄	清·全祖望	嘉庆—道光写	3
85	皇明文抄	明·宋濂等	同治写	28
86	古文抄选	明·胡时化	同治元写	1
87	增定古文析义	清·林云铭评注	道光写	15
88	执对	南九万等	乾隆写	2
89	手圈袖珍	正祖命编	嘉庆写	12
90	望溪文集	清·方苞	嘉庆写	4
91	柳柳州文	明·茅坤	朝鲜版	3
92	临轩功令	正祖命编	道光写	4
93	情史类略抄	明·冯梦龙	道光18写	1
94	倡善感义录	金道洙	同治写	2

序号	书名	编著者	刊行年次	册数
95	大明正德皇游江南传		同治写	4
96	删补文苑楂橘		道光写	2
97	古今韵会举要	元·熊忠	光绪写	12
98	书诀	李匡师	嘉庆写	1
99	白月栖云之塔碑铭	崔任浣·金生书	明拓	3
100	广汇		道光写	5
101	考事撮要	鱼叔权等编·徐命膺补写		7
102	性命圭旨	明·尹继先	乾隆写	4
103	日纂	明·郑瑄	嘉庆写	1
104	郑氏遗书	清·王复	嘉庆写	2
105	周易口诀义	唐·史征	道光写	2
106	二程全书	宋·朱熹编	乾隆版	15
107	诗话类聚		嘉庆写	1
108	安和堂私集	马圣麟	嘉庆3自笔	2
109	东来吕太史集	宋·吕祖谦	乾隆6写	16
110	樊川集	唐·杜牧	乾隆写	2
111	山谷律	宋·黄庭坚	嘉庆写	1
112	东人诗赋	申尚权	道光写	4
113	宛丘遗集	申大羽	道光版	2
114	俪文注释	柳近	道光写	8
115	虞初新志	清·张潮	道光写	10
116	胜草残墨	金正喜	光绪写	1
117	我我录	南纪济	道光写	1
118	纪事（英宗朝）		道光写	2
119	听政日记	正祖命编	乾隆42写	2
120	分党略事	南纪济	同治写	2
121	烂余	金在鲁	嘉庆写	26
122	史选		同治写	3
123	三藩纪事本末	清·杨陆荣	咸丰写	2
124	湍相年谱	李敬伦	乾隆30写	2
125	南溪先生年谱		康熙写	2
126	感恩源流录	郑顺朝	同治写	1

序号	书名	编著者	刊行年次	册数
127	羹墙录	李福源等	道光写	4
128	说苑	汉·刘向	同治写	5
129	世说新语补	明·王世贞	嘉庆写	10
130	增定智囊补	明·冯梦龙评	嘉庆写	10
131	地球典要	崔汉绮	咸丰写	7
132	震维胜览	李重焕	光绪写	1
133	择里志	李重焕	同治写	1
134	东国名山记	成海应	明治42活	1
135	岭志要选		道光写	1
136	名山记	明·壬士性等	乾隆写	1
137	钦钦新书	丁若镛	道光写	10
138	公车类辑	南公辙等	咸丰写	8
139	公牒		嘉庆写	4
140	国朝名臣疏箚书启	闵开等	光武7写	3
141	朱子封事	宋·朱熹	雍正写	1
142	疏箚勉论言引陈援	郑元容等	同治写	16
143	图民录	清·袁守定	道光写	2
144	牧民心书	丁若镛	同治写	16
145	增修无冤录	具宅奎编·具允明订正	道光写	2
146	注拟考		嘉庆写	3
147	纶綍汇抄	宪宗命编	咸丰写	4
148	农政新编	安宗洙	光绪写	3
149	尉缭子直解	明·刘寅	同治写	2
150	演机新编	安命老	同治写	1
151	孙武子直解	明·刘寅	同治写	3
152	孙武子直解	明·刘寅	同治写	2
153	万里烛	李止渊	道光写	1
154	武编	明·唐顺之	道光写	12
155	兵学指南	正祖命编		1
156	湃游百金方	清·惠麓酒民·岳呈福校	同治写	10
157	唐太宗李卫公问对直解	明·刘寅	同治写	3
158	六韬直解	明·刘寅	同治写	3

续表

序号	书名	编著者	刊行年次	册数
159	修养须知	朱本中	同治写	1
160	简草		光武 3 写	1
161	玉篆		同治写	13
162	新注道德经	朴世堂	嘉庆写	1
163	韵会玉篇	崔世珍	光绪写	2

合计：163 部　852 册

三　邮政关系品目

序　号	品　名	件　数
1	湖南电报分局牌子	1
2	电报司牌子	1
3	永登浦电话支所牌子	1
4	洪州邮递司牌子	1
5	邮递员帽子前徽章	1
6	邮电线路图本	1
7	邮品收递员制帽	1
8	草鞋	3
9	钱函	1
10	邮递司邮递品收递、递送员人名揭示牌	1
11	永登浦邮递司用诸印	2
12	杂印	9
13	安东邮递政司使用邮品日期印章	1
14	全州邮递政司使用邮品日期印章	1
15	晋州邮递政司使用邮品日期印章	1
16	南原邮递政司使用邮品日期印章	1
17	洪州邮递司使用邮品日期印章	1
18	旗	2
19	电信用密码符号（韩国电报司创设时代用于朝鲜文的）	1
20	永登浦邮便电报电化支局格版	4

（资料来源：鹿岛平和研究所编『日本外交主要文书·年表［2］（1961—1970）』原书房，1984
年版，601—606 页。）

六、关于解决纷争的交换公文（日文）

《关于解决纷争的交换公文》

★紛争解決に関する交換公文（韓国側書簡）

　書簡をもって啓上いたします。本長官は、両国政府の代表の間で到達
された次の了解を確認する光栄を有します。

　両国政府は、別段の合意がある場合を除くほか、両国間の紛争は、ま
ず、外交上の経路を通じて解決するものとし、これにより解決すること
ができなかった場合、両国政府が合意する手続に従い、調停によって解決を
図るものとする。

　本長官は、さらに，閣下が前記の了解を日本国政府に代わって確認さ
れることを希望する光栄を有します。

　以上を申し進めるに際し、本長官は、ここに重ねて閣下に向かって敬
意を表します。

千九百六十五年六月二十二日

外務部長官　李東元

日本国外務大臣　椎名悦三郎閣下

★紛争解決に関する交換公文（日本側書簡）

　書簡をもって啓上いたします。本大臣は、本日付けの閣下の次の書簡
を受領したことを確認する光栄を有します。

　本長官は、両国政府の代表の間で到達された次の了解を確認する光栄
を有します。

　両国政府は、別段の合意がある場合を除くほか、両国間の紛争は、ま
ず、外交上の経路を通じて解決するものとし、これにより解決すること
ができなかった場合は、両国政府が合意する手続に従い、調停によって解決
を図るものとする。

　本長官は、さらに，閣下が前記の了解を日本国政府に代わって確認さ
れることを希望する光栄を有します。

　本大臣は、さらに、前記の了解を日本国政府に代わって確認する光栄
を有します。

　以上を申し進めるに際し、本大臣は、ここに重ねて閣下に向かって敬

意を表します。

千九百六十五年六月二十二日

日本国外務大臣　椎名悦三郎

大韓民国外務部長官　李東元閣下

（資料来源：鹿島平和研究所編『日本外交主要文書・年表［2］（1961—1970）』原書房，1984年版，606—607頁。）

附录八　关于缔结韩日条约问题的朝鲜政府声明　［1965年6月23日］（日文）

★日本政府と朴正熙徒党間に締結された「条約」と「協定」を認めず、最後まで反対する

　　一九六五年六月二二日、日本政府と朴正熙徒党は、朝鮮民主主義人民共和国政府の度重なる警告と朝日両国人民と全世界平和愛好人民の強力な反対にもかかわらず、ついに犯罪的「韓日会談」を継続して「韓日基本関係条約」をはじめとする、一連の、侵略的であり、売国的な文書に正式に調印した。

　　今度の朴正熙徒党と日本政府間に締結された「条約」と「協定」は、アメリカ帝国主義による「東南アジア軍事同盟」を捏造し、朝鮮の自主的平和統一を阻害して朝鮮の分裂を永久化し、南朝鮮を植民地隷属状態に縛りつけておこうとする陰謀と策動の一環である。

　　「韓日会談」の直接的操縦者はアメリカ帝国主義者である。

　　アメリカ帝国主義は朝鮮戦争で惨敗を重ねていた時である一九五一年に、日本反動と南朝鮮傀儡を使嗾して「韓日会談」と開かせ、その後これを妥結するために、あらゆる策動を尽した。

　　アメリカ帝国主義は、アジアで崩れいく植民地統治体制を収拾し、解放と民族的独立の強固化のためのこの地域の人民の闘争を絞殺し、社会主義陣営の国々に敵対する侵略戦争に日本軍国主義者を「突撃隊」として押し立て、それを根幹とする「東北アジア軍事同盟」を結成する目的で「韓日会談」を捏造した。

　　アメリカ帝国主義によって生き返った日本軍国主義者は、アメリカを後ろ楯にして南朝鮮再占領を自分たちの海外侵略の第一歩とみなしなが

ら、「大東亜共栄圏」の昔日の夢を実現しようと「韓日会談」を成就させるために狂奔してきた。

　元来、日本軍国主義者は強大な勢力を後ろ楯にして海外侵略を敢行することを習性としてきた。

　すでに一九〇二年、「日英同盟」を締結した日本帝国主義は英国を後ろ楯にして海外侵略を敢行し、一九〇五年には「タフト・桂秘密協定」を結んで、アメリカ帝国主義の支援下に朝鮮を侵略し、苛酷な中世的な弾圧と略奪を敢行した。

　一九四〇年、ファシスト・ドイツおよびイタリアと軍事同盟を結んだ日本帝国主義者は、第二次世界大戦時に数多くのアジアの国々を強制的に占領し、この地域の人民に数えきれない災難と不幸を強要した。

　まさに、こうした日本軍国主義者が、今日はアメリカと結託し、「韓日会談」妥結し、またふたたびアジア再侵略の道に進んでいる。

　これは朝鮮人民と日本人民を含むアジア人民と全世界の進歩的人民に対する公々然たる挑戦行為であり、アジアと世界の平和に対する重大な脅威となる。

　全朝鮮人民は米日帝国主義者のこの犯罪行為を断乎として糾弾する。

　朝鮮民主主義人民共和国政府は、今度の「韓日会談」で朴正煕徒党と日本政府間に締結された「条約」と「協定」が無効であることを厳粛に宣言する。（傍点［点を線に変えたのは──引用者］は原文ゴシック。以下同じ）

　日本政府と朴正煕徒党の間に調印された「条約」と「協定」は、朝日両国間の関係において歴史的に形成された両国人民の全般的利益に関係する重大な未解決問題である。

　朝鮮民主主義人民共和国政府は、もし日本政府が朝日両国間の関係を真に朝日両国人民の利益にすべて合致するように、またアジアと世界の平和の利益に合致するように、公明正大に解決しようとするならば、朝鮮人民の誰をも代表することができない朴正煕徒党と共謀の方法で解決すべきではなく、当然、朝鮮が統一された後に解決しなければならないと一貫して主張してきた。

　しかし、日本政府は、朝鮮民主主義人民共和国政府の公平にして合理的な主張を無視して、ついに朝日両国間の懸案問題を南朝鮮当局と共謀して一方的に処理してしまった。

　　かくして日本帝国主義者は、わが国の統一を妨害して朝鮮の分裂を永久化する犯罪的陰謀策動を敢行した。

　　今般調印された「対日財産請求権の解決および経済協力に関する協定」において、日本政府は、かつて日本帝国主義者が朝鮮で敢行した野蛮的植民地統治の結果に対する朝鮮人民の莫大な賠償請求権を朴正熙徒党にわずかの涙金を恵んでやることで取引してしまった。

　　それすらも、「経済協力」というレッテルを貼ることによって、日本政府は賠償義務から逃れるだけでなく、「援助者」の仮面を被って南朝鮮にふたたび入り込み、自分たちの膨張政策を実現することのできる土台を準備した。

　　朝鮮人民は、日本帝国主義者が朝鮮人民に及ぼしたあらゆる人的・物的被害に対し賠償を要求する堂々たる権利を持っており、日本政府はこれを履行する法的義務がある。

　　それ故に、「対日財産請求権の解決および経済協力に関する協定」を通じて日本当局と朴正熙徒党の間にやりとりされるものは、私的金銭取引に過ぎず、決して賠償金の支払いとなりえない。

　　朝鮮民主主義人民共和国政府は、対日賠償請求権を保有することを日本政府に重ねて警告する。

　　日本政府は、「漁業協定」調印を通じ、朝鮮の伝統的漁場を独占して大々的に水産資源を略奪し、南朝鮮海域で公々然たる海賊行為をすることができるように「合法化」した。

　　朴正熙徒党は、南朝鮮百万零細漁民の生命線である広大な水域の漁場をわずか数ドルの「漁業借款」を受ける代価として日本帝国主義に売り渡したばかりでなく、日本武装船舶と航空機の南朝鮮海域への自由な出入りを保障することによって、その水域を日本帝国主義のアジア侵略のための軍事的目的の実現に任せようとしている。

　　朝鮮の伝統的な漁場と領海に関する問題である「漁業問題」は、朝鮮人民の自主権に属する問題であり、「韓日会談」のような売国的な取引の場で論議されえない。

　　朝鮮人民は領海に対する主権と自己の漁業権を堂々と行使するであろう。

　　日本当局は、朝鮮人民の領土である独島を奪おうとしており、朴正熙徒党はそれを日本軍国主義者に譲ろうとしている。

独島は誰も侵害することのできない朝鮮人民の固有で神聖な領土である。

日本政府は、「在日僑胞の法的地位と待遇に関する協定」によって、在日朝鮮公民を含む在日同胞に対する民族的差別と政治的迫害を加え、ひいては思い通りに追放・弾圧しようと策動している。

この「協定」への「待遇」という文句の挿入は日本軍国主義者の狡猾な欺瞞・術策である。

朴正煕徒党は、在日朝鮮公民の民主主義的民族権利を日本帝国主義に売り渡したばかりでなく、かれらに「韓国国籍」を強要して傀儡政権の「国内法」を適用させ、南朝鮮傀儡軍徴集の源泉としようとしている。

これは在日朝鮮公民を四分五裂にしようとする行動であり、日本政府が在日朝鮮公民を保護する責任から抜け出、かれらを朴正煕徒党に譲り渡そうとする陰険な策動である。

日本政府は国際法と国際慣例に従い、在日朝鮮公民に対する自己の義務と道義的責任を履行しなければならず、かれらに対して相応の待遇を保障しなければならない。

日本政府は、「韓日基本関係条約」によって、過去に朝鮮を侵略した罪過から抜け出、南朝鮮にまたふたたび入り込み、侵略の魔手を伸ばそうとしている。

朴正煕徒党は、この「条約」と「協定」のよって日本帝国主義との結託を「合法化」し、日本軍国主義者の南朝鮮再侵略と日本を支柱とする「東北アジア軍事同盟」機構を造作しようとするアメリカ帝国主義の侵略政策の実現のための基礎を築いてやった。

今般の「韓日会談」において日本政府と朴正煕徒党の間で調印された「条約」と「協定」は徹頭徹尾侵略的であり、売国的なペテン文書である。

朴正煕徒党は、この文書に調印することによって、自己の崩れてゆく傀儡政権をどのようにしてでも維持し、私利と私欲を満たそうとする野望から、昔の主人の前に屈従と求乞を繰り返しながら、永劫に拭えない売国と背族行為を敢行した。

朴正煕徒党こそ、乙巳汚辱（訳注―日韓保護条約のこと）を凌駕する極悪な売国賊である。

朝鮮人民は朴正煕徒党のこの売国と背族行為に沸き起こる民族憤怒を禁じることができない。

　　全朝鮮人民は「韓日会談」で捺印された醜悪な売国文書を炎のなかに押し込めるであろうし、第二乙巳汚辱の群れである朴正煕徒党に峻厳な審判を下すであろう。

　　日本軍国主義者が第二次大戦の歴史的審判から教訓を求める代わりに、アジア人民の志向を蹂躙し、アメリカ軍国主義に積極的に追従して海外侵略に進むならば、かれらは東条英機と同じ悲惨な運命を免れることができないであろう。

　　日本政府は、朝日両国人民の全般的利益にまったく背馳し、極東とアジアの平和に脅威となる「韓日会談」の「条約」と「協定」などを即時廃棄しなければならない。

　　朝鮮民主主義人民共和国政府は、日本政府と朴正煕徒党との間で締結された「条約」と「協定」などを認めないであろうし、それに最後まで反対するであろう。

　　今日、「韓日会談」で締結した「条約」と「協定」に反対する朝日両国人民の闘争は一層強化されており、これはアジア人民と全世界人民の積極的な支持と声援を受けている。

　　朝鮮民主主義人民共和国政府と全朝鮮人民は、日本人民を含むアジアと全世界平和愛好人民と固く手を取り合って、アジア人民に敵対する侵略的軍事ブロックを造作し、この地域で新しい侵略戦争を挑発しようとする米日帝国主義者の陰謀と朴正煕徒党の売国と背族行為に反対し、断乎闘争するであろう。

　　全朝鮮人民は、南朝鮮からアメリカ帝国主義侵略者を追い払い、祖国の統一と独立のための闘争を今後も引き続き頑強に展開するであろう。

一九六五年六月二三日　平壌

（資料来源：神谷不二編『朝鮮問題戦後資料③』国際問題研究所，1980 年版，521—524 頁。）

附录九　关于缔结韩日条约问题的中国政府声明
[1965 年 6 月 26 日]（日文）

★中国は「韓日基本条約」を断じて認めない

　　アメリカ帝国主義の演出する「韓日会談」の茶番劇は、日本の佐藤政府との南朝鮮の朴正煕（パク・チョンヒ）かいらい一味の長期にわたる駆け引きを経て、さいきんあわただしくカタをつけられた。六月二十二日、佐藤政府と朴正熙一味は朝鮮、日本両国人民のはげしい反対と世界人民の非難を無視し、あえて「韓日基本条約」とその他一連の「協定」に調印した。これは、朝鮮を永久に分裂させ、南朝鮮を不法占領し、日本、朴をその侵略、戦争政策への奉仕にかり立てようと企むアメリカ帝国主義の重大な段どりである。

朝鮮民主主義人民共和国政府は六月二十三日声明を発表し、アメリカ帝国主義と日本、朴反動派の犯罪行為をきびしく非難した。そして、朴正熙一味と日本政府がこん回の「韓日会談」で調印した「条約」と「協定」はまったく無効であること、朝鮮民主主義人民共和国政府と全朝鮮人民は、日本人民を含むアジアと全世界の平和を愛する人民とともに、侵略的な軍事集団をデッチあげてアジアで新しい侵略戦争を引き起こそうとする米・日帝国主義の陰謀に反対して、だんこたたかうであろうことを、おごそかに宣言した。中国政府と中国人民は、朝鮮民主主義人民共和国政府のこの厳正な立場をあくまで支持するものである。

日本人民は「日韓基本条約」の調印にはげしく反対している。ちょうど日本共産党の六月二十三日の声明がのべているように、これらの「条約」と「協定」は日本、朝鮮両国人民の利益を犯すものであり、日本人民が絶対に承認できないものである。

アメリカ帝国主義は長期にわたってずっと日本軍国主義勢力を積極的に育てあげ、日本と南朝鮮の反動派を結びつけようと懸命に策動し、日本を中心とし南朝鮮かいらい一味と蒋介石の残党を含めた「東北アジア軍事同盟」をデッチあげ、それを「東南アジア条約機構」と結びつけて、統一した侵略的軍事体制のなかにそのアジアにおけるすべての召し使いを組み込み、アジアの社会主義諸国とその他の平和愛好国家にまっ向から対立する、アジア人をアジア人とたたかわせるいわゆる「三日月計画」を実現しようと必死になっている。

さいきん、アメリカ帝国主義のアジアにおける侵略活動はひきつづき失敗を重ね、とくに南ベトナム侵略戦争ではどこにも行く道のない窮地におちいっている。こうした敗勢を取り戻すために、アメリカ帝国主義はあわててその召し使いをひっぱりこまざるをえない。そして、南朝鮮でこれまでよりさらに多くの弾よけをかきあつめてベトナムに送り、そこでの侵略戦争拡大の軍事冒険に参加させようとしている。アメリカ帝国主義が全力をあげて、日本、朴反動派に「韓日会談」のカタを早急につけさせたことは、まさに先にのべたアジア人をアジア人とたたかわさせる犯罪的な陰謀を実現する重要な構成部分なのである。

「日韓基本条約」とその他関係「協定」の調印によって朝鮮人民と日本人民は大きな怒りを爆発させた。朝鮮の北部と南部、日本の各地で、いまアメリカ帝国主義に反対し、朴正熙売国一味と佐藤政府に反対する大衆運動が盛んな勢いでまき起こっている。朝鮮人民と日本人民のこの反米愛国の正義のたたかいは、アジアと世界各国人民の広範な共鳴と支持をうけている。英雄的な朝鮮人民と日本人民を前にして、目ざめたアジア人民を前にして、アメリカ帝国主義のすべての陰謀・計略は完全な破産の運命にぶつかるであろう―こう断言することができる。佐藤政府と朴正熙一味はアメリカ帝国主義に甘んじて追随し、朝鮮人民、日本人民、アジアの各国人民を敵にまわしているが、かれらも最後にはアメリカ帝国主義の殉死者という恥ずべき末路におちこむだけである。

中国政府と中国人民は朝鮮人民と日本人民の正義のたたかいを一貫して支持しており、日本、朴反動派を結びつけたアメリカ帝国主義の犯罪的な活動をはげしく非難する。「韓日基本条約」とその他関係「協定」の調印は、朝鮮人民と日本人民にたいする重大な挑発であるばかりでなく、中国人民とアジア各国人民にたいする重大な挑発でもある。中国政府は日本政府と朴正熙一味の調印したいわゆる「韓日基本条約」をけっして承認しない。六億五千万中国人民は、確固としてゆるぎなく、朝鮮人民、日本人民の側にたち、アジア各国人民の側にたち、日本、朴反動派を利用して侵略を拡大するアメリカ帝国主義の陰謀に反対して、最後までたたかう。

（資料来源：『北京週報』1965 年 3 巻第 27 号 10―11 頁。）

参 考 文 献

一、中文参考文献

（一）中文第一手资料

1.《国际条约集（1934—1944）》，世界知识出版社 1961 年第二版。

2.《国际条约集（1945—1947）》，世界知识出版社 1961 年第二版。

3.《国际条约集（1950—1952）》，世界知识出版社 1961 年第二版。

4.《国际条约集（1953—1955）》，世界知识出版社 1960 年第一版。

5.《国际条约集（1956—1957）》，世界知识出版社 1962 年第一版。

6.《国际条约集（1958—1959）》，世界知识出版社 1974 年第一版。

7.《国际条约集（1960—1962）》，世界知识出版社 1975 年第一版。

8.《国际条约集（1963—1965）》，世界知识出版社 1976 年第一版。

9. 苏联外交部编，章化农编译《朝鲜问题参考文件》，北京五十年代 1951 年版。

10.《对日和约问题史料》，人民出版社 1951 年 7 月版。

11.《朝鲜问题文件汇编（第一集）（1943.12—1953.7）》，世界知识出版社 1954 年版。

12.《朝鲜问题文件汇编（第二集）（1953.7—1958.7）》，世界知识出版社 1959 年版。

13.〔日〕鸠山一郎著《鸠山一郎回忆录》，上海译文出版社中译本 1978 年版。

14. 刘金质、潘京初、潘荣英、李锡遇编《中国与朝鲜半岛国家关系文件汇编（上、下）》（1991—2006），世界知识出版社 2006 年版。

（二）中文研究著作

1.〔日〕吉泽清次郎主编《战后日美关系史》，中译本，上海人民出版社 1977 年版。

2. 杨永骝、沈圣英编著《南朝鲜》，世界知识出版社 1985 年版。

3. ［日］信夫清三郎编《日本外交史（上、下）》中译本，商务印书馆 1992 年版。

4. 金文、古实等著《大韩民国——中国的新视野》，中国物资出版社 1993 年版。

5. 廖炳才编著《韩国对外贸易与经济合作》，东方出版社 1994 年版。

6. 资中筠主编《战后美国外交史——从杜鲁门到里根（上、下）》，世界知识出版社 1994 年版。

7. 赵炜编著《韩国现代政治论》，东方出版社 1995 年版。

8. 宋成有、李寒梅等著《战后日本外交史（1945—1994）》，世界知识出版社 1995 年版。

9. 冯昭奎、刘世龙、刘映春、江培柱、金熙德、周永生著《战后日本外交（1945—1995）》，中国社会科学出版社 1996 年版。

10. 于群著《美国对日政策研究（1945—1972）》，东北师范大学出版社 1996 年版。

11. 郭定平著《韩国政治转型研究》，中国社会科学出版社 2000 年版。

12. 安成日著《当代日韩关系研究（1945—1965）》，南开大学世界史专业（日本政治·外交史方向）博士论文，2000 年 7 月。

13. 曹中屏、张琏瑰等编著《当代韩国史（1945—2000）》，南开大学出版社 2005 年版。

14. 陈峰君、王传剑著《亚太大国与朝鲜半岛》，北京大学出版社 2002 年版。

15. 刘世龙著《美日关系（1791——2001）》，世界知识出版社 2003 年版。

16. 黄兆群著《韩国六大总统》，人民出版社 2004 年版。

17. 董向荣编著《列国志·韩国》，社会科学文献出版社 2005 年版。

18. 安成日著《东亚国际关系史论》，吉林文史出版社 2005 年版。

19. 孟庆义、赵文静、刘会清著《朝鲜半岛：问题与出路》，人民出版社 2006 年版。

20. 安成日、李金波著《东亚政治·经济·外交论丛》，黑龙江人民出版社 2007 年版。

（三）中文研究论文

1. 赵联敏《金泳三访日与韩日关系》，《国际展望》1994 年第 8 期。

2. ［韩］金永明、董斌译《韩国和日本的意识差异及两国关系》,《外国社会科学》1995 年第 4 期。

3. 张忠义《韩国：决不允许歪曲历史》,《瞭望》1995 年第 26 期。

4. 邱红艳《论冷战后的韩日关系》,《国际政治研究》1995 年第 4 期。

5. 金万甲《独岛主权纠纷与韩日关系》,《国际展望》1996 年第 7 期。

6. 李敦球《历史与现实：中日关系与韩日关系中的共同点》,《日本问题研究》1997 年第 3 期。

7. 王德复《论 60 年代日韩关系的演变及其影响》,《外交学院学报》1997 年第 4 期。

8. 齐文涛《面向 21 世纪的韩日关系》,《国际展望》1998 年第 21 期。

9. 曹中屏《日韩基本条约与战后日韩关系》, 南开大学历史研究所编《1979—1999 南开大学历史研究所建所二十周年纪念文集》, 南开大学出版社 1999 年版。

10. 高连福《构筑新型国家关系——从日韩建立伙伴关系谈起》,《当代亚太》1999 年第 7 期。

11. 安成日《池田内阁与张勉内阁的第五次日韩会谈》, 2000 年"东亚国际关系与安全保障国际学术研讨会论文集"（南开大学）,《国际关系与东亚安全》, 天津人民出版社 2001 年版。

12. 安成日《旧金山对日媾和与第二次世界大战后的日韩关系》,《日本学刊》2001 年第 6 期。

13. 金熙德《韩日关系的定位、调整与近期走向》,《当代韩国》2001 年第 3 期。

14. 李春光《教科书事件看日韩关系》,《当代世界》2001 年第 9 期。

15. 安成日《美国对日占领政策与日韩关系》,［北京大学日本研究中心编］《日本学（第 11 辑）》, 国际文化出版公司 2002 年版。

16. 安成日《第七次日韩会谈与"日韩条约"的签订》,［南开大学日本研究院编］《日本研究论集（第 7 集）》, 天津人民出版社 2002 年版。

17. 安成日《战后在朝鲜北方日本人的遣返及其财产处理》,［南开大学日本研究院编］《日本研究论集（第 8 集）》, 天津人民出版社 2003 年版。

18. 赵成国《朴正熙与韩日邦交正常化》,《世界历史》2003 年第 3 期。

19. 安成日《试析 20 世纪 50 年代中后期日韩关系出现松动和变化的原因》,［北京大学韩国学研究中心编］《韩国学丛书/韩国学论文集（第 12 辑）》, 北京大学出版社 2004 年版。

20. 安成日《略论二战后在南朝鲜日本人的遣返与日本及日本人财产的处理》，［中国朝鲜史学会编］《中国朝鲜史研究（第 1 辑）》，香港社会科学出版社 2004 年版。

21. 安成日《试论第二次世界大战后首次日韩预备会谈》，《东疆学刊》2004 年第 2 期。

22. 安成日《略论二战以后日本与韩国之间的船舶归属问题》，《延边大学学报》2004 年第 4 期。

23. 王珊《日本对韩外交及日韩关系》，《现代国际关系》2004 年第 8 期。

24. 安成日《试论岸信介内阁时期的第四次日韩会谈》，［北京大学韩国学研究中心编］《韩国学丛书/韩国学论文集（第 13 辑）》，辽宁民族出版社 2005 年版。

25. 祝曙光《难以化解的民族积怨——战后补偿问题与日韩关系》，《探索与争鸣》2005 年第 1 期。

26. 安成日《试论二战以后韩国对日索赔要求的演变》，《世界历史》2005 年第 4 期。

27. 祁怀高《从独岛之争看韩日关系》，《学习月刊》2005 年第 5 期。

28. 安成日《20 世纪 60 年代初日韩关系的新变化》，《日本研究》2006 年第 4 期。

29. 孙俊华《尼克松主义对韩日安全合作关系的影响》，《日本学论坛》2006 年第 4 期。

30. 安成日《略论日本侵略战争对殖民地朝鲜造成的损害》，《求是学刊》2006 年第 6 期。

31. 王庆东《独岛之争：韩日关系难解的症结》，《时事报告》2006 年第 6 期。

32. 廖卓娴《朴正熙与韩国现代化》，《求索》2006 年第 9 期。

33. 孙俊华《浅析越南战争对日韩邦交正常化的影响——兼论美国因素》，《大庆师范学院学报》2007 年第 1 期。

34. 孙俊华、韩志斌《美国在日韩邦交正常化谈判中的作用（1951—1965）》，《唐都学刊》2007 年第 2 期。

35. 安成日《试论第一次日韩会谈与日本的"逆财产请求权要求"》，［复旦大学韩国学研究中心编］《韩国研究论丛（第 17 辑）》，世界知识出版社 2008 年版。

36. 安成日《试论第四次日韩会谈前的预备交涉》,《哈尔滨工业大学学报(社科版)》2008 年第 3 期。

二、日文参考文献

(一)日文第一手资料

1. 〔日〕大藏省编《日本与外国贸易年表》,1945 年版。

2. 〔日〕大藏省管理局编《有关日本人海外活动历史的调查》,〔韩〕高丽书林(百帙限定影印版)1985 年版。

3. 〔日〕大藏省理财局外债课编《日韩请求权问题参考资料(未定稿)》,1963 年。

4. 〔日〕外务省编纂《日本外交年表及主要文书(1840～1945)〔上、下〕》,原书房 1966 年版。

5. 〔日〕外务省政务局特别资料课编《在日朝鲜人管理重要文件集》,1950 年版。

6. 〔日〕外务省特别资料课编《日本占领及管理重要文件集·(第一卷)·基本篇》,1949 年版。

7. 〔日〕外务省特别资料课编《日本占领及管理重要文件集·(第二卷)·政治、军事、文化篇》,1949 年版。

8. 〔日〕外务省特别资料课编《日本占领及管理重要文件集·(第二卷)·政治、军事、文化篇〔增补〕》,1951 年版。

9. 〔日〕外务省特别资料课编《日本占领及管理重要文件集·(第三卷)·经济篇〔Ⅰ〕》,1949 年版。

10. 〔日〕外务省特别资料课编《日本占领及管理重要文件集·(第四卷)·经济篇〔Ⅱ〕》,1949 年版。

11. 〔日〕赔偿厅、外务省共编《日本占领及管理重要文件集·(第五卷)·特殊财产篇》,1950 年版。

12. 〔日〕外务省特别资料课编《日本占领及管理重要文件集·(第六卷)·外国人篇〔Ⅰ、Ⅱ〕》,1950 年版。

13. 〔日〕外务省编纂《终战史录(下卷)》,新闻月鉴社 1952 年版。

14. 〔日〕外务省·外交史料馆《外交记录·缩微胶卷(战后部分)》〔第 1 次—15 次公开〕(1976—2000 年)。

15. 〔日〕缩微胶卷《众议院委员会会议录·第 1 次—第 114 次

（1947—1972 年）》，临川书店 1991—1999 各年版。

16. ［日］缩微胶卷《参议院委员会会议录·第 1·次—第 114 次（1947 年—1972 年）》，临川书店 1991—1999 年版。

17. ［日］外务省编《初期对日占领政策——朝海浩一郎（上、下）》，每日新闻社 1978 年版。

18. ［日］缩微胶卷《众议院会议录·第 1 次—第 69 次（1947 年—1972 年）》，临川书店 1991—1999 年版。

19. ［日］缩微胶卷《参议院会议录·第 1 次—第 69 次（1947 年—1972 年）》，临川书店 1991—1999 年版。

20. ［日］外务省编《我国外交近况（第 1—第 13 号）》，1957—1969 年（今日本《外交青书》的前身）。

21. ［日］外务省编《我国外交近况（第 14—第 30 号）》，1970—1986 年版。

22. ［日］外务省编《外交青书（第 30—第 49 号）》，1987—2006 年版。

23. ［日］外务省亚洲局编《朝鲜便览》，日本国际问题研究所 1964 年版。

24. ［日］众议院外务委员会调查室编《有关日本国与大韩民国之间的条约及协定等的特别委员会审议要纲》，1965 年版。

25. ［日］外务省条约局条约课编《日韩条约国会审议要旨》，1966 年版。

26. ［日］内阁官房内阁调查室编《围绕缔结日韩条约的内外动向》，1966 年版。

27. ［日］内阁官房编集《内阁总理大臣演说集》，大藏省印刷局 1966 年版。

28. ［日］《现代日本·朝鲜关系史资料·第 1 辑》，（［美］爱德瓦得·W. 瓦格纳［现哈佛大学教授］著，日本外务省译）《在日本的朝鲜少数民族（1904—1950）》（朝鲜美军军政厅及盟军总司令部有关在日朝鲜人的调研报告），湖北社 1975 年重印版。

29. ［日］《现代日本·朝鲜关系史资料·第 2 辑》，（最高检察厅公安调查室编）《在日朝鲜人团体重要资料集（1948—1952 年）》，法务研修所 1952 年版〔秘密〕；湖北社 1975 年重印版。

30. ［日］《现代日本·朝鲜关系史资料·第 3 辑》，（法务研修所编·森田芳夫著）《在日朝鲜人待遇的变迁与现状》，法务研修所 1955 年版（法务研究报告第 43 集，第 3 号〔秘密〕）；湖北社 1975 年重印版。

31.〔日〕《现代日本·朝鲜关系史资料第 4 辑》，（公安调查厅法务事务官坪井丰吉著）《在日朝鲜人运动概况》，法务研修所 1958 年版（《法务研修报告书》，第 46 集，第 3 号〔秘密〕）；湖北社 1975 年重印版。

32.〔日〕《现代日本·朝鲜关系史资料第 5 辑》，（朝鲜劳动党出版部编）《朝鲜解放运动史（1919—1953 年）》，湖北社 1975 年重印版。

33.〔日〕《现代日本·朝鲜关系史资料第 6 辑》，（外务省政务局特别资料课编）《在日朝鲜人管理重要文件集（1945—1950 年）》，1950 年版；湖北社 1978 年重印版。

34.〔日〕鹿岛和平研究所编《日本外交主要文书·年表（1）（1941—1960）》，原书房 1983 年版。

35.〔日〕鹿岛和平研究所编《日本外交主要文书·年表（2）（1961—1970）》，原书房 1984 年版。

36.〔日〕鹿岛和平研究所编《日本外交主要文书·年表（3）（1971—1980）》，原书房 1985 年版。

37.〔日〕鹿岛和平研究所编《日本外交主要文书·年表（4）（1981—1992）》，原书房 1995 年版。

38.〔日〕鹿岛和平研究所编《现代国际政治基本文书》，原书房 1987 年版。

39.〔日〕森田芳夫、长田佳奈子（長田かな子）编《朝鲜终战记录·资料篇·第一卷·日本统治的结束》，岩南堂书店 1979 年版。

40.〔日〕森田芳夫、长田佳奈子（長田かな子）编《朝鲜终战记录·资料篇·第二卷·南朝鲜地区的撤离与日本人援护会的活动》，岩南堂书店 1980 年版。

41.〔日〕森田芳夫、长田佳奈子（長田かな子）编《朝鲜终战记录·资料篇·第三卷·北朝鲜地区日本人的撤离》，岩南堂书店 1979 年版。

42.〔日〕神谷不二等编《朝鲜问题战后资料·第一卷（1945—1953）》，日本国际问题研究所 1976 年版。

43.〔日〕神谷不二等编《朝鲜问题战后资料·第二卷（1954—1960）》，日本国际问题研究所 1978 年版。

44.〔日〕神谷不二等编《朝鲜问题战后资料·第三卷（1961—1965）》，日本国际问题研究所 1980 年版。

45.〔日〕警察厅警备二课筱崎平治著《实务教育选书·在日朝鲜人运

动》，东京长野令文社 1955 年版。

46. 朴庆植编《朝鲜问题资料丛书：战败后的在日朝鲜人状况（第十三卷）》，〔日〕川崎·亚洲问题研究所 1990 年版。

47. 朴庆植编《朝鲜问题资料丛书：8·15 之后不久南朝鲜政治·经济·文化状况（第十四卷）》，〔日〕川崎·亚洲问题研究所 1990 年版。

48. 朴庆植编《朝鲜问题资料丛书：日本共产党与朝鲜问题（第十五卷）》，〔日〕川崎·亚洲问题研究所 1991 年版。

49. 统一朝鲜新闻社编《统一朝鲜年鉴》，〔日本东京〕统一朝鲜新闻社 1964 年版。

50. 〔日〕斋藤镇、永井阳之助、山本满编《战后资料·日美关系》，日本评论社 1970 年版。

51. 〔日〕大沼保昭：《〈资料与解说〉出入国管理法律制度的形成过程》，《法律时报》1978 年，第 50 卷 4～12 号；第 51 卷 1～5 号、7 号。

52. 〔日〕吉田茂著《回想十年（1～4 卷）》，中央公论社 1998 年版。

53. 〔日〕吉田茂著《世界与日本》，番町书屋 1963 年版。

54. 〔日〕鸠山一郎著《鸠山一郎回忆录》，文艺春秋社 1957 年版。

55. 〔日〕河野一郎著《因为是现在，所以才说：河野一郎回忆录》，春阳堂书店 1958 年版。

56. 〔日〕岸信介、矢次一夫、伊藤隆著《岸信介回想》，文艺春秋社 1981 年版。

57. 〔日〕岸信介著《岸信介回顾录——保守联合与安保条约的修订》，广济堂 1983 年版。

58. 〔日〕大日向一郎著《岸政权·1241 天》，行政问题研究所 1985 年版。

59. 〔日〕吉村克己著《池田政权·1575 天——伴随着高速增长、从安保到奥林匹克》，行政问题研究所 1985 年版。

60. 〔日〕伊藤昌哉著《池田勇人及其生与死》，至诚堂 1966 年版。

61. 〔日〕大平正芳著《春风秋雨》，鹿岛研究所出版会 1966 年版。

62. 〔日〕大平正芳著《我的履历书》，日本经济新闻社 1978 年版。

63. 〔日〕大平正芳回想录刊行会编著《大平正芳回想录（1～3）》，鹿岛研究所出版会 1983 年版。

64. 〔日〕宫泽喜一著《东京—华盛顿的密谈》，中央公论社 1999 年版。

65. 〔日〕小坂善太郎著《从这里到那里——战后日本政治史的体验》，

牧羊社 1981 年版。

66. ［日］杉道助追悼录刊行委员会编《杉道助追悼录（上、下）》，杉道助追悼录刊行委员会 1965 年版。

67. ［日］藤田一郎著《记录·椎名悦三郎（上、下）》，椎名悦三郎追悼录刊行会 1982 年版。

68. ［日］西村熊雄著《旧金山和平条约·日美安保条约》，中央公论社 1999 年版。

69. ［日］牛场信彦著《牛场信彦：对经济外交的证言》，钻石社 1984 年版。

70. ［日］牛场信彦著《外交的瞬间——我的履历书》，日本经济新闻社 1984 年版。

71. ［日］矢次一夫著《讲述我的浪人外交》，东洋经济新报社 1973 年版。

72. ［日］早坂茂三著《政治家田中角荣》，中央公论社 1987 年版。

73. ［日］袖井林次郎编译《吉田茂·麦克阿瑟往返书简集（1945—1951）》，法政大学出版局 2000 年版。

74. ［日］村川一郎编著《杜勒斯与吉田茂——普林斯顿大学所藏杜勒斯文件为中心》，国书刊行会 1992 年版。

75. ［美］D. 艾奇逊著，吉泽清次郎译《艾奇逊回忆录（1、2）》，［日］恒文社 1979 年版。

76. ［美］威廉·西博尔德著，野末贤三译《日本占领外交的回想》，［日］每日新闻社 1966 年版。

77. ［美］埃德温·O. 赖肖尔著，讲谈社编辑部译《赖肖尔大使日记》，［日］讲谈社 1995 年版。

78. ［日］朝日新闻社调查研究室编《南北朝鲜的现状（上、下）》，朝日新闻社 1962 年版。

79. ［日］朝日新闻社编《资料·中国与日本（45～71）》，朝日新闻社出版部 1972 年版。

80. ［日］NHK 产业科学部编《证言·日本渔业战后史》，日本放送出版协会 1985 年版。

81. ［日］朝日新闻社编《朝日年鉴》，1952 年版。

82. ［日］日韩渔业对策总部编《李承晚线问题与日本的立场》，1953 年版。

83. 〔日〕日本银行调查统计局编《经济统计年鉴》，1968—1983 年各年度版。

84. 〔日〕战后补偿问题研究会编《战后补偿问题资料（第一、二集）》，战后补偿问题研究会 1991 年版。

85. 〔日〕日本朝鲜研究所编《资料·有关日韩条约的国会议事录》，日本朝鲜研究所发行 1969 年版。

86. 〔日〕岛元谦郎《日韩交涉秘话（上、中、下)》，《读卖新闻》1992 年 1 月 14 日（夕刊)、21 日（夕刊)、22 日（夕刊)。

87. 〔日〕外务省情报文化局第一课《日韩会谈的经纬》，《世界动态（特集 6 号)》1953 年 11 月。

88. 〔日〕增田正度《在维持国内治安方面极为重要的——有关在日朝鲜人的问题》，《警察时报》1952 年第 7 卷 4 号。

89. 〔日〕矢次一夫《李承晚总统会见记——作为访问韩国的第一个日本人》，《文艺春秋》1958 年 7 月号。

90. 〔日〕大田信男等《论政界的怪物：失次一夫——日韩签约为契机》，《周刊·朝日》1958 年 1 月 26 日。

91. 〔日〕贺屋兴宣《对日韩交涉之我见》，《中央公论》1963 年 1 月号。

92. 〔日〕黑田寿男《为什么反对日韩交涉?——对贺屋兴宣氏见解的回答》，《中央公论》1963 年 2 月号。

93. 〔日〕大平正芳《日韩条约是怎样签订的?》，《外交时报》1966 年 1 月号。

94. 〔日〕後宫虎郎《在日韩交涉中发挥出色决断力和领导力——追思外交家椎名悦三郎》，《世界周报》1979 年 11 月 6 日号。

95. 〔日〕外务省内部极密文件《关于进行对韩经济技术合作的预算措施》，《青丘》1993 年夏季号。

96. 〔日〕《日本外务省次官山田递交给柳泰夏大使的备忘录》，《朝日新闻》1959 年 12 月 19 日。

97. 〔日〕野田卯一《积累经济合作，促进和解》，《讲演》1961 年 7 月上半期。

98. 〔日〕田中荣一《通过互相进行合作，使韩国增强实力》，《讲演》1961 年 7 月上半期。

99. 〔日〕高杉晋一、中谷武世《谈 EEC、OAEC 及其禅——共同体哲学、五轮思想、光明从我们开始》，《民族与政治》1962 年 4 月号。

100.［日］高杉晋一《回顾日韩交涉达成妥协的经过》，《民族与政治》1965 年 6 月号。

101.［日］《池田访美的困境》，《经济学家（Economist）》1961 年 5 月。

102.［日］《池田—肯尼迪会谈中谈了些什么?》，《经济学家（Economist）》1961 年 7 月。

103.［日］《池田—腊斯克（Dean Rusk）会谈都谈了些什么?》，《经济学家（Economist）》1961 年 11 月。

104.［日］中保与作《岸信介与矢次一夫的秘密》，《日本周报》1958 年 8 月 5 日号。

105.［日］中保与作《闹别扭的日韩会谈》，《世界周报》1961 年 10 月第 43 号。

106.［日］中保与作《韩国的现状与日本——政治、经济、南北统一》，《世界周报》1961 年 2 月 28 日号。

107.［日］中保与作《百日交涉还是最终交涉——日韩会谈的潜流》，《世界周报》1961 年 11 月第 47 号。

108.［日］中保与作《开始起步的韩国外交》，《世界周报》1961 年 12 月 5 日第 49 号。

109.［日］小山进《池田首相与日韩交涉》，《世界》1961 年 3 月号。

110.［日］名取义一《日韩会谈的前途》，《改造》1952 年 7 月号。

111.［日］《最后阶段的日韩交涉与政府的考虑》，《世界》1962 年 12 月号。

112.［日］前田利一《日韩第五次会谈的恢复——以财产请求权和渔业问题等问题为试金石》，《世界周报》1961 年 1 月 24 日号。

113.［日］前田利一《重开日韩第五次会谈》，《世界周报》1961 年 1 月 24 日号。

114.［日］前田利一《举行第六次日韩会谈——诸悬案及其中存在的争议》，《世界周报》1961 年 10 月 31 日号。

115.［日］前田利一《吉田与韩国》，《和亲》1967 年 12 月号。

116.［日］大冈越平《保卫"自由韩国"——围绕日韩会谈中存在的问题》，《中央公论》1962 年 11 月第 47 号。

117.［日］《日本的海潮》，《世界》1963 年 10 月号。

118. ［日］村上熏《美国战略的变化与日本的防卫计划》,《中央公论》1964 年 2 月号。

119. ［日］Y《难以达成妥协的日韩会谈——朴正熙政权的"稳定性"存在问题》,《经济学家（Economist）》1965 年 2 月。

120. ［日］T. N《关于日韩交涉的经纬》,《调查月报》1965 年 7 月号。

121. ［日］S. A《反对批准日韩条约运动的总结》,《调查月报》1966 年 3 月号。

122. ［日］《座谈会：曾经险恶的韩国的对日态度——日韩恢复邦交前后》,《现代高丽（Korea）》1965 年 5 月号。

123. ［日］外务省亚洲局东北亚课《椎名外务大臣访韩与草签日韩基本关系条约》,《国际周报》1965 年 3 月 2 日。

124. ［日］《外务省的会谈记录中留下的同氏（久保田贯一郎）与韩国方面代表会谈记录（要旨）》,《朝日新闻》1953 年 10 月 22 日。

125. ［日］《日韩条约草签仪式采访记》,《国际问题》1965 年 5 月号。

126. 《采访〔金钟泌〕要旨》,［日］《朝日新闻》1988 年 8 月 18 日。

127. 《采访〔前田利一〕》,《外交论坛》1994 年 1 月号。

128. ［日］新延明《实录：直到缔结条约为止的过程》,《青丘》1993 年夏季号。

129. ［日］《朝日新闻》(1945—1965 年) 各年度版。

130. ［日］《读卖新闻》(1945—1965 年) 各年度版。

（二）日文研究著作

1. ［日］朝日新闻外报部,真崎光晴编《国际问题丛书（第 27 号）·日韩交涉——其经纬和存在的问题》,国际问题研究所 1962 年版。

2. ［日］日本国际政治学会编《日韩关系的展开》,《国际政治·第 22 号》,有斐阁 1963 年版。

3. ［日］田中直吉著《撼动日本的日韩关系》,文教书院 1963 年版。

4. ［日］中保与作著《韩国读本》,时事通讯社 1961 年版。

5. ［日］中保与作著《韩国读本（续）》,时事通讯社 1961 年版。

6. ［日］中保与作著《韩国读本（3）》,时事通讯社 1962 年版。

7. ［韩］李瑜焕著《在日韩国人的五十年史——关于产生的原因、历史背景与解放后的动向》,［日］新树物产株式会社出版部 1960 年版。

8. ［日］森田芳夫著《朝鲜终战纪录——美苏两军的进驻与日本人的撤离》,岩南堂书店 1964 年版。

9. 〔日〕大平善梧著《亚洲外交与日韩关系——剖析对韩议论》，有信堂 1965 年版。

10. 〔日〕海港新闻社编《以渔业连接起来的日本与韩国》，海港新闻社 1965 年版。

11. 〔日〕海港新闻社编《韩国的水产业》，海港新闻社 1967 年版。

12. 〔日〕大木浩著《亚洲与日本》，日本国际问题研究所 1965 年版。

13. 〔日〕西村敏夫著《我看到了! 韩国的内幕》，朝日新闻社 1965 年版。

14. 〔日〕和田正明著《日韩渔业的新出发点》，水产经济新闻社 1965 年版。

15. 〔日〕池上努著《法律地位的 200 个疑问》，京文社 1965 年版。

16. 〔日〕在日韩国人商工会联合会编《韩日经济合作构想与途径》，在日韩国人商工会联合会 1965 年版。

17. 〔日〕捍卫在日朝鲜人人权会编《在日朝鲜人的人权与〈日韩条约〉》，捍卫在日朝鲜人人权会出版局 1965 年版。

18. 〔日〕日韩渔业对策协议会编《日韩渔业对策运动史》，日韩渔业对策协议会 1968 年版。

19. 〔日〕近藤钏一编《太平洋战争下的朝鲜以及台湾》，友邦协会内朝鲜史料研究会 1961 年版。

20. 〔日〕日韩经济协会编《协会十年脚步》，日韩经济协会 1970 年版。

21. 〔日〕鹿岛和平研究所编，吉泽清次郎监修《日本外交史（28）·媾和后的外交（Ⅰ）·对列国关系（上）》，鹿岛研究所出版会 1973 年版。

22. 〔日〕佐藤胜巳编《在日朝鲜人——对其之歧视与待遇的实态》，同城社 1974 年版。

23. 〔日〕日韩关系研究会编《日韩关系基础知识——数据与分析》，田畑书店 1975 年版。

24. 〔日〕东京·韩国研究院、国际关系共同研究所编《综合研讨会·对韩国来说日本意味着什么?（全三卷)》，国书刊行会 1977 年版。

25. 朝鲜统一问题研究会编《日韩关系日志——粘连的足迹》，〔日〕晚声社 1978 年版。

26. 朝鲜统一问题研究会编《越来越腐败的政治：机构和人脉》，〔日〕晚声社 1980 年版。

27. 〔日〕山本刚士著《日韩关系——合作与对立的交涉史》，教育社

1978 年版。

28. 民族统一问题研究院·〔韩〕朴己出著《韩国政治史》，〔日〕社会评论社 1979 年版。

29. 〔日〕林茂、辻清明编《日本内阁史录（5）》，第一法规 1981 年版。

30. 〔日〕大藏省财政史室编《昭和财政史——从停战到媾和（第 20卷）》，东洋经济新报社 1982 年版。

31. 〔日〕户川猪佐武著《昭和宰相·第 5 卷·岸信介与保守暗斗》，讲谈社 1982 年版。

32. 〔日〕户川猪佐武著《昭和宰相·第 6 卷·佐藤荣作与高速增长》，讲谈社 1982 年版。

33. 〔日〕石丸和人等著《战后日本外交史：（Ⅰ）美国统治下的日本；（Ⅱ）开始起步的日本外交；（Ⅲ）发展的日美关系；（Ⅳ）迈向先进国家的道路；（Ⅴ）迈向经济大国的压力；（Ⅵ）南北问题与日本；（Ⅶ）日本外交的课题》，三省堂 1983—1985 年版。

34. 〔日〕入江通雅著《战后日本外交史（增补版）》，嵯峨野书院 1983年版。

35. 〔日〕细谷千博著《通往旧金山媾和之路》，中央公论社 1984 年版。

36. 〔日〕渡边昭夫、宫里政玄编《旧金山媾和》，东京大学出版会1986 年版。

37. 〔日〕五十岚武士著《对日媾和与冷战》，东京大学出版会 1986年版。

38. 〔日〕日本国际政治学会编《朝鲜半岛的国际政治》，《国际政治·第 92 号》，有斐阁 1989 年版。

39. 〔日〕宫田節子编《朝鲜军概要史》，不二出版社 1989 年版。

40. 朴庆植著《解放后·在日朝鲜人运动史》，〔日〕三一书房 1989年版。

41. 〔美〕李庭植著，小此木政夫译《战后日韩关系》，〔日〕中央公论社 1989 年版。

42. 〔日〕日韩经济协会编《日韩经济协会三十年史——战后日韩经济交流的轨迹》，日韩经济协会 1991 年版。

43. 〔日〕田中宏著《在日外国人——法律的壁垒、心灵的鸿沟》，岩波书店 1991 年版。

44. 〔日〕战后补偿问题研究会编（代表：姜在彦）《在日韩国·朝鲜人

的战后补偿》，明石书店 1991 年版。

45.〔日〕藤诚和美著《朝鲜分裂：日本和美国》，法律文化社 1992 年版。

46.〔日〕历史学研究会编《日本史年表（增补版）》，岩波书店 1993 年版。

47.〔韩〕金东祚著，林建彦译《韩日和解：日韩交涉十四年的记录》，〔日〕塞玛尔（サイマル）出版会 1993 年版。

48.〔韩〕李元德著《对日本战后处理外交的一个研究——日韩邦交正常化交涉（1951—1965）为中心》，日本东京大学大学院综合文化研究科（国际关系论专攻）博士学位论文，1994 年。

49.〔日〕高崎宗司著《〈妄言〉的原形——日本人的朝鲜观〔增补新版〕》，木犀社 1996 年版。

50.〔日〕高崎宗司著《检证·日韩会谈》，岩波书店 1996 年版。

51.〔日〕《季刊·青丘——"在日"的五十年（1—4）》，1995 年第 21（春季）号，第 22（夏季）号，第 23（秋季）号，第 24（冬季）号。

52.〔韩〕李钟元著《东亚冷战与韩美日关系》，〔日〕东京大学出版社 1996 年版。

53.〔日〕福冈安则著《在日韩国·朝鲜人——年轻一代的身世》，中央公论社 1997 年版。

54.〔韩〕池东旭著《韩国的族阀、军阀、财阀——解析统治集团的政治力学》，〔日〕中央公论社 1997 年版。

55.〔韩〕金太基著《战后日本政治与在日朝鲜人问题——SCAP 的对在日朝鲜人政策（1945—1952 年）》，〔日〕劲草书房 1997 年版。

56.〔中〕安成日著《战后初期日本与朝鲜半岛的关系——以吉田茂内阁时代的日韩关系为中心》，日本国学院大学大学院文学研究科博士论文，2001 年。

57.〔韩〕郑大均著《在日韩国人的终结》，〔日〕文艺春秋社 2001 年版。

58.〔日〕太田修著《日韩交涉——请求权问题研究》，库列因（クレイン）出版，平原社出售，2003 年版。

59.〔日〕吉泽文寿著《战后日韩关系——围绕邦交正常化》，库列因（クレイン）出版，平原社出售，2005 年版。

60.〔日〕小此木政夫、〔韩〕张达重编《战后日韩关系的展开》，庆应义塾大学出版会 2005 年版。

61. ［韩］金斗升著《池田勇人政权的对外政策与日韩交涉——在内政外交上的"政治经济一体化路线"》，明石书店 2008 年版。

62. ［韩］李昊宰著《韩国外交政策的理想与现实》，法政大学出版局 2008 年版。

（三）日文研究论文

1. ［日］神川彦松《对日本外交的专家进言——我的对外政策分析、批判及构想》，《日本外交的分析》，日本国际政治学会编《国际政治》1957 年夏季号，有斐阁，1957 年 8 月。

2. ［日］木村良夫《韩国真正投入到经济建设——但是政策效果从现在才开始》，《世界周报》1961 年 10 月 17 日号。

3. ［日］梶春秀树《日韩交涉与日本资本主义》，《朝鲜研究月报》1962 年 11 月号。

4. ［日］入江启四郎《日韩交涉限度》，《世界》1962 年 12 月号。

5. ［日］木村修三《日韩交涉的经纬》，《日韩关系的展开》日本国际政治学会编《国际政治》，有斐阁，1963 年 7 月号。

6. ［日］关山良《强行进行日韩会谈及其矛盾性》，《世界》1964 年 5 月号。

7. ［日］仁尾一郎《日韩经济合作及其存在的问题》，《国际问题》1965 年 5 月号。

8. ［日］和田正明《日韩渔业交涉的经过与存在的问题》，《国际问题》1965 年 5 月号。

9. ［日］田中直吉《两个朝鲜与日韩邦交正常化》，《国际问题》1965 年 5 月号。

10. ［日］八木正木《关于在日韩国人的待遇问题》，《国际问题》1965 年 5 月号。

11. ［日］藤岛宇内《如何看待日韩条约》，《朝鲜研究》1965 年 6 月号。

12. ［日］岩重寿熹南《以阻止批准日韩条约为中心的其他各项斗争的中期总结》，《月刊·社会党》1966 年 2 月号。

13. ［日］近藤义郎《朝鲜的文物引发的思索》，《考古学研究》1965 年 6 月号。

14. ［日］旗田巍《关于朝鲜文物归还问题——何谓真正的日朝友好？》，

《世界》1965 年 9 月号。

15. 〔日〕旗田巍《日韩条约与朝鲜文物的归还问题》，《历史学研究》1965 年 9 月号。

16. 〔日〕旗田巍《关于文物及文化合作协定》，《法律时报》1965 年 9 月号。

17. 〔日〕宫地茂《关于引渡与韩国有关的文物问题——有关文物及文化合作的日韩之间协定》，《月刊·文物》1965 年 9 月号。

18. 〔日〕赤路友藏《日韩渔业协定的欺瞒性》，《月刊·社会党》1966 年 1 月号。

19. 〔日〕佐藤胜巳《从国会中有关日韩议论看在把握日朝关系的过程中注意的问题》，《朝鲜史研究会论文集》1969 年第 6 号。

20. 〔日〕关忠果《高杉晋一论》，《人物评论》1970 年 6 月号。

21. 〔日〕梶春秀树：《竹岛＝独岛问题与日本国家（附：资料）》，《朝鲜研究》1978 年 9 月号。

22. 〔日〕加藤晴子《对战后日韩关系史的一个考察——围绕李（承晚）线问题（上）》，《日本女子大学纪要（文学部）》1979 年第 28 号。

23. 〔日〕飞田雄一《旧金山和平条约与在日朝鲜人——1951 年 9 月 8 日—1952 年 4 月 28 日》，《在日朝鲜人史研究》1980 年第 6 号。

24. 〔日〕加藤晴子《对战后日韩关系史的一个考察——围绕李（承晚）线问题（下）》，《日本女子大学纪要（文学部）》1980 年第 29 号。

25. 〔日〕山本刚士《日韩关系与矢次一夫》，《日本外交的非正式渠道》，日本国际政治学会编《国际政治》第 75 号，有斐阁，1983 年 10 月。

26. 〔日〕加藤晴子《在确定在日朝鲜人待遇政策的过程中体现出来的若干问题——1945 年—1952 年》，《日本女子大学纪要（文学部）》1984 年第 33 号。

27. 〔日〕高崎宗司《第三次日韩会谈与"久保田发言"》，《思想》1985 年 8 月号。

28. 〔日〕高崎宗司《日韩会谈的经过与殖民地化责任——1945 年 8 月—1952 年 4 月》，《历史学研究》1985 年 9 月号。

29. 〔日〕高崎宗司《在日韩会谈中有关文物归还的交涉》，《朝鲜史研究会论文集》1986 年第 23 号。

30. 〔日〕高崎宗司《对朝鲜殖民统治表示"遗憾"、"反省"的背后》，《季刊·三千里》1986 年秋季号。

31.〔日〕高崎宗司《在日韩会谈中解决了补偿问题吗?》,《世界》第572 号,1992 年 9 月号。

32.〔日〕堀和生《1905 年日本的竹岛领土编入》,《朝鲜史研究会论文集》第 24 号,1987 年。

33.〔日〕今津弘《被绕过去的"战争清算"》(1—6),朝日新闻社调查研究室《调研室报》,1986 年 4 月号、6 月号、8 月号、10 月号、12 月号,1987 年 1 月号。

34.〔日〕菅英辉《美国的战略秩序构想与亚洲地区一体化——1945—1950 年》,《第二次世界大战结束诸相》,日本国际政治学会编《国际政治》第 89 号,1988 年 10 月号。

35.〔日〕木宫正史《在韩国内涵式工业化战略的挫折:5·16 军事政府的国家自律性结构的限度》,《法学志林》第 91 卷第 4 号,1995 年 3 月。

36.〔日〕木村昌人《日本的对韩民间经济外交——围绕邦交正常化问题的关西财界动向》,《朝鲜半岛的国际政治》,日本国际政治学会编《国际政治》第 92 号,1989 年 10 月号。

37.〔日〕塚本孝《韩国的对日和平条约署名问题——与日朝交涉、战后补偿问题相关联》,《参考 (reference)》1992 年第 42 卷 3 号。

38.〔日〕佐佐木隆尔《现在正是纠正日韩条约的时候》,《世界》1993年 4 月号。

39. 李钟元《日韩会谈与美国——以"不介入政策"的形成为中心》,《1950 年代的国际政治》,日本国际政治学会编《国际政治》第 105 号,1994 年 1 月号。

40. 李钟元《战后美国在亚洲的区域一体化构想与韩日关系》,〔日〕东京大学法学部助手论文,1991 年。

41. 李钟元《艾森豪威尔政权的对韩政策与日本 (一)》,〔日〕《国家学会杂志》1994 年 1—2 月号。

42. 李钟元《艾森豪威尔政权的对韩政策与日本 (二)》,〔日〕《国家学会杂志》1994 年 5—6 月号。

43. 李钟元《韩日邦交正常化与美国——1960—1965 年》,〔日〕《年报·近代日本研究》第 16 号,1994 年 11 月。

44. 李钟元《艾森豪威尔政权的对韩政策与日本 (三)》,〔日〕《国家学会杂志》1995 年 1—2 月号。

45.〔日〕和田春树《战后 50 年——日本保守派的朝鲜观》,《青丘》

1995 年秋季号。

46. 李元德《日韩请求权交涉过程（1951—1962）的分析——从日本的对韩政策的角度》，[日]《法学志林》1995 年 11 月号。

47. [日]木宫正史《1960 年代在韩国的冷战与经济开发——以日韩邦交正常化与向越南派兵为中心》，《法学志林》1995 年 3 月号。

48. 南永昌《朝鲜文物为何在日本?》，[日]《朝鲜时报》1995 年 1 月 23 日号—1996 年 1 月 22 日号。

49. [日]三桥修、罗伯特·李凯特等《在占领下有关在日朝鲜人管理政策的形成过程（一）》，《青丘学术论集》1995 年第 6 集。

50. [日]太田修《李承晚政权的对日政策——以"对日赔偿问题"为中心》，《朝鲜史研究论集》1996 年第 34 号。

51. [日]太田修《大韩民国的建立与日本——以日韩通商交涉的分析为中心》，《朝鲜学报》第 173 辑，1999 年 10 月。

52. 安成日《吉田茂内阁时代的日韩交涉》，[日]《国学院大学大学院纪要》1999 年第 31 辑。

53. 安成日《美国的对日占领政策与日本的对韩战后处理准备》，[日]《国史学》第 174 号，2001 年 4 月。

54. 安成日《美国的对日占领政策的转变与日韩战后处理准备》，[日]《东瀛求索》第 12 号，2001 年 12 月。

55. 安成日《战后初期日本与朝鲜半岛的关系——以吉田内阁时代的日韩关系为中心（博士论文摘要）》，[日]《国学院大学大学院纪要——文学研究科》2002 年第 34 辑。

56. [日]吉泽文寿《在日韩会谈中具体协商对日请求权过程的分析——以第五次会谈和第六次会谈为中心》，《一桥论丛》第 120 卷，第 2 号，1998 年 8 月。

57. [日]吉泽文寿《在日韩会谈中请求权交涉达成政治妥协——以 1962 年 3 月到 12 月为中心》，《朝鲜史研究会论文集》第 36 集，1998 年 10 月。

58. [日]吉泽文寿《日韩邦交正常化以前的借款交涉》，《朝鲜史研究会论文集》第 41 集，2003 年 10 月。

59. 金斗升《池田政权的安全保障政策与日韩交涉——以"经济安保路线"为中心》，《比较政治与国际政治之间》，日本国际政治学会编《国际政治》第 128 号，2001 年 10 月。

60. 金民树《对日媾和条约与韩国参加该约问题》,《"民主化"以后的拉丁美洲政治》,日本国际政治学会编《国际政治》第 131 号,2002 年10 月。

三、韩（朝）文参考文献

（一）韩（朝）文第一手资料

1. ［韩］朝鲜银行编《朝鲜银行的对日债权一览表（南朝鲜）（1947 年9 月 30 调查)》,首尔大图书馆藏。

2. ［韩］朝鲜银行调查部《朝鲜经济年报》,1948 年版。

3. ［韩］《大韩年鉴》,1953 年版。

4. ［韩］南朝鲜过渡政府秘书处编《南朝鲜过渡政府立法会议议事录》,1984 年重印本。

5. ［韩］《大韩民国国会第一届国会速记录（第 1—128 号)》,1948 年（首尔大图书馆藏）。

6. ［韩］大韩民国政府编《对日索赔要求调查报告》,檀纪四二八七（1954）年（韩国国会图书馆藏,日本亚洲研究所藏）。

7. ［韩］外务部编《第一次韩日会谈·船舶问题委员会会议录》,1951 年（韩国国会图书馆藏）。

8. ［韩］外务部编《第一、二、三次韩日会谈在日韩人法律地位委员会会议录》,1951 年（韩国国会图书馆藏）。

9. ［韩］外务部编《韩日会谈·渔业委员会议事录（第一、二、三次会谈)》,1958 年（韩国国会图书馆藏）。

10. ［韩］外务部政务局编《有关韩日会谈［檀纪 4284（1951 年）年10 月至 4285（1952 年）年 4 月］关系文件要录》,年代不详,1952 年（?）（韩国国会图书馆藏、东京大学东洋文化研究所藏）。

11. ［韩］外务部政务局编《韩日会谈略记（极秘)》,1955 年（韩国国会图书馆藏、日本国会图书馆藏）。

12. ［韩］外务部编《独岛关系资料集（Ⅰ）往返外交文书（1952—1976)》,1977 年（韩国国会图书馆藏）。

13. ［韩］外务部政务局编《韩日关系参考文件集》,1958 年（韩国国会图书馆藏）。

14. ［韩］外务部编《韩日会谈说明书》,1960 年版（韩国国会图书馆藏）。

15. ［韩］外务部政务局编《第四次日韩会谈会议录（在日韩人法律地位及渔业·和平线委员会)》，1961年（韩国国会图书馆藏、东京大学东洋文化研究所藏）。

16. ［韩］外务部政务局编《韩日会谈关系参考问题集》，1960年（韩国国会图书馆藏）。

17. ［韩］外务部政务局编《韩日会谈的概貌及存在的问题》，1960年（韩国国会图书馆藏）。

18. ［韩］外务部政务局编《第五次日韩会谈预备会谈会议录（一般请求权委员会·船舶委员会·文物委员会)》，年代不详，1961年（韩国国会图书馆藏、东京大学东洋文化研究所藏）。

19. ［韩］外务部政务局编《韩日会谈关系资料·（一）基本关系；（二）船舶；（三）各国渔业协定》，1961年（韩国国会图书馆藏）。

20. ［韩］外务部政务局·亚洲课编《第六次韩日会谈·（和平线·一般请求权·船舶）委员会会议录）（极秘)》，1961年（韩国国会图书馆藏、东京大学东洋文化研究所藏）。

21. ［韩］外务部政务局编《第六次韩日会谈会议录（Ⅱ)》，1966年（韩国国会图书馆藏、东京大学东洋文化研究所藏）。

22. ［韩］外务部政务局编《第六次韩日会谈会议录（Ⅲ）·第二次政治会谈预备折中（1962.8.22—1962.12.25）（极秘)》，1966年（韩国国会图书馆藏、东京大学东洋文化研究所藏）。

23. ［韩］外务部政务局编《第六次韩日会谈会议录（Ⅳ）·第二次政治会谈预备折中（1962.12—1963.5）（极秘)》，1966年（韩国国会图书馆藏、东京大学东洋文化研究所藏）。

24. ［韩］外务部政务局·亚洲课编《第六次韩日会谈关系资料·韩日会谈的概观及诸问题》，1961年（韩国国会图书馆藏、东京大学东洋文化研究所藏）。

25. ［韩］大韩民国政府编《大韩民国条约集》，1956年版。

26. ［韩］公报部调查局编《有关韩日草签三大悬案的报纸观点综合分析》，1965年版。

27. 朝鲜民主主义人民共和国首尔市临时人民委员会文化宣传部编《政党社会团体登陆缀》，［韩］社团法人·韩国安保教育协会，1989年影印本。

28. ［韩］外务部外交研究院编《韩国外交二十年》，外交部外交研究院

1967 年版。

29.［韩］大韩民国政府广报部编《对韩日关系的海外舆论的综合评价》，1962 年版。

30.［韩］大韩民国政府编《韩日会谈白书（非卖品）》，1965 年版。

31.［韩］大韩民国政府编《大韩民国政府与日本国之间条约及协定解说》，1965 年版。

32.［韩］大韩民国政府编《韩日会谈达成协议的事项（草签内容与解说）》，1965 年。

33.［韩］大韩民国经济企划院编《请求权资金白书》，1976 年版。

34.［韩］大韩民国广报部编《韩日会谈的昨天与今天》，1965 年版。

35.［韩］大韩民国广报部编《韩日协定存在之问题的解说》，1965 年版。

36.［韩］民主共和党编《韩日问题讲演集》，1964 年版。

37.［韩］民主共和党宣传部编《韩日邦交正常化问题——有关韩日会谈的宣传资料（补齐版）》，1964 年版。

38.［韩］亚细亚问题研究所日本研究室编《亚细亚问题研究所日本研究丛书①②·韩日关系资料集（第一辑、第二辑）》，高丽大学出版部 1976 年、1977 年版。

39.［韩］黄寿永编《日本帝国主义统治时期文物受害资料》，韩国美术史学会 1973 年版。

40.［韩］李度晟编著《实录·朴正熙与日韩会谈——从“五·一六”到签订条约》，寒松社 1995 年版。

41.［韩］元容奭著《韩日会谈十四年》，三和出版社 1965 年版。

42.［韩］尹潽善著《救国的荆棘之路——我的回顾录》，韩国政经社 1967 年版。

43.［韩］《朴正熙总统选集（第一卷）》，亚洲政经研究所 1969 年版。

44.［韩］许政著《为了明天的证言——许政回顾录》，新潮流（？）1979 年版。

45.［韩］卞荣泰著《外交余录》，韩国日报社 1959 年版。

46.［韩］林炳稷著《林炳稷回顾录——近代韩国外交的内幕史》，女苑社 1964 年版。

47.［韩］郑一亨著《一心一意，专心致志》，新近文化社 1970 年版。

48.［韩］金裕泽著《回想六十五年》，合同通讯社出版部 1977 年版。

49.〔韩〕金东祚著《回想三十年——韩日会谈》，中央日报社 1986年版。

50.〔韩〕崔德新著《在南韩大地上三十年——在民族分裂的悲剧中》，统一评论社 1985 年版。

51.〔韩〕俞镇午著《民主政治的道路》，一潮阁 1963 年版。

52.〔韩〕俞镇午著《韩日会谈——回顾第一次会谈的同时》，外务部外交安保研究院 1993 年版。

53〔韩〕权五琦著《权五琦政界秘话对谈——现代史的主角们讲述的政治证言》，东亚日报社 1986 年版。

54.〔韩〕池铁根著《和平线》，汎友社 1979 年版。

55.〔韩〕金溶植著《拂晓约定——金溶植外交三十三年》，金英社1993 年版。

56.〔韩〕金溶植著《希望与挑战——金溶植外交回顾录》，东亚日报社1987 年版。

57.〔韩〕裴义焕著《虽然渡过了青黄不接的难关——裴义焕回忆录》，韩国先驱者·内外经济新闻社 1991 年版。

58.〔韩〕李东元著《思念总统》，高丽苑 1992 年版。

59.〔韩〕《首尔新闻》特别采访组《韩国外交秘录》，首尔新闻社 1984年版。

60.〔韩〕李度珩著《黑幕：韩日交涉秘话》，朝鲜日报社 1987 年版。

61.〔韩〕朴实著《增补：韩国外交秘史——外交的人脉、内幕、葛藤》，井湖出版社 1984 年版。

62.〔韩〕李祥雨著《第三共和国外交秘话》，朝鲜日报社 1984年版。

63.〔韩〕李龟烈著《韩国文物秘话》，韩国美术出版社 1973 年版。

64.〔韩〕大韩商工会议所编《大韩商工会议所三年史》，1949 年版。

65.〔韩〕大韩民国外务部编《外交行政十年》，1959 年版。

66.〔韩〕大韩民国国会事务处编《国会史——第四次国会、第五次国会、第六次国会》，1971 年版。

67.〔韩〕朝鲜银行调查部《贯彻对日赔偿通过补偿要求》，《朝鲜经济年报》1948 年版。

68.〔韩〕李相德《对日赔偿的正当性》，《新天地》1948 年 1 月号。

69.〔韩〕洪璀基《我的狱中回顾》，《新思潮》1962 年 2 月号。

70. 〔韩〕俞镇午《韩日关系与我们的态度》,《东亚日报》1961 年 1 月 12 日。

71. 〔韩〕俞镇午《回顾韩日会谈》,《时事》1961 年 11 号。

72. 〔韩〕俞镇午《直到进行韩日会谈为止——前韩国首席代表披露的十四年前的曲折过程（上、下）》,《思想界》1966 年 2 月、3 月号。

73. 〔韩〕俞镇午《余话:韩日会谈》,《中央日报》1983 年 8 月 29 日—10 月 31 日。

74. 〔韩〕金东祚《韩日会谈》,《中央日报》1983 年 11 月 1 日—1984 年 7 月 17 日。

75. 〔韩〕俞镇午、刘彰顺《对谈:韩日交涉十年,六次会谈的内幕——对谈》,《思想界》1964 年 4 月临时增刊。

76. 〔韩〕郑一亨《为何反对朴政权的韩日会谈》,《新东亚》第 301 集,1984 年 10 月号。

77. 〔韩〕柳泰夏《韩国外交秘话》,《韩国日报》1972 年 6 月 24 日。

78. 〔韩〕李东元《采访李东元》,《中央日报》1985 年 6 月 18 日。

79. 〔韩〕李东元《采访李东元》,《朝鲜日报》1985 年 6 月 20 日。

80. 〔韩〕孙世一《什么东西在阻止交涉?》,《时事》1962 年 10 月号。

81. 〔韩〕崔虎镇《紧急反对请求权》,《东亚日报》1965 年 6 月 10 日。

82. 〔韩〕《东亚日报》（1945 年—1965 年）各年度版。

83. 〔韩〕《朝鲜日报》（1945 年—1965 年）各年度版。

84. 〔韩〕《中央日报》（1945 年—1965 年）各年度版。

（二）韩（朝）文研究著作

1. 〔朝〕朝鲜民主主义人民共和国经济、法学研究所编《南朝鲜经济的殖民地性质——纪念 8·15 解放 15 周年》,科学院出版社 1960 年版。

2. 〔朝〕白崇顺（音译）编集《美帝占领下的南朝鲜——政治篇》,朝鲜劳动党出版社 1963 年版。

3. 〔朝〕禹泰顺（音译）编集《美帝占领下的南朝鲜——经济篇》,朝鲜劳动党出版社 1963 年版。

4. 〔朝〕徐镕植（音译）编集《美帝占领下的南朝鲜——教育篇》,朝鲜劳动党出版社 1963 年版。

5. 〔朝〕李东学（音译）著《对南朝鲜的美国"经济援助"及其后果》,科学院出版社 1963 年版。

6.〔韩〕国际问题研究所编《对韩日会谈的共产圈的反响》,国际问题研究所 1965 年版。

7.〔韩〕金玉烈著《韩国与美日关系论》,一潮阁 1973 年版。

8.〔韩〕宋建镐著《韩国现代史论》,韩国神学研究所出版部 1979 年版。

9.〔韩〕宋建镐、吴翊焕等著《解放前后史的认识》,大路(意译)社 1979 年版。

10.〔韩〕许雄著《关于在日侨胞法律地位的研究》,国防大学院 1981 年版。

11.〔韩〕成滉镛著《日本的对韩政策(1800—1965)》,明知社 1981 年版。

12.〔韩〕赵阳旭(音译)著《两个小时的距离二十年的岁月:学习韩文成长起来的新生代现役记者看到的韩日秘话二十年》,旱田出版社 1984 年版。

13.〔韩〕李基铎著《韩半岛的政治与军事——理论与实际》,嘉南社 1984 年版。

14.〔韩〕李在五著《韩日关系史的认识〔Ⅰ〕——韩日会谈及其反对运动》,学民社 1984 年版。

15.〔韩〕朴在圭编著《北韩的对外政策》,庆南大学远东问题研究所 1986 年版。

16.〔韩〕金汉教、高秉喆等著《展望韩半岛的统一:可能性与局限》,庆南大学远东问题研究所 1986 年版。

17.〔韩〕安秉俊著《强大国关系与韩半岛安全论》,法文社 1986 年版。

18.〔韩〕朴玄埰、郑笃衡(音译)等编《韩国经济论》,首尔喜鹊 1987 年版。

19.〔朝〕许钟浩(音译)著《美帝的远东政策与朝鲜》,〔平壤〕社会科学出版社 1987 年版。

20.〔日〕太田修著《韩日请求权交涉史研究》,韩国高丽大学大学院政治外交学科博士学位论文,2000 年 12 月。

21.〔韩〕郑一永编《韩国外交半个世纪的再照明》,呐南(音译)图书出版社 1993 年版。

22.〔韩〕首尔大学韩国政治研究所编《韩国的现代政治(1945—1948 年)》,大学出版部 1993 年版。

23.〔韩〕民族问题研究所编《重新审视韩日协定—迎接韩日协定 30 周年》，亚洲文化社 1995 年版。

24.〔韩〕李泰镇编《日本强占大韩帝国》，首尔喜鹊 1995 年版。

25.〔韩〕《特集·纪念韩日协定三十周年》，《近现代史讲座（第 6 号）》，首尔近现代史研究所 1995 年版。

26.〔韩〕《特集·二次大战后的战后处理与韩半岛》，《近现代史讲座（第 7 号）》，首尔近现代史研究所 1995 年版。

27.〔韩〕李元德著《韩日过去历史处理的原点——日本的战后处理外交和韩日会谈》，首尔大学出版部 1996 年版。

28.〔韩〕韩国政治外交史学会编《韩国现代政治史》，集文堂 1997 年版。

29.〔韩〕延时仲著《韩国政党政治实录（1 卷、2 卷）》，知与爱 2001 年版。

30.〔韩〕金三渊著《韩日屈辱会谈内幕——六·三民主学生运动史》，图书出版 1996 年版。

（三）韩（朝）文研究论文

1.〔韩〕孙世一《什么东西在阻止交涉?》，《时事》1962 年 10 月号。

2.〔韩〕闵丙岐《韩日关系中存在的问题》，《国际政治论丛》1964 年 5 月号。

3.〔韩〕闵丙岐《旧金山媾和条约与韩日问题》，《亚细亚研究》1965 年 9 月号。

4.〔韩〕黄寿永《在日文物归还问题》，《思想界》1960 年 7 月临时增刊号。

5.〔韩〕郑文基《韩日渔业关系条约的批判》，《思想界》1965 年 7 月临时增刊号。

6.〔韩〕金元龙《文物返还问题》，《思想界》1965 年 7 月临时增刊号。

7.〔韩〕金哲《关于侨胞法律地位问题的协定》，《思想界》1965 年 7 月临时增刊号。

8.〔韩〕夫琓嬊《关于"请求权·经济合作"等问题》，《思想界》1965 年 7 月临时增刊号。

9.〔韩〕梁好民《基本关系条约》，《思想界》1965 年 7 月临时增刊。

10.〔韩〕崔虎镇《坚决反对请求权》，《东亚日报》1965 年 6 月 10 日。

11.〔韩〕《战后日本的对韩政策》，《新东亚》1965 年 10 月号。

12. ［韩］金宗炫、沈东旭《韩国长期开发计划的内幕》，《新东亚》1966 年 9 月号。

13. ［韩］金宗玄《有关韩日经济合作的援助》，高丽大学亚细亚研究所编《亚细亚研究》1972 年 9 月号。

14. ［韩］洪璀基《"解放"的国际法性质》，《月刊中央》1977 年 6 月号。

15. ［韩］李光奎《在日韩国人的社会运动史》，首尔大学社会科学研究所编《社会科学与政策研究》1982 年第 4 卷第 3 号。

16. ［韩］俞仁浩《韩日经济合作的反省》，李离和、李泳禧等编《民族·统一·解放的逻辑》，形成社 1984 年版。

17. 吴京焕（音译）《韩日会谈幕后的满洲国人脉》，《政经文化（234集）》1984 年 8 月号。

18. 郑成和（音译）《第一次日韩会谈与对韩国、日本、美国外交政策的考察：1951—1952》，《明知大日本研究》1990 年第 1 号。

19. 严尧燮（音译）《关于韩日会谈的历史性再照明》，《明知大日本研究》1990 年第 1 号。

20. 玄承日（音译）《韩日屈辱会谈达成妥协 25 周年来临之际》，《传统与时论》第 6 集，1990 年 7 月号。

21. 尹炳骐《从政治角度看韩日关系的"位相"》，釜山大学日本研究所编，《日本研究》1990 年第 8 期。

22. ［韩］卞在玉《韩日之间诸条约的历史性再照明》，《日本研究集》（第 5 集），韩国日本问题研究会 1992 年版。

23. ［韩］尹海东（音译）《韩日会谈中的请求权：是"赔偿"还是"乞求"?》，历史问题研究所编《应当纠正的我们历史上的 37 个场面（2）》，历史批评社 1993 年版。

24. ［韩］李教德（音译）《比照韩日会谈看北日建交会谈——基本问题及补偿问题的妥协前景》，民族统一研究院《统一研究论丛》1995 年 7 月第 4 集 1 号。

25. ［日］太田修《关于韩国"韩日条约"反对斗争理论的研究（1964—1965）》，［韩］高丽大学硕士学位论文，1993 年。

26. ［日］太田修《韩日会谈与请求权》，［韩］《近现代史讲座（第 6 号）》，1995 年 2 月。

27. ［日］太田修《请求权问题与金钟泌—大平正芳备忘录》，［韩］《近现代史讲座（第 7 号）》1995 年 4 月。

28. ［韩］李钟元《韩日会谈的国际政治背景》，《近现代史讲座（第 7 号）》，1995 年 4 月。

29. ［韩］俞炳勇《韩日基本条约及其协定的成立背景》，《韩日基本条约及协定的历史角度的再评价》，韩国现代史研究会 1995 年版。

30. ［韩］俞炳勇《共和党政权与韩日会谈》，《近现代史讲座（第 6 号）》，1995 年 2 月。

31. ［韩］俞炳勇《对韩日会谈的一个考察》，《韩国近现代史论丛》，大邱吴世昌教授花甲纪念论丛刊行委员会 1995 年版。

32. 徐钟锡（音译）《朴政权的对日姿态与不均衡韩日关系》，历史问题研究所编《历史批评·季刊》1995 年 2 月号。

33. ［韩］洪仁淑（音译）《美日对韩日会谈的构图与对应》，历史问题研究所编《历史批评·季刊》1995 年 2 月号。

34. 李钟锡（音译）《从北边的角度看韩日协定和"朝日会谈"》历史问题研究所编《历史批评·季刊》1995 年 2 月号。

35. ［韩］朴成寿《韩日关系史与独岛问题》，城南韩国精神文化研究院《独岛研究》，1996 年版。

36. ［韩］池明观《韩日关系与"清算过去的"问题》，《韩国史·市民讲座》第 19 集，一潮阁 1996 年版。

37. ［韩］金太基《1950 年代初美国的对韩政策：对日媾和条约中排挤韩国以及在第一次韩日会谈中的美国的政治立场为中心》，韩国政治学会编《韩国政治学会报》1999 年（春）33 集 1 号。

38. ［韩］权珍姬《韩日邦交正常化反对运动与朴正熙政府的应对方式的分析》，梨花女子大学研究生院硕士学位论文，1996 年。

39. 申承峻《李承晚与 1950 年代后半期的韩日会谈》，首尔大学大学院硕士学位论文，1999 年 8 月。

40. ［韩］卢奇霎《李承晚政权推进太平洋同盟与地区安保构想》，《区域与历史》第 11 号，釜山庆南历史研究所，2002 年 12 月。

四、英文参考文献

1. U. S. Department of State Foreign Relations of the United States, 1945.

2. U. S. Department of State Foreign Relations of the United States, 1947.

3. U. S. Department of State Foreign Relations of the United States, 1949.

4. U. S. Department of State Foreign Relations of the United States, 1950.

5. U. S. Department of State Foreign Relations of the United States, 1951.

6. U. S. Department of State Foreign Relations of the United States, (1952—1954).

7. U. S. Department of State Foreign Relations of the United States, (1955—1957).

8. Hull to Wood, February 28, 1955, RG218, JCS Geographic Files, 1954—1956, box 25, NA.

9. Broad Evaluation of U. S. Program in Korea, October 25, 1956, RG, 469, Office of Far Eastern Operations, Korea Program Files, 1953—1957, box 1, WNRC.

10. CFEP: Report on Foreign Economic Policy Discussions between U. S. Officials in the Far and C. B. Randal and Associates, December 1956, CFEP, Office of the Chairman Records, Randall Series, Trips Sub series, box 2, DDEL.

11. Macy: report on Korea, October 25, 1956, OSANSA Series, Subject Sub series, box 3, DDEL.

12. Annual Economic Review, ROK, 1956, May21, 1957, 895B. 005—2157, RG 59, Decimal File, 1955—1959, NA.

13. Special National Intelligence Estimate, 42—261, "Short-term Prospects in South Korea", May31, 1961, NSF: CO: Korea, General, box 127, JFKL.

14. Presidential Task Force on Korea, "Report to the National Security Council" June6, 1961, NSF: COKorea, General, box 127, JFKL.

15. Talking Paper: "First White House Meeting with Prime Minister Ikedr", June 1961, NSF: CO: Japan, Subjects, Irked Visit6/61, Briefing book, Introduction and Index Material, box 125 JFKL.

16. "Japanese-Korean Relations", June16, 1961, *Sorensen Papers*：1*Classified SubjectFiles*：*NSC*, *box 52*, *JFKL*.

17. Memorandum of Conversation, The Secretary's Call on Chairman Park Chung Hee, November, 1961, *NSF*：*CO*：*Korea*, *General*, *box 27*, *JFKL*.

18. Memorandum of Conversation, "*Korean Economic and Other Objectives*," November5, 1961, *NSF*：*CO*：*Korea*, *General*, *box 127*, *JFKL*.

19. Director of Central Intelligence to the President, "Current Situation in South Korea" May8, 1961, *CO*：*Korea*, *General*, *box 127*, *JFKL*.

20. National Security Action Memorandum（NSAM）, 151, JFK to Rusk, April 24, 1962, *NSF*：*Meetings and Memoranda*：*NSAM151*, *Impasse Between Japan and South Korea*, *box 336*, *JFKL*.

21. "Korea-Japanese Relations", （ "Background Paper for use in connection with the meeting of NSC Group, May18, 1962"）*NSF*：*Meetings and Memoranda*：*NSC*, *Standing Group Meetings*, *box 341*, *JFKL*. [JFK to Park, August 23, 1962, *POF*：*CO*：*Korea*, *General*, *1962—1963*, *box 120*, *JFKL* [*John F. Kennedy Library*（*Boston*, *A*)]；JFK to Ikeda, August 23, 1962, *POF*：*CO*：*Japan*, *General*, *1962*, *box 120*, *JFKL*；Bareback to McG. Bundy, "Letters from the President to prime Minister Ikeda and Pressmark Regarding ROK-Japan Negotiations", August 22, 1962, *NSF*：*COKorea*, *Park Correspondence A*, *box 127*, *JFKL*]

22. Arthur L. Grey. "*The Thirty-Eight Parallel*, *Foreign Affairs*", Apr. 1951.

23. Kyung-cho Chung. *Korea Tomorrow Land of the Morning Calm*. New York：The Macmillan Company, 1956.

24. Ray E. Appleman. *United States Army in the Korea War*, *South to the Nekton North to the Yale*. Washington, office of the Chief of Military History Department of the Army, 1961.

25. Frederick Sudan. *Peace-Making and the Settlement with Japan*. Princeton, 1963.

26. Se-Jin Kim. *The Politics of Military Revolution in Korea*. Chapel Hill, N. C. , 1971.

27. Aristide Solberg, "*Moments of Madness*", Politics and Society,

vol. 2, No. 2, 1972。

28. Anne O. Krueger. *The Developmental Role of the Foreign Sector and Aid*. Cambridge, Mass, 1979.

29. Sung-Hwa Chen. *Japanese-South Korean Relations under American Ocupation, 1945 — 1952, the Politics of Anti-Japanese Sentiment in Koreas and the Failure of Diplomacy*. Ph. D. Dissertation, the Universities of Iowa, 1988.

30. Robert T. Oliver. *Why War Came in Korea*. New York, Ford ham University Press.

31. *HQ, USAFIK G—2 Periodic report*, 1945.

后　记

　　记得四年前也是一个秋高气爽的季节，笔者有幸踏入了久负声誉的南开大学的校门。四年来笔者在历史研究所受到了诸位先生及前辈的悉心指教，经四年寒窗苦读，而今终于有了点滴收获。在这收获的季节，笔者终得以把几年来的学习成果奉献给大家。

　　笔者刚入校之初，在业师俞辛焞先生的指导下，曾把"吉田茂与当代日本国家发展战略"定为博士论文选题的大方向。在收集和阅读有关资料的过程中，笔者开始注意到日本与朝鲜半岛的关系问题，但当时尚未打算撰写有关朝鲜半岛问题的博士论文。只是把日本与朝鲜半岛问题作为吉田茂与当代日本国家发展战略的组成部分来考虑的。此后，1998 年年初，笔者有幸留学日本，在日本国学院大学大学院文学研究科攻读国际关系史方向的博士学位。在留日期间，笔者接触到了大量有关当代日韩关系方面的新近公布的资料。遂决定作有关当代日韩关系方面的博士学位论文。

　　从 1996 年 9 月到 2000 年 10 月，笔者在南开求学四年，受到了业师俞辛焞先生及其他诸位先生的悉心指导和培养。特别是导师俞辛焞先生病倒以后，米庆余先生、王振锁先生、杨栋梁先生等对本论文的构思、写作及其他各方面给予莫大的帮助。在此，笔者祝愿导师俞辛焞先生早日康复的同时，对诸位先生所给予的帮助表示深深的感谢和敬意。在学期间各位师友、同学不仅在学业方面给予了多方关照，而且在生活方面给予了兄弟姐妹般的友情，使笔者能够熬过漫长而寂寞的苦行僧般的四年求学之路，完成了学业。这些人生的宝贵财富笔者将终生难以忘怀。

　　在南开求学期间，笔者有幸负笈东渡扶桑继续深造。1998 年 4 月到 2002 年 3 月，在日本国学院大学大学院文学研究科攻读博士学位。在日本求学期间，笔者受到了业师日本外交史专家马场明教授及该大学文学研究科上山和雄教授、该大学法学部滨口学教授、国学院大学日本文化研究所柴田绅一副教授的各方面的悉心指导与关照。此外，在论文资料的收集、复印等方面受到了原日本外务省史料馆史料编纂官、文学博士栗原健先生、国学院大学国际交流部部长下山信桂先生、拓殖大学服部龙二副教授、法政大学教授、原日本《经济新闻》论说员金指正雄教授、韩国京畿大学人文学部史学科赵炳鲁教授以及其他在日本的各位前辈、同学、学友的热情帮助。此外，在日本国学院大学攻读博士学位期间笔者还有幸获得了"财团法人·吉田茂国际基金"30万日元的研究资助。对上述诸位先生、师友及"财团法人·吉田茂国际基金"的帮助，笔者在此表示衷心的感谢。

　　四年前笔者别离妻子和刚满周岁的孩子到南开、到日本求学。在这四年间，笔者经历了诸多变故，如导师病倒、父亲病故、孩子重病……。求学之难尚且忍受，但家中的变故曾使笔者几度消沉。在诸多的变故中，笔者之所以能够把学业坚持下来，靠的是妻子、父母的支持，师友同学的关怀和帮助。爱情、友情和亲情是笔者在数次变故中重新振作起来的重要精神支柱。从某种意义上说，笔者算不上是好丈夫、好儿子、好父亲。笔者求学期间，欠亲人、欠师友、欠同学的实在太多太多。笔者所欠的这些有形的、无形的东西，有的已经永远无法给予回报了。因此，今后只好以自己加倍努力工作来报答曾经给予支持和帮助的父母、妻子、师友和同学了。

　　由于笔者才疏学浅，加上书稿形成仓促，书中一定存在不少疏漏和欠妥甚至谬误之处，敬请各位专家、学者及关心日韩关系、朝鲜半岛问题的广大读者批评指正。

2000 年 7 月 30 日

作者于南开日本研究中心研究室